सेंसेक्स
क्षेत्रीय दलों का

सेंसेक्स क्षेत्रीय दलों का

भारतीय राजनीति की दिशा बदलनेवाली रीजनल पार्टियों का लेखा-जोखा

अकु श्रीवास्तव

प्रकाशक
प्रभात पेपरबैक्स
प्रभात प्रकाशन प्रा. लि. का उपक्रम
4/19 आसफ अली रोड, नई दिल्ली–110002
फोन : 23289777 • हेल्पलाइन नं. : 7827007777
इ–मेल : prabhatbooks@gmail.com ❖ वेब ठिकाना : www.prabhatbooks.com

संस्करण
प्रथम, 2022

आवरण
मनोज सिन्हा

मूल्य
चार सौ रुपए

मुद्रक
आर–टेक ऑफसेट प्रिंटर्स, दिल्ली

★

SENSEX KSHETRIYA DALON KA
by Shri Aaku Shrivastava

Published by **PRABHAT PAPERBACKS**
An imprint of Prabhat Prakashan Pvt. Ltd.
4/19 Asaf Ali Road, New Delhi-110002

ISBN 978-93-5521-147-7

₹ 400.00

आभार

इन सभी मित्रों का, जिन्होंने लिखकर, बात कर राजनीतिक दलों/व्यक्तियों के बारे में इतना साझा किया कि उसके बिना पुस्तक का पूरा हो पाना मुश्किल होता।

—**राजकेश्वर सिंह,** पूर्व सूचना आयुक्त, उत्तर प्रदेश

—**के.वी. प्रसाद,** पूर्व ब्यूरो प्रमुख, ट्रिब्यून, दिल्ली

—**जगतार सिंह,** वरिष्ठ पत्रकार, इंडियन एक्सप्रेस, चंडीगढ़

—**आलोक मेहता,** पद्मश्री, वरिष्ठ पत्रकार, दिल्ली

—**रतन मणिलाल,** पूर्व संपादक, हिंदुस्तान टाइम्स, लखनऊ

—**अशोक मिश्र,** पूर्व ब्यूरो प्रमुख, हिंदुस्तान टाइम्स, पटना

—**रामेंद्र सिन्हा,** पूर्व स्थानीय संपादक, हिंदुस्तान, भागलपुर

—**राकेश रॉकी,** वरिष्ठ पत्रकार, तहलका, नई दिल्ली

—**ओमप्रकाश अश्क,** वरिष्ठ पत्रकार, राँची

—**संजय श्रीवास्तव,** वरिष्ठ पत्रकार, न्यूज 18 नेटवर्क

—**विजय विद्रोही,** वरिष्ठ पत्रकार, जयपुर

—**हर्ष कुमार सिंह,** वरिष्ठ पत्रकार

—**रंजीब,** वरिष्ठ पत्रकार, लखनऊ

—**शैलेश,** वरिष्ठ पत्रकार, दिल्ली

—**डॉ. प्रोफेसर रवि शुक्ला,** मुंबई

—**मनोज कुमार साहू,** वरिष्ठ पत्रकार, रायपुर

और

ज्योति श्रीवास्तव

इलेस्ट्रेशन : **इरफान**

अनुक्रम

भाग 3—इतिहास के झरोखे से

भाग 4—भविष्य

भाग 5—अतिरिक्त

भाग 1

1

भारतीय राजनीति में क्षेत्रीय दलों का उदय

देश की राजनीति में सत्ता के प्रमुख केंद्रों के रूप में क्षेत्रीय दलों का उदय आजादी के बाद के इतिहास में सबसे महत्त्वपूर्ण घटनाओं में से एक है। भारत की भौगोलिक, सामाजिक और राजनीतिक विविधताओं के चलते कभी विदेशी बुद्धिजीवियों को लगता था कि एक आधुनिक राष्ट्र के रूप में भारत इतना 'अस्वाभाविक है कि इसका ज्यादा दिनों तक वजूद बना नहीं रह पाएगा'। इसलिए स्वतंत्रता प्राप्ति के बाद भारतीय संघ का गठन उन विविधताओं को स्वयं में सहेजने का प्रयास था। कोशिश थी कि संघात्मक ढाँचे में क्षेत्रीय आकांक्षाएँ भी फलती-फूलती रहें। माना जाता है कि क्षेत्रीय दलों की उत्पत्ति का मुख्य कारण राष्ट्रीय दलों से जनता की असंतुष्टि रही। असंतुलित क्षेत्रीय विकास, प्रतिस्पर्धा और जातीयता से लेकर धर्म की भावना इत्यादि ने इस आग में घी का काम किया। आप देखेंगे कि आधे से ज्यादा क्षेत्रीय दलों की उत्पत्ति अपने लिए अपने क्षेत्र या राज्य की माँग ही है। (विस्तार से अलग अध्याय आगे)

यों तो पूर्व में प्रधानमंत्री पं. जवाहरलाल नेहरू और बाद में इंदिरा गांधी के पश्चात्, जनता ने क्षेत्रीय प्रतिनिधित्व में वृद्धि की आवश्यकता महसूस की। इसने बदले में, कई क्षेत्रीय दलों के उदय को पनपाया-बढ़ाया। भारत की सांस्कृतिक विविधता और वर्ग-जातीयता के संदर्भ में बहुलता के आधार पर भारतीय राजनीति का क्षेत्रीयकरण होता रहा है। जैसे—हरियाणा, यू.पी., बिहार में जाट और राजस्थान में यादव व कुर्मी, रेड्डी व काम्मा आंध्र प्रदेश तो वोक्कालिग्गा और लिंगायत कर्नाटक में इत्यादि। इसी तरह भारत के भाषायी पुनर्गठन के कारण क्षेत्रीय पहचान का उदय हुआ। हरित क्रांति के कारण असमान विकास, कुछ क्षेत्रों में समृद्धि और अन्य क्षेत्रों में पिछड़ापन तथा इंदिरा गांधी द्वारा 1975 में लगाए गए आपातकाल ने भी नई पार्टियों को जन्म दिया। कुछ पूर्व महाराजाओं और जमींदारों के स्वार्थ, क्षेत्रीय आकांक्षाओं को पूरा करने के लिए राष्ट्रीय राजनीति या केंद्र

सरकार की विफलता, विचारधाराओं और राजनीतिक असहमति के आधार पर बड़े दलों के बीच विभाजन भी कारण बने। ये पार्टियाँ आमतौर पर एक राज्य या किसी विशेष क्षेत्र में सीमित चुनावी आधार के साथ संचालित होती हैं। वे जातीय, सांस्कृतिक और भाषायी आधार पर क्षेत्रीय हित के लिए काम करते हैं। उदाहरण के लिए, केवल उस राज्य के मूल निवासियों के लिए नौकरियों में सीटों के आरक्षण की माँग। यह आमतौर पर स्थानीय और क्षेत्रीय मुद्दों पर केंद्रित हैं। इनकी केंद्र में सरकार बनाने में कोई दिलचस्पी नहीं है। इनकी भारत में अधिक राजनीतिक स्वायत्तता की इच्छा है।

दरअसल, 1952-64 तक का तो काल नेहरू युग रहा और सभी जगह कांग्रेस ही रही, लेकिन नेहरू के देहांत के बाद 1967 के चुनाव में हालात पहले जैसे नहीं रहे। लोकसभा चुनावों में आठ राज्यों में कांग्रेस को बहुमत नहीं मिला और लोकसभा में कुल उसकी सीटें 54 फीसद पर रह गईं। 1964-1977 के दौर में कांग्रेस में विभाजन हुआ और बाद में गुजरात में मोरारजी देसाई और बिहार में जयप्रकाश नारायण के आंदोलनों ने पार्टी की स्थिति खराब कर दी। हालात इतने बुरे हो गए कि 1975 में इंदिरा गांधी को आपातकाल लगाना पड़ा। राजनीतिक स्थिति खराब होने के कारण लगनेवाला यह आपातकाल देश में पहला और अकेला रहा। आज भी जब भी कभी किसी पार्टी के लिए विपरीत स्थिति होती है तो राजनीतिक दल जनता को डराने के लिए इमरजेंसी के भूत की याद दिलाते हैं। (इसका एक रूप हमें क्षेत्रीय दलों के शासन के रूप में मिलता है। बिहार में लालू प्रसाद यादव के शासन की याद नीतीश कुमार के समर्थक इसलिए दिलाते रहते थे और रहे हैं, ताकि उनका शासन फिर से न आने पाए।) कहने के लिए सर्वसम्मत सरकारों का दौर भी यहीं से शुरू होता है, लेकिन कांग्रेस के लिए बुरा दौर यहीं से शुरू होता है। 1980-89 के बीच अगर देश में कई क्षेत्रीय पार्टियों का गठन हुआ तो इसके लिए कांग्रेस की अंदरूनी कलह ज्यादा जिम्मेदार बताई गई, या यह भी कहा जा सकता है कि ज्यादातर क्षेत्रीय दलों की जननी कांग्रेस ही रही है। उसके कार्यकलापों से क्षेत्रीय नेता खुश नहीं रहे और अति होने पर उन्होंने अपना दल सजा लिया। ममता बनर्जी इसकी ताजा उदाहरण हैं और शरद पवार को हम सब जानते हैं। (आगे इस विषय पर आप पूरा लेख देख सकते हैं।)

1952 से लेकर 1989 तक, जब तक केंद्र में एकदलीय सरकारें रहीं, क्षेत्रीय राजनीति संघीय व्यवस्था पर हावी नहीं हो पाई। हालाँकि ऐसा भी नहीं था कि क्षेत्रीय राजनीति बिल्कुल हाशिए पर थी। आंध्र प्रदेश के स्वतंत्रता सेनानी पोट्टि श्रीरामुलु वे व्यक्ति थे, जिन्होंने 58 दिनी अनशन और प्राण त्यागकर 1953 में तत्कालीन नेहरू सरकार को राज्य पुनर्गठन आयोग गठित करने के लिए विवश किया था। तब जाकर भाषायी आधार पर राज्यों का गठन किया गया।

भारत में समय-समय पर अलग-अलग क्षेत्रीय पार्टियों का गठन होता रहा है और ये देश के संसदीय लोकतंत्र में अपनी भूमिका निभाती रही हैं। शिरोमणि अकाली दल और जम्मू एंड कश्मीर नेशनल कॉन्फ्रेंस जैसी कुछ पार्टियाँ तो 1947 में देश के स्वतंत्र होने से भी पहले गठित हो गई थीं। लेकिन ज्यादातर दूसरी क्षेत्रीय पार्टियाँ स्वतंत्रता मिलने के बाद ही गठित हुई हैं। क्षेत्रीय दलों की श्रेणी में रखी जानेवाली पार्टियों का विकास खासतौर पर 1967 में तेज हुआ, जब देश के स्वतंत्रता संग्राम में खास भूमिका निभानेवाली इंडियन नेशनल कांग्रेस पार्टी की देश के मतदाताओं पर पकड़ ढीली होने लगी। 1967 के चौथे आम चुनावों में गैर-कांग्रेसवाद की संकल्पना से अनेक राज्यों में कांग्रेस विरोधी मोर्चे का गठन किया गया। अनेक कांग्रेसी नेताओं ने क्षेत्रीय पार्टियाँ बना लीं। किसानों के सर्वमान्य नेता चौधरी चरण सिंह ने कांग्रेस में रहते हुए उत्तर प्रदेश के मँझोले व पिछड़े वर्गों के भीतर अपना अलग जनाधार तैयार किया और पार्टी से अलग होते ही 'भारतीय क्रांति दल' का गठन किया। 1967 में हुए आम चुनावों के पश्चात् केंद्र में तो कांग्रेस की सरकार बन गई, लेकिन 17 राज्यों में से 9 राज्यों में ही उसे बहुमत प्राप्त हो सका। राज्यों की राजनीति में क्षेत्रीय तथा गैर-कांग्रेसी दलों की गठबंधन सरकारों का दौर शुरू हो गया।

क्षेत्रीय पार्टियों ने लोकप्रियता हासिल कर राष्ट्रीय पार्टियों के सामने चुनौती पेश कर दी। इन्होंने राष्ट्रीय पार्टियों की ओर से क्षेत्र या राज्य विशेष की राजनीतिक और आर्थिक उपेक्षा को अपना आधार बनाया और आगे बढ़ीं। 1989 से लेकर 2009 तक अर्थात् 9वीं लोकसभा से 15वीं लोकसभा तक कोई भी राष्ट्रीय पार्टी क्षेत्रीय दलों के सहारे के बिना केंद्र में सरकार बना पाने की स्थिति में नहीं रह गई थी। 2013 के अंत में 5 राज्यों में हुए विधानसभा चुनावों में क्षेत्रीय पार्टियाँ कुछ खास तो नहीं कर पाईं, लेकिन दिल्ली में आम आदमी पार्टी का उभरना एक महत्त्वपूर्ण घटना रही। आम आदमी पार्टी के तेवर कभी भी प्रादेशिक पार्टी के नहीं रहे। अन्य राज्यों में चुनाव लड़ने की उसकी कोशिशें जारी रहीं और पंजाब में तो उसे 2017 के चुनावों में खासी सफलता भी मिली। कुछ चूक नहीं होती तो सरकार भी उसकी बननी तय था और अब उसकी यही कोशिश 2022 के चुनावों में है। 2022 में तो उसे हम कई अन्य राज्यों में भी ताल ठोंकते हुए देख सकते हैं।

वैसे सबसे पुरानी क्षेत्रीय पार्टियों में शामिल शिरोमणि अकाली दल की स्थापना 1920 में धार्मिक संगठन शिरोमणि गुरुद्वारा प्रबंधक समिति (एस.जी.पी.सी.) ने की, ताकि वह ब्रिटिश हुकूमत के दौरान अविभाजित पंजाब में सिखों की मुख्य प्रतिनिधि बन सके। इसी प्रकार, द्रविड़ मुन्नेत्र कड़गम (डी.एम.के.) की स्थापना 1949 में मद्रास (चेन्नई) में सी.एन. अन्नादुरई ने की थी। 'द्रविड़' शब्द द्रविड़ जाति का प्रतीक है। मुन्नेत्र शब्द का अर्थ है—प्रगतिशील और कड़गम का अर्थ है—संगठन। पार्टी

का गठन मुख्य रूप से दक्षिण भारत में उत्तर भारत के बढ़ते प्रभाव और ब्राह्मण जाति के खिलाफ किया गया था। 1972 की शुरुआत में डी.एम.के. विभाजित हो गई और अक्तूबर 1972 में डी.एम.के. के कोषाध्यक्ष, प्रसिद्ध फिल्म अभिनेता एम.जी. रामचंद्रन ने अपनी खुद की पार्टी बनाई और इसका नाम 'अन्ना द्रविड़ मुन्नेत्र कड़गम' रखा। बाद में पार्टी का नाम बदलकर 'ऑल इंडिया अन्ना द्रविड़ मुन्नेत्र कड़गम' कर दिया गया। (विस्तार से अंतिम अध्याय)

एक पार्टी, जो लोकसभा चुनाव या चार राज्यों में विधानसभा चुनावों में कुल वोटों का कम-से-कम 6 प्रतिशत हासिल करती है और लोकसभा में कम-से-कम चार सीटें जीतती है, उसे राष्ट्रीय पार्टी के रूप में मान्यता दी जाती है। एक पार्टी, जो किसी राज्य की विधानसभा के चुनाव में कुल मतों का कम-से-कम 6 प्रतिशत हासिल करती है और कम-से-कम दो सीटें जीतती है, उसे राज्य पार्टी के रूप में मान्यता दी जाती है।

भारत के चुनाव आयोग के अनुसार, भारत में 2000 से अधिक राजनीतिक दल हैं, जिनमें आठ 'मान्यता प्राप्त राष्ट्रीय' और 50 से अधिक 'मान्यता प्राप्त राज्य' दल शामिल हैं। 8 राष्ट्रीय दलों—भारतीय राष्ट्रीय कांग्रेस, भारतीय जनता पार्टी, राष्ट्रवादी कांग्रेस पार्टी, कम्युनिस्ट पार्टी, बहुजन समाज पार्टी, राष्ट्रीय जनता दल, अखिल भारतीय तृणमूल कांग्रेस और नेशनल पीपुल्स पार्टी के अलावा देश के अधिकांश प्रमुख दलों को चुनाव आयोग द्वारा 'राज्य दलों' के रूप में वर्गीकृत किया गया है। इन्हें आमतौर पर क्षेत्रीय दलों के रूप में जाना जाता है। फिर भी इन दलों को अपनी विचारधारा या दृष्टिकोण में क्षेत्रीय होने की आवश्यकता नहीं है। इनमें से कुछ दल अखिल भारतीय दल हैं, जो केवल कुछ राज्यों में ही सफल हुए हैं। लगभग दो दर्जन दल ऐसे भी हैं, जिन्हें अब तक मान्यता नहीं मिली है। इनमें से कई अपने राज्य में सत्ता में हैं तो कुछ अपनी बारी का इंतजार कर रहे हैं। वैसे भले ही चुनाव आयोग की गणित के अनुसार राष्ट्रवादी कांग्रेस पार्टी (एन.सी.पी.), बहुजन समाजवादी पार्टी (बसपा), राष्ट्रीय जनता दल (बिहार का आर.जे.डी.), तृणमृल कांग्रेस (टी.एम.सी.) और नेशनल पीपुल्स पार्टी ऐसी 'राष्ट्रीय' पार्टियाँ हैं; क्योंकि इनका प्रभाव क्षेत्रीय स्तर पर ही है, इसलिए उन्हें हम क्षेत्रीय दल मानते हुए ही इनकी चर्चा करेंगे।

बसपा का उत्तर प्रदेश में बड़ा प्रभाव है और सन् 2000 के बाद के दशक में इसके सांसदों की संख्या 13 (13वीं लोकसभा), 14 (14वीं लोकसभा), 21 (15वीं लोकसभा) रही है, लेकिन बाकी राज्यों में इसका प्रभाव क्षीण ही रहा है। आर.जे.डी. और एन.सी.पी. का भी यही हाल रहा है और यह क्रमश: बिहार और महाराष्ट्र में ही प्रभावी रहे हैं। सबसे रोचक कहानी कभी पी.ए. संगमा के नेतृत्ववाली एन.पी.पी. की है। जो मेघालय की तो मूल पार्टी है और अरुणाचल तथा मणिपुर में भी उसके विधायक हैं।

पी.ए. संगमा के बेटे कॉनराड संगमा मेघालय से मुख्यमंत्री हैं। कुल वोटों की संख्या हो सकता है कि किसी एक बड़ी लोकसभा के वोटों से भी कम हो। और हमारे लोकतंत्र की खासियत भी यही है कि आज एन.पी.पी. एक राष्ट्रीय दल है। (इसमें हमारा इन्हें कमतर मानने का उद्देश्य कतई नहीं है।) एक और रोचक तथ्य है कि कुछ राज्य ऐसे भी हैं, जहाँ प्रादेशिक दलों का बड़े स्तर पर प्रभाव ही नहीं है। वहाँ लड़ाई सीधे कांग्रेस और भाजपा के बीच ही हो रही है। कुछ राज्य ऐसे भी हैं, जहाँ कांग्रेस का निशान पंजा, दो पत्तियों ने मुरझा दिया है। यहाँ बात पश्चिम बंगाल की हो रही है। और ऐसे ही भाजपा भी कुछ राज्यों में काफी कमजोर है।

देश में नब्बे और बाद के दशक के बाद से राजनीति का संतुलन बदला और अब भारत के आधे से ज्यादा राज्यों में क्षेत्रीय दलों का बोलबाला है। कई राज्यों में वे अपने बूते सत्ता की बागडोर भी थामे हुए हैं तो अनेक राज्यों में राष्ट्रीय दलों के साथ सत्ता में साझीदार हैं।

भारत में क्षेत्रीय दलों के कई प्रकार आप मान सकते हैं। क्षेत्रीय संस्कृति और जातीयता पर आधारित दल शिरोमणि अकाली दल, झारखंड मुक्ति मोर्चा, मिजो नेशनल फ्रंट आदि हैं। राष्ट्रीय दल में फूट से बनी पार्टियों का अलग और समृद्ध इतिहास है। कांग्रेस से निकली पार्टियाँ कई सरकारों में राज कर रही हैं। तृणमूल कांग्रेस (वैसे तकनीकी रूप से अभी राष्ट्रीय दल है), एन.सी.पी. और उत्तर-पूर्व के दलों का अपने-अपने राज्यों में बोलबाला है। बहुत पहले ओडिशा में कांग्रेस से निकल 'उत्कल कांग्रेस' बनी। बीजू पटनायक ने राज्य में अलग इतिहास रचा। बीजू की पार्टी फिर जनता दल के साथ हो गई और बाद में तो जैसा हम जानते हैं कि उनके बेटे नवीन पटनायक ने तो अलग ही कहानी रच दी। उन्होंने 'बीजू जनता दल' बनाया और अब पिछले पाँच कार्यकाल से लगातार ओडिशा के मुख्यमंत्री हैं। 'केरल कांग्रेस' भी कांग्रेस से ही निकली पार्टी है। दूसरी तरफ कांग्रेस की जड़ों को काटकर बननेवाली पार्टियाँ। कुछ पार्टियाँ तो नेताओं के करिश्माई व्यक्तित्व पर आधारित रहीं, जैसे—लोक जनशक्ति पार्टी, हिमाचल विकास कांग्रेस और हरियाणा विकास पार्टी आदि। कई राज्यों में कांग्रेस से टूटकर छोटे-छोटे दल बने। कुछ चले, कुछ वक्त के साथ दफन हो गए। लेकिन राजनीति में तड़का उन पार्टियों का ज्यादा बड़ा रहा, जिन्होंने करिश्माई व्यक्तित्व के साथ जाति का घालमेल किया और बड़ी पार्टियों के रूप में उभरीं। लालू प्रसाद यादव के नेतृत्व में राष्ट्रीय जनता दल और उसके अलावा मुलायम सिंह यादव की पार्टी समाजवादी पार्टी का अलग ही स्थान है। मुलायम के बुजुर्ग होने के बाद अखिलेश यादव तो एक बार पार्टी से मुख्यमंत्री भी रह चुके हैं और राजद की ओर से लालू के छोटे और तेज-तर्रार तेजस्वी इसी कतार में दिखते हैं।

क्षेत्रीय दलों के बढ़ते अस्तित्व के कारण ही 2014 के पहले लगभग दो दशकों

तक गठबंधन सरकारों का दौर रहा। 2014 और 2019 के दो आम चुनावों में, गठबंधन की राजनीति की 25 साल की मजबूरियों को तोड़ते हुए, एक ही पार्टी (भाजपा) को अपने दम पर पूर्ण बहुमत मिला। हालाँकि सरकार अब भी कई राजनीतिक दलों के गठबंधन से बनी है। लेकिन 2019 के आम चुनाव के बाद महाराष्ट्र, हरियाणा, दिसंबर 2020 में झारखंड और मार्च-अप्रैल 2021 में पश्चिम बंगाल, तमिलनाडु, पुडुचेरी और केरल विधानसभा चुनाव परिणामों ने सिद्ध कर दिया कि क्षेत्रीय पार्टियों का अस्तित्व अभी समाप्त होनेवाला नहीं है, बल्कि उनके विकास की असीम संभावनाएँ हैं।

क्षेत्रीय दल मानते हैं कि केवल वे ही किसी विशेष क्षेत्र के लोगों के लिए विकास ला सकते हैं। सभी क्षेत्रीय दलों की एक खासियत यह है कि ये सभी एक ऐसे नेता के इशारे पर चलते हैं, जिसकी सत्ता को पार्टी के अंदर कोई चुनौती नहीं दे सकता। संक्षेप में कहें तो इन्हें कोई एक नेता और उसके विश्वासपात्र चला रहे हैं। उनके परिवार के सदस्य और रिश्तेदारों का भी पार्टी के कामकाज में खासा दखल रहता है। इसलिए सामान्यतौर पर ऐसी पार्टियों का अस्तित्व भी उनका संचालन करनेवाले नेता के जीवनकाल से काफी नजदीक से जुड़ा है। दरअसल, उन क्षेत्रीय पार्टियों के सामने अस्तित्व का भी संकट रहता है, जिसकी स्थापना करनेवाले का कोई परिवारजन पार्टी सँभालनेवाला नहीं होता। अतीत में ऐसे कई दल हुए, जो उसके संस्थापक के साथ ही खत्म या न्यूनतम स्थिति पर आ गए।

क्षेत्रीय दलों के उदय ने निर्विवाद रूप से भारत में चुनावी राजनीति की प्रकृति को बदल दिया है। क्षेत्रीय दलों के बारे में एक आम मिथक यह है कि उनका उदय, परिभाषा के अनुसार, राष्ट्रीय दलों के कद को मिटाता जा रहा है और लगातार कम करता जा रहा है। लेकिन वास्तव में, 1980 के दशक के अंत और 1990 के दशक की शुरुआत में क्षेत्रीय दलों की स्थिति में अभूतपूर्व वृद्धि के बाद, राष्ट्रीय स्तर पर चुनावी प्रतिस्पर्धा के पैटर्न ने आश्चर्यजनक रूप से स्थिर शक्ति-संतुलन हासिल किया है।

दरअसल, जब तक क्षेत्रीय दलों की भूमिका राज्यों तक सीमित रही, तब तक दौर दूसरा रहा, लेकिन 1989 के बाद 25 सालों तक जो दौर चला, खासतौर से राजीव गांधी की हत्या के बाद कांग्रेस में नेतृत्व समस्या और देश की बिगड़ती अर्थव्यवस्था के बाद हालात बिल्कुल बदल गए। चमकदार गठबंधन की राजनीति का दौर आया, जिसमें एक पल हालात कुछ होते तो दूसरे पल कुछ और। फैसले हो नहीं पाते और हो भी जाते तो लागू होने में दिक्कतें होतीं। जाति और समुदाय की राजनीति का दौर और उनका दबाव केंद्र पर बढ़ता गया। कई विशेषज्ञों ने इसे 'संघवाद का उचित प्रस्फुटन' कहा।

पिछले पाँच चुनावों में राष्ट्रीय दलों और 'बाकी', जिसका अर्थ है—मुख्य रूप से क्षेत्रीय दलों द्वारा जीता गया कुल वोट शेयर आश्चर्यजनक रूप से दरशाता है कि इन

दोनों समूहों की संबंधित लोकप्रियता एक स्थिर होल्डिंग पैटर्न में है। 1996 में पहली बार क्षेत्रीय दलों द्वारा जीते गए वोटों के हिस्से ने 50 प्रतिशत अंक को तोड़ दिया। फिर कुछ हलचल हुई। 1999 तक क्षेत्रीय दलों का वोट शेयर 48 प्रतिशत तक गिर गया था। 2004 तक उनका वोट शेयर 51 प्रतिशत तक वापस आ गया। 2019 के चुनावों में मामूली वृद्धि से पहले तेजी से खंडित वोट ने लोकसभा चुनावों में क्षेत्रीय दलों द्वारा जीती गई सीटों के हिस्से को प्रभावित किया है। वर्तमान में, क्षेत्रीय दलों का 41 प्रतिशत सीटों पर कब्जा है। यह वास्तव में पिछले दो चुनावी चक्रों से गिरावट है। क्षेत्रीय दलों का वोट शेयर 2009 में अपने उच्चतम स्तर (53 प्रतिशत) पर पहुँच गया, लेकिन क्षेत्रीय दलों को आवंटित सीटों के हिस्से में विखंडन के कारण गिरावट आई।

2009 के आम चुनाव में, मायावती की बहुजन समाज पार्टी ने पूरे भारत में 543 निर्वाचन क्षेत्रों में से 500 उम्मीदवारों को मैदान में उतारा (संयोग से, यह किसी भी अन्य पार्टी से अधिक है)। फिर भी, पार्टी ने अपने गढ़ उत्तर प्रदेश में केवल 21 सीटों पर कब्जा किया। उसके उम्मीदवार कुल मिलाकर 72 निर्वाचन क्षेत्रों में शीर्ष दो में रहे। इसकी तुलना कांग्रेस के साथ करें, जिसने 440 सीटों पर चुनाव लड़ा, 206 सीटें जीतीं। भाजपा को तब 116 सीटें मिलीं और 110 अन्य सीटों पर दूसरे स्थान पर रही। राज्यों पर क्षेत्रीय दलों का नियंत्रण 1997 में चरम पर था और तब से लगातार कम होता जा रहा है।

2012 में, अखिलेश यादव, जब वे सिर्फ अड़तीस साल के थे, उत्तर प्रदेश में अपनी समाजवादी पार्टी (सपा) को बहुमत के साथ सत्ता में लाए। इसके पहले मुलायम सिंह यादव के नेतृत्व में सपा की सत्ता के आखिरी वर्षों (2003 से 2007) को खुले तौर पर भ्रष्टाचार और कानून-व्यवस्था के टूटने के रूप में चिह्नित किया गया था, जिसके परिणामस्वरूप 2007 में राज्य के चुनावों में पार्टी की हार हुई थी। 2012 में जब अखिलेश की सरकार आई तो यह उम्मीद की जा रही थी कि अखिलेश अपने पिता के साथ चलती रही छवि को तोड़ देंगे। पर ऐसा नहीं हुआ। ममता बनर्जी, एक पूर्व कांग्रेस नेता, जिन्होंने पश्चिम बंगाल में अपनी तृणमूल कांग्रेस बनाने के लिए पार्टी छोड़ दी थी, को भी उस बदलाव के लिए सम्मानित किया गया था, जिसे उन्होंने 2011 में चुने जाने पर देने का वादा किया था। 2016 के बाद ममता दीदी ने अपनी धमक 2021 के विधानसभा चुनावों में भी बदस्तूर कायम रखी। यह भी सिद्ध हो गया कि प्रधानमंत्री नरेंद्र मोदी जैसे दमदार लोकप्रिय नेता के मैदान में होते हुए भी विधानसभा चुनाव में जीत की कोई गारंटी नहीं दी जा सकती।

मुलायम सिंह यादव, मायावती, अनुप्रिया पटेल, लालू प्रसाद यादव, नीतीश कुमार, नवीन पटनायक, अरविंद केजरीवाल, उद्धव ठाकरे, प्रकाश सिंह बादल, जयंत चौधरी (पुत्र अजित सिंह) जैसे क्षेत्रीय नेता आज भी एक वर्ग विशेष और क्षेत्र में लोकप्रिय हैं,

जो अपने वर्चस्व वाले राज्यों में सत्ता के समीकरण बनाते-बिगाड़ते रहे हैं।

उत्तर प्रदेश में जब तक 2022 के विधानसभा चुनाव नहीं हुए थे। तब तक स्थितियाँ अलग थीं और जैसे ही चुनाव के नतीजे आए तो कई के गुब्बारे फूट गए और कुछ ने दूसरी जगह बनाने में सफलता पाई। निश्चित रूप से वो अलग लड़ते, तो उतनी सफलता भी नहीं मिलती। यहाँ मैं जयंत सिंह की 'राष्ट्रीय लोकदल' को भी इसमें शामिल करता हूँ। असदुद्दीन ओवैसी की ए.आई.एम.आई.एम. को बड़ा खिलाड़ी या भाजपा के लिए समर्थक माना जा रहा था, खोखला दल ही निकला। उसे नोटा (NOTA) से भी कम वोट मिले, लेकिन यह भी सच है कि सात सीटें भाजपा ने जीतीं, जिनमें ए.आई.एम.आई.एम. को जितने वोट मिले, भाजपा का जीत का अंतर उससे कम मतों का था, यानी ए.आई.एम.आई.एम. नहीं होती तो भाजपा का जीतना मुश्किल होता। यू.पी. में 'आम आदमी पार्टी' का वोट शेयर मात्र 0.35 फीसद ही रहा, जो नोटा से भी कम था। खासतौर से यह देखते हुए पंजाब में 'आम आदमी पार्टी' ने रिकॉर्ड तोड़ 80 फीसद सीटें जीतते हुए इतिहास कायम किया।

ओ.पी. राजभर की 'सुहेलदेव भारतीय समाज पार्टी', अनुप्रिया पटेल की नेतृत्ववाली 'अपना दल' (एस), संजय निषाद की देखरेख में चलनेवाली 'निषाद पार्टी', 'जे.एस.डी.एल.' आदि ऐसी पार्टियाँ रहीं, जिन्होंने गठजोड़ कर अपना आधार ही नहीं बढ़ाया, बल्कि मत फीसद भी बढ़ाया।

वैसे क्षेत्रीय दलों को लेकर एक अलग बहस अकसर और अंतहीन चलती रहती है। क्या क्षेत्रीय दल देश की संप्रुभता में भी कभी बाधक हो सकते हैं? खासतौर से सीमावर्ती राज्यों में यह सवाल उठता रहा है। जम्मू-कश्मीर और उत्तर-पूर्व के एकाध राज्यों को छोड़ दें तो इसके आसार कम ही दिखते हैं। वैसे क्षेत्रीय दल देश-प्रदेश की राजनीति और विकास में महत्त्वपूर्ण भूमिका निभा रहे हैं, इसलिए कहा जा सकता है कि देश में क्षेत्रीय दलों का पनपना इसी तरह जारी रहेगा।

संदर्भ

1. 'इंडिया स्पीचेज एंड इंट्रोडक्शन'—विंस्टन चर्चिल
2. 'भारतीय शासन व राजनीति'—मॉरिस जोन्स (अनुवादित)

□

2

जाति और धर्म की राजनीति से पनपे दल

धर्म और जाति की राजनीति भारत में कितनी पुरानी है, यह सही-सही बता पाना बेहद मुश्किल है। दक्षिण एशिया के इस हिस्से में ईसा से भी सैकड़ों साल पहले जब जातियाँ बनीं, तभी से उनमें वर्चस्व बनाए रखने की राजनीति शुरू हुई। यह बताने की जरूरत नहीं कि उस राजनीति में कौन जीता और कौन हाशिए पर चला गया। जब इस क्षेत्र में अन्य धर्मों की दस्तक हुई तो धर्म के नाम पर लोगों और समुदायों को संगठित करने की राजनीति भी शुरू हुई। राजाओं ने राजनीतिक वर्चस्व कायम रखने के लिए समय-समय पर खास धर्म अपनाए और बेहिचक बदले। मगर यह सब इस पुस्तक का विषय नहीं है। हम यहाँ बात करते हैं देश में आजादी के बाद जाति और धर्म की राजनीति पर और इससे पनपे राजनीतिक दलों पर।

15 अगस्त, 1947 को जब प्रधानमंत्री जवाहरलाल नेहरू के नेतृत्व में पहली कार्यवाहक सरकार बनी तो उसमें सभी विचारधाराओं और धर्मों का प्रतिनिधित्व रखने की कोशिश की गई। हालाँकि इससे पहले ही मोहम्मद अली जिन्ना की धर्म की राजनीति या धर्म और कौम आधारित राष्ट्रवाद देश का विभाजन करा चुका था। विभाजन की बड़ी त्रासदी का सबक जल्द ही भुला दिया गया और देश में धर्म तथा जाति राजनीति तेजी से जड़ें जमाने लगी। विश्लेषक यह मानते हैं कि हम भारतीयों का एक बड़ा वर्ग अपने समुदाय या जाति को वोट देने में ज्यादा रुचि रखता है। इसके कारण कई हो सकते हैं, पर इनको लगता है कि अपने समुदाय का नेता उनका ज्यादा हित कर सकता है। 1951-52 में जब पहले लोकसभा चुनाव हुए तो चुनावी अखाड़े में ऐसी कई पार्टियाँ थीं, जो किसी खास जाति या धर्म के अधिकारों की बात करते हुए देश या क्षेत्र विशेष की राजनीति में अपनी जगह बनाने की कोशिश कर रही थीं। इनमें भारतीय जनसंघ, अखिल भारतीय रामराज्य परिषद, हिंदू महासभा खुद को हिंदू नेशनलिस्ट पार्टी बता रहे थे और

हिंदू अधिकारों की बात कर रहे थे। इसी तरह इंडियन मुसलिम लीग मुसलमानों तथा पंजाब में शिरोमणि अकाली दल सिख अधिकारों की राजनीति कर रहा था। तमिलनाडु में वनियार जाति के वोटों पर तमिलनाडु टोयलर्स पार्टी की नजर थी। दलितों को एकजुट और संगठित करने के लिए बी.आर. आंबेडकर की शेड्यूल कास्ट्स फेडरेशन भी चुनाव मैदान में थी। दक्षिण में जस्टिस पार्टी द्रविड़ों को लुभाने की कोशिश कर रही थी। इसी तरह पंजाब में डिप्रेस्ड क्लास लीग बन गई थी। पूर्वोत्तर में खासी और जेंतिया जनजातीय समुदाय को लुभाने के लिए खासी-जेंतिया दरबार के रूप में एक अलग राजनीतिक पार्टी शक्ल ले चुकी थी। कुकी समुदाय के लिए कुकी नेशनल एसोसिएशन नामक पार्टी मैदान में थी।

एक तरफ कांग्रेस पर शुरू में ही यह आरोप लगा कि वह मुसलिम तुष्टीकरण को बढ़ावा दे रही है तो दूसरी तरफ हिंदू राष्ट्रवाद की राजनीति करनेवाली पार्टियों को शुरू में कोई खास सफलता नहीं मिली। शायद उसकी एक वजह यह भी थी कि श्यामाप्रसाद मुखर्जी खुद नेहरू मंत्रिपरिषद को सुशोभित कर रहे थे। इसलिए उन्हें सफलता के लिए लंबा इंतजार करना पड़ा। विभाजन के दर्द से उबर रही पीढ़ी को मरहम पर ज्यादा यकीन था। इसी तरह मुसलिम अधिकारों की बात करनेवाली मुसलिम लीग भी राष्ट्रीय राजनीति में कोई खास प्रभाव नहीं छोड़ पाई। हाँ, आजादी से पहले ही गठित हो जानेवाला शिरोमणि अकाली दल पंजाब में सत्ता तक 1967 में ही पहुँच गया।

मगर जातीय राजनीति करनेवाले दल तेजी से सफल हुए। सफलता की सीढ़ी चढ़नेवालों में दक्षिण में द्रविड़ राजनीति करनेवालों ने पहले बाजी मारी। इसके पीछे ई पेरियार जैसे महानुभावों द्वारा समाज में पिछड़े माने जानेवाले तबकों में पैदा की गई जागृति मुख्य कारण थी। निकोलस ड्रिक्स की पुस्तक 'कास्ट्स ऑफ माइंड : कॉलोनियलिज्म एंड द मेकिंग मॉडर्न इंडिया' के अनुसार द्रविड़ समुदाय में चेतना भरने के लिए पेरियार ने 1944 में 'द्रविडार कड़गम' बनाकर आत्मसम्मान आंदोलन या यों कहें कि स्वाभिमान आंदोलन शुरू किया था। यह सिर्फ एक सामाजिक आंदोलन था, न कि कोई राजनीतिक पार्टी। इसी तरह गेल ओमवेद्त अपनी पुस्तक 'दलित विजन्स : द एंटी कास्ट मूवमेंट एंड द कंस्ट्रक्शन ऑन एन इंडियन आइडेंटिटी' में लिखते हैं कि इंडियन नेशनल कांग्रेस से जुड़े तमिल सुधारक ई.वी. रामासामी नायक्कर ने 1919 में सबसे पहले कांग्रेस के ब्राह्मणवादी नेतृत्व का खुला विरोध किया था। पेरियार भी तमिलनाडु में द्रविड़ों को निचले दर्जे पर रखने और ब्राह्मण वर्चस्व के विरोधी थे।

मार्गरेट रोस बर्नेट की पुस्तक 'प्रीहिस्टरी एंड हिस्टरी ऑफ द डी.एम.के.', जिसकी विस्तृत समीक्षा 1977 में पत्रकार एन. राम ने की थी, में द्रमुक के गठन की वजह पेरियार की दूसरी शादी बताई गई है। 1949 में 72 वर्षीय पेरियार ने अपनी ही

पार्टी की नेता 31 वर्षीय मणियामयी से शादी कर ली। पहले यह समझा जा रहा था कि उनके भतीजे ई.वी.के. संपथ पेरियार की विरासत के हकदार हैं, मगर शादी कर पेरियार ने अपनी विरासत मणियामयी को सौंप दी। इससे नाराज होकर उनके अनेक अनुयायियों ने द्रविडार कड़गम छोड़कर सी.एन. अन्नादुरई के नेतृत्व में द्रविड़ मुन्नेत्र कड़गम (डी.एम.के.) नाम से अलग पार्टी बना ली। पार्टी ने राज्य में हिंदी विरोधी आंदोलन कर तमिलनाडु के लोगों पर पकड़ बनाई। इसका नतीजा यह हुआ कि 1967 में मद्रास प्रोविंस में द्रमुक की सरकार बन गई। अन्नादुरई के बाद एम. करुणानिधि के नेतृत्व में पार्टी लगातार मजबूत होती गई। प्रसिद्ध अभिनेता एम.जी. रामचंद्रन भी पार्टी से जुड़ गए, मगर 1972 में करुणानिधि से टकराव के बाद एम.जी.आर. ने ऑल इंडिया अन्ना द्रविड़ मुन्नेत्र कड़गम (अन्नाद्रमुक) नाम से अलग पार्टी बना ली। उसके बाद राज्य की सत्ता इन दोनों दलों के बीच ही उलट-पलट होती रही।

कांग्रेस के बाद अकाली दल देश की दूसरी सबसे पुरानी पार्टी है। इसका गठन 14 दिसंबर, 1920 में हुआ था। इस पार्टी का मुख्य उद्देश्य सिखों को एक राजनीतिक आवाज के रूप में बुलंद कर पंथक राजनीति करना था। आजादी के बाद 1950 में पार्टी ने संत फतेह सिंह के नेतृत्व में 'पंजाबी सूबा आंदोलन' शुरू किया। पार्टी की माँग थी कि पंजाबी बोलनेवालों के लिए अलग राज्य होना चाहिए। 1 नवंबर, 1966 को पंजाबी भाषी बाहुल्य अलग राज्य पंजाब बना दिया गया। इसके बाद 1967 में हुए विधानसभा चुनाव में ही अकाली दल सत्ता में आ गया। हालाँकि पार्टी के बड़े नेताओं में सत्ता पर कब्जे को लेकर झगड़ा शुरू हो गया और पार्टी दो हिस्सों में टूट गई। सरकार अपना कार्यकाल पूरा नहीं कर पाई। बाद में अकाली दल की विरासत को प्रकाश सिंह बादल ने शिरोमणि अकाली दल बनाकर आगे बढ़ाया। इस तरह अकाली दल पंथक राजनीति का एक बहुत ही सफल उदाहरण है। (पार्टी के बारे में विस्तार से अगले अध्याय में पढ़ें।)

कहने को कुछ भी कहें, धर्मनिरपेक्षता के तमगे के साथ सही, राष्ट्रीय स्तर पर धर्म की राजनीति का सबसे सफल उदाहरण भारतीय जनता पार्टी है। इसके लिए उसने जनसंघ की स्थापना से लेकर जनता पार्टी से होते हुए भारतीय जनता पार्टी बनने तक लंबा सफर तय किया है। चूँकि पुस्तक क्षेत्रीय दलों की भूमिका पर केंद्रित है, इसलिए हम इसके बहुत विस्तार में नहीं जा रहे। क्षेत्रीय दलों में धर्म की राजनीति में सफल रहनेवाली पार्टियों में शिवसेना का नाम प्रमुखता से लिया जा सकता है। बाल ठाकरे के नेतृत्व में शिवसेना महाराष्ट्र में एक बड़ी ताकत बनकर उभरी। पार्टी ने हिंदू अधिकारों को मुद्दा बनाकर अपना राजनीतिक आधार मजबूत किया।

इसी तरह ए.आई.एम.आई.एम. के असदुद्दीन ओवैसी मुसलिम समाज की राजनीति का एक सफल होता चेहरा बनकर उभरे। वैसे तो ए.आई.एम.आई.एम. यानी

ऑल इंडिया मजलिस-ए-इत्तेहादुल मुसलिमीन की जड़ें काफी पुरानी हैं। 1927 में मजलिस-ए-इत्तेहादुल मुसलिमीन (एम.आई.एम.) की स्थापना हैदराबाद स्टेट के किलेदार नवाब महमूद नवाज खान ने हैदराबाद के निजाम उस्मान अली खान की सलाह पर की थी। 12 नवंबर, 1927 को पार्टी की पहली बैठक हुई थी। पार्टी ने हैदराबाद के भारत में विलय का विरोध किया और 1948 में एम.आई.एम. को प्रतिबंधित कर दिया गया। पार्टी नेता कासिम रिजवी ने हैदराबाद के विलय के विरोध में करीब डेढ़ लाख रजाकार यानी लड़ाके इकट्ठे कर लिये थे। कासिम रिजवी को गिरफ्तार कर 1948 में जेल में डाल दिया गया और 1957 में उसे इस शर्त पर छोड़ा गया कि वह पाकिस्तान चला जाएगा। पाकिस्तान ने उसे राजनीतिक शरण दे दी थी। रिजवी ने पाकिस्तान जाने से पहले एम.आई.एम. की जिम्मेदारी एक वकील अब्दुल वाहिद ओवैसी को सौंप दी। अब्दुल वाहिद ओवैसी ने इसका नाम बदलकर ए.आई.एम.आई.एम. यानी ऑल इंडिया मजलिस-ए-इत्तेहादुल मुसलिमीन कर दिया। अब्दुल वाहिद के बाद 1975 में उनके बेटे सुल्तान सलाहुद्दीन ओवैसी ने ए.आई.एम.आई.एम. की कमान सँभाली। उन्हें विधानसभा चुनाव में पत्थर घाटी और चारमीनार में सफलता मिली, बाद में याकूतपुरा से जीते। 1984 से 2004 तक वे हैदराबाद सीट से लगातार जीतते रहे। वर्ष 2008 में सुल्तान सलाहुद्दीन के बेटे असदुद्दीन ओवैसी ने पार्टी की कमान सँभाली। उसके बाद पार्टी ने आंध्र प्रदेश और महाराष्ट्र में भी अपना जनाधार बढ़ाया। बिहार, बंगाल और उत्तर प्रदेश में भी उम्मीदवार उतारे। बिहार में उसे समुचित सफलता भी मिली। 21वीं सदी के दूसरे दशक में पार्टी मुसलिमों के बीच तेजी से अपना जनाधार बढ़ा रही है।

दूसरी ओर हिंदू महासभा, करपात्री महाराज की अखिल भारतीय रामराज्य परिषद, बाबा जयगुरुदेव की दूरदर्शी पार्टी, हिंदू स्वराज संगठन, आजाद हिंदू फौज (राजकीय), अखिल भारतीय हिंदू शक्ति दल, जय माँ काली निगरानी समिति, सतयुग पार्टी, मध्य प्रदेश की सर्वधर्म पार्टी, हिंदू प्रजा पार्टी जैसी कई पार्टियाँ धर्म के नाम पर मैदान में कूदीं, मगर सफल नहीं हुईं।

मुसलिम अधिकारों की राजनीति की बात करनेवाली इंडियन मुसलिम लीग भी भारत में सफल नहीं हुई। माफियाओं ने भी खुद को राजनीतिक ताकत बनाने के लिए धर्म की आड़ लेकर राजनीतिक पार्टियाँ खड़ी कीं। इनमें मुंबई के डॉन कहे जाते माफिया सरगना हाजी मस्तान का नाम लिया जा सकता है। हाजी मस्तान ने 1983 में मुसलिम अधिकारों की बात करते हुए 'भारतीय माइनॉरिटीज सुरक्षा महासंघ' बनाया। 1994 में अपनी मौत तक हाजी मस्तान ही पार्टी अध्यक्ष रहा। हालाँकि इस पार्टी को कोई सफलता नहीं मिली।

दूसरी ओर जाति और समुदाय की राजनीति करनेवाली पार्टियों में कई सफल उदाहरण हैं। जब मंडल आयोग की सिफारिशें लागू की गईं तो इसने पिछड़ा वर्ग मानी

गई जातियों में बड़ा ध्रुवीकरण किया और कई राजनीतिक दल सामने आए। उत्तर प्रदेश में मुलायम सिंह यादव और बिहार में लालू प्रसाद यादव यादवों के बड़े नेता बनकर उभरे। नीतीश कुमार कुर्मियों के नेता बने। समाजवादी पार्टी, राष्ट्रीय जनता दल और जनता दल यूनाइटेड की सफलता की गाथा किसी से छुपी नहीं है। पश्चिमी उत्तर प्रदेश और हरियाणा में चौधरी चरण सिंह और देवीलाल, जो किसान राजनीति करते रहे, वह असल में जाट समुदाय की ही राजनीति थी। लोकदल के नेता के रूप में चौधरी चरण सिंह इस देश के प्रधानमंत्री बने और बाद में देवीलाल भी उप-प्रधानमंत्री के पद तक पहुँचे। कांशीराम द्वारा स्थापित बहुजन समाज पार्टी पूरे उत्तर भारत में दलित राजनीति का एक प्रमुख चेहरा बनी। दक्षिण में सिर्फ द्रमुक और अन्नाद्रमुक ही नहीं, एस. रामदौस की पट्टली मक्कल काची (एस. रामदास) की राजनीतिक जमीन भी दक्षिण के पिछड़ा वर्ग समझे जानेवाले वनियार समुदाय को जोड़कर तैयार की गई।

तमिलनाडु में वनियार समुदाय की आबादी करीब 10 फीसद मानी जाती है। इनमें चिंगलपट, उत्तरी अरकोट, दक्षिण अरकोट और सलेम जिलों में तो इनकी आबादी 25 फीसद तक है। परंपरागत तौर पर अधिकांश वनियार खेतिहर मजदूर थे, मगर राजनीतिक चेतना बढ़ने के बाद करीब आधी जमीन के मालिक बन चुके हैं। वनियार समुदाय में राजनीतिक जागृति लानेवालों में एस.एस. रामासामी पदायची और एस. रामदोस का नाम प्रमुखता से लिया जाता है। 1951 में रामासामी पदायची ने दक्षिण अरकोट और सलेम के वनियारों को एकजुट कर 'तमिलनाडु टोइलर्स पार्टी' बनाई। उसी समय उत्तरी अरकोट और चेंगलपट्टू के वनियार समुदाय को अपने साथ जोड़कर वकील एम.ए. मनिकवेलु नैकर ने 'कॉमन वेल पार्टी' बनाई। 1952 में पहले ही लोकसभा चुनाव में टोइलर्स पार्टी ने चार सीटें जीतीं। सत्तर के दशक के अंत में एस. रामदोस ने 'वनियार संगम' बनाया और 1987 में इस संगम ने वनियार आरक्षण की माँग को लेकर तमिलनाडु में प्रदर्शन किया। इसमें दलितों के 1400 से ज्यादा घर जला दिए गए। इसके बाद 1989 में मुख्यमंत्री बने द्रमुक के.एम. करुणानिधि ने अति पिछड़े समुदाय को 20 फीसद आरक्षण देने का प्रावधान किया। इस सफलता से उत्साहित एस. रामदोस ने 16 जुलाई, 1989 को 'पट्टली मक्कल काची' नाम से नई पार्टी बना ली।

तमिलनाडु के वनियार की तरह ही कर्नाटक में वोक्कालिगा समुदाय को बड़ी राजनीतिक ताकत माना जाता है। कांग्रेस हो या भाजपा, सत्ता की सीढ़ी इसी समुदाय के समर्थन से होकर जाती है। एच.डी. देवगौड़ा, येदियुरप्पा अपनी सामुदायिक राजनीतिक ताकत के दम पर ही राज्य के मुख्यमंत्री बने। देवगौड़ा तो प्रधानमंत्री भी रहे।

जातीय राजनीति का रूप पंजाब में भी उतना ही मजबूत दिखता है। जहाँ जट सिख का राजनीति पर पूरी तरह दबदबा है। सरकार चाहे कांग्रेस की रहे या अकाली दल की,

अधिकांश मुख्यमंत्री जट सिख समुदाय से ही रहा है। इसी तरह हरियाणा में यह कहावत बहुत मशहूर है कि मुख्यमंत्री तो जाट ही होगा। हरियाणा की राजनीति में तीन लाल मशहूर हुए और इनमें दो देवीलाल और बंसीलाल जाट समुदाय से थे, जबकि भजन लाल, बिश्नोई या यों कहें कि गैर-जाट। यह बात दूसरी है कि पिछले दो कार्यकाल से मनोहर लाल खट्टर ने सत्ता पर अपनी खाट बिछा रखी है।

राज्यों की राजनीति में धर्म और जाति की राजनीति का इधर बोलबाला बढ़ा है, खासतौर से उत्तर बिहार में। उत्तर प्रदेश, जहाँ पहले मुसलमानों को लेकर ही ज्यादा पार्टियाँ बनने का दौर रहा, वहाँ अब छोटी-छोटी जातियों के भी नेताओं ने अपने दलों की घोषणा करने में कोई कोताही नहीं की। अल्पसंख्यकों के लिए पीस पार्टी जैसे दल बने तो निषादों के लिए निषाद पार्टी और राजभरों के लिए ओ.पी. राजभर ने अलग पार्टी बना ली। राजभरों के लिए तो यू.पी. में दो दल बन गए। कुर्मी और भूमिहारों के लिए अलग कोशिशें हुईं। उत्तर प्रदेश के चुनावों में अकेले भले ही इनकी भूमिका ज्यादा नजर नहीं आती, पर प्रमुख दलों के साथ गठजोड़ की स्थिति इनकी बेहतर ही है।

बिहार में तो बहुत पहले से यह सिलसिला शुरू हो गया। कुशवाहा समाज के लिए राष्ट्रीय लोक समता पार्टी के नेता उपेंद्र कुशवाहा ने पद भी हासिल किए और रुतबा भी। बिहार विधानसभा में विपक्ष के नेता भी बने और केंद्र में मंत्री पद को भी सुशोभित किया। लेकिन बाद में 2020 के चुनाव में बुरी तरह से हारने के बाद अपनी पार्टी का विलय नीतीश कुमार के जनता दल यूनाइटेड में कर दिया और अब फिलहाल विधान पार्षद हैं। फिल्मों से पैसा कमाने के बाद विकासशील इनसान पार्टी (वी.आई.पी.) पार्टी बनाने के बाद मुकेश सहनी एन.डी.ए. के घटक दल हैं और नीतीश कुमार मंत्रिपरिषद में मंत्री भी हैं। 'हम' पार्टी बनाकर आगे आए जीतन राम माँझी अति दलितों के बड़े नेता हो गए। भूले-भटके एक बार मुख्यमंत्री भी बन गए। अपने दम पर कई बार सांसद बन चुके पप्पू यादव को आप भले ही यादव समाज का नेता न मानें, लेकिन क्षेत्रीय नेता के तौर पर उनकी भूमिका कोई नहीं नकार सकता। अब पप्पू यादव भी कांग्रेस की ओर पींगे बढ़ा रहे हैं। उन्होंने कोविड काल के दौरान जितना बिहार में काम किया, वह उनकी क्षेत्रीय नेता की भी छवि तोड़ता है, पर संसद और विधानसभा के लिए उन्हें अभी और इंतजार करना पड़ रहा है। अल्पसंख्यकों के लिए अलग राजनीति होती रहती है, पर उसमें भी अब उप-समूहों के लिए बड़ी कोशिशें होने लगी हैं। पसमंदा समाज के नेता अपने लिए अलग जगह माँगने लगे हैं।

दलित राजनीति भी देश में खूब हुई। असम में 'यूनाइटेड माइनॉरिटीज फ्रंट असम' बना। अनेक छोटे दल भी बने। इनमें शोषित समाज दल, भरिपा बहुजन महासंघ जैसी पार्टियाँ शामिल हैं, मगर ये अपनी कोई छाप छोड़ने में विफल रहीं। आनेवाले दिनों की

राजनीति का आकलन करनेवालों का मानना रहा है कि लगभग हर राज्य में विभिन्न जातियों और धर्मों के छोटे-छोटे समूह अपना दबाव बढ़ाएँगे और जरूरत पड़ी तो नए दल भी उभरकर अपनी माँग को और तेज करेंगे।

(वैसे यहाँ एक सर्वे का उल्लेख किया जाना रोचक रहेगा, जिसके अनुसार अपनी जाति और धर्म में अगर वोट देने की बात की जाए तो मध्य प्रदेश के लोग सबसे आगे दिखे। दो-तिहाई लोगों ने अपनी जाति में ही वोट देने की बात की। जबकि सबसे कम यह आँकड़ा आंध्र प्रदेश और तेलंगाना में रहा।)

□

3

अलग राज्य की माँग से पनपे दल

आजादी के बाद देश में सबसे पहला और बड़ा काम राज्यों के पुनर्गठन का था। अनेक क्षेत्रों में जाति, भाषा और संस्कृति के आधार पर बने संगठनों ने अपने इलाकों के लिए अलग राज्य का दर्जा दिलाने के लिए संघर्ष भी शुरू कर दिया था। पहले अलग राज्य के दर्जे की माँग को लेकर संघर्ष समितियाँ बनीं और फिर उनमें से ही कई बड़े दल के रूप में पनपे और अपने लिए राजनीति की एक मजबूत जमीन तैयार की। आजादी के बाद शुरू हुई इस तरह की राजनीति आज भी विभिन्न क्षेत्रों में जारी है और भविष्य में भी जारी रहेगी। आजादी से पहले अंग्रेजों के समय प्रिंसली स्टेट की व्यवस्था थी, यानी रजवाड़ों और जागीरदारों के रूप में ही राज्य का दर्जा ज्यादातर बँटा हुआ था। आजादी के बाद 1948 में राज्य पुनर्गठन के प्रयास शुरू किए गए। इसमें प्रिंसली स्टेट को नकारकर भाषा और क्षेत्रीय विशेषताओं के आधार पर राज्यों के पुनर्गठन के नए पैमाने बनाए गए। इसके बाद राज्य पुनर्गठन के लिए एक और आयोग बना। उसके बाद नए राज्य बनने का सिलसिला भी चल निकला। बॉम्बे स्टेट टूटकर मौजूदा गुजरात और महाराष्ट्र दो राज्य अस्तित्व में आए। असम से नागालैंड अलग हुआ और पंजाब से अलग होकर हरियाणा राज्य बना। उत्तराखंड, झारखंड से लेकर तेलंगाना तक बड़े राज्यों से अलग होकर छोटे राज्यों का बनना बदस्तूर जारी है। अब कई क्षेत्रों में अलग राज्यों की माँग चल रही है।

सच्चाई तो यह है कि देश में अलग राज्य के लिए जितनी भी माँगें चल रही हैं, अगर उन सभी को मान लिया जाए तो भारत में 50 राज्य से ज्यादा होंगे। केंद्रीय गृह मंत्रालय के पास अलग राज्यों की माँग के 20 से ज्यादा ज्ञापन हैं। इनमें मणिपुर से अलग कुकुलैंड बनाने की माँग, तमिलनाडु से अलग कोंगूनाडु, कर्नाटक से अलग तुलुनाडु, उत्तरी बंगाल में अलग कामतापुर, उत्तर प्रदेश के चार राज्य अवध प्रदेश, पूर्वांचल,

बुंदेलखंड और पश्चिमांचल या हरित प्रदेश की माँग 2010 में मायावती की सरकार के समय जोर-शोर से उठी थी। इसके अलावा एक ब्रज प्रदेश बनाने की भी माँग है, जिसे उत्तर प्रदेश के आगरा मंडल और राजस्थान के भरतपुर तथा मध्य प्रदेश के ग्वालियर को मिलाकर बनाने का तर्क दिया जा रहा है। इसी तरह उत्तर प्रदेश के पूर्वी हिस्से और बिहार तथा छत्तीसगढ़ के कुछ हिस्से को मिलाकर भोजपुर राज्य बनाने की माँग भी केंद्रीय गृह मंत्रालय तक पहुँच चुकी है। महाराष्ट्र के विदर्भ को अलग राज्य बनाने की माँग तो काफी पुरानी है। पश्चिम बंगाल से दार्जिलिंग और इसके आसपास के इलाके को अलग कर गोरखालैंड बनाने का आंदोलन लंबे समय से जारी है। पश्चिमी असम में अलग बोडोलैंड की माँग के साथ 'बोडो आंदोलन' ने हिंसक रूप भी लिया। असम में ही कार्बी समुदाय भी अपने लिए अलग कार्बी अंगलोंग प्रदेश की माँग कर रहा है। दिमासा समुदाय असम और नागालैंड के एक हिस्से को मिलाकर अलग दिमाराजी या दीमालैंड बनाने की माँग कर रहा है। बिहार और झारखंड के नेपाल की तराई वाले हिस्सों को मिलाकर अलग मिथिलांचल बनाने की माँग भी है। गुजरात में अलग सौराष्ट्र प्रदेश बनाने की माँग है। कर्नाटक में अलग कूर्ग स्टेट की माँग चली आ रही है। मौजूदा ओडिशा, झारखंड और छत्तीसगढ़ के एक हिस्से को मिलाकर अलग कोसल राज्य बनाने की माँग तो आजादी के बाद ही शुरू हो गई थी और अब तक चली आ रही है। दक्षिण भारत में पश्चिमी घाट के कोंकणी भाषी इलाके अलग कोंकण प्रदेश की माँग करते आ रहे हैं। पश्चिम बंगाल के कूचबिहार और जलपाईगुड़ी को मिलाकर कामतापुर बनाने की माँग है। मेघालय के गारो इलाके में गारोलैंड की माँग है।

इस पुस्तक के लिखे जाने तक देश में तेलंगाना सहित 29 राज्य थे। देश में अलग राज्यों की माँग इतनी ज्यादा क्यों है और इसके पीछे क्या राजनीति है, इसे समझने के लिए हमें इतिहास को भी टटोलना चाहिए। 1947 में अंग्रेज जब विदा हो रहे थे, तब देश में 565 रजवाड़े (प्रिंसली स्टेट्स) थे, इनके अलावा हजारों की संख्या में जमींदारी स्टेट्स और जागीरें थीं। 26 जनवरी, 1950 को जब संविधान लागू हुआ, देश में 28 राज्य और 9 केंद्रशासित प्रदेश थे, जो अलग-अलग रजवाड़ों और जागीरदारों के क्षेत्रों को मिलाकर बनाए गए थे। इसके साथ ही कुछ राज्यों को आपस में विलय करने की और कई जगह अलग राज्य की माँग भी उठने लगी थी। सरकार ने भाषायी और क्षेत्रीय समानताओं को प्राथमिकता देते हुए राज्यों के पुनर्गठन के लिए 'राज्य पुनर्गठन आयोग' की स्थापना जून 1948 में कर दी थी। इसे 'लिंगुइस्टिक प्रोविंस कमीशन' या 'अकाधर कमीशन' भी कहा जाता है। बाद में प्रधानमंत्री जवाहरलाल नेहरू ने दिसंबर 1953 में अलग 'स्टेट्स रीऑर्गेनाइजेशन कमीशन' की स्थापना की। यह सुप्रीम कोर्ट के पूर्व न्यायाधीश फजल अली के नेतृत्व में बना था। आयोग ने अपनी रिपोर्ट 30 सितंबर, 1954

को सौंपी। इसके आधार पर 31 अगस्त, 1956 को राज्य पुनर्गठन कानून अस्तित्व में आया। इसके बाद बहुत से राज्यों को मिलाकर एक कर दिया और कुल 14 राज्य तथा 6 केंद्रशासित प्रदेश रह गए। जो 14 नए राज्य बने, उनमें आंध्र प्रदेश में आंध्रा स्टेट और हैदराबाद स्टेट को मिलाकर एक कर दिया गया था। असम, जम्मू-कश्मीर, उड़ीसा और उत्तर प्रदेश में कोई बदलाव नहीं था। बिहार को थोड़ा छोटा किया गया, उसका पुरुलिया क्षेत्र पश्चिमी बंगाल को दे दिया गया। बॉम्बे स्टेट को सौराष्ट्र स्टेट, कच्छ, बेरार और नागपुर जिले तथा हैदराबाद स्टेट का मराठवाड़ा क्षेत्र देकर और बड़ा कर दिया गया, जबकि इसका दक्षिणी इलाका मैसूर स्टेट को दे दिया गया। त्रावणकोर-कोचीन स्टेट और मद्रास प्रेसीडेंसी के कासरगोड तालुक तथा दक्षिण केनरा जिलों को मिलाकर केरल राज्य बनाया गया। त्रावणकोर-कोचीन के दक्षिणी हिस्से मद्रास स्टेट को दे दिए गए। पंजाब में पटियाला एंड ईस्ट पंजाब स्टेट यूनियन (पेप्सू) को शामिल कर इसे और बड़ा कर दिया गया था।

इस तरह पं. जवाहरलाल नेहरू ने राज्यों के पुनर्गठन का कानून लाकर एक उलटी गंगा बहा दी थी। कई राज्यों को मिलाकर एक कर दिया गया था। ऐसे में जब भाषायी और क्षेत्रीय आधार पर लोग एकजुट होकर क्षेत्रीय विकास की बात कर रहे थे, कई पुराने राज्यों को मिलाकर बड़े राज्य बना दिए गए थे। इसके बाद तो देश में एक नए तरह की राजनीति ने जोर पकड़ा और अलग राज्यों की माँग के आंदोलन बढ़ गए। जो भी राजनीति में आना चाहते थे, उनके लिए ये आंदोलन एक बेहद आसान रास्ता साबित होने लगे और देखते-ही-देखते देश के ज्यादातर राज्यों में अलग राज्य की माँग जोर पकड़ती गई।

साधना शर्मा की पुस्तक 'स्टेट पॉलिटिक्स इन इंडिया' के अनुसार भाषा के आधार पर अलग राज्य की माँग देश में काफी पुरानी है। ऐसी माँग सबसे पहले अंग्रेजों के शासन में 1895 में अलग उड़िया प्रांत के लिए उठी थी। समाज सुधारक और वकील मधुसूदन दास, जिन्हें 'उड़िया राष्ट्रवाद का जनक' भी कहा जाता है, ने अंग्रेजों के समय ही अलग उड़ीसा प्रांत के गठन में महत्त्वपूर्ण भूमिका निभाई थी।

इसलिए क्षेत्रीय राष्ट्रवाद को कम आँकना एक तरह से नेहरू की भूल थी। नेहरू के बड़े राज्यों के प्रयोग के खिलाफ तत्काल बाद ही पहला बड़ा आंदोलन बॉम्बे स्टेट में शुरू हुआ। उत्तर के गुजराती भाषी हिस्सों में अलग महागुजरात आंदोलन शुरू हुआ तो दक्षिण के मराठी राष्ट्रवादियों ने संयुक्त महाराष्ट्र आंदोलन शुरू किया। इसका नतीजा यह हुआ कि 1 मई, 1960 को बॉम्बे स्टेट को तोड़कर दो नए राज्य गुजरात और महाराष्ट्र अस्तित्व में आए। नेहरू के समय में ही बॉम्बे स्टेट से दो अलग नए राज्य बन गए थे।

'महागुजरात' शब्द के बारे में कहा जाता है कि इसे लेखक और राजनीतिज्ञ कन्हैयालाल माणिकलाल मुंशी ने गढ़ा था। गुजराती और मराठी भाषियों के विरोध आंदोलनों को थामने के लिए नेहरू ने एक फॉर्मूला सुझाया था, जिसके तहत बॉम्बे स्टेट को तीन हिस्सों महाराष्ट्र, गुजरात और केंद्रशासित बॉम्बे में बाँटा जाना था। मगर तब बॉम्बे स्टेट के मुख्यमंत्री मोरारजी देसाई इसके खिलाफ थे। बॉम्बे को अलग करना संयुक्त महाराष्ट्र की माँग कर रहे लोगों को भी पसंद नहीं आया। मोरारजी देसाई के रुख के खिलाफ छात्रों ने अहमदाबाद में कांग्रेस कार्यालय के बाहर प्रदर्शन किया। यह प्रदर्शन हिंसक हुआ तथा कुछ छात्र मारे गए। राजनीति से रिटायर होने जा रहे इंदुलाल यागनिक ने छात्रों की मौत के बाद मोर्चा सँभाला और 'महागुजरात जनता परिषद' का गठन कर आंदोलन को नई धार दी। हालाँकि इस आंदोलन से दो अलग राज्य बने, मगर राजनीतिक नेतृत्व कांग्रेस के हाथ में ही रहा। कांग्रेस के जीवराज मेहता गुजरात के पहले मुख्यमंत्री बने और यशवंतराव चव्हाण महाराष्ट्र के पहले मुख्यमंत्री बने।

अब आते हैं अलग महाराष्ट्र के आंदोलन पर। यह आंदोलन 6 फरवरी, 1956 को शुरू हो गया था, यानी बॉम्बे स्टेट के पुनर्गठन की प्रक्रिया के मूर्त रूप लेने से भी पहले। इसी दिन वामपंथी नेता श्रीपद अमृत डांगे के नेतृत्व में 'संयुक्त महाराष्ट्र आंदोलन समिति' का गठन हुआ। इस आंदोलन ने महाराष्ट्र को कई नेता दिए, जिनमें समाजवादी माधव जोशी, नारायण गणेश गोरे, उद्धवराव पाटिल, मधु दंडवते आदि शामिल हैं।

इस तरह अलग राज्य बनने का सिलसिला एक बार शुरू हुआ तो और तेजी से आगे बढ़ा। 1 दिसंबर, 1963 को असम से अलग होकर नागालैंड बना। इसके लिए अंगामी जपु फिजो के नेतृत्व में नगा नेशनल काउंसिल ने आंदोलन चलाया। यह आंदोलन हिंसक रूप भी ले गया। फिजो को देश छोड़कर जाना पड़ा। मगर जल्द ही नागालैंड अलग राज्य बना और पी. शिलु अयो नागालैंड के पहले मुख्यमंत्री बने, जो 'नगा आंदोलन' के एक प्रमुख कार्यकर्ता रहे थे। उन्होंने साठ के दशक में नगा पीपुल्स कन्वेंशन से अपनी राजनीति शुरू की थी। नगा पीपुल्स कन्वेंशन ने उत्तर-पूर्व में कांग्रेस की राजनीतिक जमीन छीननेवाले नेता पैदा किए।

इस तरह अलग राज्य की माँग के साथ उठे आंदोलन उस समय हर राज्य में छाई कांग्रेस के खिलाफ सफलता का एक अचूक पैमाना माने जाने लगे और एक विकल्प की राजनीति उभरने लगी। नागालैंड के बाद पंजाब में भी पंजाबी भाषी और सिख बाहुल्य क्षेत्र को अलग राज्य का रूप देने तथा हिंदी भाषी क्षेत्र को हरियाणा के रूप में अलग राज्य बनाने की माँग शुरू हुई। अकाली नेता संत फतेह सिंह और तब तक कांग्रेस से ही जुड़े चौधरी देवीलाल ने इस राजनीति में खुद को एक अलग पहचान के साथ मजबूत किया। फलस्वरूप 1 नवंबर, 1966 को पंजाब और हरियाणा के रूप में दो अलग राज्य

सामने आए। इसका नतीजा यह निकला कि पंजाब में जहाँ कांग्रेस का वर्चस्व टूटा और 1967 में अकाली सरकार सत्ता में आई, वहीं हरियाणा में चौधरी देवीलाल का एक कद्दावर नेता के रूप में कांग्रेस से अलग उदय हुआ।

1972 में पूर्वोत्तर में तीन अलग राज्य—मणिपुर, मेघालय और त्रिपुरा बने। मणिपुर और त्रिपुरा तो केंद्रशासित प्रदेश थे, उसे पूर्ण राज्य का दर्जा मिला। आजादी के बाद मेघालय नाम से असम के दो जिलों को कुछ खास स्वायत्तता दी गई थी। मगर साठ के दशक में इन जिलों में असम से अलग कर एक पहाड़ी राज्य बनाने के लिए आंदोलन शुरू हो गया। 'ऑल पार्टी हिल लीडर कॉन्फ्रेंस' (ए.पी.एच.एल.सी.) ने इस आंदोलन का नेतृत्व किया। आंदोलन सफल हुआ और मेघालय अलग राज्य के रूप में सामने आया। ए.पी.एच.एल.सी. के अध्यक्ष विलियमसन अपांग संगमा मेघालय के पहले मुख्यमंत्री बने। वे 1990 तक दो बार प्रदेश के मुख्यमंत्री रहे। जहाँ तक ऑल पार्टी हिल लीडर्स कॉन्फ्रेंस का सवाल है तो वह अलग राज्य की लड़ाई में एक सफल राजनीतिक पार्टी बनकर उभरी। दस साल तक उसका मेघालय में दबदबा रहा और उसने चार मुख्यमंत्री इस प्रदेश को दिए।

1987 में केंद्रशासित गोवा, मिजोरम और अरुणाचल प्रदेश को अलग राज्य का दर्जा मिला। वर्ष 2000 में छत्तीसगढ़, झारखंड और उत्तराखंड तीन अलग राज्य अस्तित्व में आए। जितने लंबे आंदोलन इन तीन राज्यों में चले, अगर इन पर लिखा जाए तो कम ही सही, अलग-अलग लिखा जाए तो बड़ी पुस्तकें बनेंगी। छत्तीसगढ़ भले ही सन् 2000 में मध्य प्रदेश से अलग होकर नया राज्य बना, मगर इस क्षेत्र को अलग राज्य बनाने की माँग बहुत पुरानी थी। यह अंग्रेजों के समय 1920 से ही चली आ रही थी। 1924 में कांग्रेस के वार्षिक सम्मेलन में कांग्रेस की रायपुर इकाई ने बाकायदा छत्तीसगढ़ को अलग राज्य बनाने की माँग उठाई थी। राज्य पुनर्गठन आयोग के सामने 1954 में भी यह माँग जोर-शोर से रखी गई, मगर इसे स्वीकार नहीं किया गया। नब्बे के दशक में चंदूलाल चंद्राकर ने नए राज्य की माँग के साथ 'छत्तीसगढ़ राज्य निर्माण मंच' की स्थापना की। इस मंच ने कई आंदोलन और हड़तालें कीं। मध्य प्रदेश में दोनों प्रमुख पार्टियों कांग्रेस और भाजपा दोनों ने ही अलग राज्य की माँग का समर्थन किया। अंतत: 1 अगस्त, 2000 को राजग सरकार की मंजूरी के बाद अलग छत्तीसगढ़ राज्य बना और मध्य प्रदेश दो राज्यों में बँट गया। इस आंदोलन से कांग्रेस और भाजपा के ही नेता जुड़े थे, इसलिए छत्तीसगढ़ में भी इन दोनों ही पार्टियों का दबदबा रहा।

झारखंड के निर्माण के साथ ही 'झारखंड मुक्ति मोर्चा' के रूप में एक क्षेत्रीय दल का मजबूत उभार हुआ। बिहार से अलग झारखंड राज्य बनाने का आंदोलन भी छह दशक से ज्यादा पुराना है, लेकिन माँग और पुरानी है। झारखंड मुक्ति मोर्चा ने 1991 के

आम चुनाव में छह लोकसभा सीटों पर जीत दर्ज की। वर्ष 2000 में अलग झारखंड राज्य बनने पर शिबू सोरेन राज्य के पहले मुख्यमंत्री बने। उनके पुत्र हेमंत सोरेन ने भी 29 दिसंबर, 2019 को सत्ता में वापसी की और दूसरी बार राज्य के मुख्यमंत्री बने। (विस्तार से आप झारखंड मुक्ति मोर्चा के अध्याय में पढ़ सकते हैं।)

झारखंड की तरह ही उत्तराखंड को अलग राज्य बनाने की माँग भी आजादी से पहले से चली आ रही थी। श्रीनगर में 5 से 6 मई, 1938 में कांग्रेस का जो दो दिवसीय वार्षिक अधिवेशन हुआ था, उसमें भी यह माँग उठी थी। हालाँकि इससे पहले पं. हरगोविंद बल्लभ पंत और बद्री दत्त पांडे सितंबर 1916 में 'कुमाऊँ परिषद' का गठन कर चुके थे। इस परिषद का उद्देश्य पहाड़ी क्षेत्र की सामाजिक और आर्थिक समस्याओं को हल करना था। वर्ष 1926 में इस 'कुमाऊँ परिषद' का विलय इंडियन नेशनल कांग्रेस में हो गया, मगर यूनाइटेड प्रोविंस से अलग पहाड़ी राज्य की माँग वक्त-वक्त पर उठती रही। आजादी के बाद इस माँग को 1954 में उत्तर प्रदेश विधान परिषद में सदस्य इंद्रा सिंह नायल ने उठाया। उन्होंने अलग राज्य की पूरी कार्य-योजना भी बनाकर तत्कालीन मुख्यमंत्री गोविंद बल्लभ पंत को सौंपी। उसके बाद 1955 में जस्टिस फजल अली के नेतृत्व में बने राज्य पुनर्गठन आयोग ने भी केंद्र की नेहरू सरकार से पहाड़ी क्षेत्र को अलग राज्य बनाने की सिफारिश की थी। मगर अलग राज्य नहीं बना। 12 मई, 1970 को तत्कालीन प्रधानमंत्री इंदिरा गांधी ने स्वयं इस मुद्दे पर ध्यान देने की बात कही। उत्तर प्रदेश सरकार और केंद्र से लगातार उदासीनता बने रहने पर अलग राज्य के मुद्दे को लेकर पहाड़ के प्रख्यात सामाजिक कार्यकर्ता और पर्यावरणविद् बिपिन चंद्र त्रिपाठी ने देवी दत्त पंत, इंद्रमणि बडोनी और काशी सिंह एरी के साथ मिलकर 26 जुलाई, 1979 को नैनीताल में 'उत्तराखंड क्रांति दल' का गठन किया।

इस पार्टी ने अलग उत्तराखंड राज्य के लिए लंबा संघर्ष किया। 1987 में उत्तराखंड क्रांति दल ने प्रस्ताव पारित कर नया राज्य बनाने का संकल्प लिया। वर्ष 1994 में इस आंदोलन ने और जोर पकड़ा तथा 'उत्तराखंड संघर्ष समिति' के बैनर तले छात्र और सरकारी कर्मचारी भी अलग राज्य की माँग के समर्थन में एकजुट हो गए। तत्कालीन मुख्यमंत्री मुलायम सिंह यादव ने अलग उत्तराखंड की माँग को मानने से इनकार कर दिया। इसके विरोध में उत्तराखंड क्रांति दल के नेताओं ने आमरण अनशन शुरू कर दिया। राज्य सरकार में उत्तराखंड से जुड़े कर्मचारी हड़ताल पर चले गए। पूरे पहाड़ी क्षेत्र में एक ही नारा गूँजता था—'कोदा-झंगोरा खाएँगे, अपना उत्तराखंड बनाएँगे।' उत्तराखंड आंदोलन संघर्ष समिति के आह्वान पर 2 अक्तूबर, 1994 को दिल्ली पहुँचकर जंतर-मंतर पर प्रदर्शन करना तय किया गया। दूसरी ओर उत्तर प्रदेश की मुलायम सिंह सरकार ने तय किया कि किसी भी कीमत पर आंदोलनकारियों को आगे नहीं जाने दिया जाएगा। पहले

नारसन बॉर्डर पर नाकाबंदी हुई। सैकड़ों बसों के काफिले में सवार आंदोलनकारियों के हुजूम के आगे प्रशासन बेबस हो गया। काफिला आगे बढ़ा तो 2 अक्तूबर, 1994 की रात रामपुर तिराहे पर उसे रोकने के लिए पुलिस प्रशासन पूरे दल-बल के साथ मुस्तैद था। काफिला आगे बढ़ा तो पुलिस ने फायरिंग कर दी। प्रदर्शनकारियों में महिलाएँ भी थीं, जिनसे बदसलूकी और बलात्कार किया गया। पूरी रात यह कहर चलता रहा। तब कुछ स्थानीय लोग प्रदर्शनकारियों की मदद के लिए आगे आए। इस घटना में आठ प्रदर्शनकारी शहीद हुए। मुलायम सिंह हमेशा के लिए पहाड़ के खलनायक हो गए। पहाड़ में समाजवादी पार्टी पूरी तरह से सिमट गई।

आखिरकार लंबे संघर्ष के बाद 9 नवंबर, 2000 को उत्तराखंड एक अलग राज्य के रूप में अस्तित्व में आया। अलग राज्य बनने के बाद भी उत्तराखंड क्रांति दल, जो इस संघर्ष में सबसे आगे रहा, कोई खास बड़ी राजनीतिक ताकत नहीं बन सका। वहाँ सत्ता का झूला कांग्रेस और भाजपा के बीच ही झूलता रहा। अलग राज्य बनने के बाद 2002 में हुए पहले विधानसभा चुनाव में उत्तराखंड क्रांति दल ने राज्य की 70 में से 4 सीटों पर ही जीत दर्ज की। बिपिन चंद्र त्रिपाठी सदन में पार्टी नेता बने। उसके बाद 2007 के विधानसभा चुनाव में पार्टी ने तीन तथा 2012 में सिर्फ एक सीट पर जीत दर्ज की। 2017 के विधानसभा चुनाव में तो पार्टी का खाता तक नहीं खुला।

वर्ष 2000 के बाद 2 जून, 2014 में आंध्र प्रदेश के कुछ जिलों को मिलाकर अलग तेलंगाना राज्य बना। इसके साथ ही देश में 29 राज्य हो गए। आजादी के बाद तेलंगाना (हैदराबाद स्टेट) और आंध्र प्रदेश अलग राज्य बन गए थे, मगर 20 फरवरी, 1956 में आंध्र और तेलंगाना के नेताओं ने एक समझौता किया, जिसके बाद दोनों राज्यों का विलय कर आंध्र प्रदेश बनाया गया। विलय के इस समझौते को इतिहास में 'जेंटलमैन एग्रीमेंट ऑफ आंध्र प्रदेश' के रूप में दर्ज किया गया है। हालाँकि भाषायी आधार पर दोनों अलग क्षेत्र थे, एक कन्नड़ भाषी आबादी बाहुल्य था तो दूसरा तेलुगु भाषी। हालाँकि उस समय सत्तारूढ़ कांग्रेस के अधिकांश विधायक इस विलय के पक्ष में नहीं थे। जिन नेताओं ने विलय के समझौते पर हस्ताक्षर किए थे, उनमें आंध्रा स्टेट की ओर से तत्कालीन मुख्यमंत्री बी. गोपाल रेड्डी, नीलम संजीवा रेड्डी, गौथू लैट्चन्ना, अलुरी सत्यनारायण राजू तथा तेलंगाना की ओर से तत्कालीन मुख्यमंत्री बी. रामा कृष्णा राव, के.वी. रंगारेड्डी, एम. चेन्ना रेड्डी और जे.वी. नरसिंह राव शामिल थे। हालाँकि इस 'जेंटलमैन समझौते' का विरोध भी थोड़े समय बाद ही शुरू हो गया। 1969 में राज्य में तेलंगाना के पक्ष में 'जय तेलंगाना' और संयुक्त आंध्र के लिए 'जय आंध्रा आंदोलन' शुरू हो गए। इन प्रदर्शनों में छात्र भी कूद पड़े और इनकी वजह से राज्य के कई जिलों में कानून व्यवस्था की समस्याएँ खड़ी हो गईं। छात्र संगठन भी दो गुटों में बँट गए, एक

गुट कहता था कि आंध्र प्रदेश का विभाजन नहीं होगा और दूसरा गुट अलग तेलंगाना की बात करता था। 19 जनवरी, 1969 को तो ऐसा ही एक प्रदर्शन उस वक्त बड़ी हिंसा में बदल गया, जब भीड़ ने एक सब-इंस्पेक्टर के घर को आग लगा दी। पुलिस ने भी फायरिंग की। इस हिंसा में 17 लोग घायल हुए।

वर्ष 2000 में जब छत्तीसगढ़, झारखंड और उत्तराखंड के रूप में तीन अलग राज्य सामने आए तो अगले साल ही 27 अप्रैल, 2001 को आंध्र प्रदेश में के. चंद्रशेखर राव ने अपनी अलग पार्टी 'तेलंगाना राष्ट्रीय समिति' (टी.आर.एस.) के नाम से बनाई। टी.आर.एस. का एक सूत्रीय एजेंडा था—अलग तेलंगाना राज्य बनाना, जिसकी राजधानी हैदराबाद हो। अपनी अलग पार्टी बनाने से पहले के. चंद्रशेखर राव तेलुगु देशम पार्टी के नेता थे और डिप्टी स्पीकर के पद से इस्तीफा देकर अलग पार्टी खड़ी की। पार्टी को गठन के साथ ही बड़ी सफलता मिलती गई। गठन के दो माह के भीतर ही उसने तेलंगाना क्षेत्र की दो-तिहाई मंडल परिषद क्षेत्रीय सीटों पर और एक-चौथाई जिला परिषदों पर कब्जा कर लिया था। उसके बाद अलग तेलंगाना राज्य की माँग को लेकर एक लंबा संघर्ष चला। 2013 में जब केंद्र और राज्य दोनों ही जगह कांग्रेस की सरकार थीं, तब 30 जुलाई को कांग्रेस वर्किंग कमेटी में एकमत से अलग तेलंगाना राज्य बनाने का प्रस्ताव पारित किया गया। वर्ष 2004 में आंध्र चुनाव में टी.आर.एस. ने 26 विधानसभा और 5 लोकसभा सीटों पर जीत दर्ज की। वर्ष 2009 का चुनाव टी.आर.एस. ने तेलुगु देशम पार्टी और भाजपा के साथ मिलकर 45 विधानसभा और 9 लोकसभा सीटों पर लड़ा, मगर उसे 10 विधानसभा और 2 लोकसभा सीटों पर ही जीत मिली। इसे टी.आर.एस. के लिए एक बड़ी हार माना गया था। इसके बाद 2014 के चुनाव में टी.आर.एस. ने किसी से भी समझौता नहीं किया। पार्टी ने 17 में से 11 लोकसभा सीटों और 119 में से 63 विधानसभा सीटों पर बड़ी जीत दर्ज की। उसके बाद जून में तेलंगाना अलग राज्य भी बन गया। इस तरह टी.आर.एस. तेलंगाना की एक बड़ी पार्टी और के. चंद्रशेखर राव एक बड़े नेता के रूप में उभरे। उसके बाद 2018 में चंद्रशेखर राव ने विधानसभा भंग कर तेलंगाना बनने के बाद पहले विधानसभा चुनाव करवाए। इसमें पार्टी ने 119 में से 88 सीटों पर जीत दर्ज की। 2019 के आम चुनाव में भी पार्टी ने भाजपा और कांग्रेस से समान दूरी बनाते हुए चुनाव लड़ा और 9 सीटों पर जीत दर्ज की।

इस तरह आप देख सकते हैं कि अलग राज्य की राजनीति करने से कई दलों ने अपनी पकड़ और पहचान बनाई। इनमें सिर्फ पूर्वोत्तर के ही दल शामिल नहीं है, बल्कि पूर्व से पश्चिम तक और उत्तर से दक्षिण तक क्षेत्र तथा भाषा के नाम पर अलग राज्य की लड़ाई राजनीतिक जमीन तैयार करने का सबसे आसान और कारगर तरीका नेताओं

को लगता है। पंजाब से जब हरियाणा अलग हुआ तो पहली बार वहाँ अकाली अपनी सरकार बनाने में सफल हुए। हरियाणा में देवीलाल के रूप में एक बड़े नेता का उदय हुआ। महाराष्ट्र में मधु दंडवते उभरे और बाद में देश के रेलमंत्री भी रहे। बिहार में झारखंड मुक्ति मोर्चा और शिबू सोरेन नई ताकत बने। दक्षिण में टी.आर.एस. और के. चंद्रशेखर राव एक बड़ी मिसाल हैं। हालाँकि अलग राज्य की लड़ाई लड़नेवाले कुछ दल ऐसे भी रहे, जो लक्ष्य पाने के बाद भी अपनी बड़ी राजनीतिक जमीन बनाने में सफल नहीं हो सके। इनमें 'उत्तराखंड क्रांति दल' का उदाहरण भी लिया जा सकता है।

□

4

बरगद से उपजे कुछ फूल, कुछ काँटे

कांग्रेस में फूट और मतभेद का इतिहास काफी पुराना है। यहाँ तक कि आजादी से पहले 1907 में गरम दल और नरम दल के बीच पार्टी का ऐतिहासिक विभाजन हुआ था। मगर इस पुस्तक में हम बात करेंगे आजादी के बाद कांग्रेस से निकलकर बनी पार्टियों की। कई बड़े और दिग्गज नेताओं ने कांग्रेस से बगावत कर नए दल बनाए, मगर इनमें शुरुआत में भले ही कुछ सफल हुए हों, पर लंबी दौड़ में अव्वल तो क्या, रेस में भी शामिल होनेवाले कम रह गए।

सोशलिस्ट दल

हालाँकि कांग्रेस सोशलिस्ट पार्टी के रूप में संगठन का गठन 1934 में ही हो गया था। इनमें वे नेता थे, जो रूस में साम्यवाद से प्रभावित थे और गांधीजी के घोर अहिंसावाद से सहमत नहीं थे। इन सोशलिस्ट नेताओं में जयप्रकाश नारायण, आचार्य नरेंद्र देव, मीनू मसानी, डॉ. राममनोहर लोहिया, कमलादेवी चट्टोपाध्याय, अच्युत पटवर्धन, यूसुफ मेहर अली, अशोक मेहता आदि शामिल थे। आजादी की लड़ाई में यह संगठन कांग्रेस के साथ एक संयुक्त मोर्चा की तरह था। डॉ. राममनोहर लोहिया को प्रधानमंत्री जवाहरलाल नेहरू का कटु आलोचक माना जाता था। आजादी के बाद मार्च 1948 को नासिक सम्मेलन में उनके नेतृत्व में सोशलिस्ट दल ने कांग्रेस से अलग होने का फैसला किया। इसकी मुख्य वजह रीवा में 2 जनवरी, 1948 को किया गया आंदोलन था, जिसमें माँग की गई थी कि हमें चुनाव चाहिए, विभाजन रद्द करो। इस प्रदर्शन पर पुलिस ने गोलियाँ चला दी थीं और चार आंदोलनकारी मारे गए थे। सोशलिस्ट दल के कांग्रेस से अलग होने के बाद ही लोहिया फिर से इसमें शामिल हुए। 1949 में सोशलिस्ट पार्टी का दूसरा राष्ट्रीय सम्मेलन हुआ। इसी सम्मेलन में लोहिया ने 'चौखंबा राज्य' की कल्पना प्रस्तुत की थी।

इस दौरान 'हिंद किसान पंचायत' की भी स्थापना की गई। देश में पहले लोकसभा चुनाव से पहले लोहिया ने नेहरू के खिलाफ एक बड़ा ही रोचक नारा दिया था—'रोजी-रोटी कपड़ा दो, नहीं तो गद्दी छोड़ दो।' बाद में सोशलिस्ट पार्टी का प्रजा सोशलिस्ट पार्टी में विलय और अलगाव होता रहा। अब उत्तर प्रदेश समाजवादी पार्टी खुद को लोहिया की विरासत की पार्टी बताती है।

भारतीय जनसंघ

आजादी के बाद 15 अगस्त, 1947 को पं. जवाहरलाल नेहरू के नेतृत्व में जो पहली अंतरिम सरकार बनी, उसमें श्यामाप्रसाद मुखर्जी वाणिज्य एवं आपूर्ति मंत्री थे। उर्मिला शर्मा और एस.के. शर्मा की पुस्तक 'इंडियन पॉलिटिकल थॉट्स' के अनुसार, वैसे मुखर्जी हिंदू महासभा के नेता थे, मगर गांधीजी की हत्या के बाद श्यामाप्रसाद मुखर्जी ने खुद को महासभा से अलग कर लिया था। तब सरदार पटेल ने हिंदू महासभा पर यह आरोप लगाया था कि उसके द्वारा बनाए गए माहौल की वजह से ही गांधीजी की हत्या हुई है। इसके बाद श्यामाप्रसाद मुखर्जी ने हिंदू महासभा को सलाह भी दी कि वे अपनी राजनीतिक गतिविधियाँ लंबित कर दे। 8 अप्रैल, 1950 को नेहरू और पाकिस्तान के प्रधानमंत्री लियाकत अली खान के बीच पूर्वी पाकिस्तान के शरणार्थियों को लेकर जो 'दिल्ली पैक्ट' हुआ, उससे नाराज होकर श्यामाप्रसाद मुखर्जी ने और वित्तमंत्री के.सी. नियोगी ने नेहरू मंत्रिमंडल से इस्तीफा दे दिया। उसके बाद 21 अक्तूबर, 1951 को श्यामाप्रसाद मुखर्जी ने राष्ट्रीय स्वयंसेवक संघ के साथ मिलकर 'भारतीय जनसंघ' के नाम से एक अलग पार्टी की स्थापना की। 1977 में भारतीय जनसंघ का जनता पार्टी में विलय हो गया।

आजादी के बाद पहला बड़ा विभाजन : मोरारजी देसाई और इंदिरा गांधी के बीच टूटी कांग्रेस

वर्ष 1969 में मोरारजी देसाई जब कांग्रेस से अलग हुए तो शंकर दयाल शर्मा भी दो-चार सप्ताह के लिए अलग होकर मोरारजी के साथ चले गए थे। आजादी के बाद यह कांग्रेस का पहला बड़ा विभाजन था। डॉ. शंकर दयाल शर्मा अकसर यह बताते रहते रहे हैं कि वे इंदिराजी के कहने पर ही कांग्रेस से अलग हुए थे। उनसे कहा गया था कि वे अलग गुट के साथ पता लगाएँ कि संगठन के कागजातों के क्या हाल हैं? उन दिनों कांग्रेस का कार्यालय जंतर-मंतर पर हुआ करता था। शंकर दयाल शर्मा ने पहले उस पर कब्जा किया। उन्होंने ही मुख्यालय से सभी जरूरी कागज-पत्र निकाले और उसके बाद इंदिरा गांधी ने अपनी कांग्रेस बनाई, जो 'इंदिरा कांग्रेस' यानी कांग्रेस

(आई) कहलाई। इसी तरह दूसरी कांग्रेस, जो एस. निजलिंगप्पा ने बनाई और जिससे मोरारजी जुड़े, कांग्रेस (ओ) कहलाई। सवाल यह है कि कांग्रेस से टूटकर मोरारजी देसाई ने अलग कांग्रेस बनाई या इंदिरा गांधी ने? जिसका सही जवाब यही है कि दोनों ने अपनी-अपनी अलग कांग्रेस बनाई। लालबहादुर शास्त्री के बाद प्रधानमंत्री बनने की दौड़ में मोरारजी देसाई सबसे आगे थे। मगर कांग्रेस में नेतृत्व की लड़ाई वे इंदिरा गांधी से बड़े अंतर से हार गए। इंदिरा गांधी की मंत्रिपरिषद में वे उप-प्रधानमंत्री और वित्तमंत्री के रूप में शामिल रहे। जुलाई 1969 में इंदिरा गांधी ने उनसे वित्त मंत्रालय छीन लिया। मोरारजी देसाई ने इस कदम को अपने आत्मसम्मान के लिए ठेस मानते हुए मंत्रिपरिषद से इस्तीफा दे दिया। वित्त मंत्रालय छीनने की एक बड़ी वजह इंदिरा गांधी की वह इच्छा थी, जिसमें वे देश के 14 बड़े बैंकों का राष्ट्रीयकरण चाहती थीं, जबकि मोरारजी इसके खिलाफ थे।

दोनों नेताओं में मतभेद से कांग्रेस दो हिस्सों में टूट गई। ब्रह्मानंद रेड्डी तब इंडियन नेशनल कांग्रेस के अध्यक्ष थे। रेड्डी ने इंदिरा गांधी को कांग्रेस से निकालने की घोषणा की थी। 12 नवंबर, 1969 को इंडियन नेशनल कांग्रेस (ऑर्गेनाइजेशन) अस्तित्व में आई और मोरारजी देसाई इसका हिस्सा बने। उनके साथ उस दौर के कई बड़े नेता थे। इनमें के. कामराज, एस. निजलिंगप्पा, नीलम संजीवा रेड्डी, सी.एम. पूनाचा, अतुल्य घोष, त्रिभुवन नारायण सिंह आदि शामिल थे।

असल में यह कांग्रेस में दक्षिणपंथी और वामपंथी विचारधाराओं का विभाजन था। इंदिरा गांधी का रुझान सोवियत संघ की ओर बढ़ रहा था। इंदिरा गांधी के नेतृत्व में जो संगठन अलग हुआ, उसका नाम शुरू में इंडियन नेशनल कांग्रेस (रिक्विजिशन) था, जो जल्द ही कांग्रेस (आई) में बदल गया। इन दोनों गुटों को उस दौर में एक और नाम मिला। एक को 'सिंडिकेट' कहा गया और इंदिरा वाले को 'इंडिकेट'। नेहरू के जमाने की कांग्रेस के ज्यादातर दिग्गज नेता शुरू में कांग्रेस (ओ) में थे, मगर कुछ सप्ताह बाद ही उनमें से कई इंदिरा गांधी के साथ आ गए। इनमें जगजीवन राम, कमलापति त्रिपाठी, हेमवती नंदन बहुगुणा प्रमुख थे।

इंदिरा गांधी ने जब आपातकाल लागू किया तो विरोधी पार्टियाँ एकजुट हुईं। उसी प्रक्रिया में 1977 में कांग्रेस (ओ) का विलय जनता पार्टी में हो गया।

इंदिरा कांग्रेस का विभाजन

1977 में आपातकाल से पहले जब चुनाव होनेवाले थे तो जगजीवन राम और हेमवती नंदन बहुगुणा भी इंदिरा कांग्रेस से अलग हुए और उन्होंने 'कांग्रेस फ़ॉर डेमोक्रेसी' बनाई। हालाँकि जगजीवन राम को तब तक इंदिरा गांधी का वफादार समझा जाता था।

पाकिस्तान से 1971 की लड़ाई के समय वे देश के रक्षामंत्री थे। 1975 में आपातकाल को लागू करते समय भी उन्होंने इंदिरा गांधी का पूरा साथ दिया। मगर आपातकाल के दौरान जब इंदिरा की लोकप्रियता तेजी से गिरी तो जगजीवन राम ने 2 फरवरी, 1977 को अलग पार्टी 'कांग्रेस फॉर डेमोक्रेसी' का गठन कर दिया। जगजीवन राम इसके अध्यक्ष बने और उत्तर प्रदेश के पूर्व मुख्यमंत्री हेमवती नंदन बहुगुणा महासचिव। इसके अन्य संस्थापक सदस्यों में ओडिशा के पूर्व मुख्यमंत्री नंदिनी सतपथी, केंद्रीय मंत्री रहे के.आर. गणेश, सांसद द्वारका नाथ तिवारी शामिल थे। यह पार्टी भी अपने गठन के वर्ष में ही जनता पार्टी में विलय हो गई। इसी तरह जुलाई 1977 में कर्नाटक के मुख्यमंत्री देवराज उर्स (जिन्हें अर्स भी कहा जाता है) ने दक्षिण में अलग होकर अलग 'इंडियन नेशनल कांग्रेस (यू)' बनाई। इसका प्रभाव कर्नाटक, केरल, महाराष्ट्र और गोवा में था। (इस पार्टी के बारे में आप अगले अध्याय में विस्तार से पढ़ सकते हैं)। कांग्रेस (यू) का प्रभाव इसी से समझा जा सकता है कि जब 1980 में लोकसभा चुनाव हुए तो इंदिरा कांग्रेस को कर्नाटक समेत दक्षिण में अच्छी सफलता मिली थी, मगर कर्नाटक विधानसभा चुनाव में पार्टी हार गई। इसके बाद इंदिरा गांधी ने कमलापति त्रिपाठी को कांग्रेस का कार्यकारी अध्यक्ष बनाया और दक्षिण में पार्टी को मजबूत करने का काम सौंपा, ताकि वहाँ पार्टी और मजबूत हो जाए। 1980 के बाद कर्नाटक से नरसिम्हा राव को लाकर केंद्र में बड़ी भूमिका दी गई।

वी.पी. सिंह की बगावत

इंदिरा गांधी की शहादत के बाद राजीव गांधी कांग्रेस और सरकार के मुखिया बने। वी.पी. सिंह और अरुण नेहरू को उनका दायाँ हाथ और बायाँ हाथ कहा जाता था। राजीव गांधी ने वी.पी. सिंह को रक्षामंत्री और वित्तमंत्री जैसे पद दिए। वे 1984 से 1987 तक राज्यसभा में कांग्रेस के नेता थे। मगर बोफोर्स कांड के बाद इन दोनों ने खुली बगावत की। बोफोर्स कांड का जब खुलासा हुआ, तब वी.पी. सिंह रक्षामंत्री थे। प्रधानमंत्री राजीव गांधी की भूमिका पर सवाल उठाते हुए वी.पी. सिंह ने 1988 में कांग्रेस से इस्तीफा दे दिया। जल्द ही जयप्रकाश नारायण की जयंती पर 11 अक्तूबर, 1988 को 'जनता दल' की स्थापना की। इस जनता दल में विपक्ष की पाँच पार्टियों का विलय हुआ। इनमें लोकदल, इंडियन नेशनल कांग्रेस (जगजीवन), जनता पार्टी, जनता पार्टी (सेक्युलर) और जनमोर्चा शामिल था। वी.पी. सिंह यहीं नहीं रुके, उन्होंने तेलुगु देशम पार्टी, द्रमुक, असम गण परिषद को मिलाकर 'राष्ट्रीय मोर्चा' बनाया। इस राष्ट्रीय मोर्चा ने 1989 के लोकसभा चुनाव में कांग्रेस को हराकर भारतीय जनता पार्टी के बाहरी समर्थन से सरकार बनाई। चंद्रशेखर को पता भी नहीं चला और वी.पी. सिंह

को प्रधानमंत्री बना दिया गया। वी.पी. सिंह राष्ट्रीय मोर्चा के अध्यक्ष थे, उन्होंने देवीलाल का नाम प्रधानमंत्री पद के लिए प्रस्तावित किया। देवीलाल ने पलटकर वी.पी. सिंह का नाम प्रस्तावित किया और इसे पास कर दिया गया। चंद्रशेखर देखते रह गए। एक-दूसरे को ही धोखे में रखकर बनाई गई यह सरकार अपना कार्यकाल पूरा नहीं कर सकी और सिर्फ 343 दिन यानी एक साल से कम समय तक ही चली। उसके बाद कांग्रेस के बाहरी समर्थन से चंद्रशेखर प्रधानमंत्री बने, जो छह महीने से कुछ ही ज्यादा तक रह सके।

इस तरह देश में अस्थिरता का एक दौर शुरू हुआ। इसके लिए सिर्फ देश की राजनीति ही नहीं, विदेशी ताकतें भी इसके पीछे रहती थीं। इंदिरा गांधी के समय में तो खुलकर सी.आई.ए. के हाथों में खेलने के आरोप विपक्ष के कुछ नेताओं पर लगाए गए थे। इंदिरा के विश्वासपात्रों में कई वामपंथी विचारधारा के नेता थे, इनमें मोहन कुमार मंगलम, के.डी. मालवीय का नाम प्रमुख था। इंदिरा का मास्को की तरफ झुकाव अमेरिका जैसी विदेशी शक्तियों को खटकता था। इसलिए कांग्रेस को तोड़ने में सिर्फ इन नेताओं की भूमिका ही नहीं थी, विदेशी शक्तियों की भी इसमें भूमिका रहती थी। बड़े-बड़े आंदोलन खड़े करने हों या नेताओं को एक पाले में लाना हो, ये काम बिना बड़ी मदद के आसान नहीं थे। इंदिरा गांधी और शंकर दयाल शर्मा तो खुलकर सी.आई.ए. का हाथ होने का आरोप लगाते थे। यहाँ तक कि मोरारजी देसाई पर भी ऐसे आरोप लगे। सी.आई.ए. जैसी ताकतों ने ही खालिस्तान जैसी आतंकवादी मुहिम को समर्थन दिया।

राजीव गांधी जब प्रधानमंत्री बने तो अमेरिका में राष्ट्रपति रोनाल्ड रीगन ने उनका भव्य स्वागत किया। उन्हें उम्मीद थी कि यह एक युवा प्रधानमंत्री हैं और हमारे हिसाब से चलेगा। कुछ हद तक इसकी शुरुआत भी हुई। कई युवा मंत्री रखे भी गए, जो उदारवादी विचारों के माने जाते थे।

वी.पी. सिंह भी पहले सोशलिस्ट विचारधारा के नेता समझे जाते थे। उनके बेटे को पहली नौकरी अमेरिका के एक मल्टीनेशनल बैंक ने ही दी। उसे सीधे वाइस प्रेसिडेंट बना दिया था। (शायद हृदय परिवर्तन के लिए। उनके माध्यम से 500 करोड़ सीधा निवेश भी हुआ) उस समय में वी.पी. सिंह वित्तमंत्री थे। एन.डी. तिवारी उस समय अग्रिम पंक्ति के नेता थे। उन्हें कमजोर करने के लिए केंद्र की राजनीति से हटाकर यू.पी. भेज दिया गया। 1986 में ही रामस्वरूप जासूसी कांड सामने आया था, जिसमें राजीव गांधी की कैबिनेट से दो मंत्रियों की विदाई हुई थी। इनमें चंदूलाल चंद्राकर और के.पी. सिंह देव शामिल थे।

करीब 20 साल तक इंटेलिजेंस ब्यूरो और डायरेक्टोरेट ऑफ मिलिट्री इंटेलिजेंस (डी.एम.आई.) के लिए काम करनेवाले रामस्वरूप को अमेरिकी जासूस होने के आरोप

में गिरफ्तार किया गया था। 15 नवंबर, 1985 के अंक में 'इंडिया टुडे' ने स्वरूप का एक्सक्लूसिव इंटरव्यू प्रकाशित किया था। इसमें उसने राजीव गांधी सरकार के कुछ प्रभावशाली लोगों का नाम लिया था। वह ताइवान गया था और उन संस्थाओं की मेजबानी ली थी, जो शीतयुद्ध के दौर में वामपंथी विरोधी काम कर रही थीं। समझा जाता था कि वे अमेरिकी खुफिया एजेंसी सी.आई.ए. के लिए काम करती थीं। रामस्वरूप ने खुद मीडिया को बताया था कि उसने 1962 से 1970 के बीच डी.एम.आई. को कई महत्त्वपूर्ण सूचनाएँ उपलब्ध कराईं और अगस्त 1985 तक वह आई.बी. के लिए काम कर रहा था। उसे अक्तूबर 1985 में गिरफ्तार किया गया था। रामस्वरूप का दावा था कि उसने इजराइली खुफिया एजेंसियों के साथ जो भी काम किया है, वह सरकार की जानकारी में पहले से था। उसका दावा था कि 1978 में जनता सरकार के समय इजराइली रक्षामंत्री मोशे डायन और प्रधानमंत्री मोरारजी देसाई में बैठक कराने के लिए सरकार ने उसका ही इस्तेमाल किया था। दूसरी ओर आई.बी. का आरोप था कि वह इजराइल के जरिए सी.आई.ए. को देश की गोपनीय सूचनाएँ पहुँचा रहा था।

फरवरी 1986 में जब रामस्वरूप को दिल्ली के पटियाला हाउस कोर्ट में पेश किया जाना था, उससे ठीक एक दिन पहले दो केंद्रीय मंत्रियों के.पी. सिंह देव और चंदूलाल चंद्राकर तथा इलेक्ट्रॉनिक्स कमीशन के चेयरमैन डॉ. एम.एस. संजीवी राव ने इस्तीफा दे दिया। तत्काल में ही इनका इस्तीफा स्वीकार कर लिया गया।

इस कांड के खुलासे के थोड़े समय बाद ही बोफोर्स प्रकरण सामने आया। कांग्रेस में फूट और कलह बढ़ गई। इस तरह ऐसे काफी संकेत हैं, जो बताते हैं कि देश में एक मजबूत सरकार को कमजोर करने में विदेशी ताकतें सक्रिय थीं। वी.पी. सिंह के बाद चंद्रशेखर की सरकार बनी। वह भी जल्द ही गिर गई। इस दौरान राजीव गांधी की हत्या हो गई। उस साल लोकसभा चुनाव में एन.डी. तिवारी का नामांकन ही रद्द हो गया। नरसिम्हा राव प्रधानमंत्री बने।

ऑल इंडिया इंदिरा कांग्रेस (तिवारी)

नरसिम्हा राव ने कांग्रेस को अपने तरीके से चलाया। उन्होंने एन.डी. तिवारी को हाशिए पर किया। इस पर तिवारी ने क्षुब्ध होकर मीडिया से कह दिया था कि राव प्रधानमंत्री हो गए तो क्या मैं अब साइकिल से घूमने का काम करूँ? एन.डी. तिवारी ने आनंद भवन में रहकर ही पढ़ाई की थी। उन्हें गांधी परिवार का वफादार माना जाता था। 1994 में एन.डी. तिवारी ने कांग्रेस से त्यागपत्र दे दिया और अपनी अलग 'ऑल इंडिया इंदिरा कांग्रेस (तिवारी)' बना ली। 1995 में अर्जुन सिंह भी कांग्रेस छोड़कर इस पार्टी में शामिल हो गए। उनके साथ ही नटवर सिंह, रंगराजन कुमार मंगलम भी

कांग्रेस छोड़कर 'तिवारी कांग्रेस' में आ गए। कहने को सीताराम केसरी कांग्रेस के अध्यक्ष थे, मगर 1996 के लोकसभा चुनाव में कांग्रेस के सत्ता से बाहर होने के बाद उन्हें जिस तरह से हटाकर सोनिया गांधी को कांग्रेस अध्यक्ष बनाया गया, वह केसरी के लिए बहुत सम्मानजनक नहीं था। 1998 में 'तिवारी कांग्रेस' का फिर से कांग्रेस में विलय हो गया।

बड़े नेताओं का विद्रोह

1996 में जब सीताराम केसरी से अध्यक्ष पद छीनकर सोनिया गांधी को पार्टी का अध्यक्ष बनाया गया तो कई बड़े नेताओं ने कांग्रेस में बगावत की। माधव राव सिंधिया कांग्रेस से अलग हो गए तथा 'मध्य प्रदेश विकास कांग्रेस' के नाम से एक क्षेत्रीय पार्टी बनाई। तमिलनाडु में पी. चिदंबरम ने तमिल मनीला कांग्रेस (टी.एम.सी.) बनाई। हरियाणा में बंसीलाल ने 'हरियाणा विकास पार्टी' बनाई, मगर बाद में इनकी पार्टियों का विलय कांग्रेस में हो गया। 1997 में कांग्रेस की एक और बड़ी नेता ममता बनर्जी ने भी पार्टी हाईकमान से बगावत कर बंगाल में 'ऑल इंडिया तृणमूल कांग्रेस' नाम से अलग पार्टी बना ली। अन्य बड़े नेताओं में शरद पवार का 1978 से ही कांग्रेस से आने-जाने का नाता था। वे राजीव गांधी के समय 1987 में ही कांग्रेस में वापस आए थे। राजीव गांधी की हत्या के बाद नरसिम्हा राव के मुकाबले वे भी प्रधानमंत्री पद के दावेदार थे। मगर रक्षामंत्री ही बन पाए। 1999 में लोकसभा चुनाव से पहले कांग्रेस के कुछ नेताओं शरद पवार, पी.ए. संगमा और तारिक अनवर की ओर से यह माँग की गई कि कांग्रेस देश में जनमे किसी व्यक्ति को ही प्रधानमंत्री पद का चेहरा घोषित करे। यह सोनिया गांधी का परोक्ष विरोध था। उनकी इस माँग पर कांग्रेस वर्किंग कमेटी ने इन तीनों नेताओं को पार्टी की सदस्यता छह साल के लिए निलंबित कर दी। इसके बाद जून 1999 में पवार और संगमा ने मिलकर 'नेशनलिस्ट कांग्रेस पार्टी' बनाई।

गुजरात में शंकर सिंह वाघेला जनता पार्टी और भाजपा से होते हुए 1998 में कांग्रेस में आए थे। 2017 में गुजरात विधायक दल के नेता के पद को लेकर हुए विवाद में उन्होंने कांग्रेस छोड़ दी और एक नया संगठन 'जन विकल्प मोर्चा' बनाया। मगर यह मोर्चा भी ज्यादा दिन नहीं चल पाया। 2019 में वाघेला राष्ट्रवादी कांग्रेस में चले गए। वहाँ वह साल भर ही टिक सके। प्रदेश अध्यक्ष पद से हटाए जाने पर 22 जून, 2020 को उन्होंने राष्ट्रवादी कांग्रेस से भी इस्तीफा दे दिया।

इस तरह जितने भी कांग्रेसियों ने अलग होकर अपनी पार्टियाँ बनाईं, उनमें से अधिकांश सफल नहीं हो पाईं। इनमें से कई की पार्टियाँ पुनः कांग्रेस में विलय हो गईं या फिर धीरे-धीरे हाशिए पर आ गईं। लेकिन दो नाम अपवाद रहे। ममता बनर्जी और

शरद पवार। ममता बनर्जी ने अपने जुझारूपन से पश्चिमी बंगाल में अपनी मजबूत पकड़ बनाई। शरद पवार मराठा क्षत्रप माने जाते थे, मगर केंद्र से लगातार कभी प्यार और कभी दुलार के रवैए के कारण महाराष्ट्र से आगे छवि नहीं गढ़ पाए। यह भी कह सकते हैं कि ममता की तरह कभी अकेले दम पर महाराष्ट्र में भी बहुत बड़ी ताकत नहीं बन पाए। काफी समय से उनकी पार्टी तीसरे नंबर पर झूलती रहती है।

अंततः कांग्रेस का चरित्र ही ऐसा है कि इसमें विद्रोह की संभावना बनी रहती है और आनेवाले दिनों/महीनों में यह और नहीं होगा, उसकी गारंटी कोई नहीं ले सकता। □

भाग 2

प्रदेशों में राजनीतिक दल

5

समाजवादी पार्टी : राष्ट्रीय राजनीति में भी एक जरूरत

देश में जब भी क्षेत्रीय दलों का इतिहास लिखा जाएगा तो वे दल सबसे अलग होंगे, जो आज ही नहीं, भविष्य में भी अपरिहार्य होंगे। तय है ऐसे दल वे हैं, जिन्होंने अपने वर्ग, विचारधारा और जनता के बीच अपनी गहरी पैठ की बदौलत खुद के राजनीतिक दलों की बुनियाद रखी। अब से लगभग तीन दशक पहले उत्तर प्रदेश में जनमी समाजवादी पार्टी और लगभग उन्हीं दिनों बिहार में गठित राष्ट्रीय जनता दल उन्हीं क्षेत्रीय दलों में से हैं, जिन्होंने न सिर्फ प्रदेश बल्कि राष्ट्रीय राजनीति में भी अपनी दमदार उपस्थिति दर्ज की है। भले ही लोकसभा या विधानसभा में कभी-कभार उनकी सीटें कम आएँ या रहें, राष्ट्रीय राजनीति में उनकी ओर देखना ही होता है। फिलहाल बात समाजवादी पार्टी की। ग्रामीण परिवेश से निकले ठेठ देहाती और जुझारू नेता मुलायम सिंह यादव खुद तीन बार राज्य के मुख्यमंत्री ही नहीं बन चुके हैं, बल्कि उनके बेटे अखिलेश यादव भी एक बार पूर्ण कार्यकाल के मुख्यमंत्री रह चुके हैं।

समाजवादी पार्टी का इतिहास कम रोचक नहीं रहा है। नवंबर 1939 में उत्तर प्रदेश के इटावा जिले के सैफई गाँव में जनमे मुलायम सिंह यादव महज 15 साल की उम्र में ही देश में सामाजिक परिवर्तन के महानायक डॉ. राममनोहर लोहिया के संपर्क में आ गए थे। उनके सान्निध्य के दौरान ही मुलायम सिंह की समझ में यह आ गया था कि देश में सिर्फ राजनीतिक परिवर्तन से कुछ खास बदलाव होनेवाला नहीं है। जरूरी होगा कि सामाजिक परिवर्तन हो। उन्हें जनता के बीच आंदोलनों से रूबरू होते हुए कई बार जेल जाना पड़ा। इमरजेंसी के दौरान वह भी 19 महीने जेल में ही रहे। देश में कांग्रेस विरोध की लहर दिनोदिन बढ़ती जा रही थी। कांग्रेस विरोध की राजनीति में देश के तमाम नेता मुख्य

भूमिका निभा रहे थे। मुलायम भी उसी राह के पक्षधर थे। लिहाजा उनमें से बहुतों के साथ तालमेल और सामंजस्य बनाकर रखना उनके लिए भी जरूरी ही था। उस सबके दौरान ही मुलायम ने 1967 में पहली बार संयुक्त सोशलिस्ट पार्टी से विधायक बनने से लेकर 1989 तक भारतीय क्रांति दल, लोकदल और जनता दल, जनता दल-समाजवादी जैसे दलों में

रहकर ही राजनीति की, लेकिन 1989 में पहली बार उत्तर प्रदेश का मुख्यमंत्री बनने के बाद जनता दल के नेताओं के साथ उन्हें कुछ तल्ख तजुर्बे हुए। तब तक वे पूर्व प्रधानमंत्री वी.पी. सिंह, चौधरी देवीलाल, चंद्रशेखर, माकपा के हरकिशन सिंह सुरजीत समेत कई नेताओं को करीब से देख-समझ चुके थे। पहली बार उनके मुख्यमंत्री बनने के बाद ही अयोध्या आंदोलन उनके लिए सबसे बड़ी चुनौती बनकर उभरा। वी.पी. सिंह के प्रधानमंत्री रहते हुए उनसे भी गहरे मतभेद उभरे। एक समय आया, जब जनता दल दो फाड़ हो गया। केंद्र में वी.पी. सिंह की सरकार गिर गई। यू.पी. में मुलायम कांग्रेस के समर्थन से सरकार चलाने लगे। फिर वह सिलसिला भी ज्यादा नहीं चला और फिर मुलायम ने अंतत: 4 नवंबर, 1992 को लखनऊ में एक सम्मेलन करके समाजवादी पार्टी की नींव रख दी।

प्रदेश में कुर्मी बिरादरी में मजबूत पकड़ रखनेवाले बेनी प्रसाद वर्मा और जनेश्वर मिश्र समाजवादी पार्टी में मुलायम के बाद दूसरे नंबर के नेता थे। कुछ सालों के कांग्रेसी पड़ाव को छोड़ दें तो बेनी प्रसाद वर्मा ने एक बार में 44 साल तक लगातार मुलायम के साथ ही राजनीति की। उनका यहाँ एक वाक्या गौर करने लायक है। 4 अक्तूबर, 1992 को पार्टी की नींव के दिन बेगम हजरत महल पार्क में भीड़ जमा थी। पार्टी का सम्मेलन शुरू हो चुका था। बेनी प्रसाद वर्मा सम्मेलन में नहीं पहुँचे। पता चला कि वे किसी बात पर नाराज हैं। मुलायम सिंह सम्मेलन छोड़ उनके पास गए। ...और कुछ देर बाद बाद वर्माजी मंच पर थे। पार्टी गठन के बाद वर्माजी संगठन के महासचिव बने। संगठन के कामकाज के लिए पार्टी की ओर से उन्हें एक एंबेसडर कार दी जानी थी, जिसे पार्टी के नाम पर खरीदा जाना था। वर्माजी चाहते थे कि उसे उनके नाम से खरीदा जाए। आखिर उनकी बात मानी गई। दरअसल, जिन भी पत्रकारों ने मुलायम सिंह यादव को या उनकी पार्टी को कवर किया है, वे यह मानते हैं कि समर्थकों और पार्टी के सभी लोगों को जोड़कर रखने की जो कला मुलायम सिंह में है, वैसी कम ही नेताओं में होती है। कई नेता मानते हैं कि अपने नेताओं और पार्टी कार्यकर्ताओं की जरूरत को पूरा करना तो लोग उनसे सीख सकते हैं।

मुलायम सिंह को राजनीति का चतुर खिलाड़ी माना जाता है। जाहिर है कि बहुत सारे दाँव-पेंच आजमाए जाते हैं। नब्बे के दशक में मुलायम सिंह ने राजधानी के कुछ पत्रकारों के बीच अपने पहलवानी के दौर के किस्से साझा करते हुए एक 'चरखा दाँव' का जिक्र किया था। उसके बाद मुलायम सिंह जब भी कुछ अप्रत्याशित राजनीतिक फैसले करते, पत्रकार लोग मजे में कहते—"मुलायम ने फिर चरखा दाँव चल दिया।"

बेनी प्रसाद वर्मा ही नहीं, उस दौर के कई नेताओं को मुलायम सिंह और उनकी समाजवादी पार्टी से भी आगे गैर-कांग्रेस, गैर-भाजपा राजनीति के लिए बहुत उम्मीदें रही हैं। 'छोटे लोहिया' के नाम से चर्चित जनेश्वर मिश्र, जो पुराने और बड़े समाजवादी

थे, जनता दल दो फाड़ होने पर उन्होंने भी समाजवादी पार्टी को ही चुना। मुलायम ने बिहार के समाजवादी नेता रघु ठाकुर समेत कई दूसरे समाजवादियों को भी अपनी पार्टी से जोड़कर रखा। पश्चिमी उत्तर प्रदेश से रामशरण दास गुर्जर, रमाशंकर कौशिक, मो. आजम खान, तो पूर्वी उत्तर प्रदेश से ब्रजभूषण तिवारी, मोहन सिंह, माताशंकर पांडेय, रेवतीरमण सिंह समेत कई ऐसे नेता, जो कभी जनता दल में अपनी हैसियत रखते थे, सब-के-सब समाजवादी पार्टी में आ गए। दरअसल, मुलायम सिंह समाज में जिस तरह की राजनीति के पक्षधर थे, उत्तर प्रदेश में जनता दल की सरकार में उनके पहली बार मुख्यमंत्री बनने पर ही उसकी झलक लोगों को देखने को मिल गई थी। मसलन मुख्यमंत्री रहते हुए उन्होंने नगरपालिकाओं की सीमा में प्रवेश करने पर लगनेवाली चुंगी व्यवस्था खत्म कर दी। वे 1990 के दशक में गाँवों में शौचालय बनाए जाने की पैरवी कर रहे थे। उनका तर्क होता कि गाँवों में रातों में महिलाएँ सड़क किनारे शौच के लिए जाती हैं। गाड़ियों की रोशनी उन पर पड़ती है तो उन्हें शर्मिंदगी होती है, इसलिए सरकार का फोकस गाँवों और वहाँ की महिलाओं की स्थिति को सुधारने पर होना चाहिए।

समाजवादी पार्टी बनने के बाद 1993 में बहुजन समाज पार्टी (बसपा) के सहयोग से दोबारा मुख्यमंत्री बनने पर मुलायम ने पिछड़ों, गरीब सवर्णों, अल्पसंख्यकों, दलितों को खेती के लिए जमीन के पट्टे और मछली पालनेवालों को तालाबों के पट्टे देकर, ऊसर, बंजर और दूसरी खाली पड़ी जमीनों को सुधार कर खेती योग्य बनाने के लिए भूमि सेना का गठन करके अपनी पार्टी के एजेंडे को आगे बढ़ाया। इस तरह 1989 में प्रदेश की राजनीति में कांग्रेस से खाली हुई जगह को समाजवादी पार्टी बाद के वर्षों में काफी हद तक कब्जाने में कामयाब रही।

मंडल आयोग की सिफारिशें लागू होने के बाद पिछड़े वर्गों में जगी राजनीतिक चेतना और 1989 में अयोध्या आंदोलन पर समाजवादी पार्टी के रुख के बाद तो उसकी हैसियत में लगातार इजाफा ही होता गया। वही वह दौर था, जब वे अयोध्या मामले में हर हाल में संविधान व कानून सम्मत काररवाई की पुरजोर पैरवी कर रहे थे। यही वजह थी कि अल्पसंख्यकों, खासकर मुसलिम समुदाय ने तो मुलायम सिंह को ही अपना नेता मान लिया था। इस समुदाय ने एक ही झटके में कांग्रेस का दामन छोड़कर समाजवादी पार्टी को अपना लिया। उधर पिछड़े वर्ग को भी समाजवादी पार्टी और मुलायम के नेतृत्व में अपना भविष्य दिखने लगा। तभी तो 1993 में बहुजन समाज पार्टी और समाजवादी पार्टी के साथ आते ही हिंदुत्व और अयोध्या के बहाने राजनीति की बुलंदी की ओर बढ़ रही भाजपा के ग्राफ को तगड़ा झटका लगा। प्रदेश की राजनीति में भाजपा उसकी भरपाई तब तक नहीं कर सकी, जब तक 2017 में वह फिर से पिछड़ों को अपने करीब लाने में कामयाब नहीं हुई।

दरअसल, समाजवादी पार्टी के गठन के बाद से अब तक के उसके सफर में दो ऐसे मोड़ आए हैं, जहाँ पार्टी अपने पुराने ढर्रे से बेपटरी हुई, जिसकी बड़ी कीमत पार्टी को चुकानी पड़ी है। पहला यह कि समाजवादी पार्टी के गठन के कुछ वर्षों बाद ही उसमें बड़े-बड़े कॉरपोरेट घरानों में गहरी पैठ रखनेवाले अमर सिंह की आमद होना। उसके कुछ दिनों बाद ही मुलायम सिंह ने उनको सांसद (राज्यसभा) बना दिया। फिर तो उसके बाद अमर सिंह का कद पार्टी में बहुत तेजी से बढ़ने लगा। उस समय तक जो समाजवादी पार्टी गाँव, गरीब, किसान, मजदूर और पिछड़ों की जमीनी राजनीति के लिए जानी जाती थी, धीरे-धीरे उसकी पहचान कॉरपोरेटपरस्त राजनीतिक दल के रूप में बनने लगी। पार्टी में अमर सिंह के आने के पहले जो नीतिगत फैसले जनेश्वर मिश्र, बेनी प्रसाद वर्मा, आजम खान और दूसरे नेताओं से मशविरे के बाद होते थे, बाद में उनके लिए अमर सिंह अकेले ही काफी माने जाने लगे। ऐसा पूरी तरह था या नहीं, लेकिन जनता और मीडिया में संदेश यही था। फिर यह सिलसिला आगे बढ़ते हुए पार्टी में अमर सिंह की बुलंदी तब आई, जब 2003 में कांग्रेस समेत दूसरे दलों ने अघोषित रूप से मिलकर उत्तर प्रदेश में भाजपा के समर्थन से चल रही मायावती की अगुवाई वाली बहुजन समाज पार्टी की सरकार गिरवा दी और मुलायम सिंह यादव एक बार फिर प्रदेश के मुख्यमंत्री बन गए।

उत्तर प्रदेश में मुलायम सिंह के तीसरी बार मुख्यमंत्री बनने पर सरकार का कामकाज समाजवादी पार्टी की पिछली दो सरकारों से कई मायनों में भिन्न साबित हुआ। मसलन, उत्तर प्रदेश के विकास के नाम पर 'उत्तर प्रदेश विकास परिषद' का गठन किया गया। अमर सिंह उसके सर्वे-सर्वा थे। उद्योगपति अनिल अंबानी, फिल्म अभिनेता अमिताभ बच्चन समेत देश के जाने-माने कॉरपोरेट घरानों के मुखिया उसके सदस्य थे। उसी सरकार में नोएडा के दादरी में अनिल अंबानी को रिलायंस पावर प्रोजेक्ट के लिए किसानों से लेकर जमीन दी गई। विरोधी दलों ने उसका विरोध किया। किसान भी अपनी जमीन देने के पक्ष में नहीं थे। खुद पूर्व प्रधानमंत्री वी.पी. सिंह ने कई बार दिल्ली से दादरी पहुँचकर विरोध प्रदर्शनों की अगुवाई की। बाद में विवादों के चलते यह नौबत आई कि अनिल अंबानी को उस प्रोजेक्ट से वापस होना पड़ा। उधर अमर सिंह से पहले समाजवादी पार्टी में आए फिल्म अभिनेता राज बब्बर ने अमर सिंह के खिलाफ मोर्चा खोल दिया। पार्टी में अमर सिंह की मुखालफत की शुरुआत करनेवाले वे पहले नेता थे। उन्होंने मीडिया में आकर यह सवाल उठा दिया कि अमर सिंह उद्योगपतियों के जरिए खुद के धंधे में लगे हैं। समाजवादी पार्टी में उनकी कोई उपयोगिता नहीं है, फिर भी मुलायम सिंह नामालूम किन वजहों से उनको इतना महत्त्व देते हैं? फिर उसके बाद के वर्षों में पार्टी में अमर सिंह के बढ़ते आधिपत्य के खिलाफ एक के बाद एक-दूसरे नेता भी आते गए। यह बात और है कि अमर सिंह का विरोध करनेवाले नेताओं को ही पार्टी

से बाहर का रास्ता देखना पड़ा। उस कड़ी में राज बब्बर, बेनी प्रसाद वर्मा, आजम खान जैसे नेताओं के बाहर होने या किनारे होने से पार्टी में यह संदेश गया कि समाजवादी पार्टी में अब वही रह सकेगा, जिसे अमर सिंह चाहेंगे। (मई 2009 में आजम खान को 6 साल के लिए पार्टी से निष्कासित कर दिया गया था।)

अमर सिंह ने भी समाजवादी पार्टी पर अपनी मजबूत पकड़ का भरपूर उपयोग किया। वे राज्यसभा सांसद तो थे ही। उत्तर प्रदेश में समाजवादी पार्टी की सरकार थी। मुलायम सिंह मुख्यमंत्री थे। तमाम सरकारी कामकाज को लेकर तरह-तरह की चर्चाएँ आम थीं। प्रदेश के आला नौकरशाह किसी काम के लिए अकसर दिल्ली में अमर सिंह के घर पर हाजिरी लगाते दिखते। नोएडा, गाजियाबाद समेत पश्चिमी उत्तर प्रदेश के जिलों व महत्त्वपूर्ण सरकारी निकायों के बड़े अफसरों के लिए यह हाजिरी तो जैसे उनकी नौकरी का हिस्सा बन गई थी। वही दौर था, जब समाजवादी पार्टी एक तरफ मनमोहन सिंह की अगुवाई वाली केंद्र की संप्रग सरकार को समर्थन दे रही थी तो दूसरी तरफ उसी सरकार और कांग्रेस के खिलाफ मोर्चा भी खोल रखा था। उन स्थितियों के चलते समाजवादी पार्टी की प्रदेश सरकार को लेकर एक अलग संदेश जा रहा था। यह भी माना जाने लगा कि कांग्रेस के खिलाफ मोर्चा खोलनेवाली समाजवादी पार्टी भाजपा के प्रति कुछ उदार रुख अपना रही है। समाजवादी पार्टी से अकसर यह सवाल पूछा जाता तो जवाब यह होता कि उत्तर प्रदेश में भाजपा को उसने ही रोका है। उस समय (2004 के चुनाव में समाजवादी पार्टी ने 237 सीटों पर चुनाव लड़ा था) लोकसभा में समाजवादी के तीन दर्जन सांसद हुआ करते थे। खैर, समाजवादी पार्टी और भाजपा के अघोषित रिश्तों को लेकर लोगों के संदेह को और बल तब मिला, जब उत्तर प्रदेश की एक चुनावी सभा में भाजपा के वरिष्ठ नेता अटल बिहारी बाजपेयी ने मंच से कांग्रेस की कमियाँ गिनाते हुए यह कह दिया कि लोग अपना वोट कांग्रेस को कतई न दें, भले ही समाजवादी पार्टी को दे दें। उसके बाद सबसे बड़ी पार्टी की स्थिति इतनी खराब हुई कि 2007 के प्रदेश विधानसभा में समाजवादी सत्ता से बुरी तरह बाहर हो गई और लगभग 18 सालों से प्रदेश में चले आ रहे गठबंधन सरकारों के दौर को खत्म करते हुए बहुजन समाज पार्टी की पूर्ण बहुमत की सरकार आ गई। मायावती मुख्यमंत्री बन गईं।

समाजवादी पार्टी के गठन के बाद से ही उसके लिए यह बात सबसे ज्यादा महत्त्वपूर्ण रही है कि बीते लगभग पाँच दशक में उत्तर प्रदेश में मुलायम सिंह यादव जैसा लगातार जनता के बीच में रहनेवाला, सतत संघर्षशील व जुझारू कोई दूसरा नेता नहीं रहा है। तब एक-दो बार को छोड़ दें तो केंद्र व राज्य में ज्यादातर कांग्रेस पार्टी की सरकारें होती थीं, जहाँ उनके नेताओं के लिए संघर्ष करने का कोई मतलब ही नहीं था। यह सर्वविदित है कि मुलायम सिंह और उनकी पार्टी यदि सरकार में नहीं होते तो उनका

काम जनता से जुड़े मुद्दों पर सिर्फ आंदोलन करना और लोगों के बीच में बने रहना ही होता था। यह कहना गलत नहीं होगा कि मुलायम सिंह यादव अपने जुझारूपन और जनता के बीच आंदोलनरत रहने का ही असर था कि 2007 में उत्तर प्रदेश विधानसभा की 205 सीटें जीतकर पूर्ण बहुमत से सरकार में आनेवाली बहुजन समाज पार्टी को 2012 में उन्होंने सत्ता से बाहर कर दिया, वह भी बहुजन समाज पार्टी से ज्यादा 224 सीटें जीतकर। जबकि उस समय अमर सिंह भी पार्टी से निकाले जा चुके थे। उनके बगैर भी समाजवादी पार्टी की इस बड़ी जीत का उस समय इसलिए ज्यादा महत्त्व माना गया, क्योंकि अमर सिंह के पार्टी से बाहर होने से यह मान लिया गया था कि समाजवादी पार्टी को देश के कॉरपोरेट घरानों से उतना चुनावी चंदा नहीं मिल पाएगा, जो उनके रहने से मिलता। एक तरह से पार्टी के लिए वह एक सबक भी था कि यदि जनता के बीच उसकी मजबूत पैठ है तो चुनाव जीतने में धन ही सबकुछ नहीं है।

बहरहाल, 2012 में उत्तर प्रदेश में समाजवादी पार्टी की सरकार बन गई। उस समय सरकार बनने में समाजवादी पार्टी के मुखिया मुलायम सिंह व पार्टी के मजबूत संगठन की बड़ी भूमिका थी; लेकिन उस जीत का एक अहम और अलग पहलू भी था। वह था—अखिलेश यादव का राजनीतिक रूप से बेदाग चेहरा और उनकी ओर से साफ-सुथरी राजनीति की मजबूत पैरवी। उत्तर प्रदेश में 2012 में समाजवादी पार्टी की सरकार और अखिलेश यादव का उसका मुख्यमंत्री बनना, उसे पार्टी का 'दूसरा टर्निंग प्वाइंट' कहा जा सकता है। तब तक अखिलेश पार्टी के सांसद थे, लेकिन 2012 में जब उन्होंने चुनाव प्रचार की कमान सँभाली तो लोगों में एक नई सपा की उम्मीद जगी। प्रदेश के चर्चित बाहुबली डी.पी. यादव पहले भी समाजवादी पार्टी में रह चुके थे, फिर भी 2012 में अखिलेश यादव ने उनको चुनाव के लिए पार्टी का टिकट नहीं देने दिया। नेतृत्व के चाहने के बावजूद वे अड़ गए और अंतत: उनकी बात मानी गई। बस वहीं से लोगों में यह संदेश गया कि समाजवादी पार्टी में जो कुछ पहले से चलता आ रहा है, अब वह नहीं होगा। दरअसल, उसके पहले तक कार्यशैली को लेकर समाजवादी पार्टी की छवि बहुत अच्छी नहीं थी। यह माना जाता था कि पार्टी अपराधी प्रवृत्ति के लोगों को भी खास तवज्जो देती है। पार्टी उन्हें राजनीतिक अवसर उपलब्ध कराती है, जिससे समय के साथ उन्हें बेदाग किया जा सके। 2012 में एक-दो बड़े नेताओं को छोड़ दें तो पार्टी के ज्यादातर लोगों की मंशा थी कि अखिलेश यादव ही मुख्यमंत्री बनें। जबकि कुछ बड़े नेता अखिलेश के मुख्यमंत्री बनने पर उनके साथ काम करने को लेकर असहज और असुरक्षित होने की आशंका से ग्रसित थे। फिर भी, पार्टी के अधिकांश विधायकों, नेताओं की भावनाओं का मान रखते हुए अखिलेश यादव को ही मुख्यमंत्री बनाया गया।

अखिलेश यादव मुख्यमंत्री बन तो गए और घोषित रूप से सरकार के सारे फैसले मुलायम सिंह और उनके निकटस्थ लोगों की अगुवाई में होते थे, लेकिन यह बहुत ढका-छिपा भी नहीं रहा है कि उस समय उनके साथ कई ऐसे मंत्रियों और अफसरों की फौज को लगा दिया था, जो सरकार की राह आसान करने से कहीं ज्यादा मुश्किलें पैदा कर रहे थे। कई मंत्री और नौकरशाह सपा के तत्कालीन मुखिया के साथ करीब से जुड़े होने की हैसियत का दुरुपयोग भी करते थे। ऐसे नेता व अफसर कहीं-कहीं मनमानी भी करने लगे थे, जबकि उन मंत्रियों व नौकरशाहों की कारगुजारियों से सरकार और अखिलेश यादव की साफ-सुथरी छवि को नुकसान हो रहा था। अखिलेश सरकार के कार्यकाल के दौरान ही अमर सिंह न सिर्फ फिर से पार्टी में वापस ले लिये गए, बल्कि परोक्ष रूप से वे पुराने ढर्रे पर भी सक्रिय हो गए। उसके बाद चहेते नौकरशाहों की खास

पदों पर पोस्टिंग को लेकर पारिवार के भीतर से ही अखिलेश के लिए मुश्किलें पैदा की जाने लगीं। वे कोशिशें एक तरह से मुख्यमंत्री नाम की संस्था और अखिलेश यादव के राजनीतिक कॅरियर को चोट कर रही थीं। उस समय अखिलेश यादव मुख्यमंत्री रहते हुए समाजवादी पार्टी के प्रदेश अध्यक्ष भी थे।

लेकिन तभी जो कुछ हुआ, उसकी कल्पना भी नहीं की जा सकती। 2017 के चुनाव के पहले जो हुआ, वह किसी बड़े दल में कम ही देखा जाता है। तब चुनाव की तैयारियाँ की जा रही थीं। प्रत्याशियों के चयन को लेकर विवाद सामने आ रहे थे। मुलायम सिंह यादव की ओर से चाचा शिवपाल यादव ने 325 प्रत्याशियों की सूची जारी कर दी। मजबूरन अखिलेश ने भी 235 प्रत्याशियों की सूची जारी कर दी। हद तो तब हुई, जब 30 दिसंबर, 2016 को सत्ता संघर्ष के पारिवारिक झगड़े और अमर सिंह के मजबूत दखल के क्रम में पार्टी के राष्ट्रीय अध्यक्ष मुलायम सिंह यादव ने अखिलेश यादव और पार्टी महासचिव प्रो. रामगोपाल यादव को ही पार्टी से निकाल दिया। प्रदेश सरकार में बड़ी हैसियत रखनेवाले शिवपाल यादव खुलकर अखिलेश के खिलाफ ही नहीं हुए, बल्कि सार्वजनिक मंच तक पर झगड़े की नौबत लोगों को देखने को मिली। वह बात दूसरी थी कि बाद में अखिलेश ने बैठक कर अपना निष्कासन रद्द करा लिया। इस बैठक में पार्टी के 200 से ज्यादा विधायक शामिल रहे। पहली जनवरी 2017 को जब पूरा देश नया साल मना रहा था, अखिलेश ने अपनी पार्टी का राष्ट्रीय सम्मेलन बुला लिया और अपने पिता मुलायम सिंह यादव को पार्टी अध्यक्ष पद से हटा दिया। इसी सम्मेलन में वे खुद अध्यक्ष बन गए और नरेश चंद्र उत्तम को उत्तर प्रदेश इकाई का अध्यक्ष बना दिया। जनवरी का पहला पखवाड़ा पार्टी के लिए बहुत अजीबोगरीब रहा।

शिवपाल यादव ने बाद में अलग होकर अपनी नई पार्टी भी बना ली। समाजवादी पार्टी के भीतर लगातार बढ़ते टकराव के बीच एक नई मुसीबत तब आ गई, जब उस पर व उसके चुनाव चिह्न पर कब्जे को लेकर मामला केंद्रीय चुनाव आयोग तक पहुँच गया। हालाँकि तब तक यह साफ हो चुका था कि पार्टी के 90 प्रतिशत से अधिक सांसद, विधायक और केंद्र व प्रदेश संगठन के पदाधिकारी अखिलेश यादव के ही साथ खड़े हैं। पार्टी में यह मोर्चा प्रो. रामगोपाल यादव ने सँभाला और अखिलेश पक्ष के लोगों ने चुनाव आयोग में शपथ-पत्र के जरिए लिखित रूप में दे दिया कि वे सब उस समाजवादी पार्टी के साथ हैं, जिसकी अगुवाई अखिलेश यादव करते हैं। 16 जनवरी, 2017 को चुनाव आयोग का फैसला अखिलेश यादव के पक्ष में हुआ और तब से वही पार्टी के सर्वे-सर्वा हैं। जल्द ही मुलायम सिंह यादव को ससम्मान पार्टी में ले आया गया और अब वे पार्टी संरक्षक की भूमिका में हैं।

खैर, पारिवारिक सत्ता संघर्ष और पार्टी संगठन के झगड़े में तो अखिलेश यादव जीत गए, लेकिन सामने 2017 का विधानसभा चुनाव उनके लिए एक कठिन चुनौती के रूप में खड़ा था। अपनी सरकार के अंतिम डेढ़-दो वर्षों में उन्हें चुनाव की तैयारियाँ करते हुए जनता के बीच में जाकर उपलब्धियाँ गिनाना था, तब वे अपने परिवार की ओर से खड़ी की गई मुसीबतों से जूझ रहे थे। गौर करनेवाली बात यह भी है कि पारिवारिक झगड़ा तो चरम पर था ही, कुछ छोटे-बड़े नौकरशाह भी परोक्ष रूप से उसे हवा दे रहे थे। यहाँ तक कि खुद मुख्यमंत्री सचिवालय तक के अफसर कई बार उन झगड़ों में कुछ इस तरह आग में घी डालने का काम करते थे, जिससे अखिलेश यादव की मुश्किलें और बढ़ जाएँ। दरअसल, कुछ नौकरशाह और पार्टी के कुछ पुराने नेता अखिलेश यादव के मुख्यमंत्री बनने के छह महीने बाद ही रह-रहकर उनके लिए परेशानी का सबब बनने लगे थे। पार्टी के जिस शीर्ष नेतृत्व के पास उन सबको काबू में रखने की जिम्मेदारी थी, यह कहना गलत नहीं होगा कि वहाँ से उसकी अनदेखी हो रही थी। तब यह चर्चा आम थी कि बगैर ऊपर के शह के किसी नेता या अफसर ही ऐसी हिम्मत नहीं हो सकती कि वे मुख्यमंत्री की शान में कोई गुस्ताखी कर सकें। 2012 से 2017 के बीच उत्तर प्रदेश में समाजवादी पार्टी में मची इस कलह से जहाँ सरकार की लगातार फजीहत होती रही, वहीं संगठन भी कमजोर हो गया। नतीजा यह हुआ कि पार्टी 2017 का विधानसभा चुनाव बुरी तरह हार गई। 2012 में 224 सीटें जीतनेवाली पार्टी 2017 में लगभग चार दर्जन विधायकों पर आकर सिमट गई। अखिलेश यादव के लिए यह हार इसलिए भी ज्यादा बड़ा झटका थी, क्योंकि उन्होंने पिछले कई दशक के मुख्यमंत्रियों की परंपरागत कार्यशैली से हटकर जनता के लिए कई जमीनी काम किए थे। लखनऊ समेत उत्तर प्रदेश के कई महानगरों में मेट्रो ट्रेन, आगरा से लखनऊ और लखनऊ से बलिया तक एक्सप्रेस वे, लखनऊ में कैंसर इलाज के लिए इंस्टीट्यूट, आई.टी. सिटी, इंटरनेशनल स्टेडियम, मेदांता हॉस्पिटल और चर्चित आई.टी. कंपनी इंफोसिस को नोएडा में जमीन देने जैसे फैसलों से अखिलेश यादव को जो फायदा पहुँच सकता था, वह नहीं हो पाया। पार्टी खुद के झगड़े में ऐसी उलझी कि चुनावी फायदे के लिहाज से ये सारी कोशिशें बेमानी साबित हुईं।

समाजवादी पार्टी, इस तरह तीन दशक में फर्श से अर्श तक के अपने सफर को करीब से देखकर अब एक बार फिर नए संघर्ष की राह पर है। समाजवादी पार्टी, इस तरह तीन दशक में फर्श से अर्श तक के अपने सफर को करीब से देखकर अब एक बार फिर नए संघर्ष की राह पर है। 2022 के चुनावी नतीजों ने भले उसकी स्थिति में तुलनात्मक रूप से सुधार किया हो, पर अब अध्यक्ष अखिलेश यादव को नए तरीके से रणनीति तैयार करनी होगी। विश्लेषकों को यह लग सकता है कि 37.3 प्रतिशत वोट पाकर समाजवादी पार्टी ने अपने मतदाता आधार को बढ़ाया है, लेकिन सीट शेयर 27.5

प्रतिशत ही है और भाजपा का यह 63.3 प्रतिशत रहा है (2017 में 77.4 था), लेकिन फर्स्ट पास्ट द पोस्ट (जिस व्यवस्था के तहत चुनाव होते हैं), उसमें दो प्रतिशत का अंतर भी सीटों में काफी अंतर कर देता है। एक बार तो ऐसा भी हुआ कि वोट प्रतिशत कम लेकर भी पार्टियों ने सरकार बनाई है। सपा के बारे में यह माना जा रहा है कि सामान्य स्थितियों में यह इसका सर्वोच्च मत प्रतिशत है। 2012 में जब समाजवादियों की सरकार बनी थी तो भी पार्टी को 29.15 प्रतिशत वोट मिले थे, जब दूसरे नंबर पर रही बसपा को 25.91 मत मिले और सीटें क्रमशः 224 और 80 रहीं, लेकिन तब त्रिकोणीय लड़ाई थी, भाजपा को 47 सीटें मिली थीं और उसने भी 15 प्रतिशत वोट लिये थे।

2022 के लिए अखिलेश ने रणनीतिक रूप से काफी अक्लमंदी से काम किया था और ओमप्रकाश राजभर की पार्टी समेत राष्ट्रीय लोकदल और महान दल से गठजोड़ कर लिया था। साथ ही स्वामी प्रसाद मौर्य, दारा सिंह, धर्म सिंह सैनी समेत कई नेताओं को अपने साथ कर लिया था और यादव-मुसलिम गठजोड़ के साथ विशाल छतरी तैयार की थी और इसी की वजह से यह 37.3 प्रतिशत भी हुआ, लेकिन लाभार्थियों के नए वोट बैंक ने सब समीकरण ध्वस्त कर दिए। यह बहुत साफ माना जाता रहा है कि लोकसभा चुनावों में भाजपा का वोट प्रतिशत पाँच-छह प्रतिशत तक बढ़ जाता है। यह 2019 में हुआ भी। 2019 के चुनावों में भाजपा गठबंधन ने 49.98 प्रतिशत वोट यू.पी. से पाए थे और मायावती की बसपा ने सपा के साथ गठबंधन किया था और बसपा को 19.43 और सपा को 18.11 प्रतिशत वोट मिले थे। कांग्रेस को सिर्फ एक सीट और 6.36 प्रतिशत वोट मिले थे।

अब सवाल यह उठता है कि अखिलेश फिर करेंगे क्या? मायावती के साथ की संभावना न के बराबर है और चोट खाने के बाद भी कांग्रेस अपनी जमीन बचाने की जद्दोजहद में कहाँ तक समझौता करेगी। अभी के हालात में वो सभी राज्यों में अपनी खोई जमीन पाने के लिए अलग ही जोरआजमाइश कर रही है और 2022 विधानसभा चुनावों में उसका प्रदर्शन खराब रहा और वोट प्रतिशत भी घटकर 2.3 पर आ गया। उसके सामने भी कुछ ही रास्ते बचे हैं—(1) सब राज्यों में अपनी पूरी ताकत लगाए। (2) जिन राज्यों में भाजपा के साथ सीधा संघर्ष है, वहाँ जुट जाए और अभी से जुट जाए। दूसरी स्थिति में अखिलेश के लिए कुछ संभावनाएँ बचती हैं, लेकिन ऐसा देखा गया है कि कांग्रेस का वोट प्रतिशत राष्ट्रीय स्तर पर 19.5 प्रतिशत रहा। तो क्या कांग्रेस फिर से समझौते के मूड में जाएगी और माइनस बसपा सबका दुश्मन एक भाजपा होगा। राजनीति संभावनाओं और संभाव्यताओं का खेल है, लेकिन यह तय है कि अखिलेश की समाजवादी पार्टी को बहुत-कुछ त्याग करना होगा, 24 गुणा 7 की राजनीति करनी होगी और अभी से करनी होगी (बीते विधानसभा में उनके खिलाफ देर से पारी शुरू करने का भी आरोप लगा)।

सवाल यही है कि क्या यह सब अखिलेश कर पाएँगे और उन्हें यह भी देखना होगा कि उनका मुसलिम वोट बैंक छितरे नहीं। फिर भी, यह एक सच्चाई है कि कभी मुलायम सिंह यादव ने पार्टी को जिन कठिन संघर्षों से खड़ा किया था, पार्टी को एक बार फिर वहाँ पहुँचाने के लिए कुछ उसी तरह से जमीन पर उतरकर काम करना होगा। उस दिशा में पार्टी क्या करती है ? इसका उत्तर भविष्य के गर्भ में है।

फिर भी, यह एक सच्चाई है कि कभी मुलायम सिंह यादव ने पार्टी को जिन कठिन संघर्षों से खड़ा किया था, पार्टी को एक बार फिर वहाँ पहुँचाने के लिए कुछ उसी तरह से जमीन पर उतरकर काम करना होगा। पार्टी नेतृत्व पर यह आरोप लगानेवालों की कमी नहीं है कि पार्टी अब तभी शीर्ष पर जा सकती है, जब वह सब पार्टी नेताओं को साथ रख सके और लगातार मुलायम सिंह की तरह 24 घंटे और सातों दिन की राजनीति करे। सिर्फ परिवार पर ही आधारित न हो। देखना होगा कि इस दिशा में पार्टी क्या करती है ? इसका उत्तर भविष्य के गर्भ में है।

□

6

बसपा : उत्थान, वादे और आशाएँ : बड़े वर्ग की बड़ी कहानी

समाज के एक वर्ग के हितों का प्रतिनिधित्व और संरक्षण करने के लिए पार्टी के गठन की घोषणा करना राजनीति में कोई असामान्य बात नहीं है। लेकिन वास्तव में इसे पूरा करने, सभी संभव जरियों के साथ इस्तेमाल करते हुए निभाना एकदम अलग बात है। स्वतंत्रता के बाद समकालीन भारतीय राजनीति में ऐसा होने के अधिक उदाहरण नहीं हैं।

यही खासियत पार्टी बहुजन समाज पार्टी (बसपा) की है और भारतीय राजनीति में इस ऐतिहासिक घटना के पीछे कोई था तो वे कांशीराम थे या फिर मायावती। (दरअसल बसपा की कहानी दो नायक-नायिका, कांशीराम और बाद में मायावती के नाम से ही जुड़ी रही। इसलिए इस अध्याय में इन्हीं दोनों का जिक्र ज्यादा नजर आएगा)। 'मान्यवर' के नाम से प्रसिद्ध हुए, कांशीराम पंजाब में रोपड़ के रहनेवाले एक रामदासिया सिख थे। अपनी जाति के और कई दूसरे लोगों के साथ भेदभाव करनेवाली जाति व्यवस्था से लड़ने के लिए उनके भीतर अपने युवा दिनों से ही एक आग भरी हुई थी। उन्होंने पुणे की एक सरकारी रक्षा अनुसंधान प्रयोगशाला में काम किया, जहाँ उन्हें जातिगत भेदभाव का सामना करना पड़ा और वे एक कार्यकर्ता (एक्टिविस्ट) बन गए। उन्होंने राजकीय कर्मचारियों के बीच भेदभाव की लड़ाई लड़ने के लिए कुछ संगठनों को जन्म दिया, जिनमें बामसेफ, डी.एस.4 और बी.आर.सी. प्रमुख थे। बसपा के जन्म की कहानी भी यहीं से शुरू होती है।

कांशीराम ने दलितों की लड़ाई बहुत सोच-समझकर लड़ी। उन्हें पता था कि लड़ाई लड़ने के लिए आर्थिक आधार की जरूरत होती है। ज्यादा देर तक लड़ने के लिए

पेट की आग बुझना जरूरी होता है। इसलिए उन्होंने अपने आंदोलन की शुरुआत सरकारी कर्मचारियों के बीच करके आधार मजबूत करने की सोची। 1971 में कांशीराम, डी. के. खापरडे और दीनाभाई ने ऑल इंडिया एससी, एस.टी., ओ.बी.सी. और माइनॉरिटी एम्पलाइज एसोसिएशन की स्थापना की और 1978 में यह 'बामसेफ' या ऑल इंडिया बैकवर्ड एंड माइनॉरिटीं कम्युनिटीज एम्पलाइज फेडरेशन बन गया। इसमें भारतीय समाज को बाँटनेवाली असमानता की व्यवस्था से लड़ने और जाति व्यवस्था को समाप्त करने का वचन दिया गया। अपनी नौकरी के दिनों में कांशीराम निचले दर्जे के कर्मचारियों को प्रभावित करने में सफल रहे और बामसेफ ने उन्हें अपनी राजनीतिक गतिविधियों का विस्तार और उन्हें मजबूत करने का अवसर दिया।

'डी.एस.4' या 'दलित शोषित समाज संघर्ष समिति' की स्थापना भी कांशीराम ने 1981 में की थी और पंजाब से शुरू होकर यह हरियाणा, हिमाचल प्रदेश और उत्तर प्रदेश सहित उत्तर भारत के कई राज्यों में फैल गया था। 1981 में ही कांशीराम ने बौद्ध अनुसंधान केंद्र या बी.आर.सी. की स्थापना भी की थी, जिसका उद्देश्य बौद्ध शिक्षाओं का प्रचार करते हुए बौद्ध धर्म को दलितों के समक्ष एक व्यवहार्य विकल्प के रूप में प्रस्तुत करना था।

जब कांशीराम ने 1984 में बसपा की स्थापना की, तब उन्होंने डी.एस.4 और बामसेफ को भंग कर दिया। लेकिन डी.एस.4 को ईशान सिंह तोमर की अध्यक्षता में स्वतंत्र संगठन के रूप में जारी रखा गया, जबकि बामसेफ में बचे लोगों ने इसे 1987 में एक स्वतंत्र गैर-राजनीतिक संगठन के रूप में पंजीकृत किया था।

अलग पहचान

कांशीराम दलित शक्ति के लिए जाने जाते हैं। उन्होंने ब्राह्मणवाद और ब्राह्मणी सामाजिक व्यवस्था, जिसे मोटे तौर पर 'मनुवाद' के नाम से जाना जाता है, के खिलाफ संघर्ष की प्राचीन परंपरा को आगे बढ़ाने के लिए बसपा का गठन किया था। बी.एस.पी. के आदर्श फुले, शाहू, पेरियार और आंबेडकर जैसे और कई अन्य थे, जिन्होंने ब्राह्मणी सामाजिक व्यवस्था के अत्याचार के खिलाफ लड़ते हुए अपना जीवन बिताया। आंदोलन ने इन समुदायों से विशेष रूप से कहा कि वे अपने को भिन्न मानें और खुद को हिंदुओं से अलग सोचें।

लेकिन इन सबसे पहले कांशीराम को एक ज्वाला दिख चुकी थी। यह थीं पश्चिमी उत्तर प्रदेश के दलित जाटव समुदाय के परिवार की मायावती। मायावती के पिता प्रभु दास वर्तमान गौतमबुद्ध नगर (नोएडा) के बादलपुर स्थित एक पोस्ट ऑफिस में कर्मचारी थे। मायावती ने दिल्ली के सरकारी स्कूलों और कालिंदी कॉलेज में पढ़ाई की

थी। गाजियाबाद के एक कॉलेज से बी.एड. की पढ़ाई पूरी की और दिल्ली के एक स्कूल में टीचर बन गईं। उनके भाई आनंद कुमार कुछ साल पहले तक नोएडा प्राधिकरण कार्यालय में सहायक के पद पर काम करते थे। मायावती आई.ए.एस. अधिकारी बनना चाहती थीं, लेकिन संघर्ष और किस्मत ने इससे बहुत बड़ा कुछ सोच रखा था।

एक तरफ कांशीराम कर्मचारियों में अपनी पैठ मजबूत कर रहे थे तो दूसरी तरफ बहुजन समाजवादी पार्टी के गठन की तैयारी में थे। 1984 में यों तो देश का चुनावी माहौल काफी अलग था और इंदिरा गांधी की हत्या के बाद लगभग एकतरफा था, लेकिन तब कांशीराम अपने बहुप्रतीक्षित राजनीतिक दल बहुजन समाज पार्टी के स्थापना की घोषणा (14 अप्रैल, 1984) कर चुके थे और उन्होंने मायावती को जीवन का पहला चुनाव पश्चिमी उत्तर प्रदेश की कैराना लोकसभा सीट से लड़ा दिया। यह एक तरह का वार्मअप चुनाव था।···लेकिन जीत मायावती का इंतजार कर रही थी। 1989 में उन्होंने यू.पी. की बिजनौर से लोकसभा सीट जीत ली।

कांशीराम जहाँ बसपा का वैचारिक चेहरा थे, वहीं मायावती ही थीं, जो राज्य भर में घूम-घूमकर अनुसूचित जाति, अनुसूचित जनजाति और अन्य पिछड़ा वर्ग के लोगों को याद दिलाती रहीं कि अब समय आ गया है कि वे 'न्याय' पाने के लिए अपने बीच से ही प्रतिनिधि चुनें। उन्होंने तथाकथित उच्च जातियों के हाथों कथित अन्याय की भावना पर जोरदार प्रहार किए। मुख्य रूप से ब्राह्मणों और क्षत्रियों को निशाना बनाया और 'तिलक, तराजु और तलवार, इनको मारो जूते चार' (तिलक, तराजू, तलवार क्रमश: ब्राह्मणों, वैश्य समुदायों और क्षत्रियों के प्रतीक थे) जैसे रंग-बिरंगे नारे गढ़े और लोगों को इन्हें 'जूतों से पीटने' का आह्वान किया।

वे हिंदुओं की धार्मिक प्रथाओं को आक्रामक रूप से नीचा दिखाने में रहती थीं और सार्वजनिक रूप से वे बौद्ध धर्म की काफी प्रशंसा भी करती थीं। उन्होंने 2006 में कांशीराम के अंतिम संस्कार में कहा था कि वे और कांशीराम बौद्ध परंपराओं और रीति-रिवाजों का पालन कर रहे थे। उन्होंने कई अवसरों पर, अंतिम बार 2016 में कहा है कि वे सही समय आने पर औपचारिक रूप से बौद्ध धर्म में दीक्षित होंगी। एक बार उन्होंने यह बहुत साफ कहा कि वे ऐसा तब करेंगी, "जब राजनीतिक परिस्थितियाँ उन्हें भारत का प्रधानमंत्री बनने में सक्षम बनाती हैं।"

कांशीराम निस्संदेह बसपा के जनक थे, लेकिन बसपा आज जिस रूप में है, उसमें मायावती का उतना ही योगदान है। उन्होंने नौकरशाही, विधायिका, कार्यपालिका जैसी मौजूदा प्रणालियों को 'मनुवादी' कहकर पुकारा ही नहीं, उसके खिलाफ जुझारू रवैया भी अपनाया। साथ ही यह आरोप लगाया कि इन पर उच्च जातियों का वर्चस्व था। वे मनुवाद की कट्टर आलोचक रहीं। शुरू के दौर में तो उनके समर्थक अकसर हिंदू

मूर्तियों को अपवित्र करते थे, हिंदू विरोधी नारे लगाते थे और दलितों को हिंदू समुदाय के खिलाफ उकसाते थे।

यू.पी. में बसपा शासन के दौरान एस.सी. एस.टी. ऐक्ट (जिसका मकसद दलितों के खिलाफ अत्याचारों को रोकना और दंडित करना है) का दुरुपयोग प्रचलित था। ऐसे कई मामले सामने आए, जिसमें अपराधियों को इस कारण छोड़ दिया गया, क्योंकि वे एक जाति विशेष के थे। उस दौर में दलितों के साथ विवाद होने पर सैकड़ों लोगों पर मुकदमे दायर कर दिए गए। हालाँकि बाद में मायावती ने ऐक्ट के इस तरह के दुरुपयोग पर रोक लगाने की कोशिश की, लेकिन तब तक यह संदेश जा चुका था कि दलितों के साथ किसी भी तरह का तिरस्कार नहीं किया जा सकता। यह रणनीति उनके लिए कारगर रही, क्योंकि वर्ष 1995 और 2012 के बीच, वे दलित जातियों के साथ एस.सी. और एस.टी. समुदाय की भी एकमात्र, निर्विवाद नेता रहीं।

जुझारू व्यक्तित्व

मायावती का जुझारूपन उनके अपने समाज को आकर्षित करता रहा है। जब वे देखते थे कि उनके बीच की अपनी 'बहनजी' आत्मविश्वास से लबरेज सामने स्टेज पर पूरी आनबान से विराजमान हैं तो उनका सीना चौड़ा हो जाता है। खासतौर से तब जब बहनजी उसकी अपनी भाषा में गरज से साथ होती हैं और इस बात से बेखबर कि लोग क्या सोच रहे हैं, जब वे कहती थीं कि जिसने भी हमारे साथ (दलित) गलत किया, उसको नतीजे भुगतने ही होंगे।

अयोध्या में धर्मस्थल को गिराने, कल्याण सिंह सरकार की बरखास्तगी और राष्ट्रपति शासन के दौरान हुए मुकाबले के कुछ महीने बाद नवंबर 1993 में यू.पी. विधानसभा चुनाव हुए थे। समाजवादी पार्टी और बसपा ने एक चर्चित और अप्रत्याशित गठबंधन बना था। ऐसा पहली बार हुआ कि भाजपा को सत्ता में वापस आने से रोकने के लिए ओ.बी.सी. और दलितों के हितों का प्रतिनिधित्व करने का दावा करनेवाली दो पार्टियाँ किसी भी बड़े राज्य में एक साथ आ गई थीं। सभी विश्लेषक इसे अपराजेय गठजोड़ मान रहे थे और इसने उत्तर प्रदेश में भाजपा के लिए कोई संभावना नहीं छोड़ी थी। चुनाव हुआ तो जो नतीजे आए, तो कोई भी बहुमत वाला विजेता नहीं था। भाजपा ने 177 सीटें जीती थीं, सपा-बसपा गठबंधन ने 176 (सपा को 109 और बसपा को 67) सीटों पर कब्जा किया था। यानी किसी के पास सरकार बनाने का नंबर नहीं था। फिर भी कांशीराम का प्रयास रंग लाया। दोनों की ओर से घोषणा की गई कि पहले ढाई साल मुलायम सिंह यादव मुख्यमंत्री रहेंगे और अगले ढाई साल मायावती। उस समय यू.पी. का राजनीतिक माहौल ऐसा था कि इसमें किसी अगर-मगर की कोई

संभावना नहीं थी। भाजपा को रोके रखने के लिए इससे अच्छा कोई रास्ता नहीं हो सकता था।

मायावती ने भाजपा और कांग्रेस पर समान रूप से अपने प्रहार जारी रखे और सपा के साथ सौदेबाजी का अपना हिस्सा बनाए रखा। इस दौरान कांशीराम सवर्ण जातियों

के खिलाफ अपने तीखे बयानों के साथ राज्य का चक्कर लगाते रहे, जिससे बसपा के पीछे दलितों का मजबूत जुटान हुआ। वी.पी. सिंह के जनता दल के साथ गठबंधन को ठुकरानेवाले मुलायम ने मुसलिम और यादव समुदायों के एकमात्र शुभचिंतक के रूप में अपनी छवि को मजबूत किया। इस प्रकार, सपा–बसपा गठबंधन ने अजेयता की छवि हासिल करना शुरू कर दी थी। यह अजेय होता, अगर मुलायम और यादव समुदाय की अंतर्निहित आक्रामकता, विशेष रूप से अनुसूचित जाति समुदाय के खिलाफ, राजनीतिक सूझ–बूझ पर हावी नहीं होती।

उधर केंद्र की राजनीति कुछ और ही दिशा दे रही थी। मुलायम सिंह ने वी.पी. सिंह के जनता दल के साथ गठबंधन को ठुकरा दिया था, उन्होंने मुसलिम और यादव समुदायों के एकमात्र शुभचिंतक के रूप में अपनी छवि को पक्का कर लिया था। इस तरह सपा–बसपा के गठजोड़ ने अपराजेयता की छवि हासिल करना शुरू कर दिया था। लेकिन यादव समुदाय की विशेष रूप से अनुसूचित जाति समुदाय के खिलाफ जारी आक्रामकता भारी पड़ गई और इस तरह एक 'अजेय' गठजोड़ अजेय न रह पाया।

बसपा का चरित्र अप्रत्याशित मोड़ से भरपूर रहा है। बसपा के सहयोग से मुलायम सिंह यादव के मुख्यमंत्री बने डेढ़ साल हो गए थे। उत्तर प्रदेश में गरमी शबाब पर थी। पहली जून को मुलायम सिंह अपने पार्टी पदाधिकारियों के साथ लखनऊ में बैठक कर रहे थे। तभी वहाँ बीच में एक वरिष्ठ आई.ए.एस. अधिकारी पी.एल. पुनिया (आज की कांग्रेस से राज्यसभा सांसद) अचानक आए और नेताजी (मुलायम सिंह यादव) को एक परची देते हैं। परची पढ़ते ही नेताजी के तेवर बदल गए। उन्होंने बैठक में ऐलान कर दिया, 'आप लोग चुनाव की तैयारी में जुट जाएँ।' परची में लिखा था कि बसपा के विधायक समर्थन वापसी करनेवाले हैं। मुलायम को ताज्जुब हो रहा था कि ऐसे कोई संकेत कांशीराम ने पिछले दिनों हुई बैठक में तो नहीं दिए थे! इस बीच 2 जून की शाम को वी.आई.पी. गेस्ट हाउस में कांशीराम और तब की पार्टी महासचिव मायावती बैठक कर रहे थे, तभी सपा के कुछ विधायक और पार्टी कार्यकर्ता, इनमें से कुछ राइफलों के साथ थे, वहाँ पहुँच गए।

इस उपद्रवी गुट ने हंगामा खड़ा कर दिया। मायावती समेत बसपा नेताओं को गालियाँ दी गईं, घसीटा गया और पीटा गया। मायावती ने अपने आप को एक कमरे बंद कर लिया और बसपा विधायकों को एक कमरे में बंद कर दावा किया गया कि ये विधायक सपा में आ गए हैं। 'गेस्ट हाउस केस' के नाम से जानी जानेवाली इस घटना ने मायावती के बारे में जनता की धारणा बदल दी और उन्हें भाजपा के करीब ला दिया। संयोग से मायावती के बचाव में आए नेता ब्राह्मण और भाजपा के नेता ब्रह्म दत्त द्विवेदी और लालजी टंडन अब उनके ज्यादा करीबी हो गए थे। 2 जून, 1995 की रात तत्कालीन

राज्यपाल ने सपा-बसपा सरकार को बरखास्त कर दिया और मायावती को मुख्यमंत्री पद की शपथ लेने का न्योता दिया। बाद में उन्होंने भाजपा के साथ मिलकर अपना बहुमत साबित किया।

भाजपा से करीबी

'गेस्ट हाउस कांड' से बसपा और भाजपा के बीच एक जुड़ाव शुरू हो गया, जिसने मायावती को तीन बार मुख्यमंत्री बनने में मदद की—

- 3 जून, 1995 से 17 अक्तूबर, 1995 तक (बसपा-भाजपा गठबंधन)
- 21 मार्च, 1997 से 21 सितंबर, 1997 तक (बसपा-भाजपा गठबंधन)
- 3 मई, 2002 से 28 अगस्त, 2003 तक (बसपा-भाजपा गठबंधन)

मायावती और उससे पहले भी कांशीराम अकसर कहा करते थे कि जब तक हम अपने बूते सरकार बनाने के हालत में नहीं होते हैं, तब तक वे एक मजबूत सरकार नहीं चाहते हैं। "हम एक मजबूर असहाय सरकार चाहते हैं, न कि एक मजबूत सरकार" और ऐसा तब हुआ, जब मायावती ने बहुमत की बसपा सरकार बनाई, जो 13 मई, 2007 से 14 मार्च, 2012 तक अपने पूर्ण कार्यकाल तक चली। कई दशकों के बाद पहली बहुमत, एकल पार्टी पूर्ण अवधि की सरकार उत्तर प्रदेश को मिली। बसपा आगे भी इसी गणित पर चलती रही। अन्य दलों के साथ अस्थिर सरकारों के गठन का पहला कदम और कुछ समय के बाद उन्हें गिरा आगे बढ़ना अगला कदम होता। इससे हमेशा बसपा को हमेशा फायदा हुआ। भाजपा के साथ इस तरह का नुकसान तो बार-बार ऐसा हुआ और 2007-2012 की बसपा सरकार तो वास्तव में भाजपा की कीमत पर बनी।

इन्हीं कारणों से मायावती ने बौद्ध धर्म स्वीकार करने का अपना वादा कभी पूरा नहीं किया। वे कभी नहीं चाहती थीं कि उनके इस कदम से हिंदू दलित कहीं छिटक न जाए।

कठिन और आक्रामक

मुख्यमंत्री के रूप में मायावती ने हमेशा सार्वजनिक और आधिकारिक स्थितियों में सख्त और आक्रामक रुख अपनाया। यह मशहूर है कि उन्होंने किसी भी अधिकारी या मंत्री को बैठने के लिए कभी नहीं कहा। उनके कमरे में आगंतुक जूते पहन के नहीं जाते थे। कभी-कभार जमीन पर भी बिठाए जाते थे। उनका रुख और व्यवहार लगभग शाही थे। गेस्ट हाउस की घटना के बाद उनका रवैया मुलायम सिंह यादव और उनके परिवार के सदस्यों के प्रति कड़ा और बेहद सख्त हो गया। सार्वजनिक संबोधनों में मुलायम का वे गुंडा कहकर उपहास उड़ाती थीं। उन्होंने कभी भी अफसरों को आप कहकर संबोधित

नहीं किया। जब वे अपनी समीक्षा बैठकों में जिलों का दौरा करती थीं तो अफसरों को मौके पर निलंबित करना उनकी आदत थी। हालाँकि नौकरशाही का एक वर्ग इससे नाखुश रहता था, पर ग्रामीण और विशेषकर दलित इस बात से बहुत खुश रहते थे कि हमारे बीच ऐसा कोई है, जो इन अफसरों को औकात दिखाता है!

कॉरपोरेट घरानों, विदेशी कंपनियों और कॉरपोरेट घरानों के प्रति उनके आक्रामक रवैए के कारण रिलायंस समेत कई खुदरा स्टोरों पर प्रतिबंध लगा दिया था। उन्होंने यह भी खुले तौर पर स्वीकार किया कि उन्होंने पार्टी के सभी सदस्यों, नेताओं, समर्थकों और प्रशंसकों से पार्टी को धन-दान करने का आग्रह किया, क्योंकि उन्होंने कोई कॉरपोरेट चंदा स्वीकार नहीं किया। शुरुआत में तो उनका जन्मदिन भी अद्‍भुत होता था। बड़ा सा केक, नोटों की माला, हीरे-सोने के आभूषण इसके आकर्षण हुआ करते था।

मायावती अपने लुक के प्रति बाद में जिस तरह से सचेत हुईं, उसके पीछे भी एक अलग कहानी है। दिल्ली के एक समाजविज्ञानी का मानना रहा था, बहनजी जितना अपने लुक को आकर्षक रखेंगी, पार्टी के विस्तार की संभावना उतनी ज्यादा रहेगी। उनको चाहनेवाले वर्ग की महिलाओं में बहनजी के प्रति उतना ही आकर्षण रहेगा। पहली बार सत्ता पाने के बाद वे इस मामले में काफी सतर्क रहने लगीं। पहले बालों में कपड़े का गुलाबी फूल लगानेवाली मायावती बहुत जल्द ही गले में हीरे का हार पहनने लगीं। बाल भी उन्होंने छोटे करा लिये थे। यों वे बाल के लिए तो यह तर्क देती थीं कि इसमें सुविधा ज्यादा थी और समय भी कम लगता था। इसी तरह से वे अकसर महिला पत्रकारों को भी सौंदर्य के कई गुर भी बताती थीं। सार्वजनिक रूप से वे पानी कम पीती थीं और अकसर यह सलाह देती थीं कि पानी नहीं, नारियल पानी पिया करो, स्किन अच्छी रहती है। सामान्यतौर से इन बातों का पार्टी और उसके प्रदर्शन पर कोई फर्क नहीं नजर आना चाहिए, पर उनके सलाहकारों का मानना था कि जितने आप अभिजात्य (इलीट) दिखेंगी और खुद गरीबों-दलितों की बात करेंगी, उतने ही लोकप्रिय होंगी।

कानून व्यवस्था को लेकर मायावती सख्त थीं। बसपा शासन को अकसर अपराधियों और अराजकता के खिलाफ कड़े रुख के लिए याद किया जाता है। इसका मुख्य कारण यह है कि पार्टी का उद्‍देश्य दूसरों के उत्पीड़न के बजाय दलितों के कल्याण और लाभ पर ज्यादा था। इस उद्‍देश्य को पूरा करने में आमतौर पर दलितों और अन्य कमजोर जातियों को निशाना बनानेवाले अपराधियों के खिलाफ काररवाई की गई। चूँकि यह बात पूरे प्रदेश में ज्यादा प्रचलित थी, इसलिए बसपा सरकार के अपराधियों के खिलाफ सख्त होने का माहौल बनाया गया। अन्यथा बसपा शासन में भी अपराधियों के पनपने का इतिहास है।

यू.पी. के बाहर धावा

यह सब करते हुए दलित समुदाय के अधिकारी, कर्मचारी और पुलिस अधिकारी बी.एस.पी. और मायावती के नेतृत्व में मजबूत होते रहे, जिससे राज्य में उनकी पकड़ मजबूत हो गई।

बसपा के लिए 2007 से 2012 के बीच की अवधि उपलब्धियों से भरपूर रही। न केवल पार्टी ने यू.पी. में बहुमत की सरकार चलाई, बल्कि अन्य राज्यों में भी खुद को मजबूत किया। मायावती ने अन्य राज्यों में भी अपने दौरे शुरू कर दिए। 2004 के महाराष्ट्र विधानसभा चुनाव में बी.एस.पी. का वोट बैंक 4.18 था तो 2009 में इसने 287 सीटों पर चुनाव लड़ वोट शेयर को बढ़ाकर 8 फीसद करने में सफलता पाई। 2009 में इसने न सिर्फ कुछ उम्मीदवारों की संभावना को बरबाद कर दिया, बल्कि दलित वोटों के बँटने से शिवसेना-भाजपा के कुछ उम्मीदवारों की जीत आसान हो गई थी। हालाँकि राजस्थान और मध्य प्रदेश में बसपा विधायकों ने मायावती के प्रति उस तरह की वफादारी नहीं दिखाई, जैसाकि यू.पी. में देखने को मिली। यही वजह है कि इन दोनों राज्यों में बसपा विधायकों के बीच दल-बदल आम बात रही है।

उनकी सरकार में पहली बार आधिकारिक तौर पर उत्तर प्रदेश के विभाजन का विचार उभरकर सामने आया। 2011 में जब मायावती सरकार का कार्यकाल खत्म होनेवाला था, तब उनकी सरकार ने औपचारिक रूप से राज्य को चार इकाइयों में बाँटने के कदम को मंजूरी दे दी। यह एक ऐसा समय था, जब उनकी सरकार पर भ्रष्टाचार और कुशासन के सत्ता विरोधी और विविध आरोप लग रहे थे। उनकी कैबिनेट ने उत्तर प्रदेश को चार छोटे राज्यों हरित प्रदेश (पश्चिमी उ.प्र.), अवध प्रदेश (मध्य उ.प्र.), बुंदेलखंड (दक्षिण-पश्चिमी उ.प्र.) और पूर्वांचल (पूर्वी उ.प्र.) में बाँटने के लिए विधानसभा में प्रस्ताव पेश किया था।

ऑपरेशन क्लीन-अप

मायावती ने जब भी सरकार बनाई, अपनी पार्टी में 'ऑपरेशन क्लीन-अप' जारी रखा। 2007-2012 दवा घोटाला भी काफी चर्चित रहा, जिसमें स्वास्थ्य विभाग में तीन अधिकारियों की हत्या भी हो गई थी। इसके बाद मायावती ने अपनी पार्टी के ही कई बड़े नेताओं के खिलाफ काररवाई की। 2011 के अंत तक मायावती ने एक सांसद, विधायक, एम.एल.सी. और पदाधिकारियों समेत पार्टी के एक दर्जन दागी सदस्यों को पार्टी से बाहर का दरवाजा दिखाया था। उन्होंने लोकसभा और विधानसभा क्षेत्रों के प्रभारी जोनल समन्वयकों, जिलाध्यक्षों को भी निर्देश दिए कि वे नापाक गतिविधियों में लिप्त सांसद, विधायकों की पहचान कर रिपोर्ट तैयार करें। जिन राजनेताओं के खिलाफ

कारवाई की गई, उनमें जौनपुर से सांसद धनंजय सिंह, हमीरपुर सदर विधानसभा क्षेत्र के विधायक अशोक कुमार चंदेल जैसे विधायक भी थे। इनके खिलाफ आपराधिक मामले लंबित थे। बसपा से दरकिनार किए गए अन्य ठाकुर राजनेताओं में फैजाबाद के बीकापुर से जितेंद्र सिंह बबलू, सुल्तानपुर के इसौली से चंद्र भद्र (सोनू) सिंह और आंबेडकर नगर के जलालपुर से बसपा विधायक शेर बहादुर सिंह शामिल रहे।

राजपूतों पर अविश्वास

बसपा ने कभी राजपूतों को कभी अपने कोरग्रुप के करीब नहीं रखा। एकाध रहे तो उन पर भी कड़ी निगाह रही। राजपूतों के प्रति उसका अविश्वास तो 1997 में ही खत्म हो गया था, जब बसपा द्वारा गठबंधन से हाथ खींचने के बाद पार्टी के कुछ विधायक कल्याण सिंह सरकार को बचाने के लिए पाला बदल गए थे। तब बसपा के जो 22 विधायक बाहर चले गए थे, उसमें 18 ठाकुर यानी राजपूत थे। बाद में 2002 में भी मायावती सरकार को गिराने की साजिश रचने के आरोप में गिरफ्तार किए गए दो विधायक राजा भैया और धनंजय सिंह भी दोनों ठाकुर (राजपूत) थे। यह भी माना जाता है कि ठाकुरों से अपनी पार्टी को दूर करके मायावती ने हमेशा उन ब्राह्मणों को अपने साथ रखा, जो बसपा को बाह्मणों का चुनावी समर्थन दिलाने में अहम भूमिका निभाते रहे थे।

लेकिन यहाँ एक गड़बड़ी भी हुई। ब्राह्मणों को करीब रखने के चक्कर में पार्टी 'मनुवाद विरोध' के अपने मूल आधार से भटक गई। यह विरोधाभास था। दरअसल, पार्टी और विशेष रूप से कांशीराम ने दलितों की दुर्दशा के लिए हमेशा ब्राह्मणों और ब्राह्मणों की सामाजिक व्यवस्था को निशाना बनाया। हालाँकि दलित-ब्राह्मण भाईचारा समितियों के गठन से साफ संकेत मिला कि मायावती का इरादा हिंदू समुदाय की तथाकथित उच्च जातियों के बीच बँटवारा करना और सत्ता हासिल करने के लिए कम-से-कम ब्राह्मणों को अपने खेमे में रखने का है।

अपने जमाने के प्रसिद्ध जज टी.एस. मिश्रा के बेटे और प्रसिद्ध वकील सतीश चंद्र मिश्र 1990 के दशक के अंत में बसपा की ओर झुकनेवाले शुरुआती ब्राह्मण नेताओं में थे। अप्रत्याशित रूप से मायावती ने उन्हें 2004 में पार्टी का महासचिव बना दिया और तब से वे निर्बाध रूप से मायावती के एकमात्र विश्वासपात्र बने हुए हैं। राज्यसभा में बसपा के विचारों को व्यक्त करने, सुप्रीम कोर्ट में वकील और इन सभी वर्षों में बसपा के प्रवक्ता और राजनीतिक रणनीतिकार के रूप में उनकी महत्त्वपूर्ण भूमिका रही है। ब्राह्मण समुदाय के कम-से-कम एक वर्ग को बसपा के करीब रखने का श्रेय भी उन्हें दिया जा सकता है।

कोई दूसरी पंक्ति नहीं

बसपा की एक दिक्कत भी बड़ी रही है। पार्टी के लोगों के प्रति मायावती का विश्वास हमेशा रहे, यह जरूरी नहीं। पार्टी में कोई भी उनके करीबी होने का दावा नहीं कर सकता और जब तक बहनजी का विश्वास रहता है, तभी तक वह पदाधिकारी रह सकता है। वरिष्ठ नेताओं के प्रति उनका अविश्वास भी सर्वविदित है और इससे पता चलता है कि 1993 के बाद का कोई भी वरिष्ठ नेता अब पार्टी के साथ नहीं है। राज बहादुर, आर.के. चौधरी, स्वामी प्रसाद मौर्य, नसीमुद्दीन सिद्दीकी, ब्रजेश पाठक, हाजी याकूब कुरैशी, लालजी वर्मा, राम अचल राजभर और कई और विधायक ऐसे ही नाम हैं।

पार्टी की उत्तर प्रदेश इकाई का भी इतिहास भी कुछ ऐसा ही रहा है। यहाँ कोई भी प्रदेश अध्यक्ष एक साल से अधिक समय तक पार्टी में नहीं रहा। जाहिर है कि जैसे ही कोई भी बसपा नेता खुद को मजबूत करता है या अपनी जड़ें विकसित करता है, उसे 'पार्टी विरोधी गतिविधियों' के आरोपों में किनारे कर दिया जाता है या निष्कासित कर दिया जाता है।

नेतृत्व की दूसरी पंक्ति का अभाव मायावती के लिए एक अलग किस्म की शक्ति का स्रोत भी रहा। बिना किसी करीबी या कोर ग्रुप के भी वो निर्णय करती रही हैं। प्रदेश व्यापी पार्टी संगठन के लिए भी वे अपनी सुविधा और विवेक के अनुसार जोनल समन्वयकों को बार-बार बदलती रही हैं। समन्वयकों के एक समूह को दूसरे समूह की गतिविधियों पर नजर रखने का काम दिया जाता है। मायावती इसी आधार पर राजनीतिक और पार्टी के अंदरूनी फैसले करती हैं।

आलम यह है कि कुछ माह पहले तक 25 सालों में मीडिया के सामने पार्टी का प्रतिनिधित्व करने के लिए किसी को अधिकृत नहीं किया गया और उनकी प्रेस कॉन्फ्रेंस हमेशा उनके लिए एक तैयार बयान पढ़ने भर तक होती थी। हाँ, 2022 के चुनावों के मद्देनजर जरूर उन्होंने प्रवक्ताओं के एक पैनल बनाया था, बाद में वह भी खत्म हो गया।

एकला चलो रे

एक और अजीबोगरीब बात रही है कि मायावती जब भी सत्ता में नहीं रहीं, उन्हें विधानसभा या परिषद का सदस्य होना नहीं भाता। मतलब अगर मुख्यमंत्री नहीं तो कुछ नहीं। उन्होंने यू.पी. में विपक्ष के नेता की भूमिका को कभी स्वीकार नहीं किया है और कभी भी केवल विधायक के रूप में सदन की सदस्य नहीं रही हैं। जब उनकी पार्टी यू.पी. में हार गई तो उन्होंने हमेशा खुद को राज्यसभा में मनोनीत करा लिया।

मुख्यमंत्री के रूप में भी उन्होंने कभी प्रधानमंत्री द्वारा बुलाई गई मुख्यमंत्रियों की बैठकों में भाग नहीं लिया, चाहे वे अटल बिहारी वाजपेयी हों या मनमोहन सिंह। वे हमेशा अपने प्रतिनिधि के रूप में एक मंत्री को भेजा करती थीं।

उनके इस तरह के कदमों का उनका वोट बैंक भी स्वागत करता था। उस वोट बैंक को गर्व की यह भावना प्रबल होती थी कि उनकी नेता मायावती को किसी के अधीन नहीं रहती। पारंपरिक रूप से वे कभी भी प्रधानमंत्रियों का स्वागत करने एयरपोर्ट भी नहीं गईं। पिछले कुछ वर्षों में भाजपा के कुछ करीब दिखती हैं। माना यह जा रहा है कि वे विपक्ष के नेताओं के साथ फोटो खिंचाकर अपनी पहचान नहीं खोना चाहतीं। कई राष्ट्रीय मुद्दों, चाहे वो कश्मीर हो या सुरक्षा मामले का, उनका रुख अकसर केंद्र के साथ होता रहा है। लेकिन यह एक राष्ट्रीय नेता के रूप में उसकी परिपक्वता के संकेत के रूप में समझाया गया।

भविष्य पर संदेह

मायावती के कभी किसी के साथ जाने और कभी अपने कोर वोटर को न सँभाल पाने के भी आरोप लगते रहे हैं। 2014 में हुए लोकसभा चुनाव में बसपा ने अकेले ही लड़ाई लड़ी थी, जबकि सपा और कांग्रेस ने बेहद प्रचारित गठबंधन के तहत चुनाव लड़ा था। 2017 के विधानसभा चुनाव में बसपा फिर अकेले चुनाव मैदान में थी, लेकिन 2019 के लोकसभा चुनाव आते-आते बसपा और सपा ने मिलकर सभी मतभेदों को दरकिनार कर दिया। बुआ और भतीजे की जोड़ी बनी, लेकिन यह बहुत आगे तक न जा सकी। सपा-बसपा एक-दूसरे के वोट को अपने प्रत्याशियों की ओर स्थानांतरित न करवा पाने के आरोप लगाते रहे। इस चुनाव में भाजपा का ही जलवा रहा। दरअसल, भाजपा ने भी अति पिछड़ा वर्ग और दलितों के साथ उच्च जातियों के एकीकरण का एक फॉर्मूला पक्का कर लिया है, जो कोई अन्य पार्टी तोड़ नहीं पा रही है। दरअसल, भाजपा ने धीरे-धीरे दलितों के वोट बैंक में एक बड़ी सेंध लगाई और अब ऐसा लगता है कि दलितों के जाटव वोट बैंक के अतिरिक्त भाजपा ने बाकी दलितों के एक बड़े समूह को भी अपनी ओर आकर्षित कर लिया है। लेकिन बसपा की ब्राह्मणों के साथ 2022 के चुनावों में जाने की कोशिशें धरी रह गईं।

यों तो बसपा-भाजपा की निकटता चार-पाँच साल से सबको पता है। हाँ, यह बहस हो सकती है कि यह निकटता है या दबाव। लेकिन जिस तरह मायावती 2022 में विधानसभा चुनावों के दौरान प्रचार से और भाजपा के प्रति विपक्षी नेता सरीखी आक्रमकता से बचती रहीं, यह सवाल उठेगा ही। यह बात भी सही है कि समाजवादी पार्टी को उन्होंने दुश्मन नंबर एक माना और कुछेक सीटों पर भाजपा को मत भी

स्थानांतरित कराए, पर यह भी सच है कि वो जाटव वोट बैंक को छोड़कर अनुसूचित जाति के वोट बैंक को अपने पास नहीं रख पाईं। इसी तरह मुसलिम वोट बैंक भी उनसे बुरी तरह छिटका। माना यह जाता रहा है कि मुसलिमों में पिछड़े वर्ग का एक हिस्सा मायावती से जुड़ा रहता रहा है पर इस बार ऐसा नहीं हुआ और इस वर्ग ने भी समाजवादी पार्टी के पास जाना ज्यादा श्रेयस्कर माना। अब जब 2017 की तुलना में 2022 में मायावती की बसपा का वोट प्रतिशत 10 के आसपास कम हो गया है, यह सवाल उठता है कि क्या मायावती का जाटव बैंक (लगभग 14 प्रतिशत) भी लाभार्थी वोट बैंक में विरक्त हो गया है ? पार्टी ने 2017 की तुलना में 18 सीटों का नुकसान उठाया है और अब तक का सबसे खराब प्रदर्शन (एक सीट) किया।

यह बात भी सही है कि पार्टी का ढाँचा पूरी तरह से बिखर गया है। ब्राह्मणों से नजदीकी उसके कोई वोटर को नहीं समझ में आई। यह ध्यान रखना चाहिए कि ब्राह्मणों के साथ नजदीकियों ने ही 2007 में पार्टी को 30 फीसद वोट के साथ सत्ता दिलाई थी और 15 साल बाद उसका वोट प्रतिशत मात्र 12.9 फीसद रह गया है। 2022 के चुनाव के दौरान उनके वक्तव्यों से सपा को तो नुकसान पहुँचा पर भाजपा को लाभ ही हुआ, ऐसा साफ लगता है। खासतौर से उनका एक बयान काफी चर्चा में रहा कि 'उन्हें डर है कि समाजवादी पार्टी सत्ता में आई तो जंगल राज हो जाएगा।' इसमें सपा को नुकसान था ही और लाभकारी पार्टी भाजपा रही।

2000 के दशक के शुरू में एक समय था कि जब मायावती को भारत का सबसे होनहार राजनेता, भारतीय जनता का सच्चा चेहरा और एक दिन भारत का प्रधानमंत्री बनने की भविष्यवाणी की गई थी। लेकिन उत्तर प्रदेश में एक पूर्णकालिक सरकार के बाद 2012 में बसपा की हार और उसके बाद 2014, 2017 और 2019 और सबसे बड़ी 2022 में चुनावी विफलताओं के साथ जहाँ मायावती की तस्वीर धूमिल हुई है, वहीं बसपा फिलहाल सत्ता की रेस में नहीं दिखती। बसपा में लगातार उसके नेताओं के पार्टी छोड़ने और अपने दलित वोट बैंक को एकजुट न रख पाने के कारण मायावती फिलहाल किनारे हैं।

□

7

राष्ट्रीय लोकदल : राजनीतिक गलतियों से गर्त में

2012 का सितंबर महीना था। पूरा पश्चिमी उत्तर प्रदेश जाटों व मुसलमानों के बीच चल रहे हिंसक संघर्ष को देख रहा था। वेस्ट यू.पी. के जाट बहुल जिले मुजफ्फरनगर के कवाल गाँव में जाटों की एक लड़की से छेड़छाड़ के मामले में एक मुसलिम युवक की हत्या कर दी गई और फिर जवाबी फसाद में दो जाट युवकों को निर्ममता से मार दिया गया। सोशल मीडिया पर एक फेक वीडियो वायरल होने के बाद हिंसा का एक ऐसा दौर चला कि वेस्ट यू.पी. के मुजफ्फरनगर, शामली, बागपत व मेरठ जिलों में भारी तनाव फैल गया। जाटों और मुसलमानों के बीच हुए संघर्ष में केवल मुजफ्फरनगर जिले में ही 65 से ज्यादा लोगों की हत्या सरकारी आँकड़ों के हिसाब से हुई। हालाँकि प्रत्यक्षदर्शियों की बताई मानें तो आँकड़ा इससे कहीं ज्यादा था। मुजफ्फरनगर जिले के गाँवों में से मुसलिमों ने पलायन शुरू कर दिया और यह जिला पूरे देश के मीडिया की सुर्खियों में आ गया। मुजफ्फरनगर में हुए फसाद में एक पत्रकार की भी हत्या हो गई और तत्कालीन पी.एम. मनमोहन सिंह ने कांग्रेस अध्यक्ष सोनिया गांधी के साथ यहाँ का दौरा भी किया। यह एक दुर्लभ क्षण था। अगस्त माह के अंतिम सप्ताह में शुरू हुए इस घटनाक्रम ने सितंबर माह तक अपना असर दिखाया।

इस सब के बीच पश्चिमी उत्तर प्रदेश में जाटों व किसानों की प्रमुख पार्टी मानी जानेवाली राष्ट्रीय लोकदल के तत्कालीन अध्यक्ष चौधरी अजित सिंह दबाव में थे, क्योंकि नफरत के इस हिंसक खेल में केवल जाट व मुसलमान ही हताहत हो रहे थे। अजित सिंह के सामने बहुत बड़ा चुनौती थी कि वे क्या करें? प्रदेश में अखिलेश यादव की सरकार थी और उस पर आरोप यह था कि उसने अपने कैबिनेट मंत्री व दिग्गज

मुसलिम नेता आजम खान के कहने पर मुसलिम पक्ष की पैरवी की थी। और न केवल मुसलिम पक्ष के सभी युवकों को रिहा करा दिया था, बल्कि इस मामले में सही काररवाई करनेवाले मुजफ्फरनगर के डी.एम. सुरेंद्र सिंह व एस.एस.पी. मंजिल सैनी को रातोरात ट्रांसफर करा दिया गया था। इससे जाटों में बेहद रोष था। जाटों को उम्मीद थी कि अजित सिंह उनके आँसू पोंछने जरूर आएँगे। वे उस समय केंद्र में नागरिक उड्डयन मंत्री थे। जाटों को लग रहा था कि वे उनके समर्थन में आवाज उठाएँगे और पीड़ित जाट परिवार से मिलने के लिए कवाल गाँव जरूर जाएँगे। पर अजित सिंह नहीं आए। उनके बेटे व मथुरा के पूर्व सांसद जयंत चौधरी ने मुजफ्फरनगर जाने की एक औपचारिक कोशिश की, लेकिन पुलिस ने उन्हें मेरठ से पहले ही रोक लिया। इस घटना ने वेस्ट यू.पी. में राष्ट्रीय लोकदल के जाट व मुसलिम वोटों के उस समीकरण को तोड़ दिया, जो कभी पूर्व प्रधानमंत्री और रालोद के पितामह स्व. चौधरी चरण सिंह के समय से चला आ रहा था। अजित सिंह मुजफ्फरनगर दंगे के समय न जाटों को अपना बना सके और न ही मुसलमानों को।

दो साल बाद ही 2014 का लोकसभा चुनाव आया तो चौधरी अजित सिंह को अपनी पारंपरिक लोकसभा सीट बागपत पर हार का सामना करना पड़ा और बेटे जयंत चौधरी को मथुरा लोकसभा सीट से। इस बार दोनों यू.पी.ए. के प्रत्याशियों के तौर पर चुनाव लड़े थे। 2009 के लोकसभा चुनाव में रालोद ने बीजेपी के साथ गठबंधन में चुनाव लड़ा था और वेस्ट यू.पी. की पाँच लोकसभा सीटें जीती थीं और अपना आज तक का सर्वश्रेष्ठ प्रदर्शन था। इससे पहले अजित सिंह अपनी पार्टी के अकेले सांसद ही हुआ करते थे। 2014 में अजित को मुंबई के पूर्व पुलिस कमिश्नर भाजपा प्रत्याशी डॉ. सत्यपाल सिंह ने हराया तो जयंत को ड्रीमगर्ल हेमा मालिनी की चकाचौंध ने धूमिल कर दिया।

मुजफ्फरनगर का दंगा केवल राष्ट्रीय लोकदल के लिए ही झटका देनेवाला साबित नहीं हुआ, बल्कि इसने पूरे प्रदेश की राजनीति की दिशा बदलकर रख दी। राजनीतिक लिहाज से मुसलमानों ने समाजवादी पार्टी को ही चुना तो जाटों ने बीजेपी को प्राथमिकता पर रखते हुए वोटिंग की। 2017 के विधानसभा चुनावों में राष्ट्रीय लोकदल का सूपड़ा साफ हो गया और बीजेपी ने अखिलेश यादव की सरकार को सत्ता से बाहर करते हुए प्रचंड बहुमत के साथ प्रदेश में सरकार बना ली।

दो साल बाद ही 2019 के लोकसभा चुनाव आसन्न थे। ये चुनाव रालोद के लिए बहुत ही चुनौतीपूर्ण थे। अजित सिंह इससे पहले कभी भी पाँच साल तक संसद के गलियारों से दूर नहीं रहे। 1998 में पहली बार उन्हें बागपत में हार का सामना करना पड़ा था, जब उन्हें बीजेपी के जाट प्रत्याशी सोमपाल शास्त्री ने हराया था। सोमपाल

शास्त्री को इसका इनाम भी मिला था और उन्हें अटल बिहारी वाजपेयी की सरकार में कृषि मंत्री दिया गया था। सोमपाल शास्त्री के पिता स्व. रघुबीर सिंह शास्त्री चौथी लोकसभा में बागपत से सांसद रह चुके थे और चौधरी चरण सिंह के करीबी रहे थे। 1998 की हार अजित सिंह के लिए पहला झटका था। 1984 से राजनीति में सक्रिय होने के बाद से उन्होंने हार का मुँह नहीं देखा था। अजित सिंह की हार बागपत जिले के जाटों को भी आहत करनेवाली थी। जाटों को इस बात का मलाल था कि उन्होंने यू.पी. के एकमात्र जाट नेता को हरवा दिया, लेकिन एक साल बाद ही मौका फिर आया, जब अटल बिहारी वाजपेयी की सरकार गिर गई और 1999 में मध्यावधि चुनाव हुए। अजित सिंह ने इस चुनाव में सोमपाल शास्त्री को डेढ़ लाख वोटों से हराया। फिर तो वे 2014 तक लगातार सारे लोकसभा चुनाव जीतते रहे और जाटों के यू.पी. में सर्वमान्य नेता बने रहे।

2002 के विधानसभा चुनावों में भी रालोद ने बीजेपी के साथ गठबंधन में चुनाव लड़ा था, लेकिन मौका आया तो बीजेपी का दामन छोड़कर मुलायम सिंह यादव से हाथ मिला लिया। अगस्त 2003 से मई 2007 तक मुलायम सिंह यादव के नेतृत्व में चली सपा व रालोद की गठबंधन सरकार में रालोद को छह मंत्री बनवाने का मौका मिला। यू.पी. की राजनीति में 2003 से 2009 तक का दौर रालोद के लिए सुनहरा दौर कहा जा सकता है। सबसे ज्यादा विधायक व सबसे ज्यादा लोकसभा सांसद उनके इसी दौर में रहे। 2003 में बीजेपी को चकमा देने के बावजूद अजित सिंह को वेस्ट यू.पी. में जाटों का बड़ा नेता मानते हुए भगवा पार्टी ने एक बार फिर उनकी ओर दोस्ती का हाथ बढ़ाया। 2009 में रालोद व भाजपा ने फिर गठबंधन में लोकसभा चुनाव लड़ा। बीजेपी ने उन्हें यू.पी. की सात सीटें दीं, जिसमें से पाँच (बागपत, मथुरा, हाथरस, बिजनौर, अमरोहा) को जीतने में रालोद को सफलता मिली। रालोद के लिए ये बढ़िया संकेत थे। अजित सिंह ने इसी लोकसभा चुनाव में अपने बेटे जयंत चौधरी को भी पहली बार चुनावी रण में उतारा और मथुरा सीट से उन्हें संसद में पहुँचवाया।

अजित सिंह ने 2012 के मुजफ्फरनगर दंगे के समय जो बड़ी गलती की थी, कुछ ऐसी ही भूल उन्होंने 2009 के आम चुनाव के बाद भी की थी। 2009 में केंद्र में यू.पी.ए.-2 सरकार बनी और मनमोहन सिंह दोबारा प्रधानमंत्री बने। इस सरकार में पश्चिमी उत्तर प्रदेश का प्रतिनिधित्व बिल्कुल शून्य था। राजधानी दिल्ली से लगनेवाले वेस्ट यू.पी. के जिस इलाके का अजित सिंह प्रतिनिधित्व करते थे, उस पर सभी केंद्र सरकारों की नजर हमेशा रही है। 2001 से 2003 तक अटल बिहारी वाजपेयी की सरकार में भी अजित सिंह को कृषि मंत्री बनने का मौका मिला था। लगभग 8 साल बाद उन्हें फिर से केंद्र सरकार में शामिल होने का न्योता मिला। और जब उन्हें

यू.पी.ए.2 सरकार में शामिल होने का मौका मिला तो इस अवसर को उन्होंने दोनों हाथ से लपक लिया। मनमोहन सिंह ने उन्हें दिसंबर 2011 में नागरिक उड्डयन मंत्री बना दिया। वे इस पद पर मई 2014 तक रहे। 2009 में बीजेपी के साथ चुनाव लड़कर सबसे ज्यादा 5 लोकसभा सीटों पर जीत हासिल करने के बाद अजित सिंह ने जिस तरह से पाला बदला, वह अजित सिंह की एक बड़ी राजनीतिक भूल साबित हुआ। तीन साल बाद ही 2012 के विधानसभा चुनाव के समय अजित सिंह ने एक बार फिर बीजेपी के साथ दोस्ती करने की कोशिश की, लेकिन बीजेपी ने उनके पाला बदलने के पिछले रिकॉर्ड को देखते हुए उनसे दूरी बना ली। इसका नुकसान अजित सिंह को उठाना पड़ा। 2011 में बीजेपी से नाता टूटने के बाद से रालोद पश्चिमी उत्तर प्रदेश में अपने वजूद के लिए संघर्ष करती ही नजर आ रही है। 2017 के विधानसभा चुनाव में तो यू.पी. में रालोद शून्य पर पहुँच गई। बागपत जिले के उनके एकमात्र विधायक ने भी बीजेपी ज्वाइन कर ली थी।

अनुराधा चौधरी काल

2002 से 2009 तक एक दौर ऐसा भी आया, जब रालोद में अजित सिंह के साथ-साथ अनुराधा चौधरी ने भी अपनी खासी दखल बनाई। हरियाणा की कांग्रेस सरकार में मंत्री रही किरण चौधरी की छोटी बहन अनुराधा चौधरी ने 90 के दशक के अंत में बीजेपी ज्वाइन करके मुजफ्फरनगर जिले की राजनीति में कदम रखा। बीजेपी के उस कठिन दौर में वे ज्यादा समय तक पार्टी में नहीं टिक सकीं। 2002 में रालोद के टिकट पर मुजफ्फरनगर जिले की बघरा विधानसभा सीट से विधायक चुनी गईं और उन्हें मुलायम सिंह यादव की सरकार में पी.डब्ल्यू.डी. जैसा महत्त्वपूर्ण विभाग अजित सिंह ने दिलवाया। रालोद में आने से पहले अनुराधा चौधरी का परिचय केवल इतना था कि वे हरियाणा के पूर्व सी.एम. बंसीलाल के बेटे सुरेंद्र की पत्नी किरण चौधरी की बहन थीं, पर बेहद महत्त्वाकांक्षी व चुनावी प्रबंधन की माहिर अनुराधा चौधरी ने रालोद जैसी छोटी पार्टी में अपनी बड़ी पहचान बनाई। बघरा से विधायक बने हुए अनुराधा चौधरी को दो साल ही हुए थे। पी.डब्ल्यू.डी. जैसा मलाईदार विभाग हाथ में होने के बावजूद अनुराधा चौधरी ने लोकसभा चुनाव लड़ने की इच्छा जताई। तब तक रालोद व समाजवादी पार्टी की यारी इतनी मजबूत हो चुकी थी कि दोनों ने लोकसभा चुनाव भी गठबंधन में लड़ने का निर्णय कर लिया था। अनुराधा चौधरी ने कैराना लोकसभा सीट से चुनाव लड़ने का फैसला किया। अजित सिंह ने वहाँ से रालोद के सिटिंग सांसद अमीर आलम खान का टिकट काटकर अनुराधा चौधरी को प्रत्याशी बना दिया। इससे नाराज होकर अमीर आलम खान समाजवादी पार्टी में भी चले गए। पर इससे कोई फर्क नहीं पड़ा। अनुराधा चौधरी

ने कैराना से धमाकेदार जीत हासिल की और रालोद में उन्हें अजित सिंह के बाद नंबर टू की पोजिशन पर माना जाने लगा। वेस्ट यू.पी. की सबसे चर्चित लोकसभा सीट पर मुसलिम व जाट मतों का समीकरण ही था, जिसकी वजह से पहले अमीर आलम खान और फिर अनुराधा चौधरी सांसद बन गए। कहा जाता है कि कैराना व मुजफ्फरनगर सीट पर चलनेवाले जाट-मुसलिम समीकरण का लाभ इन दोनों जिलों की सीमा से लगनेवाली बागपत लोकसभा सीट पर भी अजित सिंह को मिलता रहा।

2009 तक एक ऐसा दौर रहा, जिसमें ऐसा लगने लगा कि रालोद अजित सिंह के हाथ से निकलकर अनुराधा चौधरी के हाथ में चली गई है। अनुराधा चौधरी सांसद बन गई तो बघरा सीट पर उप-चुनाव हुआ और इस पर अनुराधा ने अपने खासमखास परमजीत मलिक को जितवाकर यह साबित कर दिया कि चुनावी मैनेजमेंट में उनका कोई सानी नहीं। उस दौर में यह भी कहा जाने लगा था कि रालोद को चुनाव जीतने की कला अनुराधा चौधरी ने ही सिखाई। उनकी सलाह से टिकट भी फाइनल होने लगे थे। अनुराधा चौधरी के बड़े होते कद का अनुमान इसी से लगाया जा सकता है कि उन्होंने कैराना से सांसद रहते हुए ही मुलायम सिंह यादव की सरकार में कैबिनेट मंत्री का दर्जा हासिल किए रखा। वे सिंचाई व बाढ़ नियंत्रण आयोग की अध्यक्ष बनी रहीं और रालोद को अपने हिसाब से चलाती रहीं।

2009 के लोकसभा चुनाव से पहले अनुराधा चौधरी ने कैराना के बजाय मुजफ्फरनगर लोकसभा सीट से चुनाव लड़ने की इच्छा जाहिर की तो अजित सिंह ने उन्हें हरी झंडी दे दी। बीजेपी के साथ गठबंधन में थी रालोद और अनुराधा को पूरा भरोसा था कि उन्हें भारी जीत हासिल होगी। उनके सामने बसपा के कादिर राणा प्रत्याशी थे। अनुराधा चौधरी ने चुनाव को हिंदू-मुसलिम कराने के लिए और मतों का ध्रुवीकरण करने के लिए गुजरात के तत्कालीन मुख्यमंत्री नरेंद्र मोदी की जनसभा मतदान से कुछ दिन पहले मुजफ्फरनगर के एस.डी. इंटर कॉलेज के मैदान में भी कराई। उस समय मोदी को भगवा पार्टी का कट्टर हिंदुवादी चेहरा माना जा रहा था। अनुराधा को लगा कि इससे हिंदू वोटों का ध्रुवीकरण होगा। लेकिन वे भूल गईं कि उनके सामने समाजवादी पार्टी के टिकट पर संगीत सोम के रूप में ठाकुर और कांग्रेस प्रत्याशी के रूप में दिग्गज जाट नेता हरेंद्र मलिक भी चुनाव लड़ रह थे। मुसलिम मतों का शत-प्रतिशत ध्रुवीकरण कादिर राणा के समर्थन में हुआ। कादिर को 2,75,318 मत मिले और अनुराधा चौधरी को 2,54,720। संगीत सोम 1,06,667 व हरेंद्र मलिक 73,848 वोट ले उड़े और अनुराधा चारों खाने चित हो गईं। ठाकुर व जाट मतों में हुए भारी बँटवारे ने अनुराधा चौधरी की दोबारा सांसद बनने की ख्वाहिश का अंत कर दिया। और यही वह समय था, जब अनुराधा चौधरी की रालोद में दखल खत्म होने लगी।

परिवार की ओर लौटी कमान

कहते हैं कि परिवार में किसी बाहरी महिला का दखल कोई भी औरत सहन नहीं कर सकती। 2009 में अजित सिंह के बेटे जयंत चौधरी ने मथुरा से पहली बार चुनाव लड़ा और जीत का स्वाद चखा तो रालोद में सारे हालात बदलने शुरू हो गए। जयंत की पत्नी चारू चौधरी ने भी पार्टी की गतिविधियों पर नजर रखनी शुरू कर दी। रालोद के एक पूर्व विधायक बताते हैं कि दो बेटियों की माँ बनने के बाद चारू के मन में एक असुरक्षा का भावना भी घर करने लगी। अजित सिंह की उम्र बढ़ती जा रही थी और पार्टी में जयंत के साथ-साथ चारू का भी दखल बढ़ना शुरू हो गया। चारू की बात को जयंत टाल नहीं सकते। चारू अजित सिंह के एक बैंकर दोस्त की बेटी हैं और अजित राजनीति में आने से पहले जब अमेरिका में इंजीनियर की नौकरी कर रहे थे तो जयंत और चारू बचपन में साथ-साथ खेला करते थे। बचपन के सखा बड़े होकर जीवनसाथी बन गए थे। अजित के परिवार के करीबी लोगों का कहना है कि 2012 के विधानसभा चुनाव से कुछ महीने पहले अनुराधा चौधरी और चारू के बीच कुछ मुद्दों पर लेकर तकरार भी हुई। जयंत ने अजित के सामने साफ-साफ कह दिया कि इस बार टिकट वे खुद फाइनल करेंगे। बेटे-बहू के सामने छोटे चौधरी बेबस हो गए और अनुराधा चौधरी मन मसोसकर रह गई। 2012 के विधानसभा चुनाव से कुछ महीने पहले अनुराधा चौधरी ने अचानक समाजवादी पार्टी ज्वाइन कर ली और उन्हें मुलायम सिंह यादव ने पार्टी की महासचिव बना दिया। 2012 में समाजवादी पार्टी ने शानदार वापसी की और अखिलेश यादव मुख्यमंत्री बने। 2014 के लोकसभा चुनाव से कुछ महीने पहले अखिलेश ने अनुराधा चौधरी को राज्यमंत्री का दर्जा भी दिया। अनुराधा चौधरी बिजनौर या मुजफ्फरनगर लोकसभा सीट से चुनाव भी लड़ना चाहती थी, लेकिन रालोद छोड़कर समाजवादी पार्टी में आ चुके अमीर आलम खान ने आजम खान के जरिए अखिलेश पर दबाव बनवाया और उनका टिकट कहीं से नहीं होने दिया। 2004 में कैराना से अपना टिकट कटवाने का बदला आलम ने अनुराधा से दस साल बाद लिया। 2014 के लोकसभा चुनाव में मोदी लहर थी और यू.पी. में समाजवादी पार्टी में यादव परिवार के अलावा किसी को सफलता नहीं मिली। इस हार से क्षुब्ध होकर अखिलेश ने अनुराधा चौधरी से राज्यमंत्री का दर्जा भी वापस ले लिया। उन्हें लगा कि जाटों के बीच में अनुराधा उनके लिए उतनी उपयोगी साबित नहीं हुई हैं, जितनी वे सोच रहे थे। इसके बाद 2015 में अनुराधा चौधरी दिल्ली के विधानसभा चुनावों के दौरान बीजेपी में शामिल हो गईं। बीजेपी में अनुराधा चौधरी के खिलाफ सत्यपाल मलिक (राज्यपाल) ने ऐसा ताना-बाना बुना कि उन्हें न पार्टी में कोई पद मिला और न ही कहीं से टिकट। इस तरह रालोद में चौधरी चरण सिंह व चौधरी

अजित सिंह के बाद सबसे बड़ी नेता के रूप में पहचान बनानेवाली अनुराधा चौधरी के कैरियर का सूर्य अस्त हो गया।

चौधरी चरण सिंह की विरासत

दरअसल, जिस राष्ट्रीय लोकदल का जिक्र वर्तमान में हम कर रहे हैं, उसकी स्थापना 90 के दशक में हुई थी। वी.पी. सिंह की जनता दल से अलग होकर चौधरी अजित सिंह ने रालोद का गठन किया था, ठीक उसी तरह जिस प्रकार मुलायम सिंह यादव ने समाजवादी पार्टी बनाई थी। वैसे बीच में कई बार लुप्त हुए पश्चिमी उत्तर प्रदेश के जाटों व किसानों के इस राजनीतिक दल की नींव देश के पाँचवें प्रधानमंत्री स्व. चौधरी चरण सिंह ने 60 के दशक में ही रख दी थी। चौधरी चरण सिंह पहले कांग्रेस में ही हुआ करते थे। 3 अप्रैल, 1967 से 25 फरवरी, 1968 तक व फिर 18 फरवरी, 1970 से 1 अक्तूबर, 1970 तक दो बार चौधरी चरण सिंह को उत्तर प्रदेश का मुख्यमंत्री बनने का मौका मिला। अक्तूबर 1967 में चरण सिंह ने लखनऊ में बी.के.डी. (भारतीय क्रांति दल) का गठन किया था, लेकिन 1977 में आपातकाल के बाद हुए पहले आम चुनाव के समय इसका जनता पार्टी में विलय कर दिया गया था। इंदिरा गांधी के खिलाफ 1974 में चौधरी चरण सिंह ने एक मुहिम चलाई, जिसमें उनके साथ स्वतंत्र पार्टी, उत्कल कांग्रेस, सोशलिस्ट पार्टी, राष्ट्रीय लोकतांत्रिक दल, किसान मजदूर पार्टी जैसे छोटे-छोटे दल भी शामिल हो गए। इन सबको मिलाकर भारतीय लोकदल का गठन किया गया, जिसके नेता चौधरी चरण सिंह बने। इससे पहले 1969 के विधानसभा चुनाव में चरण सिंह की बी.के.डी. ने जोरदार प्रदर्शन किया था। जाट बहुल जिले मुजफ्फरनगर की सभी नौ विधानसभा सीटों पर बी.के.डी. के प्रत्याशियों ने जीत हासिल की थी, जो एक ऐसा कीर्तिमान है, जिसे फिर कोई दोहरा नहीं सका। यू.पी. में 211 सीटें हासिल करके कांग्रेस ने सरकार बनाई थी, लेकिन बी.के.डी. ने 98 सीटें जीतकर सबसे बड़े विरोधी दल के रूप में अपनी पहचान बनाई। यू.पी. की इस शानदार सफलता की वजह से ही चरण सिंह का कद देश की राजनीति में बड़ा होने लगा। 1974 में विधानसभा चुनावों में बी.के.डी. ने यह आँकड़ा 106 तक पहुँचा दिया। इसी प्रदर्शन के बाद चरण सिंह की गैर-कांग्रेस दलों में स्वीकार्यता बढ़ी और छोटे-छोटे दलों को मिलाकर बने भारतीय लोकदल के वे नेता भी बने।

दरअसल, 70 के दशक के शुरू में चौधरी चरण सिंह इंदिरा गांधी के खिलाफ बन रहे राजनीतिक समीकरणों में बहुत बड़ी भूमिका निभा रहे थे। इसकी शुरुआत भारतीय लोकदल से ही हुई थी। आपातकाल के बाद 1977 में हुए आम चुनावों से कुछ माह पहले जब जनता पार्टी का गठन हुआ तो चौधरी चरण सिंह उसके मुख्य सूत्रधार थे।

इंदिरा गांधी के खिलाफ विपक्ष को एक करने की कोशिश में वे 1974 से ही लगे हुए थे। आपातकाल में जेल जानेवाले नेताओं में चरण सिंह का नाम भी था। एक समय चौधरी चरण सिंह ही पी.एम. पद के लिए विरोधी दलों का चेहरा थे और राजनारायण जैसे नेता उनके बेहद करीबी थे। लेकिन जब जनता पार्टी ने जीत हासिल की तो पी.एम. पद के लिए नाम तय करने का जिम्मा जयप्रकाश नारायण और आचार्य कृपलानी को सौंप दिया गया। इन दोनों ने मोरारजी देसाई को पी.एम. पद के लिए चुना और चौधरी चरण सिंह को गृहमंत्री बनाया गया। साल भर के भीतर ही चरण सिंह और मोरारजी देसाई के बीच मतभेद उभरने लगे तो उन्हें इस्तीफा देना पड़ा, लेकिन एक साल के भीतर ही चरण सिंह ने उप-प्रधानमंत्री के रूप में वापसी की। मोरारजी देसाई के खिलाफ जनता पार्टी के भीतर बगावत हुई और चौधरी चरण सिंह ने 28 जुलाई, 1979 को प्रधानमंत्री के रूप में शपथ ग्रहण की। इंदिरा गांधी की कांग्रेस (आई) ने चरण सिंह को बाहर से समर्थन का वादा किया। कांग्रेस (एस) के यशवंत राव चव्हाण डिप्टी पी.एम. बने, लेकिन जैसे ही चरण सिंह की सरकार के बहुमत साबित करने का समय आया तो इंदिरा गांधी ने अपना समर्थन वापस लेने का ऐलान कर दिया। 20 अगस्त, 1979 को चरण सिंह का पी.एम. के रूप में संक्षिप्त कार्यकाल खत्म हो गया। पर लाल किले पर ध्वज फहराने के कारण उनका नाम इतिहास में दर्ज हो गया।

चौधरी चरण सिंह को कई बड़े प्रशासनिक सुधारों के लिए याद किया जाता है। आजादी के आंदोलन के समय से चरण सिंह भी महात्मा गांधी के साथ जुड़े रहे। आजादी से पहले बनी अंतरिम सरकारों में भी चरण सिंह की बड़ी भूमिका रही और कई सुधारों के लिए उन्हें याद किया जाता है। 1934 में मेरठ जिले की छपरौली विधानसभा सीट (अब वेस्ट यू.पी. के बागपत जिले का हिस्सा) से वे विधायक बने और वहीं से बागपत जिले में उनकी राजनीतिक विरासत का सिलसिला शुरू हुआ। ब्रिटिश काल में वे कई बार जेल भी गए। जब पं. जवाहरलाल नेहरू सोवियत स्टाइल के आर्थिक सुधारों की तरह भारत में भी कृषि क्षेत्र में को-ऑपरेटिव व्यवस्था लागू करना चाहते थे तो इसका चौधरी चरण सिंह ने पुरजोर विरोध किया था। उन्होंने तर्क दिया था कि भारत का किसान अपने बेटों को मैनेज नहीं कर पाता है, वो को-ऑपरेटिव फार्मिंग कैसे कर पाएगा? इससे वे राष्ट्रीय राजनीति में पहचान बनाने में सफल रहे।

50 के दशक में जब यू.पी. में गोविंद बल्लभ पंत की सरकार में चरण सिंह वित्तमंत्री थे तो उन्होंने कई बड़े कृषि सुधार किए। जमींदारी प्रथा के उन्मूलन के लिए चौधरी चरण सिंह को हमेशा याद किया जाता रहेगा। इसकी बदौलत किसानों को अपनी जमीनों पर मालिकाना हक मिला था। कहा जाता है कि इस प्रथा के खत्म होने के बाद जब किसानों ने जमीनों को अपने नाम कराया तो प्रदेश को भारी मात्रा में राजस्व मिला

था। इस पैसे को उत्तर प्रदेश में विशेष रूप से सड़कों के निर्माण पर खर्च किया गया था। इससे पहले यू.पी. में सड़कों की स्थिति बेहद खराब हुआ करती थी। जमींदारी प्रथा खत्म करने के लिए पी.एम. नेहरू सहमत नहीं थे। बताते हैं कि चरण सिंह ने दिल्ली जाकर नेहरू को सारा गणित समझाया था तो तब कहीं जाकर वे सहमत हुए थे। बाद में देश के कई राज्यों ने इस मॉडल को अपनाया। पटवारी राज को खत्म करने का श्रेय भी चरण सिंह को जाता है। उन्होंने सभी को लेखपाल बनवा दिया और भ्रष्टाचार खत्म करने की पहल की। यही नहीं, प्रदेश के थानेदारों के पास चौपहिया वाहनों की कोई व्यवस्था नहीं थी। कहते हैं कि चौधरी चरण सिंह ने ही जीपें खरीदकर पुलिस महकमे को दिलवाई थीं। हर समय किसानों के बारे में सोचते रहना चरण सिंह की बड़ी ताकत थी। कहते हैं कि एक बार वे अपनी गाड़ी से कनॉट प्लेस से होकर गुजर रहे थे तो उनकी गाड़ी लाल बत्ती पर रुकी। उन्होंने खिड़की से बाहर झाँककर देखा और अपने ड्राइवर से बोले कि जितनी बिजली यहाँ एक चौराहे पर खर्च हो रही है, उतनी से एक गाँव को रोशन किया जा सकता है। चरण सिंह ने लोकदल के रूप में एक ऐसा सुनहरी विरासत अगली पीढ़ी को सौंपा, जिसे हमेशा याद किया जाता रहेगा।

शानदार विरासत को बचाने की जद्दोजहद

6 मई, 2021 को कोरोना से अजित सिंह के निधन के बाद राष्ट्रीय लोकदल के सामने बहुत बड़ी चुनौती रही, चरण सिंह की सुनहरी विरासत को बचाने की। इसका दारोमदार अब पूर्व पी.एम. के पोते जयंत चौधरी पर आ गया है। जयंत अब रालोद के राष्ट्रीय अध्यक्ष हैं। हालाँकि 2019 के लोकसभा चुनाव से पहले जयंत को ही कमान सौंपने की बात पार्टी के भीतर चलने लगी थी, लेकिन अजित सिंह के मन में कुछ और ही चल रहा था। 2014 में अपनी और जयंत की हार से वे बेहद परेशान थे। वेस्ट यू.पी. में चौधरी चरण सिंह के समय से चला आ रहा जाट-मुसलिम वोटों का समीकरण, जो मुजफ्फरनगर दंगे के बाद बिखर गया था, उसे फिर से जमाना चाहते थे अजित सिंह। इसके अलावा बागपत की पारंपरिक सीट को वे बेटे को सौंपकर विरासत का आधिकारिक हस्तांतरण भी चाहते थे। जयंत का भी मानना था कि पार्टी में कभी दूसरी पंक्ति तैयार नहीं हो सकी, इसलिए वे 2019 में पार्टी के राष्ट्रीय उपाध्यक्ष बने और अजित सिंह ही अध्यक्ष रहे। 2019 में अजित सिंह ने मुजफ्फरनगर दंगे से बिगड़े समीकरणों को दुरुस्त करने के लिए मुजफ्फरनगर से लोकसभा चुनाव लड़ने का फैसला किया और बेटे को मथुरा से बागपत बुला लिया। उन्हें उम्मीद थी कि वे दोनों सीटें जीतने में सफल रहेंगे। इस चुनाव में किसी अन्य दल ने इन दोनों सीटों पर अपने प्रत्याशी भी नहीं उतारे। अजित और जयंत एक तरह से रालोद, सपा, बसपा और कांग्रेस के संयुक्त प्रत्याशी बने। इसके

बावजूद भी दोनों को हार का सामना करना पड़ा। जयंत बागपत में 20 हजार से अधिक मतों से हारे तो मुजफ्फरनगर में अजित सिंह 5 हजार वोट के मामूली अंतर से हार गए।

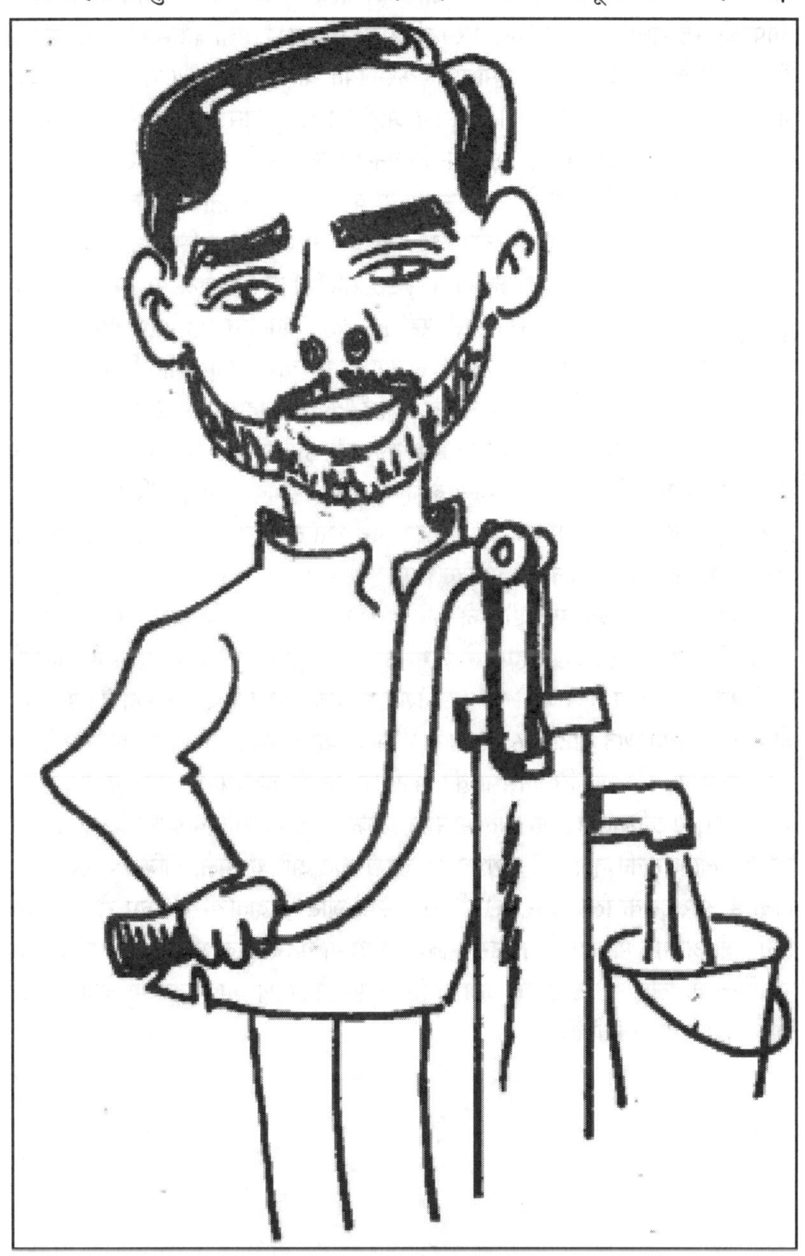

पिता के निधन के बाद पार्टी की कमान सँभालनेवाले जयंत चौधरी का मानना है कि 2019 का लोकसभा चुनाव आँखें खोल देनेवाला था और रालोद को फिर से अपने आप को बड़े संघर्ष के लिए तैयार करने की सीख दे गया। दिल्ली की सीमाओं पर महीनों से चल रहे किसान आंदोलन के साथ जुड़कर जयंत चौधरी ने वेस्ट यू.पी. में अपनी जड़ें मजबूत करने की मुहिम शुरू की। किसान आंदोलन से जुड़कर काम करने का लाभ भी चौधरी जयंत सिंह को मिला। 2022 के विधानसभा चुनावों के नतीजों ने उन्हें एक बड़ी राहत दी। समाजवादी पार्टी के साथ समझौता कर उन्होंने अपनी खोई जमीन को पाने में काफी सफलता पाई। यों तो कहने को समझौते के तहत उन्हें सिर्फ 33 सीटें मिलीं, लेकिन उसने आठ सीटों पर सफलता पाई, 33 सीटों में से 24 सीटों पर उसके प्रत्याशी दूसरे स्थान पर रहे और 14 सीटें ऐसी रहीं कि वहाँ जीत-हार का अंतर 500 से कम मतों का रहा। उसके प्रत्याशियों ने जहाँ भाजपा के कद्दावर नेता संगीत सिंह सोम और गन्ना मंत्री सुरेश राणा को हराने में सफलता पाई, वहीं विवादास्पद नेता नाहिद हसन को जिताकर एक तरह से पूर्व मंत्री हुकुम सिंह की बेटी मृगांका सिंह के राजनीतिक भविष्य को अंधकार में खींच दिया है, लेकिन बड़ी बात यह रही कि रालोद ने शिद्दत के साथ चुनाव लड़ा और उसने समाजवादी पार्टी का साथ अंत तक निभाया। वो बात दूसरी है कि जयंत को कई तरह के प्रलोभन भी दिए गए।

लेकिन अगर आर.एल.डी. को भविष्य में बड़ी भूमिका निभानी है और खासतौर से उसके इतिहास को देखते हुए, तो अभी उसको बहुत-कुछ करना बाकी है। जब से पार्टी का गठन हुआ है, तब से वो 4 प्रतिशत से ज्यादा वोट नहीं पा सकी है। इस बार तो उसे 2.85 प्रतिशत वोट (26.30 लाख) मिले। यह समझना होगा कि जाट वोटरों का 10 लोकसभा और 40 विधानसभा की सीटों पर काफी दबदबा है और यह प्रदेश की जनता का 12 प्रतिशत है। यह बात भी सही है कि जयंत की सक्रियता की वजह से पार्टी को पिछली बार की तुलना में लगभग 11 लाख वोट अधिक मिले, लेकिन लड़ाई बहुत लंबी है और इसके लिए आर.एल.डी. को सिर्फ जाट मतदाताओं के फ्रेम से निकलना होगा, जो आसान भी नहीं होगा। उसे भविष्य में अपने गठजोड़ के पार्टनर की रणनीति पर स्थायित्व के लिए सोचना होगा। अब जयंत के सामने 2024 का लोकसभा चुनाव होगा, जो ज्यादा बड़ी चुनौती होगी।

□

8

यू.पी. के छोटे दल : घाव करें गंभीर

देश की राजनीति के सबसे बड़े अखाड़े उत्तर प्रदेश में अभी तक चार या ज्यादा-से-ज्यादा पाँच बड़े दलों भाजपा, सपा, बसपा, कांग्रेस और चौधरी चरण सिंह की पार्टी रालोद का ही नाम लिया जाता है, पर पिछले कुछ वर्षों से कुछ इलाकों की ऐसी पार्टियाँ भी उभरीं, जिन्होंने इन कथित बड़े दलों को मजबूर किया कि वे उनके साथ आएँ। एक ऐसी पार्टी भी है—निर्बल शोषित हमारा आम दल, जिसे हम निषाद पार्टी के नाम से ज्यादा जानते हैं। भले ही इस पार्टी के गठन को अभी महज आठ साल ही हुए हों, लेकिन भारतीय जनता पार्टी जैसे ताकतवर दल ने उत्तर प्रदेश में 2022 के विधानसभा चुनाव के लिए पहला गठबंधन कर बड़ी उपस्थिति दर्ज कराई है। इस दल के संस्थापक व राष्ट्रीय अध्यक्ष डॉ. संजय निषाद को यह कहने में संकोच नहीं रहा कि उन्होंने पार्टी निषाद समुदाय को सत्ता में प्रतिनिधित्व देने के लक्ष्य के साथ बनाई है।

इसके पहले भी भाजपा को 2019 के लोकसभा चुनाव में इस दल से समझौता करने पर मजबूर होना पड़ा था और निषाद पार्टी के प्रवीण निषाद, संत कबीर नगर से लोकसभा सदस्य चुने गए। आठ साल के अपने सफर में पहले सपा, फिर भाजपा से पहले निषाद पार्टी का पीस पार्टी से भी चुनावी गठबंधन हो चुका था। हर गठबंधन के साथ पार्टी के मुखिया डॉ. संजय ने अपनी ताकत बढ़ाई है। 2017 के चुनाव में अपना दल, जन अधिकार पार्टी और पीस पार्टी के साथ निषाद पार्टी ने भी 100 उम्मीदवार खड़े किए थे, पर कुछ खास लाभ नहीं हुआ। निषाद पार्टी का सिर्फ एक विधायक जीत सका। गोरखपुर ग्रामीण से संजय निषाद तीसरे नंबर पर रहे, पर उन्हें 35,000 वोट तो मिल ही गए थे। ताकत दिखाने के लिए इतने वोट काफी थे। साल भर बाद ही जब फूलपुर और गोरखपुर लोकसभा सीटों के लिए चुनाव हुए तो समाजवादी पार्टी ने निषाद पार्टी को पकड़ लिया और योगी आदित्यनाथ की छोड़ी हुई सीट गोरखपुर से संजय निषाद ने अपने

बेटे प्रवीण निषाद को बतौर सपा उम्मीदवार जिता दिया। यह सिर्फ योगी आदित्यनाथ के लिए ही नहीं झटका था, भाजपा के लिए भी चुनौती थी। टिकट भले ही समाजवादी पार्टी का था, निषाद पार्टी का यह चमत्कार था। भाजपा ने यह सीट लगभग तीस सालों से अपने पास रखी थी। 2019 में एन.डी.ए. के साथ समझौते में पिता संजय ने फिर संत कबीरनगर सीट से प्रवीण निषाद को सांसद बनवा दिया। लगातार दो बार बेटे को सांसद बनाने के बाद अब वे भाजपा से गठबंधन कर खुद एम.एल.सी. मनोनीत हो गए हैं।

निषाद पार्टी का उत्थान बानगी है, उत्तर प्रदेश में छोटे दलों की बढ़ती अहमियत का। यू.पी. की राजनीति में ऐसे छोटे दलों की भरमार है और लगभग सभी का गठन किसी-न-किसी जाति, खासकर पिछड़े वर्ग की, को राजनीतिक प्रतिनिधित्व देने के लिए सत्ता का हिस्सेदार बनने के लक्ष्य के साथ ही हुआ है। इसमें भी मार्के की बात यह कि इनमें से ज्यादातर का प्रभाव क्षेत्र पूर्वी उत्तर प्रदेश है।

उत्तर प्रदेश में पिछले विधानसभा चुनाव के समय तक ऐसे पंजीकृत छोटे दलों की संख्या 474 थी, जो अब बढ़ चुकी है। पिछले चुनावों में यू.पी. में तकरीबन 290 दल मैदान में उतरे थे, जिनमें भाजपा, सपा, बसपा व कांग्रेस जैसे बड़े दलों के अलावा पश्चिमी यू.पी. में ताकत रखनेवाले राष्ट्रीय लोकदल को छोड़कर चुनाव मैदान में उतरे बाकी सभी दल छोटी पार्टी की ही पहचान रखते हैं।

ये छोटे होते जरूर हैं, लेकिन 'देखन में छोटे लगैं, घाव करैं गंभीर' की तर्ज पर बड़े दलों की नींद उड़ाने का माद्दा रखते हैं। इसकी अहम वजह यह कि ये अपने प्रभाव क्षेत्र के किसी चुनाव में खुद भले न जीत सकें, लेकिन इतने वोट जरूर ले आने की हैसियत रखते हैं कि मुख्य मुकाबले में शामिल किसी बड़ी पार्टी को इससे हार का सामना करना पड़े।

आँकड़े बताते हैं कि 2017 के विधानसभा चुनाव में 32 ऐसी छोटी पार्टियाँ थीं, जिनके उम्मीदवारों ने 5,000 से लेकर 50,000 तक वोट हासिल किए थे। आधा दर्जन ऐसे दल भी थे, जिनके प्रत्याशियों ने 50,000 से ज्यादा वोट पाए थे।

छोटे दलों की अहमियत को भाँपते हुए भाजपा ने 2017 के विधानसभा चुनाव में अनुप्रिया पटेल के नेतृत्ववाले अपना दल (एस) और ओमप्रकाश राजभर की सुहेलदेव भारतीय समाज पार्टी (सुभासपा) के साथ गठबंधन किया था। भाजपा ने सुभासपा को 8 और अपना दल को 11 सीटें दीं, जबकि वह खुद 384 सीटों पर चुनाव लड़ी। उस गठबंधन का भाजपा को खासा लाभ मिला और भाजपा को 312, सुभासपा को 4 और अपना दल (एस) को 9 सीटों पर जीत मिली।

कभी बसपा के संस्थापक कांशीराम के मिशन के साथी रहे सुभासपा के अध्यक्ष ओमप्रकाश राजभर ने मायावती के साथ विवाद होने के बाद बसपा छोड़कर सुहेलदेव

भारतीय समाज पार्टी (सुभासपा) बनाई और साल 2004 से चुनावों में उतरते रहे हैं। राजभर बिरादरी पर अच्छा प्रभाव रखनेवाले ओमप्रकाश राजभर को सत्ता का स्वाद 2017 में ही मिल पाया। जब भाजपा से गठबंधन में उनके चार विधायक चुनकर आए, जिनमें खुद राजभर भी जहूराबाद सीट से जीते और योगी आदित्यनाथ की सरकार में कैबिनेट मंत्री बने। हालाँकि यह साथ लंबा न चल सका, क्योंकि कई मुद्दों पर भाजपा नेतृत्व एवं राजभर के बीच टकराव बढ़ता गया और अंतत: राजभर को मंत्री पद छोड़ना पड़ा, साथ ही दोनों दलों का गठबंधन भी टूट गया। इसके पहले राजभर अपनी माँगों को लेकर काफी चर्चित रहे हैं। जून 2021 में जब राज्यसभा का चुनाव आया तो राजभर फिर राज्य सरकार के खिलाफ मोर्चा खोल दिया। उनका कहना था कि अफसर उनका कहना नहीं मानते। मंत्री होने के बाद भी उन्हें वह मान नहीं मिलता, जो अपेक्षित है। उन्होंने साफ कह दिया कि राज्यसभा के चुनाव में वे भाजपा के प्रत्याशियों को समर्थन नहीं देंगे। जबकि भाजपा का केंद्रीय नेतृत्व कोई भी पंगा नहीं चाहता था। उसकी इच्छा थी कि सभी 9 प्रत्याशियों की जीत में कोई भी बाधा न आए। मामला केंद्रीय गृहमंत्री अमित शाह तक गया। राजभर दिल्ली गए। अमित शाह से मिले। चुनाव के बाद भाजपा ने आरोप लगाया कि राजभर की पार्टी के चार में से एक विधायक ने क्रॉस वोटिंग की है। इसलिए समझौते की समीक्षा की जाएगी। इधर भाजपा ने भी राजभर की काट के लिए अपने एक अन्य मंत्री अनिल राजभर को लगा दिया। साल भर में ही नाराजगी का स्तर यह हो गया कि राजभर ने योगी शासन के एक साल होनेवाले सरकारी समारोह तक में बतौर मंत्री हिस्सेदारी नहीं निभाई। ओमप्रकाश राजभर को हमेशा यह डर सताता रहा कि भाजपा उसके इष्टदेव सुहेलदेव के लिए सार्वजनिक रूप से इतना कर रही है कि मूल वोटर उनसे कहीं छिटक न जाए। इस बीच भाजपा ने भी सुहेलदेव की मूर्तियों के अनावरण का सिलसिला जारी रखा। 2022 के चुनाव से पहले समाजवादी पार्टी के मुखिया अखिलेश यादव ने ओमप्रकाश राजभर को लपकने में कोई देरी नहीं की और राजभर ने भाजपा को जमकर कोसने में कोई रियायत नहीं की। समाजवादी पार्टी के लिए चौधरी जयंत सिंह के अतिरिक्त ओमप्रकाश राजभर के रूप में नया भागीदार मिल गया था। चुनाव तक सब ठीक रहा, लेकिन नतीजे अपेक्षाकृत रूप से प्रभावी नहीं रहे। भले 2017 के मुकाबले उनके दल ने 6 सीटें (2017 में चार सीटें भाजपा के साथ मिलकर जीती थीं) जीत लीं, लेकिन उनका बेटा अरविंद राजभर भी चुनाव हार गया। ओमप्रकाश राजभर यह दावा करते रहे हैं कि राजभर समाज का 120 सीटों, खासतौर से पूर्वांचल में बड़ा प्रभाव है।

उत्तर प्रदेश के छोटे दलों की सूची में एक और अहम नाम है 'अपना दल' (एस) का। अपना दल के संस्थापक स्वर्गीय सोनेलाल पटेल की बेटी अनुप्रिया पटेल इसका

नेतृत्व करती हैं। इस दल का भाजपा से गठबंधन पुराना है। ओ.बी.सी. की एक प्रमुख जाति कुर्मी के बीच अच्छा प्रभाव रखनेवाली इस पार्टी की अहमियत इससे ही समझ सकते हैं कि केंद्र में नरेंद्र मोदी के नेतृत्ववाली एन.डी.ए. की सरकार में अनुप्रिया पटेल पहली बार भी मंत्री बनीं और दूसरी बार भी, थोड़े इंतजार के बाद ही सही, उन्हें केंद्र में फिर मंत्री बनाया गया है। इससे ही स्पष्ट है कि चुनाव के मौके पर भाजपा नेतृत्व कुर्मी जाति में प्रभाव रखनेवाली इस प्रमुख पार्टी को अपने साथ मजबूती से जोड़े रखना चाहती है। अपना दल ने 2017 का चुनाव भाजपा के साथ लड़ा और उसके नौ विधायक सदन में हैं। उसके आसपास कांग्रेस है, जिसके सात विधायक सदन में हैं। उल्लेखनीय है कि अनुप्रिया पटेल की माँ और बहन अपना दल के ही दूसरे धड़े का नेतृत्व करते हैं। अनुप्रिया पटेल जब मिर्जापुर सीट से सांसद बन गई (एक अन्य सांसद पकौड़ी लाल, रॉबर्ट्सगंज से भी जीते) तो वे अपने पति आशीष सिंह पटेल को रोहनियाँ सीट से लड़ाना चाहती थीं, लेकिन अनुप्रिया की माँ और अपना दल की गवर्निंग बाडी की अध्यक्ष कृष्णा सिंह इस सीट से खुद लड़ना चाहती थीं। वे लड़ीं भी, लेकिन अनुप्रिया पटेल माँ के साथ नहीं खड़ी हुईं। यहीं से पार्टी में मुकदमेबाजी शुरू हो गई और माँ-बेटी दोनों ही अदालत की शरण में है। अनुप्रिया पटेल की पार्टी ने 2022 में भाजपा के साथ मिलकर शानदार प्रदर्शन किया। 2022 के चुनावों के साथ ही अपना दल (सोनेलाल) यू.पी. में तीसरी सबसे बड़ी ताकत हो गई है, यानी भाजपा और सपा के बाद। उनकी पार्टी ने तीन महिलाओं को टिकट दिया और तीनों ने ही विजय पाई। याद करने लायक बात यह भी है कि अपना दल (सोनेलाल) ने पार्टी के गठन के दस साल में ही बड़ी सफलता पाई है। इस बार उसके सदन में 12 विधायक होंगे, जबकि पिछली बार 11 थे। अभी लोकसभा में उसके दो सांसद हैं।

यू.पी. की एक और छोटी पार्टी है महान दल, जिसका नेतृत्व करते हैं केशव देव मौर्य। (इनके नाम को केशव प्रसाद मौर्य, भाजपा के प्रमुख नेता से न जोड़ें) इस पार्टी का 2022 के विधानसभा चुनाव में समाजवादी पार्टी के साथ गठबंधन रहा। इस गैर-यादव ओ.बी.सी. जातियों खासतौर से कुशवाहा, शाक्य आदि को सपा से जोड़ने की अखिलेश यादव की रणनीति का हिस्सा माना गया। इस पार्टी का यू.पी. में सियासी आधार बरेली, बदायूँ, शाहजहाँपुर, पीलीभीत, आगरा, बिजनौर और मुरादाबाद जिले की शाक्य, सैनी, कुशवाहा, मौर्य, कांबोज जैसी अति पिछड़ी जातियों के बीच है। साल 2017 के विधानसभा चुनाव में महान दल ने 14 विधानसभा सीटों पर चुनाव लड़ा था, वह कोई सीट जीतने में कामयाब भले नहीं हुई थी, लेकिन पार्टी ने तकरीबन एक लाख वोट हासिल किए थे। इस बार भी उसने बातें तो बड़ी-बड़ी कीं, पर उन्हें कोई सीट नहीं मिल पाई।

ऐसी ही एक और पार्टी है संजय चौहान के नेतृत्ववाली जनवादी पार्टी (सोशलिस्ट)। इसका सियासी आधार पूर्वांचल के मऊ, आजमगढ़, गाजीपुर, चंदौली, देवरिया आदि जिलों की नोनिया पिछड़ी जाति में है। 2019 के लोकसभा चुनाव में अखिलेश यादव ने संजय चौहान को चंदौली सीट से सपा के टिकट पर उम्मीदवार बनाया था। संजय चौहान ने मजबूत चुनाव लड़ा था और नजदीकी मुकाबले में भाजपा के महेंद्र नाथ पांडेय से 14,000 मतों से हार गए थे। 2022 के विधानसभा चुनावों में संजय चौहान की पार्टी का सपा के साथ गठबंधन किया और इस चुनाव में भी उन्हें सफलता नहीं मिली।

यू.पी. में चर्चित छोटे दलों में पीस पार्टी एवं उलेमा काउंसिल का भी नाम रहा है, लेकिन ये पार्टियाँ अब पहले जैसी प्रभावी नहीं रहीं। पीस पार्टी की स्थापना अक्तूबर 2008 में पेशे से चिकित्सक डॉ. अय्यूब ने की थी। वर्ष 2012 के विधानसभा चुनाव में पीस पार्टी के चार विधायक चुनकर आए थे, जिनमें डॉ. अयूब भी शामिल थे। हालाँकि बाद में नेतृत्व से विवाद होने पर बाकी तीनों विधायक पार्टी से अलग हो गए थे। राष्ट्रीय उलेमा काउंसिल का गठन भी वर्ष 2008 में ही हुआ था।

रघुराज प्रताप सिंह उर्फ राजा भैया के नेतृत्ववाली जनसत्ता पार्टी के भी दो विधायक हैं। अपने दम पर चलनेवाली पार्टी का प्रभाव अभी प्रतापगढ़ और आसपास की विधानसभा सीटों पर है।

□

9

तृणमूल कांग्रेस, अब बारी एकला चलो की!

सफेद साड़ी, हवाई चप्पल और रहने के नाम पर खपरैल वाला घर। हैं तो तीन बार से लगातार मुख्यमंत्री पर अब भी यही परिचय। अग्निकन्या से दीदी और बांग्लार मेय (बंगाल की लड़की) तक के सफर में ममता बनर्जी की यह पहचान पश्चिम बंगाल से कहीं आगे निकल चुकी है। एक बड़ा तबका तो नरेंद्र मोदी के विकल्प के रूप में देखने लगा है। हाल ही में 2021 के विधानसभा चुनाव में भारतीय जनता पार्टी की तमाम ताकत झोंकने के बाद उन्होंने जिस तरह विजय हासिल की, उससे मोदी के बाद कौन, ऐसे सवाल पूछनेवाले लोग ममता दीदी का चेहरा सामने करने लगे हैं। ऐसा हो पाएगा या नहीं, यह तो समय के गर्भ में है, लेकिन एक बात तो साफ है कि अपने जुझारूपन के कारण तृणमूल कांग्रेस सिर्फ पश्चिम बंगाल तक ही सीमित नहीं दिख रही है और अब रणनीतिक रूप से छोटे-छोटे राज्यों में उसने अपना ध्यान लगाना शुरू कर दिया है।

तृणमूल नेत्री ममता बनर्जी का राजनीतिक कॅरियर कम उफान भरा नहीं रहा। 15 साल की उम्र और छात्र यूनियन से उनका रिश्ता इसकी शुरुआत थी। तृणमूल कांग्रेस की उत्पत्ति से ज्यादा रोमांचक उसकी जनक ममता दीदी की अपनी यात्रा रही है। इस यात्रा में संघर्ष और सिर्फ संघर्ष है।

उनके चर्चा में आने की एक वजह 20 साल की उम्र में हुई एक घटना बनी। देश में इमरजेंसी लगने के पहले अप्रैल 1975 में जयप्रकाश नारायण (जे.पी.) का कोलकाता (तब कलकत्ता) में कार्यक्रम होना था। बिहार में जारी जे.पी. आंदोलन से प्रधानमंत्री इंदिरा गांधी भी चिंतित व क्षुब्ध थीं। कहा जाता है कि इंदिरा के सलाहकार सिद्धार्थ शंकर रे के प्रदेश से जे.पी. सुरक्षित लौट आते तो कांग्रेस के केंद्रीय नेतृत्व को संभवत: अच्छा नहीं लगता। पर 2 अप्रैल, 1975 के कलकत्ता दौरे के समय जे.पी. के साथ कांग्रेसियों

ने दुर्व्यवहार किया। पुलिस तब मूकदर्शक थी। जिस कार में जे.पी. बैठे थे, उसके ऊपर चढ़कर एक लड़की ने काफी उछल-कूद मचाई थी। यह लड़की ममता बनर्जी ही थीं। बुजुर्ग जयप्रकाश नारायण जिस गाड़ी से इंस्टीट्यूट वाली सभा में भाषण करने जा रहे थे, वह गाड़ी गेट के भीतर जाने नहीं दी गई। जे.पी. गाड़ी में बैठे रहे और कुछ लोग उनकी गाड़ी के ऊपर भी चढ़ गए, उछल-कूद भी मचाई। जे.पी. ने बाद में कहा भी कि उनकी हत्या की जा सकती थी।

ममता की सक्रियता कांग्रेसियों को पसंद आई और 21 साल की उम्र में ही यानी साल 1976 में उन्हें महिला कांग्रेस का महासचिव बना दिया जाता है। वर्ष 1984 में इंदिरा गांधी की हत्या के बाद हुए लोकसभा चुनाव में भी उन्होंने किसी छोटे-मोटे नेता के सामने चुनाव लड़ना पसंद नहीं किया। सीट थी जाधवपुर और सामने थे माकपा के दिग्गज नेता सोमनाथ चटर्जी, जो बाद में लोकसभा के स्पीकर भी रहे। एक बार लोजपा के नेता रामविलास पासवान ने बताया था—ममता जब लोकसभा आईं तो उन्हें किसी ने टोक दिया और कहा, 'दर्शक दीर्घा दूसरी तरफ है।' ममता मुसकराईं और उन्होंने अपना विजय प्रमाण-पत्र दिखाया। सांसद बनने के बाद भी ममता उसी कार्यकर्ता की स्थिति में रहीं, जैसे पहले रहती थीं। लेकिन 1989 की कांग्रेस-विरोधी लहर में वे लोकसभा का चुनाव हार गई थीं। लोकसभा का चुनाव वे भले हार गईं, लेकिन उन्होंने अपना सारा ध्यान पश्चिम बंगाल की राजनीति पर केंद्रित कर लिया। वर्ष 1991 के चुनाव में वे लोकसभा के लिए दोबारा निर्वाचित हुईं। फिर तो उन्हें पीछे मुड़कर देखने की न नौबत आई और न जरूरत महसूस हुई। चुनाव जीतने के बाद पी.वी. नरसिंह राव मंत्रिमंडल में उन्होंने युवा कल्याण और खेल मंत्रालय का जिम्मा सँभाला। केंद्र में मंत्री बनने का उनके लिए यह पहला अवसर था। विद्रोह उनके व्यक्तित्व में था और उन्हें लगने लगा था कि पश्चिम बंगाल को वो नहीं मिल रहा, जो मिलना चाहिए। केंद्र में महज दो साल तक मंत्री रहने के बाद ममता ने केंद्र सरकार की नीतियों के विरोध में कोलकाता के ब्रिगेड परेड ग्राउंड में एक रैली की और मंत्रिमंडल से इस्तीफा दे दिया। उनका मानना था कि कांग्रेसी कार्यकर्ताओं पर अत्याचार करनेवाले वामपंथियों से कोलकता में निपटना ज्यादा जरूरी समझेंगी, बनिस्बत दिल्ली की राजनीति करने के।

लेकिन सच तो यह था कि यह संघर्ष उनके लिए नई शुरुआत था। उनका संघर्ष सघन होता जा रहा था और तृणमूल कांग्रेस के लिए जमीन तैयार हो रही थी। जैसे ही जमीन उर्वरा होने का अहसास उन्हें हुआ, कांग्रेस पर माकपा के सामने हथियार डालने का आरोप लगाते हुए ममता दी ने 1998 की पहली तारीख यानी एक जनवरी को ही नई पार्टी 'तृणमूल कांग्रेस' बनाने की घोषणा कर डाली।

ममता की राजनीतिक सूझ-बूझ और क्षमता का अंदाज इसी बात से लगाया जा सकता है कि उनकी पार्टी तृणमूल कांग्रेस ने बहुत जल्द अपने को कांग्रेस के विकल्प के रूप में खड़ा कर लिया। 1998 में ही हुए लोकसभा के चुनाव में उन्होंने सात सीटों पर कब्जा कर लिया और राज्य में 2001 के विधानसभा चुनाव में 30 फीसद वोट पर कब्जा करते हुए 60 सीटें जीत लीं। वो भी तब, जब उनकी पार्टी ने सिर्फ 226 सीटों पर चुनाव लड़ा। नतीजा यह हुआ कि कांग्रेस से राज्य के मुख्य विरोधी दल का रुतबा छिन गया और उस कुरसी पर तृणमूल कांग्रेस आ गई। 2006 का चुनाव उनके लिए झटके वाला साबित हुआ और सीटें घटकर 30 हो गईं। जबकि 2004 की लोकसभा में उनकी सीट घटकर 2 रह गई थीं। लेकिन कोलकता में 2006 और 2011 के बीच जो हुआ, वह अद्‌भुत था। उछाल अलग था और प्रदेश में दो पत्तियों (चुनाव चिह्न) का बोलबाला दिखने लगा था। ममता ने समझ लिया था कि 2006 में जो गिरावट हुई है, उसे अकेले पूरा नहीं किया जा सकता। 2009 का जब लोकसभा का चुनाव आया तो उन्होंने बड़ी चालाकी से जिस कांग्रेस को उन्होंने दस साल पहले दुत्कारा था, उससे समझौता

कर लिया और पश्चिम बंगाल की 42 सीटों से 26 सीटों पर चुनाव लड़ा। वोट ट्रांसफर की रणनीति काम आई और ममता ने 19 सीटों पर जीत हासिल कर ली थी। और इन्हीं 19 सीटों के शौर्य से ममता दी ने बंगाल में हुए 2011 के विधानसभा चुनाव में तृणमूल कांग्रेस को सत्ता के शिखर तक पहुँचा दिया और 294 में से 184 सीटों पर जीत हासिल कर ली। इस विधानसभा चुनाव में कांग्रेस से उनका गठजोड़ रहा और अनजाने में सही, पश्चिम बंगाल की राजनीति से यह कांग्रेस के पूरी तरह से किनारे होने की तैयारी थी। आरंभ से ही ममता का मकसद बंगाल की सत्ता से वामपंथियों को बेदखल करना था। इसके लिए उन्होंने कई बार अपने सहयोगी भी बदले। कभी उन्होंने केंद्र में एन.डी.ए. का दामन थामा तो कभी कांग्रेस नीत यू.पी.ए. का। वर्ष 1998 से 2001 तक वे एन.डी.ए. के साथ रहीं। अक्तूबर 2001 में ममता ने केंद्र में अटल बिहारी वाजपेयी की अगुआई वाली एन.डी.ए. सरकार में रेलमंत्री का पद सँभाला। ममता रेलमंत्री बननेवाली देश की पहली महिला थीं। इसके अलावा वे केंद्र में कोयला, मानव संसाधन विकास राज्यमंत्री, युवा मामलों और खेल तथा महिला और बाल विकास राज्यमंत्री भी रह चुकी हैं। दूसरी बार रेलमंत्री बनने के बाद ममता ने बंगाल के लिए ट्रेनों और परियोजनाओं की बौछार कर दी थी। वे केंद्र में मंत्री थीं, लेकिन उनका ज्यादा समय बंगाल में ही बीतता था। इसी वजह से उनको 'बंगाल का रेल मंत्री' भी कहा जाने लगा था।

तृणमूल कांग्रेस की यात्रा ममता के साथ चलती रही। तहलका कांड की वजह से महज 17 महीने बाद ही इस्तीफा देकर वे सरकार से अलग हो गईं। जनवरी 2004 में लगभग पाँच महीने के लिए वे फिर केंद्र की अटल बिहारी वाजपेयी की सरकार में मंत्री बनीं, लेकिन उसी साल हुए लोकसभा चुनाव में एन.डी.ए. के हार जाने की वजह से ममता की यह पारी भी लंबी नहीं रही। वर्ष 2006 में उन्होंने एक बार फिर कांग्रेस का हाथ थामा।

संघर्ष

वर्ष 2004 के लोकसभा चुनावों में तृणमूल कांग्रेस के कमजोर प्रदर्शन के बाद बाद दिसंबर 2006 में सिंगूर और नंदीग्राम में किसानों के हक में जमीन अधिग्रहण विरोधी लड़ाई के रास्ते ममता ने अपनी छवि गरीबों के मसीहा के तौर पर बनाई और तृणमूल कांग्रेस के उत्थान में 2006 का काफी योगदान माना जाएगा। उनके विधायकों की संख्या भी कोई बहुत नहीं थी (30 विधायक थे तृणमूल के), पर सत्ता पलटने के लिए संख्या पर्याप्त नहीं थी। हल्दिया विकास प्राधिकरण के नोटिस से 70 हजार घरों के लोग प्रभावित हो रहे थे। लोगों ने इस भूमि अधिग्रहण के खिलाफ जब आंदोलन शुरू किया तो ममता बनर्जी के नेतृत्व में तृणमूल कांग्रेस ने जनता का साथ दिया। 14 मार्च, 2007 को पुलिस

ने आंदोलनकारियों पर फायरिंग की, जिसमें 14 ग्रामीणों की मौत हो गई। बताया जाता है कि इस गोलीकांड के दौरान कई लोग लापता हो गए। कहा तो यह भी जाता है कि पुलिस के साथ सी.पी.एम. के काडरों ने भी प्रदर्शनकारियों पर गोलीबारी की थी। इस घटना के विरोध में बंगाल के बुद्धिजीवी भी सड़कों पर उतर आए। नंदीग्राम के साथ ही सिंगूर में टाटा के नैनो कारखाने का मामला गरमाया। यहाँ भी विरोध का नेतृत्व तृणमूल कांग्रेस ने किया। टाटा को आखिरकार अपना कारखाना गुजरात शिफ्ट करना पड़ा। इसका सीधा लाभ तृणमूल कांग्रेस को मिला और 2009 के लोकसभा चुनाव में तृणमूल कांग्रेस ने पश्चिम बंगाल में 19 सीटें जीतीं। इतना ही नहीं, इसका असर यह हुआ कि 2010 में हुए कोलकाता नगर निगम चुनाव में तृणमूल कांग्रेस ने 141 सीटों में से 97 सीटें जीत लीं। दूसरी नगरपालिकाओं के चुनाव में भी तृणमूल कांग्रेस को बढ़त मिली।

ममता ने जब 2011 में बंगाल में वामपंथियों के 34 साल के लंबे शासन का अंत कर उन्होंने अपनी मंजिल हासिल कर ली तो जल्द ही 18 सितंबर, 2012 को केंद्र की तत्कालीन यू.पी.ए. सरकार से अपना समर्थन वापस ले लिया। वामपंथियों से मुक्ति के दिन आ ही चुके थे।

ममता के चरित्र में एक बड़ी बात है, निरंतरता। वर्ष 1993 में जब ममता युवा कांग्रेस की अध्यक्ष थीं, तब उन्होंने 'राज्य सचिवालय राइटर्स बिल्डिंग' अभियान का आयोजन किया। वामपंथियों से संघर्ष चरम पर था। इस दौरान पुलिस ने फायरिंग की। युवा कांग्रेस के 13 युवक मारे गए थे। तब से ममता हर साल 21 जुलाई को 'शहीद दिवस' मनाती हैं। उन्होंने सत्ता सँभालने के बाद उन पीड़ित परिवारों के एक-एक सदस्य को नौकरी और आर्थिक सहायता भी दी, जिनके परिजन पुलिस की गोली से मारे गए थे। उसी अभियान के दौरान पुलिसवालों के साथ धक्का-मुक्की में ममता की साड़ी फट गई थी। उन्होंने उसी दिन कसम खाई थी कि अब वाम मोर्चा के शासन के खात्मे के बाद ही वे राइटर्स बिल्डिंग में कदम रखेंगी। उन्होंने इसके लिए लगभग 18 साल तक इंतजार किया। आखिरकार उन्होंने वर्ष 2011 में मुख्यमंत्री पद की शपथ लेने के बाद ही उस इमारत में कदम रखा।

तृणमूल कांग्रेस के इतिहास में यह बात भी महत्त्वपूर्ण रहेगी कि उसके विधानसभा चुनाव के इतिहास में उसका वोट प्रतिशत 2001 से 2021 तक लगातार (2006 को छोड़कर) बढ़ता ही गया। 2001 में यह 30.66 फीसद था तो 2021 में 47.94 हो गया। तृणमूल कांग्रेस का गठन के साथ ही पहला नारा था—'माँ, माटी, मानुष'। 2011 के विधानसभा चुनाव के समय पश्चिम बंगाल में यह नारा काफी लोकप्रिय हुआ। बाद में ममता बनर्जी ने इसी नारे को अपनी पुस्तक का नाम दिया। जून 2011 में प्रकाशित एक रिपोर्ट के अनुसार, तृणमूल कांग्रेस का वह नारा उस समय भारत में छह सबसे लोकप्रिय

राजनीतिक नारों में से एक था। ममता का राजनैतिक संघर्ष उनकी विशिष्ट दृष्टि को भी दिखाता है। 2011 में सत्ता में आने के बाद उन्होंने सबसे ज्यादा ध्यान महिलाओं पर दिया और उनके लिए कई योजनाएँ दीं। बच्चियों को पुस्तकें, जूते, पोशाक, साइकिलें देने के अलावा उनके खानपान पर भी ध्यान दिया। जिस बंगाल में प्रसववाली महिलाओं की मृतक दर काफी होती थी, वहाँ उन्होंने 12 वेटिंग हट बना, यानी मातृत्व महिलाएँ यहाँ आखिरी के 12 हफ्ते में रह सकती थीं, बड़ा काम किया। आदिवासी क्षेत्रों में इस योजना को काफी सराहा गया। 'महिला सुरक्षा केंद्र' के माध्यम से पुलिसिंग में सुधार का भी श्रेय तृणमूल कांग्रेस को जाता है।" और शायद यही एक कारण था कि ममता को मुसलमानों के अलावा महिलाओं के रूप में एक बड़ा वोट बैंक मिला।

ममता के जिद्दीपन का कोई सानी नहीं है। (2021 के विधानसभा चुनाव में शुभेंदु अधिकारी के निर्वाचन क्षेत्र नंदीग्राम से चुनाव इसलिए लड़ा (भले ही हार का मुँह देखना पड़ा) कि वे अधिकारी के सामने लड़ने की कसम खा चुकी थीं। जनता के मुद्दों को उठाने, आंदोलन करने और बंगाल की तत्कालीन वाम मोर्चा शासन के खिलाफ उनके आंदोलनकारी स्वरूप ने उन्हें जनता का चहेता बना दिया। महज 13 वर्षों के भीतर राज्य में तकरीबन ढाई दशक से जमी वाम मोर्चा सरकार को उखाड़कर उन्होंने अपनी पार्टी को सत्ता तक पहुँचाने में कामयाबी हासिल कर ली। फिर यह सिलसिला ऐसा चला कि बंगाल की राजनीति में वर्षों तक सत्ता में रहे वाम दल और कांग्रेस का अब कोई नामलेवा नहीं बचा। 2021 के विधानसभा चुनाव में दोनों दलों का सफाया हो गया। ममता बनर्जी अल्पसंख्यक यानी मुसलमान वोटों की भी एकमात्र ठेकेदार बन गईं।

सादगी सिर्फ ममता बनर्जी के जीवन का ही हिस्सा नहीं रही है, यही सादगी तृणमूल में रहनेवाले कार्यकर्ताओं ने भी अपनाई। सफेद सूती साड़ी और हवाई चप्पल से उनका नाता कभी नहीं टूटा। चाहे वे केंद्र में मंत्री रही हों या महज सांसद। मुख्यमंत्री बनने के बाद भी उनके पहनावे या रहन-सहन में कोई अंतर नहीं आया। इतना ही नहीं, टालीगंज स्थित उनके टाली बाड़ी (खपरैल का घर) का मूल ढाँचा भी वही रहा। उन्होंने मुख्यमंत्री का आवास लेने के बजाय अपने टाली बाड़ी में रहना ही पसंद किया। उनके प्रधान प्रवक्ता मानव जयसवाल तो यहाँ तक दावा करते हैं कि ममता ने जितना पैदल संघर्ष किया, उतना आजाद भारत में किसी नेता ने नहीं किया। आजादी के पहले महात्मा गांधी अकसर यात्राएँ पैदल करते थे। मानव के इस दावे में अतिशयोक्ति हो सकती है, लेकिन यह बात भी सही है कि ममता कभी रथयात्राओंवाली नेता नहीं रहीं। पश्चिम बंगाल छोटा राज्य नहीं है। समाजवादी कहनेवाले नेता भी वातानुकूलित रथयात्राओं के बिना आगे नहीं जाते हैं। उन्हें कभी किसी ने कार में बैठकर आमतौर पर वेव (हाथ हिलाते हुए) करते नहीं देखा। ममता बनर्जी पर सीधे किसी तरह के घपले-घोटाले या भ्रष्टाचार का

आरोप नहीं है। तीन बार केंद्रीय मंत्री और तीसरी बार मुख्यमंत्री बनने के बावजूद उनकी घोषित संपत्ति जानकर किसी को भी आश्चर्य होगा। यह पंद्रह लाख रुपए से भी कम है। प्रतिष्ठित 'टाइम' मैगजीन उन्हें दो बार 'विश्व के 100 प्रभावशाली' लोगों की सूची में स्थान दे चुकी है।

ऐसा नहीं है कि तृणमूल कांग्रेस ने पश्चिम बंगाल में विजय पताका लहराने के बाद अन्य राज्यों में चुनावी प्रक्रम की नहीं सोची। पर उसे वह सफलता नहीं मिली, जो अपेक्षित थी। बंगाली बहुल त्रिपुरा के अलावा मणिपुर, झारखंड, असम आदि राज्यों में भी तृणमूल कांग्रेस ने अपनी कोशिशें कीं। मणिपुर के 2012 के विधानसभा चुनावों में टी.एम.सी. ने 8 सीटें जीती थीं। कुल मतों में से 10 प्रतिशत हासिल कर तृणमूल कांग्रेस मणिपुर विधानसभा में एकमात्र विपक्षी पार्टी बन गई थी।

लेकिन पश्चिम बंगाल में भारतीय जनता पार्टी के विस्तार के बाद ममता के लिए आगे की यात्रा उतनी सुलभ नहीं दिखती। संघर्ष उनके सामने रहेंगे ही। और शायद यही कारण है कि ममता एक बार फिर प्रदेश के बाहर लड़ने को आतुर दिखती हैं। त्रिपुरा के चुनाव के लिए तृणमूल कांग्रेस काफी गंभीर दिखती है। उनका टारगेट भी महिलाएँ हैं। उसने इसलिए मातृसत्तात्मक संस्कृति वाले राज्यों को चुना है। गोवा और त्रिपुरा ऐसे ही राज्य हैं। गोवा में 2022 के चुनाव की प्रक्रिया की शुरुआत में लग रहा था कि ममता दी एक बड़ी टक्कर देंगी और उसके लिए उन्होंने पार्टी में कई कद्दावर नेताओं को शामिल भी किया। लेकिन टी.एम.सी. एक भी सीट नहीं जीत सकी और अब उसको उसकी राष्ट्रीय छवि को पाने में अनेक मुश्किलें होंगी। विस्तार के तहत ममता ने अपनी रणनीति में भी बदलाव किया है। 'एकला चलो रे' का नारा अब तृणमूल कांग्रेस को भाने लगा है। हो सकता है कि इससे राष्ट्रीय स्तर पर उनकी भाव-ताव की क्षमता भी बढ़े। लेकिन यह ध्यान रखना होगा कि इसमें उछाल तभी संभव है, जब पश्चिम बंगाल पर उसका एकछत्र राज हो। (भाजपा भी चुप नहीं बैठेगी)। पश्चिम बंगाल के उप-चुनाव के नतीजों ने टी.एम.सी. की छवि में काफी बढ़ोतरी की है और ममता का दबदबा भी बढ़ेगा। लेकिन अब विस्तार की बहुत-कुछ जिम्मेदारी तृणमूल में ममता के भतीजे अभिषेक बनर्जी पर है। पर ममता का नेतृत्व अब भी तृणमूल का केंद्र है और अभी काफी लंबे समय तक रहेगा। उन्हें अपने स्वास्थ्य पर भी ध्यान रखना होगा।

□

10

शिवसेना : वक्त लगा मजबूती में

भारतीय राजनीति में एक ऐसी भी क्षेत्रीय पार्टी है, जिसका एक राज्य में प्रभाव हो, लेकिन उसका नाम लेते ही राजनीतिज्ञों को भी सोचना पड़ता है कि क्या प्रतिक्रिया की जाए? महाराष्ट्र की शिवसेना का नाम ही ऐसा है। ऐसा भी नहीं है कि महाराष्ट्र में उसकी सत्ता लंबे समय तक रही हो, पूरे महाराष्ट्र में व्यापक प्रभाव रहा हो, 288 सदस्यीय महाराष्ट्र विधानसभा में कभी भी उसने सैंकड़े का भी आँकड़ा पार किया हो, लेकिन यह भी सही है कि महाराष्ट्र में राजनीति किसी और दल के बिना की जा सकती है, शिवसेना के बिना नहीं। शिवसेना यहाँ अपरिहार्य है।

मराठी अस्मिता के नाम पर खड़े हुए संगठन शिवसेना का सफर पाँच दशकों से ज्यादा का हो चुका है। शिवसेना छत्रपति शिवाजी की पार्टी है और प्रतीक चिह्न टाइगर।

यह जानना सचमुच बड़ा रोचक होगा कि एक चाल में रहनेवाले बाल ठाकरे ने खुद को कैसे महाराष्ट्र की इतनी बड़ी ताकत बना लिया कि उसका लोहा हर कोई मानने लगा! 23 जनवरी, 1927 को पुणे में पैदा होनेवाले बाल ठाकरे का पूरा परिवार कुछ वर्ष बाद बंबई (मुंबई नामकरण तो काफी बाद में हुआ) के पास भिवंडी आ गया। पिता केशव सीताराम ठाकरे ने बाद में अपना नाम प्रबोधंकर कर लिया। वे बहुत प्रतिभाशाली थे। ठाकरे टाइटिल भी एक ब्रिटिश लेखक के नाम से ले लिया गया। प्रबोधंकर स्टेज-कलाकार, स्क्रीनप्ले-डायलॉग राइटर, इतिहासकार और समाज सुधारक समेत बहुत-कुछ थे। 'चार बेटियों के पैदा होने के बाद' बाल ठाकरे का जन्म हुआ तो स्वाभाविक था कि उनको लाड़-प्यार ज्यादा मिला। बाद में हुए अपने भाइयों से भी ज्यादा। इस बीच पिता ने उन्हें आर.एस.एस. शाखा में भी भेजा। लेकिन वे विचारों से क्रांतिकारी थे और इस बीच उनका रुझान कार्टूनिस्ट होने की तरफ ज्यादा गया। पिताजी ने अच्छे-अच्छे कार्टूनिस्टों से परिचय कराने में सहयोग दिया। 1950 के आसपास उनकी पहचान

क्रांतिकारी कार्टूनिस्ट के तौर पर बनने लगी। चर्चिल से लेकर आइजनहावर तक के कार्टून बनाए और टाइम्स ऑफ इंडिया के संडे एडिशन में उनके कार्टून छपने लगे। कार्टूनों पर विवाद भी हुए और तीन बार नौकरी भी छोड़नी पड़ी। उन्हें लगता था कि वे जिस अखबार के लिए कार्टून बनाते हैं, उसमें कार्टून को लेकर पाबंदियाँ बहुत हैं। ऐसे में बाद में अपने भाई श्रीकांत के साथ मिलकर खुद की मराठी पत्रिका 'मार्मिक' निकालनी शुरू कर दी।

कार्टून बनाने के सिलसिले में एक बार कम्युनिस्ट नेताओं से विवाद हुआ। कम्युनिस्टों ने अपने गुंडे ठाकरे के घर पर भेज दिए। पिताजी ने किसी तरह मामला सुलटाया। लेकिन इसके बाद शायद कम्युनिस्ट बाल ठाकरे के जेहन में फाँस की तरह गड़ गए। उस समय कम्युनिस्ट नेताओं को अंदाजा नहीं था कि आगे क्या होनेवाला है? दरअसल, पहले से ही बंबई में तीन तरह के लोगों का बोलबाला रहा है। गुजरातियों और पारसियों का व्यापार में, नौकरियों में दक्षिण भारतीयों (ये काफी पहले यहाँ बस गए थे) और कारोबार के साथ सर्विस सेक्टर में हाथ बँटानेवालों के तौर पर उत्तर भारत से आए मजदूरों के साधारण कामकाजी तबके का।

50 के दशक में जब राज्यों के पुनर्गठन की बात हो रही थी तो भाषा के आधार पर राज्य के पुनर्गठन आंदोलन ने जोर पकड़ा हुआ था। यह बहुत तीव्र आंदोलन था, जिसने क्षेत्रीय अस्मिता को उभारने का काफी काम किया। तब महाराष्ट्र में भी मराठियों ने अपने लिए भाषा के आधार पर राज्य की माँग की, जो आसपास के राज्यों को काटकर बनाया जाना था। मुख्य तौर पर गुजरात, कर्नाटक और मद्रास स्टेट के हिस्सों को। बड़ा आंदोलन चला। 1960 में महाराष्ट्र बन गया।

अब दूसरी समस्या सामने आने लगी। मराठी लोगों की साक्षरता की दर दक्षिण भारतीयों से कम थी। हालाँकि 1950 के बाद मराठी भी उच्च शिक्षा हासिल कर रहे थे, लेकिन नौकरियाँ बाहरी लोगों के हाथों में ज्यादा जा रही थीं। बाल ठाकरे ने इस मुद्दे को अपनी पत्रिका के जरिए उठाना शुरू किया। कार्टून बनाए, लेख लिखे, व्यंग्य से तंज कसे और फिर तो पैने हमले ही शुरू कर दिए। तब पत्रिकाओं का जमाना था। पत्रिका की लोकप्रियता ठीक-ठाक थी। लिहाजा लोग उनके पास अपनी बातें लेकर आने लगे। इसमें ज्यादा युवा थे, पढ़े-लिखे और बेरोजगार। एक अलग किस्म का असंतोष पूरे बंबई पर हावी हो रहा था। यह मुद्दा बड़ा बन रहा था। बस इसे मजबूत आवाज नहीं मिल पा रही थी। ठाकरे ने इसी मुद्दे के जरिए एक संगठन बनाया और आवाज उठाई। बंबई में उन दिनों बहुत-कुछ ऐसा चल रहा था, जो मराठियों यानी स्थानीय लोगों को नाराज कर रहा था। स्थानीय व्यापारी और उद्योगपति ट्रेड यूनियनों के मजबूत होते जाने से परेशान थे। बाल ठाकरे ने मौका देखा और 19 जून, 1966 को 'शिवसेना' के गठन

की घोषणा कर दी और जाहिर कर दिया कि बंबई अब वैसी नहीं रहेगी। शिवाजी पार्क में सभा का आयोजन किया और पहली ही सभा में इतने लोग पहुँच गए कि साफ हो गया कि महाराष्ट्र में एक नई ताकत का उदय हो गया है। अपने आप को मूल मराठियों से जोड़ने की उनकी रणनीति कारगर होने लगी और एक दिन ऐसा भी आना शुरू हो गया कि शिवसेना का आह्वान मतलब—पूरा और पक्का। 1966 में ही दशहरे के दिन यानी 30 अक्तूबर को शिवसेना की पहली अधिकृत रैली हुई। ठाकरे के निशाने पर कम्युनिस्ट थे।

कुछ दिनों बाद ही तनाव इतना बढ़ा कि शिवसैनिकों ने परेल की दलवी बिल्डिंग में बने कम्युनिस्ट पार्टी के मुख्यालय पर हमला कर भयानक तोड़-फोड़ कर दी। कार्यकर्ताओं को बुरी तरह पीटा गया। बाद में 6 जून, 1970 को कम्युनिस्ट पार्टी से विधायक कृष्णा देसाई की हत्या कर दी गई। आजादी के बाद संयुक्त महाराष्ट्र बंबई में यह पहली राजनीतिक हत्या थी।

बाल ठाकरे की ताकत बढ़ती जा रही थी। मराठी अस्मिता के स्वर के साथ हिंदुत्व का पुरोधा बनना इस संगठन को भाया।

1968 में बॉम्बे म्युनिसिपल कॉरपोरेशन के चुनाव हुए। 140 में 42 सीटें जीतीं शिवसेना ने। मुंबई में माना जाता है कि जिसका भी बी.एम.सी. पर कब्जा है, मुंबई पर कब्जा है। आज भी यह बात कायम है। और इसकी एक बड़ी वजह इसका बजट (वर्ष 2021-22 में इसका बजट 39 हजार करोड़ है) है। इस बीच 1969 में शिवसेना ने महाराष्ट्र-कर्नाटक बॉर्डर का दबा हुआ मुद्दा उठा लिया। महाराष्ट्र की राज्य सरकार ने पहली और आखिरी बार ठाकरे को गिरफ्तार किया। ठाकरे के गिरफ्तार होते ही दंगे हो गए। बाद में राज्य सरकार को जेल में बंद ठाकरे से गुजारिश करनी पड़ी कि अपने लोगों को रोको। एक सप्ताह तक चले दंगों के बाद ठाकरे ने अपने लोगों को रोका।

60 के दशक में फायरब्रांड समाजवादी नेता जॉर्ज फर्नांडिस को मुंबई का बेताज बादशाह कहा जाता था। महानगर की तमाम छोटी-बड़ी ट्रेड यूनियनों के वे नेता हुआ करते थे। उनके इशारे पर कारखानों में हड़तालें होती थीं। शहर में चक्का जाम हो जाता था। तब जॉर्ज वहाँ मजदूरों और ट्रेड यूनियनों के बहुत बड़े नेता थे। 1967 के लोकसभा चुनाव में 35 वर्षीय जॉर्ज ने मुंबई में कांग्रेस के अजेय माने जानेवाले दिग्गज नेता एस.के. पाटिल को हराकर उनकी राजनीतिक पारी खत्म कर दी थी। औद्योगिक राज्य महाराष्ट्र में समाजवादी तथा वामपंथी मजदूर संगठन बहुत मजबूत हुआ करते थे। लिहाजा सरकार को लगातार मजदूर संगठनों से जूझना होता था। शिवसेना की स्थापना के साथ ही बाल ठाकरे ने महाराष्ट्र के मुख्यमंत्री वसंतराव नाइक से नाता जोड़ा और नाइक ने भी मुंबई के कामगार वर्ग में जॉर्ज के दबदबे को तोड़ने के लिए ठाकरे का भरपूर इस्तेमाल किया। इसी वजह से उस दौर में शिवसेना को कई लोग मजाक में 'वसंत सेना' भी कहने लगे थे।

बिजनेसमैन अपनी फैक्टरी में स्ट्राइक रोकने के लिए शिवसेना को बुलाने लगे। नौबत यहाँ तक आई कि 1974 में जॉर्ज फर्नांडिस की रेलवे स्ट्राइक को भी शिवसेना ने नकार दिया। आपातकाल के बाद जॉर्ज जब पूरी तरह राष्ट्रीय राजनीति में सक्रिय हो गए तो उन्होंने मुंबई में समय देना कम कर दिया। उसी दौर में मुंबई में मजदूर नेता के तौर पर दत्ता सामंत का उदय हुआ।

शुरुआती दौर में तो जॉर्ज के नेतृत्ववाली यूनियनों के दबदबे को कम करने के लिए कांग्रेस ने भी दत्ता सामंत को खूब बढ़ावा दिया, लेकिन जब वे भी टेक्स्टाइल मिलों में हड़ताल और मजदूरों के प्रदर्शन के जरिए महाराष्ट्र की कांग्रेस सरकार के लिए सिरदर्द बनने लगे तो कांग्रेस के मुख्यमंत्रियों ने उनका भी 'इलाज' बाल ठाकरे की मदद से ही किया। केवल वसंतराव ही नहीं, बल्कि उनके बाद भी कई कांग्रेसी मुख्यमंत्रियों ने समय-समय पर महाराष्ट्र और मुंबई की राजनीति में बाल ठाकरे का भरपूर इस्तेमाल किया। लेकिन बाल ठाकरे जितना इस्तेमाल होते थे, उसकी उतनी ही राजनीतिक कीमत भी वसूल करते थे। शिवसेना को मजबूत करने और अपने उम्मीदवारों के फायदे तथा अन्य फायदों के लिए भी। शरद पवार से तो उनकी दोस्ती जगजाहिर थी ही।

70 और 80 के दशक में ही महाराष्ट्र में कई शहरों में कांग्रेस और शिवसेना ने तालमेल करते हुए जिला परिषद, नगरपालिका और नगर निगमों में बोर्ड का गठन किया। इसके बाद शाखा प्रमुख और विभाग प्रमुख पद बनाए गए। इसी स्ट्रक्चर पर शिवसेना अब तक कार्य कर रही है। 'मैक्सिमम सिटी' में सुकेतु मेहता लिखते हैं कि गठन के बाद से ही आर.एस.एस. की तरह शिवसेना ने हर मोहल्ले में शाखाएँ खोलनी शुरू कर दीं। फिर शुरू हुई गली की राजनीति, गली के आंदोलन। ...गली-मोहल्ले की पंचायती, भाषणों में बंबइया बोली। पानी-बिजली की लड़ाई, किराएदार-मकान मालिक के झंझट, बाबुओं का करप्शन, घर-परिवार की लड़ाइयाँ सबकुछ निपटाए जाने लगे। इससे शिवसेना की एक फौज खड़ी हो गई। ये लोग बाल ठाकरे के लिए कुछ भी करने को तैयार थे। ठाकरे की भाषण कला अद्भुत थी। आक्रामकता उसका पहला तत्त्व होता था। उनके नेताओं के विचार में जोश के साथ कई बार उग्रता देखी गई। बाल ठाकरे ने प्रभावी शाखाओं और सक्षम संगठन खड़ा करके लोगों का विश्वास जीतने की कोशिश की। पहले शिवसेना ने दक्षिण भारतीय लोगों के खिलाफ अभियान चलाया। फिर निशाने पर उत्तर भारतीय भी आए। पाकिस्तान के साथ मैच को लेकर 1991 और 1999 में फिरोजशाह कोटला मैदान की पिच खोदने में शिवसैनिक आगे दिखे। दीपा मेहता की 'फायर' फिल्म के प्रदर्शन के दौरान भी हिंसक प्रदर्शन के अलावा आए दिन उत्तर भारतीयों के खिलाफ प्रदर्शन से भी उसकी छवि खराब हुई। लेकिन शिवसेना को समझ

में आने लगा कि उनका यह दाँव उन्हें बहुत आगे तक ले जानेवाला नहीं है। इसलिए उन्होंने इसे मराठी पहचान के साथ हिंदुत्व अवधारणा से जोड़ दिया, जिस पर उत्तर भारतीय भी उनके साथ आ गए।

शिवसेना की स्थापना में बाल ठाकरे के साथ दो-तीन लोगों की भूमिका थी। पेशे से आर्किटेक्ट माधव देशपांडे उसमें मुख्य थे। क्षेत्रीय ताकत के तौर पर शिवसेना के निर्माण का विचार उन्हीं का था। इन तीनों ने तीन अन्य लोगों के साथ, जिनमें देशपांडे के पार्टनर पदमाकर अधिकारी, श्याम देशमुख, जो एक कारखाने में कार्य करते थे, मराठी मजदूरों को शिवसेना से जोड़ने में बड़ा काम किया। साथ ही रेलवे में काम करनेवाले वसंत प्रधान थे, जो बाद में वकालत करके मजदूरों का केस लड़ने लगे।

सुजाता आनंदन की पुस्तक 'हिंदू हृदय सम्राट्' के अनुसार, शिवसेना ने आपातकाल के समय में सरकारी कहर से बचने के लिए पार्टी के किसी कार्यकारी के नाम कागजात में दर्ज नहीं किया था। ठाकरे ने गिरफ्तारी से बचने के लिए बिना किसी पद के पार्टी के संचालन का फैसला लिया।

80 के दशक तक साफ नजर आने लगा कि बंबई पर शिवसेना और बाल ठाकरे का राज है। मुंबई की नगरपालिकाओं पर उनका कब्जा हो चुका था। बड़े उद्योगपतियों का विश्वास वे जीत चुके थे। बॉलीवुड भी ठाकरे के साथ खड़ा नजर आने लगा था। बॉलीवुड के बड़े-बड़े स्टार, निर्माता, निर्देशक उनके घर पर आकर हाजिरी बजाने लगे।

हालाँकि बाल ठाकरे ने समय के साथ यूटर्न भी लिया। उन्होंने 1975 में इंदिरा गांधी सरकार के लगाए आपातकाल का और फिर 1977 के लोकसभा चुनाव में भी कांग्रेस का समर्थन किया था। आपातकाल के प्रति अपना समर्थन जताने के लिए तो बाल ठाकरे खुद बंबई के राजभवन में तत्कालीन प्रधानमंत्री इंदिरा गांधी से मिलने गए थे। उन्होंने न सिर्फ आपातकाल का समर्थन किया था, बल्कि उसे उन्होंने श्रीमती गांधी का साहसिक कदम बताते हुए उन्हें बधाई भी दी थी। 1977 में मुंबई के मेयर के चुनाव में कांग्रेस नेता मुरली देवड़ा को जिताने में भी बाल ठाकरे ने अहम भूमिका निभाई थी। हालाँकि इससे उसे नुकसान भी हुआ। 1978 में महाराष्ट्र विधानसभा और बंबई म्युनिसिपल कॉरपोरेशन (बी.एम.सी.) के चुनाव में शिवसेना को बुरी तरह से हार का सामना करना पड़ा।

अगर सियासी सफर की बात करें तो शिवसेना ने पहला चुनाव 1971 में लड़ा। वो भी सीधे लोकसभा का। पाँच सीटों पर उम्मीदवार खड़े किए। सब हारे। 80 के लोकसभा चुनावों में पहली बार एक सीट पर जीत मिली। यह बड़ी सफलता मानी गई। इस बीच शिवसेना की पींगें भारतीय जनता पार्टी से बढ़ने लगीं और प्रमोद महाजन के साथ उनका

प्यार-दुलार अच्छा रहा। भाजपा से गठबंधन हुआ, लेकिन इंदिरा गांधी की हत्या के बाद तो कांग्रेस के आगे ज्यादातर दल डुबकी लगा गए थे। लेकिन 1985 में फिर से नगर निगमों के चुनाव में उसने अपना झंडा फहरा लिया और बी.एम.सी. पर उसका कब्जा ऐसे हुआ, जैसे साल भर पहले कोई चुनाव हुआ ही नहीं हो! 1989 के लोकसभा के चुनाव में उसे फिर कोई सीट नहीं मिलती है। 1991 की लोकसभा में वह भाजपा के साथ समझौते से लड़ती है और 22 सीटें लड़कर 4 सीटें जीत जाती है। लेकिन जल्दी ही 1996 की लोकसभा में उसकी सीटें भी बढ़कर 15 हो जाती हैं और सत्ता का विस्तार बहुत दिन तक नहीं रहता। 1998 में फिर कम (6), 1999 में ज्यादा (15) हो जाता है। उसके बाद तो लोकसभा में उसकी सीटों की संख्या हमेशा 10 से ज्यादा ही रही और अधिकतम 18।

उसने विधानसभा चुनावों में पहली बार जोर-आजमाइश 1990 में की। 183 सीटों पर चुनाव लड़ा और 52 पर जीत हासिल की। इसके बाद उसकी सीटें थोड़ी कम-ज्यादा होती रहीं। अधिकतम उसने 1995 में 73 सीटें जीतीं। भारतीय जनता पार्टी के साथ गठजोड़ का बड़ा फायदा उसे मिलता है और उसकी ओर से पहले लगभग चार साल तक सौम्य स्वभाववाले मनोहर जोशी मुख्यमंत्री बनते हैं और फिर तेज-तर्रार नारायण राणे एक साल तक मुख्यमंत्री रहते हैं। पंद्रह साल तक दोनों दल एक रहते हैं, लेकिन विपक्ष में रहना होता है। 2014 में भी गठबंधन टूटते-टूटते बचा। दोनों दलों के बीच सहमति न बन पाने के कारण चुनाव तो दोनों ने ही अलग-अलग लड़ा, पर आखिरकार देवेंद्र फडणवीस के नेतृत्व में सरकार बनी। लेकिन 2019 के चुनाव के पहले जनवरी 2018 में शिवसेना अपने रिश्ते भाजपा से तोड़ लेती है। पर फिर भी 2019 का लोकसभा और विधानसभा का चुनाव एक साथ लड़ने में सहमति बन जाती है। इस बार उसके हिस्से 56 सीटें आईं, लेकिन सरकार बनाने को लेकर मतभेद इतने उभरे कि बीजेपी से अलग जाकर धुर विरोधी माने जानेवाली कांग्रेस और राष्ट्रवादी कांग्रेस पार्टी के साथ सरकार बनाई। नाटकीय ढंग से बनी इस सरकार के उद्धव ठाकरे मुख्यमंत्री बनते हैं। यह पहली बार हुआ कि ठाकरे परिवार ने सत्ता स्वीकारी।

इस बीच विधानसभा चुनावों में पार्टी का वोट प्रतिशत 16 से 24 फीसद के बीच रहा। कई दशकों तक मुंबई में पत्रकारिता कर चुके और शिवसेना के उभार को करीबी से देखनेवाले सुनील गाताड़े कहते हैं कि शिवसेना में बदलाव तो बहुत आया है, लेकिन अब भी शाखा प्रमुख उसकी रीढ़ की हड्डी बना हुआ है, जो जनता के साथ एक सेतु का काम करता है। मकानमालिक-किराएदारों के बीच झगड़े सुलटाने से लेकर छोटे-छोटे विवादों में पड़ना और हल करना ही कार्यकर्ताओं के लिए बड़ा काम है।

वैसे राजनैतिक रूप से माना जाता है कि महाराष्ट्र की राजनीति में पहले कांग्रेस के

साथ मजबूती से खड़े होनेवाले मराठा तो अब शिवसेना के साथ आ ही चुके हैं, हिंदुत्व ने उसे व्यापक तौर पर अन्य वर्गों से भी जोड़ा है। मराठा उसका पहला तत्त्व है। भाजपा से समझौते के बाद भी 2007 में शिवसेना ने राष्ट्रपति पद के लिए कांग्रेस की उम्मीदवार प्रतिभा पाटिल को समर्थन दिया था। उस चुनाव में तत्कालीन उप-राष्ट्रपति और बीजेपी के वरिष्ठ नेता रहे भैरोंसिंह शेखावत बीजेपी नीत एन.डी.ए. के उम्मीदवार थे। जब प्रणब मुखर्जी राष्ट्रपति हुए तो भाजपा के गठजोड़ में रहने के बावजूद उसने कांग्रेस के प्रणब मुखर्जी को ही प्राथमिकता दी।

शिवसेना को असली राजनीतिक ताकत और सत्ता दोनों 90 के दशक में हासिल हुई। 1989 में उन्होंने अपने मुखपत्र 'सामना' का प्रकाशन शुरू किया, जो मराठी के साथ-साथ हिंदी में भी प्रकाशित होने लगा। यह आम आदमी से जुड़ने का उनका असरदार प्लेटफॉर्म भी बना। शिवसेना ने पहली बार 1995 में बीजेपी के साथ मिलकर राज्य में सरकार बनाई। शिवसेना के मनोहर जोशी मुख्यमंत्री बने। चार साल मुख्यमंत्री रहने के बाद फिर नारायण राणे को शिवसेना ने सी.एम. बनाया। केंद्र में पहले अटल बिहारी वाजपेयी और फिर नरेंद्र मोदी की सरकार में शिवसेना के लोगों को केंद्रीय मंत्रियों के महकमे भी मिले। मनोहर जोशी लोकसभा के अध्यक्ष भी रहे।

हालाँकि 1995 में पाँच साल तक सत्ता-सुख भोगने के बाद शिवसेना और बीजेपी गठबंधन को 1999 के अगले चुनाव पराजय का सामना करना पड़ा। फिर वे लंबे समय तक विपक्ष में बैठे। कांग्रेस ने राष्ट्रवादी कांग्रेस पार्टी, सपा, आर.पी.आई. के साथ ऐसा ताना-बाना बुना कि भाजपा और शिवसेना के लोग सत्ता के लिए तरस गए। हालाँकि एक जमाने में बाल ठाकरे के डर से शिवसेना के नेता पार्टी छोड़ने से डरते थे, लेकिन 90 के दशक के आखिर से यह भी होने लगा। छगन भुजबल, नारायण राणे और रांजय निरूपम जैसे नेताओं ने पार्टी छोड़ी। राज ठाकरे अलग हुए।

यह बात सही है कि शिवसेना के पास पिता उद्धव ठाकरे—पुत्र आदित्य ठाकरे के अलावा करिश्माई नेताओं का अभाव है। आदित्य युवा शाखा के प्रमुख हैं। मुख्यमंत्री के तौर पर उद्धव, बाल ठाकरे से उलट हैं। सौम्य हैं और पिता के उलट कम बातें करनेवाले। जिस तरह से पिछले कुछ समय से सरकार और सरकार के बाहर निपट रहे हैं, खासतौर से भाजपा से, वह उनकी राजनैतिक प्रतिभा को दिखाता है। अभी कोंकण और मुंबई शिवसेना का मजबूत क्षेत्र है, लेकिन उसे मराठवाड़ा-विदर्भ में आधार को दमदार करना होगा। हिंदुत्व के मामले में उसे बीजेपी से कड़ी चुनौती मिलेगी। अगर अगले चुनाव में बीजेपी से अलग ही लड़ना पड़ा तो उसे यह सीखना होगा कि वह अकेले कैसे चलेगी? हालाँकि कहा जाना चाहिए कि अगला चुनाव शिवसेना के लिए चुनौती भी है और एक बड़ा अवसर भी।

आखिर में यह सवाल भी उठेगा कि भाजपा से पुरानी पार्टी होने के बाद भी शिवसेना राष्ट्रीय स्तर पर जनमानस पर असर क्यों नहीं डाल पाई? हालाँकि शिवसेना ने उ.प्र., म.प्र., गोवा कई जगहों पर चुनाव लड़े, लेकिन कुछ खास फायदा हुआ नहीं। अगर किसी राज्य में पार्टी खड़ी करनी है तो वहाँ जाकर पार्टी के बड़े नेताओं को सभाएँ लेनी पड़ती हैं, रैलियाँ निकालनी पड़ती हैं, स्थानीय मुद्दों को पुरजोर तरीके से उठाना पड़ता है और राज्य के बड़े चेहरों को पार्टी के साथ जोड़ना पड़ता है। क्या शिवसेना ने

यह सब किया? नहीं। दूसरा, उसका विवादित और डरानेवाला चेहरा उसे अन्य राज्यों के लोगों को जोड़ने से रोकता है।

उधर उद्धव के चचेरे भाई राज ठाकरे ने अलग होकर 'महाराष्ट्र नवनिर्माण सेना' बनाई। लेकिन ऐसा लगता है कि जनता ने उन्हें नकार दिया। पत्रकार सुनील गाताडे कहते हैं कि राजनीति में डायलॉगबाजी नहीं होती। राज के बरताव से उनके अपने ही लोग उनसे दूर हो जाते हैं। मनसे के लिए आगे की राह बहुत मुश्किल है। यहाँ तक कि मुंबई में ही बी.एम.सी. चुनावों में भी उन्हें शुरू से ही तगड़ा झटका लगता रहा है। लेकिन बदली स्थितियाँ आनेवाले दिनों में राज ठाकरे को पुनर्स्थापित कर सकता है। लाउडस्पीकर-विवाद के बाद राज ठाकरे चर्चा में हैं और बहुत हद तक संभव है कि वे शिवसेना के एक धड़े को अपने साथ कर लें। रणनीतिक रूप से इसमें भाजपा कितनी बड़ी साझेदार है, यह तो भविष्य के गर्त में है, लेकिन ऐसा लगता है कि इससे भाजपा अवश्य लाभान्वित होगी।

□

11

मराठा क्षत्रप की कमान में रची-बसी राकांपा

भारतीय राजनीति में ऐसे बहुत ही कम लोग होंगे, जिनके दुश्मन न होंगे और दोस्त बेशुमार होंगे। साथ ही ऐसे बहुत ही कम दल होंगे, जो होंगे तो एक परिवार-द्वार चलाए जा रहे, पर काम का बँटवारा ऐसा होगा कि ऐसे लगेगा कि सब कंधे-से-कंधा मिलाकर काम कर रहे हैं! इस पार्टी में पिता-पुत्री-भतीजे की तिगड़ी है तो पटेल भी, पाटिल भी, अनवर भी और नवाब भी। पार्टी का नाम है—नेशनलिस्ट कांग्रेस पार्टी यानी एन.सी.पी.। अगर कहीं बात एन.सी.पी. की करनी होगी, तो भी आपको पार्टी की कम और शरद पवार और उनकी शैली की ज्यादा करनी होगी। इस आलेख में भी ऐसा ही आपको देखने को मिलेगा।

बात पिछली सदी के आखिरी वर्ष की है। लोकसभा चुनाव 1999 से ठीक पहले मई माह में कांग्रेस पार्टी के तीन दिग्गज नेताओं शरद पवार, पी.ए. संगमा और तारिक अनवर ने सोनिया गांधी के खिलाफ बगावत कर दी। उन्होंने सोनिया गांधी को पार्टी की बागडोर सौंपने पर आपत्ति जताई और कहा कि सोनिया गांधी विदेशी मूल की महिला हैं, इसलिए वे भारत की भाग्यविधाता नहीं हो सकतीं। तीनों ने कांग्रेस से अलग होकर 10 जून, 1999 को 'राष्ट्रवादी कांग्रेस पार्टी' (राकांपा या एन.सी.पी.) के गठन की घोषणा कर दी। समय बीता, पी.ए. संगमा का 4 मार्च, 2016 को निधन हो गया और तारिक अनवर एन.सी.पी. से कमाई खाने के बाद कांग्रेस में वापस जा चुके हैं, लेकिन राकांपा शरद पवार के नेतृत्व में लगातार आगे की ओर रवाँ-दवाँ है।

शरद पवार को 'मराठा क्षत्रप' वैसे ही नहीं कहा जाता। अखिल भारतीय राजनीति में उनकी भूमिका ही कुछ ऐसी है कि पिछले तीन-चार दशकों की भारतीय राजनीति को उनसे अलग करके देखा नहीं जा सकता। महाराष्ट्र की सियासत के बल पर वे केंद्र की राजनीति में भी खास किरदार निभाते रहे हैं। वे क्रिकेट की सियासी पिच के भी धुरंधर

रहे हैं। मुंबई क्रिकेट काउंसिल के अध्यक्ष पद पर वो दस साल से भी ज्यादा समय तक बने रहे। वे साल 2005 से 2008 तक भारतीय क्रिकेट कंट्रोल बोर्ड और साल 2010 से 2012 तक अंतरराष्ट्रीय क्रिकेट काउंसिल के मुखिया भी रहे। वे पहले ऐसे राजनीतिक रहे हैं, जिन्होंने आई.सी.सी. में अपनी धाक जमाई। इसके अलावा उद्योग जगत् में भी शरद पवार का अच्छा-खासा नाम है। महाराष्ट्र में शरद पवार के कई मीडिया हाउस और चीनी मिलें हैं।

पुणे के बारामती ग्राम में 12 दिसंबर, 1940 पैदा हुए शरतचंद्र गोविंदाराव पवार के पिता गोविंद राव पवार बारामती किसान सहकारी बैंक में कार्यरत थे और इनकी माता

बारामती में खेतों में देखभाल करती थीं। यहीं से आप उनकी आर्थिक स्थिति का अंदाजा लगा सकते हैं। शरद पवार ने हाई स्कूल तक की शिक्षा बारामती के सरकारी स्कूल में पूरी की, इसके बाद वे आगे की पढ़ाई के लिए पुणे आ गए। पवार पुणे के बी.एम.सी.सी. कॉलेज में कॉमर्स की पढ़ाई के दौरान छात्रनेता के रूप में कॉलेज के महासचिव भी बने। उनका विवाह पूर्व क्रिकेटर सदू शिंदे की बेटी प्रतिभा पवार से 1 अगस्त, 1967 को हुआ। शरद और प्रतिभा पवार की एकमात्र संतान सुप्रिया सुले हैं। सुप्रिया बारामती से सांसद हैं। उनकी गतिविधियों को देखते हुए यह कहा जा सकता है कि सुप्रिया ने भी अपने पिता के मार्गदर्शन में राजनीति में उतरकर अपनी अलग पहचान बनाई है। पवार के भतीजे अजित अनंतराव पवार महाराष्ट्र की राजनीति में सक्रिय हैं और उप-मुख्यमंत्री हैं। छोटे भाई प्रताप पवार मराठी का प्रसिद्ध अखबार चलाते हैं और उनके पौत्र रोहित राजेंद्र पवार भी अब विधायक बन गए हैं। शरद पवार के भाई वसंत पवार काफी समय तक शेतकारी कामगार पार्टी से जुड़े रहे। लेकिन एक जमीन विवाद में उनकी हत्या हो गई थी। पवार को बचपन से ही राजनीति देखने और सामाजिक कार्य करने का मौका मिला।

महाराष्ट्र के प्रथम मुख्यमंत्री तथा आधुनिक महाराष्ट्र के शिल्पकार यशवंतराव चव्हाण, शरद पवार के राजनीतिक गुरु माने जाते हैं। 60 के दशक में ही उन्होंने महाराष्ट्र के तत्कालीन मुख्यमंत्री यशवंत राव चव्हाण को प्रभावित करने में सफलता पाई थी। उनके ही मार्गदर्शन से ही शरद पवार पहले युवा कांग्रेस से और फिर कांग्रेस पार्टी में सक्रिय रूप से जुड़े। महाराष्ट्र में कांग्रेस के विकास के लिए किए गए काम के चलते शरद पवार की पहचान युवा कांग्रेस नेता के रूप में बनी। 1967 में शरद पवार 26 वर्ष की उम्र में पहली बार बारामती से विधायक बने थे। तब से राजनीति में शरद पवार ने खूब उतार-चढ़ाव देखे, लेकिन कभी पीछे मुड़कर नहीं देखा। 1974 में कांग्रेस ने उन्हें महाराष्ट्र का प्रदेश सचिव नियुक्त किया। शरद पवार के मार्गदर्शकों में वसंत दादा पाटिल भी शामिल थे। 1978 में जब वसंत दादा पाटिल मुख्यमंत्री बने तो पवार उनके मंत्रिमंडल के सदस्य बनाए गए। शिवसेना प्रमुख बाल ठाकरे से राजनीतिक रूप से अलग होते हुए भी उनसे शरद की दोस्ती थी। उस वक्त तक केंद्र में जनता पार्टी सत्ता में आ चुकी थी। इस जनता पार्टी की कमान शरद पवार के दोस्त चंद्रशेखर के हाथ में थी। महाराष्ट्र के इस चुनाव में 288 सदस्यीय विधानसभा में किसी भी दल को बहुमत यानी 145 का आँकड़ा हासिल नहीं हुआ। जनता पार्टी को 99, कांग्रेस को 69 और इंका को 62 सीटें मिलीं। बाकी सीटें अन्य छोटे दलों और निर्दलीयों के खाते में गई। ऐसे हालात में जनता पार्टी की सरकार बनने की संभावना को निरस्त करने के लिए बिखरी हुई कांग्रेस (देवराज उर्स) और इंदिरा गांधी की कांग्रेस (इंका) ने हाथ मिला लिया और सरकार बनाई। इस समझौते के तहत कांग्रेस के वसंतदादा पाटिल मुख्यमंत्री बने, जबकि इंका के शिवराज

पाटिल विधानसभा अध्यक्ष बने। वसंत दादा की सरकार में शरद पवार को उद्योग मंत्री बनाया गया। लेकिन जनता पार्टी कहाँ माननेवाली थी? जनता पार्टी अध्यक्ष चंद्रशेखर और जनता विधायक दल के नेता उत्तमराव पाटिल वसंत दादा की सरकार को अस्थिर करने के लिए मौके तलाशने लगे। जल्दी ही उन्हें यह मौका हाथ लग भी गया। जुलाई 1978 में चंद्रशेखर के करीबी और वसंत दादा की कैबिनेट के सदस्य शरद पवार ने कांग्रेस के 69 में से 40 विधायकों को तोड़ लिया और तब इस टूटे गुट को जनता पार्टी, पीजेंट वर्कर्स पार्टी, रिपब्लिकन पार्टी आदि का समर्थन मिल गया और 4 महीने पुरानी वसंतदादा पाटिल सरकार धराशायी हो गई। तब वसंत दादा पाटिल ने शरद पवार के उस कदम को पीठ में छुरा भोंकना करार दिया था। गुरु गुड़ हो गए, चेला शक्कर। चेले शरद पवार की अब तक कई चीनी मिलें हो चुकी थीं।

नई सरकार ने आते ही महाराष्ट्र विधानसभा अध्यक्ष और इंका नेता शिवराज पाटिल को भी पद से हटाया गया और उनकी जगह जनता पार्टी के प्राणलाल वोरा को विधानसभा अध्यक्ष बनाया गया। पवार के मुख्यमंत्री रहते महाराष्ट्र में को-ऑपरेटिव की सियासत और शुगर पॉलिटिक्स खूब परवान चढ़ी। लेकिन साथ ही ग्रामीण महाराष्ट्र में सड़क, शिक्षा और स्वास्थ्य के क्षेत्र में भी बहुत काम हुए और इन्हीं कामों ने शरद पवार को ग्रामीण महाराष्ट्र में बेहद लोकप्रिय बना दिया। लेकिन 1980 के मध्यावधि चुनाव में केंद्र में इंका को भारी बहुमत मिला और इंदिरा गांधी फिर से प्रधानमंत्री बनीं। इंदिरा ने सत्ता में आते ही 9 गैर-कांग्रेसी राज्य सरकारों को बरखास्त कर दिया। इन बरखास्त होनेवाली राज्य सरकारों में शरद पवार की सरकार भी शामिल थी। इसके बाद नए विधानसभा चुनाव हुए और इस विधानसभा चुनाव में एक बड़ी आश्चर्यजनक घटना हुई। दरअसल, उस दौर में शरद पवार के दोस्त और शिवसेना सेना प्रमुख बाल ठाकरे, इंदिरा कांग्रेस के नेता अब्दुल रहमान अंतुले के भी दोस्त हुआ करते थे। लेकिन इस चुनाव में बाल ठाकरे ने अंतुले से अपनी दोस्ती को ज्यादा तरजीह दी और शिवसेना को विधानसभा चुनाव से अलग कर लिया। शिवसेना के चुनाव नहीं लड़ने का फायदा इंका को भी मिला और उसे दो-तिहाई बहुमत मिल गया। ठाकरे के दोस्त अब्दुल रहमान अंतुले मुख्यमंत्री बन गए। शरद की पार्टी को सफलता नहीं मिलती है, फिर भी वे अपनी बारामती विधानसभा सीट बचाने में कामयाब रहते हैं।

1983 में शरद पवार कांग्रेस (समाजवादी) के राष्ट्रीय अध्यक्ष चुने गए और इसी पार्टी से 1984 में अपना पहला लोकसभा चुनाव बारामती से जीता। लेकिन दिल्ली में उनका मन नहीं रमा और 1985 के विधानसभा चुनाव में वापस राज्य की राजनीति में लौट आए। 1985 के विधानसभा चुनाव में कांग्रेस (समाजवादी) को 54 सीटें मिलीं और शरद पवार विधानसभा में विपक्ष के नेता बने। लेकिन इस बीच राज्य में शिवसेना

का प्रभाव बढ़ने लगा, साथ ही इंका भी कमजोर पड़ने लगी। इंदिरा गांधी का दौर बीत चुका था और अब इंका की कमान राजीव गांधी के हाथ में थी। महाराष्ट्र इंका के तमाम प्रभावशाली नेता जैसे—शंकर राव चव्हाण, शिवराज पाटिल, एन.के.पी. साल्वे—सब-के-सब दिल्ली की सियासत में या तो व्यस्त थे या राजीव उन्हें दिल्ली में ही रखना चाहते थे। लेकिन इसके लिए राजीव को बंबई (अब मुंबई) में एक मजबूत सूबेदार की जरूरत थी और इसी जरूरत को देखते हुए राजीव ने शरद पवार की तरफ दोस्ती का हाथ बढ़ाया।

शरद पवार को भी यह सियासी सौदेबाजी फायदे की लगी और 1987 में शरद इंका में शामिल हो गए। कुछ महीनों बाद 1988 में मुख्यमंत्री शंकर राव चव्हाण को वित्तमंत्री बनाकर राजीव दिल्ली लेकर आए और शरद पवार के लिए महाराष्ट्र में जगह तैयार हो गई। इंका के लचर हो रहे संगठन, अंदरूनी गुटबाजी और शिवसेना के बढ़ते प्रभाव रोकने के इरादे से राजीव गांधी ने शरद पवार को मुख्यमंत्री बनाया। पवार कामयाब भी रहे। मार्च 1990 के विधानसभा चुनाव में 288 सदस्यीय विधानसभा में कांग्रेस को बहुमत के लगभग करीब यानी 141 सीटों तक पहुँचा दिया। निर्दलीयों के सहारे पवार तीसरी बार मुख्यमंत्री बनने में कामयाब रहे। उधर 1990 के अंत में राजीव की मदद से पवार के दोस्त चंद्रशेखर प्रधानमंत्री बन चुके थे। चंद्रशेखर के दौर में शरद पवार का एक पैर दिल्ली में ही रहता था। लगभग हर मामलों में वे चंद्रशेखर के अघोषित सलाहकार की तरह नजर आने लगे। चाहे आर्थिक हालात हों या अयोध्या मामला या फिर अमेरिकी फाइटर विमानों को इराक पर हमले के लिए बंबई में तेल भरने की इजाजत देने का मामला—सबमें शरद पवार चंद्रशेखर के बगलगीर नजर आने लगे और यह बात राजीव गांधी को खटकने लगी। राजीव गांधी ने पवार की महत्त्वाकांक्षा को भाँपते हुए उनका पर कतरने की कोशिशें प्रारंभ कीं और उन्हें मुख्यमंत्री पद से हटाना चाहा। उस दौर की सियासत के कई प्रसंगों को शरद पवार ने अपनी पुस्तक 'ऑन माई टर्म्स' में भी विस्तार से जगह दी है। एक जगह शरद पवार यह भी लिखते हैं कि चंद्रशेखर सरकार के दौर में अयोध्या का मामला सुलझने के करीब पहुँच गया था, लेकिन तभी एक अत्यंत छोटे विवाद पर प्रधानमंत्री चंद्रशेखर ने इस्तीफे का ऐलान कर दिया और मामला ठंडे बस्ते में चला गया। लेकिन एक तथ्य यह भी है कि जब चंद्रशेखर ने इस्तीफा दिया था, तब हक्के-बक्के राजीव गांधी ने इन्हीं शरद पवार को चंद्रशेखर को इस्तीफा वापस लेने के लिए मनाने भेजा था। और तब चंद्रशेखर ने उन्हें जवाब दिया था –

"जाकर अपने नेता से कह दो कि चंद्रशेखर दिन में तीन बार अपने फैसले नहीं बदलता।" चंद्रशेखर इस्तीफा वापस लेने पर तैयार नहीं हुए और देश मध्यावधि चुनाव की ओर बढ़ गया।

मई 1991 में अभी लोकसभा चुनाव के दो चरण ही हुए थे (और दो बाकी थे) तभी चुनाव प्रचार के दौरान तमिलनाडु के श्रीपेरंबदूर में राजीव गांधी की हत्या हो गई। हत्या के बाद बचे हुए दो चरणों के चुनाव में कांग्रेस को जबरदस्त सहानुभूति वोट मिले और कांग्रेस 232 सीटों के साथ सबसे बड़ी पार्टी बनकर उभरी। तब राजीव की अनुपस्थिति में इंका में प्रधानमंत्री पद के दावेदारों की लाइन लग गई। नारायण दत्त तिवारी, अर्जुन सिंह, शरद पवार, नरसिंह राव जैसे दावेदारों के अलावा इंका का एक खेमा सोनिया गांधी की पसंद और उप-राष्ट्रपति शंकरदयाल शर्मा को भी प्रधानमंत्री

बनवाने की कोशिशों में लगा हुआ था। लेकिन मुख्य मुकाबला शरद पवार और कांग्रेस के नव निर्वाचित सांसदों की मजबूत दक्षिण भारतीय लॉबी के बीच सिमट गया। दक्षिण भारतीय लॉबी से बुजुर्ग नेता नरसिंह राव का नाम सामने आने पर अर्जुन सिंह गुट ने भी उन्हें अपना समर्थन दे दिया। यहाँ तक कि सोनिया गांधी ने भी नरसिंह राव के नाम पर अपनी सहमति जता दी। ऐसे हालात में शरद पवार ने कदम पीछे खींचना ही श्रेयस्कर समझा। उन्होंने अपनी पुस्तक 'लाइफ ऑन माई टर्म्स : फ्रॉम ग्रास रूट्स एंड कॉरिडोर्स ऑफ पावर' में भी इस बात का जिक्र करते हुए लिखा है कि 1991 में 10 जनपद के 'स्वयंभू वफादारों' ने सोनिया गांधी को इस बात के लिए सहमत किया था कि उनकी (पवार) जगह नरसिंह राव को पी.एम. बनाया जाए, क्योंकि गांधी परिवार किसी ऐसे व्यक्ति को पी.एम. नहीं बनाना चाहता था, जो स्वतंत्र विचार रखता हो।

शरद पवार नरसिंह राव की कैबिनेट में रक्षामंत्री बनाए गए। हालाँकि अपने करीबी सुधाकर राव नाइक को मुख्यमंत्री बनाकर 'प्रॉक्सी अवतार' में महाराष्ट्र की सत्ता पर भी वे काबिज रहे। लेकिन प्रधानमंत्री नरसिंह राव ने अपनी सरकार में महाराष्ट्र की पवार विरोधी लॉबी को भी खूब तरजीह दी थी। शंकर राव चव्हाण गृहमंत्री बनाए गए थे, जबकि शिवराज पाटिल को लोकसभा अध्यक्ष की कुरसी दी गई थी। लेकिन इससे शरद पवार का राजनीतिक रसूख कम नहीं हुआ। उस दौर की मीडिया में एक बात अकसर मजाक के तौर पर कही जाती थी कि 'यदि अब पाकिस्तान ने 1965 वाली गलती की तो जब तक ताशकंद जैसे किसी समझौते की नौबत आएगी, तब तक भारत कब्जाई गई जमीन पर पाकिस्तान व्यू अपार्टमेंट खड़ी कर चुका होगा।' यह एक बिल्डर के तौर पर पवार की काबिलियत पर हलका-फुलका व्यंग्य था। लेकिन जल्दी ही शरद पवार को वापस मालाबार हिल (महाराष्ट्र की सियासत का केंद्र, जिसे मुंबई का लुटियंस कहा जाता है) जाना पड़ा। जब 1993 की शुरुआत में मुंबई में सीरियल बम ब्लास्ट हुए, तब आनन-फानन में शरद पवार को चौथी बार मुख्यमंत्री बनाकर बंबई भेजा गया, तब चामत्कारिक रूप से शरद पवार ने हालात पर उम्मीद से जल्दी काबू पा लिया। उस समय के अखबारों की सुर्खियाँ थीं—'सलाम बॉम्बे, सलाम शरद पवार।' मुंबई के हालात को सँभालने के लिए उनकी खूब तारीफ हुई। लेकिन बतौर मुख्यमंत्री उनके इस कार्यकाल की सबसे बड़ी उपलब्धि रही, महाराष्ट्र की ग्रामीण अर्थव्यवस्था की रीढ़ कही जानेवाली को-ऑपरेटिव को जिंदा करना। लेकिन यह भी सच है कि 1995 में उनके मुख्यमंत्री रहते कांग्रेस की हार हुई एवं पहली बार शिवसेना-भाजपा (बाल ठाकरे के रिमोट से चलनेवाली) सरकार बनी। 1996 के लोकसभा चुनाव में कांग्रेस की करारी हार हुई। कांग्रेस को 140 और भाजपा को 160 सीटें मिलीं। गठबंधन और अस्थिर सरकारों का एक और दौर सामने था। कांग्रेसी नरसिंह राव से आगे देखने लगे। राव पर भ्रष्टाचार

के आरोप भी लग रहे थे और उनका कोर्ट-कचहरी का चक्कर भी शुरू हो चुका था। 1996 में शरद पवार भी दूसरी बार बारामती से लोकसभा पहुँचे थे। लेकिन केस मुकदमे में उलझे नरसिंह राव ने किसी तेज-तर्रार नेता की जगह बिहार के बुजुर्ग कांग्रेसी नेता सीताराम केसरी को कांग्रेस का अध्यक्ष बना दिया। कुरसी सँभालते ही केसरी ने नरसिंह राव को ही ठिकाने लगाने की कोशिश शुरू कर दी और राव को संसदीय दल के नेता का पद भी छोड़ने पर विवश कर दिया। 1997 में सीताराम केसरी खुद कांग्रेस संसदीय दल के नेता भी बन गए। लेकिन वे राज्यसभा सदस्य थे और इसलिए उन्होंने शरद पवार को लोकसभा में कांग्रेस का नेता बना दिया। 1997 में जब कांग्रेस का सांगठनिक चुनाव कराया जा रहा था, तब सीताराम केसरी के खिलाफ कांग्रेस अध्यक्ष का चुनाव लड़ने के लिए शरद पवार और राजेश पायलट—दोनों खड़े हो गए। लेकिन कांग्रेसी तो कांग्रेसी ही ठहरे। कांग्रेसी कभी भी नेतृत्व के खिलाफ जाने की हिम्मत नहीं करते, चाहे कैसा भी पार्टी नेतृत्व हो। 1997 में भी अधिकतर कांग्रेसियों ने 80 वसंत देख चुके सीताराम केसरी पर ही अपना विश्वास जताया। शरद पवार और राजेश पायलट दोनों बुरी तरह हारे।

1998 के मध्यावधि चुनावों में महाराष्ट्र में कांग्रेस ने शानदार प्रदर्शन कर 48 में से 33 सीटें जीतीं एवं 4 सीट कांग्रेस की सहयोगी रामदास अठावले की आर.पी.आई. ने जीतीं। कांग्रेस ने कुल 141 सीटें जीतीं और बीजेपी 182 पर टिकी। इधर नतीजे आ रहे थे और उधर 14 मार्च की रात एक नाटकीय घटनाक्रम में सीताराम केसरी को कांग्रेस अध्यक्ष पद से हटा दिया गया और उनकी जगह सोनिया गांधी को कांग्रेस का अध्यक्ष बना दिया गया। राष्ट्रपति के.आर. नारायणन ने सरकार बनाने की कवायद शुरू कर दी। शरद पवार के समर्थकों की मानें तो इस दौरान शरद पवार ने सोनिया गांधी से कहा था—मेरे नेतृत्व में सरकार बनाने के लिए अधिकांश क्षेत्रीय दल तैयार हैं। यूनाइटेड फ्रंट के लोग भी चाहते हैं और यहाँ तक कि जयललिता और ममता बनर्जी जैसे भाजपा के साथ चुनाव लड़े नेता भी मुझे समर्थन देने को इच्छुक हैं। चंद्रबाबू नायडू और चौटाला की पार्टी (जिनकी अपने-अपने राज्यों में कांग्रेस से लड़ाई है) को भी मेरे नेतृत्व पर आपत्ति नहीं है और आज की तारीख में मुझे 281 सांसदों का समर्थन हासिल है। इसलिए यदि पार्टी अनुमति दे तो मैं सरकार बनाने का दावा पेश करूँ? लेकिन सोनिया गांधी ने पवार को कोई जवाब नहीं दिया और 17 मार्च, 1998 को राष्ट्रपति नारायणन को सूचित कर दिया कि कांग्रेस सरकार बनाने की स्थिति में नहीं है। इसके बाद उसी शाम नारायणन ने अटल बिहारी वाजपेयी को सरकार गठन का न्योता भेज दिया। शरद पवार प्रधानमंत्री पद के बेहद करीब जाकर चूक गए थे। अटल बिहारी वाजपेयी प्रधानमंत्री बने, जबकि लोकसभा में कांग्रेस के फ्लोर लीडर शरद पवार को विपक्ष का नेता बनाया गया। पवार अगले 13 महीनों के लिए लोकसभा में विपक्ष के नेता बने रहे। 13 महीने बाद 17 अप्रैल,

1999 को जब वाजपेयी सरकार एक वोट से गिर गई, तब अगले दिन राष्ट्रपति नारायणन के समक्ष सोनिया गांधी ने 272 सांसदों के समर्थन का दावा किया। नारायणन ने जब दावे के समर्थन में प्रमाण देने को कहा, तब सोनिया गांधी ने राष्ट्रपति से कुछ समय माँगा। लेकिन 3 दिन का समय मिलने के बावजूद वे समर्थन जुटाने में विफल रहीं। माना जाता है कि शरद पवार के कहने पर ही समाजवादी पार्टी (20) एवं वाममोर्चा के दो दलों—आर.एस.पी. (4), फॉरवर्ड ब्लॉक (3) ने अपने दल के 27 सांसदों की ओर से कांग्रेस का समर्थन करने से इनकार कर दिया और देश मध्यावधि चुनावों की ओर बढ़ गया।

15 मई, 1999 की शाम शरद पवार, पी.के. संगमा और तारिक अनवर ने एक साथ मिलकर ऐसा पत्र जारी किया, जिससे पूरे देश में सियासी बवाल खड़ा हो गया। उस चिट्ठी में कांग्रेस अध्यक्ष सोनिया गांधी के विदेशी मूल का मुद्दा उठाया गया था। चिट्ठी पर शरद पवार, पी.ए. संगमा और तारिक अनवर के हस्ताक्षर थे। इस चिट्ठी के लीक होने के बाद बड़ा सियासी बवाल खड़ा हो गया और चारों तरफ कांग्रेसियों के विरोध प्रदर्शन शुरू हो गए। सोनिया गांधी पार्टी का कामकाज छोड़कर 10 जनपथ में बैठ गईं। कांग्रेसी सोनिया गांधी से वापसी की मनुहार करते रहे, लेकिन वे बाहर निकलने को राजी नहीं थीं। 3 दिन तक यह सियासी ड्रामा चला और तब जाकर 19 मई, 1999 को कांग्रेस कार्यसमिति की बैठक हुई, जिसकी अध्यक्षता सोनिया गांधी की अनुपस्थिति में प्रणब मुखर्जी ने की। चिट्ठी लिखनेवाले तीनों नेताओं को कांग्रेस से निष्कासित किया गया और तब जाकर सोनिया गांधी ने पार्टी का कामकाज सँभाला। अब भले ही कांग्रेस की एन.सी.पी. से महाराष्ट्र में थोड़ी दोस्ती हो गई हो, लेकिन दोनों नेताओं में अविश्वास बीस साल पहले जैसा ही है।

शरद पवार का राजनीतिक कार्यकाल अन्य नेताओं की तुलना में काफी चर्चित रहा है। मुख्यमंत्री रहने के दौरान वे सप्ताह में 5 दिन महाराष्ट्र का दौरा करते थे। मुख्यमंत्री के रूप में उन्होंने कई महत्त्वपूर्ण निर्णय किए। महाराष्ट्र में सहकारिता क्षेत्र को बढ़ावा देने का काम भी उनके ही कार्यकाल में हुआ। महिलाओं को आरक्षण, महिला स्वयं सहायता समूहों की स्थापना आदि महत्त्वपूर्ण निर्णय उनके कार्यकाल में सरकार द्वारा लिये गए। महाराष्ट्र में पुलिस को हाफ पैंट की जगह फुल पैंट पहनने की इजाजत भी उन्हीं के कार्यकाल में मिली है।

वैसे यह कम ताज्जुब की बात नहीं है कि जिस पार्टी का प्रमुख चार बार मुख्यमंत्री और कई बार केंद्र में मंत्री और एक बार प्रधानमंत्री बनते-बनते रह गया हो, उसकी पार्टी के खुद कभी भी दस भी सांसद लोकसभा में नहीं रहे। नौवीं और दसवीं लोकसभा में उनके अधिकतम नौ-नौ ही सांसद थे। यही बात एन.सी.पी. के महाराष्ट्र में प्रदर्शन को लेकर कही जा सकती है। 288 सदस्यीय विधानसभा में एन.सी.पी. को कभी भी

25 फीसद से ज्यादा सीटें नहीं मिलीं। एन.सी.पी. के गठन के बाद उसने 223 सीटों पर चुनाव लड़ा और 58 सीटों पर ही जीत पाई और 2004 में यह संख्या बढ़कर 71, 2009 में 62, 2014 में घटकर 41 और 2019 की विधानसभा में फिर थोड़ी और बढ़कर 54 हो जाती है।

राजनैतिक विश्लेषक इसमें पवार की रणनीति देखते हैं। पवार या तो किंग बनते हैं या किंग मेकर। सत्ता में भागेदारी वो अपने और परिवार तक केंद्रित रखते रहे हैं, पर पार्टी का प्रभाव बना रहे, कार्यकर्ताओं को भी जोड़े रहते हैं और सत्ता की मलाई का हिस्सा देने में परहेज भी नहीं करते। यह भी माना जाता है कि उन्होंने अपने प्रभाव क्षेत्र, जोकि पश्चिमी महाराष्ट्र, मराठवाड़ा और कोंकण माना जाता है, से बहुत आगे जाने में खासी दिलचस्पी नहीं रखी। वरिष्ठ राजनीतिक विश्लेषक प्रो. सुहास पलशिकर के अनुसार, "1999 में जब इस पार्टी का गठन हुआ था, तब उन्हें अपने आपसे बहुत उम्मीदें थीं। उस समय कांग्रेस के बुरे दौर का करीब एक दशक हो चुका था और इन तीनों को उम्मीद थी कि कांग्रेस में से कई अन्य लोग इनका समर्थन करेंगे। इसके अलावा एक धारणा यह भी थी कि जब किसी भी पार्टी को स्पष्ट बहुमत नहीं मिलेगा तो तब यह पार्टी अधिक महत्त्वपूर्ण भूमिका निभा सकती है। आज जब पार्टी अपने-अपने इतिहास के 20 साल पूरे कर रही है, तब इस पार्टी को अपना मूल्यांकन करना आवश्यक है।"

कांग्रेस का विरोध करके उसी से जुड़े रहना एन.सी.पी. के राष्ट्रीय स्तर पर बहुत प्रभावी न बन पाने का कारण बना। अन्यथा बाकी राज्यों जैसे—पश्चिम बंगाल में ममता बनर्जी की टी.एम.सी., आंध्र में जगनमोहन रेड्डी की वाई.एस.आर. कांग्रेस का गठन पूर्व कांग्रेसी नेताओं ने किया और उन राज्यों से कांग्रेस खत्म हो गई है। लेकिन शरद पवार और एन.सी.पी. ऐसा कुछ भी कर पाने में नाकाम रहे। सच तो यह है कि शरद एन.सी.पी. की पहचान कांग्रेस से अलग बना ही नहीं पाए हैं और अन्य राज्यों में कुछ खास न कर पाने का कारण भी यही है।

शरद पवार के राजनीतिक और व्यावहारिक आचरण की ही वजह से सत्ता पक्ष के साथ विपक्ष में भी उनके संबंध हमेशा अच्छे रहे। राजनीति और पार्टी में भी उन्होंने काम का बँटवारा जितने शानदार तरीके से किया है, कम ही राजनीतिज्ञ कर पाते हैं। परिवार में बेटी सुप्रिया सुले अगर दिल्ली और केंद्र की राजनीति देखती हैं तो भतीजे अजित पवार राज्य की राजनीति। दामाद सदानंद सुले परिवार का कारोबार सँभालते हैं। पार्टी के सभी बड़े पदाधिकारियों की जिम्मेदारी तय है और वे उसी तरह काम करते हैं। लेकिन अब सवाल उठता है कि शरद के बाद क्या? अजीत पवार की महाराष्ट्र में पार्टी संगठन और कार्यकर्ताओं में जबरदस्त पकड़ है। वे भी शरद पवार की तरह सुबह जल्दी उठकर सक्रिय हो जाते हैं। उनकी राजनीति समझ और सरकार चलाने का अनुभव

काफी विकसित है। लेकिन अजीत भतीजे हैं और सुप्रिया पुत्री। सुप्रिया सुले भी 15 वर्षों से अधिक काल से संसदीय राजनीति में हैं। पार्टी के कार्यों और निर्णय प्रकिया में उनकी भूमिका बड़ी निर्णायक होती जा रही है। अत: वे भी शरद पवार के बाद एन.सी.पी. की सर्वोच्च नेता बनने का दावा कर सकती हैं। अगर सुप्रिया सुले और अजीत पवार में वर्चस्व की लड़ाई छिड़ी तो पार्टी खत्म होने के कगार पर पहुँच सकती है; क्योंकि उस स्थिति में जनता और पार्टी के वोटर भले ही अजीत और सुप्रिया में बँट जाएँ, लेकिन संगठन और दूसरी पंक्ति के अधिकांश नेता सुप्रिया सुले का साथ देंगे, ऐसे आसार हैं।

शरद पवार की राजनीति की विशेषता शुरुआती दौर से ही सूझ-बूझ से भरी रही है। सियासी हवा को लगातार भाँपते रहना और अपनी जमीन को मजबूत करना उनकी सबसे बड़ी विशेषता रही। इसी सूझ-बूझ और आत्मविश्वास के चलते इमरजेंसी के बाद उन्होंने इंदिरा गांधी से बगावत की और कांग्रेस छोड़ी। लेकिन राजनीतिक संबंधों को निभाने में वे गजब की व्यावहारिकता दिखाते हैं। सियासी संबंधों को जोड़ने में तो वे माहिर हैं ही, संबंध समेटने में भी वे बहुत कुशल हैं। किसी दल के भीतर रहते हुए अपना अलग दबाव समूह बनाए रखना और किसी से अलग होने पर भी इतनी जगह बचाकर रखना कि जब चाहें, वे फिर संबंध बना लें, उनकी खासियत है। इस मामले में वे मशहूर शायर बशीर बद्र के इस शेर को पूरी तरह चरितार्थ करते हैं—

दुश्मनी करो तो ऐसे कि
दोस्त बनने में शर्म न आए।

2019 में महाराष्ट्र विधानसभा की 288 सीटों के लिए हुए चुनाव में भाजपा को 105 और शिवसेना को 56 सीटें मिलीं। राकांपा और कांग्रेस 54 और 44 सीटें पाकर क्रमश: तीसरे और चौथे स्थान पर रहीं। ऐसे असमंजस भरे नतीजों के बाद उन्होंने शिवसेना, कांग्रेस के साथ उद्धव ठाकरे से सरकार बनाने के पहले संसद भवन में प्रधानमंत्री मोदी से मुलाकात की थी। शरद पवार की इस मुलाकात ने कांग्रेस और शिवसेना दोनों को हैरत में डाल दिया था, लेकिन आखिरकार सरकार तो कांग्रेस, शिवसेना, एन.सी.पी. की ही बनी। उन्होंने शिवसेना के साथ मिलकर सरकार बनाई, उससे भारतीय जनता पार्टी के दिग्गजों को भी करारी मात का स्वाद चखना पड़ा। हालाँकि भाजपा नेताओं ने उनके भतीजे अजित पवार को अपने पाले में लाने की कोशिश की थी, लेकिन इसे उन्होंने बखूबी काट दिया। भाजपा की महाराष्ट्र में सरकार बनाने की सारी कोशिशें धरी-की-धरी रह गईं। शरद पवार पिछले कुछ समय से देश की राजनीति में विपक्ष के दमदार नेता और कांग्रेस के सहयोगी के तौर पर उभरे हैं, लेकिन इसके बाद भी पवार की हर सियासी गतिविधि पर सवाल भी खड़े होते रहे हैं। वे बेखटके मोदी से लेकर अमित शाह

और अन्य सत्ताधारी नेताओं से मिलते हैं और इसे लेकर खासे कयास भी लगने लगते हैं, लेकिन यह समझ पाना आमतौर पर आसान नहीं होता कि वे क्या करनेवाले हैं? केंद्र सरकार ने जिस तरह से दो कृषि बिल पास किए, उस पर उन्होंने कोई स्पष्ट प्रतिक्रिया तो नहीं दी। लेकिन इसी मसले पर जब राज्यसभा में 20 सितंबर को खासा हंगामा हुआ तो उन्होंने उस पर अपनी सियासी चाल चल दी है। उन्होंने ऐलान कर दिया कि राज्यसभा में जिस तरह यह बिल पास किया गया, उसमें वे विपक्ष के साथ हैं और इसके लिए एक दिन का उपवास करेंगे। उन्होंने राज्यसभा के उपसभापति हरिवंश पर सवाल उठाते हुए कहा कि जिस तरह की भूमिका बिल पास कराए जाने के दौरान सभापति ने अपनाई, वह पिछले 50 सालों में उन्होंने नहीं देखी। ऐसे में जब हरिवंश ने एक दिन के उपवास की घोषणा की तो बदले में पवार ने खुद एक दिन के उपवास की घोषणा करके उन्हें तगड़ा जवाब दिया। राजनीति के जानकारों का मानना है कि शरद पवार और प्रधानमंत्री नरेंद्र मोदी के बीच में पहले से ही निजी तौर पर अच्छे संबंध हैं। शायद यह शरद पवार का अपना स्वभाव है कि वे राजनीतिक संबंधों में एक न्यूनतम गुंजाइश हमेशा बनाए रखते हैं।

कृषि मंत्रालय और भारतीय क्रिकेट कंट्रोल बोर्ड की एक साथ जिम्मेदारी सँभालने के दौरान एक वक्त ऐसा भी आया, जब शरद पवार कैंसर की चपेट में आ गए। लेकिन इस दौर में उनके जीवट की तारीफ उनके विरोधियों ने भी की। कीमोथेरैपी के साथ-साथ दो-दो जिम्मेदारी, यह कोई आसान काम नहीं था। लेकिन पवार ने बखूबी अपनी जिम्मेदारी निभाई और अंततः वे कैंसर पर विजय पाने में कामयाब रहे। साल 2017 में पद्मविभूषण से सम्मानित किया, जो देश का दूसरा सबसे बड़ा सम्मानित नागरिक पुरस्कार माना जाता है।

□

12

जनता दल (यूनाइटेड)

वर्ष 1990 में बिहार में जनता दल का शासन स्थापित होने के बाद सामाजिक न्याय की धारा में सत्ता में भागीदारी को लेकर विभिन्न जातीय समूहों में संघर्ष शुरू होने लगा था। मुख्य रूप से यह संघर्ष सत्ता में यादव प्रभाव के विरुद्ध था। सबसे पहले मध्य बिहार के पटना, नालंदा आदि जिलों में आर्थिक और शैक्षणिक रूप से संपन्न कुर्मी जाति के नेताओं ने इसका विरोध शुरू किया और सत्ता और शासन में अपना हिस्सा माँगने लगे। लेकिन लालू प्रसाद ने मुसलिम-यादव (माई) फॉर्मूला घोषित कर अन्य जातियों को सत्ता से वंचित करने की भरपूर कोशिश की। लालू के माई समीकरण से सामाजिक न्याय जाति समूहों में दरार पड़ना शुरू हो गया था। गैर-यादव तथा गैर-मुसलमान जातियों ने शासन में भागीदारी को लेकर कई स्तरों पर विरोध करना शुरू किया और सामाजिक-राजनीतिक स्तर पर गोलबंद होने लगे।

विरोध में आई समता पार्टी। समता पार्टी का गठन 1994 में हुआ। जॉर्ज फर्नांडिस एवं नीतीश कुमार एक हो गए थे। जॉर्ज ने नीतीश कुमार समेत कुल 14 सांसदों के साथ जनता दल से नाता तोड़कर जनता दल (जॉर्ज) बनाया, जिसका अक्तूबर 1994 में नाम बदलकर समता पार्टी हो गया। समता पार्टी ही बाद में जनता दल (यूनाइटेड) बनी। पहली बार समता पार्टी 1995 के बिहार विधानसभा चुनाव में लालू प्रसाद यादव के खिलाफ मैदान में उतरी और उस समय 324 विधानसभा सीटों में से 310 सीटों पर चुनाव लड़ी। लेकिन लालू प्रसाद यादव को चुनावी मैदान में पछाड़ नहीं सकी और सिर्फ सात सीट जीतने में सफल रही।

लेकिन जॉर्ज और नीतीश वक्त को भाँप गए थे। भारतीय जनता पार्टी को अपने साथ जोड़ा। वर्ष 1996 के आम चुनाव में समता पार्टी और भारतीय जनता पार्टी के बीच गठबंधन हुआ और कई राज्यों में समता पार्टी कुल 81 सीटों पर चुनाव लड़ी। बिहार में

छह और उत्तर प्रदेश तथा ओडिशा में एक-एक सीट जीतकर समता पार्टी ने कुल आठ लोकसभा सीटों पर जीत हासिल कर अपनी उपस्थिति दर्ज कराई। उसके बाद अटल बिहारी वाजपेयी की सरकार बनी और सभी सहयोगियों को सरकार में शामिल किया गया। तब वाजपेयी ने जॉर्ज को रक्षामंत्री बनाया। करीब दो साल बाद 1998 के लोकसभा चुनाव में समता पार्टी 57 सीटों पर चुनाव लड़ी और 12 पर जीत हासिल की। इनमें से 10 सीट बिहार और 2 सीट उत्तर प्रदेश से थीं।

वर्ष 2000 के बिहार विधानसभा चुनाव में समता पार्टी 120 सीट पर चुनाव लड़ी और कुल 34 सीटें जीती। भाजपा ने 67 सीटों पर चुनाव जीता और दावा किया कि उसके नेतृत्व में राष्ट्रीय जनतांत्रिक गठबंधन (राजग) के कुल 151 विधायक हैं, जबकि लालू प्रसाद यादव के नेतृत्ववाले गठबंधन को कुल 159 विधायकों का समर्थन प्राप्त था। केंद्र में अटल बिहारी वाजपेयी के सरकार के दवाब में राज्यपाल ने नीतीश कुमार को मुख्यमंत्री पद की शपथ दिला दी। पहली बार नीतीश कुमार सात दिनों के लिए बिहार के मुख्यमंत्री बने, लेकिन बहुमत के अभाव में उन्हें मुख्यमंत्री पद से इस्तीफा देना पड़ा।

उधर समता पार्टी देश के अन्य हिस्सों में भी हाथ मार रही थी। मणिपुर में राधाबिनोद कोईजम 2001 में समता पार्टी के दूसरे मुख्यमंत्री बने। लेकिन करीब तीन महीनों के बाद ही उन्हें गठबंधन टूटने और बहुमत के अभाव में इस्तीफा देना पड़ा।

बाद में जॉर्ज फर्नांडिस एवं नीतीश कुमार ने वर्ष 2003 में शरद यादव के नेतृत्ववाली जनता दल (यूनाइटेड) में समता पार्टी का विलय कर लिया। जदयू का गठन 30 अक्तूबर, 2003 को शरद यादव के जनता दल, लोकशक्ति पार्टी और समता पार्टी के विलय के साथ बनाया गया था। इस दल का चुनाव-चिह्न तीर और झंडा हरे-सफेद रंग का पंजीकृत हुआ। लेकिन ब्रह्मानंद मंडल के विरोध के कारण समता पार्टी का आधिकारिक विलय नहीं हो सका और चुनाव आयोग ने समता पार्टी के अस्तित्व को बरकरार रखा। इसके बाद ब्रह्मानंद मंडल समता पार्टी के राष्ट्रीय अध्यक्ष बने। समता पार्टी के वरिष्ठ नेता रघुनाथ झा लालू प्रसाद यादव के राष्ट्रीय जनता दल में शामिल हो गए। मंडल के नेतृत्ववाली समता पार्टी ने बिहार विधानसभा चुनाव 2005 में 20 सीटों पर चुनाव लड़ा, लेकिन कोई सफलता नहीं मिली। वर्ष 2020 में भी समता पार्टी निल बटे सन्नाटा ही रही।

वस्तुत: जनता दल में विभाजन की नींव 1999 लोकसभा चुनाव से पहले ही रख दी गई थी। कर्नाटक के तत्कालीन मुख्यमंत्री जे एच पटेल के गुट ने राष्ट्रीय जनतांत्रिक गठबंधन को समर्थन दे दिया। नाराज एच.डी. देवगौड़ा ने जनता दल (सेक्युलर) बना ली और शरद यादव के नेतृत्व में जनता दल (यूनाइटेड) बना।

वर्ष 2004 के लोकसभा चुनाव में जदयू भारतीय जनता पार्टी (भाजपा) के साथ गठबंधन कर 24 और 16 सीटों पर चुनाव लड़ी। जदयू ने छह सीटों पर जीत हासिल की थी। फरवरी 2005 के बिहार विधानसभा चुनाव में किसी भी दल को बहुमत नहीं मिला और बिहार में राष्ट्रपति शासन लागू हो गया। लेकिन अक्तूबर-नवंबर 2005 के चुनाव में जीत हासिल कर जदयू ने भाजपा के साथ मिलकर सरकार बनाई और नीतीश कुमार को मुख्यमंत्री बनाया गया। साल 2009 के लोकसभा चुनाव में जदयू 20 सीटें जीतने में सफल हुई और 2010 के विधानसभा चुनाव में पार्टी 115 सीट जीतकर फिर से बिहार में सरकार बनाने में कामयाब हुई।

लेकिन 2006 में ऐसी स्थिति उत्पन्न हुई कि नीतीश कुमार ने जॉर्ज फर्नांडिस को ही पार्टी अध्यक्ष पद से हटा दिया और शरद यादव को अध्यक्ष बना दिया। यहीं से जॉर्ज राजनीति में किनारे होने लगे। जिस पार्टी को जॉर्ज ने बनाया था, उसी पार्टी में अध्यक्ष का चुनाव वे अप्रैल 2006 में शरद यादव के हाथों हार गए। स्थिति और खराब हो गई, जब नीतीश ने जॉर्ज को 2009 के लोकसभा चुनाव में टिकट भी नहीं दिया। मामला विचित्र मोड़ पर पहुँच गया। जिस पार्टी को जॉर्ज ने बनाया था, उसके खिलाफ जॉर्ज ने 2009 में मुजफ्फरपुर से निर्दलीय चुनाव लड़ा, लेकिन वहाँ से हार गए। हालाँकि बाद में नीतीश ने उन्हें राज्यसभा से सांसद बनाया। कालांतर में जॉर्ज फर्नांडिस अपनी सेहत की वजह से सार्वजनिक जीवन से भी किनारे हो गए और 29 जनवरी 2019 को उनका लंबी बीमारी के बाद निधन हो गया।

जनता दल (यूनाइटेड) का समता पार्टी के समय से भाजपा के साथ गठबंधन था। लेकिन 2014 के लोकसभा चुनाव से पहले जदयू ने भाजपा के साथ अपना 17 साल पुराना गठबंधन तोड़ दिया। दरअसल जदयू नेता नीतीश कुमार गुजरात के तत्कालीन मुख्यमंत्री नरेंद्र मोदी के भाजपा चुनाव अभियान समिति के अध्यक्ष बनने से नाराज थे।

गठबंधन तोड़ने की घोषणा करते हुए शरद यादव ने कहा कि राष्ट्रीय जनतांत्रिक गठबंधन अपने राष्ट्रीय एजेंडा से भटक गया है और ऐसे में जनता दल (यू) का भाजपा के साथ चल पाना मुश्किल है। बिहार के मुख्यमंत्री नीतीश कुमार ने कहा था कि बिहार में संशय के माहौल को खत्म करना जरूरी हो गया था। स्थिति इतनी खराब हो गई थी कि तमाम कोशिशों के बावजूद गठबंधन को नहीं बचाया जा सकता था। नीतीश ने गठबंधन टूटने का ठीकरा नरेंद्र मोदी पर फोड़ दिया था। नीतीश कुमार ने कहा कि उनकी उपलब्धियों से कुछ लोगों को परेशानी होने लगी थी और एक बाहरी आदमी (नरेंद्र मोदी) के इशारे पर काम में परेशानियाँ पैदा की जा रही थीं। नीतीश ने भाजपा कोटे के 11 मंत्रियों को पद से मुक्त कर दिया। बाद में नरेंद्र मोदी को प्रधानमत्री पद

का उम्मीदवार घोषित किया गया। गठबंधन टूटने के तुरंत बाद शरद यादव ने राष्ट्रीय जनतांत्रिक गठबंधन के संयोजक के पद से इस्तीफा दे दिया।

भाजपा से संबंध-विच्छेद के बाद जदयू 2014 लोकसभा चुनाव में भारतीय कम्युनिस्ट पार्टी के साथ बिहार में 93 सीटों पर चुनाव लड़ी, पर सिर्फ दो सीट ही जीत पाई। जबकि भाजपा और लोक जनशक्ति पार्टी के गठबंधन ने 31 लोकसभा सीटों पर जीत दर्ज की। लोकसभा चुनाव में करारी हार के बाद नीतीश कुमार ने मुख्यमंत्री पद से इस्तीफा दे दिया और जीतन राम माँझी को मुख्यमंत्री की शपथ दिलाई। लालू प्रसाद यादव के राष्ट्रीय जनता दल के समर्थन से जीतन राम माँझी ने अपना बहुमत साबित किया। वर्ष 2014 के लोकसभा चुनाव में नरेंद्र मोदी और भाजपा की ऐतिहासिक जीत के बाद जदयू में बगावत की स्थिति पैदा हो गई थी। करीब दो दर्जन विधायक और कई वरिष्ठ पार्टी सदस्यों ने नीतीश कुमार पर तानाशाही का आरोप लगाया। विक्षुब्ध नेताओं के एक प्रतिनिधिमंडल ने तत्कालीन पार्टी अध्यक्ष शरद यादव से मिलकर अपनी समस्याएँ बताईं। इन विधायकों में अनिल कुमार, ज्ञानेंद्र सिंह ज्ञानू, पूनम देवी, मदन सहनी, रविंद्र राय और राजू सिंह शामिल थे। बागियों ने कहा था कि लोकसभा चुनाव में जदयू की फजीहत का एकमात्र कारण नीतीश का 'अहंकार' है। नीतीश ने बिना किसी से पूछे भाजपा से रिश्ता तोड़ा। नतीजतन जनता ने उन्हें कहीं का नहीं छोड़ा।

अक्तूबर-नवंबर 2015 में हुए विधानसभा चुनावों में नीतीश कुमार ने लालू प्रसाद यादव के साथ हाथ मिलाकर चुनाव लड़ा। यह चुनाव पाँच चरणों में पूरा हुआ था। इन चुनावों में सत्ताधारी जनता दल यूनाइटेड (जदयू), राष्ट्रीय जनता दल (राजद), कांग्रेस, जनता दल, समाजवादी पार्टी, राष्ट्रवादी कांग्रेस पार्टी, इंडियन नेशनल लोक दल और समाजवादी जनता पार्टी (राष्ट्रीय) ने महागठबंधन बनाकर चुनाव लड़ा था। इसके विपरीत, भारतीय जनता पार्टी ने लोक जनशक्ति पार्टी, राष्ट्रीय लोक समता पार्टी और हिंदुस्तानी अवाम मोर्चा के साथ चुनावी मैदान में कदम रखा था।

इन चुनावों में लालू प्रसाद यादव की राजद और नीतीश कुमार के नेतृत्ववाली जदयू ने 101-101 सीटों पर चुनाव लड़ा। वहीं कांग्रेस ने 41 और भाजपा ने 157 सीटों पर उम्मीदवार उतारे थे। राजद 80 सीटों के साथ सबसे बड़ी पार्टी बनकर उभरी, वहीं जदयू को 71 सीटें और भाजपा को 53 सीटें मिली थीं। इन चुनावों में कांग्रेस को 27 सीटें मिली थीं। इन चुनाव में महागठबंधन की सरकार बनी और लालू यादव ने वायदे के अनुसार नीतीश कुमार को मुख्यमंत्री बनाया।

अप्रैल 2016 में नीतीश कुमार जनता दल (यूनाइटेड) के राष्ट्रीय अध्यक्ष बने। शरद यादव ने जदयू राष्ट्रीय परिषद की बैठक में राष्ट्रीय अध्यक्ष पद के लिए नीतीश कुमार के नाम का प्रस्ताव रखा, जिसे सर्वसम्मति से मंजूर कर लिया गया। शरद यादव इस पद पर

साल 2006 से आसीन थे। तीन कार्यकाल पूरा करने के बाद शरद यादव ने पार्टी संविधान का हवाला देते हुए कहा था कि चौथी बार अध्यक्ष पद के लिए नामांकन नहीं करेंगे।

करीब एक साल के बाद 2017 में जदयू और राजद में तकरार शुरू हो गई। लालू प्रसाद यादव तथा उनकी संतानों पर आय से अधिक संपत्ति अर्जित करने और फर्जी कंपनी के नाम पर अवैध संपत्ति रखने के आरोप पर नीतीश कुमार ने राजद से नाता तोड़ लिया। वर्ष 2017 में जदयू महागठबंधन से अलग हो गई और नीतीश कुमार फिर भाजपा के साथ आ गए और सरकार बनाई।

पार्टी के राष्ट्रीय अध्यक्ष नीतीश कुमार के भाजपा के साथ हाथ मिलाने के फैसले से जदयू के वरिष्ठ नेता शरद यादव ने बगावती तेवर अपना लिया और पटना में राष्ट्रीय जनता दल की रैली में शामिल होकर नीतीश के खिलाफ विद्रोह का बिगुल बजा दिया। जदयू महामंत्री के.सी. त्यागी ने पत्र लिखकर शरद यादव से राजद की रैली में शामिल नहीं होने के लिए कहा था। त्यागी ने यह भी कहा था कि यदि यादव इसमें शामिल होते हैं तो वे पार्टी के सिद्धांतों के खिलाफ काम करेंगे।

बिहार दौरे के दौरान शरद यादव ने कहा था कि राजद और कांग्रेस के साथ जदयू महागठबंधन का हिस्सा हैं। जदयू केवल नीतीश कुमार की ही पार्टी नहीं है, बल्कि उनकी भी पार्टी है। यादव ने यह भी दावा किया था कि असल जदयू उनके साथ है, जबकि नीतीश के साथ सरकारी जदयू है।

परिणामस्वरूप जनता दल (यू) ने शरद यादव को उच्च सदन में पार्टी के नेता पद से हटा दिया और उनकी जगह रामचंद्र प्रसाद सिंह (आर.सी.पी. सिंह) ने ली। आर.सी.पी. सिंह नीतीश कुमार के विश्वासपात्र समझे जाते हैं। उस समय राज्यसभा में जदयू के 10 सदस्य थे। इसके पहले जदयू ने अपने राज्यसभा सदस्य अली अनवर अंसारी को कांग्रेस अध्यक्ष सोनिया गांधी द्वारा बुलाई गई विपक्षी दलों की बैठक में शामिल होने के कारण संसदीय दल से निलंबित कर दिया था।

इसके बाद शरद यादव के नेतृत्ववाले जदयू ने चुनाव आयोग के सामने यह दावा किया कि वे असल पार्टी का प्रतिनिधित्व करते हैं और अधिकतर पार्टी कार्यकर्ता, राष्ट्रीय परिषद के सदस्य और राज्यों के अध्यक्ष उनके साथ हैं। यादव गुट ने जदयू के चुनाव चिह्न तीर और पार्टी को आवंटित कार्यालयों पर भी दावा किया। लेकिन केवल तीन को छोड़कर सभी पार्टी विधायक और सभी सांसदों ने नीतीश कुमार के नेतृत्व में अपनी आस्था जताई थी।

राजद की रैली में मंच साझा करने के बाद शरद यादव की राज्यसभा की सदस्यता खत्म करने को लेकर सुगबुगाहट तेज हो गई थी। साल 2017 में शरद यादव की राज्यसभा की सदस्यता को तत्काल प्रभाव से रद्द कर दिया गया। जदयू के एक अन्य

बागी नेता अनवर अली की सदस्यता भी खत्म कर दी गई। राज्यसभा में जदयू के नेता आर.सी.पी. सिंह की याचिका पर यह आदेश दिया गया। शरद यादव ने खुद को अयोग्य घोषित किए जाने के आदेश को दिल्ली हाईकोर्ट में चुनौती दी थी।

मई 2018 में शरद ने अपनी नई पार्टी लोकतांत्रिक जनता दल का गठन किया। इसके बाद शरद यादव 2019 लोकसभा चुनाव में राजद के टिकट पर मधेपुरा से चुनाव भी लड़े, लेकिन जदयू के दिनेश यादव से करीब एक लाख वोटों से हार गए।

संगठन को नया स्वरूप देने के लिए जनता दल (यूनाइटेड) अध्यक्ष नीतीश कुमार ने 16 अक्तूबर, 2018 को प्रशांत किशोर को पार्टी का राष्ट्रीय उपाध्यक्ष नियुक्त किया। इस नियुक्ति से किशोर एक तरह से पार्टी में दूसरे सबसे ताकतवर नेता बन गए। चुनावी रणनीतिकार के रूप में कई पार्टियों के लिए काम कर चुके किशोर 16 सितंबर, 2018 को जदयू में शामिल हुए थे। किशोर को मुख्यमंत्री नीतीश कुमार का करीबी माना जाता था। दल के वरिष्ठ नेताओं का मानना था कि किशोर की नियुक्ति से पार्टी को अपना जनाधार व्यापक बनाने में मदद मिलेगी।

इससे पहले 2015 के विधानसभा चुनाव में जदयू, राजद और कांग्रेस महागठबंधन की सफलता के बाद नीतीश कुमार ने योजनाओं और कार्यक्रमों के कार्यान्वयन के लिए प्रशांत किशोर को अपना सलाहकार बना लिया। उस वक्त किशोर कैबिनेट मंत्री का दर्जा रखते थे। प्रशांत किशोर ने 2014 के लोकसभा चुनाव के दौरान भाजपा, 2015 में बिहार विधानसभा चुनाव के दौरान राजद, जदयू और कांग्रेस महागठबंधन और 2017 में उत्तर प्रदेश विधानसभा चुनाव के दौरान कांग्रेस के लिए प्रचार अभियान किया था।

अक्तूबर 2019 में जनता दल (यूनाइटेड) के राष्ट्रीय परिषद की बैठक में सर्वसम्मति से नीतीश कुमार को फिर से अगले तीन साल के लिए पार्टी का राष्ट्रीय अध्यक्ष चुना गया। पार्टी संविधान के अनुसार उनका कार्यकाल साल 2022 तक था। बिहार में 2020 में विधानसभा चुनाव के कारण नीतीश कुमार ने पार्टी सँभालने की जिम्मेदारी ली थी। दिल्ली में भी विधानसभा चुनाव नजदीक थे। चूँकि दिल्ली में भारतीय जनता पार्टी और जदयू के बीच गठबंधन भी नहीं था, नीतीश कुमार ने बिहार के वोटरों का समर्थन लेने की पूरी कोशिश की। इससे पहले जनता दल (यूनाइटेड) झारखंड में अकेले चुनाव लड़ी थी। नीतीश के नेतृत्व में जदयू 2020 विधानसभा चुनाव में आशानुरूप सफलता प्राप्त नहीं कर सकी। लोक जनशक्ति पार्टी के नेता चिराग पासवान का विरोध और अन्य राजनीतिक कारणों से जदयू सिर्फ 43 विधानसभा सीट जीत सकी।

दिसंबर 2020 में नीतीश कुमार ने अपने विश्वासपात्र सहयोगी और राज्यसभा सांसद रामचंद्र प्रसाद सिंह (आर.सी.पी. सिंह) के लिए अध्यक्ष पद छोड़ दिया। आर.सी.पी. सिंह पहले उत्तर प्रदेश कैडर के भारतीय प्रशासनिक सेवा के अधिकारी

थे। नीतीश सरकार में प्रधान सचिव रह चुके हैं। नीतीश कुमार ने उन्हें राज्यसभा का सदस्य और जदयू का महासचिव बनाया। आर.सी.पी. सिंह पिछले दो बार से राज्यसभा के सदस्य हैं। वे पहली बार 2010 में राज्यसभा सांसद बने थे। इसके बाद 2016 में उन्हें दोबारा राज्यसभा भेजा गया। उधर राष्ट्रीय कार्यकारिणी की बैठक के ठीक पहले अरुणाचल प्रदेश में जदयू के सात विधायकों में से छह भाजपा में शामिल हो गए। साल 2019 के विधानसभा चुनाव में जदयू 15 सीटों पर चुनाव लड़ी थी और 7 सीटों पर जीत दर्ज कर अरुणाचल में दूसरी सबसे बड़ी पार्टी बन गई थी।

मार्च 2021 में बिहार में जनाधार बढ़ाने के प्रयास के तहत नीतीश कुमार ने पूर्व केंद्रीय मंत्री उपेंद्र कुशवाहा को जदयू में शामिल कर लिया। उपेंद्र कुशवाहा के नेतृत्ववाली राष्ट्रीय लोक समता पार्टी (रालोसपा) का जदयू में विलय हो गया। उपेंद्र कुशवाहा ने जदयू में शामिल होने के लिए कोई शर्त नहीं रखी। लेकिन नीतीश कुमार ने उपेंद्र कुशवाहा को संसदीय बोर्ड का अध्यक्ष बना दिया। बाद में उन्हें बिहार विधान परिषद का सदस्य बनाया।

कोईरी (कुशवाहा) समाज से आनेवाले कुशवाहा राजनीति में लंबे अरसे से सक्रिय रहे हैं। वे बिहार विधानसभा में नेता प्रतिपक्ष का पद भी सँभाल चुके हैं। बिहार विधानसभा चुनाव 2020 में जदयू को कम सीटें मिलने के बाद नीतीश कुमार राजनीतिक समीकरण को मजबूत करने में लग गए। बिहार में कुर्मी समाज की आबादी लगभग दो प्रतिशत है। नीतीश कुमार भी इसी समाज से आते हैं। कोइरी (कुशवाहा) की जनसंख्या करीब 6 प्रतिशत है। इस कदम से कुर्मी और कुशवाहा (लव-कुश) जातियों के साथ एक शक्तिशाली राजनीतिक साझेदारी बनाने का प्रयास किया गया है।

वर्ष 2013 में जदयू के राज्यसभा सदस्य रहे कुशवाहा ने विद्रोही तेवर अपनाते हुए जदयू से नाता तोड़कर 'राष्ट्रीय लोक समता पार्टी' का गठन कर लिया था और 2014 के लोकसभा चुनाव से पहले भाजपा नीत राजग का हिस्सा बन गए। इस चुनाव के बाद कुशवाहा नरेंद्र मोदी सरकार में शिक्षा राज्यमंत्री बनाए गए थे। जुलाई 2017 में जदयू की राजग में वापसी ने समीकरणों को एक बार फिर बदल दिया और रालोसपा राजग से नाता तोड़कर राजद के नेतृत्ववाले महागठबंधन का हिस्सा बन गई।

साल 2019 के लोकसभा चुनाव में कुशवाहा ने काराकाट और उजियारपुर लोकसभा सीटों से चुनाव लड़ा था, लेकिन उन्हें हार का सामना करना पड़ा। बिहार विधानसभा चुनाव 2020 से पहले कुशवाहा ने महागठबंधन से नाता तोड़कर मायावती की बसपा और ए.आई.एम.आई.एम. के साथ नया गठबंधन बनाकर यह चुनाव लड़ा। विधानसभा चुनाव में उपेंद्र कुशवाहा को उनके गठबंधन द्वारा मुख्यमंत्री उम्मीदवार के तौर पर पेश किया गया था, पर इनके गठबंधन में शामिल हैदराबाद के सांसद असदुद्दीन

ओवैसी की पार्टी ए.आई.एम.आई.एम. मुसलिम बहुल सीमांचल क्षेत्र में जहाँ पाँच सीट जीत पाई थी, वहीं रालोसपा एक भी सीट जीतने में सफल नहीं रही थी।

मोदी सरकार के जुलाई 2021 में हुए विस्तार में आर.सी.पी. सिंह को जगह मिली। लेकिन जदयू के वरिष्ठ नेता राजीव रंजन सिंह उर्फ ललन सिंह को केंद्रीय मंत्रिमंडल में जगह नहीं मिली। वर्ष 2019 में भी नरेंद्र मोदी सरकार ने सहयोगी जदयू को एक केंद्रीय मंत्री का प्रस्ताव दिया था। तब आर.सी.पी. सिंह भाजपा की पहली पसंद थे, लेकिन नीतीश कुमार के करीबी राजीव रंजन सिंह उर्फ ललन सिंह को लेकर बात नहीं बनी। जदयू दो मंत्री पद चाहती थी। दोनों नेताओं में टकराव की स्थिति न बने, इसलिए नीतीश कुमार ने केंद्रीय मंत्रिमंडल शामिल न होने का फैसला किया था।

उसके बाद से ही ललन सिंह को जदयू में अहम जिम्मेदारी दिए जाने की चर्चा शुरू हो गई। पार्टी में एक व्यक्ति-एक पद के फॉर्मूले के तहत केंद्रीय मंत्री बनने के बाद आर.सी.पी. सिंह को राष्ट्रीय अध्यक्ष का पद छोड़ना पड़ा। जुलाई 2021 में जदयू राष्ट्रीय कार्यकारिणी की बैठक में शीर्ष जदयू नेता राजीव रंजन सिंह उर्फ ललन सिंह को पार्टी के नए राष्ट्रीय अध्यक्ष के रूप में चुन लिया गया।

सतह पर जदयू में सबकुछ ठीक नजर आता है, लेकिन पार्टी में तीन ध्रुव साफ नजर आते हैं। दल के नेता आर.सी.पी. सिंह, ललन सिंह और उपेंद्र कुशवाहा गुटों में बँटे हैं। आर.सी.पी. सिंह और ललन सिंह में आपस में ही शक्ति प्रदर्शन को लेकर स्पर्धा नजर आ रही है। दोनों के बीच वर्चस्व की लड़ाई की चर्चा सुर्खियों में है।

राष्ट्रीय अध्यक्ष बनने के बाद 6 अगस्त, 2021 को ललन सिंह पहली बार पटना पहुँचे थे। उनके स्वागत में शहर में पोस्टर लगे और हवाई अड्डे से लेकर पार्टी के प्रदेश कार्यालय तक भीड़ उमड़ी। पार्टी के पूर्व राष्ट्रीय अध्यक्ष व केंद्रीय इस्पात मंत्री आर.सी.पी. सिंह के 16 अगस्त को पटना आने के बाद बड़ी संख्या में भीड़ उमड़ी।

भाजपा के साथ चल रही आंतरिक लड़ाई में क्या परिणाम होगा, यह 2024 के लोकसभा चुनाव से पहले बनते-बिगड़ते राजनीतिक समीकरण पर निर्भर करेगा। नीतीश का जनता दल (यू) कब किसके साथ मिलकर अगले चुनाव लड़ेगा, यह अभी से नहीं कहा जा सकता, पर यह तय है कि सत्ता की कुरसी जब भी नीतीश कुमार से दूर जाने लगेगी, लालू यादव के शासन के पंद्रह साल के शासन के दौरान अपहरण, हत्या की आवाजें और तेज की जाने लगेंगी, खासतौर पर तब, जब उनका गठबंधन लालू यादव की पार्टी, राष्ट्रीय जनता दल से न हो। जनता दल (यू) की संरचना और भविष्य नीतीश कुमार के आसपास घूमता रहा है और आगे भी ऐसा ही होगा, यही राजनैतिक विश्लेषक मानते हैं।

□

13

राष्ट्रीय जनता दल : वर्ग संघर्ष से जाति संघर्ष तक

बिहार उन राज्यों में शुरुआती रहा, जहाँ से कांग्रेस का शासन हिलना-डुलना शुरू हुआ। 1967 में ही इसकी शुरुआत हुई, जब समाजवादियों ने कांग्रेस को हराकर सरकार का गठन किया। कांग्रेस के विकल्प के रूप में समाजवादी दलों का एक साथ होकर सत्ता में आना और फिर बिखरना भारतीय राजनीति का एक महत्त्वपूर्ण हिस्सा बन गया। लेकिन इसके कुछ दिनों बाद ही जयप्रकाश नारायण के नेतृत्व में एक सफल आंदोलन 1974 में शुरू हुआ और आपातकाल से होते हुए 1977 में कांग्रेस फिर हार गई और कर्पूरी ठाकुर के नेतृत्व में समाजवादियों की सरकार बनी। यह सरकार भी समाजवादियों के आपसी मतभेद के कारण गिर गई और कांग्रेस फिर सत्ता में आ गई। लेकिन इसके पहले ही बिहार की राजनीति में युवाओं का जुटान शुरू हो गया था। इन्हीं में लालू यादव भी थे। पटना विश्वविद्यालय में छात्र राजनीति से अपना सफर शुरू कर लालू प्रसाद यादव जयप्रकाश आंदोलन में सक्रिय तो थे, पर आपातकाल में जनता पार्टी के प्रमुख नेताओं के संपर्क में आ गए। गोपालगंज जिले के फुलवरिया गाँव का यह युवा 1977 के आम चुनाव में भारतीय लोकदल के टिकट पर चुनाव जीत जाता है। लेकिन होनी को कौन टाल सकता है ? न राज्य की सरकार बची और न ही केंद्र की जनता सरकार। लालू ने अपना ध्यान अब क्षेत्रीय राजनीति पर केंद्रित किया। जल्द ही सफलता भी मिल गई। 1985 में वो बिहार विधानसभा में विपक्ष के नेता के रूप में आसीन हो चुके थे।

केंद्रीय पटल पर वी.पी. सिंह का आगमन होता है और 1989 में कांग्रेस को पराजय का सामना करना पड़ता है। वी.पी. प्रधानमंत्री बनते हैं। एक साल बाद 1990 में बिहार

विधानसभा के चुनाव में जनता दल की जीत के बाद से बिहार में सरकार गठन की प्रक्रिया शुरू हुई। मुख्यमंत्री पद को लेकर ठन गई। तत्कालीन प्रधानमंत्री विश्वनाथ प्रताप सिंह बिहार के वरिष्ठ नेता और पूर्व मुख्यमंत्री राम सुंदर दास को मुख्यमंत्री बनाना चाहते थे, जबकि चंद्रशेखर अपने शिष्य रघुनाथ झा का समर्थन कर रहे थे। इस विवाद के बीच उप-प्रधानमंत्री देवीलाल ने लालू प्रसाद यादव का नाम प्रस्तावित कर दिया। शरद यादव, मुलायम सिंह यादव और नीतीश कुमार देवीलाल खेमे के थे और उनकी पसंद लालू यादव थे। 1990 के चुनाव में टिकट वितरण में शरद यादव और मुलायम सिंह यादव की बड़ी भूमिका थी।

पूर्व मुख्यमंत्री होने के कारण रामसुंदर दास को स्वाभाविक दावेदार माना जा रहा था। वे पातेपुर से विधायक भी थे। वह जमाना सचमुच पार्टियों में लोकतंत्र का था। त्रिकोणात्मक सत्ता संघर्ष में जनता दल के 122 विधायकों में से लालू यादव को 55, रामसुंदर दास को 51 और रघुनाथ झा को 16 वोट मिले थे। लालू प्रसाद यादव 10 मार्च, 1990 को मुख्यमंत्री बन गए। यहाँ से बिहार में एक नई राजनीति की शुरुआत हुई, जिसमें तीक्ष्ण जातीय गोलबंदी के आधार पर चुनाव लड़ा जाने लगा। केंद्र सरकार द्वारा मंडल कमीशन की अनुशंसा के आधार पर पिछड़ी जातियों के लिए आरक्षण की घोषणा के बाद जातीय गोलबंदी और मजबूत हो गई। इसके साथ ही सत्ता में भागीदारी को लेकर पिछड़ी एवं अति पिछड़ी जातियों में वर्चस्व की लड़ाई भी शुरू हो गई। लालू प्रसाद यादव के नेतृत्व में सत्ता में यादवों के वर्चस्व के कारण बिहार में सबसे पहले कुर्मियों ने आवाज उठाई और वर्ष 1994 में नीतीश कुमार के नेतृत्व में समता पार्टी का गठन हुआ। लेकिन अभी लालू यादव का सितारा बुलंद था और वो फिर 1995 के चुनाव में जीतकर मुख्यमंत्री बने। लेकिन 1997 तक सत्ता का वो ही सितारा डगमगाने लगा था और 1997 में चारा घोटाले में संलिप्तता के कारण जब लालू प्रसाद यादव को जेल जाने की नौबत आई तो उन्होंने कुरसी छोड़ने से इनकार कर दिया। जनता दल में उनके खिलाफ आवाज उठने लगी। उस समय संयुक्त मोर्चा की सरकार में इंद्र कुमार गुजराल प्रधानमंत्री थे।

भारत की केंद्रीय राजनीति में 1996 से 1998 का दौर सबसे अस्थिर माना जाता है, क्योंकि एस.आर. बोम्मई का नाम हवाला कांड में आ गया था और उन्हें जनता दल के राष्ट्रीय अध्यक्ष का पद छोड़ना पड़ा था। इसके बाद लालू प्रसाद यादव को पार्टी की कमान मिली थी। लालू उस दौर में कहा करते थे कि हवाला ने जनता दल को उनके हवाले कर दिया। चारा घोटाले में लालू प्रसाद की संलिप्तता की सी.बी.आई. जाँच की फाइल तो अटल बिहारी वाजपेयी की 13 दिनों की सरकार के समय खुली थी, लेकिन उसे आगे बढ़ाने का काम एच.डी. देवगौड़ा की सरकार के समय किया गया था। एच.डी. देवगौड़ा परिस्थितिवश प्रधानमंत्री तो बन गए थे, लेकिन वे लोकप्रिय नेताओं से

खतरा महसूस करते थे। इसलिए पहले उन्होंने रामकृष्ण हेगड़े को हटवाया और उसके बाद लालू प्रसाद यादव पर अंकुश लगाया।

इंद्र कुमार गुजराल ने अपनी आत्मकथा 'मैटर्स ऑफ डिसक्रिशन' में लिखा है—एक दिन 1997 में जब चारा घोटाले पर सी.बी.आई. के शिकंजे से परेशान लालू प्रसाद यादव उनसे मिलने प्रधानमंत्री निवास पर पहुँचे तो उन्हें देवगौड़ा ने ढाई घंटे तक तब तक बैठाए रखा, जब तक सी.बी.आई. निदेशक वहाँ नहीं पहुँच गए। जनता दल के अध्यक्ष लालू यादव को खराब लगा और उसी दिन उन्होंने शरद यादव और कांग्रेस प्रमुख सीताराम केसरी के सहयोग से देवगौड़ा को हटाने का मन बना लिया। अब बारी केंद्र में इंद्र कुमार गुजराल की थी। गुजराल को लालू प्रसाद यादव की पसंद बताया गया था। लेकिन उनके शासन में भी सी.बी.आई. का शिकंजा लालू प्रसाद यादव पर कसता गया। सी.बी.आई. के प्रमुख जोगिंदर सिंह ने सबूतों के आधार पर बिहार के मुख्यमंत्री लालू प्रसाद यादव के खिलाफ चार्जशीट दाखिल करने की घोषणा की और बिहार के राज्यपाल ए.आर. किदवई ने भी लालू प्रसाद यादव के खिलाफ चार्जशीट दाखिल करने की अनुमति दे दी। रामविलास पासवान, नीतीश कुमार समेत तमाम अपनों ने साथ छोड़ना शुरू कर दिया और जनता दल अध्यक्ष लालू यादव अकेले पड़ते जा रहे थे। हालात ऐसे हुए कि वे मुख्यमंत्री पद से इस्तीफे देने के लिए तैयार हो गए, लेकिन उन्होंने जनता दल के अध्यक्ष का पद छोड़ने से इनकार कर दिया। लेकिन जनता दल के वरिष्ठ नेता इस बात पर राजी नहीं थे। बात नहीं बनी।

नतीजन पाँच जुलाई को लालू प्रसाद यादव ने राष्ट्रीय जनता दल के गठन की घोषणा कर दी। अगले ही दिन उन्होंने सत्रह लोकसभा सदस्य और आठ राज्यसभा सदस्यों के साथ जनता दल से अलग होकर 5 जुलाई, 1997 को 'राष्ट्रीय जनता दल' की स्थापना की। लालू प्रसाद यादव को पार्टी का अध्यक्ष चुना गया। लालू ने जेल जाने से पहले बिहार में अपनी धर्मपत्नी राबड़ी देवी को 25 जुलाई, 1997 को मुख्यमंत्री पद की शपथ दिलाई। बिहार को इसके साथ ही पहली महिला मुख्यमंत्री मिली, लेकिन लालू प्रसाद यादव की इस राजनैतिक फैसले की खूब आलोचना हुई। सरकार की कमान लालू प्रसाद यादव के हाथों में ही बनी रही। 30 जुलाई, 1997 को उन्होंने चारा घोटाले मामले में समर्पण किया और उसके बाद से उन पर कानूनी काररवाइयों का दौर चल रहा है। 2000 में राबड़ी देवी थोड़े कम बहुमत के साथ सरकार में वापसी करने में कामयाब हुईं।

उधर केंद्र के स्तर पर अलग नाटक चल रहा था। लालू प्रसाद यादव ने अलग पार्टी की घोषणा कर दी थी और राष्ट्रीय जनता दल, संयुक्त मोर्चा सरकार का हिस्सा नहीं था, लेकिन उनकी पार्टी के तीन मंत्री रघुवंश प्रसाद सिंह, कांति सिंह और जय नारायण

निषाद तत्कालीन प्रधानमंत्री इंद्र कुमार गुजराल के नेतृत्ववाली केंद्र सरकार में बने रहे।

दरअसल, लालू प्रसाद यादव ने मुख्यमंत्री बनने के बाद अपनी सामाजिक गोलबंदी शुरू कर दी थी। उन्होंने यादव और मुसलमान की गोलबंदी करनी शुरू की। बिहार में जनसंख्या के हिसाब से यादव 12 प्रतिशत और मुसलमान 18 प्रतिशत हैं और इस प्रकार करीब 30 प्रतिशत वोट पर उनकी नजर थी। इस समीकरण को ध्यान में रखते हुए लालू ने 23 सितंबर, 1990 को समस्तीपुर में लालकृष्ण आडवाणी की बहुचर्चित रथयात्रा रोक दी और उन्हें गिरफ्तार कर लिया। भाजपा ने लालू की इस काररवाई पर केंद्र व बिहार की जनता दल सरकार से समर्थन वापस ले लिया। केंद्र में विश्वनाथ प्रताप सिंह की सरकार तो गिर गई, लेकिन लालू प्रसाद यादव की सरकार बच गई।

लालू के जेल जाने के बाद राबड़ी देवी फरवरी 1999 तक मुख्यमंत्री रहीं। इसके बाद राज्य में करीब एक महीने तक राष्ट्रपति शासन लगा रहा और उसके बाद 9 मार्च, 1999 को राबड़ी देवी फिर से मुख्यमंत्री बनीं और 2 मार्च, 2000 तक मुख्यमंत्री रहीं। गठन के एक साल बाद, 1998 में हुए लोकसभा चुनाव में राष्ट्रीय जनता दल ने बिहार की 54 लोकसभा सीटों (उस समय झारखंड अलग नहीं हुआ था) में से 17 सीट जीतकर अपनी सशक्त उपस्थिति दर्ज कराई थी। हालाँकि देश के अन्य भागों में इसे आशातीत सफलता नहीं मिली थी। वर्ष 1999 में राष्ट्रीय जनता दल ने मुलायम सिंह यादव की समाजवादी पार्टी से समझौता किया, किंतु इस गठबंधन से लालू प्रसाद को कोई फायदा नहीं हुआ। अक्तूबर 1999 के आम चुनाव में राष्ट्रीय जनता दल ने भारतीय राष्ट्रीय कांग्रेस के साथ चुनावी समझौता किया, किंतु सिर्फ सात सीट ही जीत पाए।

वर्ष 2000 में बिहार में हुए विधानसभा चुनाव में राष्ट्रीय जनता दल ने तत्कालीन 324 सदस्यीय बिहार विधानसभा में सर्वाधिक 124 सीटें जीतीं। उस समय झारखंड बिहार का ही हिस्सा था। जबकि भाजपा 67, कांग्रेस 23, जनता दल 21 और समता पार्टी 34 सीटों पर सिमट गई। राजद के साथ बहुमत नहीं था। इस स्थिति में बिहार में थोड़ी राजनीतिक उथल-पुथल भी देखने को मिली। केंद्र में अटल बिहारी वाजपेयी के नेतृत्ववाली राजग सरकार थी। बिहार में नीतीश कुमार को भाजपा सहित कुछ दूसरे दलों ने भी समर्थन दिया और नीतीश कुमार ने मुख्यमंत्री पद की शपथ ली। लेकिन विधानसभा में बहुमत साबित नहीं कर पाए और सात दिन बाद ही मुख्यमंत्री पद से इस्तीफा दे दिया। लालू प्रसाद ने कुशल राजनीतिक प्रबंधन कर कांग्रेस सहित अन्य सहयोगियों के साथ मिलकर सरकार का गठन किया। राबड़ी देवी फिर से मुख्यमंत्री बनीं और 2005 तक पाँच साल मुख्यमंत्री रहीं।

उसी वर्ष नवंबर में बिहार का बँटवारा हुआ और झारखंड का गठन हुआ। राष्ट्रीय जनता दल ने वर्ष 2004 के लोकसभा चुनाव में 40 में से 22 सीटें जीतकर अपनी बढ़त

बरकरार रखी। यह अब तक की आर.जे.डी. की लोकसभा में स्वर्णिम उपलब्धि थी। तब राजद संयुक्त प्रगतिशील गठबंधन या संप्रग (यूनाइटेड प्रोग्रेसिव अलायंस या यू.पी.ए.) का अभिन्न अंग रहा और लालू प्रसाद केंद्र में मनमोहन सिंह मंत्रिपरिषद में रेल मंत्री रहे।

राष्ट्रीय जनता दल (राजद) पर राजनीतिक संकट फरवरी 2005 में हुए विधानसभा चुनाव के बाद गहराने लगा। राजद 215 सीटों पर चुनाव लड़ा, परंतु सिर्फ 75 सीटों पर जीत हासिल कर सकी। हालाँकि यह संख्या अन्य दलों को मिली सीटों से ज्यादा थी। लेकिन किसी भी दल के पास बहुमत नहीं था। रामविलास पासवान के लोक जनशक्ति पार्टी के पास 29 विधायक थे और सरकार बनाने की कुंजी उन्हीं के पास थी। वे जिस भी गठबंधन को समर्थन करते, उसकी सरकार बन सकती थी। लेकिन उन्होंने किसी भी दल या गठबंधन को समर्थन देने से इनकार कर दिया। फलस्वरूप मार्च 2005 से लेकर नवंबर 2005 तक राज्य में राष्ट्रपति शासन लागू रहा।

अक्तूबर आया और राज्य में फिर चुनाव हुए और राजद 54 सीटों पर सिमट गई। भारतीय जनता पार्टी और जनता दल (यू) के राष्ट्रीय जनतांत्रिक गठबंधन (एन.डी.ए.) को बहुमत मिला और नीतीश कुमार मुख्यमंत्री बने। वर्ष 2009 के लोकसभा चुनाव में राजद ने सीटों पर विवाद के कारण संप्रग से नाता तोड़ लिया। लालू ने रामविलास पासवान के लोक जनशक्ति पार्टी और मुलायम सिंह यादव के समाजवादी पार्टी के साथ समझौता किया और तथाकथित चौथे फ्रंट के तहत बिहार के अलावा कई राज्यों में चुनाव लड़ा। लेकिन लालू की पार्टी को सिर्फ बिहार में चार सीटें मिलीं।

राजद की स्थिति नवंबर 2010 के विधानसभा चुनाव में और खराब हो गई और सिर्फ 22 विधानसभा सीटों पर जीत हासिल कर सकी। चुनाव से पहले लालू ने मुलायम सिंह वाली समाजवादी पार्टी से समझौता तोड़ लिया था। राजद की चुनावी विफलताओं का दौर जारी रहा और 2014 के लोकसभा चुनाव में यह सिर्फ चार सीट जीत पाई। लालू की पत्नी राबड़ी देवी और बड़ी बेटी मीसा भारती भी चुनाव हार गए।

राजद की ओर से जब भी गैर-एन.डी.ए. की केंद्र में सरकार रही, कई मंत्री बनाए गए। इनमें जयप्रकाश नारायण यादव, तस्लीमुद्दीन, कांति सिंह, रघुवंश प्रसाद सिंह, रघुनाथ झा और अली अशरफ फातमी रहे।

चारा घोटाले के मामले में सजा मिलने के क्रम में लालू प्रसाद यादव की 2013 में संसद सदस्यता चली गई और सक्रिय राजनीति में वे हिस्सा नहीं ले सकते थे। पहले पत्नी और फिर बच्चों को राजनीति में लाने के चलते लालू प्रसाद यादव पर परिवारवाद के आरोप लगते रहे हैं।

चारा घोटाले में कुल 64 मामले दर्ज हुए थे और इनमें छह में लालू प्रसाद भी अभियुक्त बनाए गए। इसके एक मामले, चाईबासा में 37.7 करोड़ रुपए की निकासी

और उसमें धाँधली के आरोप में लालू दोषी करार दिए गए। उन्हें पाँच साल की सजा मिली थी और इसी सजा के चलते ही चुनावी गतिविधियों में हिस्सा लेने पर पाबंदी लग गई।

लेकिन बिहार की राजनीति तो तमाम उतार-चढ़ावों से भरी रही है। जिसको हमेशा दुश्मन माना गया, उससे दोस्ती भी की जा सकती है। 2015 में लालू ने भाजपा से अलग हुए नीतीश कुमार के साथ समझौता कर लिया और विधानसभा चुनाव में राजद ने 80 सीटें जीतकर एक बार फिर जोरदार वापसी की और सबसे बड़ी पार्टी बनी। नीतीश की पार्टी के खाते में 71 सीटें आईं। लालू ने वायदे के मुताबिक नीतीश को मुख्यमंत्री बनवाया, जबकि लालू के छोटे बेटे तेजस्वी प्रसाद यादव बिहार के उप-मुख्यमंत्री और बड़े बेटे तेज प्रताप यादव को स्वास्थ्य मंत्री बनाया गया। लेकिन यह गठबंधन अधिक समय तक चल नहीं पाया और 20 महीने बाद 2017 में भ्रष्टाचार के मुद्दे पर नीतीश ने राजद से अलग होकर दोबारा भाजपा से हाथ मिला लिया और सरकार बना ली। राजद एक बार फिर बिहार विधानसभा में विपक्ष में आ गई।

राष्ट्रीय जनता दल का प्रदर्शन 2019 के लोकसभा चुनाव में बहुत ही खराब रहा और पार्टी एक भी लोकसभा सीट नहीं जीत पाई। लेकिन एक साल बाद 2020 के विधानसभा चुनाव में लालू प्रसाद के छोटे पुत्र तेजस्वी प्रसाद यादव ने पार्टी को बड़ी सफलता दिलाई। कुल 75 विधानसभा सीट जीतकर राजद राज्य की सबसे बड़ी पार्टी बनकर उभरी।

लालू प्रसाद चारा घोटाला केस में जमानत पर हैं और उनकी तबीयत भी खराब रहती है। लेकिन उनके बेटे तेजस्वी यादव व तेज प्रताप यादव, नीतीश कुमार और भाजपा की संयुक्त सत्ता को चुनौती दे रहे हैं। बहुत कम अंतर से बनी बिहार सरकार पर हमेशा तलवार लटकती रहती है। लालू फिर से चारा घोटाला के साए में रहकर अपनी पार्टी को मजबूत करने की भरपूर कोशिश कर रहे हैं, जबकि उनके छोटे बेटे तेजस्वी यादव पूरी तरह से पार्टी का कामकाज देख रहे हैं।

शुरुआत में जिस राष्ट्रीय जनता दल का दूसरे राज्यों में समर्थन मिला था, अब उसका बिहार को छोड़कर अन्य जगह अस्तित्व नगण्य है। पार्टी ने झारखंड सहित कई पूर्वोत्तर राज्यों तथा हिंदी-भाषी क्षेत्रों में अपनी इकाई स्थापित की थी और कई राज्यों में चुनाव भी लड़ी थी। राजद 'समान विचारधारा' वाले दलों से गठबंधन कर असम में 2021 विधानसभा चुनाव लड़ी थी, लेकिन कहीं भी आशा के अनूरूप सफलता नहीं मिली। पार्टी के झारखंड प्रमुख गौतम सागर राणा ने पार्टी से नाता तोड़ते हुए अन्य सदस्यों के साथ एक अलग पार्टी का गठन किया है। राणा ने इस पार्टी को 'राष्ट्रीय जनता दल लोकतांत्रिक' नाम दिया है।

फिलहाल पार्टी का जो रूप है, उसके बिना बिहार की राजनीति नहीं देखी जा सकती; और भविष्य में भी यही स्थिति रहने के आसार हैं। लालू की राजनीति के चलते ही बिहार की राजनीति में जाति संघर्ष के आगे वर्ग संघर्ष अप्रासंगिक हो गया। बिहार में वाम धारा का वह रूप नहीं रहा, जो पहले रहा करता था। यहाँ अब वर्ग संघर्ष बेमानी हो गया है। सबकुछ जातियों में सिमट गया है।

अब राष्ट्रीय जनता दल की कमान अप्रत्यक्ष तौर पर लालू प्रसाद यादव के बेटे तेजस्वी यादव के हाथों में आ गई है, लेकिन व्यापक तौर पर इसे लालू प्रसाद यादव की पार्टी के तौर पर ही देखा जाता है। लालू प्रसाद यादव ने इस पार्टी का गठन अपने राजनीतिक सफर के सबसे सुनहरे दिनों में अचानक से आए संकट में किया था। इसके शिकंजे से वे आज तक मुक्त नहीं हो सके हैं। तेजस्वी यादव ने अब तक तो राजनैतिक तौर पर परिपक्वता दिखाई है, लेकिन उनके सामने असली चुनौती पार्टी की छवि को

ठीक करने और जातिगत समीकरणों के हिसाब से सामाजिक दायरा बढ़ाने की है। पारिवारिक कुनबे को एकजुट रखने में वे कितना कामयाब होते हैं, इस बात पर ही राष्ट्रीय जनता दल का भविष्य निर्भर होगा। लेकिन यह बात भी सही है कि तमाम मोड़ के बावजूद लालू यादव इतिहास में याद किए जाएँगे, खासतौर से पिछड़ों, विशेष तौर पर यादवों के उत्थान की जब-जब चर्चा होगी, उनका नाम शीर्ष पर होगा।

□

14

लोक जनशक्ति पार्टी : फल खाने की चुनौती

बिहार में तीसरी बड़ी क्षेत्रीय राजनैतिक ताकत वाली लोक जनशक्ति पार्टी की कहानी इसके संस्थापक रामविलास पासवान के आसपास ही घूमती है। रामविलास पासवान को लोग ऐसे ही 'राजनीतिक मौसम विज्ञानी' नहीं कहते थे। जनता और सत्ता की नस वे जानते थे और इसलिए पचास साल से ज्यादा या तो सत्ता में रहे या सत्ता के आसपास। व्यवहार-कुशल इतने कि सत्ता हो-न-हो, उनको कोई फर्क नहीं पड़ता था और न जाने कितनों की उन्होंने जिंदगी बना दी थी। शुरुआत की बात की जाए तो समाजवाद और आंबेडकर के विचारों से प्रभावित होकर रामविलास पासवान संयुक्त सोशलिस्ट पार्टी के सदस्य बने और 1969 का बिहार विधानसभा चुनाव अलौली विधानसभा क्षेत्र से जीते और जयप्रकाश नारायण और राजनारायण के अनुयायी हो गए। पूरा आपातकाल जेल में काटा। वर्ष 1977 में आपातकाल हटने के बाद वे जनता पार्टी के सदस्य बन गए और हाजीपुर लोकसभा क्षेत्र से सर्वाधिक मतों से जीतकर कीर्तिमान स्थापित किया। वर्ष 1979 में जनता पार्टी के विभाजन के बाद वे चरण सिंह वाली जनता पार्टी (समाजवादी) में शामिल हो गए और 1980 का लोकसभा चुनाव फिर हाजीपुर से जीते।

तब तक समाजवादी धारा का अनुकरण करनेवाले दलों में विचार के ऊपर व्यक्ति को अहमियत दी जाने लगी और कई नेताओं ने अपना दल बनाना शुरू कर दिया। रामविलास पासवान ने भी 'दलित सेना' का गठन 1983 में किया। 'दलित सेना' एक राजनीतिक और सामाजिक संस्था के रूप में दलितों के कल्याण के लिए उनसे संबंधित मुद्दों पर राजनीतिक, प्रशासनिक और सामाजिक स्तर पर कार्य करती थी। बाद में भीमराव आंबेडकर के शेड्यूल्ड कास्ट फेडरेशन का अनुसरण करते हुए रामविलास ने इसे 'अनुसूचित जाति सेना' (शेड्यूल्ड कास्ट सेना) का नाम दिया।

रामविलास पासवान 1984 का चुनाव हार गए। इसी बीच देश भर में कांग्रेस के खिलाफ माहौल बनना शुरू हो गया। समाजवादी धारा के विभिन्न दल एकजुट होने लगे। देवीलाल और विश्वनाथ प्रताप सिंह सरीखे नेताओं के प्रयास से जनता दल का गठन हुआ और रामविलास पासवान भी इसके वरिष्ठ सदस्य रहे। वर्ष 1989 के लोकसभा चुनाव में वे फिर हाजीपुर क्षेत्र से जीते।

विश्वनाथ प्रताप सिंह के मंत्रिमंडल में वे श्रम और कल्याण मंत्री बने। विश्वनाथ प्रताप सिंह की सरकार 1991 में गिर गई। फिर से लोकसभा चुनाव हुए, पर रामविलास पासवान इस बार रोसड़ा क्षेत्र से चुने गए। वर्ष 1996 में वे फिर से हाजीपुर से जीते। इस बीच राजनीतिक अस्थिरता का दौर जारी रहा और तत्कालीन इंद्रकुमार गुजराल की सरकार नवंबर 1997 में गिर गई। वर्ष 1998 में फिर से लोकसभा के चुनाव हुए, लेकिन किसी भी दल को बहुमत प्राप्त नहीं हुआ। भारतीय जनता पार्टी (भाजपा) के नेता अटल बिहारी वाजपेयी के नेतृत्व में राष्ट्रीय जनतांत्रिक गठबंधन (राजग) की सरकार बनी। लेकिन अप्रैल 1999 में यह सरकार गिर गई और फिर से लोकसभा के चुनाव हुए। इस बार राजग को पूर्ण बहुमत मिला और अटल बिहारी वाजपेयी प्रधानमंत्री बने। रामविलास पासवान भी केंद्रीय मंत्री बने।

(इस बीच बिहार के नेता नीतीश कुमार और जॉर्ज फर्नांडिस ने समता पार्टी का गठन किया, जो बाद में जनता दल (यूनाइटेड) में परिवर्तित हो गया। चारा घोटाले में नाम आने के बाद लालू प्रसाद यादव ने राष्ट्रीय जनता दल (राजद) का गठन किया और अपनी पत्नी राबड़ी देवी को मुख्यमंत्री बना दिया। इन दोनों दलों का बिहार की राजनीति में जातिगत समीकरणों के कारण प्रभाव बढ़ने लगा था। लालू यादव ने मुसलमान और यादवों को अपने पक्ष में गोलबंद कर लिया था, वहीं नीतीश कुमार कुर्मी, कोइरी, अति पिछड़ा और ऊँची जाति के लोगों की गोलबंदी में जुट गए थे। दलितों का वोट दोनों दलों के बीच बँट जाता था।)

रामविलास पासवान पहले जनता पार्टी से होते हुए जनता दल और उसके बाद राजग का हिस्सा रहे, लेकिन जब बिहार की राजनीतिक स्थिति में बदलाव आया तो उन्होंने 2000 में 'लोक जनशक्ति पार्टी' (लोजपा) की स्थापना की। बिहार में इस पार्टी का प्रभाव निचली जातियों और दलित समुदाय में बढ़ने लगा। पासवान ने यह पार्टी बहुत कम लोगों को साथ लेकर बनाई थी और इसका मकसद राज्य के निचले तबके को जोड़ना था। सैद्धांतिक तौर पर लोजपा का गठन सामाजिक न्याय और दलितों पीड़ितों की आवाज उठाने के मकसद से किया गया था, लेकिन रामविलास पासवान के लिए यह एक राजनीतिक अस्त्र था।

2004 में लोजपा ने कांग्रेस और लालू प्रसाद यादव के राष्ट्रीय जनता दल के साथ गठबंधन कर बिहार में अच्छा प्रदर्शन किया। लोकसभा चुनाव में इस गठबंधन में रहते हुए लोजपा ने चार सीटें जीतीं। एक साल बाद फरवरी 2005 के विधानसभा चुनाव में लोजपा ने 29 सीटें जीती थीं। रामविलास एक रणनीति के तहत केंद्र में कांग्रेस नेतृत्ववाली सरकार का हिस्सा बने रहे और बिहार में भी कांग्रेस के साथ मिलकर चुनाव लड़ा। नीतीश कुमार और लालू प्रसाद यादव दोनों ही गुट रामविलास से समर्थन की कोशिश करते रहे, लेकिन पासवान ने मुसलिम मुख्यमंत्री की माँग रखी। दोनों नेताओं में से कोई भी इस पर राजी नहीं हुआ। अंततः सरकार नहीं बन पाई और राष्ट्रपति शासन लागू करना पड़ा। इसके बाद अक्तूबर-नवंबर 2005 में फिर से चुनाव कराए गए। लेकिन इस चुनाव में लोजपा सिर्फ 10 सीटों पर सिमटकर रह गई। दूसरी तरफ राजद को भी भारी नुकसान पहुँचा और नीतीश कुमार तथा भाजपा ने मिलकर सरकार बना ली।

लोकसभा चुनाव 2009 में रामविलास पासवान ने समाजवादी पार्टी अध्यक्ष मुलायम सिंह यादव और राजद अध्यक्ष लालू प्रसाद यादव के साथ ऐतिहासिक गठबंधन करते हुए चौथा मोर्चा बनाया। चुनाव के समय इस गठबंधन के पास लोकसभा में सांसदों की संख्या 64 थी। तीनों दलों ने मिलकर उत्तर प्रदेश एवं बिहार की सभी 120 लोकसभा सीटों पर चुनाव लड़ा। इस गठबंधन के तहत उत्तर प्रदेश की सभी 80 सीटों पर सपा

एवं बिहार की 40 सीटों में से 28 पर राजद तथा शेष 12 सीटों पर लोजपा ने उम्मीदवार उतारे। लेकिन यह मोर्चा अपेक्षित प्रदर्शन करने में विफल रहा तथा 120 में से केवल 28 पर ही जीत सका। लोक जनशक्ति पार्टी को एक भी सीट पर जीत नहीं मिली, वहीं राजद सिर्फ चार सीटों पर सिमटकर रह गया। लोजपा ने 2010 का विधानसभा चुनाव फिर राजद के साथ मिलकर लड़ा, लेकिन सिर्फ तीन सीटें जीत पाई। लोजपा को 6.75 प्रतिशत मत मिले। पर बात यहीं खत्म नहीं होती। उधर नीतीश कुमार ने भी पासवान का दुर्ग ढहाने में कोई कसर नहीं छोड़ रखी थी। उन्होंने दलित समुदाय का समर्थन प्राप्त करने के लिए दलित समुदाय की 22 जातियों में से 21 को महादलित घोषित कर अपनी तरफ से कोशिशें शुरू कीं, जिसमें वे कामयाब भी रहे। (इसके बाद 2018 में तत्कालीन मुख्यमंत्री जीतन राम माँझी ने पासवान जाति को भी शामिल कर सभी को महादलित में शामिल कर लिया। माना जाता है कि बिहार में दलितों की आबादी 17 फीसद है और इनमें दुसाध (पासवान) 6 फीसद हैं।)

साल 2014 के 27 फरवरी को लोजपा ने 12 साल बाद फिर भाजपा के नेतृत्ववाले राजग के साथ गठबंधन की घोषणा की। लोकसभा चुनाव 2014 में लोजपा ने 7, उपेंद्र कुशवाहा नीत रालोसपा 3 एवं भाजपा 30 सीटों पर चुनाव लड़ी। लोजपा ने अपने खाते की 7 में से 6 सीटों पर जीत दर्ज की तथा पूरे गठबंधन को बिहार की 40 में से 31 सीटों पर जीत मिली। रामविलास पासवान के बेटे चिराग पासवान भी जमुई सीट से पहली बार चुनाव लड़े और जीत गए। रामविलास पासवान को केंद्र में मंत्री बनाया गया।

राजग के घटक दल के रूप में 2015 का बिहार विधानसभा चुनाव लोजपा ने 40 सीटों पर लड़ा। लेकिन सिर्फ 2 सीटों पर जीत मिली। इस चुनाव में राजग में रालोसपा और जीतन राम माँझी के नेतृत्ववाली 'हिंदुस्तानी अवाम मोर्चा' (हम) भी शामिल थीं। भाजपा 160, लोजपा 40, रालोसपा 23 और हम 20 सीटों पर चुनाव लड़ी। भाजपा को 53, लोजपा 2, रालोसपा 2 और हम को एक सीट मिली। लालू प्रसाद यादव और नीतीश कुमार का गठबंधन दो साल से अधिक नहीं चल पाया। वर्ष 2017 में नीतीश कुमार 53 सीटोंवाले भाजपा का दामन थामकर फिर से राजग में वापस लौट गए और बिहार में सरकार बनाई। लोजपा के वरिष्ठ नेता और रामविलास पासवान के भाई पशुपति कुमार पारस को नीतीश मंत्रिमंडल में पशु एवं मत्स्य संसाधन मंत्री बनाया गया।

लोजपा ने एक बार पुनः भाजपा के नेतृत्ववाले राजग के साथ लोकसभा चुनाव 2019 में भाग लिया। बिहार की 40 सीटों में से भाजपा 17, जदयू 17 एवं लोजपा के हिस्से में 6 सीटें आईं। सीट बँटवारे के फॉर्मूले के तहत लोजपा को एक राज्यसभा की सीट भी दी गई। लोजपा ने सभी छह स्थानों पर जीत हासिल की। इन चुनावों में पार्टी अध्यक्ष रामविलास पासवान ने स्वास्थ्य कारणों से भाग नहीं लिया तथा राज्यसभा के

माध्यम से सांसद और केंद्र में मंत्री बने। रामविलास पासवान के पारंपरिक क्षेत्र हाजीपुर से उनके छोटे भाई पशुपति कुमार पारस खड़े हुए और जीत हासिल की।

इसी बीच बिगड़ते हुए स्वास्थ्य को ध्यान में रखकर लोजपा के अध्यक्ष रामविलास पासवान ने अपनी राजनीतिक विरासत अपने बेटे चिराग पासवान के हाथों में सौंप दी और लोजपा की कमान पूरी तरह से युवाओं के हाथ में आ गई। रामविलास ने अपने बेटे को यह नसीहत भी दी की उनके दो समकालीन नेता लालू प्रसाद यादव और नीतीश कुमार ने कभी भी उन्हें मुख्यमंत्री नहीं बनने दिया, जबकि वे दोनों से कद में बड़े नेता थे। रामविलास ने चिराग से कहा कि वे लालू प्रसाद यादव और नीतीश कुमार से राजनीतिक समझौता बराबरी में करें या अपना वाजिब हिस्सा लें, क्योंकि दोनों उन्हें बिहार से जड़ से उखाड़ने की कोशिश करते रहते हैं।

(बिहार प्रदेश की कमान नवनिर्वाचित सांसद एवं पूर्व सांसद रामचंद्र पासवान के बेटे प्रिंस राज को मिली। अध्यक्ष बनने से पहले चिराग पासवान को लोजपा के संसदीय

बोर्ड का चेयरमैन बनाया गया था। पार्टी के तमाम निर्णयों में चिराग पासवान का ही दबदबा दिखने लगा। बिहार प्रदेश अध्यक्ष पशुपति कुमार पारस को दलित सेना का राष्ट्रीय अध्यक्ष बनाने का निर्णय भी चिराग पासवान का ही था।)

पिता से सीख मिलने के बाद चिराग पासवान ने 2020 के विधानसभा चुनाव के लिए लोजपा के लिए 40 सीटों की माँग की। लेकिन जदयू के अध्यक्ष और मुख्यमंत्री नीतीश कुमार लोजपा को 25 से ज्यादा सीटें देने को तैयार नहीं हुए। इसी मुद्दे पर दोनों दलों के बीच तनातनी बढ़ गई और चिराग पासवान ने कोरोना महामारी, कानून व्यवस्था और बाढ़ रहत में कथित गड़बड़ी के मुद्दे पर नीतीश सरकार के कामकाज की तीव्र आलोचना की। उन्होंने बिहार सरकार द्वारा संचालित 'सात निश्चय योजना' को मानने से इनकार कर दिया। चिराग ने कहा कि 'सात निश्चय' के सभी कार्य अधूरे रह गए हैं और यह योजना भ्रष्टाचार का पिटारा है।

दोनों दलों में दूरी लगातार बढ़ते रहने से भाजपा नेतृत्व की परेशानी बढ़ गई। लोजपा को कमजोर करने और इसे भाजपा से अलग करने की मंशा से नीतीश कुमार ने जीतन राम माँझी के नेतृत्ववाली 'हिंदुस्तानी अवाम मोर्चा' को राजग का हिस्सा बना दिया। भाजपा ने भी मुकेश साहनी के नेतृत्ववाली 'विकासशील इनसान पार्टी' से समझौता कर लिया।

अंततः लोजपा अध्यक्ष चिराग पासवान ने बिना किसी गठबंधन के अकेले दम पर ही चुनाव लड़ने की घोषणा की। चिराग पासवान ने घोषणा की कि 'बिहार फर्स्ट, बिहारी फर्स्ट' विजन डॉक्युमेंट को अगली सरकार लागू करेगी। पार्टी पूरे राज्य की 143 सीटों पर चुनाव लड़ी। लोजपा ने जदयू के हिस्से की सभी सीटों पर उम्मीदवार खड़े किए। चिराग पासवान ने चुनाव के बाद भाजपा के नेतृत्व में राजग की सरकार बनाने के लिए समर्थन करने की बात कही थी। चिराग ने स्वयं को नरेंद्र मोदी का हनुमान कहा और अलग चुनाव लड़ने के बावजूद वे भाजपा का समर्थन करते रहे, लेकिन नीतीश पर खुलकर बोलते रहे।

इसी बीच पार्टी के संस्थापक रामविलास पासवान का 8 अक्तूबर, 2020 का लंबी बीमारी के बाद निधन हो गया। लेकिन चुनाव में इसका फायदा चिराग नहीं उठा सके। लोजपा को केवल एक सीट पर ही जीत हासिल हुई। बेगूसराय जिले की एकमात्र मटिहानी विधानसभा सीट पर लोजपा के राज कुमार सिंह ने कम मतों से विजय प्राप्त की और वे भी बाद में नीतीश की पार्टी में शामिल हो गए। पार्टी को पूरे राज्य में कुल 23,83,457 मत हासिल हुए, जोकि कुल वैध मतों का 5.66 प्रतिशत रहा। लेकिन चिराग जदयू के उम्मीदवारों को हराने में सफल रहे। जदयू सिर्फ 43 सीटें ही जीत सकी, वहीं भाजपा ने 74 सीटों पर जीत हासिल की। एक सर्वेक्षण के अनुसार लोजपा के विरोध के कारण जदयू को 35 सीटों पर नुकसान उठाना पड़ा।

उधर जब केंद्र में मंत्रिमंडल का विस्तार होने लगा तो लोक जनशक्ति पार्टी में बिखराव की शुरुआत हो गई। लोजपा के 5 सांसदों ने चिराग के विरुद्ध विद्रोह कर दिया और पशुपति पारस को पार्टी संसदीय दल का नेता चुन लिया। बाद में तो केंद्रीय मंत्रिमंडल में पशुपति कुमार पारस को शामिल भी कर लिया गया।

लोक जनशक्ति पार्टी में नेतृत्व की लड़ाई आर-पार की स्थिति में पहुँच गई। पशुपति कुमार पारस के नेतृत्ववाले गुट ने चिराग पासवान को पार्टी के संसदीय दल के नेता पद से हटा दिया। पारस गुट ने चिराग पासवान को राष्ट्रीय अध्यक्ष पद से हटा दिया। इसके तुरंत बाद चिराग पासवान गुट ने पाँचों बागी सांसदों को पार्टी विरोधी कार्य करने के लिए पार्टी से निकाल दिया और आज की हालत यह है कि चिराग पासवान अपने अस्तित्व के लिए लड़ रहे हैं और यह माना जाता है कि पासवानों का अपना वोट बैंक अब भी चिराग के साथ है। लेकिन पारस भी अपनी पूरी कोशिश में लगे हैं। एक संभावना यह भी है कि चाचा-भतीजा की यह जोड़ी फिर से एक मंच पर हो, पर यह कब होगा, कहा नहीं जा सकता। एल.जे.पी. का क्या होगा, यह अलग सवाल है, पर रामविलास पासवान ने जिस पौधे को सींचा था, उसके फल उन्होंने अपने कार्यकाल के दौरान खाए और खिलाए, लेकिन आनेवाले वर्षों में क्या होगा, कहा नहीं जा सकता। भारतीय राजनीति में ऐसा रिकॉर्ड कम ही मिलता है, जब एक छोटी सी पार्टी का नेता दो दशक से ज्यादा तक प्रभावी मंत्री बना रहता है, चाहे केंद्र में सरकार किसी भी दल की हो! ···और यह रिकॉर्ड रामविलास पासवान के नाम है।

बिहार में छोटे दलों का अपना रिकॉर्ड है। पूर्व मुख्यमंत्री जीतन राम माँझी की हिंदुस्तानी अवाम मोर्चा और उपेंद्र कुशवाहा की अब नीतीश कुमार की पार्टी में समा चुकी आर.एल.एस.पी. अपने-अपने वर्गों में बड़ा काम करती रही हैं, पर अपने वोट बैंक को सँभाल नहीं सकीं। न ही उन्होंने अपनी पार्टी की दूसरी कतार बनाई और न ही उनमें सत्ता के प्रति बहुत भूख जगाई। चुनावों के दिनों में छोटे-छोटे लोभ के कारण यह वोट बैंक कहीं भी खिसकता रहता है।

मुकेश साहनी की 'विकासशील इनसान पार्टी' (वी.आई.पी.) का भी अपना एक क्षेत्र रहा है। गंगा किनारे बसे इस पार्टी के मतदाताओं में भी जागरूकता की कमी एक बड़ा वोट बैंक नहीं बना रहा। यही कारण है कि हवा को छोड़ दें तो सामान्य चुनावों में इन दलों की उपलब्धि बहुत महत्त्वपूर्ण नहीं रहती। ज्यादातर पार्टी प्रमुख या उनके परिजन ही सदन पहुँच पाते हैं और एकाध मंत्री आदि बन जाते हैं।

□

15

द्रमुक–अन्नाद्रमुक : साझी विरासत, सीधी लड़ाई

तमिलनाडु दक्षिण भारत का सबसे बड़ा राज्य है। मद्रास प्रेसीडेंसी के जमाने से ही देश के दक्षिण तटवर्ती इस इलाके में उत्तर भारतीय वर्चस्व का विरोध प्रबल रहा है। ब्राह्मणवादी व्यवस्था और हिंदी भाषा का विरोध इसका मूल स्वर है। सांस्कृतिक अस्मिता को लेकर सन् 1944 में गठित 'द्रविड़ मुन्नेत्र कड़गम' ने भाषा और क्षेत्रीयता के आधार पर लोगों को एकजुट कर जो राजनीति शुरू की, वह बहुत प्रभावकारी साबित हुई। हालाँकि कालांतर में भाषायी अस्मिता की राजनीति दो धाराओं, द्रमुक और अन्नाद्रमुक में विभाजित हो गई, लेकिन तमिलनाडु की राजनीति उसी राह बढ़ती रही। राज्य में सत्ता की लड़ाई प्राय: पाँच दशकों से इन्हीं दोनों दलों के बीच सिमटी रही। आजादी के बाद का पहला चुनाव जीतने के बाद मद्रास प्रांत (अब तमिलनाडु) कांग्रेस की ओर से मुख्यमंत्री बनाए गए प्रख्यात अंग्रेजी विद्वान् चक्रवर्ती राजगोपालाचारी। सन् 54 में कांग्रेस के ही कुमारस्वामी कामराज मुख्यमंत्री बने। बाद में 57 के चुनाव में भी मुख्यमंत्री पद उन्हीं के पास रहा। भारत में पहली बार किसी राज्य में बच्चों के लिए अनिवार्य शिक्षा की नीति उन्हीं के कार्यकाल में लागू हुई। देश में बच्चों की 'मिड–डे मील योजना' के जनक कामराज ही माने जाते हैं। उनके बाद मिंजुर भक्तवत्सलम् आए अक्तूबर सन् 63 में। इस दौरान द्रमुक नेतृत्व भाषायी आधार पर तमिल अस्मिता को नई पहचान देने में जुटा रहा। 26 जनवरी, 1962 को जब हिंदी को राजभाषा का दर्जा दिया गया तो उससे दो दिन पहले ही द्रमुक मुन्नेत्र कड़गम ने पूरे मद्रास प्रांत में 'शोक दिवस' मनाया। सन् 67 में जब विधानसभा चुनाव में कांग्रेस को पराजय का मुँह देखना पड़ा और द्रमुक नेता कांजीवरम नटराजन अन्नादुरई मुख्यमंत्री बनाए गए,

यह ऐसी हार थी कि फिर छह दशक बीते, कांग्रेस कभी यहाँ सत्ता में नहीं लौट पाई। द्रमुक और अन्नाद्रमुक, दोनों पार्टियाँ एक ही राजनीतिक विरासत से निकली हैं। उनका तौर-तरीका भी करीब एक जैसा ही है, मगर सत्ता के संघर्ष में एक-दूसरे से आगे बढ़ने की जुगत ने उनमें कुछ अंतर भी पैदा किया। 1968 में राज्य का नाम बाकायदा बदलकर तमिलनाडु कर दिया गया। अगले साल ही साठ साल की आयु में अन्नादुरई का निधन हो गया और मुख्यमंत्री बनाए गए मुत्तुवेल करुणानिधि, जिन्होंने छह दशकों में पाँच बार मुख्यमंत्री बनने का रिकॉर्ड बनाया और तमिलनाडु की राजनीति पर अपनी गहरी छाप छोड़ी।

करुणानिधि की पैदाइश 1924 में तत्कालीन मद्रास प्रांत के थिरुक्कुवालाई गाँव में हुई थी। अब उस घर को, जहाँ करुणानिधि पैदा हुए थे, म्यूजियम में बदल दिया गया है। म्यूजियम में पोप से लेकर इंदिरा गांधी तक के साथ की उनकी तस्वीरें लगी हुई हैं। करुणानिधि का परिवार आर्थिक रूप से कमजोर था, लेकिन वे उत्साही बालक थे। पढ़ने और आगे बढ़ने को अमादा! जिस समुदाय में उनका जन्म हुआ था, वह पारंपरिक रूप से संगीत वाद्ययंत्र 'नादस्वरम' बजाने का काम किया करता था। बचपन का किस्सा है—जब करुणानिधि गाँव के मंदिर में संगीत सीखने जाते थे, वहाँ वादन तो उन्होंने कुछ खास नहीं सीखा, लेकिन जातिगत भेदभाव का पहला पाठ उन्होंने वहीं पढ़ा। तथाकथित निचली जाति के बालक करुणानिधि को मंदिर में कमर के ऊपर कोई कपड़ा पहनकर प्रवेश की अनुमति नहीं थी। उन्हें धुनें भी कुछ ही सिखाई जाती थीं। जातिगत भेद संगीत में भी पसरा हुआ था, जिसे देखकर संगीत से उनका मन उचट गया। लेकिन इससे प्रतिकार की राजनीति का दरवाजा खुल गया। तरुणावस्था में ही करुणानिधि विचारक ई.वी. रामास्वामी 'पेरियार' के विचारों से बहुत प्रभावित हुए और उनके खड़े किए 'आत्मसम्मान आंदोलन' से जुड़ गए। यह आंदोलन गैर-ब्राह्मणवादी भावों से ओत-प्रोत था और द्राविड़ जनता को 'आर्यन ब्राह्मणवाद' के खिलाफ उठ खड़े होने को आंदोलित कर रहा था। करुणानिधि 14 साल की उम्र में ही राजनीतिक प्रतिरोध की दुनिया में प्रवेश कर गए थे। शुरुआत हुई 'हिंदी-हटाओ आंदोलन' से, जब 1937 में हिंदी भाषा को स्कूलों में अनिवार्य भाषा की तरह लाया गया। पेरियार की विचारधारा से प्रभावित तरुण युवा विरोध में सड़कों पर उतर आए। करुणानिधि भी इन्हीं में से एक थे। उन्होंने कलम को अपना हथियार बनाया और लिखना शुरू कर दिया। नाटक, परचे, अखबार, भाषण उनके अस्त्र-शस्त्र बन गए। वे कोयंबटूर में रहकर व्यावसायिक नाटकों के लिए स्क्रिप्ट लिखने का काम कर रहे थे। यही लेखन कला काम कर गई, जब पेरियार और अन्नादुरई की उन पर नजर पड़ी। उनकी ओजस्वी भाषण कला और लेखन शैली को देखकर उन्हें पार्टी की पत्रिका 'कुदियारासु' का संपादक बनाया गया।

1947 में जब देश आजाद हो रहा था, उसी समय पेरियार और उनके सिपहसालार अन्नादुराई के बीच मतभेद उभरे। देश की आजादी के साथ ही पेरियार और अन्नादुराई के रास्ते अलग हो गए। अन्नादुराई ने मुख्यधारा की राजनीति का हाथ थामा और 1949 में नई पार्टी 'द्रविड़ मुन्नेत्र कड़गम' की स्थापना हो गई। करुणानिधि अन्नादुराई के साथ गए और नई पार्टी में उनके नए सिपहसालार बने। पार्टी के पहले खजाँची बनकर नई पार्टी के लिए धन जुटाने की जिम्मेदारी अकेले उठाई। लेकिन इस बीच वे सिनेमा की ओर भी निकल गए। अब वे विचारधारा की खेती उस समय 35 एम.एम. (उस समय सत्तर एम.एम. का जमाना नहीं था) के परदे पर कर रहे थे। 1952 में उनकी लिखी 'परासाक्षी' आई। मेलोड्रामा से भरपूर ब्लॉकबस्टर, गरीब तमिल नायक, जिसे आततायी उत्तर-भारतीय साहूकारों, ब्राह्मण नेताओं और असंवेदनशील सरकार का अत्याचार सहना पड़ता है। फिल्म आखिर में द्राविड़ अस्मिता की आवाज बुलंद करती है, जिस विचार पर उनकी पार्टी की नींव रखी गई थी।

साठ के दशक में वे तमिल फिल्मों के लिए सामाजिक बदलाव को बढ़ावा देनेवाली ऐतिहासिक और सामाजिक कथाएँ लिखकर खूब लोकप्रिय हो रहे थे। उनकी लिखी तमिल फिल्म 'पराशक्ति' में शिवाजी गणेशन परदे पर पहली बार उतरे और वह फिल्म पूरी तरह हिट हुई। इस फिल्म का एक सीन मिसाल बन गया, जिसके जरिए वे समाज में फैले अंधविश्वास को चुनौती दे रहे थे। 'पराशक्ति' न केवल तमिल सिनेमा, बल्कि करुणानिधि की जिंदगी का भी अहम मोड़ साबित हुई। इस फिल्म ने द्रविड़ आंदोलन की विचारधारा को जन-जन तक पहुँचाकर उसे नई ऊँचाई दी। 'पराशक्ति' के माध्यम से ही तमिल सिनेमा के दो प्रमुख अभिनेता शिवाजी गणेशन और एस.एस. राजेंद्रन दुनिया के सामने आए। करुणानिधि की लिखी कई फिल्मों में एम.जी. रामचंद्रन ने भी काम किया। ये दोनों एक साथ फिल्मों में काम करते थे। इसके साथ ही तमिल फिल्मों के ये दोनों दिग्गज अन्नादुरई की छत्रच्छाया में द्रमुक राजनीति को भी आगे बढ़ाते रहे।

करुणानिधि अपने ओजस्वी भाषणों से द्रमुक राजनीति को वैचारिक आधार प्रदान कर रहे थे तो रुपहले परदे के नायक एम.जी. रामचंद्रन अपनी लोकप्रियता के जरिए तमिल अस्मिता की लड़ाई को जन-जन तक पहुँचा रहे थे। 57 में पार्टी पहला विधानसभा चुनाव लड़ी और करुणानिधि चुने गए 13 विधायकों में शामिल थे। तमिलनाडु की राजनीतिक सत्ता को पलटने में बस 10 साल लगे। 1967 में इसी तेरह विधायकों वाली पार्टी ने पूर्ण बहुमत हासिल किया और अन्नादुराई राज्य के पहले गैर-कांग्रेसी मुख्यमंत्री बने। दक्षिण भारत में उबल रहा भाषायी विवाद और 'एंटी-हिंदी सेंटिमेंट' अपना खेल कर गया था। कांग्रेस का तमिलनाडु में ऐसा सूरज अस्त हुआ कि वह आज तक अन्य द्रविड़ पार्टियों की 'सहयोगी' ही बनी हुई है। सत्ता सँभालने के दो ही साल बाद 69 में

अन्नादुराई की कैंसर से मौत हो गई। इसका नतीजा यह हुआ कि करुणानिधि नए मुख्यमंत्री बन गए। उस बार मुख्यमंत्री पद के लिए करुणानिधि के नाम का ही प्रस्ताव एम.जी.आर. ने किया था।

सन् 71 में करुणानिधि दोबारा अपने दम पर जीतकर फिर सत्ता में आए। सत्ता में आने के बाद करुणानिधि ने अपनी पहली पत्नी पद्मावती के बेटे मुथु को फिल्मों में आगे बढ़ाना चाहा। यह दीगर बात कि उनकी फिल्म बॉक्स ऑफिस पर सफल नहीं हुई। लेकिन इसके चलते करुणानिधि और एम.जी.आर. के बीच मतभेदों की खाई काफी बढ़ गई। उन्हें मुख्यमंत्री बनाने में एम.जी.आर. ने भी काफी मदद की थी, लेकिन कालांतर में दोनों के बीच कुछ मतभेद पैदा हुए, जो समय के साथ लगातार बढ़ते गए। दोनों के बीच सियासी तल्खियाँ बढ़ीं तो एम.जी.आर. ने करुणानिधि पर भ्रष्टाचार का आरोप लगाया और ऐसे कई सवाल उठाए, जिससे करुणानिधि नाराज हो गए और 1975 में एम.जी.आर. को पार्टी से निकाल दिया।

अब एम.जी.आर. की बारी थी। द्रमुक से निकलने ही एम.जी.आर. अन्नाद्रमुक (ए.आई.ए.डी.एम.के.) के गठन के काम में जुट गए। इस कार्य में रुपहले परदे की उनकी नायिका जयललिता ने भी उनका खूब साथ दिया। वह दौर था, जब अभिनेता के रूप में एम.जी.आर. तमिल सिनेमा के सर्वाधिक लोकप्रिय हस्ती बन चुके थे। रील और रियल लाइफ में अपने साथी को कड़ी टक्कर दे रहे थे। सन् 1977 में एम.जी.आर. और करुणानिधि दोनों पहली बार आमने-सामने उतरे। यह एक ऐसा सिनेमाई मुकाबला था, जिसमें एक ओर लेखक था, दूसरी ओर हीरो। हीरो अपनी लोकप्रियता की ताल ठोंकता। लेखक को यह गुमान था कि उसकी कलम ने ही हीरो को बनाया है, लेकिन जनता तो परदे पर हीरो को ही देखती है। 1977 में एम.जी.आर. ने करुणानिधि और उनकी पार्टी को चुनावों में ऐसा हराया कि फिर वे एम.जी.आर. के जीते जी दोबारा सतह पर नहीं आ पाए। अगले दस साल तक ऐसा ही चला।

फिर 1987 में एम.जी.आर. की मृत्यु के बाद अन्नाद्रमुक में पार्टी नेतृत्व पर कब्जे की लड़ाई छिड़ गई। इसमें एक ओर थीं एम.जी.आर. की पत्नी जानकी रामचंद्रन तथा दूसरी ओर सिनेमा के परदे पर एम.जी.आर. की नायिका और पार्टी की युवा नेता जे. जयललिता। जयराम जयललिता का जन्म 24 फरवरी, 1948 को मैसूर राज्य स्थित मांडया जिले के पांडवपुरा तालुक के मेलुरकोट गाँव में एक अय्यर ब्राह्मण परिवार में हुआ था। महज 2 साल की उम्र में ही उनके पिता जयराम का निधन हो गया तो उनकी माँ उन्हें लेकर बेंगलुरु चली गईं, जहाँ उनके माता-पिता रहते थे। बाद में उन्होंने तमिल सिनेमा में काम करना शुरू कर दिया और अपना फिल्मी नाम 'संध्या' रख लिया। उनकी प्रारंभिक शिक्षा पहले बेंगलुरु और बाद में चेन्नई में हुई। चेन्नई के स्टेला मारिस कॉलेज

में पढ़ने की बजाय उन्होंने सरकारी वजीफे से आगे पढ़ाई की। जब वे स्कूल में ही पढ़ रही थीं, तभी उनकी माँ ने उन्हें फिल्मों में काम करने के लिए राजी कर लिया। मात्र 15 वर्ष की आयु में वे कन्नड़ फिल्मों में मुख्य अभिनेत्री की भूमिकाएँ करने लगीं। वे पहली ऐसी अभिनेत्री थीं, जिन्होंने स्कर्ट पहनकर भूमिका निभाई थी। उन्होंने तमिल के अलावा तेलुगु, कन्नड़, अंग्रेजी और हिंदी की लगभग 300 फिल्मों में काम किया है। सन् 1982 में 'ऑल इंडिया अन्ना द्रविड़ मुन्नेत्र कड़गम' (अन्नाद्रमुक) की सदस्यता ग्रहण करते हुए एम.जी. रामचंद्रन के साथ अपने राजनीतिक जीवन की शुरुआत की। आते ही उन्होंने प्रचार सचिव का काम शुरू कर दिया। एम.जी.आर. को अब रील लाइफ की हीरोइन रियल लाइफ में भी भाने लगी थी। बाद में अंग्रेजी में उनकी वाक् क्षमता को देखते हुए पार्टी प्रमुख रामचंद्रन 1984 में उन्हें राज्यसभा में भिजवाया। लेकिन खूबसूरती और सत्ता का मेल पार्टी में कुछ लोगों को भा नहीं रहा था। ऐसे लोग सफल भी हुए और उनके तथा रामचंद्रन के बीच दरार भी यदा-कदा दिखने लगी। उस समय वे एक तमिल पत्रिका में अपने निजी जीवन के बारे में कॉलम लिखती थीं, पर रामचंद्रन ने दूसरे नेताओं के कहने पर उन्हें ऐसा करने से रोका। उनके राज्यसभा का सदस्य बनने के साथ ही 1984 में जब ब्रेन स्ट्रोक के चलते रामचंद्रन अक्षम हो गए, तब जया ने मुख्यमंत्री की गद्दी सँभालनी चाही, लेकिन तब रामचंद्रन ने उन्हें पार्टी के उप-नेता पद से भी हटा दिया। वर्ष 1987 में रामचंद्रन का निधन हो गया और जो लोग अन्नाद्रमुक के टूटने का इंतजार कर रहे थे, उनका सपना पूरा हो रहा था। ...और सबसे ज्यादा खुश तो द्रमुक प्रमुख करुणानिधि थे। अब अन्नाद्रमुक के एक धड़े की नेता एम.जी.आर. की विधवा जानकी रामचंद्रन थीं और दूसरे की जयललिता। लेकिन जयललिता ने खुद को रामचंद्रन की विरासत का उत्तराधिकारी घोषित कर दिया। अन्नाद्रमुक की इसी अंदरूनी लड़ाई ने करुणानिधि को खोई हुई राजनैतिक ताकत वापस हासिल करने का मौका दिया। उधर जयललिता उनकी विरोधी पार्टी पर अपनी पकड़ मजबूत बना रही थीं, इधर करुणानिधि दावा कर रहे थे कि 'द्रविड़ नाडु' में उन्हें एक ब्राह्मण नेत्री कैसे चुनौती दे सकती हैं?

इसके पहले केंद्र की राजनीति में जब इंदिरा गांधी अपने उत्तराधिकारी के रूप में राजीव गांधी को आगे बढ़ाने की कोशिश कर रही थीं, उसी दौरान 1984 के पहले तिमाही में उनकी एयरपोर्ट पर पलानीअप्पन चिदंबरम से मुलाकात हुई। 1984 के लोकसभा चुनाव से पहले हुई उस मुलाकात में 40 साल के होनेवाले और हाईकोर्ट में सीनियर वकील चिदंबरम ने राजीव गांधी को बहुत प्रभावित किया। जानकार बताते हैं कि जब राजीव प्रधानमंत्री बने तो उन्होंने चिदंबरम को कपड़ा मंत्रालय देने का प्रस्ताव रखा, लेकिन चिदंबरम ने कहा कि उनके परिवार का कपड़े का ही कारोबार है, लिहाजा कोई अन्य मंत्रालय दिया जाए। वे लगातार 6 बार सांसद रहे। इस बीच जब प्रधानमंत्री

नरसिम्हा राव हुए तो उन्होंने कांग्रेस और द्रमुक के चल रहे गठबंधन को बदलने की कोशिश की और बूटा सिंह को ए.आई.ए.डी.एम.के. की प्रमुख जयललिता से बात करने के लिए नियुक्त किया। इससे वहाँ के कांग्रेसी बेहद नाराज हुए।

(जब कांग्रेस आलाकमान ने तमिलनाडु में अन्नाद्रमुक मुन्नेत्र कड़गम से संबंध रखने का फैसला किया तो उसके विरोध में पी. चिदंबरम और जी.के. मूपनार ने अपने समर्थकों को लेकर 29 मार्च, 1996 को एक नई पार्टी बनाई। बाद में 1 अप्रैल, 1996 को जी.के. मूपनार के प्रति वफादार कांग्रेसियों ने एक नए क्षेत्रीय राजनीतिक दल 'तमिलनाडु मक्कल कांग्रेस' का गठन किया। इधर अनेक ऐसे मौके आए, जब जी.के. मूपनार को शीर्ष नेतृत्व के लिए ताज पहनाया जाना था, फिर भी उन्होंने इसके लिए अन्य किसी नेता का नाम आगे बढ़ाया और अपने लिए पार्टी को मजबूत करने के लिए काम करना चुना। जी.के. मूपनार शुरू से ही कुमारस्वामी कामराज समर्थक थे और के. कामराज भी जी.के. मूपनार को अपने राजनीतिक उत्तराधिकारी के रूप में देखते थे। लेकिन मूपनार का एक फैसला हमेशा याद किया जाएगा। 1999 में मूपनार ने लोकसभा में भाजपा के नेतृत्ववाली सरकार के विश्वास मत का समर्थन करने से इनकार कर दिया, जो अंततः केवल एक वोट की कमी के कारण वाजपेयी सरकार के पतन का कारण बना।)

(2004 में कांग्रेस की सरकार बनी, तब चिदंबरम फिर वित्तमंत्री बनाए गए। इसी दौरान विनिवेश और अन्य मामलों को लेकर सरकार को समर्थन दे रहे वामपंथी दल उनसे नाराज हो गए। उसी दौरान नवंबर 2008 में उन्हें गृह मंत्रालय सौंपा गया। जब 2009 में कांग्रेस की दोबारा सरकार बनी तो चिदंबरम एक बार फिर गृहमंत्री बनाए गए। 15 मई, 2017 को सी.बी.आई. ने मीडिया कंपनी आई.एन.एक्स. के खिलाफ एक एफ.आई.आर. दर्ज किया। आरोप था कि आई.एन.एक्स. मीडिया ग्रुप को 305 करोड़ रुपए के विदेशी फंड लेने के लिए फॉरेन इनवेस्टमेंट प्रमोशन बोर्ड (एफ.आई.पी.बी.) की मंजूरी में कई तरह की अनियमितताएँ बरती गईं। जब साल 2007 के दौरान कंपनी को निवेश की स्वीकृति दी गई थी, उस समय पी. चिदंबरम वित्तमंत्री हुआ करते थे। चिदंबरम तब जाँच एजेंसियों के रडार पर आए, जब आई.एन.एक्स. मीडिया के प्रमोटर इंद्राणी मुखर्जी और उनके पति पीटर मुखर्जी से ई.डी. ने पूछताछ की। ई.डी. ने इस संबंध में 2018 में मनी लांड्रिंग का एक मामला भी दर्ज किया था। इंद्राणी मुखर्जी ने जाँच अधिकारियों को बताया कि चिदंबरम ने एफ.आई.पी.बी. मंजूरी के बदले अपने बेटे कार्ति चिदंबरम को विदेशी धन के मामले में मदद करने की बात कही थी। सी.बी.आई. ने पी. चिदंबरम के बेटे कार्ति चिदंबरम को भी फरवरी 2018 में चेन्नई एयरपोर्ट से गिरफ्तार कर लिया था। बाद में कार्ति चिदंबरम को कोर्ट से जमानत मिल गई थी। उनके खिलाफ आरोप लगाए गए कि उन्होंने आई.एन.एक्स. मीडिया के खिलाफ संभावित जाँच को

रुकवाने के लिए 10 लाख डॉलर की माँग की थी। चिदंबरम इसके पहले 2006 में हुए इस सौदे के वक्त पहली यू.पी.ए. सरकार में वित्तमंत्री थे। 2जी से जुड़े इस केस में चिदंबरम और उनके परिवार पर हवाला मामले में केस दर्ज हुआ। आरोप था कि विदेशी निवेश को स्वीकृति देने की वित्तमंत्री की सीमा महज 600 करोड़ है, फिर भी 3,500 करोड़ रुपए के एयरसेल-मैक्सिस डील को आर्थिक मामलों की कैबिनेट समिति की इजाजत के बिना कैसे पास कर दिया गया? लेकिन पी. चिदंबरम ने हमेशा अपने और अपने बेटे के खिलाफ लगाए गए सभी इल्जामों को खारिज कर दिया है। उनका कहना था कि उनके विरुद्ध लगाए गए सभी आरोप राजनीतिक प्रतिशोध से प्रेरित हैं। उन्होंने कहा कि वे भागे नहीं हैं, बल्कि अपने हितों की रक्षा के लिए कानून की शरण में गए हैं।)

वर्ष 1989 के चुनाव में भले ही करुणानिधि को सत्ता मिली, लेकिन जयललिता के नेतृत्ववाले अन्नाद्रमुक को विधानसभा में 27 सीटें मिलीं और वे तमिलनाडु की पहली निर्वाचित नेता प्रतिपक्ष बनीं। एम.जी.आर. की पत्नी जानकी के प्रबल विरोध के बावजूद जयललिता अन्नाद्रमुक पर अपना वर्चस्व बना चुकी थीं। जयललिता को कमजोर प्रतिद्वंद्वी समझना ही शायद करुणानिधि की सबसे बड़ी राजनीतिक भूल साबित हुई। इसी साल 25 मार्च को वह घटना हो गई, जिसने तमिल राजनीति का पाँसा पूरी तरह पलट दिया। मौका था तमिलनाडु विधानसभा में बजट सत्र का। जयललिता राज्य विधानसभा में विपक्ष की नेता थीं। करुणानिधि जब बजट पेश कर रहे थे तो जयललिता ने उनके इस्तीफे की माँग की। विधानसभा में भारी बहस छिड़ गई। सदन के भीतर किसी ने जयललिता के ऊपर चप्पल फेंकीं, किसी ने उनकी साड़ी का पल्लू खींचने की कोशिश की। जैसाकि उस समय पार्टी के लोगों और विधानसभा में मौजूद अनेक सदस्यों ने बताया, सत्तारूढ़ द्रमुक पार्टी के सदस्यों और विपक्ष के बीच सदन के भीतर भारी हिंसा हुई। तत्कालीन मुख्यमंत्री करुणानिधि के संकेत पर सत्तारूढ़ पार्टी के सदस्यों द्वारा जयललिता पर हमला किया गया था। जयललिता फटी हुई साड़ी में मीडिया के सामने आईं और खुद के साथ हुई वारदात की तुलना महाभारत काल की द्रौपदी के चीरहरण से की और क्षुब्ध होकर कहा था कि सदन में उनके साथ द्रौपदी जैसा व्यवहार किया गया। उन्होंने सार्वजनिक रूप से कसम खाई कि जब तक महिला का सम्मान बहाल नहीं होता, वे सदन में पैर नहीं रखेंगी। मीडिया के कुछ वर्गों ने उनकी इस घोषणा को नाटक करार दिया, मगर इससे उनको अधिक मीडिया कवरेज और जन सहानुभूति प्राप्त हुई। 1989 के आम चुनावों के दौरान अन्नाद्रमुक ने कांग्रेस पार्टी के साथ गठबंधन किया और कामयाबी पाई। उनके नेतृत्व में अन्नाद्रमुक ने भी मारुंगपुरी, मदुरै पूर्व और पेरनामल्लूर विधानसभा क्षेत्रों में उप-चुनाव जीते। लेकिन द्रमुक नेता करुणानिधि को लेकर उनका गुस्सा कभी कम नहीं हुआ। इसी गुस्से से जयललिता करुणानिधि को अपने दुश्मन की

तरह देखती थीं। यहाँ कभी-कभी उत्तर प्रदेश में मायावती-मुलायम सिंह यादव की पार्टी के बीच हुए वी.आई.पी. गेस्ट हाउस कांड की याद आ सकती है। मुलायम-माया में तो एक बार समझौता हो गया, लेकिन यहाँ कोई गुंजाइश नहीं रही।

वर्ष 1991 में राजीव गांधी की हत्या के बाद राज्य में हुए चुनावों में जयललिता की पार्टी ने कांग्रेस के साथ चुनाव लड़ा और सरकार बनाई। वे 24 जून, 1991 से 12 मई, 1996 तक राज्य की पहली निर्वाचित महिला मुख्यमंत्री और राज्य की सबसे कम उम्र की मुख्यमंत्री रहीं। वर्ष 1992 में उनकी सरकार ने बालिकाओं की रक्षा के लिए 'क्रैडल बेबी स्कीम' शुरू की, ताकि अनाथ और बेसहारा बच्चियों को खुशहाल जीवन मिल सके। इसी वर्ष राज्य में ऐसे पुलिस थाने खोले गए, जहाँ केवल महिलाएँ ही तैनात होती थीं। 1996 में उनकी पार्टी चुनावों में हार गई, वे खुद भी चुनाव हार गईं। इस हार के बाद सरकार विरोधी जनभावना और उनके मंत्रियों के खिलाफ भ्रष्टाचार के कई मामले उजागर हुए। पहली बार मुख्यमंत्री रहते हुए उन पर कई गंभीर आरोप लगे। उन्होंने कभी शादी नहीं की, लेकिन अपने दत्तक पुत्र 'वी.एन. सुधाकरण' की शादी पर पानी की तरह पैसे बहाए।

हालाँकि गंभीर आरोपों के कारण उन्हें इस दौरान काफी कठिन दौर से गुजरना पड़ा, पर 2001 में वे फिर एक बार तमिलनाडु की मुख्यमंत्री बनने में सफल हुईं। दोबारा सत्ता में आने के बाद उन्होंने लॉटरी टिकट पर पाबंदी लगा दी। हड़ताल पर जाने की वजह से दो लाख कर्मचारियों को एक साथ नौकरी से निकाल दिया, किसानों की मुफ्त बिजली पर रोक लगा दी, राशन की दुकानों में चावल की कीमत बढ़ा दी, 5000 रुपए महीना से ज्यादा कमानेवालों के राशन कार्ड खारिज कर दिए, बस किराया बढ़ा दिया और मंदिरों में जानवरों की बलि पर रोक लगा दी। इसी बीच भ्रष्टाचार के मामले में सुप्रीम कोर्ट ने उनकी नियुक्ति को अवैध घोषित कर दिया और उन्हें अपनी कुरसी अपने विश्वस्त मंत्री पन्नीरसेल्वम को सौंपनी पड़ी। जब उन्हें मद्रास हाईकोर्ट से कुछ आरोपों से राहत मिल गई तो उन्होंने मार्च 2002 में फिर से मुख्यमंत्री पद सँभाल लिया। हालाँकि 2004 के लोकसभा चुनाव में बुरी तरह हारने के बाद उन्होंने पशुबलि की अनुमति दे दी और किसानों की मुफ्त बिजली भी बहाल हो गई। अप्रैल 2011 में जब 11 दलों के गठबंधन ने 14वीं राज्य विधानसभा में बहुमत हासिल किया तो वे तीसरी बार मुख्यमंत्री बनीं। उन्होंने 16 मई, 2011 को मुख्यमंत्री पद की शपथ ली और मृत्यु पर्यंत तक अर्थात् 5 दिसंबर, 2016 तक मुख्यमंत्री रहीं। वे अपनी राजनीति की शुरुआत में थोड़े विवादों में रहीं, लेकिन फिर उन्होंने अपने प्रशंसकों का बड़ा समुदाय बना लिया। करुणानिधि के प्रति अपने मन की कटुता वे नहीं निकाल पाईं। साल 2015 के जनवरी महीने में आधी रात के वक्त कैमरों की फ्लैश लाइटों की चकाचौंध के बीच करुणानिधि को भ्रष्टाचार के आरोप में प्रायः घसीटकर गिरफ्तार कराया।

यह अपने आप में किसी अंतर्विरोध से कम नहीं है कि ब्राह्मण विरोध के परिणामस्वरूप उपजी अन्नाद्रमुक का नेतृत्व ब्राह्मण नेता जयललिता ने किया और सर्वमान्य नेता के रूप में उन्होंने ऐसी लोकप्रियता अर्जित की कि लोग स्वयं आदर से उनको 'अम्मा' कहकर पुकारने लगे थे। 5 दिसंबर, 2016 को चेन्नई के अपोलो अस्पताल में रात 11:30 बजे उनका निधन हो गया। उन्हें दिल का दौरा पड़ने के बाद आई.सी.यू. में भरती कराया गया था। द्रविड़ आंदोलन, जो हिंदू धर्म के किसी परंपरा और रस्म में यकीन नहीं रखता, उससे जुड़े होने के कारण इन्हें दफनाया गया। सामान्य हिंदू परंपरा के खिलाफ द्रविड़ मूवमेंट से जुड़े नेता अपने नाम के साथ जातिसूचक उपाधि का भी इस्तेमाल नहीं करते। फिर भी जयललिताजी के जीवन और आस्था को देखते हुए एक ब्राह्मण पंडित ने अंतिम विधि करके दफन किया। इनके राजनीतिक गुरु एम.जी.आर. को भी उनकी मौत के बाद दफनाया गया था। उनकी कब्र के पास ही द्रविड़ आंदोलन के बड़े नेता और डी.एम.के. के संस्थापक अन्नादुरै की भी कब्र है। दफनाए जाने की वजह को राजनीतिक भी बताया गया। जयललिता की पार्टी ए.आई.ए.डी.एम.के. उनकी राजनीतिक विरासत को सहेजना चाहती है, उसी तरह, जैसे एम.जी.आर. की सहेजी गई। कथित तौर पर यह भी कहा गया कि इस मामले में जो रस्म अपनाई गई है, वह श्री वैष्णव परंपरा के अनुरूप थी।

राज्य की राजनीति में तो क्षेत्रीय दलों के बीच उठा-पटक चलती रही, लेकिन करुणानिधि भी आगे बढ़ते रहे। वे करुणानिधि ही थे, जिन्होंने डी.एम.के. जैसी क्षेत्रीय पार्टी को केंद्र की सरकारों में कांग्रेस और बीजेपी दोनों के साथ गठबंधन का हिस्सा बनाया। केंद्र में जब वी.पी. सिंह की गठबंधन सरकार बनी तो अखिल भारतीय राजनीति में क्षेत्रीय पार्टियों का वजन बढ़ गया। गठबंधन सरकार के दौर में करुणानिधि की राष्ट्रीय राजनीति में भूमिका स्वत: महत्त्वपूर्ण हो गई। भारतीय राजनेताओं में ऐसे उदाहरण कम मिलते हैं, जो करुणानिधि जैसी बहुआयामी प्रतिभा के मालिक रहे हों। वे एक काबिल प्रशासक थे। लेकिन राजनीति में परिवार को बढ़ावा देने से उनकी पार्टी भी कमजोर हुई। वे प्रभावशाली और तेज-तर्रार नेता थे। मीडिया के प्रति उनका रुख भी बेहद दोस्ताना था। वे खूब पढ़ते थे और अपनी पत्रिका के लिए भी रोज लिखते थे। राजनीतिक विश्लेषकों के लिए इस तथ्य की अनदेखी कर पाना आसान नहीं है कि उन्होंने राजनीति के सबसे विस्तारित परिवार का नेतृत्व किया है। वास्तव में किसी और परिवार को लगातार 15 साल तक केंद्र सरकार में सत्ता का सुख नहीं मिला, जितना डी.एम.के. ने उठाया। करुणानिधि ने 1999 में भाजपा के नेतृत्ववाले एन.डी.ए. से समझौता किया था, लेकिन बाद में कांग्रेस के नेतृत्ववाले यू.पी.ए. सरकार का हिस्सा बनने में भी उन्होंने कोई कोताही नहीं दिखाई।

वह जमाना था, जब करुणानिधि पेरियार के समाज सुधार आंदोलन का समर्थन, हिंदी विरोध का झंडा और श्रीलंकाई तमिलों के मुद्दे को आगे बढ़ा रहे। वे तमिलनाडु के अलगाववादी गुटों से संबंध बनाने की कोशिश कर रहे थे, लेकिन एम.जी.आर. से प्रभावित प्रभाकरण उनके नजदीक आने के लिए तैयार नहीं थे। करुणानिधि इससे नाराज भी हुए, लेकिन वे कुछ कर नहीं पाए। एक समय ऐसा भी आया, जब प्रभाकरण ने बाकी सभी तमिल गुटों को खत्म कर डाला, जिनमें करुणानिधि के करीबी गुट के लोग भी शामिल थे। लेकिन करुणानिधि इस खून-खराबे के विरोध में खुलकर नहीं आए। एम.जी.आर. के निधन के बाद श्रीलंका में लिट्टे और भारत की शांति सेना के बीच लड़ाई शुरू हो गई। परिस्थितियाँ कुछ ऐसी बनीं कि करुणानिधि का झुकाव प्रभाकरण की तरफ हुआ। वह दौर था, जब भारतीय जनमानस प्रभाकरण के खिलाफ हो चुका था। ये एम.जी.आर. और करुणानिधि के बीच भारी फर्क था। इसी वजह से जब करुणानिधि की सरकार जनवरी 1991 में बरखास्त भी की गई। दलील यह दी गई थी कि द्रमुक सरकार में एल.टी.टी.ई. के लोग तमिलनाडु में बहुत सक्रिय हो गए थे। यह बात बाद में काफी हद तक सही भी निकली, क्योंकि इसी दौरान 21 मई को तमिलनाडु के पेरंबदूर में पूर्व प्रधानमंत्री राजीव गांधी की हत्या हो गई। तमिलनाडु के पेरंबदूर में राजीव गांधी की हत्या के बाद करुणानिधि के तमिल-प्रेम पर सवाल उठे कि वे चरमपंथी संगठन 'लिबरेशन टाइगर ऑफ तमिल ईलम' (लिट्टे) का समर्थन कर रहे थे। बाद में राजीव गांधी के हत्यारों को तमिलनाडु से ही गिरफ्तार किया गया। करुणानिधि साल 2009 में उस समय एक बार फिर चर्चा में आए, जब उन्होंने एनडीटीवी को दिए एक इंटरव्यू में लिट्टे चीफ प्रभाकरण को अपना दोस्त बताया। हालाँकि बाद में उन्होंने सफाई दी कि उनकी बात को सही परिप्रेक्ष्य में नहीं रखा गया।

करुणानिधि की तीन पत्नियाँ थीं। पहली पत्नी पद्मावती अम्माल का निधन तो शादी के चार साल बाद 1948 में ही हो गया था और 1948 में ही उन्होंने दयालु अम्माल से शादी कर ली थी। इस बंधन के रहते हुए उन्होंने रजति से भी 1966 में शादी की थी। दूसरी पत्नी से हुए बेटे एम.के. अलागिरी और एम.के. स्टालिन राजनीति में जाने-पहचाने नाम बन गए। करुणानिधि की बेटी सेल्वी का विवाह उनकी बहन के बेटे मुरासोली सेल्वम से हुआ है, जोकि कलानिधि मारन के स्वामित्व वाले 'सन टीवी' के कन्नड़ ऑपरेशंस का कामकाज देखते हैं। करुणानिधि के भानजे मुरासोली मारन 36 वर्षों तक संसद सदस्य रहे और चार-चार प्रधानमंत्रियों के साथ केंद्र की राजनीति में दखल रखा और मंत्री रहे। अंत में वाजपेयी के अधीन वाणिज्य और उद्योग मंत्री भी रहे। 2003 में मुरासोली मारन के निधन से द्रमुक मुन्नेत्र कड़गम का आंतरिक समीकरण पूरी तरह हिल गया। मुरासोली ने केंद्र में प्रायः साढ़े तीन दशकों तक द्रमुक का प्रतिनिधित्व

बहुत कुशलता के साथ संतुलन बनाकर किया। उनके निधन के बाद बड़े बेटे कलानिधि तो सन टीवी का कारोबार सँभालने में ही जुटे रहे, लेकिन दूसरे बेटे दयानिधि ने पिता की राजनीतिक विरासत सँभाली। लेकिन दयानिधि मारन अपने पिता की तरह पार्टी के आंतरिक सत्ता केंद्रों का संतुलन नहीं बना पाए। जल्द ही वह दौर भी आया, जब उन्हें द्रमुक राजनीति में करुणानिधि के तीसरे बेटे स्टालिन का समर्थक कहा जाने लगा। एयरसेल-मैक्सिस विवाद के बाद जब दयानिधि मारन को इस्तीफा देने के लिए मजबूर किया गया तो करुणानिधि की बेटी कनिमोझी गठबंधन के सहयोगियों के साथ प्रमुख वार्त्ताकार बनाई गई थीं। उन्होंने अपनी पहल पर ए. राजा को मंत्री बनवा दिया, जिसकी परिणति टूजी स्पेक्ट्रम घोटाले में इस्तीफे और अंततः गिरफ्तारी के साथ हुई। उस सिलसिले में कनिमोझी भी गिरफ्तार की गईं। दिल्ली की तिहाड़ जेल में बेटी से मिलने पहुँचे करुणनिधि वहाँ फूट-फूटकर रो पड़े। तत्कालीन कांग्रेस सरकार के नेतृत्व से वे इस कदर नाराज थे कि उन्होंने सोनिया गांधी से मिलना तक मुनासिब नहीं समझा और चेन्नई लौट गए। ऐसा पहले कभी नहीं हुआ था कि करुणानिधि दिल्ली आए हों और कांग्रेस अध्यक्ष सोनिया गांधी से बिना मिले लौट गए हों।

सन् 2000 के बाद द्रमुक के संगठनात्मक चुनावों में जब स्टालिन समर्थकों का कब्जा हो गया तो अलागिरी भड़क उठे। उन्होंने अपने समर्थकों को स्टालिन के कार्यक्रमों में जाने से रोक दिया। 29 जनवरी, 2001 को तत्कालीन मुख्यमंत्री जयललिता के आदेश पर चेन्नई के गोपालपुरम स्थित करुणानिधि के आवास पर छापा पड़ा। वह मामला था चेन्नई में बननेवाले फ्लाईओवर के ठेके में धाँधली का। 78 साल के करुणानिधि को पुलिस ने घसीटते हुए घर से बाहर निकाला। वे चीखते-चिल्लाते रह गए, लेकिन पुलिसकर्मियों ने जरा भी रहमदिली नहीं दिखाई और कैमरों की चकाचौंध के सामने उनको बलपूर्वक गिरफ्तार कर लिया। इसी मामले में द्रमुक नेता मुरासोली मारन को कार से खींचकर गिरफ्तार किया गया। स्टालिन भी गिरफ्तार कर लिये गए। यह खबर मिलते ही अलागिरी अपनी सौतेली बहन कनिमोझी के साथ जेल पहुँच गए। गिरफ्तारी के पाँच दिन बाद ही करुणानिधि छोड़ दिए गए, लेकिन वे अपने घोर अपमान को आजीवन नहीं भूल पाए। द्रमुक पर जयललिता सरकार की इस काररवाई का फौरी असर यह हुआ कि करुणानिधि परिवार के सभी लोग एक बार फिर एकजुट हो गए। लेकिन यह सिर्फ चार दिन की चाँदनी थी। कुछ ही दिनों बाद अलागिरी और स्टालिन, दोनों भइयों के बीच सत्ता पर कब्जे का संघर्ष फिर शुरू हो गया। दोनों भाइयों की लड़ाई उस समय चरम पर पहुँच गई, जब स्टालिन ने द्रमुक कार्यकर्ताओं पर अलागिरी के कार्यक्रमों में भाग लेने पर रोक लगा दी। इससे अलागिरी के समर्थक भड़क उठे। मदुरै में जबरदस्त प्रदर्शन और आगजनी की घटनाएँ भी हुईं। द्रमुक नेतृत्व से नाराज अलागिरी ने विधानसभा चुनाव में

अपने 15 प्रत्याशी उतार दिए। नतीजा यह हुआ कि मदुरै से पी.टी.आर. पलनिवेल और शिवगंगा से किरुटिन्निनन जैसे नेता हार गए। जयललिता की पार्टी अन्नाद्रमुक को इसका सीधा लाभ मिला। वे एक बार फिर मुख्यमंत्री के रूप में सत्तासीन हुईं। 20 मई, 2003 को डी.एम.के. सांसद किरुटिन्निनन की हत्या हो गई। उस समय पार्टी के संगठनात्मक चुनाव हो रहे थे और सांसद किरुटिन्निनन शिवगंगा सहित तीन जिलों में मतदान के जरिए पदाधिकारी निर्वाचित करने की माँग कर रहे थे। अगले ही दिन इस हत्या की साजिश के आरोप में अलागिरी गिरफ्तार कर लिये गए। तब उस समय न केवल द्रमुक, बल्कि स्टालिन भी भाई के बचाव में खुलकर सामने आए। उन्होंने जयललिता पर प्रतिशोध की राजनीति और सत्ता के बेजा इस्तेमाल के आरोप लगाए। अलागिरी बाद में जमानत पर रिहा हो गए। इसी साल स्टालिन पार्टी के महासचिव बनाए गए।

2005 में सन टीवी के शेयरों को लेकर करुणानिधि और मारन परिवार में विवाद हो गया। मारन परिवार ने करुणानिधि की पत्नी दयालु अम्माल के सन टीवी के 5.75 फीसदी शेयर कम कीमत पर खरीद लिये। डेढ़ साल बाद अप्रैल 2006 में जब सन टीवी के मालिक कलानिधि ने अपनी कंपनी को पब्लिक लिमि. बना दिया, तब करुणानिधि को पता चला कि कलानिधि ने फायदा उठाने के लिए अपनी कंपनी के शेयरों के दाम जानबूझकर कम कर दिए थे। उस समय करुणानिधि सोच रहे थे कि उनको उनके परिजन ने ही ठग लिया है। इससे क्षुब्ध होकर और मीडिया में पैठ बनाने की जरूरत को देखते हुए करुणानिधि ने अपना निजी टीवी चैनल शुरू कर दिया। मई 2006 में हुए चुनावों में द्रमुक को फिर जीत मिली और करुणानिधि पाँचवीं बार मुख्यमंत्री बने। इस कामयाबी के बावजूद पार्टी में अलागिरी और स्टालिन की टकराहट बढ़ती जा रही थी। 9 मई, 2007 को कलानिधि के अखबार 'दिनाकरन' में एक सर्वे रिपोर्ट छापी, जिसमें करुणानिधि के उत्तराधिकारी के रूप में राज्य के लोगों की पसंद बताई गई। उस सर्वे के मुताबिक अलागिरी को 2 प्रतिशत, कनिमोझी को भी 2 प्रतिशत, लेकिन स्टालिन को 70 फीसद लोगों की पसंद बताया गया। सिर्फ 26 प्रतिशत लोग अन्य के समर्थक थे। बताया जाता है कि इस सर्वे को छापने के पहले कलानिधि ने इस बारे में करुणानिधि से कोई बातचीत नहीं की थी। यह सर्वे छपना था कि अलागिरी और उनके समर्थक आग-बबूला हो उठे। अलागिरी समर्थकों ने 'दिनाकरन' अखबार के दफ्तर पर हमला कर उसमें आग लगा दी। इस हिंसा में 3 लोग मारे गए और कई घायल हुए और स्टालिन व अलागिरी के बीच की खाई और चौड़ी हो गई। दरअसल, फिल्मों का मामला हो या मीडिया या एयरलाइंस (स्पाइसजेट) का या अन्य कंपनियों का, यह परिवार कई अरब डॉलर का मालिक बन चुका था। करुणानिधि की तीसरी पत्नी रजति अम्माल कनिमोझी की माँ हैं। यू.पी.ए. से समर्थन वापस लेने के बाद भी उन्होंने कनिमोझी को राज्यसभा का सदस्य

बनवा दिया। मारन बंधु तो शुरू से ही बहुत चतुर थे। लेकिन राजनीति और व्यापार का मिलना एक बहुत ही घातक गठजोड़ है, जिसके परिणाम इस सियासी परिवार को कई बार झेलने पड़े।

सन् 2007 के सितंबर माह में करुणानिधि ने करुणानिधि ने भारी विवाद खड़ा कर दिया, जब उन्होंने भगवान् राम के अस्तित्व को ही यह कहकर नकार दिया कि लोग कहते हैं कि 17 लाख साल पहले एक आदमी हुआ था। उसका नाम राम था। उसके बनाए पुल (रामसेतु) को हाथ न लगाएँ। कौन था ये राम ? किस इंजीनियरिंग कॉलेज से ग्रैजुएट हुआ था ? कहाँ है इसका सबूत ? उनका यह बयान दक्षिण भारत के सबसे दिग्गज नेताओं में से एक एम. करुणानिधि और डी.एम.के. की राजनीति को और तमिलनाडु राज्य की राजनीति को समझने के लिए बहुत काम का है। जिस ब्राह्मणवाद विरोधी राजनीति का प्रतीक करुणानिधि बीती आधी सदी से बने हुए थे, उसकी बुनियाद यही आक्रामक तेवर था, जो उन्हें अपने राजनीतिक गुरु सी.एन. अन्नादुराई और वैचारिक आदर्श 'पेरियार' से विरासत में मिला था। तमिलनाडु की राजनीति में करुणानिधि ऐसे शख्स रहे, जिनके बिना यहाँ की राजनीति की चर्चा पूरी नहीं हो सकती। 7 अगस्त, 2018 में करुणानिधि के निधन के बाद से तमिलनाडु के राजनीतिक पटल पर बहुत बदलाव देखने को मिला है। करुणानिधि के निधन के बाद उनकी जगह लेना या फिर पार्टी की कमान सँभालना, किसी भी नेता के लिए बहुत बड़ी जिम्मेदारी थी। एम. करुणनिधि के तीसरे बेटे, एम.के. स्टालिन (मुथुवेल करुणानिधि स्टालिन) के लिए यह जिम्मेदारी कहीं ज्यादा चुनौतीपूर्ण इसलिए भी बन गई थी कि उनकी पार्टी बीते आठ साल से सत्ता में नहीं थी।

यह बात भी सही है कि स्टालिन में न तो जयललिता जैसा करिश्मा है और न ही अपने पिता करुणानिधि की तरह वे भाषण देने में निपुण हैं, लेकिन काम करने का उनका अपना अलग अंदाज है। उनकी कार्यशैली की झलक करुणानिधि के निधन के तुरंत बाद दिखाई पड़ी। राज्य सरकार ने जब करुणानिधि के अंतिम संस्कार के लिए मरीना बीच पर जगह नहीं दी तो डी.एम.के. कैडर-समर्थक उपद्रव पर उतर आए थे। डी.एम.के. इस मामले को कोर्ट में ले गई। चेन्नई हाईकोर्ट ने फैसला दिया कि करुणानिधि का अंतिम संस्कार मरीना बीच पर हो सकता है। जब यह फैसला आया, उस वक्त लोग राजाजी हॉल में अपने नेता को श्रद्धांजलि दे रहे थे। हाईकोर्ट का फैसला आते ही समर्थकों में खुशी की लहर दौड़ गई। लेकिन तब लोगों ने देखा कि करुणानिधि के बेटे और पार्टी के कार्यकारी अध्यक्ष एम.के. स्टालिन दोनों हाथ जोड़े, अपने कैडरों से शांति बनाए रखने की अपील कर रहे थे। करुणानिधि के अंतिम संस्कार के दौरान वे अपनी भावनाओं पर काबू रखे हुए पूरी तरह से संयत नजर आए। स्टालिन के राजनीतिक कॅरियर में सबसे बड़ा मुकाम 28 अगस्त, 2018 को तब आया, जब वे डी.एम.के. काउंसिल की बैठक

में निर्विरोध पार्टी अध्यक्ष चुन लिये गए। अब वे उस शख्स की जगह ले चुके थे, जो न केवल उनके पिता, बल्कि ऐसे नेता भी थे, जिन्होंने अपनी पार्टी का तमाम उतार-चढ़ाव के बीच 50 सालों तक नेतृत्व किया था।

1970 के दशक के शुरुआती सालों में स्टालिन ने पार्टी में अपनी शुरुआत की, लेकिन तब उनकी पहचान मुख्यमंत्री करुणानिधि के बेटे भर की थी। इमरजेंसी के दौर में युवा नेता स्टालिन को मीसा आंदोलन में गिरफ्तार कर लिया गया। कहा जाता है, उसके साथ जेल में बर्बरता हुई। लेकिन जब वे जेल से बाहर निकले तो एक युवा नेता, जिसकी पहचान सिर्फ उसके पिता के नाम पर थी, वे अपने नाम से पूरे राज्य में पहचाने जाने लगे। अब वे युवाओं का हीरो बन चुके थे। इससे पार्टी कैडर में उनका सम्मान बढ़ा, लोगों की संवेदना भी उनसे जुड़ीं। इसके बाद स्टालिन ने पीछे मुड़कर नहीं देखा। स्टालिन अगस्त 2018 में पार्टी के अध्यक्ष बने, लेकिन यहाँ तक पहुँचना उनके लिए आसान नहीं रहा, उन्हें तमाम तरह की चुनौतियों का सामना करना पड़ा। जनवरी 2017 में वे पार्टी के पहले कार्यकारी अध्यक्ष बनाए गए। 1984 में पहली बार स्टालिन विधानसभा का चुनाव

लड़े, हालाँकि थाउजेंड लाइट्स क्षेत्र से वे ए.डी.एम.के. के एक वरिष्ठ नेता से चुनाव हार गए थे। हालाँकि बाद में वे उसी विधानसभा क्षेत्र से 1989 में जीत गए। 1991 के चुनाव में उन्हें हार का सामना करना पड़ा, लेकिन बाद में वे इसी सीट से 1996 में जीत गए। इससे पहले 1996 से 2000 के बीच वे चेन्नई के मेयर भी रहे और इस दौरान उनके किए कामों के चलते उन्हें प्रशंसा भी मिली। उन्होंने न केवल शहर के सड़कों की स्थिति में सुधार किया, बल्कि आधारभूत ढाँचे को भी बढ़ाया, जिसके चलते पार्टी के कैडर और आम लोग उन्हें आज भी याद करते हैं। 2006 में जब डी.एम.के. सत्ता में आई तो स्टालिन को राज्य के स्थानीय प्रशासनिक मामलों का मंत्री बनाया गया। 2001 और 2006 का चुनाव थाउजेंड लाइट्स क्षेत्र से जीतने में स्टालिन कामयाब रहे। 2001 में स्टालिन, करुणानिधि और कुछ अन्य लोगों को चेन्नई में ओवरपुल निर्माण में हुई धाँधली के चलते गिरफ्तार होना पड़ा था, लेकिन बाद में सरकार इस पर कोई चार्जशीट दाखिल नहीं कर पाई। 2011 और 2016 में वे कोलाथुर विधानसभा से चुनाव मैदान में उतरे और दोनों बार जीतने में कामयाब रहे।

सब जानते हैं कि स्टालिन से अलागिरी सिर्फ तीन साल बड़े हैं। वे शुरू से ही अपने पिता पर पक्षपात करने और स्टालिन को बढ़ावा देने का आरोप लगाते रहे। दोनों भाइयों के विवाद बहुत बढ़ गए तो करुणानिधि ने बड़े बेटे अलागिरी को मदुरै भेजने का फैसला किया। अलागिरी खुशी-खुशी मदुरै गए और पूरे दक्षिण तमिलनाडु को अपना कार्यक्षेत्र बनाकर अपना प्रभाव बढ़ाने लगे। इधर उत्तरी तमिलनाडु में स्टालिन लगातार मजबूत होते गए।

एम.के. स्टालिन की इस बात के लिए भी आलोचना होने लगी कि पार्टी में उनके बेटे उदयनिती स्टालिन की अहमयित बढ़ती जा रही है। उनके भाई एम.के. अलागिरी से उनके मतभेद लगातार बढ़ते गए। लेकिन 2013 में करुणानिधि ने एम.के. स्टालिन को अपना भविष्य चुना और घोषणा की कि मेरे बाद पार्टी की कमान एम.के. स्टालिन सँभालेंगे। इसके बाद एम.के. मुत्थु और एम.के. अलागिरी को पार्टी से निकाल दिया गया और पूरी पार्टी में स्टालिन का एकच्छत्र राज चलने लगा। तमिलनाडु के इतिहास में एम.के. स्टालिन एकमात्र नेता हैं, जिनके पास उप-मुख्यमंत्री का पद रहा है। 2010 में एम. करुणानिधि ने 'इंटरनेशनल तमिल मीट' आयोजित की थी। पार्टी में सम्मान न मिलने की वजह बताकर अलागिरी ने इस मीट का बायकॉट किया और उनके समर्थकों ने बैठक में नारेबाजी की। सियासी खींचतान को लेकर 2013 में दोनों भाइयों के बीच बात और खराब हो गई।

तमिल राजनीति के अनेक जानकारों का मानना है कि स्टालिन ही 2014 के लोकसभा चुनाव और 2016 के राज्य विधानसभा चुनाव के मुख्य रणनीतिकार थे।

उम्मीदवारों के चयन से लेकर सहयोगियों पर फैसला लेने में भी उनकी अहम भूमिका रही थी। 2019 के लोकसभा चुनाव से पहले, जनवरी महीने में स्टालिन ने राज्य भर के लोगों से संपर्क करने के लिए 'ओरातची साबाई' कार्यक्रम की शुरुआत की। ऐसा ही कार्यक्रम वे 2015 में 'नामाकुनामे' के तौर पर आयोजित कर चुके थे। अपने उस कार्यक्रम के दौरान स्टालिन नारियल के पेड़ों के झुंड के नीचे या फिर कामचलाऊ टेंटों में बैठकर आम लोगों से बात करते खूब नजर आए हैं। उनकी इस यात्रा को लोगों ने गंभीरता से लिया और स्टालिन की काफी तारीफ हुई। स्टालिन की तुलना आमतौर पर उनके अपने ही पिता से होती है। करुणानिधि न केवल एक शानदार लेखक थे, बल्कि उनमें भाषण देने की अद्‌भुत काबिलियत भी थी। यही कला स्टालिन भी सीखने की कोशिश में हैं। 2015 में स्टालिन ने पूरे राज्य में 'नामाकुनामे' नाम से अभियान यात्रा निकाली थी, जिसके अंतर्गत वे समाज के सभी वर्ग के लोगों से मिल रहे थे। उनके इस अभियान की जितनी तारीफ हुई थी, उतनी ही आलोचना भी हुई थी। स्टालिन जिस तरह से सड़क के किनारे चायवालों के पास रुक रहे थे, अपने पार्टी समर्थकों के साथ मोटरसाइकिल चला रहे थे, इन सबको उनके विरोधियों और आलोचकों ने स्टंट शो करार दिया। भारतीय राजनीति में ऐसे राजनीतिक स्टंट करनेवाले कई राजनेता हैं।

लेकिन चमत्कार की राजनीति में तमिलनाडु का जवाब नहीं। जयललिता के जाने के बाद अन्नाद्रमुक में फिलहाल कोई चामत्कारिक नेता या नेत्री नहीं है और पलानीसामी और पनीरसेल्वम में वह आकर्षण नहीं है, जो तमिलनाडु की राजनीति के लिए अनिवार्य तत्त्व है। इसलिए स्टालिन को फिलहाल खतरा नहीं; उन्हें कभी खतरा होगा तो अपनों से ही होगा। अब, जब चमत्कार नहीं है तो यह देखना रोचक होगा कि क्या अब भी चुनावों में किसी एक पार्टी को थोक में सीटें मिल पाएँगी? शुरू में कांग्रेस के तीन मुख्यमंत्रित्वकाल के बाद यहाँ से कांग्रेस हाथ से जो बागडोर गई, आज तक हाथ में नहीं आई। सरकारें अन्नाद्रमुक और द्रमुक में ही अदलती-बदलती रहीं। लोकसभा-विधानसभा में भी जिस पार्टी को सीटें मिलीं, थोक में मिलीं।

□

कर्नाटक

16

जातीय गणित ही सबकुछ

कर्नाटक दक्षिण भारत का सबसे बड़ा राज्य है। अंग्रेजों के समय इसे 'मैसूर स्टेट' के नाम से जाना जाता था। 1973 में इसका नाम बदलकर 'कर्नाटक' किया गया। कपास के लिए उत्तम काली मिट्टी से इसे अपना नया नाम मिला। 'कर्नाटक' दो शब्दों से मिलकर बना है—करु और नाडू। करु का अर्थ है—काली तथा नाडू का अर्थ है—जमीन। क्षेत्रीय भाषा में लोग कृष्णा नदी के दक्षिण के इस इलाके को 'करुनाडु' कहते थे और अंग्रेज इसका उच्चारण कर्नाटक करते थे।

1950 में मैसूर स्टेट के महाराजा जयचामराजेंद्र वाडियार ने भारत में विलय स्वीकार किया और 'राजप्रमुख' की उपाधि 1975 तक अपने पास रखी। मगर आजादी के साथ ही मैसूर स्टेट में 'एकीकरण आंदोलन' शुरू हो गया। लोगों की माँग थी कि पड़ोसी प्रदेश मद्रास स्टेट, हैदराबाद स्टेट और बॉम्बे के कोडागु और कन्नड़ भाषी क्षेत्र भी मैसूर स्टेट में मिलाए जाएँ और नए प्रदेश का नाम कर्नाटक किया जाए। 17 साल तक यह आंदोलन चलने के बाद 1 नवंबर, 1973 में उनकी माँग मानी गई और कर्नाटक नाम से राज्य अस्तित्व में आया।

कर्नाटक की सत्ता का संघर्ष लंबे समय तक कांग्रेस और जनता दल तथा भाजपा जैसी राष्ट्रीय पार्टियों के बीच रहा है, मगर समय-समय पर क्षेत्रीय पार्टियाँ भी वहाँ पनपती रहीं और कुछ ने राज्य की सत्ता में भी बड़ी भूमिका निभाई। इनमें से जिन पार्टियों ने अपनी पहचान बनाई, उनमें 'जनता दल सेक्युलर पार्टी' का नाम प्रमुखता से लिया जा सकता है। दरअसल, जनता दल (एस) कई पार्टियों के बनने-बिगड़ने की अलग और जटिल कहानी है।

जनता दल (सेक्युलर)

कहने को तो यह दल राष्ट्रीय दल से टूटकर बना है। इसके नेता एच.डी. देवगौड़ा देश के प्रधानमंत्री भी रहे, मगर इसका जनाधार कर्नाटक के कुछ हिस्सों (उत्तरी भाग) तक ही सिमटकर रह गया। हालाँकि केरल और अरुणाचल प्रदेश व देश के बाकी हिस्सों में पार्टी अपने उम्मीदवार उतारती रहती है। चुनाव आयोग ने इसे कर्नाटक, केरल और अरुणाचल प्रदेश में प्रादेशिक पार्टी का दर्जा दिया है।

जनता दल सेक्युलर की अपनी आधिकारिक वेबसाइट http://jds.ind.in/history पर पार्टी का जो इतिहास दर्ज है, वह इसकी जड़ें जयप्रकाश नारायण से जोड़ता है। इसके नेता जनता पार्टी और जनता दल से होते हुए जनता दल सेक्युलर तक आते हैं। हालाँकि एच.डी. देवगौड़ा ने अपनी राजनीतिक कॅरियर की शुरुआत 1953 में कांग्रेस से की थी और 1962 तक वे कांग्रेस के सदस्य रहे। 1962 में टिकट न मिलने पर उन्होंने होलेनारसीपुरा विधानसभा सीट से निर्दलीय उम्मीदवार के रूप में चुनाव लड़ा और जीत दर्ज की। उसके बाद तो वे 1989 तक लगातार छह बार इस सीट से जीते। 1972 में जब कांग्रेस का विभाजन हुआ तो वे कांग्रेस (ओ) से जुड़ गए और मार्च 1972 से 1976 तक विधानसभा में विपक्ष के नेता रहे। 1975 में देश में आपातकाल लगा तो देवगौड़ा भी जयप्रकाश नारायण के अनुयायी हो गए। आपातकाल के दौरान देवगौड़ा को भी गिरफ्तार किया और वे 1975 से 1977 तक बेंगलुरु सेंट्रल जेल में बंद रहे। वर्ष 1977 में जब जनता पार्टी बनी तो एच.डी. देवगौड़ा को पार्टी की कर्नाटक इकाई का अध्यक्ष बनाया गया। उसके बाद 1983 से 1988 के बीच कर्नाटक में रामकृष्ण हेगड़े के नेतृत्व में जनता पार्टी की सरकार बनी तो देवगौड़ा उसमें मंत्री बनाए गए। 1989 में जब वी.पी. सिंह के नेतृत्व में जनता दल बना तो जनता पार्टी का एक बड़ा हिस्सा जनता दल में शामिल हो गया, मगर सुब्रमण्यम स्वामी ने जनता पार्टी (जयप्रकाश) बना ली। देवगौड़ा इसकी कर्नाटक इकाई के अध्यक्ष बने। मगर जनता पार्टी (जे.पी.) से वे होलेनारसीपुरा विधानसभा सीट से हार गए। 26 साल लगातार जीतने के बाद उनकी हार हुई थी। इसके बाद जल्द ही वे जनता पार्टी (जे.पी.) को छोड़कर जनता दल में आ गए। उन्हें जनता दल की कर्नाटक इकाई का अध्यक्ष बनाया गया और 1994 में उनके नेतृत्व में जनता दल ने कर्नाटक विधानसभा चुनाव में बड़ी जीत दर्ज की। इसके बाद वे कर्नाटक के मुख्यमंत्री बने। देवगौड़ा का राजयोग अभी और जोर पकड़नेवाला था। वर्ष 1996 में पी.वी. नरसिम्हा राव के नेतृत्व में कांग्रेस की हार हुई। गैर-कांग्रेस और गैर-भाजपा पार्टियों ने संयुक्त मोर्चा बनाकर नई सरकार बनाई और इसे कांग्रेस का बाहर से समर्थन था। बड़े ही आश्चर्यजनक तरीके से इस सरकार के प्रधानमंत्री के रूप में देवगौड़ा को चुना गया। 1 जून, 1996 से 21 अप्रैल, 1997 तक वे देश के प्रधानमंत्री रहे।

वर्ष 1999 में जनता दल के कुछ नेताओं ने जॉर्ज फर्नांडिस के नेतृत्व में भारतीय जनता पार्टी से हाथ मिला लिया और राष्ट्रीय जनतांत्रिक गठबंधन में शामिल हो गए। इसके बाद जनता दल दो हिस्सों में टूट गया। मधु दंडवते और सिद्धारमैया सहित अनेक नेताओं ने एच.डी. देवगौड़ा के नेतृत्व में जनता दल (सेक्युलर) बना लिया। देवगौड़ा इस नई पार्टी के अध्यक्ष बनाए गए। हालाँकि 1999 के लोकसभा चुनाव में देवगौड़ा हार गए, मगर 2002 में हुए चुनाव में उन्होंने जीत दर्ज की। वर्ष 2004 में कर्नाटक में जनता दल (सेक्युलर) की वापसी हुई। वर्ष 2004 में पार्टी कांग्रेस से गठबंधन कर राज्य की सत्ता में आई। मगर पार्टी का यह भाग्योदय सिद्धारमैया के नेतृत्व में हुआ। पार्टी ने 58 विधानसभा सीटों पर जीत दर्ज की थी। पार्टी ने बाद में एक और पैंतरा बदला। 2006 में जनता दल सेक्युलर ने भाजपा के साथ मिलकर सरकार बनाई। एच.डी. देवगौड़ा के पुत्र कुमारस्वामी करीब 20 महीने तक इस गठबंधन सरकार के मुख्यमंत्री रहे। लेकिन वर्ष 2008 में जनता दल सेक्युलर के प्रदर्शन में बड़ी गिरावट देखी गई। पार्टी केवल 28

सीटें ही जीत सकी। देवगौड़ा ने सिद्धारमैया और सी.एम. इब्राहिम को पार्टी से निकाल दिया। सिद्धारमैया ने पिछड़ों और अल्पसंख्यकों को एकजुट करने के लिए 'अहिंदा' नाम से एक आंदोलन शुरू किया। बाद में सिद्धारमैया और इब्राहिम दोनों कांग्रेस में चले गए। 2013 के चुनाव में कांग्रेस ने जीत दर्ज की और सिद्धारमैया मुख्यमंत्री बनाए गए। सिद्धारमैया पूरे पाँच साल मुख्यमंत्री रहे। कर्नाटक में यह सौभाग्य बहुत कम लोगों को ही मिला है।

(देवगौड़ा वोक्कलिगा समुदाय से हैं और अपने समुदाय पर उनकी अच्छी पकड़ ही उन्हें राजनीतिक मजबूती देती है। कर्नाटक में वोक्कलिगा और लिंगायत ही सत्ता की चाबी अपने पास रखते रहे हैं। एक जमाने में विजयनगरम् राज्य में पूरा अमला सँभालनेवाले इस जाति के साथ सत्ता आती-जाती रही है। और यह माना जाता है कि एक दूसरा समुदाय अपने को बढ़ाने से ज्यादा दूसरे को रोकने में रुचि रखता है। कर्नाटक के पूर्व मुख्यमंत्री येदियुरप्पा लिंगायत समाज से आते हैं। कर्नाटक में लिंगायत की संख्या वोक्कलिगा से ज्यादा मानी जाती है। येदियुरप्पा राज्य के एक प्रमुख लिंगायत समुदाय से हैं।)

जनता दल (एस) के साथ साँप-सीढ़ी का खेल चलता रहा। लोकप्रियता कम-ज्यादा होती रही, मगर अपने क्षेत्र में देवगौड़ा का दबदबा बरकरार रहा। वर्ष 2009 के लोकसभा चुनाव में देवगौड़ा ने अपने गृह जिले हासन सीट से भाजपा उम्मीदवार को रिकॉर्ड 2,91,113 वोट से हराया था। पहली बार कर्नाटक में किसी नेता ने इतने बड़े अंतर से तब लोकसभा सीट जीती थी। भाजपा ने उनके खिलाफ हनुमे गौडा को मैदान में उतारा था। 2014 में भी जब देश में मोदी लहर थी, देवगौड़ा ने हसन सीट पर 5,09,841 वोट लेकर जीत दर्ज की। हालाँकि 2019 के चुनाव में भी हसन से देवगौड़ा की ही पार्टी जीती, मगर देवगौड़ा ने वह चुनाव हसन की जगह तुमकुर से लड़ा और नजदीकी मुकाबले में भाजपा प्रत्याशी जीसी बासवराज को करीब 13 हजार वोटों से हराया।

वर्ष 2018 में एक बार फिर भाग्य ने पलटा खाया और कर्नाटक की सत्ता में जनता दल सेक्युलर की वापसी हुई। कांग्रेस ने बिना शर्त समर्थन देकर कुमारस्वामी के नेतृत्व में जनता दल सेक्युलर की सरकार बनवाने का दावा पेश किया। हालाँकि जनता दल सेक्युलर के सिर्फ 37 ही विधायक थे। राज्यपाल ने दावे को स्वीकार नहीं किया और येदियुरप्पा को बिना बहुमत शपथ ग्रहण करवा दी। बहुमत साबित करने के लिए लंबा समय भी दे दिया। इसे पक्षपात माना गया। मामला सुप्रीम कोर्ट में गया। सुप्रीम कोर्ट ने येदियुरप्पा से तत्काल बहुमत साबित करने को कहा। मगर येदियुरप्पा दो सप्ताह में भी बहुमत नहीं जुटा पाए और उन्हें इस्तीफा देना पड़ा। इसके बाद कुमारस्वामी के नेतृत्व में जनता दल सेक्युलर और कांग्रेस की सरकार बनी। सरकार बनने के पहले हम सबको वह विहंगम तस्वीर याद

है, जिसमें देश के सभी विरोधी पार्टियों के नेता (सोनिया गांधी, ममता बनर्जी, अखिलेश यादव समेत) शामिल हुए और लगा कि देश में विपक्ष की एकता शबाब पर है। पर ऐसा हो न सका। कांग्रेस का दबाव बढ़ता गया और एक बार तो कुमारस्वामी तो सार्वजनिक रूप से रो भी पड़े। कांग्रेस के विधायकों ने बगावत कर दी और लगभग एक साल दो महीने चलने के बाद इस सरकार को बीच में ही गिरा दिया गया।

जनता दल (एस) के साथ एक और दिक्कत रही है। वो है उसका वोट बैंक। उसका वोट बैंक हमेशा स्थिर रहा। खासतौर पर तब, जब उसे एक खास वर्ग, वोक्कलिग्गा की पार्टी माना जाता है। पार्टी अन्य वर्गों में कभी भी बड़ी जगह नहीं खींच पाई। जहाँ से भी, वोक्कलिग्गा के अलावा उसे समर्थन मिला, वह उससे आगे नहीं बढ़ पाई। आँकड़े भी इस बात की गवाही देते हैं कि शुरुआती 1999 विधानसभा चुनाव (10.4 फीसद) को छोड़ दिया जाए तो उसका वोट बैंक 19-20 फीसद पर ही टिका रहा। ...और शायद यह भी एक वजह है कि जनता दल (एस) को राज्य की सत्ता में बहुत हिस्सेदारी नहीं मिल सकी। हाँ, प्रधानमंत्री पद का पद एच.डी. देवगौड़ा के रूप में जरूर मिल गया।

बदवाड़ा श्रमिकारा रैतरा कांग्रेस

'बदवाड़ा श्रमिकारा रैतरा कांग्रेस' की स्थापना वर्ष 2011 में भाजपा नेता बी. श्रीमालु ने भाजपा से अलग होकर की थी। 2013 के चुनाव में पार्टी राज्य में 150 सीटों पर लड़ी और चार सीटों पर जीत दर्ज की। यह पार्टी कुल तीन साल चली। बी. श्रीमालु 2014 में फिर से भाजपा में शामिल हो गए।

कर्नाटक जनता पक्ष

वर्ष 2012 में कर्नाटक के मुख्यमंत्री बी.एस. येदियुरप्पा की जब गद्दी को लेकर ठन गई थी तो उन्होंने 'कर्नाटक जनता पक्ष' नाम से अपनी अलग पार्टी बना ली थी। 30 नवंबर को येदियुरप्पा ने भाजपा की सदस्यता से इस्तीफा दिया और 9 दिसंबर, 2012 को अपने समर्थकों के साथ यह पार्टी बना ली। पार्टी ने 2013 में कर्नाटक विधानसभा का चुनाव लड़ा। मगर पार्टी राज्य की कुल 203 सीटों में से सिर्फ 8 पर ही जीत दर्ज कर सकी। हालाँकि कुल 10 फीसद से ज्यादा वोट पार्टी को उस चुनाव में मिले थे। दूसरी ओर भाजपा को भी चुनाव में बड़ा नुकसान हुआ था और वह राज्य में 110 सीटों से घटकर 40 पर आ गई। हालाँकि येदियुरप्पा ने भाजपा से अलग होकर पार्टी बनाई थी, मगर पार्टी का चरित्र धर्मनिरपेक्ष रखा। विधानसभा चुनाव में दोनों पार्टियों ने अपने नुकसान को भाँप लिया। इसके बाद 'कर्नाटक जनता पक्ष पार्टी' का फिर से भाजपा में विलय हो गया।

कर्नाटक प्रज्ञान्यवंता जनता पार्टी

कर्नाटक की इस पार्टी की स्थापना 19 जनवरी, 2016 को पी.एम.डी. महेश गौडा ने की। हालाँकि इसका सार्वजनिक विस्तार 2016 में शुरू हुआ। उसके बाद महेश गौडा ने कर्नाटक में प्रजाकीय प्रचार अभियान चलाया। कन्नड़ फिल्मों के वरिष्ठ कलाकार उपेंद्र राय भी इससे जुड़े। मगर उन्होंने महेश गौडा के साथ मतभेद हो जाने के बाद जल्द ही पार्टी छोड़ दी। 2018 के कर्नाटक विधानसभा चुनाव में पार्टी ने दो सीटों पर जीत दर्ज की। इस पार्टी ने चुनाव में कांग्रेस और जनता दल सेक्युलर के गठजोड़ का समर्थन किया। हालाँकि जब इस गठबंधन की सत्ता गई तो महेश गौडा भी एन.डी.ए. से जुड़ गए।

महाराष्ट्र एकीकरण समिति

नाम भले ही इस पार्टी का 'महाराष्ट्र एकीकरण समिति' था, मगर इसकी राजनीति आज के कर्नाटक के क्षेत्र में ही थी। इस पार्टी ने 1962 का चुनाव भी 6 सीटों पर लड़ा और सभी 6 सीटों पर जीत भी दर्ज की। इस पार्टी की संघर्ष समिति के रूप में स्थापना 1946 में हुई थी और इसकी एक ही माँग थी कि मैसूर स्टेट के बेलगाम जिले को बॉम्बे स्टेट में मिलाकर एक महाराष्ट्र राज्य की स्थापना की जाए। चुनाव आयोग में राजनीतिक पार्टी के रूप में इसका पंजीकरण 1962 में ही हुआ। हालाँकि 1947 में जब देश आजाद हुआ तो बेलगाम जिले को बॉम्बे स्टेट का हिस्सा ही बनाया गया। वर्ष 1948 में बेलगाम शहरी परिषद ने एक प्रस्ताव पास कर जिले को मराठी बाहुल्य बताते हुए इसे संयुक्त महाराष्ट्र में शामिल करने की माँग की। मगर राज्य पुनर्गठन आयोग ने उनकी माँग को खारिज करते हुए बेलगाम जिले को मैसूर स्टेट का हिस्सा बनाए जाने की सिफारिश की। वर्ष 1956 में जब संसद में राज्य पुनर्गठन कानून पारित हुआ तो इस जिले को मैसूर स्टेट में शामिल कर दिया गया। बेलागवी और खानपुर सीटों पर पार्टी का दबदबा लगातार बरकरार रहा। 2018 में कर्नाटक चुनाव से पहले पार्टी दो हिस्सों में टूट गई। किरण ठाकुर के नेतृत्व में शहर एकीकरण समिति नाम से अलग पार्टी बन गई, जबकि मध्यवर्ती एकीकरण समिति नाम से दीपक दल्वी के नेतृत्व में दूसरी पार्टी बनी। 2018 में दोनों पार्टियाँ एक-दूसरे के खिलाफ लड़ीं और वे तीन सीटें भी, जिन्हें लंबे समय से जीतती आ रही थीं, गँवा दीं। दोनों पार्टियाँ एक भी सीट नहीं जीत सकीं।

अन्य पार्टियाँ

कर्नाटक की अन्य क्षेत्रीय पार्टियाँ, जिनका सिर्फ जिक्र भर किया जा सकता है, उनमें 21वीं सदी के शुरू में बनी 'कन्नड़ नाडु पार्टी' थी। विजय शंकेश्वर ने इसकी स्थापना की थी, मगर 2004 में यह पार्टी जनता दल सेबयुलर में शामिल हो गई थी।

'बेंगलुरु नवनिर्माण पार्टी' की स्थापना 22 सितंबर, 2019 को हुई थी। हालाँकि पार्टी अपना जनाधार बेंगलुरु और उसके आसपास तक ही सीमित रखे हुए हैं। वह एक वृहद बेंगलुरु का सपना रखती है तथा बेंगलुरु नगर निगम चुनाव तक फिलहाल खुद को सीमित रखना चाह रही है। पार्टी के ज्यादातर सदस्य स्थानीय सामाजिक कार्यकर्ता हैं। ऐसी ही एक अन्य क्षेत्रीय पार्टी 'नेशनल डेवलपमेंट पार्टी' (इंडिया) है। इसकी स्थापना 2008 में मौलवी जमीरुद्दीन ने की थी। कर्नाटक के व्यवसायी हरि एल. खोड़े ने 16 जनवरी, 2004 में 'उर्स संयुक्ता पक्ष पार्टी' की स्थापना की थी। पार्टी की नजर राज्य के दलित मतदाताओं को अपना जनाधार बनाने की है। फिल्म निर्माता उपेंद्र ने भी 18 सितंबर, 2018 को 'उत्तम प्रजाकीय पार्टी' बनाई। कर्नाटक की ऐसी पार्टियों में 'ऑल इंडिया हिंदुस्तान कांग्रेस' का भी नाम लिया जा सकता है, इसकी स्थापना बुध प्रकाश शर्मा ने 15 नवंबर, 2015 को की थी। हालाँकि पार्टी का मुख्यालय राजस्थान में है। □

17

छोटा विद्रोह

राजस्थान की राजनीति में हिलोरें कम ही आती हैं। कारण इसका साफ है। 200 सीटोंवाली विधानसभा में आमने-सामने दो ही दल होते हैं, दोनों ही राष्ट्रीय—कांग्रेस और भाजपा। वोटर ने भी तय कर रखा है कि एक बार उनकी तो एक बार इनकी सरकार। हाँ, लोकसभा में इस तरह का कोई गणित नहीं होता। विशुद्ध रूप से राष्ट्रीय सवालों पर वोटिंग। लेकिन जैसे भारतीय राजनीति में कांग्रेस की बेल से कई दल निकले और कई ने तो सरकारें भी बनाईं, पर भारतीय जनता पार्टी में ऐसी तोड़-फोड़ कम ही हुई। कुछ ही उदाहरण मिलेंगे। और जिन्होंने ऐसी कोशिश की भी, तो वापस घर आ गए (कर्नाटक में येदियुरप्पा समेत)। राजस्थान में भी एक ऐसा ही उदाहरण हैं। नेता हैं हनुमान प्रसाद बेनीवाल और उनकी पार्टी है 'राष्ट्रीय लोकतांत्रिक पार्टी'।

आमतौर पर राजस्थान में प्रदेश भाजपा की राजनीति पहले भैरोंसिंह शेखावत के बलबूते चलती थी और बाद में यही दम-खम वसुंधरा राजे सिंधिया ने दिखाया। भैरोंसिंह के बारे में तो साफ कहा जाता था कि वे कभी नहीं चाहते कि राज्य विधानसभा में उनकी पार्टी के 90-95 से ज्यादा सीटें आएँ। बाकी के पाँच-छह या दस विधायकों को पार्टी से अलग अपने पास रखते थे। यानी ये लोग निर्दलीय लड़ते और जिताने की जिम्मेदारी भैरोंसिंह शेखावत की होती।

राजस्थान विश्वविद्यालय के पूर्व अध्यक्ष हनुमान प्रसाद बेनीवाल बगावती तो शुरू से रहे। जाट नेता के रूप में नागौर और आसपास के इलाके में उनकी ठीक-ठाक पहचान रही है। विश्वविद्यालय से नेतागीरी कर निकले तो भाजपा में कुछ साल पार्टी के लिए काम किया और नागौर की खिवंसर विधानसभा से 2008 में विधायक बन गए और यह सिलसिला लगातार दूसरी बार 2013 में भी चला। लेकिन पहली बार ही विधायक

बनने के कुछ दिन बाद ही मुख्यमंत्री वसुंधरा राजे से अनबन हो गई। यों उनकी चाहत तो 2014 में लोकसभा की नैया पार करने की थी, पर बात नहीं बनी। 2013 में ही उन पर यह आरोप लगा कि वे कांग्रेस से पींगे बढ़ा रहे हैं। 2013 में ही होनेवाले चुनाव में उन्हें जब भारतीय जनता पार्टी से टिकट नहीं मिला तो वे निर्दलीय लड़ गए और उन्होंने भारतीय जनता पार्टी के ही उम्मीदवार को 23 हजार से ज्यादा वोटों से हरा दिया, जबकि 2008 का चुनाव भी वे 24 हजार से ज्यादा वोटों से जीते थे और सामने उनके थे—बसपा के उम्मीदवार।

विद्रोह बेनीवाल के व्यक्तित्व में रहा है। 2013 में उनका विवाद, मंत्री युनुस खान से भी हुआ। इसके बाद राजस्थान विश्वविद्यालय में 2015 में भी बवाल हुआ और यहाँ तो पत्थरबाजी और अन्य मारपीट में कई युवा और पुलिसकर्मी घायल भी हो गए थे। विधानसभा में भी उनका रवैया क्रांतिकारी ही रहा। 2017 में तो एक बार उन्होंने वेल में आकर कागज वगैरह फाड़ दिए थे। वजह थी कि विधानसभाध्यक्ष ने उनको सवाल पूछने की इजाजत नहीं दी थी।

2018 में विधानसभा चुनावों के कुछ पहले ही जाट प्रभुत्व वाले इलाकों में उन्होंने 'हुंकार रैली' की और 'राष्ट्रीय लोकतांत्रिक पार्टी' के गठन की घोषणा की। चुनाव लड़ा और पार्टी के तीन विधायक चुन भी लिये गए। इनमें खिवंसर से नारायण बेनीवाल, भोपालगढ़ से पुखराज गर्ग और मेढडा से इंदिरा देवी बावरी शामिल हैं।

2019 का चुनाव आते-आते बेनीवाल की इच्छा फिर से लोकसभा में जाने की होने लगी और भारतीय जनता पार्टी को भी लगा कि उनके समर्थन से अगर एक सीट जीती जा सकती है तो उनके साथ गठजोड़ कर लिया जाए। वसुंधरा राजे के विरोध के बाद भी भाजपा ने नागौर सीट उनको समर्पित कर दी और बदले में सभी सीटों पर समर्थन हासिल कर लिया। भाजपा जाट वोटों में कोई सेंध नहीं चाहती थी। वसुंधरा राजे पर तो उनका साफ आरोप रहा है कि वे मुख्यमंत्री अशोक गहलौत का बचाव करती हैं और गहलौत सरकार के भ्रष्टाचार की अनदेखी करती हैं। बदले में गहलौत भी उनके कार्यकाल के भ्रष्टाचारों की जाँच नहीं कराते।

बेनीवाल के विद्रोह की ज्वाला अब भी कभी-कभी जलती दिख जाती है। किसानों का एक तरफ वे समर्थन करते दिखते हैं तो दूसरी तरफ वे कांग्रेस के लिए दुश्मन नंबर एक हैं। कोरोना विस्तार के लिए उन्होंने एक बार सोनिया गांधी परिवार को जिम्मेदार ठहरा दिया था। बेनीवाल पर यह आरोप लगाया जाता है कि भाजपा उन्हें अपने तरीके से इस्तेमाल करती है। बेनीवाल खुद कहते रहे हैं—"जो बात भाजपा नहीं कह पाती, मैं कह देता हूँ।" बेनीवाल भविष्य में क्या करेंगे, कहा नहीं जा सकता, लेकिन आगे आनेवाले चुनावों में भी जाटों को अपनी तरफ रखने के उद्देश्य से भाजपा उन्हें अपने ही पाले में रखने की कोशिश जरूर करेगी। वैसे बेनीवाल की यह इच्छा जोर मारती रही है कि उन्हें किसी तरह मुख्यमंत्री बनना है।

राजस्थान में वसुंधरा राजे से नाखुश एक और बड़े नेता ने भाजपा से पल्ला झाड़कर नई पार्टी बनाई। राजस्थान में भैरोंसिंह शेखावत और वसुंधरा राजे के मंत्रिपरिषद में सदस्य रहे और भाजपा की जड़ें मजबूत करनेवाले चर्चित और लोकप्रिय घनश्याम दास तिवारी ने लगातार छह बार विधायक रहने के बाद 2018 में भाजपा छोड़ दी और अपनी 'भारत वाहिनी पार्टी' गठित कर ली। अप्रैल 2018 में ही उन्होंने तत्कालीन पार्टी अध्यक्ष अमित शाह को चिट्ठी लिख वसुंधरा राजे की सरकार को बरखास्त करने की माँग करते हुए तल्ख चिट्ठी लिख डाली थी। उनका अपनी पार्टी बनाना उनके समर्थकों को भी खला। उनका यह सफर दो साल ही चल सका और वे दिसंबर 2020 में फिर से भाजपा में वापस लौट आए।

□

18

विपक्ष की राजनीति का नया केंद्र

10 मार्च, 2022 को पंजाब विधानसभा की मतपेटियों से जो कीर्तिमान निकला है, उसके बाद तो अब हो सकता है कि तकनीकी रूप से आम आदमी पार्टी जल्दी ही राष्ट्रीय दल हो जाए, लेकिन किसी क्षेत्रीय दल की ऐसी उछाल का एक ही कारण है कि आम आदमी पार्टी को फिलहाल क्षेत्रीय दल के रूप में रखना ज्यादा श्रेयस्कर लगा। आम आदमी पार्टी अब अकेली ऐसी क्षेत्रीय पार्टी है, जिसके पास 2 राज्यों की सरकारें हैं। पंजाब में हुए इस करिश्माई बदलाव ने आम आदमी पार्टी को अब जिस मोड़ पर ला दिया है, वहाँ से उसके आगे बहुत सारी संभावनाएँ हैं। 2012 की 26 नवंबर को दिल्ली में जिस पार्टी का जन्म होता है और जो आंदोलन से उपजती है, वह अब धीरे-धीरे अपनी ऐसी जगह बनाती जा रही है कि विपक्ष की राजनीति का केंद्र होने में उसे अब समय नहीं लगेगा। वैसे पार्टी प्रमुख अरविंद केजरीवाल की विपक्ष के नेताओं से 'न काहू से दोस्ती, न काहू से बैर' के अंदाज में रिश्ते रहे हैं, लेकिन वे कभी उनके पीछे भागे नहीं।

यह यकीन करना मुश्किल है कि यह वही पार्टी है, जो आंदोलन से उपजती है। उस आंदोलन से, जिसने देश में आशा की नई किरण दिखाई थी और इसके सूत्रधार थे अन्ना हजारे। जन लोकपाल विधेयक (नागरिक लोकपाल विधेयक) के लिए हुए आंदोलन को 5 अप्रैल, 2011 को समाजसेवी अन्ना हजारे एवं उनके साथियों के जंतर-मंतर पर शुरू किया। मैगसायसाय पुरस्कार विजेता अरविंद केजरीवाल, भारत की पहली महिला पुलिस प्रशासनिक अधिकारी किरण बेदी, प्रसिद्ध लोकधर्मी वकील प्रशांत भूषण, पतंजलि योगपीठ के संस्थापक बाबा रामदेव, प्रख्यात कवि कुमार विश्वास इस आंदोलन में शामिल थे। आंदोलन से माहौल ऐसा हो गया था, जैसे राजीव गांधी के कार्यकाल में बोफोर्स को लेकर वी.पी. सिंह ने कर दिया था। कांग्रेस के शासन से पैदा नाराजगी सहित

कई कारणों से अनशन का प्रभाव समूचे देश में दिखाई देना लगा और इसके समर्थन में सड़कों पर लोग दिल्ली समेत कई राज्यों की राजधानियों में उतर आए थे। आंदोलनकारी सरकार से एक मजबूत भ्रष्टाचार विरोधी लोकपाल विधेयक बनाने की माँग कर रहे थे और सरकार को इस लोकपाल बिल का एक मसौदा भी अपनी ओर से दिया था। मनमोहन सिंह के नेतृत्ववाली तत्कालीन कांग्रेस नीत सरकार ने इस पर ध्यान नहीं दिया। अन्ना हजारे के अनशन के प्रति भी सरकार व उनके सहयोगी नेताओं का रवैया उपेक्षा पूर्ण ही रहा। किंतु इस अनशन के आंदोलन का रूप लेने पर भारत सरकार ने आनन-फानन में एक समिति बनाकर संभावित खतरे को टाला और संसद में लोकपाल विधेयक पास कराने की बात स्वीकार कर ली।

लेकिन अगस्त से शुरू हुए मानसून सत्र में सरकार ने जो विधेयक प्रस्तुत किया, उसे कमजोर और जन लोकपाल के सर्वथा विपरीत बताया गया। सरकार ने इसकी राह

में कई रोड़े अटकाए एवं 16 अगस्त को अन्ना हजारे एवं उनके साथियों को गिरफ्तार कर लिया। इससे आंदोलन पूरे देश में भड़क उठा। देश भर में अगले 12 दिनों तक लगातार बड़ी संख्या में धरना, प्रदर्शन और अनशन आयोजित किए गए। अंततः संसद द्वारा अन्ना की तीन शर्तों पर सहमति का प्रस्ताव पास करने के बाद 28 अगस्त को अन्ना ने अपना अनशन स्थगित करने की घोषणा की। इस बीच गाहे-बगाहे अन्ना हजारे के मंच से अरविंद केजरीवाल के राजनीतिक दल बनाने की खबरें आने लगी थीं।

हालाँकि अन्ना हजारे भ्रष्टाचार विरोधी जन लोकपाल आंदोलन को राजनीति से अलग रखना चाहते थे, जबकि अरविंद केजरीवाल आंदोलन का लक्ष्य प्राप्त करने के लिए एक अलग पार्टी बनाकर चुनाव में शामिल होने के पक्षधर थे। उनका मानना था कि वार्त्ता के जरिए जन लोकपाल विधेयक बनवाने की कोशिशें बेकार रहीं। 'इंडिया अगेंस्ट करप्शन' ने सामाजिक जुड़ाव सेवाओं पर एक सर्वे भी करवा दिया गया और इस सर्वे में राजनीति में शामिल होने के विचार को व्यापक समर्थन मिला। लेकिन अन्ना इस विचार से भिन्न थे और अब दोनों के रास्ते अलग थे।

अरविंद केजरीवाल के इस विचार का समर्थन करनेवालों का भी एक बड़ा तबका था। अरविंद के सबसे करीबी मनीष सिसोदिया थे। आज अरविंद और मनीष सिसोदिया की दोस्ती की कहानी भी अलग है। मनीष का अपना एन.जी.ओ. 'परिवर्तन' था और बाद में उन्होंने अरविंद केजरीवाल के साथ मिलकर एन.जी.ओ. 'कबीर' बनाया और दिल्ली में राशन माफिया के खिलाफ काम किया। पूर्वी दिल्ली में कभी दोनों के एन.जी.ओ. के कार्यालय आसपास थे। प्रसिद्ध वकील प्रशांत भूषण 'कैंपेन फॉर ज्यूडिशियल अकाउंटेबिलिटी' अभियान चलाते थे। अरविंद की बैठकों का केंद्र अब सुंदर नगर हो गया था और कभी-कभी उनकी बैठकें गोल मार्केट के पास एक चर्च में होती थीं। यहीं 'इंडिया अगेंस्ट करप्शन' की नींव रखी गई। 'इंडिया अगेंस्ट करप्शन' की कुछ रैलियाँ हुईं और फिर अन्ना आंदोलन शुरू किया गया। रामलीला मैदान में कुमार विश्वास, संजय सिंह, अरविंद गौड़, स्वामी अग्निवेश समेत कई लोग आंदोलन से जुड़े और पार्टी बनने के बाद योगेंद्र यादव समेत सबकी भूमिका बढ़ गई। प्रशांत भूषण, अरविंद केजरीवाल के वकील भी रहे हैं। पूरे देश में पार्टी का विस्तार हो, यह उनका विचार था। एक तरफ अरविंद केजरीवाल के साथ पार्टी समर्थक लोगों की भीड़ बढ़ती जा रही थी, जबकि किरण बेदी, संतोष हेगड़े सहित कई लोगों ने अन्ना हजारे के राजनीतिक दल न बनाने के विचार पर सहमति प्रकट की और इनसे अलग हो गए। अरविंद केजरीवाल ने 2 अक्तूबर, 2012 को राजनीतिक दल बनाने की घोषणा की और फिर भारतीय संविधान की वर्षगाँठ के दिन 26 नवंबर, 2012 को औपचारिक रूप से 'आम आदमी पार्टी' का गठन हुआ। अब अन्ना आंदोलन से जुड़े

दुर्गेश पाठक, दिलीप पांडे सहित कई ऐसे युवा साथ आ गए, जो कभी यहाँ सिविल सेवा की तैयारी करने दिल्ली पहुँचे थे।

पार्टी के सामने पहला लक्ष्य

राजनीतिक दल बनने के बाद अरविंद केजरीवाल के सामने दिल्ली विधानसभा का चुनाव था और 15 साल पुरानी दिल्ली की कांग्रेस सरकार की मुखिया शीला दीक्षित लोकप्रिय मुख्यमंत्री के तौर पर सामने थीं। रणनीति के तहत पार्टी ने बिजली-पानी सत्याग्रह शुरू किया। बढ़ते बिजली के बिलों से लोग परेशान थे। अक्तूबर 2012 में अरविंद केजरीवाल ने तिगड़ी के बानाराम के घर जाकर उनके 15 हजार रुपए के बिल के बदले काटी बिजली जोड़कर सुर्खियाँ बटोर लीं। आजादी के दौरान महात्मा गांधी के प्रिय स्थान, मंदिर मार्ग के वाल्मीकि मंदिर के चीना महाराज से केजरीवाल संपर्क में आए और उस समय चुनाव आयोग से मिले तीन संभावित चुनाव चिह्नों (झाड़ू, नल और मोमबत्ती) पर जब उन्होंने चीना महाराज से राय ली तो झाड़ू पहली पसंद बनी। इस तरह केजरीवाल वाल्मीकि मंदिर में पूजा कर कांग्रेस के गढ़ में सेंध लगाने में सफल होने लगे थे।

यहाँ एक किस्सा काफी चर्चित है। एक बार चीना महाराज दिल्ली की मुख्यमंत्री रही शीला दीक्षित से मिले और कहा कि वाल्मीकि समाज के लोगों के पास घर नहीं है तो शीला का जवाब उन्हें कचोट गया। शीला दीक्षित ने उनसे कहा, 'क्या राष्ट्रपति भवन में घर दे दूँ… ?' यहीं से चीना महाराज ने कांग्रेस से दूरी बना ली और आम आदमी पार्टी से उनकी नजदीकी ही थी कि राखी बिड़लान, अजय दत्त सहित चीना महाराज के पाँच से अधिक समर्थक चुनाव लड़े। अरविंद केजरीवाल व पूरी आम आदमी पार्टी आक्रामक तरीके से कांग्रेस के नेताओं पर हमले करने लगी थी। दिसंबर 2012 में निर्भया हादसे के बाद कांग्रेस सरकार के खिलाफ आंदोलन, धरना, प्रदर्शन में विरोधी खुलकर सामने आ गए और इस अवसर का आम आदमी पार्टी ने भी लाभ उठाया। अरविंद केजरीवाल ने शीला दीक्षित से लेकर तत्कालीन गृहमंत्री पी. चिदंबरम तक को न सिर्फ घेरा, कई के घरों पर गुरिल्ला अंदाज में आप कार्यकर्ताओं ने धरना प्रदर्शन तक किया।

आम आदमी पार्टी ने महिला सुरक्षा के साथ हर दिन जूझ रहे लोगों को बिजली-पानी सत्याग्रह कर राहत का सपना दिखाया और उन्हें जोड़ने में सफलता पाई। गरीब कॉलोनियों में जाकर लोगों से बिजली-पानी को लेकर सरकार के खिलाफ जनमत तैयार करने के लिए हस्ताक्षर भी करवाए। उत्तर-पूर्वी दिल्ली के सुंदर नगरी में जहाँ राशन माफिया के खिलाफ काम करने का अनुभव जुटाया, वहीं संतोष कोली के घर से अरविंद केजरीवाल ने मार्च 2013 में बढ़े बिजली, पानी के बिलों के खिलाफ अनशन किया। दावा किया कि दस लाख से अधिक लोगों ने पेटीशन पर हस्ताक्षर किए और

आम आदमी पार्टी ने कहा कि ये लोग मानते हैं कि सरकार बिजली, पानी, महिला सुरक्षा में फेल हो गई है। जे.जे. कॉलोनियों, अनधिकृत कॉलोनियों में रहनेवाले निम्न वर्गीय परिवारों के बीच विशेष तौर पर यह अभियान असर करने लगा था। अब अरविंद कहने लगे थे कि वे व्यवस्था बदलने राजनीति में आए हैं। अरविंद केजरीवाल ने कई मंच से कहा, "हम आम आदमी हैं। अगर वामपंथी विचारधारा में हमारे समाधान मिल जाएँ तो हम वहाँ से विचार उधार ले लेंगे और अगर दक्षिणपंथी विचारधारा में हमारे समाधान मिल जाएँ तो हम वहाँ से भी विचार उधार लेने में खुश हैं।"

झाड़ू चुनाव चिह्न सामने आने के बाद राजनीतिक आक्रमण तेज हो गया था। 'पाँच साल केजरीवाल...' जैसे गाने तैयार करवाए गए। दूसरी तरफ फिल्मी दुनिया से भी लोग जुड़ने लगे थे। फेसबुक, ट्विटर से लोगों को जोड़ने की मुहिम चलाई गई। कांग्रेस की 15 साल पुरानी सरकार को बेईमान और अरविंद केजरीवाल को ईमानदार बताने का प्रक्रम सफल होता जा रहा था।

मोहल्ला सभाओं की नई शुरुआत मई 2013 में हुई। अरविंद केजरीवाल और मनीष सिसोदिया भी इन मोहल्ला सभाओं में जाने लगे और कहने लगे कि अब सरकार आपकी समस्या मोहल्ले-मोहल्ले सुनेगी और वहीं काम करने की कोशिशें होंगी। कांग्रेस, भाजपा, वाम दलों से जो भी आए, उन्हें आम आदमी पार्टी की टोपी पहनाकर 'मुझे स्वराज चाहिए...' का नारा देकर शामिल कर लिया गया। दिसंबर 2013 में चुनाव था और आम आदमी पार्टी ने जून में ही 11 उम्मीदवारों की घोषणा कर खुद को जनता की नजरों में सबसे अलग साबित किया। बताया गया कि इन 11 उम्मीदवारों की औसत उम्र 37 साल है, इन सीटों के लिए कुल 97 आवेदन प्राप्त हुए थे, आवेदकों में से अधिकतर अन्ना के जन लोकपाल आंदोलन में महत्त्वपूर्ण भूमिका निभाते रहे हैं। यह बात खूब प्रचारित की गई कि चयन से ही आम आदमी पार्टी ने भाजपा-कांग्रेस को चुनौती दी है कि एक तरफ अब लोगों के पास आपराधिक, भ्रष्ट और चरित्रहीन लोगों की जगह साफ-सुथरी छविवाले, देशभक्त और त्याग की राजनीति करनेवाले लोगों को विधानसभा में भेजने का विकल्प है। दूसरी तरफ करोड़ों रुपए देकर हाईकमान की मर्जी से टिकट बेचने की परंपरा को भी आम आदमी पार्टी ने चुनौती दे दी है। आम आदमी पार्टी में परिवारवाद नहीं है, इसलिए पार्टी ने टिकट के लिए एक परिवार के दो सदस्यों के नाम पर विचार तक नहीं किया। पार्टी ने पूरी दिल्ली के लिए चुनावी घोषणा-पत्र तैयार करने के साथ ही प्रत्येक निर्वाचन क्षेत्र के लिए अलग-अलग घोषणा-पत्र भी तैयार किया।

6 दिसंबर को घोषित हुए परिणाम में 70 सदस्यीय दिल्ली विधानसभा में पार्टी 28 सीटों पर विजयी रही। इसके साथ ही 32 विधानसभा क्षेत्रों की विजेता भारतीय जनता पार्टी के बाद यह दूसरी सबसे बड़ी पार्टी के रूप में उभरी। अरविंद केजरीवाल ने

सत्तारूढ़ कांग्रेस पार्टी की मुख्यमंत्री शीला दीक्षित को लगभग 25,000 वोटों से पराजित किया। कांग्रेस केवल आठ सीटों पर सिमट गई, लेकिन उसने अरविंद को ही समर्थन देना उचित समझा। सरकार बनाते ही पार्टी ने अपने घोषणा-पत्र के वादे पूरे करने शुरू किए। विशेष सुरक्षा और लाल बत्ती वाली गाड़ी लेने से मना किया। अरविंद केजरीवाल ने 31 दिसंबर को बिजली की कीमतों में अप्रैल तक आधी छूट देने की घोषणा की, बिजली कंपनियों का सी.ए.जी. ऑडिट कराने के निर्देश दिए। यह ऐलान किया कि 20 किलोलीटर पानी मुफ्त दिया जाएगा। सरकार बनते ही केंद्र सरकार और दिल्ली पुलिस से टकराव भी शुरू हो गए।

फरवरी 2013 में अरविंद केजरीवाल ने अपने निगरानी विभाग को प्राकृतिक गैस का दाम अनियमित रूप से बढ़ाने के लिए मुकेश अंबानी और एम. वीरप्पा मोइली सहित कई प्रभावी लोगों के खिलाफ एफ.आई.आर. दर्ज करने का आदेश दिया। अब तो केंद्र से विवाद चरम पर पहुँच गया। केजरीवाल दिल्ली को पूर्ण दर्जा देने को लेकर आंदोलन करने लगे और साथ ही उन्होंने यह आरोप लगाना शुरू कर दिया कि दिल्ली पुलिस उनकी और उनके मंत्रियों की सुन नहीं रही है। आरोप लगाया गया कि दिल्ली के कानून मंत्री सोमनाथ भारती के आदेश के बाद भी पुलिस ने नशीली दवा और सेक्स का कारोबार करनेवाले एक अपराधी के खिलाफ कारवाई नहीं की। इसी तरह एक अन्य एस.एच.ओ. पर एक विदेशी महिला से बलात्कार के आरोपियों के खिलाफ कारवाई नहीं करने का आरोप लगाया गया। सब जानते हैं कि दिल्ली को राज्य का दर्जा मिलने के समय से ही पुलिस पर केंद्र सरकार का नियंत्रण है। ऐसे अपराधों का ठीकरा केजरीवाल ने दिल्ली सरकार के अधीन पुलिस के न होने पर डाला। इसके विरोध में केजरीवाल और उनके मंत्री तथा समर्थक गृहमंत्री से मिलने जुलूस बनाकर चल पड़े। गृह मंत्रालय और संसद भवन के पास रेल भवन पर पुलिस ने उन्हें रोक दिया तो केजरीवाल और उनके समर्थकों ने वहीं धरना शुरू कर दिया। यह धरना करीब 30 घंटों तक चला। पुलिस के दो जूनियर अधिकारियों के खिलाफ कारवाई की घोषणा के बाद यह मामला तो सुलट गया, लेकिन केजरीवाल दिल्ली के लोगों तक ये संदेश पहुँचाने में सफल हो गए कि उपराज्यपाल और केंद्र सरकार मिलकर दिल्ली सरकार को काम नहीं करने दे रहे हैं।

अरविंद केजरीवाल सरकार ने 13 फरवरी से विधानसभा का सत्र बुलाकर जन लोकपाल और स्वराज्य विधेयक पारित करने की घोषणा की। जन लोकपाल विधेयक प्रस्तुत करने को लेकर उनका गृह मंत्रालय और उपराज्यपाल से टकराव हुआ और उपराज्यपाल नजीब जंग ने इसके लिए केंद्र सरकार की मंजूरी को जरूरी बताते हुए कहा कि केजरीवाल सरकार विधानसभा से विधेयक पास नहीं कर सकती। लेकिन केजरीवाल सरकार इसे पास करने पर डटी रही। इस मुद्दे पर सरकार को बाहर से समर्थन दे रही

कांग्रेस के साथ-साथ बीजेपी और दो अन्य विधायकों ने बिल का विरोध किया। 70 में से 42 विधायक विरोध में थे, इसलिए केजरीवाल विधानसभा में बिल पेश नहीं कर पाए। इसे मुद्दा बनाकर केजरीवाल ने 14 फरवरी, 2014 को इस्तीफा दे दिया और विधानसभा भंग करने की सिफारिश कर दी। इस कारण दिल्ली में पहली बार राष्ट्रपति शासन लगा।

सरकार गिरने के बाद 'आप' ने कांग्रेस और भाजपा के खिलाफ आक्रामक होकर 2014 के लोकसभा चुनाव की तैयारियाँ शुरू कर दीं। केजरीवाल ने कहा कि वे नहीं लड़ेंगे, लेकिन बाद में वाराणसी से भारतीय जनता पार्टी के प्रधानमंत्री पद के दावेदार नरेंद्र मोदी के खिलाफ चुनाव लड़ा। पूरे देश में 432 सीटों पर उम्मीदवार उतारे गए, खुद अरविंद केजरीवाल 3.70 लाख मतों से हारे। पंजाब में जरूर पार्टी को चार सीटों पर सफलता मिली, पर दिल्ली समेत पूरे देश में हार का सामना करना पड़ा।

2015 के चुनाव में एकतरफा जीत…

लेकिन दिल्ली में आम आदमी पार्टी ने आक्रामकता बरकरार रखी और 2015 के चुनाव में यह संदेश दिया कि उसने 49 दिन की सरकार में जो किया, वह जारी रहेगा। 'बिजली हाफ, पानी माफ' का नारा चल निकला। केंद्र में जीत से उत्साहित भाजपा ने भी नया प्रयोग करने की कोशिश की और आंदोलन के दौरान अरविंद केजरीवाल के साथ मंच साझा करनेवाली पहली महिला पुलिस अधिकारी किरण बेदी के नेतृत्व में चुनाव लड़ा, लेकिन भारतीय जनता पार्टी बुरी तरह से पिट गई। अरविंद केजरीवाल 70 में 67 विधानसभा सीटों पर जीतकर राजनीति में चमकता सितारा बन गए। जीतने के बाद उन्होंने फिर से बिजली, पानी के बिलों के माफी की घोषणा की और अब धीरे-धीरे शिक्षा, स्वास्थ्य, पानी, बिजली पर सरकार के विजन को आगे बढ़ाना शुरू कर दिया। हाँ, चुनाव के दौरान उम्मीदवारों की चयन प्रक्रिया, आपराधिक प्रवृत्ति के उम्मीदवार उतारने के आरोपों पर अपने साथियों से ही उनका मन-मुटाव बढ़ गया।

कुछ टकराव भी

पार्टी की पहली राष्ट्रीय परिषद 320 लोगों की थी और उसके बाद 23 लोगों की राष्ट्रीय कार्यकारिणी बनाई गई। उस समय पूर्व विधि मंत्री शांति भूषण ने पार्टी को एक करोड़ रुपए का दान दिया। लेकिन इस बीच फंडिंग के तथ्यों को वेबसाइट से हटाने पर विवाद शुरू हो गए। योगेंद्र यादव को आम आदमी पार्टी से पार्टी विरोधी गतिविधियों का आरोप लगाकर पार्टी से निकाल दिया। प्रशांत भूषण ने भी पार्टी छोड़ दी और प्रो. आनंद कुमार, अजीत झा सहित कई लोगों ने मिलकर 'स्वराज अभियान' नामक राजनीतिक दल बनाया।

उधर लोकसभा में जीती गई चार सीटों की बदौलत आम आदमी पार्टी ने पंजाब में पैर पसारने शुरू कर दिए। पार्टी ने दिसंबर 2015 में विधानसभा चुनाव लड़ने का ऐलान कर दिया। माहौल भी उसके पक्ष में था, पर 117 सदस्यीय विधानसभा में 112 पर उम्मीदवार उतारकर पार्टी सिर्फ 20 सीटें जीत पाई। मुख्य विरोधी दल के तौर पर पार्टी स्थापित हो गई और शिअद तीसरे पायदान पर पहुँच गई। कुछ विवादों के बीच सांसद अलग भी हुए और वर्ष 2019 के लोकसभा चुनाव में पार्टी के उम्मीदवार पंजाब में वे प्रदर्शन नहीं दोहरा सके और भगवंत मान के अलावा कोई भी जीत नहीं सका।

दिल्ली विधानसभा चुनाव में फतेह हासिल करने के बाद संजय सिंह को दिल्ली से 28 जनवरी, 2018 को राज्यसभा सांसद बनने का गौरव मिला। दिल्ली से बाकी दो राज्यसभा सीटों पर पार्टी के दूसरे नेताओं में नारायण दास गुप्ता और सुशील कुमार गुप्ता को जगह मिली। लेकिन अब संघर्ष में साथी रहे कुमार विश्वास और पत्रकार आशुतोष से अरविंद केजरीवाल की दूरी बढ़ गई।

पार्टी ने 2020 विधानसभा चुनाव की बड़ी तैयारी की। जनता को अपनी उपलब्धियाँ गिनाने का काम बड़े स्तर पर किया। भ्रष्टाचार पर लगाम लगाने का दावा किया और कहा गया कि सभी विभागों से भ्रष्टाचार लगभग 80 फीसदी तक कम हुए और यह भी बताया गया कि 50 भ्रष्ट अधिकारी जेल भेजे गए। बिजली के दाम 200 यूनिट तक माफ किए गए, जबकि पानी महीने में 20 हजार लीटर तक मुफ्त किया गया। शिक्षा, अस्पतालों में सुधार, दवाई मुफ्त, इलाज-जाँच मुफ्त, बसों में सफर, तीर्थयात्रा मुफ्त जैसी योजनाएँ आईं। सीसीटीवी कैमरों का नेटवर्क भी लगा और इसे भुनाया भी गया। अरविंद केजरीवाल ने दस गारंटी के साथ जनता से दो टूक कहा कि अगर आम आदमी पार्टी सरकार ने काम किया हो तो वोट देना…जनता इस साफगोई पर ऐसी फिदा हुई कि 2020 में एक बार फिर 62 सीटें जिताकर कांग्रेस को शून्य ही दिया।

पंजाब चुनाव की क्रांति

पंजाब के 2022 के चुनावी नतीजों में 'आम आदमी पार्टी' ने जो कर दिखाया, वो 'न भूतो न भविष्यति' का एक हिस्सा है। पंजाब के 117 सदस्यीय विधानसभा के चुनावी इतिहास में पहले कभी ऐसा नहीं हुआ कि किसी पार्टी ने किसी भी विधानसभा चुनाव में 92 सीटें जीती हों। 1992 में कांग्रेस ने 87 सीटें जीती थीं और 2017 में 77 सीटें उसके हिस्से में आई थीं। शिरोमणि अकाली दल को 1997 में 75 और 1985 में 73 सीटें मिली थीं। बहुकोणीय मुकाबले में 45.2 प्रतिशत वोट मिलना बहुत बड़ी उपलब्धि रही। जिस आम आदमी पार्टी का स्ट्राइक रेट 2017 में मात्र 17.9 प्रतिशत था, वो इस बार 76.9 प्रतिशत हो गया। कांग्रेस और अकाली दल सदमे में ही रहे। 'आप' ने मालवा क्षेत्र में जो

कमाल किया, वो अद्भुत था। उसने यहाँ की 90 प्रतिशत सीटें जीतीं और यह क्षेत्र उसे सरकार बनाने का न्योता दिलवाने के लिए काफी था। आँकड़े इस बात की ताकीद करते हैं कि 2017 तक तो अकालियों का वोट बैंक अधिकतर ग्रामीण ही था, लेकिन 2022 में शहरी क्षेत्रों में उसका प्रभाव काफी बढ़ा।

पंजाब की जीत के कई मायने हैं। आम आदमी पार्टी की इस जीत के बाद राज्यों की राजनीति में बड़े बदलाव की आहट माना जाना चाहिए। दो-दो राज्यों में सरकारों के बाद और गोवा में ठीक-ठाक वोट प्रतिशत पाने के बाद उसकी निगाह आनेवाले विधानसभा चुनावों पर होगी। खासतौर पर पंजाब के पड़ोसी हिमाचल प्रदेश और गुजरात में। इन चुनावों में आप अपने लाभकारी वादों की वजह से खासी जगह बना सकती है, खासतौर से गुजरात में। गुजरात में अभी आमने-सामने दो दलों के बीच चुनाव होते आए हैं, लेकिन अब यह सिलसिला टूटने के आसार हैं। सूरत नगर पालिका में उसका दबदबा है ही और उसने प्रदेश में कार्यकर्ताओं का आधार बढ़ाया भी है। उत्तराखंड में बहुत मार न कर पाने के बाद भी हिमाचल में वो बिजली-पानी की रणनीति से बदलाव करने की कोशिश करेगी।

लेकिन असली रणनीति अब उसकी देखनी होगी 2024 के आम चुनावों में। अभी तक विपक्ष की रणनीति के केंद्र के अतिरिक्त कभी टी.एम.सी. की ममता बनर्जी बनने की कोशिश करती है तो कभी टी.आर.एस. के के. चंद्रशेखर राव को अपने लिए कोई संभावना नजर आती है। आम आदमी पार्टी के लिए विपक्ष की राजनीति में कांग्रेस के न चाहते हुए भी जगह निकालने की मजबूरी की परिणति को देखना रोचक होगा। ममता दी और के.सी.आर. से भी केजरीवाल को ज्यादा मान मिलने के कई कारण हो गए हैं, लेकिन लोकसभा चुनावों का रास्ता उत्तर प्रदेश, बिहार, महाराष्ट्र, मध्य प्रदेश के अलावा तमिलनाडु से ज्यादा तेजी से जाता है, वहाँ आम आदमी पार्टी को काफी काम करना होगा।

अरविंद केजरीवाल की राजनीति में युवा, नौकरी, रोजगार, धार्मिक तथ्यों से जुड़ाव से लेकर सबसे रोचक जो है, वह है—मुफ्त देने की योजनाएँ, फिर चाहें बिजली हो या पानी। स्कूलों में शिक्षा का स्तर सुधारने की कोशिश को पहचान मिली। अंतरराष्ट्रीय स्तर पर सराहना भी खूब हुई है और अस्पतालों में काफी कुछ मुफ्त किया गया है। मोहल्ला क्लीनिक भी नया प्रयोग रहा। पर दिल्ली की जनता 'दिल माँगे मोर' की मुद्रा में है, क्योंकि दिल्ली, दिल्ली है और यहाँ पूरे देश से लोग आते हैं और वे जो कुछ पा रहे हैं, उससे ज्यादा ही चाहते हैं। यह भी सही है कि 'फ्रीबीस' अब फिर से लोकप्रिय हो रहा है। सरकारें बन और जम इसी आधार पर रही हैं। यह काम 'आप' के अलावा अन्य पार्टियाँ भी तेजी से करेंगी, ऐसे में 'आप' क्या रणनीति बनाएगी, यह देखना काफी रुचिकर होगा। □

19

वाई.एस.आर. कांग्रेस, जगन सत्ता में मगन

वाई.एस.आर. कांग्रेस की कहानी कम करिश्माई नहीं है। एक ऐसी कहानी, जिसका नायक पहले एक पार्टी का चर्चित नेता होता है और फिर मूल पार्टी को तहस-नहस करते अपनी पार्टी बना देता है और राज्य का मुखिया भी बन जाता है आंध्र प्रदेश की राजनीति में क्या, देश की राजनीति में भी ऐसा कम ही होता है। आंध्र प्रदेश विधानसभा चुनाव 2019 में 175 सीटों में से 151 सीटें यानी 86 फीसद सीटें जीतकर वाई.एस.आर. कांग्रेस ने तहलका मचा दिया था और जगनमोहन रेड्डी अपने पिता की तरह राज्य के मुख्यमंत्री बन जाते हैं। ऐसा नहीं है कि 85 फीसद का करिश्मा पहले नहीं हुआ है, पर छोटे राज्यों में ही ऐसा हुआ। हालाँकि वाई.एस.आर. कांग्रेस कोई पहली बार सत्ता में नहीं आई थी, लेकिन पिता वाई.एस. राजशेखर रेड्डी के निधन के बाद वाई.एस. जगनमोहन रेड्डी ने जो करिश्मा किया तो उसने एन.डी.ए. से अलग हुए टी.डी.पी. समेत जनसेना को चारों खाने चित कर दिया। इस चुनाव के बाद वाई.एस.आर. कांग्रेस पार्टी का नाम देश भर में चर्चित हुआ।

(जगनमोहन रेड्डी का जन्म 21 दिसंबर, 1972 को आंध्र प्रदेश के कडप्पा जिले स्थित पुलीवेंदुला गाँव में वाई.एस. राजशेखर रेड्डी के घर हुआ, जो आगे चलकर आंध्र प्रदेश के मुख्यमंत्री बने। जगन की स्कूली शिक्षा-दीक्षा हैदराबाद पब्लिक स्कूल से हुई। उन्होंने निजाम कॉलेज से अपना स्नातक पूरा किया। उन्होंने बी.कॉम. और एम.बी.ए. किया है। 28 अगस्त, 1996 को उनकी भारती से शादी हुई, जोकि उनके गाँव के ही एक स्थानीय डॉ. ई.सी. गांगी रेड्डी की बेटी हैं। जगन और भारती की दो लड़कियाँ हैं।)

लेकिन जगन की कहानी से ज्यादा जरूरी उनके पिता राजशेखर रेड्डी की कथा जानना जरूरी है। राजशेखर रेड्डी ने जो किया, वह भी कम आश्चर्यजनक नहीं है।

राजशेखर की डॉक्टर बनते ही एक धुन थी कि गरीबों के लिए अस्पताल बनाया जाए। राजनीति में जाने के पहले वे ऐसा कुछ कर जाना चाहते थे, ताकि पहचान की कोई दिक्कत न हो। रास्ता और नीयत बुरी नहीं थी तो 1978 में पुलीवेंदुला से विधायक बन गए और मंत्री भी। लोकप्रियता का आलम यह कि जब एन.टी. रामाराव की लोकप्रियता चरम पर थी, तब भी वे चुने जाते रहे। बाद में लोकसभा गए तो लगातार नौंवी से लेकर 12वीं लोकसभा तक चार बार चुने गए। लेकिन फिर वे राज्य की राजनीति में लौटे और 1999-2004 तक विपक्ष के नेता रहे। लेकिन आखिरी साल में जब उन्हें लगा कि मुख्यमंत्री चंद्रबाबू नायडू की लोकप्रियता उतार पर है तो उन्होंने राज्य का सघन दौरा किया और चंद्रबाबू की सरकार को धराशायी कर दिया। पहले 2004 में मुख्यमंत्री बने और तमाम लोककल्याण कार्यक्रमों को लागू किया। उन पर भ्रष्टाचार के तमाम आरोप लगे और बेटे जगनमोहन रेड्डी समेत कई को सी.बी.आई. जाँच का सामना करना पड़ा। लेकिन विवादों के रहते हुए भी वे फिर से मुख्यमंत्री बन गए। वह भी तब, जब टी.डी.पी. के नेतृत्व में विपक्ष एकजुट था। यह राज्य के लगातार दोबारा बननेवाले पहले मुख्यमंत्री रहे। लेकिन होना कुछ और था। 2 सितंबर, 2009 को नालामाला के घने जंगलों के बीच हेलीकाप्टर दुर्घटना के दौरान, वे और उनके साथ चार अफसर मारे गए। कहा गया कि मौसम खराब था।

इस बीच जगनमोहन भी कारोबार के साथ पिता की राजनीति के वटवृक्ष को सँभालने में जुट गए थे। पिता राजशेखर के लोकसभा के क्षेत्र में उनका काफी ध्यान था…और 2009 में वे कांग्रेस की ओर से कडप्पा से सांसद भी चुन लिये गए। लेकिन पिता की मौत ने उन्हें काफी झकझोर दिया था। राजशेखर की मौत के बाद राज्य में एक अलग तरह का माहौल हो गया था। राजशेखर के मौत की खबर आते ही प्रदेश में आत्महत्याओं की खबरों की बाढ़ आ गई थी। राजशेखर की मौत के बाद तमाम विधायक जगन को मुख्यमंत्री बनाने के आतुर दिखे, लेकिन कांग्रेस आलाकमान ने उनके नाम पर मोहर नहीं लगाई। वित्तमंत्री के रोसय्या मुख्यमंत्री बन गए। लेकिन तभी जगन को लगा कि उनके पिता की परंपराओं को खत्म किया जा रहा है। छह महीने अपनी बात कहते रहे, लेकिन उसके बाद मार्च 2010 में उन्होंने पिता की याद में 'उदारपू यात्रा' (शोकयात्रा) शुरू कर दी। वे उन सभी समर्थकों के घर गए, जिन्होंने राजशेखर की याद में आत्महत्या कर ली थी। बाद में तो उन लोगों के घर भी गए, जो आत्महत्या के प्रयासों में जल गए थे)। ऐसे लगभग डेढ़ सौ लोग थे। जगन को लोकप्रियता रास आने लगी और उधर कांग्रेस आलाकमान को यह खलने लगा। उन पर यह यात्रा तत्काल रोकने के लिए दबाव पड़ने लगा। 29 सितंबर, 2010 को उन्होंने और उनकी माँ विजयम्मा ने कांग्रेस से इस्तीफा दे दिया और अगले ही हफ्ते यह घोषणा कर दी कि वे नई पार्टी बनाएँगे। …और

12 मार्च, 2011 का दिन आया, जब जगन ने 'वाई.एस.आर. कांग्रेस' बनाने की घोषणा कर दी। उप-चुनाव हुए और दोनों ही लोग क्रमशः कडप्पा और पुलीवेंदुला विधानसभा से जीत गए। लेकिन यह खुशी ज्यादा देर तक परिवार में न रह सकी। 27 मई, 2012 को सी.बी.आई. ने जगनमोहन रेड्डी को गबन के आरोप में गिरफ्तार कर लिया। सी.बी.आई. ने आरोप लगाया कि वाई.एस. राजशेखर रेड्डी के मुख्यमंत्री रहते हुए जगन ने उनके कार्यालय का इस्तेमाल कर अवैध तरीके से बड़ी संपत्तियाँ अर्जित कीं। रेड्डी के अलावा सी.बी.आई. ने 58 कंपनियों पर रेड्डी के कारोबार में निवेश का आरोप लगाया। इन कंपनियों को खनन व पट्टे रेड्डी द्वारा परियोजनाओं के आवंटन के रूप में दिए गए थे। उनकी न्यायिक हिरासत लगातार बढ़ाई जाती रही।

इधर जगनमोहन ने जेल में रहते हुए आंध्र के विघटन को कांग्रेस या यों कहे कि यू.पी.ए. की सहमति मिलने के खिलाफ भूख हड़ताल शुरू कर दी। माँ विजयम्मा ने भी भूख हड़ताल शुरू कर दी। 2013 में अपनी रिहाई के बाद रेड्डी ने तेलंगाना के गठन के विरोध में 72 घंटे के 'बंद' का आह्वान किया और साथ ही जगन और उनकी माँ ने तेलंगाना गठन के विरोध में अपनी विधानसभा सीटों से इस्तीफा दे दिया। 2014 विधानसभा का चुनाव आया। आंध्र प्रदेश में तेलुगु देशम पार्टी ने वाई.एस.आर. कांग्रेस को काँटे की टक्कर में पछाड़ दिया। वाई.एस.आर. कांग्रेस ने इस चुनाव में 45 फीसद

वोट अर्जित कर कुल 175 सीटों में 67 पर विजय हासिल की। लेकिन तेलुगु देशम पार्टी ने 47 फीसद वोट के साथ 102 सीटों पर कब्जा कर लिया।

लेकिन हारना जगन ने नहीं सीखा था। विपक्ष के नेता के तौर पर वे अपना काम कर रहे थे और सही वक्त का इंतजार। 6 नवंबर, 2017 को कडप्पा जिले से वाई.एस.आर. कांग्रेस पार्टी पार्टी अध्यक्ष जगनमोहन ने 3000 किमी. लंबी 'प्रजा संकल्प पदयात्रा' की घोषणा की। इसमें पार्टी ने 'रावली जगन, कावली जगन' (जगन की वापसी होनी चाहिए, हम जगन को वापस सत्ता में चाहते हैं) का नारा दिया। इस पदयात्रा के दौरान जगनमोहन ने 430 दिनों में 125 विधानसभा क्षेत्रों में जाकर जनता से उसका हाल पूछा। इस पदयात्रा का उन्हें 2019 के विधानसभा चुनाव में भारी लाभ हुआ। 49.95 फीसद वोटों और 85 फीसद से ज्यादा सीटों के साथ जगन की सरकार बन गई।

अब बारी जगन की थी। टी.डी.पी. सरकार की अमरावती को राजधानी बनाने की योजना को उन्होंने रद्द कर दिया और कुरनूल, अमरावती और विशाखापत्तनम में न्यायिक प्रशासनिक और विधायी शाखाओं के लिए तीन अलग-अलग राजधानियों की व्यवस्था में जुट गए। तेलंगाना विरोध में वाई.एस.आर. कांग्रेस काफी आगे थी, इसलिए तेलंगाना में पार्टी के विस्तार की संभावना तो कम है। टी.डी.पी. सत्ता छीनने की अपनी कोशिश में लगी है, लेकिन अभी चंद्रबाबू नायडू कुछ ऐसा नहीं कर पा रहे हैं कि 2024 की उम्मीद उनमें दिखे। आंध्र प्रदेश में वाई.एस.आर.सी. पार्टी ने स्थानीय निकाय चुनावों में बंपर जीत (553 जिला परिषद सीटों में 547 पर जीत) उसकी मजबूत स्थिति दिखाती है।

वैसे अभी काफी समय बाकी है, लेकिन भाजपा भी अपनी कोशिशों में लगी है। भाजपा के प्रयासों को नाकाम करने के लिए और अपनी छवि ठीक करने के लिए जगन ने अपने सभी मंत्रियों से अप्रैल के पहले सप्ताह में इस्तीफा ले लिया और मंत्रिपरिषद का दोबारा गठन किया। केंद्र में भाजपा सरकार की वजह से जगन को कभी-कभी परेशानी उठानी पड़ती रही है। लेकिन भाजपा के सामने सबसे बड़ी दिक्कत उसका कम वोट शेयर है। भाजपा को कोई साथी ढूँढ़ना होगा, लेकिन उसके साथ दिक्कत है कि टी.डी.पी. उससे अलग हो चुकी है और आंध्र की चंद्रशेखर राव की पार्टी भी उसे परोक्ष समर्थन देने के लिए सामने नहीं आ रही है। तो इस तरह जगन, फिलहाल रहें सत्ता में मगन!

□

20

तेलुगु देशम : करिश्मे की शुरुआत

अविभाजित आंध्र प्रदेश में बनी तेलुगु देशम पार्टी ने अपनी स्थापना के साथ-साथ देश की राजनीति को दो नई संकल्पनाएँ दीं। एक थी पदयात्रा और दूसरी रथयात्रा, जिसे बाद में लगभग सभी राजनीतिक दलों ने अपने-अपने हिसाब से उपयोग किया।

तेलुगु देशम पार्टी की नींव अविभाजित आंध्र प्रदेश के सबसे प्रसिद्ध फिल्म सितारों में से एक नंदमूरि तारक रामाराव ने रखी थी। एन.टी.आर. के रूप में लोकप्रिय इस अभिनेता ने केवल एक मुद्दे पर पार्टी का निर्माण किया—आत्म गौरवम् (आत्मसम्मान और तेलुगु गौरव)।

करीब चार दशकों तक तेलुगु सिनेमा में एकच्छत्र राज करने के बाद, सुपरस्टार एन.टी.आर. एक ऐसे आइकन बनकर उभरे थे, जिन्होंने फिल्मों में देवताओं और पौराणिक पात्रों की भूमिका निभाने के लिए खूब प्रसिद्धि प्राप्त की। 1980 के दशक में यों ही कभी इस अभिनेता के दिमाग में व्यापक रूप से समाज और विशेष रूप से तेलुगु लोगों को—जिन्होंने उन्हें सुपरस्टार बनाने के लिए भरपूर प्यार और स्नेह दिया था, वापस कुछ लौटाने का विचार आया। उन्होंने अपने दोस्तों के साथ इस मुद्दे पर काफी विचार-विमर्श किया। तब भारतीय राष्ट्रीय कांग्रेस में इंदिरा गांधी का जमाना था और इंदिरा गांधी के 'हाईकमान' वाले रवैए ने उनकी इस सोच को चिनगारी दी और 29 मार्च, 1982 को पार्टी का गठन हो गया। 29 तारीख अपने आप में महत्त्वपूर्ण रही है। एन.टी.आर. का दृढ़ विश्वास था कि कैलेंडर का 29वाँ दिन सिल्वर स्क्रीन पर उनके शुरुआती दिनों से ही सौभाग्यशाली रहा है।

पार्टी के गठन के क्रम में रामाराव पड़ोसी राज्य मद्रास (तमिलनाडु) में चल रही राजनीतिक गतिविधियों से काफी प्रभावित थे। मद्रास दक्षिण के सभी प्रमुख फिल्म

प्रोड्यूसरों का गढ़ था। भारत और तेलुगु फिल्म उद्योग से जुड़े लोग और कई फिल्मी सितारे भी इसी शहर में रहते थे और हैदराबाद या अन्य शहरों के बीच शटल करते रहते थे।

लगभग पचास से ज्यादा वर्षों तक तमिलनाडु में राजनीति और फिल्म उद्योग के साथ एक मजबूत संबंध था। सी.एन. अन्नादुरई, एम. करुणानिधि, एम.जी. रामचंद्रन और जे. जयललिता सभी ऐसे थे, जिन्होंने राजनीति के साथ-साथ फिल्म उद्योग के बीच लगातार तारतम्य बनाए रखा।

राजनीति में कदम रखने के बीज 1980 के दशक की शुरुआत में जब रामाराव ने 'प्रजा की सेवा' करने की इच्छा व्यक्त की थी, पर इस बीज को अंकुरित होने में कुछ समय लगा। तत्कालीन आंध्र प्रदेश में एक पर एक घटनाएँ घटित हो रही थीं। जनता शासन (1977-80) के बाद इंदिरा गांधी के नेतृत्व में कांग्रेस राष्ट्रीय राजनीति में अपनी पकड़ फिर से बैठाने की कोशिश कर रही थी और संजय गांधी इसमें एक महत्त्वपूर्ण भूमिका अदा कर रहे थे। एक विमान दुर्घटना में अपने भाई संजय गांधी की असामयिक मृत्यु के बाद राजीव गांधी पर बड़ी जिम्मेदारी आन पड़ी थी। उन्हें माँ इंदिरा को व्यक्तिगत रूप से सँभालना भी था और राजनीतिक संकट से निपटने में मदद करने के लिए आगे आना पड़ा।

उन दिनों कांग्रेस पार्टी ने एक के बाद एक कई प्रदेशों में मुख्यमंत्री बदले, जिससे लोगों में पार्टी और उसके नेताओं के प्रति गुस्सा था। इससे राज्य पर अपनी इच्छा थोपनेवाले 'हाईकमान' के खिलाफ आक्रोश पैदा हो गया। एम. चेन्ना रेड्डी की जगह टी. अंजैया को चुना गया। अंजैया शुरू में दिहाड़ी मजदूर थे और बाद में पहले एक यूनियन नेता के रूप में उभरे। फिर केंद्र में श्रम मंत्री भी बने। अंजैया मुख्यमंत्री बन जाते हैं और उन्होंने सबको खुश करने के उद्देश्य से जंबो मंत्रिपरिषद बनाया। इसी क्रम में राजीव गांधी हैदराबाद आते हैं। राजीव गांधी का स्वागत करने के लिए हवाई अड्डे पर वे अपने पूरे मंत्रिपरिषद, पार्टी कार्यकर्ताओं और तमाम बैंड-बाजे के साथ मौजूद थे। इसके पहले संजय गांधी को इस तरह के ताम-झाम पसंद हुआ करते थे। जब अंजैया ने राजीव के सामने वही किया, लेकिन पायलट से राजनेता बने राजीव गांधी इन सबसे आग-बगूला हो उठे।

राजीव गांधी ने मुख्यमंत्री को समर्थकों के बड़े हुजूम के सामने ही कड़ी फटकार लगाई और हवाई पट्टी से जाने को कह दिया। अपमानित होते असहाय अंजैया की उस छवि ने बाद में उनके प्रति खासी सहानुभूति पैदा कर दी। उस एक घटना ने सचमुच आंध्र प्रदेश में राजनीति का चेहरा बदल दिया। 'आत्म गौरवम्' एक शब्द मात्र नहीं रहा और एक नारे में बदल गया। एक नए राजनीतिक दल तेलुगु देशम पार्टी का जन्म हुआ। एक

तरह से मार्च 1982 में इस क्षेत्रीय पार्टी का गठन भी दो प्रमुख समुदायों कम्मा (जिससे एन.टी.आर. आते थे) और रेड्डी के बीच चलते आ रहे आंतरिक सत्ता संघर्ष के उजागर होने का नतीजा था।

एक बार जब उन्होंने तय कर लिया कि राज्य की सेवा के लिए एक क्षेत्रीय पार्टी शुरू करने का समय आ गया है तो एन.टी.आर. ने इस पर काम करना शुरू कर दिया और इसमें उनकी सहायता कांग्रेस के एक पूर्व नेता नदेंदला भास्कर राव ने की। भास्कर राव के मुख्यमंत्री होने के उनके दावों की कांग्रेस ने लगातार अनदेखी की। नतीजा यह रहा कि उनका कांग्रेस से ही मोहभंग हो गया। इस बीच राज्य में कई मुख्यमंत्री बदले गए।

पार्टी के गठन को आगे बढ़ाने का निर्णय बड़े नाटकीय ढंग से हुआ। एन.टी.आर. चेन्नई से हैदराबाद आए तो अपने चहेते स्टार की एक झलक पाने के लिए बेताब उमड़े लोगों ने हवाई अड्डे पर उनका जोरदार स्वागत किया। तब तक राजनीति में उनके प्रवेश की चर्चा की सुगबुगाहट फैल ही चुकी थी।

एन.टी.आर. हवाई अड्डे से सीधे भास्कर राव के घर पहुँचे, जहाँ पार्टी की संचालन समिति की एक बैठक रखी गई थी। यहीं एन.टी.आर. को पार्टी का अध्यक्ष चुन लिया गया। यह बात दूसरी थी कि अभी तक पार्टी का विधिवत् नामकरण हुआ नहीं था। यहाँ से सभी लोग एम.एल.ए. क्वार्टर में चले गए, जहाँ क्लब हॉल में एक बैठक होनी थी। लेकिन भीड़ बढ़ने के कारण जगह छोटी पड़ने लगी।

बैठक को लॉन में स्थानांतरित कर दिया गया। भारी शोरगुल के बीच एन.टी.आर. ने एक भाषण दिया, जिसके अंत में उन्होंने पार्टी का नाम दिया—'तेलुगु देशम।' उसके बाद उन्होंने पार्टी के झंडे के लिए सोच-समझकर काम करना शुरू कर दिया। उन्होंने शुभ मानी जानेवाली एक पीले रंग की पृष्ठभूमि के साथ एक झोंपड़ी, एक हल और विभिन्न रंगों में बने एक पहिए के प्रतीक को चुना, जो कामगार और मेहनती वर्गों का प्रतिनिधित्व करता था।

जन-भावनाओं के ज्वार का आकलन करने और पार्टी-गठन की घोषणा से उपजे उत्साह को बढ़ावा देने के लिए एन.टी.आर. ने दो रणनीतियों से काम की शुरुआत की। 1. तत्कालीन आंध्र प्रदेश के तीन अलग-अलग क्षेत्रों—रायलसीमा, तटीय क्षेत्रों और तेलंगाना को पार्टी सम्मेलनों या 'महानाडु' के लिए चुना। 2. जनता में आधार पुख्ता करने के लिए तिरुपति, विशाखापत्तनम और हैदराबाद को केंद्र बनाया।

एन.टी.आर. ने लोगों को पार्टी में शामिल करने का एक अनूठा तरीका भी अपनाया। उन्होंने एक लोकप्रिय तेलुगु दैनिक 'ईनाडु' में विज्ञापन देकर टी.डी.पी. में शामिल होने के इच्छुक लोगों से विज्ञापन में दिए गए फॉर्म को भरकर पार्टी कार्यालय को भेजने का

आग्रह किया। भारतीय राजनीति में यह अनोखा प्रयोग था। 'ईनाडु' की भी स्थापना चर्चित सी. रामजी राव ने की थी और कुछ ही वर्षों में वो आंध्र में काफी लोकप्रिय हो गया था। ईनाडु के जरिए अब रोज टी.डी.पी. और एन.टी.आर. हर दिन घर-घर तक पहुँचने लगे। अगले कुछ महीनों में 'चैतन्यम रथ' पर सवार शीर्ष नेता के रूप में एन.टी.आर. को भरपूर कवरेज मिली और उनकी ख्याति प्रदेश के कोने-कोने तक फैल गई।

रथयात्रा अभियान का तरीका

यह जानते हुए कि एक सिनेमा स्टार के रूप में उनकी लोकप्रियता को बनाए रखने की जरूरत है। जहाँ भी एन.टी.आर. जाते, उनके रास्ते में भी लोग उनसे मिलने और उन्हें देखने के लिए टूट पड़ते थे। पहले तो एन.टी.आर. एक खुली जीप में यात्रा करते थे, लेकिन जल्द ही उन्हें आजकल के चर्चित रथ को रखने का विचार आया।

एन.टी.आर. के पास पहले से ही एक शेवरले थी, जो मद्रास के एक स्टूडियो में पड़ी धूल खा रही थी। आमतौर पर होता यह है कि हवाई या रेल से प्रमुख गंतव्यों तक पहुँचने के बाद शहरों और कस्बों में सड़क मार्ग से यात्रा करने के लिए स्थानीय व्यवस्था की जाती थी। पर एन.टी.आर. इस पारंपरिक तरीके से असहमत थे। उन्होंने अपने शेवरले बस को अपने हिसाब से डिजाइन कराने का निर्णय किया। इसे आंध्र की सड़कों के अनुकूल बनाया गया और इसमें भीतर सोने आदि की व्यवस्था थी, तो साथ में बस की छत पर जाने के लिए सीढ़ी आदि भी थी। लाउडस्पीकर और फ्लडलाइट से लैस। साथ ही अंदर वे सभी इंतजाम थे, जो जरूरत को पूरा करते थे। रिवॉल्विंग कुरसी और पार्टी सामग्री रखने के अलावा कुछ लोगों के बैठने की जगह इसमें थी। बेहद कम मूलभूत कुछ सुविधाओं से सुसज्जित वाहन पर सड़क मार्ग से यात्रा की अवधारणा उस समय के लिहाज से क्रांतिकारी थी। तब से यह देश भर में विभिन्न राजनीतिक दलों और उनके नेताओं के लिए भी यह एक जरूरत बन गया है। एक तरह से एन.टी.आर. ने भारतीय राजनीति में एक नई अवधारणा पेश की, जो आज तक प्रासंगिक है। बेशक जैसे-जैसे समय आगे बढ़ा, इंटीरियर और सुविधाएँ बेहतर होती गईं। तकनीक के साथ और बदलाव भी जुड़ते गए।

एन.टी.आर. ने एक और अनूठा काम किया। रोड शो की अवधारणा को पेश किया। हर जिले में लोगों को जोड़ने के लिए जनसभा आयोजित करने का निर्णय किया गया। पार्टी ने अपना ढाँचा खड़ा करने के लिए 'एन.टी.आर. फैन क्लबों' के विशाल नेटवर्क पर भरोसा किया। ये हर जिले में थे और इनकी संख्या सैकड़ों में थी। पार्टी के गठन के बाद बड़ी संख्या में उत्साही प्रशंसक अब राज्य भर में, जिलों, कस्बों और गाँवों में पार्टी की स्थापना में मदद करने के लिए उत्सुक थे।

और जब एक बार रथम (चर्चित रथ) सड़क पर उतरने के लिए तैयार हो गया तो एन.टी.आर. ने आकर्षक सिग्नेचर धुनों के साथ सड़कों पर जोर-शोर से लाउडस्पीकरों से माहौल बनाते हुए विभिन्न जिलों में शहर-शहर, गाँव-गाँव तक पूरा प्रदेश नापने का सिलसिला शुरू कर दिया।

इधर एन.टी.आर. की सभाओं और रोड शो में भीड़ हजारों से लाखों तक बढ़ती रही, पर कांग्रेस के नेतृत्व में राजनीतिक दलों को यही उम्मीद थी कि फिल्म स्टार की लोकप्रियता समय के साथ अपने आप कम हो जाएगी। लेकिन हुआ उलटा। रथम् आगे बढ़ता रहा। लोगों को आसपास जमा दिखाने पर वैन सड़क किनारे रुक जाती थी और एन.टी.आर. लहराते हुए सीढ़ी से वाहन के ऊपर चढ़ जाते थे, उत्साही भीड़ उन पर मालाओं की बौछार करती जाती थी।

अपनी फिल्मों के माध्यम से संवाद अदायगी और वाक्पटुता की जो कला उन्होंने सीखी थी, वह अब पूरी काम आ रही थी। पूरे उतार-चढ़ाव के साथ गूँजती हुई उनकी कड़क आवाज को काफी दूर तक सुना और पहचाना जा सकता था और जैसे-जैसे भीड़ के साथ एन.टी.आर. के सुर जनता से मिलते, उनकी आवाज और बुलंद होती जाती थी। रथम् की यात्रा आगे बढ़ती रही।

एन.टी.आर. की दिनचर्या भी अपने आप में चर्चा का विषय बनाई। एन.टी.आर. का बेहद सामान्य व्यवहार, कहीं भी रुक जाना, नलकूप से नहाना, अपने खाकी को धोकर और यात्रा शुरू करने से पहले उन्हें खुले में सुखाकर पहनना, इन सबने उन्हें लोगों से जोड़ा। एक बड़ा फिल्म स्टार और बिल्कुल सामान्य व्यवहार। उस समय की राजनीति में ऐसा पहले कभी नहीं देखा गया था। इसने एन.टी.आर. की एक आम व्यक्ति की छवि बनाई, जिसकी लोगों में खूब चर्चा रही। कांग्रेस पार्टी के नेताओं के यह मानने पर भी कि उनमें चुनावी सेंध लगाने की क्षमता नहीं है, आम लोगों के साथ उनका जुड़ाव कम नहीं हुआ, बढ़ता ही रहा। इंदिरा गांधी ने एन.टी.आर. को एकमात्र एक 'राजनीतिक मजाक' कहकर नकार दिया, जबकि राज्य के कांग्रेस नेता आश्वस्त थे कि उनकी पार्टी मार्च 1983 में चुनाव होने पर अच्छा प्रदर्शन करेगी।

"14 जून, 1982 को जब रामाराव अभियान के पहले चरण के दौरे पर निकले और 3 जनवरी को जब वे अपने अभियान का अंतिम भाषण देने के लिए तिरुपति पहुँचे तो वे कुल 70 दिनों की यात्रा कर चुके थे और राज्य के कोने-कोने तक जाकर कुल 35,000 किलोमीटर की दूरी तय कर चुके थे। उन्हें लगभग 3 करोड़ लोगों ने देखा और सुना—जो इतिहास की पुस्तकों के लिए एक रिकॉर्ड सरीखा था। राज्य में किसी राजनीतिज्ञ ने इतनी व्यापक यात्रा पहले कभी नहीं की थी। किसी भी व्यक्ति ने इतनी वाक्पटुता से बात नहीं की थी। लोगों की भावनाओं को अपने शब्द नहीं दिए थे और न

ही किसी भी व्यक्ति ने इतने सारे लोगों को अपनी भाषण क्षमता से चमत्कृत और प्रभावित किया था कि वे उसके लिए कुछ भी कर-गुजरने को तैयार हो सकते थे।" वरिष्ठ पत्रकार एस. वेंकट नारायण ने एन.टी.आर. पर लिखी उनकी जीवनी में लिखा कि इतनी गर्मजोशी, प्यार और स्नेह से किसी का स्वागत नहीं किया गया। शायद महात्मा गांधी के बाद वो पहले ऐसे व्यक्ति थे।

दो रुपए में चावल और कल्याणकारी वादे

अपनी जनसभाओं के पहले दौर के दौरान एन.टी.आर. ने एक ऐसी घोषणा की, जो अब लगभग हर राजनीतिक दल के चुनावी वादे का अनिवार्य हिस्सा है। उन शुरुआती दिनों में से एक दिन जब वे रायलसीमा क्षेत्र के एक महत्त्वपूर्ण शहर कडपा में थे, उन्होंने दो रुपए प्रति किलोग्राम में रियायती चावल उपलब्ध कराने की घोषणा की। यह घोषणा कोई नई नहीं थी। पहले भी तमिलनाडु में सी. अन्नादुरई के नेतृत्व में द्रमुक ने एक रुपए प्रति पाडी (लगभग 1.5 किलोग्राम) पर चावल उपलब्ध कराने का वादा किया था। तेदेपा अध्यक्ष की इस घोषणा ने समाज के गरीबों और हाशिए के लोगों के बीच उम्मीद जगा दी।

पहले तो कांग्रेस ने इस योजना की आलोचना की और कहा कि इसके लिए आवश्यक संसाधन नहीं हैं। पर कांग्रेस जल्द ही घबरा गई। जल्द ही इसके मुख्यमंत्री 1.90 रुपए प्रति किलो पर चावल उपलब्ध कराने की योजना लेकर आए और जब इसे शुरू भी कर दिया, लेकिन यह साबित हो गया कि टी.डी.पी. की पेशकश असंभव नहीं थी। इसका श्रेय और लाभ टी.डी.पी. और एन.टी.आर. को ही मिला।

एन.टी. रामाराव चावल पर नहीं रुके, उन्होंने आम लोगों के लिए सस्ते कपड़े और गरीबों और जरूरतमंदों के लिए स्थायी घर उपलब्ध कराने का वादा भी किया। एन.टी.आर. अकसर मजाक में कहते थे कि ऐसी सरकार का होना ही बेमानी है, जो गरीबों और जरूरतमंदों को रोटी, कपड़ा और मकान तक न उपलब्ध करा सके। 'रोटी कपड़ा और मकान' का मूल मुद्दा टी.डी.पी. के लिए अभूतपूर्व गेम चेंजर साबित हुआ।

सच तो यह है कि कुछ ऐसी योजनाएँ, जिन्हें तब लोक-लुभावन और रियायतों के रूप में खारिज कर दिया गया था, बाद में कई सरकारों ने इसे लागू किया। दो रुपए प्रति किलो चावल को कई राज्यों ने अपनाया और कई जगह चावल की जगह आटा उपलब्ध कराया। तमिलनाडु में के. कामराज ने मिड-डे मील (दोपहर में खाना) योजना शुरू की, जिसे बाद में उनकी उत्तराधिकारी द्रमुक सरकार ने जारी रखा। आज भले ही लोगों को यह लगे कि यह योजना दस-बीस साल पुरानी है, जबकि वास्तविकता यह है कि यह लगभग पैंसठ साल पुरानी योजना है। इसे केंद्र द्वारा भी राष्ट्रीय कार्यक्रम के रूप में अपनाया गया।

गरीब बच्चों के स्कूल आने पर उन्हें पौष्टिक भोजन प्रदान करना एक ऐसी योजना रही, जिससे छात्रों की संख्या में वृद्धि हुई और भारत में साक्षरता का स्तर बढ़ा।

पहली चुनावी परीक्षा

अब एन.टी.आर. के रोड शो में बढ़ती भीड़ की खबरें आम होने लगीं। खूब खबरें छपने लगीं। 'ईनाडु' अखबार टी.डी.पी. अध्यक्ष की गतिविधियों की खबरों से भरने लगा, तब राजनीतिक दलों के कान खड़े हुए। चुनाव मार्च में होने थे, लेकिन अचानक चुनाव आयोग ने जनवरी में इसके मतदान की तारीखें घोषित कर दी गईं। समय बहुत कम था और एन.टी.आर. को अपने सबसे बड़े और पहले टेस्ट, विधानसभा चुनाव की तैयारी के लिए अपना अभियान बीच में ही रोकना पड़ा।

अब वाम दलों के कुछ राज्य स्तर के नेताओं ने उनसे गठबंधन करना चाहा और प्रभाव से ज्यादा सीटों की माँग रखी। तय है कि एन.टी.आर. यह मानने के लिए तैयार नहीं थे। आखिरकार टी.डी.पी. ने अविभाजित आंध्र प्रदेश विधानसभा की 294 सीटों में से 289 पर अपने उम्मीदवारों को मैदान में उतारा और बाकी पाँच सीटें संजय गांधी की पत्नी मेनका गांधी के 'संजय विचार मंच' के लिए छोड़ दीं। अपनी सास इंदिरा गांधी से मतभेद के बाद मेनका गांधी ने इस दल का गठन किया था। टी.डी.पी. भी उन्हें समायोजित करने के लिए इसलिए सहमत हो गई, क्योंकि मेनका ने राज्य में प्रचार करने का वादा किया। मेनका के समर्थन का मतलब था कि इंदिरा गांधी के खिलाफ चल रहे अभियान को और पुख्ता होने का अवसर मिलना।

इधर टी.डी.पी. के लिए उम्मीदवारों के चयन की प्रक्रिया आसान नहीं थी। लेकिन इसके लिए एन.टी.आर. ने कुछ स्वतंत्र पर्यवेक्षकों से इनपुट लिये और साथ ही इनाडु द्वारा तैयार की गई सूची की मदद ली, जिसे रैलियों और रोड शो को कवर कर रहे पत्रकारों ने तैयार किया था। सूची में शिक्षित युवाओं, पेशेवरों और समुदायों के एक क्रॉस सेक्शन का प्रतिनिधित्व करनेवाले सदस्य शामिल थे।

तेलुगु अस्मिता और 'तेलुगु तल्ली पिलिस्टोंडी' (मा तेलुगु बुला रही है) तेलुगु देशम के प्रचार का केंद्रीय विषय बना रहा। पोस्टरों व प्रचार साम्रगी में एक एन.टी.आर. प्रमुख चेहरा थे। विधानसभा क्षेत्रों के हिसाब से एन.टी.आर. के साथ उस क्षेत्र के प्रत्याशी की भी फोटो प्रचार साम्रगी का हिस्सा होती थी। राज्य और भारत के अन्य हिस्सों में तेलुगु भाषी लोगों के व्यापक समर्थन और स्वैच्छिक दान के बावजूद पार्टी के पास धन की कमी थी। जहाँ तक उम्मीदवारों की बात थी, पार्टी ने अनुसूचित जाति/जनजाति और महिलाओं के उम्मीदवारों के लिए सीमित राशि के साथ प्रचार सामग्री, पोस्टर, पैंफलेट, पार्टी गीतों और एन.टी.आर. के भाषणों के ऑडियो-कैसेट दिए।

तब तक एन.टी.आर. एक ऐसी पार्टी का नेतृत्व कर रहे थे, जिसे राजनीतिक इकाई के रूप में संगठित होने का बहुत कम अनुभव था। और उन्होंने पार्टी का जो भी प्रचार किया भी, वह अपरंपरागत था। रथम् यात्रा के दौरान भीड़ उन्हें ऐसे घेरती थी, जैसे फूल की ओर मधुमक्खियाँ खिंची चली आती हैं। उन्होंने तेलुगु गौरव की बात को खूब अग्नि दी और अभी तक हाशिए पर रहनेवाले सामान्य लोगों के जीवन में बदलाव लाने का वादा किया। अपने साथ आ रहे लोगों को प्यार से अपनाया। उनकी आवाज एक उम्मीद जगाती थी।

उन दिनों इलेक्ट्रॉनिक मीडिया का खेल नहीं था और प्रचार तथा खबरों का एकमात्र साधन अखबार हुआ करते थे। एन.टी.आर. की इतनी हवा के बाद भी एक लोकप्रिय अखबार के जनमत सर्वेक्षण ने कांग्रेस की चुनाव में आसान जीत बता दी थी। पर मतदान से कुछ ही दिन पहले ईनाडु ने टी.डी.पी. के लिए एक शानदार जीत की भविष्यवाणी की और कांग्रेस को दो अंकों तक सीमित कर दिया गया था।

मतदान के बाद दोनों दल आश्वस्त रहे। 6 जनवरी को मतगणना शुरू हुई और जब प्रक्रिया पूरी हुई तो इतिहास रच दिया गया। 294 सदस्यों वाली आंध्र प्रदेश विधानसभा में नवोदित टी.डी.पी. पार्टी को 201 सीटों के साथ भारी बहुमत मिला तो कांग्रेस को केवल 60 सीटें मिलीं। सी.पी.आई. (6), सी.पी.आई.-एम (5) जनता दल (1) और अन्य (20) जीत सके थे।

एक पार्टी, जो मुश्किल से नौ महीने पहले बनी थी, ने आंध्र प्रदेश में 'इंदिराम्मा' के नाम से मशहूर महिला के नेतृत्ववाली शक्तिशाली कांग्रेस को हरा दिया। यहाँ यह ध्यान रखना होगा कि 1977 में जब देश में 'जनता लहर' चल रही थी, तो भी आंध्र की जनता ने उन्हें बहुमत से जिताया था। 9 जनवरी, 1983 को एन.टी.आर. ने पहले गैर-कांग्रेसी मुख्यमंत्री के रूप में शपथ ली। लाल बहादुर स्टेडियम में आयोजित समारोह में ढाई लाख से ज्यादा लोगों ने इतिहास रचते हुए देखा। एन.टी.आर. ने सार्वजनिक जीवन में पार्टी के सदस्यों के लिए आचार-संहिता निर्धारित कर दी और साथ ही राष्ट्रीय राजनीति में भी काम करना शुरू कर दिया। वे 1983 और 1984 के बीच देश के विभिन्न हिस्सों में आयोजित विरोधी दलों के सम्मेलनों का अहम हिस्सा रहते थे। अन्य विरोधी दलों की सरकारें भी उनकी देखा-देखी करने लगीं। उनके इस कदम ने कांग्रेस खेमे के साथ-साथ इंदिरा गांधी के लिए भी चिंता का विषय बना दिया था। खासतौर पर तब, जब कांग्रेस पंजाब में एक बड़ी समस्या से जूझ रही थी।

राजनीतिक झटका

इसी सबके चलते जहाँ एक ओर केंद्र की कांग्रेस सरकार एन.टी.आर. की ओर से सावधान हो गई, दूसरी ओर टी.डी.पी. के भीतर भास्कर राव के साथ उनके मतभेद समय

के साथ बढ़ते गए। राव मानते थे कि टी.डी.पी. के गठन के पीछे उन्हीं का दिमाग है। पार्टी में और एन.टी.आर. के उदय से और खुद को नजरअंदाज किए जाने से वे खफा रहने लगे। उन्होंने धीरे-धीरे कांग्रेस नेताओं के साथ पींगें बढ़ानी शुरू की और मौके की ताक में रहने लग गए। उधर एन.टी.आर. भी रथम् पर अकेले चलने लगे थे। खाई बढ़ती गई और विपक्षी सम्मेलनों सहित कई मुद्दों पर दोनों की असहमति सार्वजनिक होने लगी थी। कहने को तो वे कैबिनेट में मंत्री बने रहे, पर मौका मिलते ही पलटवार किया।

1984 के दौरान एन.टी.आर. को कई बार अमेरिका की यात्रा करनी पड़ी। उनकी पत्नी वासवाताराकम बीमार रहने लगीं और उन्हें अमेरिका में भरती होना पड़ा। उनकी देखभाल के लिए जाना पड़ता था और बाद में उसी साल जुलाई में अपने दिल की सर्जरी के लिए जाना पड़ा। हैदराबाद में कानून और व्यवस्था की स्थिति और कई घटनाओं के चलते भास्कर राव ने बड़ी संख्या में विधायकों का समर्थन जुटाने की दिशा में काम किया। रामाराव को यह खबर पता लगी तो उन्हें तत्काल वापस भारत लौटना पड़ा। उस समय उनका ऑपरेशन हुआ ही था और उनके बदन पर तमाम पट्टियाँ बँधी थीं।

रामाराव के पास अब भी विधायकों की पर्याप्त संख्या थी। उनके दूसरे दामाद चंद्रबाबू नायडू भी तब तक कांग्रेस छोड़ तेलुगु देशम में आ गए थे। भास्कर राव की तरफ से दावा किया गया और फिर 16 अगस्त को राज्यपाल राम लाल ने उन्हें मुख्यमंत्री के पद की शपथ दिलाई और पूरी स्थिति अचानक बदल गई। उस दिन रामाराव और उनकी पार्टी के विधायकों को राजभवन के अंदर बने रहने की कोशिश करने के लिए हिरासत में लिया गया था। इससे उनके लिए सहानुभूति लहर फैल गई।

राव को बहुमत साबित करने के लिए एक महीने का समय दिया गया था, लेकिन अगले कुछ हफ्तों की घटनाओं ने राव की योजनाओं को विफल कर दिया। विपक्ष के ज्यादातर नेता एन.टी.आर. के साथ दिखे। इधर फारूक अब्दुल्ला की नेशनल कॉन्फ्रेंस सरकार और टी.डी.पी. सरकार की बरखास्तगी के बाद माहौल में अचानक काफी गरमी आ गई थी। इसके विरोध में विपक्ष के नेता राष्ट्रपति जैल सिंह से मिलने के लिए रायसीना हिल गए। उस समय व्हीलचेयर पर एन.टी.आर. आगे-आगे थे और वे तस्वीर आज भी लोगों की यादों में बसी हुई हैं। भारतीय राजनीति में एक नई तरह की सुगबुगाहट शुरू हो गई थी।

इस बीच, जैसे ही जनमत ने केंद्र सरकार के खिलाफ दबाव बढ़ाना शुरू किया, कई कांग्रेसियों ने इंदिरा गांधी को अपने निशाने पर लिया। राज्यपाल राम लाल को पद छोड़ने के लिए कहा गया और शंकर दयाल शर्मा को लाया गया। शर्मा ने अपने पूर्ववर्ती द्वारा दी गई अवधि के अंत तक भास्कर राव के बहुमत साबित करने में असमर्थ होने के कारण भास्कर राव को पद छोड़ने और फिर से एन.टी.आर. की शपथ लेने का निमंत्रण

दिया। जनता की ताकत, एन.टी.आर. के करिश्मे और विपक्ष के नेताओं के असाधारण समर्थन ने कांग्रेस नेतृत्व को पीछे कर दिया। एन.टी.आर. एक महीने के अंतराल के बाद मुख्यमंत्री के रूप में वापस आ गए थे।

शासन में दूसरा कार्यकाल

टी.डी.पी. की लोकप्रियता बरकरार रही और इंदिरा गांधी की हत्या के तुरंत बाद, जब देश लोकसभा चुनाव की तैयारी कर रहा था, एन.टी.आर. ने राजीव गांधी को राज्य विधानसभा को जल्द-से-जल्द भंग करने के लिए राजी कर लिया, ताकि राज्य विधानसभा चुनाव आम चुनाव के साथ ही करा लिये जाएँ। तब राजीव गांधी कांग्रेस के अध्यक्ष भी हुआ करते थे। फिर भी कुछ राजनीतिक जरूरतों के कारण राज्य के विधानसभा चुनाव जनवरी 1985 में हुए। हालाँकि कांग्रेस ने सहानुभूति लहर के दम पर देश में लोकसभा चुनावों में जीत हासिल की, आंध्र प्रदेश टी.डी.पी. का गढ़ बना रहा। टी.डी.पी. ने लोकसभा चुनाव में 42 सीटों में से 30 पर जीत हासिल की। लोकसभा में विपक्ष की संख्या में भारी गिरावट रही और बाद में टी.डी.पी. के सांसद पी. उपेंद्र विपक्ष के नेता बन गए।

जनवरी 1985 के विधानसभा चुनावों में फिर टी.डी.पी. 294 सीटों में से 202 सीटें जीतकर फलती-फूलती दिखी, जबकि कांग्रेस पिछले विधानसभा चुनाव की तुलना में 10 सीटें और कम हो गईं और वह 50 पर सिमट गई। एन.टी.आर. का दूसरा कार्यकाल पूरे पाँच वर्षों तक निर्बाध रूप से जारी रहा। इस बीच उनके दामाद चंद्रबाबू नायडू ने धीरे-धीरे पार्टी तंत्र के भीतर एक नेटवर्क बनाना शुरू कर दिया। दूसरे कार्यकाल के आखिरी के दिनों में टी.डी.पी. के खिलाफ एक अलग माहौल बन गया था और 1989 के चुनाव में तेलुगु देशम पार्टी हार गई। एम. चेन्ना रेड्डी के नेतृत्व में कांग्रेस 181 सीटें जीतकर सत्ता में आई और टी.डी.पी. 74 पर सिमट गई। लेकिन इसके बावजूद पार्टी ने राजनीतिक रूप से प्रासंगिक बने रहने का प्रयास किया और केंद्र में विश्वनाथ प्रताप सिंह के नेतृत्व में राष्ट्रीय मोर्चा सरकार बनी तो एन.टी.आर. मोर्चे के अध्यक्ष बने। राज्य में जमीनी हालात बदलते रहे और 1990 के अंत तक कांग्रेस चेन्ना रेड्डी को हटाकर एन. जनार्दन रेड्डी को लाई। आगामी विधानसभा चुनावों में, दिसंबर 1994 में एक बार फिर टी.डी.पी. सत्ता में लौटी और एन.टी.आर. ने पदभार सँभाला।

पार्टी अब वह नहीं थी, जिसे उन्होंने 1982 में बनाया था, सत्ता में रहते हुए और सत्ता से बाहर होकर संगठन में कई खामियाँ आने लगीं। उधर एन.टी.आर. एक जीवनी लेखक लक्ष्मी पार्वती के करीब आए, जो बाद में उनकी सहयोगी बनीं। 1984 में उनकी

पत्नी के निधन के काफी बाद और उस अवधि के दौरान जब वे सत्ता से बाहर थे और अकेलेपन से जूझ रहे थे, लक्ष्मी पार्वती ने उनके जीवन में प्रवेश किया।

लक्ष्मी पार्वती के बढ़ते दबदबे के कारण एन.टी.आर. के परिवार, दोस्तों और समर्थकों को परेशानी का सामना करना पड़ रहा था। शारीरिक रूप से कमजोर मुख्यमंत्री और अध्यक्ष के फैसले लक्ष्मी खुद करने लगी थीं। लेकिन यह सब नौ महीने से ज्यादा नहीं चल पाया और चंद्रबाबू नायडू एन.टी.आर. को हटाकर सितंबर 1995 में मुख्यमंत्री बने और 1999 का चुनाव भी जीता और मई 2004 तक 10 साल तक अपने पद पर बने रहे।

नायडू लक्ष्मी पार्वती की अलोकप्रियता और पार्टी और सरकार दोनों में उनके हस्तक्षेप के खिलाफ नाराजगी की लहर पर सवार होकर आगे बढ़े थे। वैसे एक समूह था, जो लक्ष्मी पार्वती के साथ था, लेकिन फिर भी नायडू एक बेहतर रणनीतिकार साबित हुए। उन्होंने विधायकों और परिवार के सदस्यों से, खासकर दग्गुबाती वेंकटेश्वर राव से समर्थन हासिल किया। वेंकटेश्वर राव की शादी एन.टी.आर. की एक बेटी डी. पुरंदेश्वरी से हुई थी। यह और बात है कि मनमोहन सिंह मंत्रिपरिषद में मंत्री रहे वेंकटेश्वर राव को तब नायडू टीम में कोई जगह नहीं मिली।

नायडू के नेतृत्ववाली पार्टी

1995 से चंद्रबाबू नायडू इसके अध्यक्ष बने हुए हैं। कांग्रेस से शुरुआत करनेवाले और 1980 के दशक में आंध्र सरकार में मंत्री रहने के बाद, नायडू बाद में टी.डी.पी. में आ गए थे और धीरे-धीरे उन्होंने अपना जनाधार बनाया। जिस तरह एन.टी.आर. के नेतृत्ववाली क्षेत्रीय पार्टी ने राष्ट्रीय राजनीति में खुद के लिए एक भूमिका निभाई, नायडू ने 1996 में संयुक्त मोर्चा गठबंधन सरकार के दौरान पहले एच.डी. देवगौड़ा और बाद में इंद्र कुमार गुजराल के तहत अवसर से सबसे अधिक लाभ उठाए। वे फ्रंट के संयोजक बन गए और गठबंधन सहयोगियों के बीच और कांग्रेस के बीच जब-तब उठनेवाले मुद्दों को सुलझाते रहे। इसके लिए दिल्ली भी उनके लिए खास अपरिचित नहीं रही।

बाद में 1999 में, नायडू ने वाजपेयी सरकार को बाहर से समर्थन देने की रणनीति पर दाँव लगाया। इस सौदेबाजी में टी.डी.पी. को लोकसभा अध्यक्ष का पद मिला और पार्टी ने गंती मोहन चंद्र बालयोगी को इस पद पर सुशोभित करा दिया। लेकिन असली दिक्कत तो 2004 में शुरू हुई, जब आंध्र में पार्टी ने सत्ता खो दी और एक कट्टर कांग्रेसी वाई.एस. राजशेखर रेड्डी की नेतृत्व में कांग्रेस को सत्ता वापस मिल जाती है। नायडू और रेड्डी कभी 1970 के दशक के मध्य में अपने-अपने जिलों के युवा कांग्रेस के नेता थे। भले ही वे एक-दूसरे को अच्छी तरह से जानते थे, पर उनके राजनीतिक रास्ते अलग-अलग थे।

1999–2004 का युग अलग था। नायडू के नेतृत्ववाली टी.डी.पी. सरकार ने हैदराबाद को अमेरिका की सिलिकॉन वैली की तरह से बनाने की कोशिश की। नायडू ने खुद को राज्य का मुख्य कार्यकारी अधिकारी कहलाना पसंद किया। उन्होंने बड़े पैमाने पर आई.टी. को बढ़ावा दिया, प्रमुख बुनियादी ढाँचा परियोजनाएँ शुरू करके विकास को बढ़ावा देने की कोशिशें तेज कीं। लेकिन इस प्रक्रिया में किसानों और अन्य वर्गों ने खुद

को उपेक्षित महसूस किया। लगा कि एक तरफ केंद्र में 'शाइनिंग इंडिया' चल रहा है तो दूसरी तरफ आंध्र में 'शाइनिंग हैदराबाद'।

अवसर भाँपकर उनके राजनीतिक प्रतिद्वंद्वी राजशेखर रेड्डी ने राज्य भर में पदयात्रा की और अंततः 2004 में चुनाव जीत गए। नायडू ने सत्ता और राजनीतिक मित्र दोनों खो दिए। अगले एक दशक तक टी.डी.पी. विपक्ष में रही। एक हेलीकॉप्टर दुर्घटना में राजशेखर रेड्डी की दुर्भाग्यपूर्ण मौत, पार्टी के भीतर मुख्यमंत्री के बेटे वाई.एस. जगनमोहन रेड्डी के पार्टी के केंद्रीय नेतृत्व के साथ आंतरिक संघर्ष ने नायडू के लिए 2014 में वापस लौटने के लिए पृष्ठभूमि तैयार की।

तब तक मनमोहन सिंह सरकार ने आंध्र प्रदेश को विभाजित कर अलग तेलंगाना राज्य बना दिया था। अलग तेलंगाना की माँग पहली बार 1970 के दशक में एम. चेन्ना रेड्डी और फिर बाद में के. चंद्रशेखर राव ने उठाई थी। चंद्रशेखर राव भी पहले टी.डी.पी. में थे और 2001 में अलग हो गए। अलग होते ही उन्होंने अलग तेलंगाना राज्य की माँग के लिए 'तेलंगाना राष्ट्र समिति' (टी.आर.एस.) बनाई।

2014 में फिर चुनाव हुए। अखंड आंध्र-भावना और शेष आंध्र प्रदेश का पुनर्निर्माण की चाहत में जनता ने फिर से टी.डी.पी. को सत्ता सामान्य बहुमत के साथ सौंप दी। विभाजित आंध्र प्रदेश में 237 सीटों में से 117 सीटें नायडू की पार्टी को मिलती हैं। इस बार नायडू ने सरकार ने सिंगापुर की तर्ज पर अमरावती में एक नई राजधानी बनाने का वादा किया था। पाँच साल कार्यालय में रहने के बावजूद, परियोजना ज्यादा गति नहीं पकड़ सकी। नायडू केंद्र पर साथ न देने का आरोप लगाते रहे। उन्होंने पूरे प्रदेश का चक्कर भी मारा, लेकिन वाई.एस.आर. कांग्रेस के जगन रेड्डी ज्यादा उस्ताद निकले और भ्रष्टाचार तथा अक्षमता के कारण टी.डी.पी. को 2019 के विधानसभा चुनावों में हार का सामना करना पड़ा। जगन रेड्डी ने अपने पिता की तरह पदयात्रा की, जिससे उन्हें मतदाताओं का स्नेह मिला।

2019 में कांग्रेस के साथ चुनावी गठबंधन करने के टी.डी.पी. के फैसले ने भी नायडू के कई समर्थकों को झकझोर दिया। जिस कांग्रेस का विरोध कर टी.डी.पी. बनी थी, जनता को कांग्रेस से हाथ मिलाना पसंद नहीं आया। आज पार्टी खोए हुए गौरव को फिर से हासिल करने और दो तेलुगु भाषी राज्यों आंध्र प्रदेश और तेलंगाना में प्रासंगिक बने रहने की कोशिश कर रही है। लेकिन यह आसान नहीं दिखता। तेलंगाना में पार्टी का आधार कमजोर हो रहा है और आंध्र में जगन रेड्डी लोकप्रियता के रथ पर सवार हैं।

□

21

ए.आई.एम.आई.एम. : नई सनसनी

आजकल जहाँ भी चुनाव हो, एक बात पूछ ली जाती है, 'ओवैसी की पार्टी भी लड़ रही है क्या? ओवैसी की पार्टी गठन के 35 साल बाद भी आजकल राज्य मान्यता प्राप्त पार्टी है, यानी क्षेत्रीय पार्टी। लेकिन अल्पसंख्यकों के वोट बैंक में जिस तरह इस पार्टी ने सेंध लगाई है, आनेवाले कुछ ही महीनों में इसे राष्ट्रीय दल का भी दर्जा मिल जाए तो कोई आश्चर्य नहीं। मूल रूप से आंध्र प्रदेश या यों कहें हैदराबाद की इस पार्टी का विस्तार धीरे-धीरे हो रहा है और उसने महाराष्ट्र, बिहार, तेलंगाना में प्रवेश कर लिया है। अगला निशाना उत्तर प्रदेश के चुनाव हैं।

यों तो 'ऑल इंडिया मजलिस-ए-इत्तेहादुल मुसलिमीन' (ए.आई.एम.आई.एम.) की मूल पार्टी को भी जोड़ लिया जाए तो यह आजादी के पहले की पार्टी है, लेकिन इस पार्टी की असली पहचान सुल्तान सलाहुद्दीन ओवैसी के 1984 में हैदराबाद से लोकसभा सदस्य बनने से होती है। सुल्तान 2004 तक लगातार छह बार सांसद रहे। और इसी के बाद उन्होंने हैदराबाद की सीट पर अपने बेटे असदुद्दीन ओवैसी को चुनाव लड़वा दिया। यों बैरिस्टर ओवैसी जिस साल 25 साल के हुए, उसी साल चारमीनार विधानसभा क्षेत्र से विधायक बन जाते हैं, लेकिन राष्ट्रीय चर्चा में सांसद बनने के बाद ही आते हैं। वे मुसलमानों की बात करते हैं, लेकिन साथ ही जिन्ना के द्विराष्ट्र सिद्धांत का विरोध भी करते हैं। 2008 में जब मुंबई में हमला हुआ तो उनकी पार्टी द्वारा जाकिर रहमान लखवी और हाफिज सईद समेत आतंकियों की गिरफ्तारी की माँग की गई। इसी तरह वे सरकारी नौकरियों में पिछड़े वर्ग के हिमायती रहे हैं और इसके लिए उन्होंने आवाज भी उठाई। लेकिन वे इस बात पर भी चिंता जताते रहे हैं कि मुसलिम प्रत्याशियों को धर्मनिरपेक्ष दलों के नेता अपने वोट स्थानांतरित नहीं करा पाते हैं। उनका मानना रहा है कि मुसलमानों को पिछड़े वर्ग, दलित और यादवों की तरह अपनी राजनैतिक ताकत

बनानी चाहिए। इसी तरह उनकी माँग रही कि मुसलमानों को हज सब्सिडी न देकर उस पैसे का इस्तेमाल मुसलिम महिलाओं की पढ़ाई में किया जाना चाहिए। उनकी आई.एस. आई.एस. की खुलेआम निंदा को भी काफी प्रशंसा मिली।

इस तरह की चर्चा का लाभ यह हुआ कि पार्टी का जनाधार एक अल्पसंख्यकों के उदार समुदाय में भी खूब बढ़ा। दूसरी तरफ उनके भाई और विधायक अकबरउद्दीन के कट्टर भाषण पार्टी में एक अलग किस्म का आधार तैयार करते रहे। वैसे पार्टी की जड़ें काफी पुरानी हैं। पार्टी की आधिकारिक वेबसाइट के मुताबिक ऑल इंडिया मजलिस-ए-इत्तेहादुल मुसलिमीन, जिसे इतेहाद बैनल मुसलमीन के नाम से भी जाना जाता है, की जड़ें 93 साल पुरानी हैं। इसकी स्थापना 12 नवंबर, 1927 को नवाब महमूद खान किलेदार की मेजबानी में हैदराबाद में आयोजित बैठक में हुई थी। इस बैठक में मुसलिम समुदाय के प्रमुख लोग, जिनमें उलेमा-ए-मशकीन भी शामिल थे, उपस्थित हुए थे। पार्टी की स्थापना का उद्‍देश्य मुसलमानों का सामाजिक, आर्थिक और शैक्षणिक उत्थान बताया गया था। नवाब बहादुर यार जंग 1938 में इसके पहले अध्यक्ष चुने गए। नवाब बहादुर यार जंग को 'खाकसार आंदोलन' के लिए भी जाना जाता है। हैदराबाद में 'खाकसार आंदोलन' का नेतृत्व यार जंग ने ही किया था। यह आंदोलन इनायतुल्लाह खान मशकीरी ने 1931 में लाहौर में शुरू किया था। इस आंदोलन का उद्‍देश्य भारत को ब्रिटिश साम्राज्य से मुक्त कराना था और देश में एक हिंदू-मुसलिम सरकार की स्थापना करना था। (History of Khaksar Movement in India 1931-1947, Amalendu De)।

बताया जाता है कि 1927 में 'मजलिस-ए-इत्तेहादुल मुसलिमीन' (एम.आई.एम.) के रूप में इसकी स्थापना हैदराबाद स्टेट के किलेदार नवाब महमूद नवाज खान ने हैदराबाद के निजाम उस्मान अली खान की सलाह पर की थी। 1944 में सैयद कासिम रिजवी ने पार्टी का नेतृत्व सँभाला। वकील कासिम के इरादे काफी आक्रामक थे और उसने रजाकारों का एक मिलिशिया संगठन भी बनाया। इन रजाकारों को लड़ने का खास प्रशिक्षण दिया गया। इस संगठन का उद्‍देश्य भारत में हैदराबाद स्टेट के विलय का विरोध करना था। यह भी कहा जाता है कि कासिम करीब डेढ़ लाख रजाकारों की फौज इकट्ठा कर ली थी। कासिम के भारत विरोधी रुख को देखते हुए 1948 में एम.आई.एम. को प्रतिबंधित कर दिया गया। कासिम रिजवी को गिरफ्तार कर जेल में डाल दिया गया।

'द हिंदू' में 27 अप्रैल, 2003 को छपे लेख 'होल्डिंग देम कैप्टिव ? द ग्रिप ऑफ द मजलिस-ए-इतेहादुल मुसलमीन ऑन द कम्युनिटी रिमेन्स स्ट्रोंग, डिस्पाइट माइनर डेंट्स' (Holding them captive? The grip of the majlis-e-Ittehadul

Muslimeen on the community remains strong, despite minor dents—The Hindu, 27 April, 2003) के अनुसार कासिम रिजवी 1948 से 1957 तक जेल में रहा। उसे इस शर्त पर छोड़ा गया कि वह पाकिस्तान चला जाएगा, जहाँ उसे शरण दी जा रही थी।

कहा जाता है कि कासिम रिजवी ने पाकिस्तान जाने से पहले पार्टी (एम.आई.एम.) की जिम्मेदारी एक वकील अब्दुल वाहिद ओवैसी को सौंप दी। अब्दुल वाहिद ओवैसी ने इसका नाम बदलकर ए.आई.एम.आई.एम. यानी ऑल इंडिया मजलिस-ए-इत्तेहादुल मुसलिमीन कर दिया। हालाँकि 1948 से 1960 के बीच पार्टी किस स्थिति में रही, इसके बारे में पार्टी की अपनी वेबसाइट में भी कोई विशेष उल्लेख नहीं है। वेबसाइट 1948 के बाद सीधे 1960 के हैदराबाद नगर निगम चुनाव की बात करती है। इस चुनाव में पार्टी नगर निगम के 24 खंडों में विजयी रही और मुख्य विपक्ष बनी। अब्दुल वाहिद ओवैसी के बेटे सालार-ए-मिल्लत सुल्तान सलाहुद्दीन ओवैसी भी इस चुनाव में हैदराबाद के मल्लेपल्ली डिविजन से विजयी रहे। (1960—Contests the polls to Municipal Corporation of Hyderabad, aimim.org/our-history/)

इस तरह सुल्तान के साथ हैदराबाद में पार्टी की जीत का सिलसिला चल निकला। सुल्तान के साथ पार्टी की सफलता की वजह सुल्तान का एक विवादित भाषण था, जिसमें उन्होंने मुसलमानों से आह्वान किया था कि भारत सरकार ने मुसलमानों को उनके भाग्य के भरोसे छोड़ दिया है। इसलिए मुसलमानों को खुद अपने पैरों पर खड़े होना होगा। 1962 के विधानसभा चुनाव में सुल्तान सलाहुद्दीन ओवैसी हैदराबाद की पाथेरगट्टी सीट से निर्वाचित हुए। 1967 का विधानसभा चुनाव सुल्तान ने चारमीनार से लड़कर जीता। इस सीट पर पार्टी ने 52 साल तक लगातार जीत का इतिहास भी बनाया। ए.आई.एम.आई.एम. पार्टी 12 बार इस सीट से चुनाव जीत चुकी है। 1975 में अब्दुल वाहिद के निधन के बाद बेटे सुल्तान सलाहुद्दीन ओवैसी ने ए.आई.एम.आई.एम. की कमान भी सँभाल ली। सुल्तान 2008 तक करीब 33 वर्ष से ज्यादा समय तक पार्टी के अध्यक्ष रहे। आंध्र प्रदेश में सुल्तान को मुसलिम वोट बैंक का मुख्य कुंजी माना जाने लगा था। राज्य के सारे मुसलमान वोट उनके पीछे लामबंद माने जाने लगे। सुल्तान के बारे में कहा जाने लगा कि जिस भी पार्टी को वे आंध्र प्रदेश में समर्थन दे दें, उसे ही मुसलिम वोट मिलेंगे। सुल्तान के कार्यकाल में ही 1992 में चुनाव आयोग ने ए.आई.एम.आई.एम. को राजनीतिक पार्टी के रूप में पंजीकृत किया। वर्ष 2001 में पार्टी को आंध्र प्रदेश में क्षेत्रीय पार्टी का दर्जा भी चुनाव आयोग ने दे दिया। 1984 में सुल्तान ने हैदराबाद सीट से लोकसभा चुनाव जीतकर संसद में प्रवेश किया और 2004 तक वे इस सीट से लगातार जीतते रहे।

सुल्तान सलाहुद्दीन ने 2004 में ही अपनी तबीयत खराब होने के कारण हैदराबाद से चुनाव लड़ने से इनकार कर दिया और असदुद्दीन को चुनाव लड़वा दिया और साथ ही पार्टी की भी बागडोर उनके हाथ सौंप दी। 2008 में उनका निधन हो गया। नई पीढ़ी के हाथ में कमान आने के बाद पार्टी में नए तरीके भी अपनाए गए। असदुद्दीन

ओवैसी और उनके छोटे भाई अकबरुद्दीन ओवैसी के विवादित बयानों की वजह से पार्टी मीडिया में लगातार चर्चा में बनी रही और उसे अपना जनाधार बढ़ाने में खूब मदद मिली। अकबरुद्दीन को 8 जनवरी, 2013 में उनकी हेटस्पीच के लिए गिरफ्तार किया गया। उनका एक भाषण सोशल मीडिया पर वायरल हो गया था, जिसमें उन्हें यह कहते हुए दिखाया गया था कि 'अगर 15 मिनट के लिए पुलिस हटा ली जाए तो 25 करोड़ मुसलमान 100 करोड़ हिंदुओं को देख लेंगे।' यू-ट्यूब पर अपलोड किए गए इस भाषण के बारे में दावा किया गया था कि अकबरुद्दीन ने यह भाषण 24 दिसंबर, 2012 को आदिलाबाद में एक जनसभा में दिया था। इससे पहले 2007 में 'तहलका' मैगजीन ने ओवैसी की बांग्लादेश की नारीवादी लेखिका तस्लीमा नसरीन को दी गई धमकी की रिपोर्ट छापी थी, जिसमें ओवैसी ने यह धमकी दी थी कि अगर लेखिका हैदराबाद में कदम रखेगी तो सिर कलम हो जाएगा।

जनवरी 2015 में असदुद्दीन ओवैसी ने भी विवादित बयान दिया। हिंदू संगठनों के घर वापसी कार्यक्रम की आलोचना करते हुए ईद-उल-नबी के मौके पर हैदराबाद में ओवैसी ने कहा था कि हर व्यक्ति जन्म से मुसलमान होता है। उसके माँ-बाप और समाज उसका धर्म बदल देते हैं। ('Every child is born a Muslim', says AIMIM's Asaduddin Owaisi, hits out at Hindu outfits—07 January, 2015, PTI)

ओवैसी बंधुओं की वजह से आंध्र में एक खास तरह का सामाजिक ध्रुवीकरण हो रहा था। एक खास समुदाय के लोगों के बीच ए.आई.एम.आई.एम. की लोकप्रियता बढ़ने लगी थी। इसका लाभ लेते हुए पार्टी ने 2012 में महाराष्ट्र के निकाय चुनावों में भी ताल ठोंक दी। अक्तूबर 2012 में हुए इन चुनावों में पार्टी ने नांदेड़ नगर परिषद की 11 सीटों पर जीत दर्ज की। उसी साल पार्टी को महाराष्ट्र में भी राज्य चुनाव आयोग ने क्षेत्रीय पार्टी का दर्जा दे दिया। 2014 और 2019 में महाराष्ट्र से उसके दो-दो विधायक चुने गए। 2019 के लोकसभा के चुनाव में असदुद्दीन औवेसी की हैदराबाद से जीत के अलावा महाराष्ट्र के औरंगाबाद से इम्तियाज जलील की जीत ने सबको चौंका दिया था। मार्च 2013 में पार्टी ने कर्नाटक के निकाय चुनावों में बीदर और बसवकल्याण से तीन-तीन सीटों पर जीत दर्ज की। 2014 में तेलंगाना राज्य में भी पार्टी को क्षेत्रीय पार्टी का दर्जा मिल गया। पार्टी ने उस साल 5 लोकसभा सीटों और 35 विधानसभा सीटों पर चुनाव लड़ा। उसने एक लोकसभा और सात विधानसभा सीटों पर जीत दर्ज की। नवंबर 2020 में जब बिहार विधानसभा चुनाव के नतीजे असदुद्दीन ओवैसी के लिए बड़ी खुशखबरी लेकर आए। इस चुनाव में ए.आई.एम.आई.एम. ने सबको चौंकाते हुए बिहार के सीमांचल इलाके में पाँच सीटों पर जीत दर्ज की थी। इसे मुसलमानों में ओवैसी

के बढ़ते प्रभाव के रूप में माना गया। पार्टी ने राज्य में 20 सीटों पर चुनाव लड़ा था। राजनीतिक विश्लेषक मानने लगे कि ऐसे चौंकानेवाले नतीजे और आ सकते हैं। मगर 2 मई, 2021 को जब बंगाल चुनाव के नतीजे आए तो वहाँ ओवैसी को कोई सफलता नहीं मिली। पार्टी ने बंगाल में सात सीटों पर चुनाव लड़ा था और उम्मीद कर रही थी कि वह पड़ोसी राज्य की तरह ही इन मुसलिम बहुल सीटों पर चमत्कार दोहराएगी। मगर ऐसा नहीं हुआ।

पार्टी का जनाधार बढ़ते देख असदुद्दीन ओवैसी भी अपनी छवि बदलने में कोशिश करते दिखाई देने लगे। स्वीकार्यता और बढ़ाने के लिए उन्होंने राष्ट्रवादी मुसलिम की एक नई धारा शुरू करने की कोशिश की। अक्तूबर 2021 में हुए टी-20 वर्ल्ड कप के एक मैच में पाकिस्तान की भारत पर जीत के बाद जब वहाँ के गृहमंत्री शेख रशीद ने इसे भारत और बांग्लादेश के मुसलमानों तथा इसलाम की जीत कहा तो ओवैसी ने मुजफ्फरनगर में दिए अपने भाषण में शेख को मुँहतोड़ जवाब दिया। उन्होंने शेख के लिए कहा, "हमारे पड़ोसी मुल्क का एक मिनिस्टर पागल है बेचारा। उसने क्रिकेट में भारत से मिली जीत को इसलाम की जीत बताया है। अल्लाह का शुक्र है हमारे लोग उधर नहीं गए, वरना इन पागलों को देखना पड़ता। इसलाम का क्रिकेट से क्या लेना-देना? इन लोगों को शर्म नहीं आती। अपने मुल्क को चीन के पास गिरवी रखते हो और इसलाम की बात करते हो! उस चीन ने 20 लाख मुसलमानों को कैद कर रखा है। उन्हें जबरन सूअर खिलाया जा रहा है। तुम मलेरिया तक की दवा नहीं बना सकते। मोटरसाइकिल का टायर नहीं बना सकते। भारत बहुत आगे हैं, इसलिए हमसे पंगा न लो।"

इस तरह ए.आई.एम.आई.एम. पूरे देश में मुसलमानों की प्रतिनिधि पार्टी बनने का मौका तलाश रही है। उत्तर भारत में मुसलमानों की अपनी कोई अलग पार्टी नहीं है। वे राष्ट्रीय या क्षेत्रीय पार्टियों से ही जुड़े हैं। ऐसे में ओवैसी के पाँव धीरे-धीरे ही सही, उत्तर में इस खाली स्थान को भरने के लिए आगे बढ़ रहे हैं। लेकिन अब भी अपेक्षाकृत बड़े दल ए.आई.एम.आई.एम. को वोटकटुआ पार्टी ही मानते हैं और कुछ तो इसे भारतीय जनता पार्टी की 'बी' टीम तक करार देते हैं, क्योंकि ए.आई.एम.आई.एम. के मैदान में आने से मुसलमानों के वोट कटते हैं। वैसे 2022 के चुनाव में ओवैसी ऐसा कुछ नहीं कर पाए, जो उनसे उम्मीद थी। 2022 में यू.पी. चुनाव में उनकी पार्टी को 'नोटा' से भी कम वोट मिले।

कोई कुछ भी कहे, भारतीय राजनीति में ए.आई.एम.आई.एम. नई सनसनी तो पैदा कर ही रहा है।

□

22

बीजू जनता दल, न ऐसी परंपरा पहले थी, न आगे आसार

पूर्वी भारत के प्रमुख राज्य ओडिशा की सत्ता बीते चार दशक से पटनायक ही सँभाल रहे हैं। पटनायकों की सत्ता की गाथा जानकी बल्लभ पटनायक से शुरू हुई, जो 1980 में यहाँ के मुख्यमंत्री बने। कांग्रेस के पुराने सिपाही और पूर्व प्रधानमंत्री इंदिरा गांधी के करीबी जेबी ओडिशा में लगातार दो बार मुख्यमंत्री बने, लेकिन आगे इस कहानी में नए पटनायक पिता-पुत्र आए और ऐसी पकड़ बनाई कि अब तक राजनेता इस जादू को समझ ही नहीं पा रहे। जानकी बल्लभ पटनायक काफी पढ़े-लिखे थे और आजादी के समय संस्कृत में स्नातक पूरा करने के बाद उन्होंने 1949 में राजनीति विज्ञान में स्नातकोत्तर की उपाधि प्राप्त की। जानकी बल्लभ पहले लगातार दो कार्यकाल 1980-1989 तक और फिर 1995-1999 तक ओडिशा के मुख्यमंत्री रहे।

ओडिशा की राजनीति में दूसरे बड़े पटनायक यानी 'बीजू पटनायक' का नाम आता है। जनता के सच्चे नेता के रूप में बीजू पटनायक को लोग बीजू बाबू के रूप में याद करते हैं, यानी बीजू जनता दल के नायक और संस्थापक। बीजू जनता दल की कहानी बीजू बाबू की कहानी से एक-एक कर जुड़ती है। ये बीजू बाबू ही थे, जिन्होंने अपना पूरा जीवन ओडिशा की सांस्कृतिक परंपराओं की रक्षा में लगाया। वे साहसी पायलट से स्वतंत्रता सेनानी बने थे, जो स्वतंत्रता के बाद उद्योगपति और तदनंतर राजनेता भी बने। एडवेंचर उनकी फितरत थी। स्कूल के दिनों में ही उन्होंने अपने कुछ दोस्तों के साथ कटक से पेशावर की साइकिल यात्रा की थी और उसके बाद महज 18 वर्ष की उम्र में दिल्ली के फ्लाइंग क्लब में प्लेन उड़ाने की ट्रेनिंग ली। ट्रेनिंग के दौरान ही उनकी मुलाकात अपने साथ ट्रेनिंग कर रही ज्ञान देवी से हुई। ज्ञान

देवी एक पंजाबी परिवार से थीं और मूलरूप से रावलपिंडी की रहनेवाली थीं। इश्क हुआ, शादी हुई।

बतौर पायलट बीजू बाबू ने पहला चैलेंजिंग टास्क निभाया द्वितीय विश्वयुद्ध के दौरान। इस दौरान उन्हें रंगून में फँसे भारतीयों को सुरक्षित निकालने का जिम्मा दिया गया। एक तरफ ब्रिटेन और मित्र राष्ट्रों की सेना थी तो दूसरी तरफ जापान और उसके साथ आजाद हिंद फौज के लड़ाके। पायलट बीजू ने इस चैलेंज को स्वीकार किया और कई बार खुद प्लेन उड़ाकर रंगून गए और वहाँ से हजारों भारतीयों को सुरक्षित निकालकर देश के अलग-अलग हिस्सों में पहुँचाया। इस दौरान उन पर कई बार हमला भी हुआ, लेकिन बीजू किस्मत के धनी निकले और हर बार वे बाल-बाल बचे। आजादी के तत्काल बाद ही पाकिस्तान ने कश्मीर पर जब हमला कर दिया तो हमले से घबराए कश्मीर के राजा हरि सिंह ने भारत के प्रधानमंत्री जवाहरलाल नेहरू से मदद की गुहार लगाई और साथ ही भारत में विलय की इच्छा प्रकट की। नेहरू ने भी हरि सिंह को निराश नहीं किया और कश्मीरियों की मदद के लिए सेना भेजने का फैसला किया। लेकिन यक्ष प्रश्न यह था कि सेना की टुकड़ी लेकर पहले जाएगा कौन? उस संकट काल में इस काम के लिए भरोसा जताया गया पायलट बीजू पटनायक पर। उन्होंने इस चैलेंज को भी स्वीकार किया और भारतीय सेना की पहली खेप लेकर श्रीनगर हवाई अड्डे पर उतरे। उनके पीछे सैनिकों से भरे अन्य हवाई जहाज भी उतरे और तब किसी प्रकार कश्मीर को बचाया जा सका। इसी तरह की स्थिति अंतरराष्ट्रीय पटल पर तब बन गई, जब 1946 के आखिरी महीनों में डचों के कब्जे से इंडोनेशिया को मुक्त करा लिया गया, लेकिन 1948 आते-आते डचों ने एक बार फिर इंडोनेशिया पर धावा बोल दिया। तब इंडोनेशिया के सर्वोच्च नेता सुकर्णो ने अपने दोस्त नेहरू से तत्काल मदद की गुहार लगाई और अपने देश के राजनीतिक नेतृत्व के लिए तत्काल भारत में शरण की माँग की। तब फिर वही यक्ष प्रश्न सामने आया था कि चारों तरफ से डच सैनिकों से घिरे इंडोनेशिया में आखिर जाएगा कौन और वहाँ की लीडरशिप को सुरक्षित निकालकर भारत पहुँचाएगा कौन? तब नेहरू को रंगून और श्रीनगर वाले ऑपरेशन को सफलतापूर्वक मुकम्मल करनेवाले पायलट बीजू पटनायक की याद आई। यहाँ भी बीजू को सफलता मिली और सुकर्णो आजाद इंडोनेशिया के पहले राष्ट्रपति बने। इस बहादुरी के काम के लिए बीजू बाबू को मानद रूप से इंडोनेशिया की नागरिकता दी गई और उन्हें इंडोनेशिया के 'भूमि पुत्र' सम्मान से नवाजा गया। सुकर्णो की बेटी का जन्म हुआ, तब उनका नाम 'मेघावती' बीजू बाबू ने ही रखा। कहा जाता है कि उस दिन मेघ बरस रहा था, इसलिए बीजू बाबू ने उनका नाम मेघावती सुकर्णोपुत्री रख दिया। यही मेघावती सुकर्णोपुत्री 2001 में इंडोनेशिया

की राष्ट्रपति बनी थीं। बीजू बाबू के इसी योगदान को याद करते हुए अब इंडोनेशिया ने अपने दिल्ली स्थित दूतावास के एक कमरे का नामकरण उनके नाम पर किया गया। (इन्हीं मेघावती सुकर्णोपुत्री ने हाल ही में मुसलिम बहुल इंडोनेशिया में हिंदू धर्म स्वीकार कर लिया है।)

आजादी के बाद 50 के दशक में बीजू पटनायक कांग्रेस की राजनीति करने लगे थे। 50 के दशक के आखिर में उन्हें प्रदेश कांग्रेस अध्यक्ष बनाया गया और अंततः 1961 में वे मुख्यमंत्री बनाए गए। 1977 में वे मोरारजी देसाई की सरकार में इस्पात और खान मंत्री बनाए गए। साल 1990 के चुनाव में प्रदेश की जनता ने जानकी बल्लभ पटनायक को सत्ता से बाहर किया तो बीजू पटनायक चुन लिये गए। वे जनता दल की ओर से एक बार फिर ओडिशा के मुख्यमंत्री बने और पूरे कार्यकाल तक मुख्यमंत्री रहे।

मुँहफट स्वभाव के बीजू बाबू की बहुत कम राजनेताओं से ठीक-ठाक ढंग से निभ सकी। उनके आलोचक अकसर उन्हें लोकतांत्रिक तानाशाह कहा करते थे। उन्हें 'उत्कल का साँड़' तक कहा जाने लगा था। 1967 में जब इंदिरा गांधी को प्रधानमंत्री बने अभी एक साल ही बीता था, कटक में छात्रों के एक सम्मेलन में बीजू बाबू बोलते-बोलते कह गए कि 'यदि मैं चाहूँ तो इसी मंच पर आप लोगों के सामने इंदिरा गांधी को डांस करवा सकता हूँ।' उनके इस बयान पर भारी बवाल मचा और अंततः उन इंदिरा गांधी से उनकी राजनीतिक राहें जुदा हो गईं। इसके बाद उन्होंने 'उत्कल कांग्रेस' के नाम से अपनी क्षेत्रीय पार्टी बनाई। बाद में इमरजेंसी के दिनों में बाकी विपक्षी नेताओं की तरह उन्हें भी जेल में डाल दिया गया। जेल से छूटने के बाद उन्होंने अपनी पार्टी का विलय जनता पार्टी में कर दिया और मोरारजी देसाई की सरकार में इस्पात और खान मंत्री बनाए गए। बीजू बाबू को बड़े उद्योगों, उपक्रमों, पोर्ट, हवाई अड्डे वगैरह बनाने का बहुत शौक था। ओडिशा के पारादीप पोर्ट को बीजू पटनायक की ही देन माना जाता है।

वर्ष 1989-90 के दौरान केंद्र और ओडिशा दोनों जगहों पर जनता दल की सरकारें थीं। वी.पी. सिंह प्रधानमंत्री और बीजू पटनायक ओडिशा के मुख्यमंत्री थे। दरअसल, वी.पी. सिंह को प्रधानमंत्री बनाने में भी बीजू बाबू की बड़ी भूमिका थी। दिसंबर 1989 में ओडिशा भवन में ही अरुण नेहरू और कुलदीप नैयर के साथ बैठकर बीजू बाबू ने देवीलाल को मोहरा बना चंद्रशेखर को दाँव देते हुए वी.पी. सिंह की ताजपोशी की मुकम्मल प्लानिंग की थी। लेकिन अगस्त 1990 में जैसे ही वी.पी. सिंह ने मंडल कमीशन का राग छेड़ा, बीजू बाबू उनके विरोध में खड़े हो गए और उनकी तीखी आलोचना करने लगे। उस समय बीजू बाबू ने वी.पी. सिंह की आलोचना करते हुए कहा, "समाज को बाँटने की गंदी चालें चलने में वी.पी. सिंह राजीव गांधी से तनिक भी अलग नहीं हैं।" 1997 में 17 अप्रैल को बीजू पटनायक का निधन हो गया। 19 अप्रैल, 1997

को जब उनकी अंतिम यात्रा निकल रही थी, तब उनके पार्थिव शरीर को 3 देशों (भारत, इंडोनेशिया और रूस) के राष्ट्रीय ध्वज में लपेटा गया था।

बीजू पटनायक के निधन के बाद उनके सहयोगियों ने 26 दिसंबर, 1997 को नई पार्टी के रूप में 'बीजू जनता दल' का गठन किया। तब सवाल हुआ कि अध्यक्ष कौन बनेगा? तब तक बीजू बाबू के सुपुत्र नवीन पटनायक अंग्रेजी के लेखक के रूप में अच्छी प्रतिष्ठा अर्जित कर चुके थे। पार्टी का नाम 'बीजू जनता दल' रखा गया। नवीन बाबू का शुरू से ही एक फॉर्मूला रहा—'न काहू से दोस्ती, न काहू से बैर।' ध्येय रहा—ओडिशा और इसके लोगों के विकास। 1999 के आम चुनाव में वे सांसद बने, लेकिन तत्काल प्रदेश की राजनीति में लौट आए और यहीं ध्यान केंद्रित किया। वर्ष 2000 का

विधानसभा चुनाव जीतकर वे सत्ता में आए और इसके बाद से ओडिशा में केवल नवीन पटनायक का ही युग चल रहा है। वे मुख्यमंत्री के रूप में चार कार्यकाल पूरा कर चुके हैं और यह उनका पाँचवाँ कार्यकाल है। यह उस आदमी का पाँचवाँ कार्यकाल है, जो न ज्यादा भाषण कला जानता है और न ही उड़िया में धाराप्रवाह लंबा भाषण दे पाता है, बीस साल से सत्ता में रहने के बावजूद।

2000 में हुए विधानसभा चुनाव में बीजू जनता दल ने भाजपा के साथ चुनाव लड़ा। ओडिशा के 147 सीटोंवाले सदन में बीजद कुल 68 सीटों पर जीत हासिल करने में सफल रहा, जबकि गठबंधन सहयोगी भाजपा के खाते में 38 सीटें आईं। लंबे समय से सत्ता में चली आ रही कांग्रेस पार्टी विपक्ष में पहुँच गई। नवीन पटनायक को गठबंधन सरकार का मुख्यमंत्री बनाया गया था। 2004 के विधानसभा चुनावों में दोनों सहयोगी दलों ने एक और जोरदार प्रदर्शन किया और कुल मिलाकर 93 सीटें जीतीं और नवीन पटनायक फिर मुख्यमंत्री के रूप में लौट आए। 2008 के अगस्त के अंतिम सप्ताह में कंधमाल चर्चा में आया, जब जन्माष्टमी समारोह में स्वामी लक्ष्मणानंद सरस्वती की हत्या के बाद बड़े पैमाने पर दंगे हुए। उन घटनाओं ने प्रदेश के माहौल को पूरी तरह बदल दिया। बदले परिवेश में नवीन पटनायक ने भाजपा से दूरी बनानी शुरू कर दी। 2009 के विधानसभा चुनाव से पहले बीजद ने भाजपा से नाता तोड़ लिया था। 2009 का चुनाव स्वतंत्र रूप से लड़ते हुए बीजद ने 103 सीटें जीतीं। इसने 2014 के चुनावों में अपना प्रतिनिधित्व बढ़ाकर 117 कर दिया। सन् 2014 में जब देश भर में चल रही मोदी लहर चल रही थी तो उस दौर में भी ओडिशा उसके असर से पूरी तरह अछूता रहा और प्रदेश की 21 में से 20 संसदीय सीटों पर बीजद के सांसद जीते। 2019 के लोकसभा चुनाव में बीजद 21 में से केवल 12 सीटें जीत सका, लेकिन विधानसभा चुनाव में उसने 146 में से 112 सीटों पर जीत दर्ज की। 2019 में पटनायक ने मुख्यमंत्री के रूप में अपना लगातार पाँचवाँ कार्यकाल शुरू किया। नवीन पटनायक ने यह सब कैसे कर लिया, सोचकर हैरत होती है ! अभी कुछ वर्ष पहले तक वे सार्वजनिक रूप से उड़िया नहीं बोल पाते थे। उनके भाषण रोमन में लिखे जाते थे। हालाँकि अब वे इस दिक्कत से काफी हद तक उबर चुके हैं, लेकिन वे बहुत अच्छे वक्ता अब भी नहीं हैं। वे नौपाड़ा में बोल रहे हों, कालाहांडी में या राउरकेला में, उनके भाषण तय रहते हैं। वे यह कहकर शुरुआत करते हैं कि उस स्थान पर आकर कितने प्रसन्न हैं, स्थानीय नेताओं के बलिदान को याद करते हैं (मसलन राउरकेला में बिरसा मुंडा को) क्षेत्र में बीजूभाई उनके योगदान को याद करते हैं और इसके बाद अपना संदेश देते हैं। ओडिशा में बीजद की बार-बार चुनावी सफलताओं के लिए अच्छे प्रशासन और नेता नवीन पटनायक की स्वच्छ छवि को प्रमुख कारण माना जाता है। राज्य में भाजपा, कांग्रेस और अन्य विरोधी दलों के

भीतर संगठनात्मक व्यवधानों ने भी बीजद के लोकप्रिय समर्थन आधार को बरकरार रखने में मदद की। कई वर्षों से बीजद माँग करता रहा है कि ओडिशा को 'विशेष दर्जा' दिया जाए। पार्टी ने हमेशा सांप्रदायिक ताकतों के खिलाफ दृढ़ और स्पष्ट रुख अपनाया। सार्वजनिक जीवन में भ्रष्टाचार और केंद्र की सरकारों द्वारा राज्य की जानबूझकर की जा रही उपेक्षा के खिलाफ लड़ने के लिए बीजद हमेशा आगे रहा है। पार्टी हमेशा महिलाओं, युवाओं, किसानों, मजदूरों, श्रमिक संघों, धार्मिक अल्पसंख्यकों और समाज के कमजोर व पिछड़े वर्गों के पक्ष में समर्थन करती रही है।

नवीन पटनायक की सार्वजनिक छवि ऐसी है कि वे सत्ता, पैसे और परिवार से विरक्त हैं। उनके खिलाफ या उनके साथ करीबी का दावा करनेवाले किसी व्यक्ति के खिलाफ भ्रष्टाचार का कोई मामला नहीं है। जैसे ही पटनायक को ऐसा कोई संकेत मिलता है, वे तुरंत ऐसे लोगों को त्याग देते हैं। ऐसे लोगों को हमेशा के लिए निर्वासित कर दिया जाता है। ओडिशा के कई नेता और अफसरशाह इसका उदाहरण हैं। मुख्यमंत्री बनने के एक घंटे के भीतर, नवीन पटनायक ने अपने तीन मंत्रियों को बरखास्त कर दिया, क्योंकि उन पर भ्रष्टाचार के आरोप थे। तब से उन्होंने 'मिस्टर क्लीन' छवि बनाए रखने की कोशिश की। हालाँकि कई बार उनकी सरकार और पार्टी को खनन और चिटफंड घोटालों में गंभीर आरोपों का सामना करना पड़ा। उन्होंने दो विधायकों और एक सांसद को टिकट देने से इसलिए इनकार कर दिया कि उन्हें सी.बी.आई. ने गिरफ्तार किया था, लेकिन उन्होंने इन दोनों विधायकों के बेटों को टिकट की पेशकश की। यदि राजनेताओं को भ्रष्टाचार के लिए पकड़ा जाता है तो पुलिस निश्चिंत रहती है कि मुख्यमंत्री कार्यालय से कोई फोन नहीं आनेवाला। दूसरी बात, ओडिशा में कम आय वर्ग के लिए एक कल्याण योजना भी है, जो कारगर है। नीति आयोग के सी.ई.ओ. अमिताभ कांत ने भाजपा के किसी मुख्यमंत्री के बजाय नवीन पटनायक को बधाई दी, क्योंकि भुवनेश्वर शत-प्रतिशत टीकाकरण वाला पहला शहर बना और पुरी 24 घंटे जलापूर्ति वाला शहर बन गया। स्कूली बच्चों के मध्याह्न भोजन में अंडा शामिल करने का श्रेय भी नवीन पटनायक को जाता है।

2019 में मुख्यमंत्री नवीन पटनायक ने भुवनेश्वर में एक हज हाउस का भी उद्घाटन किया। कभी-कभी मुख्यमंत्री खुद उनके अधिकारी या शीर्ष अधिकारी आम लोगों को फोन करके पूछते हैं कि क्या वे सभी सरकारी सेवाएँ ठीक से प्राप्त कर रहे हैं? राज्य के पुलिस थानों को लोगों के अनुकूल बनाया जा रहा है। भ्रष्टाचार विरोधी उपायों को बढ़ावा देने के उद्देश्य से, सरकार ने दागी अधिकारियों की पेंशन रोकने, इस्तीफा लेने जैसे कदम भी उठाए। सत्तारूढ़ बीजद के कालाहांडी क्षेत्र के एक पूर्व विधायक को आय से अधिक संपत्ति के मामले में गिरफ्तार भी किया गया।

2019 में ही उन्होंने ओडिशा के किसानों के लिए 'कालिया योजना' लागू की और हर किसान को पाँच-पाँच हजार रुपए की पहली किस्त दी। उसका बड़ा असर हुआ। फैनी तूफान के दौरान उनकी सक्रियता ने लोगों का भरोसा उन पर और बढ़ाया। ओडिशा पिछड़ा राज्य माना जाता है, लेकिन मुख्यमंत्री नवीन पटनायक ने हर वर्ग के लिए जितनी योजनाएँ बनाई हैं और उन्हें बखूबी लागू किया है, इससे राज्य में पलायन रुका, बड़े उद्योगपति आकर्षित हुए। औद्योगिक विकास और रोजगार बढ़ाने के साथ गरीबों के लिए एक रुपए किलो चावल दिया। हाल में अंफान तूफान और कोरोना में भी उनके कार्य की तारीफ हो रही है। ओडिशा की राजनीति के जानकार बताते हैं कि स्वयं सहायता समूहों को बढ़ावा देने की पहल की बदौलत बीजद को सबसे अधिक महिला वोट मिले हैं। मुख्यमंत्री ने स्वयं सहायता समूहों के लिए एक नया विभाग 'मिशन शक्ति' बनाने की घोषणा की। ग्रामीण गरीबों को पक्के घर उपलब्ध कराना राज्य सरकार की प्राथमिकताओं में शामिल है।

विरोधी भी मानते हैं कि नवीन पटनायक गंभीर और सादगीपूर्ण जीवन जीनेवाले इनसान हैं। वे सिद्धांतों की राजनीति करने में विश्वास करते हैं। न वे किसी से रिश्ते बिगाड़ते हैं, न राजनीतिक महत्त्वाकांक्षा रखते हैं। उन्होंने ओडिशा की तस्वीर बदली और वहाँ के लोगों को आत्म-सम्मान दिया। ओडिशा की लगातार बढ़ती अर्थव्यवस्था से गरीबी में रिकॉर्ड कमी आई और किसानों की आय बढ़ाने का श्रेय भी नवीन पटनायक को ही जाता है। राज्य ने खेल और पर्यटन के क्षेत्र में अपनी अलग पहचान बनाई है। नवीन पटनायक ने शायद अपने पूर्ववर्तियों की तुलना में सबसे अधिक सामाजिक कल्याण उपायों की शुरुआत की है। पिछले सात वर्षों के दौरान, राष्ट्रीय औसत लगभग 6.9 प्रतिशत की तुलना में ओडिशा की औसत वृद्धि लगभग 8 प्रतिशत रही है। ओडिशा में कृषि के लिए एक अलग बजट प्रस्तुत होता है। राज्य सरकार ने कटक में राज्य के एस.सी.बी. मेडिकल कॉलेज में अत्याधुनिक चिकित्सा सुविधा उपलब्ध कराने के लिए पर्याप्त निवेश कर इसे एम्स प्लस एकीकृत चिकित्सा संस्थान में बदलने का फैसला किया है। उनकी सरकार ने चार नए मेडिकल कॉलेज स्थापित किए हैं तथा सात और पाइपलाइन में हैं। हालाँकि नवीन पटनायक ने मुख्यमंत्री के रूप में अपने शुरुआती वर्षों में खेलों में ज्यादा दिलचस्पी नहीं दिखाई थी, लेकिन भुवनेश्वर के कलिंगा स्टेडियम में हॉकी विश्व कप 2018 सफलतापूर्वक आयोजित होने के बाद वे ओडिशा को दुनिया के खेल मानचित्र में स्थान देने में सफल रहे। ओडिशा ने विशेष रूप से पिछले दो वर्षों में कई राष्ट्रीय और अंतरराष्ट्रीय खेल आयोजनों की मेजबानी की है। राज्य कई केंद्र बनाकर विश्वस्तरीय खेल बुनियादी ढाँचे का निर्माण कर रहा है। पिछले ओलंपिक (2021) के दौरान जब भारत की महिला और पुरुष हॉकी टीमें विजय अभियान को

आगे बढ़ा रही थीं तो उस समय भी ओडिशा का नाम इन टीमों के प्रायोजक के रूप में खूब चर्चित हुआ था।

कभी-कभी तो ऐसा लगता है कि भारतीय जनता पार्टी ने भी यहाँ हथियार डाल दिए हैं और विपक्ष की भूमिका सीमित रूप से ही दिखाने में उसकी रुचि है। केंद्रीय शिक्षा मंत्री धर्मेंद्र प्रधान भी अब विपक्ष के उस नेता के तौर पर नजर नहीं आते, जिस तरह से वे नवीन बाबू के पाँचवें कार्यकाल के पहले नजर आते थे। बीजू जनता दल क्षेत्रीय दलों में अकेली ऐसी बड़ी पार्टी है, जिसके पतन पर लिखना अभी बहुत आसान नहीं होगा। अभी तो यह लगता है कि 'एंटी इनकम्बेंसी' नाम का शब्द बीजू जनता दल के लिए नहीं बना है। बाकी सबकुछ तो भविष्य के गर्त में है।

□

केरल

23

यहाँ होती है सिर्फ आर-पार की लड़ाई

केरल का राजनीतिक परिदृश्य एकदम सीधा और दो स्पष्ट भागों में बँटा है। जितनी भी प्रमुख राजनीतिक पार्टियाँ हैं, वे 1970 से ही यहाँ दो गठबंधनों में बँटकर आमने-सामने हैं। इनमें एक है वामपंथियों का लेफ्ट डेमोक्रेटिक फ्रंट (एल.डी.एफ.) और दूसरा मध्य मार्गियों का यूनाइटेड डेमोक्रेटिक फ्रंट (यू.डी.एफ.) है। ए. श्रीधर मेनन की पुस्तक 'ए सर्वे ऑफ केरल हिस्टरी' के मुताबिक केरल देश का ऐसा पहला राज्य है, जहाँ पिछली सदी के साठ के दशक के शुरू में ही गठबंधन सरकार अस्तित्व में आ गई थी। वैसे एल.डी.एफ. की स्थापना 1979 में भारतीय कम्युनिस्ट पार्टी (सी.पी.आई.) के नेता ई.एम.एस. नंबूदरीपाद और पी.के. वासुदेवन नायर, जिन्हें सब प्यार से पी.के.वी. कहते थे, ने की थी।

केरल में 1980 से ही लंबे समय तक यह चलन रहा कि एक बार एल.डी.एफ. की सरकार बनती थी तो अगले चुनाव में यू.डी.एफ. की, मगर चालीस साल बाद 2021 के चुनाव में पहली बार एल.डी.एफ. ने लगातार दूसरी बार सत्ता में वापसी की। एल.डी.एफ. के घटक दलों में माकपा, भाकपा, केरल कांग्रेस (एम), राष्ट्रवादी कांग्रेस, जनता दल (एस), लोकतांत्रिक जनता दल, इंडियन नेशनल लीग, कांग्रेस सेक्युलर, केरल कांग्रेस (सिकेरा थॉमस), जनाधिपत्या केरल कांग्रेस आदि शामिल हैं। एल.डी.एफ. की ओर से 1980 से 2001 के बीच ई.के. नयनार तीन बार, 2006-2011 के बीच वी.एस. अच्युतानंद एक बार तथा (2016 और 2021 में लगातार दो बार पिनराई विजयन मुख्यमंत्री बने।

जहाँ तक केरल के राजनीतिक परिदृश्य की बात है तो यहाँ 1957 से 1980 के बीच एक अस्थिरता का दौर, गठबंधनों के बनने-बिगड़ने का खेल और नए दल बनने और विलय होने की लंबी कहानी है। राज्य विधानसभा के दूसरे चुनाव में ही यहाँ

गठबंधन राजनीति का उदय हो गया। 1967 के विधानसभा चुनाव में माकपा सात पार्टियों के साथ गठबंधन कर यहाँ सत्ता में आई। सत्तर का दशक आते-आते राज्य की सभी बड़ी पार्टियाँ दो गठबंधनों में बँट गईं। एक का नेतृत्व माकपा कर रही थी और दूसरे गठबंधन की कमान कांग्रेस के नेतृत्व में थी।

1963 में केरल में एक सेक्स स्कैंडल सामने आने के बाद खूब हंगामा मचा। कांग्रेस के तत्कालीन मुख्यमंत्री आर. शंकर ने 20 फरवरी, 1964 को गृहमंत्री पी.टी. चाको को कैबिनेट से बाहर कर दिया। कुछ माह बाद ही 1 अगस्त, 1964 को चाको की मौत हो गई। इससे खफा चाको के 15 राजनीतिक साथियों, जो कांग्रेस विधायक थे, के.एम. जॉर्ज के नेतृत्व में शंकर की सरकार के खिलाफ अविश्वास प्रस्ताव ले आए। उसके बाद 9 अक्तूबर, 1964 को जॉर्ज और आर. बालकृष्ण पिल्लई ने मिलकर अलग केरल कांग्रेस की स्थापना की। इसके अन्य प्रमुख नेताओं में एम. कुरूविनकुनल, एम.पी. पिल्लई शामिल थे। 1967 में पार्टी ने लोकसभा चुनाव भी लड़ा, मगर एक भी सीट जीतने में नाकाम रही। मगर जल्द ही के.एम. मणि और पी. जे. जोसेफ जैसे युवा नेताओं ने पार्टी को युवाओं के बीच मजबूत किया।

1976 में के.एम. जॉर्ज के निधन के बाद पार्टी पर कब्जे को लेकर दोनों युवा नेताओं के.एम. मणि और पी.जे. जोसेफ तथा वरिष्ठ नेता आर. बालकृष्ण पिल्लई में ठन गई। पिल्लई को लगता था कि अब वे ही पार्टी के सबसे वरिष्ठ नेता हैं, इसलिए उन्हें ही पार्टी नेता स्वीकार किया जाना चाहिए, मगर पार्टी में मणि और जोसेफ के समर्थक ज्यादा थे। इसमें पिल्लई अलग-थलग पड़ गए और 1977 के केरल विधानसभा चुनाव से ठीक पहले पिल्लई ने अलग पार्टी केरल कांग्रेस (बालकृष्ण पिल्लई) बना ली। इसके बाद मणि की भी जोसेफ के साथ नहीं निभी और दो साल के भीतर ही पार्टी में एक और बड़ी टूट हुई। 1979 में के.एम. मणि ने अलग होकर अपनी पार्टी केरल कांग्रेस (मणि) बना ली। इसके बाद मीडिया ने जोसफ के नेतृत्ववाली केरल कांग्रेस को केरल कांग्रेस (जोसेफ) कहना शुरू कर दिया। 1985 में मणि और पिल्लई दोनों ने फिर से अपनी पार्टियों का केरल कांग्रेस में विलय कर दिया।

यह दोस्ती ज्यादा दिन नहीं चल पाई और 1987 में के.एम. मणि ने फिर पार्टी में बगावत कर दी और पार्टी के नाम और चुनाव चिह्न पर अपना दावा ठोंक दिया। इसके लिए मणि और जोसेफ के बीच एक बड़ी कानूनी लड़ाई चली और अंततः अदालत ने जोसेफ के पक्ष में फैसला दिया। इस दौरान 1989 में आर. बालाकृष्णन पिल्लई ने एक बार फिर से केरल कांग्रेस छोड़ दी।

पी.टी. चाको के पुत्र पी.सी. थॉमस भी केरल कांग्रेस का एक बड़ा चेहरा थे। हालाँकि जोसेफ से उनकी भी पटरी नहीं बैठती थी, इसलिए वे केरल कांग्रेस मणि में भी

रहे। वर्ष 2004 में उन्होंने भाजपा के समर्थन पर पार्टी से बगावत कर इंडियन फेडरल डेमोक्रेटिक पार्टी बनाकर लोकसभा चुनाव लड़ा और एक सीट पर जीत भी दर्ज की। वे इस चुनाव में भाजपा के नेतृत्ववाले एन.डी.ए. का हिस्सा थे और एन.डी.ए. की केरल में यह पहली जीत थी। हालाँकि 2005 में ही इंडियन फेडरल डेमोक्रेटिक पार्टी का विलय केरल कांग्रेस में हो गया। 2014 में केरल कांग्रेस में कब्जे की लड़ाई फिर से शुरू हो गई। दो गुट बन गए। एक केरल कांग्रेस (एंटी-मर्जर) गुट के अध्यक्ष पी.सी. थॉमस बने, मगर 2015 में थॉमस ने इस गुट से भी अलग होकर केरल कांग्रेस (थॉमस) बना ली। लेफ्ट डेमोक्रेटिक फ्रंट ने थॉमस को स्वीकार नहीं किया। इसके बाद अगस्त 2015 में थॉमस अपने गुट के साथ भारतीय जनता पार्टी से जुड़ गए और एन.डी.ए. गठबंधन का हिस्सा हो गए। इसके बाद 2016 में पार्टी नाम और चिह्न का अदालत का फैसला भी थॉमस के पक्ष में आया तो उन्होंने फिर से अपनी पार्टी केरल कांग्रेस (थॉमस) का नाम केरल कांग्रेस कर दिया।

वर्ष 2000 के शुरू में केरल कांग्रेस (जोसेफ) में भी पी.सी. जॉर्ज के नेतृत्व में बगावत हुई। उनके टी.सी. जॉन और एक विधायक पी.सी. जेप्रगे ने मिलकर केरल कांग्रेस सेक्युलर बनाई। यह पार्टी वाम मोर्चा का घटक बनी। हालाँकि 2010 में इस पार्टी का विलय केरल कांग्रेस (मणि) में हो गया। केरल कांग्रेस (मणि) 1979 में केरल कांग्रेस में फूट से बनी थी।

1979 जब वाम दलों ने लेफ्ट डेमोक्रेटिक फ्रंट बनाया, उसी साल प्रदेश के प्रमुख कांग्रेस नेता और राज्य के पूर्व मुख्यमंत्री के. करुणाकरण ने यूनाइटेड डेमोक्रेटिक फ्रंट (यू.डी.एफ.) बना लिया। यू.डी.एफ. में कांग्रेस के अलावा केरल कांग्रेस, केरल कांग्रेस (जेकब), इंडियन यूनियन मुसलिम लीग, नेशनलिस्ट कांग्रेस केरल, रिवोल्यूशनरी मार्क्सवादी पार्टी (जॉन), ऑल इंडिया फॉरवर्ड ब्लॉक, भारतीय राष्ट्रीय जनता दल शामिल हैं। इस गठबंधन के बाद 1982 में केरल में यू.डी.एफ. की सरकार बनी और के. करुणाकरण फिर से मुख्यमंत्री बने। करुणाकरण के बाद राज्य में ए.के. एंटनी और ओमान चांडी भी यू.डी.एफ. के मुख्यमंत्री रहे। 2019 के लोकसभा चुनाव में यू.डी.एफ. ने राज्य की 20 सीटों में से 19 पर जीत दर्ज की थी, मगर 2021 में हुए विधानसभा चुनाव में गठबंधन राज्य की 140 सीटों में से सिर्फ 40 सीटें ही जीत सका।

एल.डी.एफ. और यू.डी.एफ. के अलावा केरल की राजनीति में अपने दक्षिणपंथियों के साथ नेशनल डेमोक्रेटिक अलायंस (एन.डी.ए.) बनाकर भाजपा भी तीसरा विकल्प खड़ा करने की कोशिश कर रही है। केरल में एन.डी.ए. में शामिल घटक दलों में भाजपा के अलावा भारत धर्म जन सेना (बी.डी.जे.एस.), ऑल इंडिया द्रविड़ मुन्नेत्र कड़गम,

केरल कामराज कांग्रेस (के.के.सी.), डेमोक्रेटिक सोशल जस्टिस पार्टी (डी.एस.जे. पी.) और जनाधिपत्य राष्ट्रीय सभा (जे.आर.एस.) शामिल हैं।

केरल में राजनीतिक जागरूकता इतनी ज्यादा है कि यहाँ पार्टियों के बनने और टूटने का काम भी बड़े पैमाने पर हुआ है। ऐसी सत्तर से अधिक पार्टियों में अगर हम सब पर विस्तार से बात करें तो एक अलग से पुस्तक की जरूरत होगी। फिर भी हम कोशिश करेंगे कि भले संक्षेप में ही सही, आपको ज्यादा-से-ज्यादा पार्टियों के बारे में बता सकें।

आजादी से पहले की पार्टियों में त्रावणकोर स्टेट कांग्रेस और कोचि राज्य प्रजामंडलम् का नाम लिया जा सकता है। कोच्चि राज्य प्रजामंडलम् पार्टी की स्थापना 9 फरवरी, 1941 में युवाओं के एक संगठन ने त्रिशूर में की थी, जोकि कोच्चि राज्य में राजनीतिक आंदोलन शुरू करना चाहते थे। इन युवाओं में ई.आई. वारियर, वी.आर. कृष्ण एझुथाकेन, एस. नीलकंदा अय्यर, के.एन. नंबूदरीपाद आदि शामिल थे। एस. नीलकंदा अय्यर को इसका पहला अध्यक्ष चुना गया। पार्टी का पहला उद्देश्य कोचीन के राजा की संप्रभुता को बनाए रखना और लोगों के लिए समान राजनीतिक अधिकार हासिल करना बताया गया। उसी साल राज्य में आई बाढ़ में इस पार्टी के नेताओं ने लोगों की आगे बढ़कर मदद की और जनता के बीच अपनी स्वीकार्यता बना ली। पार्टी ने किसानों को अपने साथ जोड़ने के लिए कोचीन कृषक सभा का भी गठन किया। 1945 में जब कोचीन विधान परिषद के चुनाव हुए तो प्रजामंडलम् ने बहुमत हासिल किया। हालाँकि आजादी के बाद इस पार्टी का विलय कांग्रेस में हो गया।

आजादी के ठीक बाद 21 सितंबर, 1947 को मथाई मंजूरन ने कोझिकोड में केरल सोशलिस्ट पार्टी की स्थापना की। कहने को यह एक छोटी पार्टी थी, मगर दो दशक के भीतर ही इसने केरल की राजनीति में बड़ी भूमिका हासिल कर ली। राज्य में पहली कम्युनिस्ट सरकार बनवाने में भी इसकी भूमिका रही। हालाँकि गठन के दो साल के भीतर ही 1949 में पार्टी को विभाजन भी देखना पड़ा। पार्टी नेता एन. श्रीकांत नायर, के. बालाकृष्णन और बेबी जॉन ने अलग होकर रिवोल्यूशनरी सोशलिस्ट पार्टी बना ली।

त्रावणकोर, जिसे 'प्रिंसली स्टेट' का दर्जा था, में मलियाली भाषी बहुसंख्यक थे और तमिल अल्पसंख्यक। तमिल समुदाय को लगता था कि उनसे भेदभाव हो रहा है और इसके खिलाफ उन्होंने कई संगठन बनाए। इनमें से एक राजनीतिक पार्टी भी बनी त्रावणकोर तमिलनाडु कांग्रेस। 1948 में त्रावणकोर स्टेट के चुनाव में पार्टी ने 120 सीटों में से 14 पर जीत दर्ज की। पार्टी का प्रदर्शन तमिल प्रभाव वाले क्षेत्रों में काफी अच्छा था। अंततः 1957 में यह पार्टी सत्तारूढ़ कांग्रेस में विलय हो गई।

आजादी के तत्काल बाद 1949 में केरल में बनी कोचीन पार्टी का उद्देश्य सिर्फ इतना था कि कोचीन को त्रावणकोर के साथ मिलाकर कोई संयुक्त राज्य न बनाया जाए।

एस.एन. सदासिवन की पुस्तक 'पॉलिटिकल एंड एडमिनिस्ट्रेटिव इंटीग्रेशन ऑफ प्रिंसली स्टेट्स' में लिखा है कि इस पार्टी ने नारा दिया था कि कोचीन कोचीनियों के लिए है। इसने अलग कोचीन राज्य की भी माँग की। (पृ. 61-62)।

चुनाव आयोग के डाटा के मुताबिक कोचीन पार्टी ने 1951 के त्रावणकोर-कोचीन विधानसभा चुनाव में 12 उम्मीदवार उतारे, जिनमें से एक उम्मीदवार ही जीत सका। हालाँकि 1954 आते-आते यह पार्टी केरल की राजनीति से गायब हो गई। त्रावणकोर और कोचीन के अमीर बागान मालिकों ने 1951 में त्रावणकोर कोचीन रिपब्लिकन प्रजा पार्टी के नाम से एक राजनीतिक दल का गठन किया। ए.वी. जॉर्ज इसके महासचिव बनाए गए और ए.सी.एम. एंथ्रेपर को अध्यक्ष बनाया गया। 1951 के विधानसभा चुनाव में पार्टी ने सात उम्मीदवार उतारे और खूब पैसा भी खर्च किया, मगर एक भी उम्मीदवार नहीं जीत सका। ए.वी. जॉर्ज कोट्टायम से दूसरे स्थान पर रहे थे। हालाँकि अगले साल ही यह पार्टी भी लुप्त हो गई। इसी तरह 1951 के प्रदेश चुनाव में दिखाई दी पार्टियों में तमिललैंड पीपुल्स फ्रंट, तमिलनाडु टोइलर्स पार्टी का नाम लिया जा सकता है।

1967 के चुनाव से पहले ईसाई सामाजिक कार्यकर्ता एवं पादरी फादर जोसेफ वडक्कन और बी. वेलिंगटन ने कार्शक तोझिलाली पार्टी का गठन किया। गठन के साथ ही पार्टी ने भारतीय कम्युनिस्ट पार्टी के साथ मिलकर राज्य में सरकार बनाई। ई.एम.एस. नंबूदरीपाद इस सरकार के मुख्यमंत्री थे और कार्शक पार्टी के बी. वैलिंगटन स्वास्थ्य मंत्री बने।

1970 के आसपास एक वर्कर्स रेवोल्युशनरी पार्टी (इंडिया) भी बनी। ए. अच्युतन की यह पार्टी एक वामपंथी पार्टी थी, मगर अलग पार्टी के रूप में कोई खास छाप नहीं छोड़ पाई। 1968 में संयुक्त सोशलिस्ट पार्टी में बगावत से केरल संयुक्त सोशलिस्ट पार्टी बनी। असल में तब केरल सरकार में संयुक्त सोशलिस्ट पार्टी के दो मंत्री थे—पी.के. कुंजू और पी.आर. कुरुप। सरकार से मतभेद के बाद पार्टी हाईकमान ने दोनों मंत्रियों से इस्तीफा देने को कहा, मगर दोनों ने इस्तीफा देने से इनकार कर दिया और केरल संयुक्त सोशलिस्ट पार्टी के नाम से अलग पार्टी बना ली। अगले साल 1969 में पार्टी का नाम बदलकर इंडियन सोशलिस्ट पार्टी कर दिया गया। रिवोल्यूशनरी सोशलिस्ट पार्टी में भी बगावत से कई पार्टियाँ बनीं। इनमें रिवोल्यूशनरी सोशलिस्ट पार्टी (श्रीकानंदन नायर) और नेशनल रिवोल्यूशनरी सोशलिस्ट पार्टी का नाम लिया जा सकता है। नेशनल रिवोल्यूशनरी सोशलिस्ट पार्टी का गठन 1977 में हुआ और इसने 1977 का विधानसभा चुनाव माकपा की सहयोगी पार्टी के रूप में लड़ा। 1982 में पार्टी वाम मोर्चा को छोड़कर कांग्रेस के नेतृत्ववाले यूनाइटेड डेमोक्रेटिक फ्रंट से आ जुड़ी, मगर दोनों ही चुनावों में पार्टी को कई सफलता नहीं मिली।

जनवरी 1973 में इंडियन मुसलिम लीग के नेता अब्दुर्रहिमन बफ्फाखी थांगल की मौत के बाद इसकी केरल इकाई में विभाजन हुआ और मुसलिम लीग (ऑपोजीशन) नाम से एक नई पार्टी सामने आई। यह पार्टी माकपा के नेतृत्ववाले लेफ्ट डेमोक्रेटिक फ्रंट का हिस्सा बनी और बाद में 1985 में इसका विलय फिर इंडियन यूनियन मुसलिम लीग में हो गया।

1974 में के.जी. गोपालकृष्णा पिल्लई और आर. रामचंद्रन नायर ने नेशनल डेमोक्रेटिक पार्टी (केरल) का गठन किया। असल में यह पार्टी नायर समाज के एक सामाजिक संगठन 'नायर सर्विस सोसाइटी' का राजनीतिक विंग थी। इसका गठन नायर समाज के लिए आरक्षण की माँग को लेकर किया गया था। पार्टी ने 1982 में अपना पहला चुनाव कांग्रेस के सहयोगी के रूप में यू.डी.एफ. के घटक के रूप में लड़ा और चार सीटों पर जीत दर्ज की। मगर उसके बाद पार्टी के प्रदर्शन में लगातार गिरावट आती गई और 1996 में पार्टी खत्म हो गई। हालाँकि वर्ष 2019 में नायर समाज के नेताओं ने डेमोक्रेटिक सोशल जस्टिस पार्टी ने नाम से फिर से अपना राजनीतिक संगठन खड़ा किया। के.एस.आर. मेनन को इसका अध्यक्ष बनाया गया।

1980 में कांग्रेस नेता ए.के. एंटनी ने कांग्रेस (ए) नाम से अलग पार्टी बनाई थी। एंटनी छात्र राजनीति से आगे बढ़े नेता थे। 1966 में वे केरल स्टूडेंट्स यूनियन के अध्यक्ष थे। वर्ष 1972 में जब उन्हें केरल प्रदेश कांग्रेस कमेटी का अध्यक्ष बनाया गया तो वह इस पद पर पहुँचनेवाले सबसे युवा नेता था। 1979 में जब दक्षिण में देवराज अर्स ने इंदिरा गांधी से बगावत कर नई कांग्रेस (अर्स) बनाई तो एंटनी उसमें चले गए, मगर अर्स के साथ उनकी एक साल भी नहीं निभी और उन्होंने कांग्रेस (ए) नाम से अपनी अलग क्षेत्रीय पार्टी केरल में बना ली। हालाँकि यह पार्टी दो साल भी नहीं चली और कांग्रेस (ए) का विलय 1982 में कांग्रेस (आई) में हो गया।

वर्ष 2005 में कांग्रेस की केरल इकाई में प्रदेश में पार्टी के प्रमुख नेता के. करुणाकरण ने बगावत कर नेशनल कांग्रेस (इंदिरा) बनाई। मगर जल्द ही इसका नाम बदलकर डेमोक्रेटिक इंदिरा कांग्रेस (करुणाकरण) कर दिया गया। करुणाकरण के बेटे के. मुरलीधरन पार्टी के अध्यक्ष बने। पार्टी ने वाम मोर्चा के साथ मिलकर चुनाव लड़ा, मगर कोई खास असर नहीं छोड़ पाई। बाद में पार्टी के कुछ नेता शरद पवार की राष्ट्रवादी कांग्रेस पार्टी में चले गए और करुणाकरण तथा मुरलीधरन फिर से इंडियन नेशनल कांग्रेस में आ गए। इस तरह पार्टी निष्क्रिय हो गई।

पूर्व प्रधानमंत्री एच.डी. देवगौड़ा की पार्टी जनता दल (सेक्युलर) में भी राज्य में कई बार टूट हुई। जयकुमार एझुतुपल्ली, सुरेंद्र मोहन और एम.पी. वीरेंद्र कुमार ने अलग होकर जनता दल लेफ्ट बनाया। हालाँकि बाद में वे फिर जनता दल सेक्युलर में आ गए।

इसी तरह 7 अगस्त, 2010 को एम.पी. वीरेंद्र कुमार ने पार्टी में विभाजन कर सोशलिस्ट जनता (डेमोक्रेटिक) पार्टी बनाई। मगर इस पार्टी का विलय भी 29 दिसंबर, 2014 को नीतीश कुमार की पार्टी जनता दल (यूनाइटेड) में हो गया। वीरेंद्र जदयू में भी ज्यादा समय तक नहीं रहे और 2018 में अपने साथियों के साथ लोकतांत्रिक जनता दल में चले गए।

केरल का वर्तमान दो गठबंधनों के साए में रहा है और भविष्य में भी इसी की उम्मीद है।

□

24

टूट-फूट का अलग इतिहास

आजादी के बाद करीब-करीब तीन दशक तक असम की सत्ता कांग्रेस के हाथ रही। इस दौरान राज्य में सामुदायिक और क्षेत्रीय अधिकारों को लेकर लोग संगठित हुए। कई पार्टियाँ बनी-बिगड़ीं। नए राज्य भी बने। 1952 में जब पहले असम विधानसभा चुनाव हुए तो वहाँ से 1962 तक दस साल सोशलिस्ट पार्टी और प्रजा सोशलिस्ट पार्टी राज्य में मुख्य विपक्ष रहे। इसी बीच अलग मेघालय की माँग का आंदोलन शुरू हो गया और 'ऑल पार्टी हिल लीडर कॉन्फ्रेंस' राज्य के उस हिस्से में तेजी से उभरी, जो अब नया राज्य मेघालय है। प्रदेश में 1962 के चुनाव के बाद अगले दस साल तक यह पार्टी सदन में मुख्य विपक्ष रही। 1972 में असम से अलग होकर मेघालय अलग राज्य बन गया। इसके बाद 1978 से असम में राजनीतिक बदलाव की बड़ी बयार चली और अस्थिरता का दौर भी शुरू हो गया। 1978 से 1985 के बीच कभी जनता पार्टी, प्लेंस ट्राइबल्स काउंसिल ऑफ असम तथा कम्युनिस्ट पार्टियों ने सरकार बनाई तो कभी कांग्रेस ने कम्युनिस्टों और निर्दलीयों के साथ मिलकर सत्ता चलाई। बीच-बीच में कई बार राष्ट्रपति शासन भी लगाना पड़ा। असम अकेला ऐसा राज्य रहा, जिससे कटकर कई राज्य बने। लेकिन आज भी असम में भले ही राष्ट्रीय दल भाजपा की सरकार है, लेकिन असम में क्षेत्रीय राजनीति में असम गण परिषद का जो स्थान है, वो किसी का भी नहीं है। यह भी सही कि जितनी बार असम गण परिषद का विघटन हुआ है, उतनी बार किसी भी क्षेत्रीय पार्टी की टूट-फूट नहीं हुई।

असम गण परिषद

असम की छात्र राजनीति से उभरे प्रफुल्ल कुमार महंत और भृगु कुमार फूकन ने ऑल असम गण संग्राम परिषद के बिराज कुमार सरमा के साथ मिलकर 1985 में

'असम गण परिषद' की स्थापना की थी। 1971–72 के दौरान जब पूर्वी पाकिस्तान में अशांति थी और वह बांग्लादेश के नाम से नए देश के रूप में सामने आ रहा था, बड़ी संख्या में बांग्लादेशी लोगों का पलायन हुआ और वे बंगाल तथा असम में आकर बस गए। 1979 में प्रफुल कुमार महंत 'ऑल असम स्टूडेंट यूनियन' (आसू) के अध्यक्ष बने और भृगु कुमार फूकन महासचिव चुने गए। उसी साल 'आसू' ने बांग्लादेश के अवैध घुसपैठियों के खिलाफ आंदोलन शुरू किया। उनकी माँग थी कि घुसपैठियों के नाम मतदाता सूची से बाहर किए जाएँ। यह आंदोलन वर्षों चलता रहा। यहाँ तक कि 1983 के विधानसभा चुनाव भी राज्य में प्रदर्शनों के अशांत माहौल में हुए। उस दौरान बिराज कुमार सरमा की ऑल असम गण संग्राम परिषद और असम साहित्य सभा भी आसू के साथ इस आंदोलन में शामिल हो गईं। आंदोलन ने और जोर पकड़ा और देखते–ही–देखते असम जेतियाबाड़ी दल तथा पूर्बांचलया लोक परिषद जैसी क्षेत्रीय पार्टियाँ और सादौ असम कर्मचारी परिषद, असम जेतियाबाड़ी युवा चात्रा परिषद, असम युवक समाज और सरकारी कर्मचारियों के अधिकांश संगठन इस आंदोलन से जुड़ गए।

आंदोलन ने जोर पकड़ा तो 15 अगस्त, 1985 में केंद्र की राजीव गांधी सरकार और राज्य सरकार ने आंदोलनकारियों के साथ प्रसिद्ध 'असम समझौता' किया। आंदोलनकारियों की ओर से इस पर प्रफुल्ल कुमार महंत, भृगु कुमार फूकन तथा बिराज कुमार सरमा ने हस्ताक्षर किए। इस समझौते के बाद राज्य में हितेश्वर सैकिया के नेतृत्व में चल रही हितेश्वर सैकिया की सरकार भंग कर दी गई और राज्य में चुनाव कराने की घोषणा हुई।

आंदोलनकारियों ने 13–14 अक्तूबर, 1985 को गोलाघाट में नेशनल कन्वेंशन का आयोजन किया। इसी कन्वेंशन में 14 अक्तूबर, 1985 को आंदोलनकारियों की ओर से एक नई राजनीतिक पार्टी असम गण परिषद बनाने की घोषणा की गई। प्रफुल्ल कुमार महंत को इस नई पार्टी का अध्यक्ष चुना गया। ऑल असम स्टूडेंट्स यूनियन को भंग कर दिया गया। असम जेतियाबाड़ी दल और पूर्बांचलिया लोक परिषद जैसी पार्टियों का असम गण परिषद में विलय हो गया।

दिसंबर 1985 में असम में विधानसभा चुनाव हुए और असम गण परिषद ने 126 में से कुल 67 सीटें जीतकर सरकार बनाई। हालाँकि पाँच साल बाद असम गण परिषद को हराकर कांग्रेस ने वामपंथियों और अन्य दलों के साथ मिलकर सरकार बनाई, मगर 1996 के चुनाव में राष्ट्रीय मोर्चा के साथ असम गण परिषद की फिर से सरकार बनी और महंत दोबारा मुख्यमंत्री बने। हालाँकि इस दौरान पार्टी टूटती और जुड़ती भी रही। मार्च 1991 में पार्टी महासचिव भृगु कुमार फूकन ने बगावत की और

पार्टी के कई नेताओं सांसद दिनेश गोस्वामी, पूर्व मंत्री बृंदाबन गोस्वामी, विधानसभा अध्यक्ष पुलकेश बरुआ तथा अन्य नेताओं को साथ लेकर अलग नतुन असम गण परिषद की स्थापना की।

वर्ष 2000 में असम गण परिषद में एक और फूट हुई। पार्टी के वरिष्ठ नेता अतुल बोरा ने पुलकेश बरुआ के साथ मिलकर तृणमूल गण परिषद की स्थापना की। वर्ष 2001 में तृणमूल गण परिषद ने भाजपा से गठबंधन कर लिया। इसके बाद से महंत के लिए पार्टी में मुश्किल समय शुरू हुआ। उन पर भ्रष्टाचार और विरोधियों की हत्याएँ कराने के आरोप लगे। प्रफुल्ल कुमार महंत को पार्टी विरोधी गतिविधियों में लिप्त बताकर आखिरकार 3 जुलाई, 2005 को असम गण परिषद से बाहर निकाल दिया गया। इसके बाद महंत ने असम गण परिषद (प्रोग्रेसिव) नाम से अपनी अलग पार्टी बना ली।

इस दौरान सत्ता से बाहर हो जाने पर असम गण परिषद के नेताओं और अलग दल बनानेवाले नेताओं को यह अहसास हो गया कि अलग-अलग रहकर राज्य की राजनीति में उनकी दाल नहीं गलनेवाली। अंततः 14 अक्तूबर, 2008 को गोलाघाट में फिर सबने मिलकर सम्मेलन किया। इस सम्मेलन में प्रफुल्ल महंत, अतुल बोरा और पुलकेश बरुआ ने अपनी पार्टियों का असम गण परिषद में फिर से विलय कर दिया। मगर सत्ता में बंदरबाँट की लड़ाई कभी बंद नहीं होती। पार्टियों में टूट-फूट चलती रहती है। वर्ष 2011 में असम गण परिषद के फायरब्रांड समझे जाते युवा छात्र नेता सर्बानंद सोनोवाल सभी पदों से इस्तीफा देकर भारतीय जनता पार्टी में चले गए। इसके दो साल बाद 3 जुलाई, 2013 को अतुल बोरा ने भी भाजपा का दामन थाम लिया। वर्ष 2016 में जब भाजपा ने पूर्वोत्तर राज्यों के लिए अपना 'नॉर्थ-ईस्ट डेमोक्रेट अलायंस' बनाया तो असम गण परिषद भी इसका हिस्सा बन गई। मगर जनवरी 2019 में नागरिकता संशोधन विधेयक पर नाराजगी जताते हुए असम गण परिषद ने भाजपा नेतृत्ववाले 'नॉर्थ ईस्ट डेमोक्रेटिक अलायंस' से खुद को अलग कर लिया। मगर दो महीने बाद ही चुनाव से ठीक पहले फिर से डेमोक्रेटिक अलायंस में शामिल हो गई। भाजपा ने उसे लड़ने के लिए लोकसभा की तीन सीटें दीं, पर उसे वे जीत में नहीं बदल पाए।

ऑल पार्टी हिल लीडर्स कॉन्फ्रेंस

विलयम ए संगमा के द्वारा स्थापित 'ऑल पार्टी हिल्स लीडर कॉन्फ्रेंस' वैसे तो मेघालय की पार्टी मानी जाती है, मगर इसने ही असम से अलग कर मेघालय को नया राज्य बनाने की लंबी लड़ाई असम में रहकर लड़ी। कैप्टन विलियमसन अपांग संगमा गारो जनजाति के एक संभ्रांत नेता माने जाते थे। उनका गृह क्षेत्र, जो तब असम का

हिस्सा था, असल में तीन जनजातियों का मुख्य क्षेत्र था। गारो के बारे में कहा जाता है कि इनके पूर्वज तिब्बत के तोरस से आकर भारत के इस हिस्से में बसे थे, जबकि खासी और जयंतिया जनजातियों के बारे में माना जाता है कि इनके पूर्वज मंगोलियाई थे। कैप्टन संगमा सेना में नौकरी कर चुके थे। 1952 में वे ऑटोनॉमस डिस्ट्रिक्ट काउंसिल ऑफ गारो हिल्स से जुड़ गए। असम के इन अलग-अलग पहाड़ी हिस्सों में स्वायत्तता की माँग को लेकर और भी परिषदें बन गईं। इनमें मुख्य थी—खासी हिल्स ऑटोनॉमस डिस्ट्रिक्ट काउंसिल, जयंतिया हिल्स ऑटोनॉमस डिस्ट्रिक्ट काउंसिल, लुशाई मिजो हिल्स, नॉर्थ कछार हिल्स डिस्ट्रिक्ट काउंसिल आदि।

16 जून, 1954 को इन सभी परिषदों ने शिलांग में एक बैठक बुलाई और संविधान की छठी अनुसूची के तहत अलग हिल स्टेट की माँग की। बैठक में तय हुआ कि असम के इस पहाड़ी हिस्से को ईस्टर्न हिल स्टेट का दर्जा देने की माँग की जाएगी। हालाँकि बैठक से भी पहले खासी नेशनल दुरबा के थोग विल्सन रीडे अलग-अलग पहाड़ी राज्य की माँग कर चुके थे, मगर संगमा ने इस माँग को लेकर सफल आंदोलन का नेतृत्व किया। शिलांग की बैठक में यह तय हुआ कि सभी परिषदों के नेता मिलकर सहमति-पत्र पर हस्ताक्षर करें। इस तरह 'ऑल पार्टी हिल लीडर्स कॉन्फ्रेंस' अस्तित्व में आई। इन नेताओं की मेहनत रंग लाई और 21 जनवरी, 1972 को असम का पूर्वी पहाड़ी क्षेत्र मेघालय के रूप में एक नया राज्य बना।

प्लेंस ट्राइबल्स काउंसिल ऑफ असम (पी.टी.सी.ए.)

पी.टी.सी.ए. असम की एक राजनीतिक पार्टी थी, जो गारो-खासी व जयंतिया समुदायों के विपरीत, मूल भारतीय अनुसूचित जाति-जनजातियों के अधिकारों की बात करती थी, मगर 1966 में इसने अलग राज्य की माँग के साथ सशस्त्र आंदोलन शुरू कर दिया, जिसे 'बोडो आंदोलन' के नाम से जाना जाता है। समर ब्रह्मा चौधुरी और चरण नरजारी के नेतृत्व में अलग उदयाचल की माँग की गई। 1966 में पी.टी.सी.ए. ने जनजातियों और भारतीय मूल के लोगों के लिए अलग से सीमांकन कर सीट आरक्षित करने की माँग को लेकर चुनावों का बहिष्कार कर दिया। भाटामारी गाँव में एक बड़ी सभा बुलाई गई। इसे धारा-144 का उल्लंघन मानते हुए पुलिस ने फायरिंग कर दी, जिसमें सैकड़ों लोग घायल हुए और जेल भेजे गए। जल्द ही पी.टी.सी.ए. में आपसी विरोध बढ़ गया। ज्यादातर नेता लोकतांत्रिक तरीके से अपनी लड़ाई लड़ना चाहते थे, मगर इसके एक गुट ने बिनय ब्रह्मा के नेतृत्व में सशस्त्र लड़ाई शुरू कर दी। उसी समय ऑल बोडो स्टूडेंट यूनियन ने अलग बोडोलैंड को लेकर आंदोलन शुरू कर दिया। उन्होंने पी.टी.सी.ए. की अलग उदयांचल की माँग को खारिज कर दिया। बोडो छात्र

यूनियन के अतिवादी गुट ने पी.टी.सी.ए. के अध्यक्ष और कुछ अन्य नेताओं की हत्या कर दी। इस तरह युवा बोडो ने पी.टी.सी.ए. के आंदोलन को खत्म कर 'ऑटोनोमस काउंसिल ऑफ बोडोलैंड' के नाम से आंदोलन शुरू किया।

बोडोलैंड यूनिवर्सिटी कोकराझार के राजनीतिक विज्ञान के एक शोध-पत्र 'पी.टी.सी.ए. इन बोडो पॉलिटिक्स' में कहा गया है कि पी.टी.सी.ए. असम के मैदानी इलाके की पहली जनजाति पार्टी थी। समरजीत बारो और ज्योतिराज पाठक के इस शोध-पत्र में कहा गया है कि इस पार्टी ने ब्रह्मपुत्र नदी के उत्तरी तट की आम और बोडो जनजातियों में राजनीतिक चेतना जगाने का काम किया। यह पार्टी उनके अधिकारों के लिए लड़ी। क्षेत्र के विकास और इस इलाके को केंद्रशासित राज्य का दर्जा देने की माँग की। हालाँकि पार्टी में आंतरिक मतभेद इतने ज्यादा हो गए कि यह खुद को लंबे समय तक कायम नहीं रख पाई। सरकार और बोडो लोगों में जब टकराव हुआ तो यह अपनी राह तय ही नहीं कर सकी। हालाँकि पार्टी ने अपना जनाधार खो दिया, मगर इसने ही स्वायत्तता का बीज बोया।

बोडो असम की प्रमुख जनजाति है, जो भारतीय और भारतीय-मंगोलाई मूल से जुड़ती है। 1928 में बने 'इंडियन स्टेचुरी कमीशन' या जिसे 'साइमन कमीशन' भी कहा जाता है, में दर्ज है कि बोडो, जो खुद को असमी कहते हैं और असमी समाज का हिस्सा हैं, ने गोलपाड़ा जिले को बंगाल में शामिल करने का विरोध किया है।

13 फरवरी, 1967 को जब प्रधानमंत्री इंदिरा गांधी ने 'ऑल पार्टी हिल लीडर्स' के बीच घोषणा की कि संघीय ढाँचे के अनुसार असम को फिर से संगठित किया जाएगा तो कुछ बोडो युवाओं और विद्वानों ने भी कोकराझार जिले में बैठक बुलाई तथा अपने लिए एक राजनीतिक पार्टी के गठन पर चर्चा की। इस चर्चा के परिणामस्वरूप 'प्लेंस ट्राइबल काउंसिल ऑफ असम' (पी.टी.सी.ए.) अस्तित्व में आई। बिरुचन डोले इसके अध्यक्ष बनाए गए। समर ब्रह्मा चौधरी उपाध्यक्ष और चरन नारजारे महासचिव बने।

यूनाइटेड माइनॉरिटीज फ्रंट (यू.एम.एफ.ए.)

असम गण परिषद की तरह ही 'यूनाइटेड माइनॉरिटीज फ्रंट, असम' की स्थापना भी 1985 में हुई थी। इसके पीछे भी एक छात्र संगठन था। ऑल असम माइनॉरिटी स्टूडेंट्स यूनियन ने नागरिक रक्षा अधिकार कमेटी (सी.आर.पी.सी.) तथा असम के अन्य अल्पसंख्यक धार्मिक तथा भाषायी संगठनों के साथ मिलकर इस क्षेत्रीय पार्टी की स्थापना की थी। असल में ऑल असम स्टूडेंट यूनियन द्वारा बांग्लादेश से आए लोगों के खिलाफ चलाए गए आंदोलन और असम समझौते का विरोध करने तथा बंगाली हिंदुओं

और मुसलमानों के अधिकारों तथा समर्थन के लिए यह पार्टी बनाई गई थी। यू.एम.एफ.ए. के पहले अध्यक्ष कलिपाडा सेन थे। वर्ष 2005 में इस पार्टी का विलय 'ऑल इंडिया यूनाइटेड माइनॉरिटीज फ्रंट' में हो गया।

बोडोलैंड पीपुल्स फ्रंट

'बोडोलैंड पीपुल्स फ्रंट' भी असम की एक क्षेत्रीय पार्टी है, जो पहले भाजपा के नेतृत्ववाले राष्ट्रीय जनतांत्रिक गठबंधन का हिस्सा थी, फिर कांग्रेस के नेतृत्ववाले यू.पी.ए. से जुड़ गई। इस पार्टी का गठन 2005 में हुआ था और हाग्रामा मोहिलारी इसके पहले अध्यक्ष बने। इस पार्टी ने पहली बार 2011 में असम विधानसभा का चुनाव लड़ा और सबको चकित करते हुए 12 सीटों पर जीत दर्ज की। इसके साथ पार्टी राज्य में कांग्रेस और ऑल इंडिया यूनाइटेड डेमोक्रेट फ्रंट के बाद तीसरी सबसे बड़ी पार्टी बनकर सामने आई। पार्टी ने सिर्फ 29 सीटों पर ही चुनाव लड़ा था। वर्ष 2016 के चुनाव से पहले बोडोलैंड पीपुल्स फ्रंट ने एन.डी.ए. से समझौता कर लिया। पार्टी के खाते में 16 सीटें आईं और इनमें से फिर 12 पर जीत दर्ज की। मगर 2021 के विधानसभा चुनाव में पार्टी ने एन.डी.ए. को छोड़कर यू.पी.ए. के साथ समझौता किया और केवल 4 सीटों पर ही जीत दर्ज की। इसके बाद पार्टी ने यू.पी.ए. से भी गठबंधन खत्म कर दिया।

ऑल इंडिया यूनाइटेड डेमोक्रेटिक फ्रंट (ए.आई.यू.डी.एफ.)

इसे 'सर्व भारतीय संयुक्त गणतांत्रिक मोर्चा' के नाम से भी जाना जाता है। यह असम की एक क्षेत्रीय पार्टी है, जिसने राज्य के राजनीतिक परिदृश्य पर काफी ज्यादा असर डाला है। इसकी स्थापना देश के प्रमुख इत्र व्यापारी मौलाना बदरुद्दीन अजमल ने 3 अक्तूबर, 2005 को की थी। वैसे इसे फरवरी 2009 में राष्ट्रीय पार्टी के रूप में दिल्ली में फिर लॉन्च किया गया। वर्ष 2011 के चुनाव में पार्टी ने राज्य की 126 में से 18 सीटों पर जीत दर्ज की, मगर 2016 में सीटें घटकर 13 रह गईं। इसके बाद 2021 का चुनाव ए.आई.यू.डी.एफ. ने भाजपा के खिलाफ लड़ा और 16 सीटें जीतकर मुख्य विपक्ष बनी। बदरुद्दीन काफी विवादित नेता माने जाते हैं और जमायत उलेमा हिंद, असम के प्रदेश अध्यक्ष भी हैं। एक दौर यह भी था कि उनकी पार्टी के तीन सांसद हुआ करते थे, लेकिन आज वे अपनी पार्टी से अकेले सांसद हैं। लेकिन वे ऐसे अकेले सांसद भी हैं, जिनके सर्वाधिक सात बच्चे हैं। कांग्रेस के साथ लड़े 2021 के विधानसभा चुनाव के दौरान 22 जनवरी को उन्होंने एक सभा में कहा कि अगर भाजपा सत्ता में आ गई तो वह साढ़े तीन हजार मसजिदों को नेस्तनाबूद कर देगी और मुसलिम महिलाओं का बुरका पहनकर

बाहर निकलने में रोक के अलावा टोपी पहनने पर रोक लगा देगी। 2021 के विधानसभा चुनावों में सत्ता वापसी का सपना देख रही कांग्रेस के लिए बदरुद्दीन के बयान घातक साबित हुए और चुनावों में भाजपा की शानदार वापसी हो गई। और इसी के चलते कांग्रेस ने बदरुद्दीन की पार्टी से अपना रिश्ता-नाता भी तोड़ लिया है।

□

25

संघर्ष का एक राज्य और तेलंगाना राष्ट्र समिति (टी.आर.एस.)

महाराष्ट्र, छत्तीसगढ़, कर्नाटक और आंध्र प्रदेश से घिरे 33 जिलों के राज्य तेलंगाना की राजनीतिक पृष्ठभूमि आसान नहीं रही। दशकों के लंबे संघर्ष के बाद 18 फरवरी, 2014 को लोकसभा में आंध्र प्रदेश के बँटवारे का बिल पास हो गया। वे सारी राजनीतिक पार्टियाँ, जो तेलंगाना को अलग राज्य बनाने की माँग कर रही थीं, दिल्ली में इकट्ठी होकर जश्न मना रही थीं। लेकिन ऐसे समय में भी एक व्यक्ति जो थोड़ा परेशान दिख रहा था, वो थे, तेलंगाना के मौजूदा मुख्यमंत्री और तेलंगाना राष्ट्र समिति के अध्यक्ष के. चंद्रशेखर राव, जिन्हें लोग के.सी.आर. के नाम से भी जानते हैं। उनको असमंजस इसलिए था कि कहीं भारतीय जनता पार्टी तेलंगाना के अलग होने के मसले पर राज्यसभा में कोई खेल न खेल जाए! लेकिन जैसे ही उच्च सदन में तेलंगाना के अलग होने का बिल पास हुआ, के.सी.आर. ने राहत की साँस ली। दरअसल, के.सी.आर. ने 5 साल पहले एक नारा दिया था—'एक और धक्का, तेलंगाना पक्का'। धीरे-धीरे चीजें आगे बढ़ीं, लेकिन इसके बाद के.सी.आर. की छवि को गिराने के लिए लोगों ने सोशल मीडिया को रंग दिया। सामने आया कि कुछ वर्ष पहले तक वे शराब के आदी रहे हैं। इसी मसले पर वाई.एस.आर. कांग्रेस के नेता रोजा ने टी.आर.एस. प्रमुख को यह तक कह दिया—'रात में बार, दिन में दरबार।' लेकिन के.सी.आर. ने हार नहीं मानी।

के.सी.आर. तेलुगु भाषा के अच्छे कवि हैं। इसलिए उन्होंने अपनी बेटी का नाम भी कविता रखा। कभी युवा कांग्रेस का झंडा लेकर चलनेवाले के.सी.आर. जल्द ही टी.डी.पी. में आ गए। अपने राजनीतिक कॅरियर की शुरुआत यूथ कांग्रेस पार्टी में शामिल

होकर मेढक जिले से की। लगातार चार विधानसभा चुनाव में उन्होंने सिद्दीपेट से जीत हासिल की। आंध्र की 1990 में एन.टी. रामाराव सरकार में वे सूखा राहत मंत्री बनाए गए थे। के.सी.आर. ने 1995 में टी.डी.पी. के तख्तापलट के समय चंद्रबाबू नायडू को सहयोग भी किया। 1996 में नायडू कैबिनेट में परिवहन मंत्री बनने के बाद उन्होंने 2000 से लेकर 2001 तक आंध्र प्रदेश विधासभा में डिप्टी स्पीकर की भूमिका भी निभाई। पर तेलंगाना को लेकर उनकी चंद्रबाबू नायडू से कभी पटी नहीं। इस बीच तेलंगाना राज्य की माँग को लेकर 27 अप्रैल, 2001 को उन्होंने डिप्टी स्पीकर और टी.डी.पी. पार्टी से इस्तीफा दे दिया और अपनी पार्टी टी.आर.एस. का गठन किया।

तेलंगाना को लेकर के.सी.आर. जो भी कर सकते थे, किया। के.सी.आर. ने 2004 में कांग्रेस का साथ दिया और अटल बिहारी वाजपेयी के हारने के बाद आई मनमोहन सरकार में श्रम मंत्री भी बने। इसके बाद वाम दलों ने नायडू से 2009 विधानसभा चुनाव के लिए टी.आर.एस. का गठबंधन कराने के लिए उन्हें मनाया भी। लेकिन टी.डी.पी. के वोट टी.आर.एस. उम्मीदवार को जाएँ, ऐसा हो नहीं सका और टी.आर.एस. को सिर्फ 10 विधानसभा और 2 लोकसभा सीट से ही संतोष करना पड़ा।

सितंबर 2009 में आंध्र की राजनीति में वाई.एस. राजशेखर रेड्डी के निधन के बाद भूचाल ने हालात ही बदल दिए। के.सी.आर. को साफ लगने लगा था कि अब नहीं तो कभी नहीं! वे नवंबर 2009 में ही अनिश्चितकालीन उपवास पर बैठ गए। उनके बिगड़ते स्वास्थ्य ने तेलंगाना के अलग राज्य बनाने के मुद्दे को नई हवा दे दी। 9 दिसंबर, 2009 की रात को केंद्र सरकार ने भारत के 29वें राज्य के गठन के शुरुआत की घोषणा करते हुए के.सी.आर. की माँग मान ली। लेकिन यह खुशी भी के.सी.आर. के लिए ज्यादा देर तक नहीं रह सकी। लेकिन आंध्र के लोग खुश नहीं थे। वहाँ के राजनीतिक वर्ग ने विद्रोह कर दिया और केंद्र सरकार को 15 दिन के भीतर तेलंगाना के अलग राज्य गठन मसले पर पुनर्विचार करने को मजबूर कर दिया। 'श्रीकृष्ण समिति' ने एक साल का समय माँगा और तब तक राजनीतिक पार्टियों से शांति बनाए रखने की अपील की। लेकिन के.सी.आर. चुप नहीं बैठे। इसी मुद्दे को लेकर वे लगातार मुखर होते रहे। तेलंगाना में उनके लिए भारी समर्थन जुटता रहा। 2012-13 में जैसे ही लोकसभा चुनाव की आहट होने लगी, कांग्रेस को लगने लगा कि उसका आंध्र प्रदेश का किला अब ध्वस्त हो रहा है। के.सी.आर. भी यू.पी.ए. की चेयरपर्सन सोनिया गांधी पर दबाव बढ़ाने लगे। 30 जुलाई, 2013 को कांग्रेस कार्यसमिति में अलग तेलंगाना राज्य का प्रस्ताव पास हो गया। 18 फरवरी, 2014 को लोकसभा से और 20 फरवरी, 2014 को राज्यसभा से आंध्र प्रदेश पुनर्गठन विधेयक-2014 को मंजूरी मिल गई। राष्ट्रपति से मंजूरी के साथ ही 2 जून, 2014 को तेलंगाना राज्य बन ही गया। चुनावों के साथ के.सी.आर. मुख्यमंत्री

भी बने। यह के.सी.आर. के जीवन की सबसे बड़ी जीत थी। के.सी.आर. से पहले भी तेलंगाना को लेकर 5–6 दशकों में अलग–अलग नेताओं ने तेलंगाना का मसला उठाया, लेकिन वे कभी सफल नहीं हो पाए। के.सी.आर. को लोग 'फादर ऑफ तेलंगाना' तक कहने लगे। लेकिन समस्याएँ कम नहीं थीं। सबसे बड़ा मुद्दा नए राज्य की राजधानी का था। आंध्र प्रदेश हैदराबाद छोड़ना नहीं चाहता था। लेकिन अंततः यह तय हुआ कि दस साल तक दोनों राज्यों की राजधानी हैदराबाद रहेगी और तब तक आंध्र को नई राजधानी बनानी होगी।

उधर चुनावी मोर्चों पर टी.आर.एस. अपने झंडे गाड़ रही थी। इस दौरान के.सी.आर. ने कई ऐसे काम किए, जिसके लिए उन्हें याद किया गया। 20 हजार करोड़ रुपए की लागत से उन्होंने तेलंगाना में 46,700 जलस्रोत तैयार कराए, ताकि सूखाग्रस्त राज्य का ग्रांउड वाटर लेवल बढ़ाया जा सके। इसके अलावा, तेलंगाना सरकार ने हर घर और उद्योग को पानी के कनेक्शन से जोड़ने के लिए वाटर ग्रिड प्रोजेक्ट शुरू किया और 35,000 करोड़ रुपए खर्च कर 1,26,000 किमी. पाइप लाइन को गाँवों और शहरों में बिछाया। के.सी.आर. ने गरीबों को दो कमरों के घर देने की भी योजना चलाई। राज्य में बुजुर्गों की पेंशन भत्ते को बढ़ाया। परिवार के प्रत्येक सदस्य के लिए माह में 6 किलो चावल की शुरुआत की, जिससे 28.6 लाख लोग लाभान्वित हुए। के.सी.आर. के लिए बड़ा काम किया उनके यू.एस. में पढ़े-लिखे बेटे के.टी. रामाराव ने। शहरी विधानसभाओं में न सिर्फ उन्होंने वोट माँगे, बल्कि राज्य में उद्योग-धंधों के लिए उद्योगपतियों से समझौते भी किए। इसके अलावा के.सी.आर. के भतीजे टी. हरीश राव पार्टी के पुराने कार्यकर्ता हैं। हरीश तेलंगाना के ग्रामीण इलाकों में अच्छी पहचान रखते हैं। इन दोनों को ही पार्टी ने मंत्री बनाया। के.सी.आर. की बेटी कविता भी निजामाबाद विधानसभा से विधायक बनीं। राज्य की सांस्कृतिक विरासत को सँजोने में उनकी अहम भूमिका रही है। इन सभी परिस्थितियों का टी.आर.एस. को तेलंगाना के एक राज्य के रूप में दूसरे विधानसभा चुनाव में फायदा मिला। टी.आर.एस. ने 2018 विधानसभा चुनाव में 88 सीटों पर जीतकर भारी बहुमत से सरकार बनाई। मुख्यमंत्री के. चंद्रशेखर राव ने फिर से 13 दिसंबर, 2018 को राज्य के मुख्यमंत्री के रूप में शपथ ली। पहली विधानसभा चुनाव में टी.आर.एस. को 119 में जहाँ 63 सीटें मिली थीं, वहीं 2018 विधानसभा चुनाव में टी.आर.एस. ने 25 सीटें और जोड़कर राज्य की 70 फीसद सीटों पर कब्जा किया।

अब तेलंगाना में दिसंबर 2023 से पहले विधानसभा चुनाव होने हैं। चुनावी रणनीतिकारों का मानना है कि तेलंगाना के चुनावी फ्रेम में भाजपा की एंट्री होती दिख रही है। भाजपा ने तेलंगाना में 2018 के बाद से लगातार जमीनी स्तर पर कैडर खड़ा करने की कोशिश की है। वहीं भाजपा टी.आर.एस. पर आरोप लगाती रही है कि उसने वोटरों से किए वादे, चाहे वो किसानों के लोन माफ व अन्य, पूरे नहीं किए। भाजपा का नेतृत्व भी अब वही कर रहा है, जिससे पहले चंद्रबाबू नायडू ने आंध्र में सत्ता हासिल की थी, बाद में यही काम के.सी.आर. ने किया। अब भाजपा के राज्य अध्यक्ष बंदी संजय कुमार का भी पूरा जोर प्रदेश की यात्रा पर है।

इधर भाजपा ने एक और मुद्दा छेड़ दिया है कि हैदराबाद के 17 सितंबर, 1948 को भारतीय संघ में विलय के कारण 17 सितंबर को 'तेलंगाना मुक्ति दिवस' के रूप में मनाया जाए। इसको लेकर केंद्रीय गृहमंत्री अमित शाह भी 17 सितंबर, 2021 को निर्मल

शहर में एक जन सभा को संबोधित कर आए हैं। भाजपा ने इस दौरान के.सी.आर. पर आरोप लगाया कि तेलंगाना की अलग माँग को लेकर हुए आंदोलन में चंद्रशेखर राव ने 17 सितंबर को आधिकारिक उत्सव मनाने की माँग की थी, लेकिन सत्ता में आने के बाद से वे अपने रुख से पीछे हट गए। जबकि महाराष्ट्र और कर्नाटक, जोकि जिले पूर्ववर्ती हैदराबाद राज्य का हिस्सा थे, वे इसे आधिकारिक रूप से मनाते आ रहे हैं। सिर्फ टी.आर.एस. ही इसे क्यों नहीं मनाती? दरअसल, इस मामले में के.सी.आर. को लगता है कि कहीं इससे उनका मुसलिम वोट बैंक छिटक न जाए!

तेलंगाना में टी.आर.एस. के खिलाफ दूसरी पार्टियों की चल रही कोशिशों में जून 2021 में एक और घटना घटी। जब राज्य के पूर्व स्वास्थ्य मंत्री और विधायक ई. राजेंद्र ने पद से त्यागपत्र दे दिया। उनके भाजपा में जाने के बाद टी.आर.एस. के कई नेताओं ने भाजपा से संपर्क किया और अपना रास्ता बनाया। इसे देखते हुए आगामी महीनों में टी.आर.एस. क्या नई रणनीति अपनाती है, देखना होगा!

तेलंगाना में विधानसभा चुनाव की अगर बात करें तो दो बार मुख्यमंत्री बन चुके के. चंद्रशेखर राव अब राज्य के तीसरे चुनाव में थोड़ा कमजोर जरूर दिखते हैं, पर वे फिर भी अपने विपक्ष से कोसों आगे हैं। स्थानीय पार्टी 'ऑल इंडिया मजलिसे इत्तेहादुल मुसलिमीन' (ए.आई.एम.आई.एम.) जरूर उन्हें मजबूत बने रहने में मददगार साबित हुई है। लेकिन विधानसभा के आगामी चुनावों में ग्रेटर हैदराबाद म्युनिसिपल कॉरपोरेशन के नतीजों को देखें तो भाजपा से उन्हें चुनौती मिलेगी। माना जा रहा है कि भाजपा के लिए तेलंगाना में हैदराबाद ही प्रवेश-द्वार बनेगा। इसके अलावा आंध्र प्रदेश मुख्यमंत्री जगनमोहन रेड्डी की छोटी बहन वाई.एस. शर्मिला भी तेलंगाना में पार्टी की छवि सुधार रही हैं। वे तेलंगाना में वाई.एस.आर. कांग्रेस को उभारने में जोरों से लगी हुई हैं।

चंद्रशेखर राव ने केंद्रीय राजनीति में अपने कदम भी बढ़ाए हैं, लेकिन यहाँ पर पैठ करना उतना आसान नहीं है। 2022 विधानसभा चुनावों में भाजपा की बड़ी जीत और पंजाब में 'आप' की जीत के बाद फिर से समीकरण बदलते नजर आ रहे हैं।

□

26

वोट बैंक सँभालने की चुनौती

देश में जम्मू-कश्मीर के बाद सबसे संवेदनशील राज्य पंजाब को जितना खुशहाली (कभी सही), मस्ती के लिए जाना जाता है, उतना ही विरोधाभासों के बावजूद राजनैतिक स्थिरता के लिए भी। आमतौर पर छोटे राज्यों में राजनैतिक स्थिरता का संकट ज्यादातर बना रहता है, पर पंजाब का इतिहास इससे इतर है। सत्ता के लिए दो हिस्सों में बँटे इस राज्य में एक कोण पर कांग्रेस है तो दूसरे पर शिरोमणि अकाली दल। अकालियों की सरकार रही हो या नहीं, लेकिन उसका प्रभाव हमेशा रहा।

2020 में एक सदी पूरी करने के बाद, शिरोमणि अकाली दल को स्वतंत्रता से पहले और बाद के संघर्षों के गौरवशाली इतिहास के साथ भारतीय उपमहाद्वीप में सबसे पुराना क्षेत्रीय और दूसरा सबसे पुराना राजनीतिक दल होने का गौरव प्राप्त है। और यही गौरव इस पार्टी की उत्थान गाथा लिखने के लिए विशाल स्थान की भी दरकार करता है। औपनिवेशिक शासन और स्वतंत्र भारत, दोनों में पार्टी के पास सबसे शांतिपूर्ण संघर्षों में से एक का रिकॉर्ड है।

यह बात भी सही है कि देश में दूसरे सबसे बड़े अल्पसंख्यक सिख समुदाय की महत्त्वाकांक्षाओं और आकांक्षाओं के लिए बनाई गई इस पार्टी ने आजादी के संघर्ष सहित देश की राजनीतिक गतिशीलता में अपनी जनसंख्या को देखते हुए बहुत बड़ी भूमिका निभाई है, खासतौर से उसके जनसंख्या के अनुपात को देखते हुए। पार्टी एक समय में न केवल कांग्रेस में योगदान देनेवाले सिख राजनीतिक नेताओं के लिए नर्सरी थी, यहाँ से कई सिख नेता निकलकर भारतीय कम्युनिस्ट पार्टी में भी गए। पूर्व विदेश मंत्री स्वर्ण सिंह और पूर्व मुख्यमंत्री प्रताप सिंह कैरों भी कभी शिरोमणि अकाली दल में रह चुके थे। पार्टी की एक और खासियत उसका लोकतांत्रिक व्यवहार था और लंबे समय तक उसका हर फैसला पार्टी की कार्यकारिणी में व्यापक विमर्श के बाद ही लिया जाता रहा है।

शिरोमणि अकाली दल वह पार्टी है, जिसके स्वयंसेवकों को विभिन्न आंदोलनों के दौरान अत्यधिक क्रूरता का सामना करना पड़ा और हजारों लोग पंथ और जनसाधारण के लिए जेल गए। कई को अपनी जान देनी पड़ी। यहाँ तक कि पं. जवाहरलाल नेहरू को अकालियों द्वारा शुरू किए गए जैतो मोर्चा के तहत गिरफ्तार किया गया था। महात्मा गांधी ने अकाली आंदोलनों में से एक को भारत की स्वतंत्रता की पहली लड़ाई के रूप में वर्णित किया। संघर्षों और बलिदानों के कारण ही पार्टी का इतिहास गौरवशाली रहा है। अब अगर आपको यह लगे कि यह संगठन एक बादल परिवार के आसपास ही घूमता है, लेकिन अतीत इससे भिन्न भी रहा है।

अकाली दल का फोकस अब भले बदल गया हो, लेकिन उसका पंथ से मूल संबंध पहले जैसा ही है। यही कारण है कि यह राजनैतिक संगठन जरूर रहा, लेकिन उसकी जड़ें सिख धर्म से जुड़ी रहीं। यह उसके फलने-फूलने का भी एक कारण रहा। पंथ और अकाली दल के बीच यह बंधन की भूमिका शिरोमणि गुरुद्वारा प्रबंधक समिति निभाती रही है।

शिरोमणि अकाली दल ने 14 दिसंबर, 2020 को एक सदी की यात्रा पूरी कर ली है। और यह यात्रा पंजाब की भौगोलिक और राजनैतिक स्थिति को देखते हुए और महत्त्वपूर्ण है। मूल रूप से सिख संघर्षों के साथ उपजे अकाली दल का गठन स्वर्ण मंदिर (दरबार साहिब) समेत अन्य गुरुद्वारों की मुक्ति के लिए हुआ था। उस समय ये गुरुद्वारे उदासी और निर्मला संप्रदायों से संबंधित उन लोगों के हाथ में आ गए थे और उन्होंने दरबार साहिब में गैर-सिख प्रथाओं की शुरुआत भी कर दी थी।

इसके पहले औपनिवेशिक काल के दौरान सिखों के लिए 15 नवंबर, 1920 को वह अनमोल क्षण भी आया, जब अकाल तख्त में गुरुद्वारा मुक्ति और सुधार संघर्ष को आगे बढ़ाने के लिए एस.जी.पी.सी. की स्थापना की गई थी। एस.जी.पी.सी. ने अंततः सिख गुरुद्वारा अधिनियम-1925 के तहत वैधानिक दर्जा भी हासिल कर लिया था, जो गुरुद्वारा मुक्ति संघर्ष की एक बड़ी पहचान बना। यह आंदोलन इतिहास में सबसे शांतिपूर्ण में से एक रहा। आखिर 14 दिसंबर, 1920 को वह दिन भी आया, जब इस एस.जी.पी.सी. ने अकाल तख्त में मूल रूप से अकाली दल बनाने की घोषणा की, ताकि मुक्ति संघर्ष के लिए कार्यकर्ताओं का जुटान हो सके। इस पार्टी के संस्थापकों में से एक करतार सिंह झब्बर थे, जो अंडमान की सेलुलर जेल यानी कालापानी से लौटे थे। उनको जलियाँवाला बाग त्रासदी के बाद सेलुलर जेल भेजा गया था। पार्टी के पहले अध्यक्ष सरमुख सिंह झाबल बने और 29 मार्च, 1922 को अकाली दल के नाम के आगे उपसर्ग 'शिरोमणि' जोड़ा गया।

अकाली दल के तब दो उद्देश्य थे—"सभी अकाली जत्थों को साथ लेकर पंथ की सेवा करना और गुरुद्वारों के प्रबंधन के लिए एस.जी.पी.सी. के निर्देश को लागू

करना।"[1] बाद के वर्षों में इसकी भूमिका विकसित होती रही। उधर तत्कालीन पंजाब सरकार ने पहली बार 12 अक्तूबर, 1923 को अकाली दल और एस.जी.पी.सी. दोनों पर प्रतिबंध लगा दिया था।

इतिहास में शिरोमणि अकाली दल की पहली बड़ी राजनीतिक कारवाई इसकी कार्यसमिति द्वारा 16 जनवरी, 1928 को साइमन कमीशन के बहिष्कार का निर्णय था।[2] 1936 आते-आते मास्टर तारा सिंह के नेतृत्व में पार्टी को बड़ा स्पेस मिलना शुरू हो गया था। मास्टर तारा सिंह ने पार्टी के पंथिक रूप को और मजबूत किया और 16 मई, 1939 को पार्टी की कार्यकारिणी समिति ने यह फैसला किया कि अकाली दल और एस.जी.पी.सी. का हर पदाधिकारी अमृतधारी होगा। 1937 के विधानसभा चुनाव तक मास्टर तारा सिंह ने कांग्रेस के साथ 24 सीटों पर चुनाव लड़ने के लिए समझौता किया। विधायी राजनीति में अकाली दल का यह पहला प्रयास था। इस प्रकार चुने गए अकाली उम्मीदवारों को तकनीकी रूप से कांग्रेस विधायक दल का हिस्सा होना था। शिरोमणि अकाली दल ने 11 सीटों पर, कांग्रेस ने 6 सिख सीटों के अलावा 10 हिंदू और दो मुसलिम सीटों पर, खालसा नेशनल पार्टी ने 13 सीटों पर, यूनियनिस्ट पार्टी ने 98 सीटों पर कब्जा किया।[3]

शिरोमणि अकाली दल ने विधानसभा के बाहर भी कांग्रेस के साथ सहयोग जारी रखते हुए 1937 में एक बैठक में स्वतंत्रता संग्राम में भी कांग्रेस के साथ हाथ मिलाने का फैसला किया।

1940 में मुसलिम लीग द्वारा औपचारिक रूप से पाकिस्तान की माँग की जाने लगी और इसी के साथ सिख राजनीतिक विमर्श दूसरे चरण में प्रवेश कर गया। एस.जी.पी.सी. और अकाली दल इस प्रस्ताव का विरोध करनेवाले पहले संगठन थे। अकाली दल नियंत्रित एस.जी.पी.सी. ने तो पाकिस्तान की माँग को स्वीकार करने की स्थिति में अलग 'सिख होमलैंड' की माँग तक कर डाली।

आजाद पंजाब के लिए अकाली

जैसे ही सिखों के बीच अलग राष्ट्र की बात आगे बढ़ी, अकाली दल 5 जून, 1943 को 'आजाद पंजाब प्रस्ताव' लेकर आया। पार्टी ने कहा, "शिरोमणि अकाली दल एतद् द्वारा घोषणा करता है कि आजाद पंजाब में आबादी, संपत्ति, भू-राजस्व और समुदायों की ऐतिहासिक परंपरा को ध्यान में रखते हुए सीमाएँ तय की जाएँगी…" यदि उपरोक्त सिद्धांतों पर नए सीमांकन किए जाते हैं तो आजाद पंजाब में अंबाला, जालंधर, लाहौर डिवीजनों से और मुल्तान डिवीजन से बाहर, लायलपुर जिले और मोंटगोमरी और मुल्तान जिलों के कुछ हिस्से शामिल होंगे। शिरोमणि अकाली दल यह माँग करेगा और

इसके लिए संघर्ष करेगा। संविधान सभा में गठन के समय में भी सिखों को हिंदुओं और मुसलमानों के अतिरिक्त एक अन्य हितधारक (स्टेक होल्डर) के रूप में माना गया। जवाहरलाल नेहरू के नेतृत्व में अंतरिम सरकार बनने पर सरदार बलदेव सिंह को सिख प्रतिनिधि के रूप में शामिल किया गया।

आजादी के बाद

1947 के बाद प्रारंभिक टकराव के बाद ज्ञानी करतार सिंह की अध्यक्षता में अकाली दल ने अपने विधायकों को 18 मार्च, 1948 से कांग्रेस में शामिल होने का निर्देश दिया। कांग्रेस से यह उम्मीद थी कि वह सिखों और उनके अधिकारों की सुरक्षा के लिए सभी कदम उठाएगी। ज्ञानी करतार सिंह खुद कांग्रेस में शामिल हो गए। अकाली विधायकों में से तीन स्वर्ण सिंह, ईशर सिंह मझैल और उधम सिंह नागोके पहले ही कांग्रेस में चले गए थे। लेकिन यह व्यवस्था बहुत दिन तक नहीं चल सकी। 30 जुलाई, 1950 को अकाली दल अलग हो गया; पर उसके कई नेता कांग्रेस में ही रहे। कांग्रेस में शामिल होने का निर्णय इस कारण से लिया गया था कि कांग्रेस द्वारा प्रतिनिधि सभा में दिए गए आश्वासनों को पूरा किया जाएगा।

अलग सूबे की माँग का असर आजादी के बाद भी रहा और अकाली कथा अब नए आयामों के तहत विकसित होने लगी, जिस पर राज्य में हिंदू तबके की कड़ी प्रतिक्रिया हुई। भाषायी आधार पर अन्य राज्यों के पुनर्गठन के अनुसार पंजाबी भाषी राज्य के निर्माण के लिए हुए 'पंजाबी सूबा आंदोलन' ने पंजाबी समाज में एक अलग तरह का तनाव पैदा कर दिया था। 15 नवंबर, 1948 को सिख विधायकों ने समुदाय के अधिकारों के लिए पर्याप्त सुरक्षा की माँग करते हुए एक 13 सूत्री डिमांड चार्टर पेश किया। इसमें सिख समुदायों के अधिकारों की सुरक्षा के लिए पर्याप्त सुरक्षा की माँग की गई। उनमें केंद्रीय कैबिनट में एक कैबिनेट मंत्री और एक सिख उप-मंत्री समेत पाँच फीसद सिखों को स्थान देने, बारी-बारी से पंजाब में राज्यपाल तथा मुख्यमंत्री हिंदू और सिख को रखने की बात की गई थी। इसके अलावा सरकारी नौकरियों में 40 फीसदी आरक्षण के साथ राज्य कैबिनेट में 50 फीसदी आरक्षण मिलने की बात की गई। माँग तो गुड़गाँव जिले और लोहारू तहसील को राज्य से बाहर रखने की भी थी।

वैकल्पिक सुझाव यह भी आया कि पंजाब के एक नए राज्य का निर्माण किया जाए, जिसमें होशियारपुर, जालंधर, लुधियाना, फिरोजपुर, अमृतसर, गुरदासपुर और अंबाला के तत्कालीन जिले शामिल होने चाहिए। उस समय तक रियासतों का पंजाब में विलय नहीं हुआ था। नए पंजाब के लिए अकालियों की इस माँग को हिंदू नेतृत्व के एक

वर्ग ने 'सिखिस्तान' की माँग के रूप में माना। इस पर हस्ताक्षर नहीं करनेवाले एकमात्र सिख सदस्य प्रताप सिंह कैरों थे, जो बाद में मुख्यमंत्री बने।[4]

केंद्र में कांग्रेस सरकार ने 22 दिसंबर, 1953 को राज्य पुनर्गठन आयोग की स्थापना की, ताकि क्षेत्रों में सांस्कृतिक और भाषायी निकटवर्ती क्षेत्रों को यथासंभव एक इकाई के तहत लाया जा सके। तब भी पंजाब को इससे अलग रखा गया। इस आयोग ने 1955 में अपनी रिपोर्ट प्रस्तुत की और तय था कि इसमें पंजाब नहीं था।

यों तो पंजाबी भाषा बोलनेवाले लोगों के लिए पंजाबी सूबे की माँग को पहले 4 अप्रैल, 1949 को अमृतसर में आयोजित एक सिख सम्मेलन में अपनाया जा चुका था।[5] इस मामले में अकाली दल के वरिष्ठ नेता मास्टर तारा सिंह ने 1949 में दिल्ली में प्रेस कॉन्फ्रेंस में स्वायत्तता की आवश्यकता पर जोर देते हुए कहा था—"हम न केवल सिखों के बहुमत वाला क्षेत्र चाहते हैं, बल्कि पूर्ण आंतरिक स्वायत्तता भी चाहते हैं।"[6] बाद में, हालाँकि पंजाबी भाषी क्षेत्रों पर जोर दिया गया।

1952 के आम चुनावों में अकाली दल के घोषणा-पत्र में अलग पंजाबी सूबे की बात की गई। पार्टी ने कहा, "शिरोमणि अकाली दल की राय में असल लोकतंत्र में अल्पसंख्यकों को यह महसूस करना चाहिए कि वे वास्तव में स्वतंत्र हैं और अपने समुदाय के भाग्य में भागीदार हैं। शिरोमणि अकाली दल मानता है कि पूरे भारत में एक भाषायी और सांस्कृतिक आधार पर प्रांत होने चाहिए, लेकिन यह मानता है कि नया पंजाब का तत्काल गठन सिखों के लिए जीवन-मरण का सवाल है। शिरोमणि अकाली दल के पास यह मानने के कारण हैं कि एक पंजाबी भाषी प्रांत सिखों को आवश्यक सुरक्षा दे सकता है। वह एक पंजाबी भाषी प्रांत को भारत की एक स्वायत्त इकाई के रूप में मानता है।"[7]

मास्टर तारा सिंह ने 11 फरवरी, 1956 को अमृतसर में 10वें अखिल भारतीय अकाली सम्मेलन में इस माँग को तार्किक रूप से समझाया—"यदि पंजाबी सूबा बनता है तो न केवल हमारी संस्कृति और भाषा की रक्षा होती है, बल्कि हमारे धर्म की भी उचित सुरक्षा और सुरक्षा सुनिश्चित की जाएगी।" उनके लिए यह मुद्दा केवल राजनीतिक नहीं था, बल्कि उनकी अलग और विशिष्ट पहचान पर बार-बार होनेवाले हमलों और व्यापक हिंदू धारा में समाहित होने की धारणा की पृष्ठभूमि में सिखों के अस्तित्व का था।

पहला पंजाबी सूबा आंदोलन

अमृतसर के जिला मजिस्ट्रेट ने 6 अप्रैल, 1955 को आई.पी.सी. की धारा-144 के तहत पंजाबी सूबा के नारे लगाने पर प्रतिबंध लगाने का आदेश दे दिया था। और इसी आदेश ने पंजाबी सूबा आंदोलन शुरू करने के लिए आग में घी का काम किया। अकाली

दल ने 24 अप्रैल, 1955 को अमृतसर में अपनी कार्यसमिति की बैठक में 10 मई तक प्रतिबंध नहीं हटाने की स्थिति में आंदोलन की चेतावनी दी। मास्टर तारा सिंह ने 10 मई को 10 अन्य लोगों के साथ गिरफ्तारी दे आंदोलन की शुरुआत की। 12 जुलाई, 1955 तक चले इस आंदोलन में अकाल तख्त जत्थेदार और स्वर्ण मंदिर के प्रधान पुजारी सहित 12,000 पुरुषों, महिलाओं और बच्चों को गिरफ्तार किया गया। विभाजन के बाद अकाली दल द्वारा शुरू किया गया यह पहला बड़ा आंदोलन था। आजाद भारत में इतने बड़े स्तर का यह पहला आंदोलन था। 1947 के बाद अकाली दल से जुड़ा यह पहला जन आंदोलन भी था, जिसमें वस्तुतः पूरे सिख धार्मिक-राजनीतिक नेतृत्व को गिरफ्तार कर लिया गया था।

अकालियों का आंदोलन रंग लाया और केंद्र और अकालियों के बीच लंबे विमर्श के बाद ही भाषा आधारित क्षेत्रीय फॉर्मूले की नींव पड़ी।

क्षेत्रीय फॉर्मूले के लागू होने के बाद अकाली दल और कांग्रेस के बीच संबंध एक नए रूप में दिखे। अकाली दल ने 30 सितंबर, 1956 को सक्रिय राजनीति को त्याग दिया। नई व्यवस्था के तहत अकाली दल को खुद को धार्मिक, सामाजिक और सांस्कृतिक गतिविधियों तक सीमित रखना था, जबकि अकाली नेताओं को कांग्रेस के टिकट पर चुनाव लड़ना था। कांग्रेस ने अकालियों को विधानसभा के लिए बाईस सीटें और संसद के लिए तीन सीटें आवंटित की थीं। लेकिन चुनाव के तत्काल बाद ही यह समझौता तार-तार हो गया। मास्टर तारा सिंह का भी क्षेत्रीय फॉर्मूले से मोहभंग हो गया और 14 जून, 1958 को वे इसके खिलाफ सामने आए।

दूसरा पंजाबी सूबा मोर्चा

दूसरा पंजाबी सूबा मोर्चा (आंदोलन) 24 मई, 1960 को मास्टर तारा सिंह की गिरफ्तारी के साथ शुरू हो जाता है। ···और 25 जुलाई, 1960 तक 17,821 अकाली अकेले अमृतसर में गिरफ्तार किए गए।

इसी के बाद प्रधानमंत्री जवाहरलाल नेहरू ने 15 अगस्त, 1960 को अपने भाषण में पंजाबी सूबा की माँग को देश की एकता के लिए खतरा बताते हुए इसका विरोध किया। यानी उनके अनुसार यह अलगाववादी आंदोलन था। उस समय तक लगभग 25,000 अकाली स्वयंसेवकों को गिरफ्तार किया जा चुका था। उन्होंने पंजाबी भाषी राज्य के गठन से इनकार किया और कहा, “पंजाबी सूबा के बारे में दिल्ली और पंजाब में तमाशा (नाटक) चल रहा है। यह माँग अच्छी या बुरी हो सकती है, पर इस आंदोलन में कई गलत बातें चल रही हैं और इससे देश की आजादी को भी खतरा है। नेहरू ने 21 अक्तूबर को एक संवाददाता सम्मेलन में घोषणा की कि हम पंजाबी सूबे

की माँग को स्वीकार नहीं करेंगे। यह एक सांप्रदायिक माँग है और इसे हर कीमत पर कुचला जाएगा।"[8]

राष्ट्रीय स्तर पर विरोधी दलों से समर्थन जुटाने के प्रयास में, संत फतेह सिंह ने 28 अक्तूबर, 1960 को यह स्पष्ट कर दिया—"हम सिख बहुल क्षेत्र नहीं चाहते, न ही हम उसके प्रतिशत से परेशान हैं। हम चाहते हैं कि ऐसा पंजाबी सूबा बने, जहाँ पंजाबी भाषा बोली जाती है, चाहे सिख बहुसंख्यक हों या अल्पसंख्यक।" संत फतेह सिंह ने आंदोलन को तेज करने के हिस्से के रूप में 18 दिसंबर, 1960 से अनिश्चितकालीन उपवास पर जाने के अपने फैसले की घोषणा की।

प्रधानमंत्री की अपील और कुछ आश्वासन के बाद संत फतेह सिंह ने 9 जनवरी को अपना 22 दिन पुराना अनशन तोड़ने का फैसला किया। हालाँकि उन्होंने अपने फैसले पर प्रतिकूल प्रतिक्रिया के डर से आधे घंटे पहले अपना अनशन समाप्त कर दिया, क्योंकि यह दरबार साहिब के प्रमुख ग्रंथी ज्ञानी चेत सिंह द्वारा उन्हें दिलाई गई प्रतिज्ञा का उल्लंघन था। इसमें कहा गया है, "संत फतेह सिंह, आप आमरण अनशन का संकल्प ले रहे हैं और जब तक प्रधानमंत्री आपकी बात नहीं सुनेंगे और आपकी यह संवैधानिक माँग स्वीकार नहीं करेंगे, तब तक आपका अनशन जारी रहेगा।"[9]

अनशन समाप्ति के साथ ही सरकार ने हिरासत में लिये गए सभी अकालियों को रिहा कर दिया। एक अनुमान के अनुसार, 24 मई, 1960 को आंदोलन (मोर्चा) शुरू होने के समय से लगभग 30,000 अकालियों ने गिरफ्तारी दी। 12 मई, 1961 को प्रधानमंत्री जवाहरलाल नेहरू की संत फतेह सिंह से साथ एक और बैठक हुई और उसमें उन्होंने स्पष्ट कर दिया कि पंजाबी सूबे का गठन न तो पंजाब के हित में है और न ही भारत के हित में।

अब पंजाबी सूबा की माँग को लेकर अगला अनशन मास्टर तारा सिंह ने 15 अगस्त, 1961 से शुरू किया। मास्टर तारा सिंह ने 15 अगस्त को अकाल तख्त में शपथ लेने और स्वर्ण मंदिर (दरबार साहिब) में अरदास (प्रार्थना) करने के बाद अपना उपवास शुरू किया। उन्हें अब सिर्फ नींबू पानी पर रहना था।

अगले ही दिन राज्यसभा में प्रधानमंत्री ने दोहराया कि इससे सांप्रदायिक ध्रुवीकरण भड़केगा। उन्होंने तर्क दिया कि इस माँग को स्वीकार करने के परिणाम कहीं अधिक गंभीर, कहीं अधिक दूरगामी हैं और पंजाब तथा भारत के पूरे भविष्य को प्रभावित करेंगे। खासतौर से पंजाब की रणनीतिक भौगोलिक स्थिति को देखते हुए। उन्होंने कहा कि मैं यह नहीं कहता कि गृहयुद्ध या वह सब होनेवाला है। पर इसका विरोध किया जाएगा। इसका विरोध बाहरी लोगों द्वारा नहीं, बल्कि सूबा के ही लोग करेंगे।[10]

महाराजा यदविंद्र सिंह और भारतीय विदेश सेवा के पूर्व अधिकारी हरदित सिंह

मलिक ने 30 सितंबर को तत्कालीन गृहमंत्री लालबहादुर शास्त्री से मुलाकात की और एक समिति के गठन पर सहमति हुई। दोनों अमृतसर पहुँचे। अकाली दल की कार्यसमिति ने प्रस्ताव पर विचार किया। मास्टर तारा सिंह अंततः 1 अक्तूबर, 1961 को शाम 7:00 बजे अपने 48 दिनों के उपवास को समाप्त करने के लिए सहमत हो गए।

उधर कांग्रेस विधायक लाला जगत नारायण और 'पंजाब हिंदी रक्षा समिति' के सचिव इंदर सेन ने 6 अक्तूबर, 1961 को अकालियों के साथ किसी भी राजनीतिक समझौते के खिलाफ सरकार को चेतावनी दी—"पंजाब के हिंदू इसे स्वीकार नहीं करेंगे।"

उधर संत फतेह सिंह और मास्टर तारा सिंह के बीच गुटीय लड़ाई बढ़ती जा रही थी। नया नेतृत्व अब ग्रामीण क्षेत्रों पर अधिक ध्यान केंद्रित कर रहा था। दोनों गुटों ने 18 अगस्त को अमृतसर में आयोजित अकाली दल की आम सभा में अपनी-अपनी ताकत दिखाने का फैसला किया। फतेह सिंह और तारा सिंह अपने-अपने गुटों के प्रधान हुए, लेकिन हालाँकि असली परीक्षा एस.जी.पी.सी. की होनी थी। संत फतेह सिंह का समर्थन करनेवाले एस.जी.पी.सी. सदस्यों द्वारा आम सभा की बैठक के लिए एक नोटिस दिया गया था। यह बैठक 2 अक्तूबर को होती है। मास्टर तारा सिंह गुट 76 से 72 मतों से हार गया। संत चानन सिंह को 18 सितंबर को एस.जी.पी.सी. अध्यक्ष के रूप में चुना गया।

अकाली और स्वायतत्ता

यद्यपि अकाली दल ने 1967 का विधानसभा चुनाव जम्मू-कश्मीर के पैटर्न पर स्वायत्तता के साथ सिखिस्तान की माँग पर लड़ा था, लेकिन स्वायत्तता का मुद्दा पार्टी के राजनीतिक विमर्श में मुख्य रूप से 28 से 30 सितंबर, 1968 तक बटाला में हुए सम्मेलन में पारित प्रस्ताव के साथ शामिल हुआ। इस प्रस्ताव में कहा गया है—"शिरोमणि अकाली दल की माँग है कि भारत का संविधान सही संघीय आधार पर होना चाहिए और राज्यों को अधिक स्वायत्तता मिलनी चाहिए।"

16-17 अक्तूबर, 1973 को आनंदपुर साहिब में पार्टी कार्यसमिति की बैठक द्वारा अपनाए गए 'आनंदपुर साहिब प्रस्ताव' द्वारा इस प्रस्ताव को आगे बढ़ाया गया और 28 अगस्त, 1977 को पार्टी के आम सभा द्वारा इसकी पुष्टि की गई। लेकिन राष्ट्रीय स्तर पर इसका काफी विरोध किया गया। इस बीच अकाली दल के प्रधान प्रकाश सिंह बादल पहले केंद्र में जनता सरकार में कुछ काल के लिए कृषि मंत्री (28 मार्च, 1977 से 19 जून, 1977) बनते हैं और बाद में पंजाब के दूसरी बार मुख्यमंत्री 20 जून, 1977 से 17 फरवरी, 1980 तक मुख्यमंत्री भी बन जाते हैं। प्रकाश सिंह बादल का पहला कार्यकाल

छोटा ही रहा था। पहली बार वे एक साल से थोड़ा ज्यादा समय 27 मार्च, 1970 से 14 जून, 1971 तक ही मुख्यमंत्री रहते हैं।

इसी प्रस्ताव को आगे भी बढ़ाया गया और हरचरण सिंह लोंगोवाल के नेतृत्व में अकाली दल ने 4 अगस्त, 1982 को जब 'धर्मयुद्ध मोर्चा' शुरू किया तो इसमें भी यह प्रमुख माँग के तौर पर थी। जनरैल सिंह भिंडरावाले भी अकाली राजनीति के क्षितिज पर इसी समय आते हैं और आतंकवाद के पाँव मजबूत होने लगते हैं। 30 अक्तूबर, 1984 को प्रधानमंत्री इंदिरा गांधी की हत्या भी इसी कड़ी में होती है और राजीव गांधी बड़े बहुमत से प्रधानमंत्री बनते हैं और बातचीत का लंबा दौर चलता है। संत हरचरण सिंह लोंगोवाल और राजीव गांधी के बीच 23 जुलाई, 1982 को समझौता होता है और पूरा मामला सरकारिया आयोग को सौंप दिया जाता है। लेकिन समझौते को कट्टरपंथियों ने पसंद नहीं किया और समझौते के एक महीने से पहले ही 20 अगस्त, 1982 को उनकी पटियाला से कुछ दूर शेरपुर गाँव में गुरुद्वारे के पास हत्या कर दी जाती है।

तय है कि पंजाब में इस बीच राजनैतिक अस्थिरता का भी दौर काफी रहा। आजादी के बाद के चार दशकों बाद लगभग दस साल, आठ अलग-अलग चरणों में, राष्ट्रपति शासन दस साल के आसपास रहा। आतंकवाद के कारण ही अंतिम दो चरणों में 10 अक्तूबर, 1983 से 29 सितंबर, 1985 तक और 11 मई, 1987 से 25 फरवरी, 1992 तक राष्ट्रपति शासन रहा।

फरवरी 1997 में विधानसभा चुनाव के साथ पंजाब अपने सामान्य राजनीतिक विमर्श में लौट आया। बादल के नेतृत्व में अकाली दल ने इस चुनाव के साथ पंथिक दृष्टिकोण से दूरी भी बनाना शुरू कर दी।

1994 से प्रकाश सिंह बादल पार्टी में सबसे प्रभावशाली नेता के रूप में उभरे और उन्होंने मोगा सम्मेलन के साथ अपनी पकड़ मजबूत की। बेशक पंजाबियत की अवधारणा ही अकाली दल का मुख्य विचारधारा हो गई थी। वैसे भी पंजाबियत पर ही उसने 1969 का विधानसभा चुनाव लड़ा था। इसी चुनाव के घोषणा-पत्र में कहा गया—"शिरोमणि अकाली दल पंजाबियों की एकता, विभिन्न समुदायों के बीच के बंधन को मजबूत करने और सभी पंजाबियों को समान अवसर प्रदान करने के लिए प्रतिबद्ध है।" मोगा सम्मेलन में बादल ने अपने अध्यक्षीय भाषण में 'पंजाब, पंजाबी और पंजाबियत' पर जोर दिया।

वर्ष 1997 में अकाली दल पंजाबियत की ओर और आगे बढ़ीं और उसने भारतीय जनता पार्टी से अपना गठजोड़ कर लिया। बाद में अकाली दल ने अनुच्छेद-370 को खत्म करने का समर्थन किया, जिसका वह कभी समर्थन किया करता था। एक अभूतपूर्व

प्रयोग में, पार्टी ने 2012 के विधानसभा चुनाव में 11 हिंदुओं को टिकट दिए, जिनमें से नौ जीते भी।

लेकिन माना जाता है कि अकालियों का कोर सिख वोट बैंक के कमजोर होने की शुरुआत 2017 में हो गई थी। 2017 के विधानसभा चुनाव (कुल सीटें 117) में अपने निम्नतम स्तर पर (15 सीट पर) आ गया। इस बार इसका वोट प्रतिशत 25.2 रहा, जो 2012 की तुलना में 9.4 फीसद कम था।

सच तो यह भी रहा है कि शिरोमणि अकाली दल देश में एक जातीय अल्पसंख्यक का प्रतिनिधित्व करनेवाली सबसे पुरानी क्षेत्रीय पार्टी है, जिसने वर्षों से कई उतार-चढ़ावों के बावजूद अपना वजूद ही नहीं बचाए रखा, बल्कि कई बार देश में राष्ट्रीय राजनीतिक विमर्श में वह योगदान दिया है, जो बड़े दलों के नसीब में भी नहीं रहा। पार्टी ने 1996 में पंथिक से पंजाबियत की ओर एक ऐतिहासिक बदलाव किया, जब प्रकाश सिंह बादल ने अपने पहले गैर-पंथिक अध्यक्ष के रूप में पदभार सँभाला, क्योंकि वे अपने सभी पूर्ववर्तियों के विपरीत, गैर-अमृतधारी भी थे। 25 फरवरी, 1996 को मोगा में हुए 75वीं वर्षगाँठ के सम्मेलन में पारंपरिक एजेंडे से हटकर यह बदलाव पंजाब, पंजाबी और पंजाबियत के एजेंडे के रूप में जाना जाने लगा। अकाली दल के इस बदलाव को पार्टी के 1974 के संविधान के संदर्भ में सबसे अच्छी तरह से समझा जा सकता है, जिसके अनुसार उसके पहले दो उद्देश्य थे—"1. सिख धर्म का प्रचार और इसकी आचार-संहिता को लागू करना और नास्तिकता और धर्मत्याग की निंदा करना। साथ ही गुरुद्वारों के प्रबंधन और उनमें सुधार के लिए कदम उठाना। 2. इसके साथ ही यह कोशिश करना कि विशिष्ट सिख पहचान को सुदृढ़ किया जाए और ऐसे माहौल को बनाना, जिसमें सिख पंथ की राष्ट्रीय भावनाएँ और आकांक्षाएँ पूरी तरह से प्रकट हों और फलती-फूलती हों।"[11]

बादल ने 1970 से पाँच बार पंजाब के मुख्यमंत्री बनकर रिकॉर्ड बनाया। पहली बार अकाली दल सरकार ने 1997 से उनके मुख्यमंत्रित्वकाल में पाँच साल का पूर्ण कार्यकाल पूरा किया। पार्टी 2007-2017 तक लगातार दो कार्यकालों के लिए उनकी कमान में सत्ता रही, जो एक रिकॉर्ड है। बरगाडी में गुरु ग्रंथ साहिब की बेअदबी के साए में 2017 के विधानसभा चुनावों में इन दो कार्यकालों के बाद पार्टी को अपमानजनक हार का सामना करना पड़ा। यह वह धब्बा है, जिसे पार्टी अब ढो रही है।

...और ऐसा भी नहीं है कि पार्टी को राष्ट्र में व्यापक स्तर पर मान्यता नहीं मिली। प्रकाश सिंह बादल केंद्र में कृषि मंत्री रहे और उनकी बहू हरसिमरत कौर लंबे समय तक केंद्र में कैबिनट मंत्री रहीं। इसके अलावा सुरजीत सिंह बरनाला समेत पार्टी के कई नेता केंद्र में मंत्री, राज्यपाल और कई संवैधानिक पदों पर रहे।

लेकिन पिछले महीनों में किसानों के आंदोलन के बाद अकाली दल ने एन.डी.ए. से 24 साल से चला आ रहा नाता तोड़ लिया। बुजुर्ग हो चुके प्रकाश सिंह बादल के बाद पार्टी की कमान सँभालनेवाले सुखबीर सिंह बादल के ऊपर अब दबाव है कि पार्टी को नई दिशा दें। बताया जाता है कि अकाली दल ने एन.डी.ए. से संबंधों को लेकर एक सर्वे कराया था, जिसमें प्रधानमंत्री नरेंद्र मोदी के ग्रामीण पंजाब में लोकप्रियता के गिरते सूचकांक से पार्टी चिंतित थी और शहरों में एन.डी.ए. से गठबंधन से बाद भी अमरिंदर सिंह की लोकप्रियता सुखबीर बादल से ज्यादा थी। पार्टी को भाजपा का साथ रखने में बहुत फायदा नजर नहीं आ रहा था। 2022 के विधानसभा चुनाव के मद्देनजर सुखबीर बादल के लिए यह एक बड़ा फैसला था। सुखबीर को चुनावी गणित का माहिर माना

जाता है। उन्होंने भाजपा से हाथ झाड़कर बसपा से हाथ मिला लिया, लेकिन 2022 के चुनावों में आम आदमी पार्टी की सुनामी ने सबकुछ बदल दिया। अकाली दल को मात्र तीन सीटें मिलीं। उसे इस बार 18.4 फीसद वोट मिले, जबकि 2017 में 33.2 फीसद वोट थे।

इस पार्टी के समय के सभी उलटफेरों से बचने का एक मुख्य कारण संस्थागत समर्थन है। पार्टी की आवाज होने के नाते स्थानीय स्तर पर एस.जी.पी.सी., अकाल तख्त और गुरुद्वारों जैसे सिख संस्थानों ने पार्टी को निरंतर समर्थन दिया। वर्षों से स्थानीय स्तर पर पार्टी की बैठकें आमतौर पर गुरुद्वारों में होती रही हैं और पार्टी का मुख्यालय दरबार साहिब (स्वर्ण मंदिर) परिसर में था, जोकि ऐतिहासिक पार्टी सम्मेलनों का स्थल हुआ करता था। दरबार साहिब में अब भी पार्टी के प्रतिनिधि सत्र होते हैं। यह मानना ही होगा कि अकाली दल की ऐतिहासिक मौजूदगी एस.जी.पी.सी. की वजह से ही है।

यह पार्टी कई चरणों से गुजरी है, चोटिल हुई है, लेकिन अपने समर्थन आधार और संस्थागत समर्थन के कारण बचती रही है। यह पंजाब के लोगों के लिए राजनीतिक विकल्पों में से एक बनी रहेगी। लेकिन 2024 तक पार्टी में बड़ा फेरबदल नजर आ रहा है। भाजपा के साथ रहने, न रहने का फैसला आसान न होगा।

संदर्भ

1. जगतार सिंह, रिवर ऑन फायर : खालिस्तान स्ट्रगल, आकार, दिल्ली, 2020, पृ. 315
2. अकाली ते परदेसी, 18 जनवरी, 1928
3. सुखमणि बाल रियार, 'द पॉलिटिक्स ऑफ सिख्स 1940-47', यूनीस्टार, पृ. 18
4. अजीत सिंह सरहदी—'पंजाबी सूबा', यूसी कपूर एंड संस, दिल्ली, 1970, पृ. 167
5. अजीत सिंह सरहदी, 'पंजाबी सूबा', पृ. 179
6. डॉ. अजीत सिंह, 'शिरोमणि अकाली दल', अरमान प्रकाशन, कपूरथला, 2005, पृ. 95
7. डॉ. अजीत सिंह, 'शिरोमणि अकाली दल', अरमान प्रकाशन, कपूरथला, 2005, पृ. 96-97, शिरोमणि अकाली दल 1952 का चुनाव घोषणा-पत्र
8. सरहदी, अजीत सिंह, 'पंजाबी सूबा', यूसी कपूर एंड संस, दिल्ली, 1970, पृ. 330-31
9. कपूर, पृथ्वीपाल सिंह, 'मास्टर तारा सिंह और उनकी यादें', सिंह ब्रदर्स, अमृतसर, 2015, पृ. 87; जसवंत सिंह से उद्धृत (संस्करण), 'मास्टर तारा सिंह', जीवन संघर्ष-ते-उदेश
10. सरहदी, अजीत सिंह, 'पंजाबी सूबा', यूसी कपूर एंड संस, दिल्ली, 1970, पृ. 357
11. शिरोमणि अकाली दल संविधान, 1974 से अनुवादित

□

27
कई आए और कई चले गए

कई राजनीतिक पार्टियों ने छत्तीसगढ़ के चुनाव में अपना दम दिखाया। लेकिन वे दौड़ पातीं, इसके पहले ही उन्होंने दम तोड़ दिया। सिवाय अजीत योगी की पार्टी 'जनता कांग्रेस छत्तीसगढ़' के। उन्होंने 'जनता कांग्रेस' बनाकर कुछ नया करने की कोशिश की थी। लेकिन उनका सपना 2018 में छत्तीसगढ़ की जनता को रास नहीं आया और वे बसपा के साथ गठबंधन करके भी केवल सात सीटों पर सिमट गए। जनता को कांग्रेस के भूपेश बघेल ज्यादा भाए और उन्होंने नए छत्तीसगढ़ में रिकॉर्ड विधायक ही नहीं जिताए, बल्कि भाजपा को 14 सीटों में समेट दिया।

छत्तीसगढ़, मध्य प्रदेश से अलग होकर 1 नवबंर, 2000 को देश का 26वाँ राज्य बनकर अस्तित्व में आया। यों तो छत्तीसगढ़ से पूर्व प्रधानमंत्री अटल बिहारी वाजपेयी का कोई नाता नहीं रहा, पर आम छत्तीसगढ़िया उन्हें राज्य का निर्माता मानते हैं। 1998 के लोकसभा चुनाव में रायपुर के सप्रेशाला के मैदान में एक चुनावी सभा में उन्होंने कहा था कि यदि सभी 11 लोकसभा सीटें भाजपा को देंगे तो पृथक् छत्तीसगढ़ राज्य बनाया जाएगा। खैर, चुनाव परिणाम घोषित होने के बाद 11 में 7 लोस में भाजपा की जीत हुई और बाकी बची 4 सीटों पर कांग्रेस जीती। कांग्रेस से अजीत जोगी (रायगढ़), पं. श्यामाचरण शुक्ल (महासमुंद), डॉ. चरणदास महंत (जांजगीर) तथा खेलसाय सिंह (सरगुजा) विजयी रहे। इसी चुनाव में डॉ. रमन सिंह ने राजनांदगाँव सीट से मोतीलाल वोरा को पराजित किया। यही नहीं, अटलजी ने प्रधानमंत्री बनने के बाद छत्तीसगढ़ के डॉ. रमन सिंह, रमेश बैस तथा दिलीप सिंह जूदेव को अपने मंत्रिपरिषद में शामिल किया। बहरहाल, अटलजी ने अपना वादा पूरा किया और छत्तीसगढ़ को पृथक् राज्य का तोहफा दिया। छत्तीसगढ़ के विकास में उनकी अहम भूमिका भी रही है। उनके इसी प्रेम के चलते प्रथम मुख्यमंत्री अजीत जोगी से भी उनके रिश्ते अलग तरीके से रहे। स्वयं अजीत जोगी

ने कई बार कहा कि अटलजी पार्टी से ऊपर उठकर कार्य करते थे। उन्होंने याद किया कि संयुक्त राष्ट्रसंघ की 50वीं वर्षगाँठ में 200 राष्ट्रों के प्रतिनिधि शामिल हुए थे। "उस समारोह में अटलजी, शरद पवार तथा मुझे (अजीत जोगी) शामिल होने का मौका मिला था। तत्कालीन प्रधानमंत्री नरसिंह राव ने अटलजी को भारतीय प्रतिनिधिमंडल का नेतृत्व करने का अनुरोध किया, पर अटलजी ने मुझे ऐसा करने का निर्देश दिया था।"

अजीत जोगी नए छत्तीसगढ़ के पहले मुख्यमंत्री थे, लेकिन कांग्रेस के भीतर उनकी बहुत खींचतान होती थी। 2014 में छत्तीसगढ़ के अंतागढ़ में उप-चुनाव होना था। कांग्रेस की ओर से मंतूराम पवार प्रत्याशी थे। उन्होंने नामांकन-पत्र दाखिल कर दिया था। नामांकन वापसी के आखिरी दिन मंतूराम ने पार्टी को बिना बताए नाम वापस ले लिया। 2015 के अंत में एक ऑडियो टेप सामने आया, जिसमें खरीद-फरोख्त की बातें थीं। आरोप लगे कि टेप में अजीत जोगी, उनके बेटे अमित जोगी और तत्कालीन मुख्यमंत्री डॉ. रमन सिंह के दामाद पुनीत गुप्ता की आवाज थी। ये बातचीत मंतूराम पवार के नाम वापस लेने के बारे में थीं। इस टेपकांड के सामने आने के बाद छत्तीसगढ़ की प्रदेश कांग्रेस कमेटी ने बेटे अमित जोगी को छह साल के लिए पार्टी से निकाल दिया। इसके साथ ही अजीत जोगी को भी पार्टी से निकालने की सिफारिश कर दी गई थी। जोगी की तमाम कोशिशों के बाद भी कांग्रेस हाईकमान हमेशा की तरह चुप रहा। उसने न तो अजीत जोगी के खिलाफ कोई काररवाई की, न ही अमित जोगी का निष्कासन रद्द किया। वैसे जोगी पार्टी में अपना दबदबा बनाए रखने के लिए वो सबकुछ करते रहते, जो वे कर सकते थे, पर दिल्ली में मोतीलाल वोरा के रहते उनकी आवाज दब जाती।

लेकिन जोगी कमजोर नहीं थे। अजीत जोगी के समर्थक विधायकों की संख्या 10-12 के आसपास थी। वहीं करीब 10 से 15 पूर्व विधायक भी उनके साथ देखे जाते रहे। परेशान जोगी ने 6 जून, 2016 की भरी दोपहरी में कांग्रेस के विभाजन की घोषणा कर दी। छत्तीसगढ़ राज्य बनने के बाद कांग्रेस में यह दूसरा विभाजन था। इसके पहले 2003 में वरिष्ठ कांग्रेसी नेता विद्याचरण शुक्ल कांग्रेस का साथ छोड़कर एन.सी.पी. में चले गए थे।

छत्तीसगढ़ में 90 में से 29 सीटें आदिवासियों के लिए आरक्षित हैं। ऐसी स्थिति में आदिवासी और सतनामी समुदाय में अजीत जोगी की लोकप्रियता के मुकाबले कोई भी दूसरा बड़ा नेता सामने नहीं था। 2013 के चुनाव में भी मात्र 0.76 प्रतिशत मत अधिक पाकर ही भाजपा की रमनसिंह के नेतृत्व में सरकार बनी थी। जाहिर है कि अगले चुनाव (2018) में अजीत जोगी और उनके समर्थकों के चलते भाजपा को भी कांग्रेस की तरह नुकसान की अटकलें थीं। विधानसभा चुनाव के नतीजे त्रिशंकु विधानसभा की ओर ले

जा सकते थे और ऐसी स्थिति में अजीत जोगी 'किंगमेकर' हो सकते थे। लेकिन ऐसा कुछ भी नहीं हुआ और रमन सिंह सरकार के प्रति एंटी इनकमबेंसी की वजह से कांग्रेस को पूर्ण बहुमत और एक-तिहाई से अधिक सीटें 68 (वर्तमान में 70) मिलीं। जोगी ने भाजपा को बड़ा नुकसान पहुँचाया और भाजपा 15 सीटों (वर्तमान में 14) पर सिमट गई। जनता कांग्रेस छत्तीसगढ़ व बसपा के गठबंधन को 7 सीटों (अजीत जोगी के निधन के बाद 6 सीटें) पर ही संतुष्ट होना पड़ा। उसे 7 फीसद मत मिले।

अजीत जोगी की राजनीति में एंट्री भी बड़ी रोचक है। बात साल 1985 की है, जब इंदौर कलेक्टर अजीत जोगी अपने बँगले में सो रहे थे। इस दौरान उनके बँगले का फोन बजा। फोन उनके एक कर्मचारी ने उठाया और कहा कि कलेक्टर साहब तो सो रहे हैं। सामने से आदेश भरे स्वर में आवाज आई कि कलेक्टर साहब को उठाइए और बात कराएँ। इसके बाद अजीत जोगी उठे और फोन लाइन पर आए। अजीत जोगी ने जैसे ही फोन पर हैलो कहा, सामने से एक आवाज आई, 'राजनीति में आना है या कलेक्टर ही रहना है ? और हाँ, फैसले के लिए ढाई घंटे ही हैं।' दरअसल, फोन करनेवाला वह शख्स कोई और नहीं, बल्कि तत्कालीन प्रधानमंत्री राजीव गांधी के पी.ए.वी. जॉर्ज थे। ढाई घंटे बाद जब सांसद दिग्विजय सिंह उर्फ दिग्गी राजा, अजीत जोगी के बँगले पर पहुंचे, तब तक अजीत जोगी एक कलेक्टर से कांग्रेस नेता अजीत जोगी बन चुके थे। कहते हैं कि जिस वक्त अजीत जोगी रायपुर में कलेक्टर थे, उस समय राजीव गांधी के संपर्क में आ गए। कांग्रेस में आने के कुछ ही महीने बाद ही उन्हें राज्यसभा भेज दिया गया। वे लगातार दो कार्यकालों तक उच्च सदन में रहे। लोकसभा में उनका आना-जाना रहा।

अजीत जोगी विवाद में खूब रहे। उनके नाम सबसे बड़ा विवाद उनके आदिवासी होने को लेकर रहा। हालाँकि बाद में सुप्रीम कोर्ट ने सितंबर 2018 में उनके आदिवासी होने के पक्ष में फैसला दिया। 2003 में अजीत जोगी पर बीजेपी विधायकों को खरीदने की कोशिश के भी आरोप लगे थे, इसका एक स्टिंग ऑपरेशन भी आया था। 2004 में अजीत जोगी के साथ एक भीषण कार दुर्घटना हुई थी, जिसमें उनकी जान तो बच गई, लेकिन वे हमेशा के लिए लकवाग्रस्त होकर रह गए। वे असहाय जरूर हो गए थे, पर जीवटता खूब थी उनमें। इस अवस्था में वे स्वयं तो पद पाते रहे, पर पार्टी पर इतना काम नहीं कर पाए।

अजीत जोगी की मौत के बाद जनता कांग्रेस छत्तीसगढ़ में सबकुछ ठीक नहीं चल रहा है। पार्टी के चार विधायकों में से देवव्रत सिंह और प्रमोद शर्मा कांग्रेस के साथ खड़े हो गए हैं। हालाँकि दल-बदल कानून की अड़चनों की वजह से उनका कांग्रेस में जाना संभव नहीं हो पा रहा है। अभी सिर्फ अजीत जोगी की धर्मपत्नी एवं कोटा विधायक रेणू जोगी और लोरमी से विधायक धरमजीत सिंह ही जनता कांग्रेस, छत्तीसगढ़ के साथ हैं।

पार्टी की स्थापना के साथ जुड़े कई बड़े नेता वापस कांग्रेस में शामिल हो चुके हैं।

यों तो जोगी की पार्टी 2018 के चुनाव में आई, लेकिन उसके पहले भी छत्तीसगढ़ में कई पार्टियाँ आईं और चली गईं। गोंडवाना गणतंत्र पार्टी (गोगंपा), छत्तीसगढ़ मुक्ति मोर्चा (छमुमो) और छत्तीसगढ़ समाज पार्टी (छसपा) के कई प्रत्याशी चुनाव लड़ते हैं, लेकिन इनमें ज्यादातर की जमानत भी नहीं बच पाती है। क्षेत्रीय दल के रूप में गोंडवाना गणतंत्र पार्टी, छत्तीसगढ़ मुक्ति मोर्चा, छत्तीसगढ़ समाज पार्टी, छत्तीसगढ़ विकास पार्टी, जय छत्तीसगढ़ पार्टी आदि मैदान में आती रही हैं। इसके अलावा, समाजवादी पार्टी बहुत लंबे समय से यहाँ सक्रिय रही है, फिर भी वह चुनावी मैदान में, सिर्फ जनता पार्टी के प्रभावकाल को छोड़कर, कभी अपनी शक्ति प्रदर्शित नहीं कर सकी।

पूर्व लोकसभा अध्यक्ष पी.ए. संगमा ने एक नई पार्टी 'द नेशनल पीपुल्स पार्टी' का गठन किया था और छत्तीसगढ़ के आदिवासी नेता तथा पूर्व केंद्रीय मंत्री अरविंद नेताम को इसका कार्यकारी अध्यक्ष नियुक्त किया था। किंतु 'द नेशनल पीपुल्स पार्टी' कागज पर बनी रही और अरविंद नेताम कांग्रेस में वापस आ गए। पिछले चुनाव के समय 'छत्तीसगढ़ स्वाभिमान मंच' ने हुँकार भरी थी, किंतु उसे कोई सफलता नहीं मिल सकी थी। 'छत्तीसगढ़ स्वाभिमान मंच' अब केवल नाम का ही रह गया है। दुर्ग लोकसभा से 4 बार सांसद रहे स्वर्गीय ताराचंद साहू ने 2008 में स्वाभिमान मंच की स्थापना की थी। तारा बाबू पृथक् छत्तीसगढ़ राज्य में पहले प्रदेश अध्यक्ष बने और लगातार चार बार तक दुर्ग लोकसभा सीट से सांसद रहे। लेकिन वे कभी केंद्रीय मंत्री नहीं बन पाए और जिन्हें इस बात का मलाल अंतिम दिनों तक रहा। पार्टी में मिल रही लगातार उपेक्षा के बाद आखिकार उन्होंने भाजपा के खिलाफ बगावत का नगाड़ा बजा दिया था। उनके निधन के बाद 'स्वाभिमान मंच' का भाजपा में विलय हो गया।

□

28

टुकड़े-टुकड़े में राजनीति

1966 में पंजाब से अलग होकर हरियाणा राज्य बना। तब से लेकर बीसवीं सदी के अंत तक यहाँ की राजनीति तीन लाल के चारों ओर घूमती रही। ये तीन लाल थे—चौधरी देवीलाल (जो ताऊ देवीलाल के नाम से ज्यादा जाने गए), चौधरी बंसीलाल (जिन्हें हरियाणा के विकास पुरुष और उनकी अक्खड़ मिजाजी के लिए जाना जाता है) और तीसरे भजन लाल, जिन्होंने जोड़-तोड़ की राजनीति के नए मायने गढ़े। इन तीनों ही नेताओं ने कांग्रेस से अपनी राजनीति शुरू की और राजनीतिक जीवन के किसी-न-किसी पड़ाव पर अपनी अलग क्षेत्रीय पार्टी भी बनाई। हरियाणा में देवीलाल के रूप में कांग्रेस के लिए विपक्ष की चुनौती के तौर पर एक बड़ा चेहरा सत्तर-अस्सी के दशक में उभरा।

हरियाणा की राजनीति में क्षेत्रीय राजनीति की बात करें तो सबसे बड़े चेहरे के रूप में चौधरी देवीलाल नजर आते हैं। हालाँकि उनसे पहले क्षेत्रीय पार्टियाँ बनाने की एक-दो कोशिशें हुईं, मगर वे कोई जमीन नहीं बना सकीं। चौधरी देवीलाल हरियाणा के सिरसा जिले के गाँव चौटाला के एक बड़े जमींदार परिवार से थे। आजादी के आंदोलन में उन्होंने बढ़-चढ़कर हिस्सा लिया। 1930 में लाला लाजपत राय के समर्थन में प्रदर्शन करते हुए उन्हें कांग्रेस कार्यालय के बाहर से पुलिस ने गिरफ्तार किया था। वे तब मोगा के देव समाज पब्लिक हाई स्कूल में दसवीं के छात्र थे। आजादी के बाद उनकी छवि एक बड़े किसान नेता के रूप में बनी। 1952 में वे पंजाब विधानसभा के लिए कांग्रेस की टिकट पर विधायक चुने गए। पंजाब से अलग हरियाणा राज्य के निर्माण में भी उन्होंने एक मुखर भूमिका निभाई। 1962 से 1967 के बीच कांग्रेस विधायक रहते हुए भी उन्होंने पंजाब से अलग हिंदीभाषी राज्य की आवाज उठाई। उनका और अकाली नेताओं का अलग पंजाबी भाषी क्षेत्र का यह प्रयास रंग लाया और 1 नवंबर, 1966 में हरियाणा एक अलग राज्य बना।

सत्तर के दशक में जब कांग्रेस में इंदिरा का वर्चस्व बढ़ रहा था, कई बड़े नेताओं से उनकी पटरी नहीं बैठी और वे पार्टी छोड़कर जाने लगे। इनमें देवीलाल भी एक थे। वर्ष 1971 में उन्होंने कांग्रेस छोड़ दी और 1972 का विधानसभा चुनाव उन्होंने कांग्रेस के दो दिग्गजों के खिलाफ लड़ा। वे तोशाम से बंसीलाल के खिलाफ खड़े हुए तो आदमपुर में भजनलाल के खिलाफ। हालाँकि दोनों ही सीटों पर वे हार गए, मगर 1974 में वे रोड़ी से चुनाव जीत गए।

1975 में जब इंदिरा गांधी ने देश में आपातकाल घोषित किया तो देवीलाल को भी गिरफ्तार कर लिया गया। वे 19 महीने तक जेल में रहे। उसके बाद 1977 के चुनाव में वे जनता पार्टी की टिकट पर भट्टूकलाँ से जीते और राज्य के मुख्यमंत्री बने। अस्सी के दशक में उन्होंने चौधरी चरण सिंह के साथ मिलकर लोकदल का गठन किया और 'न्याय युद्ध' नाम से मोर्चा शुरू किया। उनकी यह मुहिम लोगों में काफी लोकप्रिय हुई और 1987 के चुनाव में राज्य विधानसभा की 90 में से 85 सीटें जीतकर उन्होंने सरकार बनाई। 1989 में वे वी.पी. सिंह के नेतृत्व में जनता दल में शामिल हो गए और सीकर तथा रोहतक से लोकसभा चुनाव लड़ा। जीते भी दोनों जगह से। एक राजस्थान की सीट तो दूसरी हरियाणा की। वी.पी. सिंह सरकार में उप-प्रधानमंत्री बने।

इंडियन नेशनल लोकदल (इनेलो)

हरियाणा की मुख्य राजनीति कांग्रेस और देवीलाल (वे जिस भी पार्टी में हों) दो के बीच लंबे समय तक बँटी रही। ऐसे में प्रमुख क्षेत्रीय दल वही होता था, जिसमें देवीलाल होते थे। कांग्रेस को छोड़ने के बाद देवीलाल भी भारतीय लोकदल, जनता पार्टी और जनता दल जैसे राष्ट्रीय दलों से जुड़े रहे, मगर वी.पी. सिंह से मतभेद के बाद उन्होंने फिर से लोकदल के नाम से पार्टी को पुनर्जीवित किया। इसका प्रभाव हरियाणा और पश्चिमी उत्तर प्रदेश के कुछ हिस्से में था। वर्ष 1996 में इसी पार्टी का नाम बदलकर 'इंडियन नेशनल लोकदल' (इनेलो) कर दिया गया। 1998 में यह पार्टी भारतीय जनता पार्टी के नेतृत्ववाले राष्ट्रीय जनतांत्रिक गठबंधन में शामिल हो गई। वर्ष 2000 में ओमप्रकाश चौटाला के नेतृत्व में पार्टी ने भाजपा के साथ मिलकर सरकार बनाई, मगर जल्द ही दोनों का यह गठबंधन टूट गया और इनेलो ने राजग से खुद को अलग कर लिया। उसके बाद पार्टी 2009 में लोकसभा में कोई सीट नहीं जीत सकी, हालाँकि उसने फिर भाजपा के साथ मिलकर चुनाव लड़ा। ओमप्रकाश चौटाला के कार्यकाल में हुए शिक्षक भरती घोटाले में वर्ष 2013 में ओमप्रकाश चौटाला और उनके बेटे अजय चौटाला को गिरफ्तार कर लिया गया। दोनों को दस-दस साल की

सजा सुनाई गई। वर्ष 2018 में पार्टी के मुख्य कर्ता-धर्ता चौटाला परिवार में फूट पड़ गई और अजय चौटाला के पुत्र दुष्यंत चौटाला ने 'जननायक जनता पार्टी' के नाम से अलग पार्टी बना ली।

जननायक जनता पार्टी (जे.जे.पी.)

जननायक जनता पार्टी का गठन चौधरी देवीलाल के चौटाला परिवार में आपसी कलह का नतीजा था। यह पार्टी इंडियन नेशनल लोकदल से अलग होकर बनी। इसकी वजह बनी 2018 की गोहाना में हुई इंडियन नेशनल लोकदल की रैली, जिसमें जेल में बंद इनेलो नेता ओमप्रकाश चौटाला के पुत्र और पार्टी नेता अभय चौटाला ने अपने भतीजों दुष्यंत चौटाला और दिग्विजय चौटाला पर अति महत्त्वाकांक्षी होने के आरोप लगाए। अभय चौटाला ने दुष्यंत और दिग्विजय चौटाला को पार्टी से निकाल दिया और उनका समर्थन करने पर अपने भाई अजय चौटाला को भी पार्टी से निष्कासित कर दिया। इसके बाद दिसंबर 2018 में जींद में हुई रैली में दुष्यंत चौटाला ने एक अलग पार्टी 'जननायक जनता पार्टी' बनाकर लोकसभा चुनाव लड़ने

का ऐलान कर दिया। दुष्यंत का कहना था कि पार्टी का यह नाम उनके परदादा और देश के उप-प्रधानमंत्री रहे चौधरी देवीलाल के सम्मान में है। पार्टी उनके दिखाए रास्ते पर चलेगी।

अक्तूबर 2019 में हरियाणा विधानसभा चुनाव में जे.जे.पी. ने क्षेत्रीय पार्टी के रूप में चुनावी राजनीति की शुरुआत की और अपने पहले ही चुनाव में 10 सीटों पर जीत दर्ज की। त्रिशंकु विधानसभा में दुष्यंत चौटाला को इस सीमित सफलता का भी बड़ा लाभ मिला और वे भाजपा को समर्थन देकर राज्य के उप-मुख्यमंत्री बन गए। लेकिन दुष्यंत की अगली परीक्षा और कठिन होगी। अगले चुनाव में भाजपा के गठबंधन में रहेंगे या नहीं, यह सवाल अभी से है।

विशाल हरियाणा पार्टी

इस पार्टी को हरियाणा की पहली आधिकारिक क्षेत्रीय पार्टी होने का गौरव प्राप्त है। हरियाणा के गठन के थोड़े समय बाद ही यह पार्टी अस्तित्व में आ गई थी। इसका गठन 1967 में राव बीरेंदर सिंह ने कांग्रेस से बगावत कर किया था और कुछ महीने (24 मार्च, 1967-2 नवंबर, 1967) तक मुख्यमंत्री भी रहे। राव बीरेंदर सिंह ने हरियाणा की राजनीति में 'आया राम और गया राम' का नया मुहावरा गढ़ते हुए कांग्रेस तोड़कर 'विशाल हरियाणा पार्टी' बना ली। कांग्रेस के ज्यादातर विधायक उनके साथ आ गए और 24 मार्च, 1967 को उन्होंने मुख्मंत्री के रूप में शपथ ली। मगर प्रधानमंत्री इंदिरा गांधी ने उस विधानसभा को जल्द ही भंग करा दिया और राज्य में राष्ट्रपति शासन लागू हो गया। राव बीरेंदर सिंह विधानसभा अध्यक्ष भी रह चुके हैं। उस समय भगवत दयाल शर्मा मुख्यमंत्री बनाए गए थे। बिरेंदर सिंह की 'विशाल हरियाणा पार्टी' करीब 9 साल तक अस्तित्व में रही। उसके बाद 23 सितंबर, 1978 को इसका विलय कांग्रेस में हो गया।

हरियाणा लोक समिति

अगर हरियाणा की पहली क्षेत्रीय पार्टी की बात करें तो इसका प्रयास 1962 में तभी शुरू हो गया था, जब हरियाणा अलग राज्य नहीं बना था और पंजाब का हिस्सा था। 1962 में जगदेव सिंह ने 'हरियाणा लोक समिति' के नाम से एक पार्टी बनाकर लोकसभा चुनाव लड़ा था। हालाँकि इस पार्टी को चुनाव आयोग ने मान्यता नहीं दी और वे निर्दलीय प्रत्याशी की तरह झज्जर लोकसभा सीट जीतकर लोकसभा में पहुँचे।

हरियाणा विकास पार्टी

जिस साल चौधरी देवीलाल ने अपनी पार्टी का नाम बदलकर इंडियन नेशनल लोकदल किया, उसी साल वर्ष 1996 में हरियाणा के दूसरे लाल बंसीलाल ने भी अपनी अलग क्षेत्रीय पार्टी बनाई। 1996 में नरसिम्हा राव के नेतृत्व में हारकर कांग्रेस सत्ता से बाहर हो चुकी थी। पार्टी में बड़ा बदलाव हुआ और सोनिया गांधी को पार्टी का अध्यक्ष बना दिया गया। उनके विदेशी मूल को लेकर पार्टी के कई बड़े नेता उन्हें अध्यक्ष स्वीकार करने को राजी नहीं हुए। इनमें एक बंसीलाल भी थे। उन्होंने कांग्रेस से बगावत कर 'हरियाणा विकास पार्टी' के नाम से अपनी अलग क्षेत्रीय पार्टी बनाई और 1996 में हरियाणा विधानसभा चुनाव भाजपा के साथ मिलकर बड़ा दाँव खेलते हुए जीत दर्ज की। वे राज्य के मुख्यमंत्री बने तथा शराबबंदी के अपने फैसले की वजह से चर्चित भी हुए तथा विवादित भी। वे 11 मई, 1996 से 23 जुलाई, 1999 तक मुख्यमंत्री रहे। भाजपा के समर्थन वापस लेने से उनकी सरकार गिर गई। वर्ष 2004 में बंसीलाल फिर से कांग्रेस में लौट आए तथा 'हरियाणा विकास पार्टी' का विलय कांग्रेस में हो गया।

हरियाणा जनहित कांग्रेस

हरियाणा के तीसरे लाल और जोड़-तोड़ में माहिर माने जाते भजनलाल का भी कांग्रेस से मोहभंग तब हुआ, जब विधानसभा चुनाव उनके नाम पर लड़ा गया और राज्य का मुख्यमंत्री भूपेंद्र सिंह हुड्डा को बना दिया गया। सार्वजनिक मंचों से कई बार कांग्रेस से अपनी नाराजगी प्रकट करने के बाद अंततः 2 दिसंबर, 2007 को उन्होंने कांग्रेस से अलग होकर 'हरियाणा जनहित कांग्रेस' नाम से अलग पार्टी बना ली। वर्ष 2009 के विधानसभा चुनाव में पार्टी ने बसपा के साथ मिलकर प्रदेश की 87 सीटों पर चुनाव लड़ा और छह पर जीत भी दर्ज की। जून 2011 में भजनलाल का निधन हो गया और पार्टी की कमान उनके छोटे बेटे कुलदीप बिश्नोई के हाथ में आ गई। बाद में पार्टी के पाँच विधायक भी उन्हें छोड़कर कांग्रेस में शामिल हो गए। वर्ष 2013 में जब भाजपा ने नरेंद्र मोदी को प्रधानमंत्री पद का उम्मीदवार घोषित किया तो कुलदीप बिश्नोई ने भी उन्हें समर्थन देते हुई अपनी पार्टी को राष्ट्रीय जनतांत्रिक गठबंधन में शामिल कर दिया। 2014 का लोकसभा चुनाव 'हरियाणा जनहित कांग्रेस' ने भाजपा के साथ मिलकर लड़ा। मगर कुलदीप बिश्नोई लोकसभा चुनाव में अपनी सीट भी नहीं जीत सके और इनेलो के दुष्यंत चौटाला से हार गए। इसके बाद अगस्त 2014 में कुलदीप बिश्नोई ने राजग से अपना गठबंधन तोड़ने की घोषणा की। उनका कहना था कि भाजपा ने इनेलो से हाथ मिलाकर

उन्हें धोखा दिया है। 2014 के विधानसभा चुनाव में उनकी पार्टी सिर्फ दो ही सीटें जीत सकी। अलग पार्टी के रूप में खुद को सफल होते न देख आखिर 28 अप्रैल, 2016 को उन्होंने कांग्रेस में शामिल होने की घोषणा की। इस तरह 'हरियाणा जनहित पार्टी' का सफर सिर्फ 9 साल तक ही चला।

हरियाणा लोकहित पार्टी

हरियाणा लोकहित पार्टी भी हरियाणा की एक सीमित आधार वाली क्षेत्रीय पार्टी है। इसकी स्थापना विवादित और एयरहोस्टेज उत्पीड़न मामले में घिरे उद्यमी और राजनेता गोपाल कांडा ने 2 मई, 2014 को की थी। गोपाल कांडा वर्ष 2006 से ही सिरसा से राजनीति में प्रवेश करने की कोशिश में थे। चौटाला परिवार से उन्होंने नजदीकी भी बढ़ाई। वर्ष 2009 में उन्होंने टिकट भी माँगा, मगर इनेलो से उन्हें टिकट नहीं मिला। कांडा ने निर्दलीय उम्मीदवार के रूप में चुनाव लड़ा और इनेलो के उम्मीदवार को हराकर जीत दर्ज की। इस चुनाव में कांग्रेस ने 40 सीटों पर जीत दर्ज की थी और ऐसे में कांडा किंगमेकर के रूप में सामने आए और हुड्डा सरकार में कैबिनेट मंत्री के रूप में नवाजे गए। मगर 5 अगस्त, 2012 को गोपाल कांडा की एयरलाइन की एक पूर्व एयर होस्टेस गीतिका शर्मा ने आत्महत्या कर ली। उसने दो सुसाइड नोट लिखे, जिनमें कांडा पर यौन प्रताड़ना के आरोप लगाए। इस मामले में कांडा की गिरफ्तारी हुई और उन्हें सरकार से इस्तीफा देना पड़ा। मार्च 2014 में हरियाणा विधानसभा चुनाव से पहले कांडा को जमानत मिल गई। जेल से लौटकर मई 2014 में उसने 'हरियाणा लोकहित पार्टी' बनाकर राजनीति में वापसी की। साथ ही चुनाव में इनेलो प्रत्याशी मक्खन लाल सिंगला को हराकर जीत भी दर्ज की।

हरियाणा में इतनी पार्टियाँ बनने के बाद भी पार्टियों में कोई स्थायित्व नजर नहीं आ रहा। लोकसभा की दस और विधानसभा की 90 सीटोंवाले इस प्रदेश में एक पार्टी बनती है, कुछ साल उसका असर रहता है और खत्म हो जाती है। यहाँ ओमप्रकाश चौटाला की इनेलो या दुष्यंत चौटाला की 'जननायक पार्टी' बची रहती हैं तो उसके पीछे सिर्फ एक कारण रहेगा और वो है इन पार्टियों का जातिगत आधार। लेकिन दोनों ही पार्टियों का आधार वोट बैंक जाट है, इसलिए इसके बँटवारे का फायदा तथाकथित राष्ट्रीय दलों को होगा। भाजपा और कांग्रेस की संभावनाएँ तब तक बनी रहेंगी और रही हैं। यहाँ सात बार कांग्रेस अपनी सरकार बना चुकी है। क्षेत्रीय दलों के हिस्से दो बार। देवीलाल और उनके बेटे ओमप्रकाश चौटाला कहने को तो चार बार मुख्यमंत्री बन चुके हैं, पर पूरे पाँच साल का कार्यकाल उनके हिस्से एक ही बार आया है और एक बार चौधरी बंसीलाल भी यह करिश्मा दिखा चुके हैं। भूपेंद्र सिंह

हुड्डा ने भी कांग्रेस के नेतृत्व में जो दो सरकारें (2005-09 और 2009 से 14 तक) चलाई, वो भी क्षेत्रीय दल की तरह से ज्यादा चलाईं, न कि राष्ट्रीय दल की तरह। और इसके पहले गैर-जाट के नाम पर भजनलाल भी मुख्यमंत्री बन चुके हैं। पिछले दो कार्यकालों से भाजपा की सरकार मनोहर लाल खट्टर चला रहे हैं। इस छोटे से प्रदेश की एक और खासियत है कि यहाँ के प्रभावी नेता, चाहे वो जाति प्रभावित हों, का एक विशेष क्षेत्र में ही प्रभाव रहता है। लेकिन यहाँ की राजनीति जाट समर्थन और जाट विरोध के नाम पर चलती है, पर इसमें बहुत आगे तक नहीं जा पाती, इसलिए समीकरण बनते-बिगड़ते रहते हैं।

□

29

लहू की लकीरें

'धरती पर स्वर्ग।' कश्मीर के लिए कही गई इन पंक्तियों पर किसी को कभी संशय नहीं रहा। कश्मीर है ही ऐसा खूबसूरत। सैकड़ों साल पुराने इतिहास और पहचान वाले कश्मीर की लंबी और गौरवशाली गाथा रही है। लेकिन वक्त के थपेड़ों ने कश्मीर के पन्नों पर कई इबारतें लिख दीं—सुख और दुःख दोनों से भरीं। चिनार के खूबसूरत पत्तों पर कब खून की लकीरें खिंच गईं, पता ही नहीं चला। भारत की स्वतंत्रता से पहले और बाद में कई महत्त्वपूर्ण घटनाक्रम हुए, जिन्होंने जम्मू-कश्मीर की दशा और दिशा बदली-घाटी में गूँजते प्रेम-गीतों से लेकर गोलियों के भयानक शोर और इनसानी क्रंदन तक।

जम्मू-कश्मीर में महाराजा हरि सिंह से लेकर डोगरा शासकों, अब्दुल्ला और मुफ्ती परिवारों, अलगाववाद, सईद अली शाह गिलानी तक का लंबा राजनैतिक इतिहास रहा है। स्वतंत्रता के कुछ ही समय बाद 27 अक्तूबर, 1947 को जम्मू-कश्मीर रियासत के भारत में विलय (इंस्ट्रूमेंट ऑफ एक्सेशन) के दस्तावेजों पर दस्तखत करने से पहले महाराजा हरि सिंह के मन में अपने आजाद देश (प्रदेश) की कल्पना और जिद दोनों ही थी। दरअसल, राजा हरि सिंह अपने राज्य को पाकिस्तान और भारत से अलग देश बनाना चाहते थे। लेकिन परिस्थितियाँ ऐसी बनीं कि उन्होंने भारत के साथ विलय का फैसला किया।

कभी जम्मू-कश्मीर पाँच भागों में बँटा था—जम्मू, कश्मीर, लद्दाख को हम सब जानते हैं। गिलगिट और बाल्टिस्तान अब पाकिस्तान में हैं। जम्मू के डोगरा राजपूत शासकों को इन पाँच हिस्सों को अपनी ताकत के बूते एक सूत्र में बाँधकर एक राज्य बनाने का श्रेय जाता है।

लेकिन अगर आपको जम्मू-कश्मीर के उलझे हुए दलों के बारे में समझना है तो

वहाँ की राजनीति को समझना जरूरी है। प्रदेश के कालखंड को तीन भागों में बाँटा जा सकता है। आजादी के बाद, 1989-90 में आतंकवाद के आने और 5 अगस्त, 2019 को जम्मू-कश्मीर का विशेष दर्जा खत्म होने के बाद की राजनीति।

अगर कश्मीर के पहले राजनीतिक दल की बात करें तो वह 'कश्मीर मुसलिम कॉन्फ्रेंस' था। इसकी स्थापना 15 अक्तूबर, 1932 को हुई थी। शेख अब्दुल्ला इसके अध्यक्ष, चौधरी गुलाम अब्बास जनरल सेक्रेटरी और मौलवी अब्दुल रहीम सेक्रेटरी थे। पार्टी की स्थापना पर शेख अब्दुल्ला ने अपने अध्यक्षीय भाषण में कहा था कि 'मुसलिम कॉन्फ्रेंस' की स्थापना समाज के सभी दबे वर्गों के अधिकार के लिए की गई है, न कि सिर्फ मुसलमानों के लिए। 1933 में शेख अब्दुल्ला ने 9 सदस्यीय समिति भी बनाई, जिसका उद्देश्य गैर-मुसलिमों को पार्टी से जोड़ना था, मगर पार्टी के नाम की वजह से यह संभव नहीं हुआ। इसके बाद शेख अब्दुल्ला ने जवाहरलाल नेहरू के प्रभाव में आकर 24 जून, 1938 में 'मुसलिम कॉन्फ्रेंस' का विशेष सत्र बुलाया और पार्टी का नाम बदलकर 'नेशनल कॉन्फ्रेंस' करने के लिए मतदान कराया। कुल 176 पदाधिकारी सदस्यों में से 172 ने पार्टी का नाम बदलने के पक्ष में अपना मत दिया। इस तरह 'मुसलिम कॉन्फ्रेंस' का नाम बदलकर 'नेशनल कॉन्फ्रेंस' हो गया। साथ ही यह आह्वान किया गया कि महाराजा की राजशाही के खिलाफ संघर्ष के लिए सभी जाति और धर्म के वंचित लोग इस पार्टी से जुड़ें।

अमेरिकी इतिहासकार बर्टन स्टेन, जिन्होंने भारत के इतिहास पर कई पुस्तकें लिखी हैं, ने अपनी पुस्तक 'ए हिस्टरी ऑफ इंडिया' (A History of India) में कश्मीर के बारे में लिखते हैं कि कश्मीर स्वतंत्र राज्य की इच्छा पाले था, मगर वह न तो इतना पुराना और बड़ा था, जितना कि हैदराबाद। यह तो 1846 में पहले आंग्ल-सिख युद्ध में सिखों की हार के बाद सिख साम्राज्य के एक अधिकारी को अंग्रेजों का पक्ष लेने के लिए इनाम में दिया गया। 1947 में बँटवारे के समय पाकिस्तान में बैठे लोग मान रहे थे कि कश्मीर में 77 फीसद आबादी मुसलमान है, इसलिए वह पाकिस्तान के साथ आएगा। महाराजा ने हिचक दिखाई तो पाकिस्तानी गुरेल्लाओं ने महाराजा को डराकर ऐसा करने के लिए मजबूर करने की कोशिश की। महाराजा ने माउंटबेटन से मदद माँगी तो उन्होंने शर्त रखी कि इसके लिए महाराजा को भारत में विलय का प्रस्ताव देना होगा। (Stein, Burton, A History of India, Oxford University Press)

आजादी के तत्काल बाद 1948 में भारत और पाकिस्तान के बीच कश्मीर को लेकर विवाद के बाद यह मसला संयुक्त राष्ट्र पहुँच गया। भारत ने पाकिस्तान पर कश्मीर के कुछ हिस्सों पर बलपूर्वक कब्जा करने का आरोप लगाया। संयुक्त राष्ट्र ने दोनों देशों को जनमत संग्रह कराने की सलाह दी, जो कभी नहीं मानी गई। इस बीच जम्मू-

कश्मीर में पहली अंतरिम सरकार गठित हुई और शेख अब्दुल्ला को प्रधानमंत्री घोषित किया गया। इसके एक साल बाद, जुलाई 1949 में शेख अब्दुल्ला, मिर्जा अफसल बेग, मोती राम बागड़ा को संविधान सभा का हिस्सा बनाया गया और राज्य को विशेष दर्जा देने के लिए अनुच्छेद-370 पर चर्चा का आगाज हुआ। जल्दी ही 17 अक्तूबर, 1949 को अनुच्छेद-370 को भारतीय संविधान में जोड़ दिया गया। नेहरू काल तक तो चीजें चलती रहीं, लेकिन इंदिरा गांधी के सत्ता में आने के बाद कई बड़ी घटनाएँ हुईं। साल 1971 में पाकिस्तान को भारत के साथ युद्ध में मुँह की खानी पड़ी और बांग्लादेश का जन्म हुआ। साल 1972 में भारत-पाक के बीच 'शिमला समझौता' हुआ, जिसमें बातचीत के जरिए कश्मीर विवाद सुलझाने पर सहमति बनी। दो साल बाद, 1974 में शेख अब्दुल्ला घाटी वापस लौट आए और पी.एम. इंदिरा गांधी के समझाने पर उन्होंने 'प्लेबिसाइट फ्रंट' (जिसका गठन जनमत संग्रह के लिए किया गया था) को भंग कर दिया। 24 फरवरी, 1975 को प्रधानमंत्री इंदिरा गांधी ने ऐलान किया कि जम्मू-कश्मीर में जनमत संग्रह की कोई गुंजाइश नहीं है। जून 1977 में केंद्र ने जम्मू-कश्मीर में नेशनल कॉन्फ्रेंस की चुनी हुई सरकार गिरा दी। हालाँकि इसके बाद हुए विधानसभा चुनाव में जनता ने फिर शेख अब्दुल्ला को बहुमत से सत्ता में वापस ला दिया। जम्मू-कश्मीर की राजनीति को तब बड़ा झटका लगा, जब लोकप्रिय रहे शेख अब्दुल्ला का 8 सितंबर, 1982 को इंतकाल हो गया। उनके निधन के बाद उनके पुत्र फारूक अब्दुल्ला सूबे के मुख्यमंत्री बन गए। साल 1987 में उनके नेतृत्व में विधानसभा चुनाव में नेशनल कॉन्फ्रेंस की सत्ता में दोबारा वापसी हुई, जबकि मुसलिम यूनाइटेड फ्रंट (एम.यू.एफ.) को महज चार सीटें ही जनता ने दीं। यह वह अवसर था, जब एम.यू.एफ. ने चुनाव में धाँधली का आरोप लगाते हुए बागी सुर अपना लिये। माना जाता है कि यही दौर था, जब सूबे में आतंकवाद की नींव पड़ी।

जल्दी ही जम्मू-कश्मीर में इसका असर भी दिखने लगा। घाटी में विद्रोही सुर तेज होने लगे और 8 दिसंबर, 1989 को केंद्रीय सरकार में गृहमंत्री मुफ्ती मोहम्मद सईद की बेटी को जे.के.एल.एफ. ने अगवा कर लिया। उनकी रिहाई के बदले पाँच आतंकियों को छोड़ना पड़ा। इसके बाद 5 जुलाई, 1990 को कश्मीर में पहली बार 'आर्म्ड फोर्सेज स्पेशल पावर ऐक्ट' (ए.एफ.एस.पी.ए.) को लागू किया गया और सेना को अधिक ताकत मिल गई। हालाँकि इसके दो हफ्ते के बाद ही घाटी में कश्मीरी पंडितों पर हमले हुए और बड़ी संख्या में कश्मीरी पंडितों को घाटी छोड़कर सुरक्षित जगह पलायन करने को मजबूर होना पड़ा। प्रदेश में 31 जुलाई, 1993 को अलगाववादी तेवर के साथ 'हुर्रियत कॉन्फ्रेंस' का गठन हुआ। इसमें 26 संगठन एक मंच पर आ जुटे और कश्मीर की आजादी का नारा लगाया।

साल 1996 में जम्मू-कश्मीर में विधानसभा के चुनाव हुए। इस चुनाव में नेशनल कॉन्फ्रेंस को बहुमत मिला और फारूक अब्दुल्ला को फिर मुख्यमंत्री चुना गया। उधर 20 फरवरी, 1999 को प्रधानमंत्री अटल बिहारी वाजपेयी की लाहौर बस यात्रा और 'लाहौर घोषणा-पत्र' पर हस्ताक्षर हुए, लेकिन शांति का वादा उसी साल तब ध्वस्त हो गया, जब पाकिस्तान ने भारत के कारगिल में घुसपैठ करके कब्जा जमा लिया, लेकिन भारतीय सेना ने कारगिल की उस पहाड़ी पर 26 जुलाई को फिर कब्जा कर लिया। भारत को इस छोटे युद्ध में 450 के करीब जवान गँवाने पड़े, जबकि पाकिस्तान के 2,900 से 3,100 के बीच सैनिक और उसके समर्थित लड़ाके मारे गए। इन घटनाक्रमों के बीच 24 दिसंबर, 1999 को भारत के आई.सी.-814 प्लेन का अपहरण करके उसे काबुल ले जाया गया। यात्रियों को छोड़ने के बदले आतंकियों ने खूँखार आतंकियों जैश प्रमुख मसूद अजहर, अहमद जरगर और शेख अहमद उमर सईद को रिहा करने के माँग की। उन्हें जम्मू की कोट भलवाल जेल से निकालकर आतंकियों के हवाले कर दिया गया। उस समय भारत सरकार के मंत्री जसवंत सिंह आतंकियों को लेकर काबुल गए।

कश्मीर में खराब हालत के बीच मई, 2001 में प्रधानमंत्री अटल बिहारी वाजपेयी ने पूर्व मंत्री के.सी. पंत अध्यक्षता में एक कमेटी गठित की। इस कमेटी ने घाटी में सुरक्षाबलों की संख्या में कमी करने और राज्य को ज्यादा स्वायत्तता देने की सिफारिश की। इस बीच पहली अक्तूबर 2001 को श्रीनगर स्थित जम्मू-कश्मीर विधानसभा पर फिदायीन हमला हो गया, जिसमें 37 लोगों की मौत हो गई, जिनमें 11 जवान थे। दो महीने बाद ही, 13 दिसंबर को आतंकियों ने दिल्ली में भारत की संसद पर हमला करके 9 जवानों को शहीद कर दिया, हालाँकि सुरक्षाबलों ने पाँच आतंकियों को भी मार गिराया।

कभी केंद्र की सत्ता में रहा जनता दल छिन्न-भिन्न हो चुका था। ऐसे में वी.पी. सिंह सरकार में केंद्रीय गृहमंत्री रहे मुफ्ती मोहम्मद सईद ने भी 1999 में जम्मू एंड कश्मीर 'पीपुल्स डेमोक्रेटिक पार्टी' (पी.डी.पी.) नाम से अपनी अलग पार्टी बना ली। वर्ष 2002 में पार्टी कांग्रेस के समर्थन से राज्य में सरकार बनाने में भी सफल हुई। यह 2009 तक यू.पी.ए. गठबंधन का हिस्सा रही। 2014 में पी.डी.पी. ने भाजपा से गठबंधन किया और एक बार फिर राज्य में सरकार बनाई, जो भाजपा के समर्थन वापस लेने से पहले 19 जून, 2018 तक चली।

2002 के विधानसभा चुनाव में किसी दल को बहुमत नहीं मिला, लेकिन घाटी में पी.डी.पी. ने बेहतर प्रदर्शन किया, जबकि जम्मू रीजन में कांग्रेस ने 17 सीटें जीतीं। काफी ऊहापोह के बाद कांग्रेस अध्यक्ष सोनिया गांधी और पी.डी.पी. के अध्यक्ष मुफ्ती सईद के बीच साझा सरकार बनाने को लेकर सहमति बन गई। पहले तीन साल पी.डी.पी. का मुख्यमंत्री और बाकी तीन साल कांग्रेस का मुख्यमंत्री बनाने का समझौता भी हुआ।

सईद 'हीलिंग टच' की नीति लेकर आए, जिसका मकसद घाटी की जनता के जख्मों पर मरहम लगाना था। इस बीच केंद्र में वाजपेयी सरकार के जाने के बाद मनमोहन सिंह आए और 5 सितंबर, 2005 को प्रधानमंत्री मनमोहन सिंह की हुर्रियत कॉन्फ्रेंस के मीरवाइज उमर फारूक धड़े, जिसे नरमपंथी अलगवादी गुट माना जाता रहा है, से बैठक हुई। इस बैठक में हिंसा रोकने और बातचीत करने पर सहमति बन गई, लेकिन तब सईद अली शाह गिलानी के नेतृत्ववाली हुर्रियत कॉन्फ्रेंस ने इस बैठक को ही खारिज कर दिया। तीन साल बाद गुलाम नबी आजाद राज्य के मुख्यमंत्री बने। लेकिन 31 मई, 2006 को कश्मीर में माहौल बिगाड़ने की नीयत से पाक समर्थित आतंकियों ने गुजरात से आए सैलानियों की बस पर ग्रेनेड से हमला कर दिया, जिसमें 8 यात्रियों की जान चली गई। आजाद ने पर्यटकों को राज्य के विशेष विमान से दिल्ली भेजा, जिससे उनकी खूब प्रशंसा हुई।

इस दौरान पी.डी.पी. के नेता मुजफ्फर हुसैन बेग के आजाद के नजदीक आने की खबरों ने पी.डी.पी. को विचलित कर दिया और उन्हें उप-मुख्यमंत्री के पद से हटना पड़ा। एक साल बाद ही 2008 में अमरनाथ श्राइन बोर्ड को 100 एकड़ जमीन देने पर पी.डी.पी. भड़क गई और इस विवाद ने पूरे प्रदेश में घाटी और जम्मू में हिंसा फैला दी। पी.डी.पी. के समर्थन वापस लेने के बाद गठबंधन सरकार भी टूट गई। इसके बाद घाटी में स्थिति बदतर हो गई। साल 2010 में कश्मीरी नौजवान की सुरक्षा बलों की गोली से मौत के बाद वहाँ पत्थरबाजी का दौर शुरू हो गया। इस हिंसा में 112 लोगों की जान चली गई। फिर अगले चुनाव की बारी आई तो कांग्रेस के समर्थन से नेशनल कॉन्फ्रेंस की सरकार बनी और उमर अब्दुल्ला के नेतृत्व में शांति बहाली की फिर कोशिश शुरू हुई। साल 2011 में मुख्यमंत्री ने 1,200 पत्थरबाजों के खिलाफ मामले वापस लेकर युवाओं को मुख्यधारा में लाने की अपील की।

जम्मू-कश्मीर की राजनीति में साल 2014 में विधानसभा चुनाव के नतीजे ऐसे आए कि उसने धार्मिक आधार पर प्रतिनिधित्व का गंभीर पेंच फँसा दिया। चुनाव में पी.डी.पी. को 28, भाजपा को 25, एन.सी. को 15 और कांग्रेस को 12 सीटें मिलीं। सीटों के हिसाब से ऐसी स्थिति बन रही थी कि सरकार में यदि पी.डी.पी.-एन.सी.-कांग्रेस साथ आते हैं तो हिंदूओं को सरकार में आने का अवसर नहीं मिलता। लंबी जद्दोजहद के बाद पहली मार्च 2015 को लंबी बातचीत के बाद भाजपा ने मुफ्ती मोहम्मद सईद के नेतृत्व में गठबंधन सरकार बनाने का फैसला किया। भाजपा के वरिष्ठ नेता प्रो. निर्मल कुमार उप-मुख्यमंत्री बने। भाजपा से मिलकर सरकार बनाने को लेकर पी.डी.पी. में विरोध भी था, लेकिन सरकार बनी। जनवरी 2016 में मुफ्ती के निधन के बाद उनकी बेटी महबूबा मुफ्ती सूबे की पहली महिला मुख्यमंत्री बनाई गईं।

फिर आतंक का दौर

इस दौरान सुरक्षाबलों ने हिजबुल कमांडर बुरहान वानी को मार गिराया, जिससे घाटी में अशांति पैदा हो गई। कई महीने तक अशांति का दौर चला, जिसमें दर्जनों लोगों की जान चली गई। उधर, 18 सितंबर, 2016 को जैश-ए-मोहम्मद के आतंकियों ने उरी स्थित सेना के ब्रिगेड हेडक्वार्टर पर हमला करके 19 जवानों को शहीद कर दिया। सरकार की खूब किरकिरी हुई। इसका जवाब भारत ने 28 सितंबर, 2016 को दिया, जब भारतीय सेना ने पी.ओ.के. में घुसकर सर्जिकल स्ट्राइक करके बड़ी संख्या में आतंकियों को मार दिया और उनके अड्डे तबाह कर दिए गए। इसके बावजूद आतंकी घटनाएँ नहीं रुकीं और 11 जुलाई, 2017 को आतंकियों ने अमरनाथ यात्रियों से भरी बस पर गोलीबारी कर 7 श्रद्धालुओं को मार दिया।

उधर एक बड़े और नाटकीय राजनीतिक घटनाक्रम में भाजपा ने अचानक गठबंधन सरकार से हाथ खींच लिया और महबूब मुफ्ती सरकार का अंत हुआ। इसी दौरान सत्यपाल मलिक जम्मू-कश्मीर के राज्यपाल बने और भाजपा ने कश्मीर के दलों के साथ सरकार बनाने की कोशिश की। छह महीने बाद सूबे में राज्यपाल शासन लगा दिया गया। राज्यपाल शासन के ही दौरान लोकसभा चुनाव से ऐन पहले 14 फरवरी, 2019 को आतंकियों ने एक बड़ी घटना को अंजाम देते हुए कश्मीर के पुलवामा में हमला करके 40 जवानों को शहीद कर दिया। पाकिस्तान स्थित जैश-ए-मोहम्मद ने इस हमले की जिम्मेवारी ली, लेकिन 26 फरवरी को भारतीय वायुसेना ने बालाकोट स्थित जैश के शिविर पर एयरस्ट्राइक करके इसका बदला ले लिया।

जम्मू-कश्मीर का विशेष दर्जा खत्म

लोकसभा चुनाव में जीत के बाद 25 जुलाई, 2019 को नए गृहमंत्री अमित शाह ने जम्मू-कश्मीर को लेकर बड़े फैसलों के संकेत दिए और मंत्रालय ने केंद्रीय सशस्त्र पुलिसबलों के अतिरिक्त लगभग 40 हजार जवान आतंकग्रस्त सूबे में तैनात कर दिए। 4 अगस्त की आधी रात को पूर्व मुख्यमंत्री महबूबा मुफ्ती और उमर अब्दुल्ला को नजरबंद कर दिया गया, जिसके बाद मोदी सरकार के अगले कदम पर नजरें टिक गईं। अगले ही दिन गृहमंत्री अमित शाह ने संसद में जम्मू-कश्मीर से अनुच्छेद-370 हटाने का बड़ा ऐलान कर भारतीय राजनीति में बड़ा धमाका कर दिया। इसके साथ ही अनुच्छेद-35ए को भी खत्म कर दिया गया। राज्य का विभाजन करके जम्मू-कश्मीर और लद्दाख दो अलग-अलग केंद्रशासित प्रदेश बना दिए गए। इन फैसलों का विपक्ष ने कड़ा विरोध किया, लेकिन सरकार ने इसे देशहित में किया फैसला बताया।

कुछ महीने बाद केंद्र ने सूबे में जिला विकास परिषदों के चुनाव का ऐलान कर दिया और 23 दिसंबर को घोषित हुए इसके नतीजों ने जाहिर कर दिया कि कश्मीर की जनता का समर्थन नेशनल कॉन्फ्रेंस, पी.डी.पी. और वहाँ के क्षेत्रीय दलों के साथ है, जबकि जम्मू रीजन में भी नेशनल कॉन्फ्रेंस और कांग्रेस ने भाजपा को उसके गढ़ में कड़ी चुनौती दी। इन चुनावों में फारूक के नेतृत्ववाले बहुदलीय गुपकार गठबंधन को 110, भाजपा को 75, कांग्रेस को 26, निर्दलीयों को 50 और भाजपा समर्थित समझी जानेवाली 'अपनी पार्टी' को 12 सीटें मिलीं।

गिलानी का जाना

कश्मीर की आजादी और पाकिस्तान समर्थक सईद अली शाह गिलानी कश्मीर में अलगाववाद का सबसे बड़ा चेहरा रहे। वे 1 सितंबर, 2021 को अपनी मृत्यु के समय 92 साल के हो चुके थे और उतने सक्रिय नहीं थे। लेकिन इसमें कोई दो राय नहीं कि गिलानी घाटी में मुख्यधारा के बड़े नेताओं फारूक अब्दुल्ला और महबूबा मुफ्ती से भी ज्यादा लोकप्रिय थे। उनके एक बार कहने पर हजारों की भीड़ जुट जाती थी। निश्चित ही गिलानी के जाने से जमात-ए-इसलामी और हुर्रियत, जिनके लिए गिलानी ने काम किया, की मुहिम तो कमजोर पड़ी ही है, भारत-विरोधी अलगाववाद को हवा देनेवाले एक अध्याय का भी अंत हो गया है।

गिलानी की अपील का कश्मीरी युवाओं पर जबरदस्त प्रभाव था। आतंकवाद के दौर में गिलानी ने घाटी में अपनी लोकप्रियता को खूब भुनाया था और अपनी तकरीरों से कश्मीरी युवाओं को भारत के खिलाफ करने में बड़ा रोल अदा किया। गिलानी की एक अपील पर श्रीनगर का चहल-पहल वाला लाल चौक सन्नाटे में डूब जाता था। श्रीनगर के हैदरपुरा में गिलानी का आवास गतिविधियों का बड़ा केंद्र था। उनका जन्म 29 सितंबर, 1929 को सोपोर में हुआ था। वे अपनी मौत तक जम्मू-कश्मीर में जनमत संग्रह और कश्मीरियों के लिए आत्मनिर्णय की अपनी माँग पर अडिग रहे।

घाटी से बाहर देश के दूसरे हिस्सों के लोगों को शायद ही यह मालूम होगा कि घाटी में गिलानी को इज्जत से 'बॉब' पुकारा जाता था। बॉब, अर्थात् ग्रैंडफादर। हालाँकि उनके समकक्ष और अन्य अलगाववादी नेता उन्हें 'हॉक' भी कहते थे, क्योंकि उनका आरोप था कि गिलानी की नीतियों और विचारों में लचीलेपन की कमी है, जिससे जम्मू-कश्मीर समस्या का अंतिम समाधान नहीं निकल पाया।

यों तो गिलानी तीन बार भारतीय चुनाव आयोग के तहत चुनावों में सोपोर हलके से जम्मू-कश्मीर विधानसभा के लिए तीन बार जीतकर विधायक भी बने थे। हालाँकि 1972, 1977 और 1987 में जीतने के बाद 1990 में कश्मीर में जब आतंकवाद की हवा

चलने लगी तो गिलानी चुनावों के विरोध में बोलने लगे और इनके बायकॉट की अपील जनता से करने लगे। उनकी अपील के बावजूद 2002 और 2008 के विधानसभा चुनाव और पंचायत चुनाव में काफी लोगों ने मतदान में हिस्सा लिया।

कश्मीर में गिलानी के आलोचक भी बहुत रहे। इन आलोचकों का आरोप था कि गिलानी कश्मीर के युवाओं को तो पत्थरबाजी के लिए भड़काते हैं, लेकिन खुद अपने दोनों बेटों को डॉक्टर बनाया है।

गिलानी जम्मू-कश्मीर के अलगाववादी संगठनों के सख्त धड़े वाली 'हुर्रियत कॉन्फ्रेंस' के संस्थापक रहे और 26 अलगाववादी संगठनों के सबसे प्रभावशाली नेता थे। हालाँकि 2003 में गिलानी हुर्रियत से अलग हो गए और 'तहरीक-ए-हुर्रियत' नाम से अलग संगठन का ऐलान कर दिया। धारा-370 खत्म होने के बाद उन्हें भी नजरबंद किया गया था। जून 2020 में उन्होंने हुर्रियत से खुद को अलहदा कर लिया।

राजनीति के बड़े किरदार

फारूक अब्दुल्ला/उमर अब्दुल्ला : शेख मोहम्मद अब्दुल्ला के बेटे फारूक अब्दुल्ला नेशनल कॉन्फ्रेंस के सबसे बड़े नेता हैं। चार बार मुख्यमंत्री रहनेवाले फारूक को मस्तमौला इनसान माना जाता है। श्रीनगर की सड़कों पर अपनी बुलेट पर अभिनेत्री

शबाना आजमी को बिठाकर घुमाने से लेकर तंबोला खेलने, आशा राम बापू के कार्यक्रमों में भजन गाने और पार्टियों में फिल्मी गीतों पर डांस करनेवाले फारूक की शख्सियत ही अलग रही है। उनके विरोधी भी उनकी इस शख्सियत के मुरीद रहे हैं। राजस्थान कांग्रेस के वरिष्ठ नेता सचिन पायलट फारूक अब्दुल्ला के दामाद हैं।

वे जम्मू-कश्मीर में ऐसे अकेले नेता हैं, जिनकी देश भर के राजनीतिक दलों के नेताओं से व्यक्तिगत पहचान है, जिनमें भाजपा और कांग्रेस जैसे बड़े राजनीतिक दल भी शामिल हैं। वे जितने लोकप्रिय कश्मीर घाटी में हैं, उतने ही जम्मू के हिंदू बहुल इलाकों में भी हैं। यही कारण है कि 2020 के आखिर में डी.डी.सी. के चुनावों में उनकी पार्टी नेशनल कॉन्फ्रेंस को भाजपा और कांग्रेस के प्रभाव वाले जम्मू क्षेत्र में भी लोगों का समर्थन मिला और वह सीटें जीतने में सफल रही।

फारूक अब्दुल्ला का परिवार एक तरह से मिनी हिंदुस्तान है। उनकी पत्नी मौली ईसाई हैं, जबकि दामाद सचिन पायलट एक हिंदू। फारूक की बेटी साराह का विवाह सचिन से हुआ है। यहाँ तक कि उनके बेटे पूर्व मुख्यमंत्री उमर अब्दुल्ला की पत्नी पायल नाथ भी हिंदू परिवार से थीं, जो अब उनसे अलग रहती हैं।

एम.बी.बी.एस. के बाद फारूक मेडिकल प्रैक्टिस के लिए लंदन चले गए, जहाँ उनकी मुलाकात मौली से हुई। ईसाई परिवार की मौली लंदन में ही पली-बढ़ी हैं। शादी से पहले मौली नर्स थीं। फारूक और मौली के 4 बच्चे हैं। इनमें तीन बेटियाँ और एक बेटा है। बेटियों का नाम साफिया, हिना और साराह हैं तो बेटे उमर अब्दुल्ला मुख्यमंत्री रहे हैं।

राजनीति में अपने विवादित बयानों के लिए जाने-पहचाने जानेवाले फारूक अब्दुल्ला के बेहद नजदीकी लोग, हालाँकि मानते हैं कि फारूक को भारत से प्यार है। फारूक शुद्ध रूप से सेक्युलर हैं और उन्हें इतने हिंदू भजन कंठस्थ हैं, जितने शायद किसी हिंदू नेता को भी नहीं होंगे। हालाँकि उनके बयान राजनीति में तूफान मचा देते हैं। जैसे हाल में फारूक ने कहा कि तालिबान के आने से उन्हें अफगानिस्तान में अच्छे शासन और सभी के लिए इनसाफ की उम्मीद है। कई बार जो वे जो कहना चाहते हैं, वह कुछ और समझ लिया जाता है।

वे कश्मीर में शांति के लिए पाकिस्तान से बातचीत का समर्थन करते हैं, हालाँकि वे भाजपा वाले गठबंधन एन.डी.ए. से लेकर कांग्रेस वाले गठबंधन यू.पी.ए तक का हिस्सा रहे हैं। फिलहाल भाजपा से दूरी बनाकर चल रहे फारूक जम्मू-कश्मीर में 5 अगस्त, 2019 से पहले की स्थिति बहाल करने की लड़ाई लड़ रहे हैं और विधानसभा के चुनाव करवाने की माँग कर रहे हैं।

उनके बेटे उमर अब्दुल्ला भी सूबे के मुख्यमंत्री रहे हैं। इसके अलावा उमर अटल बिहारी वाजपेयी सरकार में विदेश राज्यमंत्री भी रहे हैं। फिलहाल उमर नेशनल

कॉन्फ्रेंस के अध्यक्ष हैं। साल 2000 में फारूक ने पार्टी का जिम्मा बेटे उमर अब्दुल्ला को सौंप दिया, जो इससे पहले एन.डी.ए. सरकार में अक्तूबर 1999 से जुलाई 2001 तक वाजपेयी सरकार में विदेश राज्यमंत्री रह चुके थे। साल 2009 में कांग्रेस के साथ गठबंधन सरकार के मुख्यमंत्री बन 2015 तक सूबे के मुख्यमंत्री रहे।

यों 'शेर-ए-कश्मीर' के नाम से मशहूर शेख अब्दुल्ला ने चौधरी गुलाम अब्बास के सहयोग से 15 अक्तूबर, 1932 को 'ऑल जम्मू-कश्मीर मुसलिम कॉन्फ्रेंस' नामक राजनीतिक दल का गठन किया था, हालाँकि बाद में इसका नाम 'जम्मू-कश्मीर नेशनल कॉन्फ्रेंस' (जे.के.एन.सी.) कर दिया गया। सितंबर 1951 के पहले चुनाव में नेशनल कॉन्फ्रेंस ने विधानसभा की सभी 75 सीटों पर जीत हासिल की और शेख अब्दुल्ला कश्मीर के प्रधानमंत्री बने। हालाँकि बाद में उन्हें बरखास्त करके गिरफ्तार कर लिया गया। यहाँ तक कि काफी उतार-चढ़ाव के बीच 1965 में नेशनल कॉन्फ्रेंस का कांग्रेस में विलय हो गया। लेकिन 1977 के चुनाव के बाद शेख अब्दुल्ला फिर कश्मीर के मुख्यमंत्री बने और तब तक पार्टी अपने अलग अस्तित्व में आ चुकी थी। साल 1982 में शेख की मृत्यु के बाद फारूक अब्दुल्ला मुख्यमंत्री बने। फारूक के नेतृत्व में 1983 में पार्टी फिर चुनाव जीती, लेकिन अब्दुल्ला के बहनोई गुलाम मोहम्मद शाह ने पार्टी तोड़ दी। फारूक की सरकार बरखास्त कर दी गई। गुलाम मुख्यमंत्री बन गए। हालाँकि साल 1987 के चुनाव के बाद फारूक को जनता ने फिर मुख्यमंत्री चुना। साल 1996 के चुनाव में तो अब्दुल्ला ने 87 में से 57 विधानसभा सीटें जीत लीं। फारूक की पार्टी जम्मू-कश्मीर को स्वायतता देने के हक में रही है।

मुफ्ती मोहम्मद सईद/महबूबा मुफ्ती

मुफ्ती सईद किसी समय कांग्रेस के बड़े नेताओं में एक थे। जम्मू-कश्मीर में कांग्रेस को उन्होंने मजबूत किया, लेकिन 1999 में उन्होंने अपनी बेटी युवा कांग्रेस नेता महबूबा मुफ्ती के साथ कांग्रेस छोड़ दी और 'जम्मू एंड कश्मीर पीपुल्स डेमोक्रेटिक पार्टी' (जे.के.पी.डी.पी.) का गठन किया। केंद्रीय गृहमंत्री और जम्मू-कश्मीर के मुख्यमंत्री रहे मुफ्ती मोहम्मद सईद को जम्मू-कश्मीर की राजनीति का 'थिंकर' भी कहा जाता था।

उनका राजनीतिक सफर 1950 में शुरू तो नेशनल कॉन्फ्रेंस के साथ शुरू हुआ, लेकिन 1959 में उन्होंने एन.सी. को अलविदा कहकर 'डेमोक्रेटिक नेशनल कॉन्फ्रेंस' बना ली। हालाँकि बाद में नेशनल कॉन्फ्रेंस की तरह उसका विलय कांग्रेस में कर दिया और जम्मू-कश्मीर में कांग्रेस के मुखिया बन गए। साल 1987 में उन्होंने कांग्रेस भी छोड़ दी और पी.डी.पी. का गठन किया। इसके बाद वे वी.पी. सिंह सरकार में केंद्रीय गृहमंत्री बने। साल 2002 में विधानसभा चुनाव में पी.डी.पी. 16 सीटें जीत गई और

अपनी ही पुरानी पार्टी कांग्रेस के साथ मिलकर सरकार बनाई और तीन साल तक मुख्यमंत्री रहे।

जब गुलाम नबी आजाद मुख्यमंत्री बने तो उनकी बेटी महबूबा मुफ्ती को उप-मुख्यमंत्री बनने की पेशकश हुई, लेकिन उन्होंने पार्टी के भरोसेमंद वरिष्ठ नेता मुजफ्फर हुसैन बेग को यह पद दिया। इसके बाद 2008 के विधानसभा चुनाव में पी.डी.पी. ने 21 सीटें जीतीं, लेकिन एन.सी. ने इस बार कांग्रेस से मिलकर सरकार बनाई। साल 2014 में पी.डी.पी. का प्रदर्शन सबसे बेहतर रहा, जब 28 सीटें जीत गई। भाजपा के साथ मिलकर सरकार बनाई और मुफ्ती सईद मुख्यमंत्री बने। लोकसभा चुनाव में भी उसने रेकॉर्ड 3 सीटें जीतीं। लेकिन 2016 में मुफ्ती का निधन हो गया और उनकी बेटी महबूबा मुफ्ती मुख्यमंत्री बन गईं। लेकिन यह गठबंधन लंबे समय तक नहीं चल सका और 2018 में भाजपा के समर्थन वापस लेने से यह सरकार गिर गई। महबूबा इस समय गुपकार गठबंधन का हिस्सा हैं।

मुफ्ती मोहम्मद सईद, जो नेशनल कॉन्फ्रेंस और अब्दुल्ला परिवार के विरोधी रहे और 1999 तक कांग्रेस के मजबूत नेता रहे, हमेशा कश्मीर के लिए ज्यादा स्वायत्तता के हक में रही है। मुफ्ती नेशनल कॉन्फ्रेंस के स्वायत्तता की माँग के विपरीत, कश्मीर को आजादी तो नहीं, लेकिन ज्यादा फैसले लेने के अधिकार देने के हक में रहे।

कांग्रेस में रहते हुए भले उन्होंने संविधान को लेकर कभी विपरीत टिप्पणी नहीं की, लेकिन कश्मीर की जनता की आवाज सुनने के लिए दिल्ली पर दबाव बनाने के हक में रहे। पाकिस्तान से बातचीत करने की भी अब्दुल्ला की तरह उनकी माँग रही है। कांग्रेस में रहते हुए ही मुफ्ती की एक अलग और बड़े नेता की पहचान बनी। कश्मीर में अब्दुल्ला परिवार के राजनीति के विरोधी उनके साथ जुड़े। इसी दौरान मुफ्ती के मन में अपना अलग दल बनाने की चाह जगी।

साल 1999 में वे कांग्रेस से बाहर चले गए और अपनी पार्टी पी.डी.पी. बना ली। पी.डी.पी. को हमेशा मुख्यधारा और अलगाववादी विचारधारा के बीच की सोचवाला राजनीतिक दल माना जाता रहा है। इसका कारण यह है कि वे कश्मीर की जनता को ज्यादा अधिकार देने की वकालत करती रही है। उस पर कुछ आतंकवादी संगठनों को समर्थन के आरोप भी लगे हैं, हालाँकि पी.डी.पी. नेतृत्व ने इसका खंडन किया है।

कश्मीर की राजनीति में इतनी एक ध्रुवीय पार्टी होने के बावजूद 2017 में पी.डी.पी. ने देश की राजनीतिक पंडितों को तब आश्चर्य में डाल दिया, जब उसने चुनाव के बाद धुर विरोधी भाजपा के साथ सरकार बनाने के लिए गठबंधन किया। मुफ्ती सईद ने इस गठबंधन सरकार का नेतृत्व किया। उनकी अचानक मृत्यु के बाद उनकी बेटी महबूबा मुफ्ती ने भी भाजपा से गठबंधन जारी रखा। मुफ्ती के भाजपा के साथ जाने के पीछे सोच यह थी कि विपरीत विचारधारा के दल के साथ जाने से उनकी छवि बेहतर होगी। हालाँकि माना जाता है कि भाजपा के साथ जाने से पी.डी.पी. को कश्मीर में राजनीतिक नुकसान उठाना पड़ा। उनके कुछ नेता पार्टी छोड़कर चले गए। हालाँकि कश्मीर में आज भी पी.डी.पी. को नेशनल कॉन्फ्रेंस के बाद दूसरा सबसे बड़े जनाधार वाला राजनीतिक दल माना जाता है।

सज्जाद लोन/पीपुल्स कॉन्फ्रेंस : सज्जाद लोन पूर्व अलगाववादी नेता अब्दुल गनी लोन के पुत्र हैं, जिनकी वर्ष 2002 में अनजान बंदूकधारियों ने हत्या कर दी थी। सज्जाद लोन वही नेता हैं, जिन्होंने एक बार प्रधानमंत्री नरेंद्र मोदी को अपने बड़े भाई के रूप में संबोधित किया था और खुद को भाजपा का मित्र बताया था। आज भी राजनीति के जानकार उन्हें भविष्य में कश्मीर में 'भाजपा का चेहरा' मानते हैं। साल 2018 में जब भाजपा ने पी.डी.पी. सरकार से समर्थन वापस ले लिया था, लोन एक मौके पर मुख्यमंत्री बनने की दहलीज तक पहुँच गए थे। तब भाजपा पी.डी.पी. को तोड़कर अन्य पार्टियों के विधायकों की मदद से अपनी सरकार की तैयारी कर रही थी, लेकिन यह कोशिश सिरे नहीं चढ़ी।

लोन की पार्टी पी.डी.पी.-भाजपा सरकार की एक घटक थी और दिलचस्प बात यह है कि खुद लोन भाजपा के खाते से इस सरकार में मंत्री थे। हालाँकि राज्य की

विधानसभा में लोन की पार्टी 'पीपुल्स कॉन्फ्रेंस' की केवल दो सीटें थीं। उस समय पी.डी.पी. के वरिष्ठ नेता और पूर्व उप-मुख्यमंत्री मुजफ्फर हुसैन बेग भी लोन को समर्थन देने के लिए तैयार थे। लोन अब फारूक अब्दुल्ला के नेतृत्ववाले गुपकार गठबंधन के साथ हैं।

गुपकार गठबंधन

केंद्र सरकार ने जब 5 अगस्त, 2019 को जम्मू-कश्मीर का विशेष दर्जा खत्म करके धारा-370 को वापस ले लिया तो राज्य का दर्जा केंद्रशासित प्रदेश कर दिया गया। साथ ही लद्दाख को जम्मू-कश्मीर से अलग करके उसे भी यूटी बना दिया गया। घाटी के कई नेताओं को कई महीने जेल में बंद रखा गया।

'गुपकार' की रूपरेखा नेशनल कॉन्फ्रेंस के अध्यक्ष फारूक अब्दुल्ला के आवास पर रखी गई, जब 4 अगस्त, 2019 को कश्मीर के आठ राजनीतिक दलों ने साझा बैठक की। बैठक में जम्मू-कश्मीर के इन दलों ने केंद्र सरकार की राज्य की नीतियों के खिलाफ यह गठबंधन बनाने का ऐलान किया। उस समय हालाँकि मोदी सरकार ने राज्य से धारा-370 और धारा-35ए वापस लेने की घोषणा नहीं की थी, लेकिन सेना की तैनाती बढ़ा दी गई थी। राज्य का विशेष दर्जा खत्म होने के बाद ये नेता फिर फारूक अब्दुल्ला के निवास पर मिले और गठबंधन बनाने की घोषणा की, जिसे 'गुपकार गठबंधन' कहा गया।

गठबंधन ने बाकायदा 'गुपकार घोषणा-पत्र' बनाया है, जिसमें धारा 370 और धारा-35ए की वापसी की माँग की गई है। यही नहीं, इसमें जम्मू-कश्मीर के संविधान और इसके राज्य के दर्जे को बहाल करने की माँग की गई है। घोषणा में केंद्र सरकार से की गई इन माँगों के साथ कहा गया कि हम राज्य की पुरानी स्थिति के बहाल होने तक लड़ाई लड़ते रहेंगे। राज्य का बँटवारा बिल्कुल नामंजूर है और हम सर्वसम्मति से यह दोहराते हैं कि हमारी एकता के बिना हमारा कुछ नहीं हो सकता।

इस गठबंधन के दलों द्वारा पारित की गई घोषणा में आगे कहा गया है कि 5 अगस्त, 2019 को केंद्र सरकार के फैसले असंवैधानिक थे, जिनका मकसद जम्मू-कश्मीर को अधिकारों से वंचित करना और यहाँ की जनता की मूल पहचान को चुनौती देना है। साझे बयान में कहा गया है कि हम लोगों को आश्वस्त करना चाहते हैं कि हमारी सभी सियासी गतिविधियाँ 4 अगस्त, 2019 तक जम्मू-कश्मीर के प्राप्त दर्जे की वापसी की राह में होंगी।

बहुत दिलचस्प बात यह है कि भाजपा 'गुपकार' को देश विरोधी करार देती रही है, लेकिन इसी साल नेताओं की रिहाई के बाद प्रधानमंत्री नरेंद्र मोदी और गृहमंत्री अमित शाह ने कश्मीर को लेकर 24 जून को इन सभी पार्टियों से दिल्ली में बैठक की।

एक साल पहले, 22 अगस्त, 2020 को सात राजनीतिक दल साथ थे। इनमें नेशनल कॉन्फ्रेंस, पी.डी.पी., पीपुल्स कॉन्फ्रेंस, कांग्रेस, माकपा, पीपुल्स यूनाइटेड फ्रंट, पैंथर्स पार्टी और अवामी नेशनल कॉन्फ्रेंस ने बैठक में हिस्सा लिया था। हालाँकि कांग्रेस बाद में इससे अलग रही और डी.डी.सी. के चुनाव भी अलग से लड़ी। फिलहाल 'गुपकार गठबंधन' सक्रिय है और यह भी हो सकता है कि यदि विधानसभा चुनाव होते हैं तो ये दल साथ मिलकर चुनाव लड़ें।

□

30

लंबी लड़ाई का इतिहास

जंगल-झाड़ से परिभाषित झारखंड की पहचान जंगल, पहाड़, लोहा, कोयले की खान-खदान और जनजातीय समुदाय से होती रही है। शोषण और उपेक्षा के खिलाफ लंबे संघर्ष की गाथा लिखनेवाले जनजातीय समुदाय के लोगों ने पृथक् राज्य के लिए पाँच दशक से ज्यादा समय तक आंदोलन किया। मुगल काल में इस क्षेत्र को 'खुखरा' नाम से जाना जाता था। ब्रिटिश काल में यह झारखंड नाम से जाना जाने लगा। पुराण कथाओं को भी इतिहास का हिस्सा माननेवाले इतिहासकारों के अनुसार 'वायु पुराण' में छोटानागपुर को मुरंड तथा 'विष्णु पुराण' में मुंड कहा गया। जंगलों और पहाड़ों से घिरे इस वन्य प्रदेश को, झारखंड नाम से न सिर्फ ऐतिहासिक और पौराणिक मान्यता मिली, बल्कि वर्ष 2000 में देश की संसद ने देश के 28वें राज्य के रूप में इस नाम के पृथक् प्रांत को मान्यता प्रदान कर दी। बिहार पुनर्गठन विधेयक-2000 को संसद ने जब पारित किया तो बिहार के इस दक्षिण भू-भाग को अलग कर नए प्रांत का नाम 'झारखंड' ही दिया। झारखंड के कई इलाकों में निवास करनेवाले जनजातीय समुदाय के लोग अपनी विशिष्टता के लिए जाने जाते हैं। झारखंड के पूर्वोत्तर भाग को 'संताल परगना' कहा जाता है। बिहार और बंगाल से सटे इस इलाके में बसनेवाले जनजातीय समुदाय के लोग संताली कहलाते हैं। संताल परगना के अलावा छोटानागपुर के उत्तरी क्षेत्र में बसे जनजातीय समुदाय भी संताली कहलाते हैं। वहीं दक्षिण और दक्षिण-पूर्व में फैले झारखंड के भू-भाग को 'कोल्हान' कहा जाता है। यहाँ निवास करनेवाले जनजातीय समुदाय के लोग 'हो' समुदाय से आते हैं। 'हो' के अलावा मुंडा और संताली भी यहाँ निवास करते हैं। झारखंड के मध्य और दक्षिण-पश्चिम में बसे जनजातीय समुदाय के लोग 'मुंडा' और 'उरांव' कहलाते हैं।

झारखंड में सत्ता का पर्याय बन चुके झारखंड मुक्ति मोर्चा की कहानी रोचक है। झारखंड की मुक्ति के लिए बना मोर्चा, यानी झारखंड मुक्ति मोर्चा। झारखंड में यों तो कई दल आए-गए, पर झारखंड मुक्ति मोर्चा बचा रहा। 4 फरवरी, 1972 में कोयलांचल में गठित झारखंड मुक्ति मोर्चा के रास्ते में कई उतार-चढ़ाव आए और आज झारखंड मुक्ति मोर्चा ऐसे मुकाम पर पहुँच चुका है, जिसके बगैर झारखंड में सत्ता की सियासत होती ही नहीं है। झारखंड मुक्ति मोर्चा के गठन में 'त्रिमूर्ति' की भूमिका सबसे अहम मानी जाती है। 'त्रिमूर्ति' अर्थात् बिनोद बिहारी महतो, ए.के. राय और शिबू सोरेन। झारखंड मुक्ति मोर्चा की बुनियाद का श्रेय इन्हीं तीनों शख्सियत को जाता है। झारखंड को मुक्त कराने के सफर में निकले इस त्रिमूर्ति में अब शिबू सोरेन ही रह गए हैं। शेष इनके दो साथी जिंदगी की राह में साथ तो नहीं चल पाए, सियासत की राह में भी धीरे-धीरे बहुत पहले ही साथ छोड़ गए।

झारखंड मुक्ति मोर्चा का गठन शोषण, उत्पीड़न के खिलाफ एक अंतरराष्ट्रीय सोच और ख्यातिप्राप्त चिंतक, विचारक कार्ल मार्क्स एवं लेनिन के 'राष्ट्रीयताओं के आत्मनिर्णय के अधिकार' से प्रेरित और प्रस्फुटित होकर हुआ। ए.के. राय पश्चिम बंगाल के मूल निवासी थे। वे सिंदरी के फर्टिलाइजर कारखाने में केमिकल इंजीनियर थे। 1966 में मजदूरों की हड़ताल हुई और उन्होंने हड़ताल को उचित ठहराते हुए नौकरी छोड़ दी। फिर उन्होंने सी.पी.आई.(एम) में शामिल होकर मजदूरों के लिए संघर्ष शुरू किया। वे सिंदरी से दो बार चुनाव लड़कर 1967 और 1969 में सी.पी.आई.(एम) के विधायक बने। लेकिन बाद में पार्टी से मतभेद के बाद वे 'मार्क्सवादी समन्वय समिति' का गठन कर इसी के तहत चुनाव लड़कर 1972 में विधायक बने। बिनोद बिहारी महतो और शिबू सोरेन के संपर्क में आने के बाद 1973 में उन्होंने 'झारखंड मुक्ति मोर्चा' के गठन का पुरजोर समर्थन किया। वैचारिक तौर पर वे झारखंड मुक्ति मोर्चा का लगातार समर्थन करते रहे। उन्होंने कई पुस्तकें लिखीं। 'झारखंड से लालखंड', 'झारखंड आंदोलन की नई दिशा' और 'झारखंड एक उपनिवेश' प्रमुख रहीं।

अधिवक्ता बिनोद बिहारी महतो सी.पी.आई.(एम) के जुझारू, संघर्षशील और मजदूरों के हितैषी नेता के रूप में ही नहीं, बल्कि एक शिक्षाविद्, ख्यातिप्राप्त वकील और समाज सुधारक भी थे। बिनोद बाबू गिरिडीह के रहनेवाले थे। वे कुर्मी समुदाय से आते थे। पढ़े-लिखे तो थे ही, खेतिहर परिवार से होने के कारण घर से समृद्ध भी थे। तीसरे शख्स शिबू सोरेन तत्कालीन हजारीबाग जिला के रामगढ़ (अब रामगढ़ स्वतंत्र जिला बन चुका है) के निकट नेमरा गाँव के रहनेवाले थे। शिबू सोरेन के बचपन का नाम शिवचरण माँझी था। उनके पिता सोबरन माँझी पेशे से शिक्षक थे। परतंत्र काल में ब्रिटिश दासता के खिलाफ स्वतंत्रता संग्राम के एक सिपाही थे। सोबरन माँझी गांधी विचारधारा

के धनी थे। शिवचरण माँझी उस समय 16 साल के छात्र थे, जब गाँव के दबंग ठेकेदारों, सूदखोरों और महाजनों ने मिलकर उनके पिता की हत्या कर दी। शिबू सोरेन के जीवन की यह सबसे बड़ी घटना थी और यहीं से उनकी जिंदगी को एक नई दिशा मिली। 1957 में पिता सोबरन माँझी की हत्या के बाद शिबू सोरेन ने शोषण और दमन के खिलाफ अपना जीवन समर्पण करने का इरादा कर लिया। उनकी माँ ने कहा था कि 'मेरा बेटा इन हत्यारों से बदला जरूर लेगा।' किसी तरह खराब आर्थिक हालत में परिवार का बोझ उठाते हुए मैट्रिक तक अपनी शिक्षा पूरी की। वे पढ़ाई के साथ-साथ परिवार चलाने के लिए मजदूरी भी किया करते थे। उन्होंने इसी माराफारी (बोकारो को लोग इसी नाम से पहले जानते थे) में मिट्टी काटी है। बी.एस.एल. में मजदूरी की। 1966 में शिबू सोरेन खुलकर महाजनी प्रथा के विरोध में आ गए। फिर उन्होंने महाजनों और साहूकारों के खिलाफ आंदोलन छेड़ दिया। कई जगहों पर आदिवासियों के खेत में लगी महाजनों की फसल कटवा ली। इस अभियान में शिबू सोरेन को आदिवासियों और मूलवासियों का भरपूर समर्थन मिला। 1969 में तत्कालीन राष्ट्रपति डॉ. जाकिर हुसैन ने एक अध्यादेश जारी किया। इस अध्यादेश में 1969 से 30 वर्ष के भीतर आदिवासियों की हड़पी गई जमीन को वापस लौटाए जाने का प्रावधान था।

साहूकारी और महाजनी प्रथा के खिलाफ आंदोलन के दौरान शिबू सोरेन को कई बार जेल भी जाना पड़ा। इसी क्रम में शिबू सोरेन को धनबाद जेल में भी रहना पड़ा। उन दिनों चर्चित आई.ए.एस. अधिकारी के.बी. सक्सेना धनबाद के उपायुक्त सह-जिला अधिकारी के पद पर पदस्थापित थे। डी.सी. (जिला अधिकारी) के.बी. सक्सेना दरअसल शिबू सोरेन के आंदोलन से खासे प्रभावित थे। वे चाहते थे कि यह नौजवान अपनी ऊर्जा और नेतृत्व क्षमता का सही दिशा में उपयोग करे। इसी दौरान शिबू सोरेन ने धनबाद के टुंडी प्रखंड के पहाड़ी क्षेत्र पोखरिया में एक आश्रम खोल लिया था। यहाँ वे रात्रि पाठशाला चलाते थे। संताली समाज को जागरूक करने, नशा छोड़ने और पढ़ाई-लिखाई करने के लिए वे प्रेरित करते थे। सक्सेना ने सुझाव दिया कि शिबू सोरेन अपना आंदोलन ग्रामीण क्षेत्रों में ही ज्यादा केंद्रित करें। शहरों की तरफ जाएँगे तो पकड़े जाएँगे। सक्सेना ने 20 सूत्री कार्यक्रम के तहत आदिवासियों की जमीन मुक्ति, सामूहिक खेती के विकास के लिए ट्रैक्टर, रात्रि पाठशाला, आदिवासी छात्र-छात्राओं को पुस्तक-कॉपी और शिबू सोरेन को एक जीप उपलब्ध करा दी। उधर बिनोद बिहारी महतो 1971 में सी.पी.आई.(एम) से धनबाद लोकसभा से चुनाव लड़ रहे थे। चुनाव के दौरान ही उनकी भेंट बोकारो के जैनामोड़ में शिबू सोरेन से हुई। बिनोद बाबू ने शिबू सोरेन से उनके चुनाव में प्रचार करने के लिए साथ आने का आग्रह किया। शिबू सोरेन राजी हो गए। फिर शिबू सोरेन धीरे-धीरे विनोद बिहारी महतो के प्रभाव में

आए। लोकसभा चुनाव के बाद शिबू सोरेन धनबाद आ गए और विनोद बिहारी महतो के यहाँ रहने लगे। विनोद बिहारी महतो की प्रेरणा से शिबू सोरेन ने आंदोलन को तेज करने के लिए 'सोनोत संताल समाज' नामक एक संगठन खड़ा किया और गाँव-गाँव अपना आंदोलन चलाने लगे। विनोद बिहारी महतो पहले से कुर्मी समाज को शिक्षित, संगठित और जागरूक करने के लिए 1969 सें 'शिवाजी समाज' का गठन कर चुके थे। 'शिवाजी समाज' के तहत समाज की कुरीतियों को दूर करने, लोगों को शिक्षित और जागरूक करने के साथ उनके विकास में 'शिवाजी समाज' ने बड़ी भूमिका निभाई। क्षेत्र के जिन गाँवों में स्कूल नहीं था, वहाँ स्कूल खोले। धनबाद, गिरीडीह, बोकारो और हजारीबाग के इलाकों में 32 स्कूल खोले। बिनोद बिहारी महतो ने समाज के अंदर राजनीतिक जागरूकता पैदा की।

विनोद बिहारी महतो के शिवाजी समाज और शिबू सोरेन के सोनोत संताल समाज के नेताओं की 4 फरवरी, 1972 को महतो के धनबाद चिरागोड़ा स्थित आवास पर एक बैठक हुई। बैठक की अध्यक्षता स्वयं विनोद बिहारी महतो ने की। इसमें सोनोत संताल समाज के शिबू सोरेन, सिंदरी के तत्कालीन विधायक ए.के. राय विशेष रूप से उपस्थित थे। इनके अलावा कतरास के पूर्व राजा पुर्णेंदू नारायण सिंह ने भी बैठक में हिस्सा लिया। शिबू सोरेन के 'सोनोत संताल समाज' और विनोद बाबू के 'शिवाजी समाज' का विलय हो गया। दो सामाजिक संगठनों के विलय से एक नई राजनीतिक पार्टी का जन्म हुआ। महतो ने समाज के शोषक वर्ग माफिया को अपना दुश्मन बताया। 1971 में बांग्ला देश की मुक्ति के लिए 'बांग्ला देश मुक्ति वाहिनी' और 'कश्मीर मुक्ति मोर्चा' की भूमिका का जिक्र करते हुए नए राजनीतिक दल के नाम का प्रस्ताव रखा।

ए.के. राय ने इस नए राजनीतिक दल का नाम 'झारखंड लिबरेशन फ्रंट' के गठन का सुझाव रखा। 'झारखंड लिबरेशन फ्रंट' का अर्थ जानने की बात हुई तो ए.के. राय ने इसका हिंदी तर्जुमा इस प्रकार किया, झारखंड मुक्ति मोर्चा। बस महतो ने बैठक में 'झारखंड मुक्ति मोर्चा' नामक राजनीतिक दल के गठन का प्रस्ताव रख दिया। पहले अध्यक्ष भी विनोद बिहारी महतो बने। उपाध्यक्ष पूर्व राजा पुर्णेंदू नारायण सिंह और महासचिव शिबू सोरेन बनाए गए। इसके सचिव टेकलाल महतो और कोषाध्यक्ष चुड़ामणि महतो को चुना गया। फिर 4 फरवरी, 1973 को गोल्फ ग्राउंड में झारखंड मुक्ति मोर्चा का पहला खुला अधिवेशन हुआ, जो ऐतिहासिक साबित हुआ। इस महाधिवेशन में एक लाख से ज्यादा लोग आए। शाम सात बजे तक महाधिवेशन में भाग लेनेवालों की संख्या बढ़ती जा रही थी। विनोद बिहारी महतो और शिबू सोरेन के जय-जयकार से पूरा कोयलांचल गूँज रहा था। झारखंड अलग राज्य और शोषण मुक्त राज्य बनाने के नारे जोर-शोर से लग रहे थे।

झारखंड मुक्ति मोर्चा के महासचिव शिबू सोरेन ने इस महाधिवेशन में कई अहम प्रस्ताव पेश किए। इनमें झारखंड को नया राज्य बनाने, छोटानागपुर काश्तकारी कानून और संताल परगना काश्तकारी कानून की रक्षा करना, महाजनों, सुदखोरों द्वारा कब्जा किए गए जमीनों को वापस करने जैसे प्रस्ताव प्रमुख थे।

लोग बिछुड़ते गए, कारवाँ बढ़ता गया

झारखंड मुक्ति मोर्चा का आंदोलन कोयलांचल से निकलकर संताल परगना, कोल्हान और फिर पूरे झारखंड में फैल चुका था। झारखंड आंदोलन से जुड़े लोग धीरे-धीरे झारखंड मुक्ति मोर्चा के साथ जुड़ते गए। संताल परगना में साइमन मरांडी, सूरज मंडल, कोल्हान से निर्मल महतो, शैलेंद्र महतो और देवेंद्र माँझी सरीखे अपने क्षेत्र के दिग्गज नेता जुड़ चुके थे। बढ़ती उम्र के कारण मोर्चा के अध्यक्ष विनोद बिहारी महतो सक्रिय राजनीति से बाहर आ चुके थे। झारखंड मुक्ति मोर्चा की कमान पूरी तरह शिबू सोरेन सँभालने लगे। शिबू सोरेन अध्यक्ष बने तो निर्मल महतो महासचिव और सूरज मंडल उपाध्यक्ष बनाए गए। क्षेत्र के युवा और दमदार नेता निर्मल महतो की 1987 में हत्या कर दी गई। उनकी हत्या के बाद शैलेंद्र महतो मोर्चा के नए महासचिव बनाए गए। शिबू सोरेन, सूरज मंडल और शैलेंद्र महतो की तिकड़ी लंबे समय तक झामुमो की चेहरा बनी रही। राजनीतिक घटनाक्रम बदला। कांग्रेस के शासनकाल में चर्चित रिश्वत कांड में झारखंड मुक्ति मोर्चा के चार नेताओं शिबू सोरेन, सूरज मंडल, शैलेंद्र महतो और साइमन मरांडी पर रिश्वतखोरी का मुकदमा दर्ज हुआ। सभी गिरफ्तार कर जेल भेज दिए गए। शैलेंद्र महतो सरकारी गवाह बन गए। प्रकारांतर में वे भारतीय जनता पार्टी में शामिल हो गए। उनकी जगह जमशेदपुर के दूसरे दबंग नेता सुनील महतो महासचिव बनाए गए। 2008 में नक्सलियों ने उनकी हत्या कर दी। उसके बाद स्व. निर्मल महतो के छोटे भाई सुधीर महतो को पार्टी का महासचिव बना दिया गया।

अब झारखंड मुक्ति मोर्चा युवाओं की टीम में बदल चुका है। पर सोरेन परिवार का इसमें प्रभुत्व है। झामुमो के सर्वे-सर्वा शिबू सोरेन हैं। सूबे के मुख्यमंत्री हेमंत सोरेन झारखंड मुक्ति मोर्चा के कार्यकारी अध्यक्ष का पद सँभाल रहे हैं। सोरेन की बड़ी बहू सीता सोरेन केंद्रीय उपाध्यक्ष और सबसे छोटे पुत्र बसंत सोरेन झारखंड मुक्ति मोर्चा के युवा फ्रंट के अध्यक्ष पद पर हैं। सीता तीन बार विधायक भी रही हैं। शिबू सोरेन के बाद उनके सबसे बड़े पुत्र दुर्गा सोरेन (अब दिवंगत) तीन बार विधानसभा के लिए चुने गए थे। शिबू सोरेन के सबसे छोटे पुत्र बसंत सोरेन भी उप-चुनाव जीत चुके हैं। शिबू सोरेन की तीसरी पीढ़ी भी राजनीति में आने की तैयारी में जुट चुकी है। झारखंड मुक्ति मोर्चा बिहार विधानसभा और झारखंड विधानसभा में अपनी दमदार उपस्थिति दर्ज कराता

रहा है। लोकसभा, राज्यसभा में भी उसे जगह मिली है। झारखंड के साथ-साथ बिहार, बंगाल और ओडिशा की चुनावी राजनीति में भी झारखंड मुक्ति मोर्चा दखल देता रहा है। झारखंड से सटे बिहार, बंगाल और ओडिशा के सीमावर्ती क्षेत्र में झारखंड मुक्ति मोर्चा का प्रभाव देखा जा सकता है। झारखंड विधानसभा (कुल सीटें 81, एक मनोनयन) के 2019 में हुए चुनाव में सर्वाधिक रिकॉर्ड 30 सीटें जीतकर झारखंड मुक्ति मोर्चा सत्ता पर काबिज है।

यह भी सच है कि झारखंड मुक्ति मोर्चा इतना सबकुछ करने के बाद भी वह सबकुछ नहीं कर सका, जिसकी उम्मीद सबको थी। झारखंड में अब तक 11 बार सरकार बन चुकी हैं। इनमें पाँच बार झारखंड मुक्ति मोर्चा के नेतृत्व में सरकार बनी, जबकि दो बार झामुमो की सहायता से सरकार बनी और चली। इस सियासी राजनीति में शिबू सोरेन धुरी बनकर उभरे। शिबू सोरेन स्वयं तीन बार मुख्यमंत्री बने, जबकि उनके दूसरे पुत्र हेमंत सोरेन दूसरी बार सूबे की सत्ता सँभाल रहे हैं। झारखंड मुक्ति मोर्चा ने कांग्रेस के साथ मिलकर तीन बार सरकार बनाई और सरकार का नेतृत्व किया, जबकि दो बार भाजपा के साथ सरकार में साथ आए। एक बार निर्दलीय विधायक मधु कोड़ा के नेतृत्व में उन्हें समर्थन देकर सरकार बनाई। 2005 में वे सिर्फ 10 दिनों तक ही सरकार में रहे। लेकिन अकेले उनकी पार्टी कभी 41 के बहुमत का आँकड़ा नहीं पार कर पाई। यह भी कह सकते हैं कि आज तक झारखंड में कोई भी सरकार, चाहे भाजपा ही हो, अकेले दम पर 41 का आँकड़ा जुटा पाने में सफल नहीं हुई।

दरअसल, झारखंड मुक्ति मोर्चा की पैठ गाँवों में दिखाई देती है। वहीं भारतीय जनता पार्टी को शहरी वोटरों पर ज्यादा भरोसा है। झारखंड विधानसभा 2019 के परिणाम पर नजर डालें तो झारखंड मुक्ति मोर्चा ने गाँवों से 30 सीटें जीतकर सरकार बनाने की ताकत हासिल की है। इनमें से 20 आरक्षित सीटें हैं, जिनमें अनुसूचित जनजाति के उम्मीदवार जीतकर आए हैं। 6 आरक्षित सीटों पर कांग्रेस के आदिवासी नेताओं ने जीत हासिल की है। झारखंड में 81 विधानसभा सीटों में आबादी के अनुपात में 28 सीटें जनजातियों के लिए आरक्षित हैं। 28 में 26 सीटों पर झारखंड मुक्ति मोर्चा और कांग्रेस का कब्जा है, यही सरकार बनाने में सबसे बड़ा फैक्टर उभरकर सामने आया है। कभी भारतीय जनता पार्टी इन आरक्षित 28 सीटों में से 14-15 सीटों पर जीतकर आती रही है। लेकिन पिछली भाजपा सरकार ने जनजातीय विरोधी कई ऐसे फैसले लिये, जिसका खमियाजा भाजपा को चुनाव में भुगतना पड़ा है। खासकर छोटानागपुर काश्तकारी कानून और संताल परगना काश्तकारी कानून को झारखंड के आदिवासी किसी धर्मग्रंथ से कम नहीं मानते हैं। भाजपा की पिछली सरकार ने इन्हीं कानूनों में बदलाव का प्रस्ताव लाकर आदिवासियों को नाराज कर दिया। फिर आदिवासी वोटर पूरी तरह भाजपा से बिदक गए। वैसे शहरों में भारतीय जनता पार्टी आज भी काफी मजबूत है। झारखंड मुक्ति मोर्चा राजनीतिक तौर पर तभी कमजोर हो सकता है, जब भारतीय जनता पार्टी गाँवों में, खासकर जनजातीय समुदाय में अपना विश्वास दुबारा कायम कर सके। मोर्चा के प्रमुख शिबू सोरेन संताल आदिवासियों के बीच काफी लोकप्रिय हैं। झारखंड मुक्ति मोर्चा उनकी इसी लोकप्रियता को भुनाकर जनजातीय क्षेत्रों में ज्यादा-से-ज्यादा वोट पाने में सफल होती है। झारखंड मुक्ति मोर्चा के पास जब तक शिबू सोरेन रहेंगे, तब तक संताल समाज

के वोट उनकी पार्टी को मिलेंगे ही मिलेंगे। यह शिबू सोरेन के आभा मंडल का ही प्रभाव रहा है कि गाँव-देहात से निकलकर कई शख्स विधानसभा से लेकर लोकसभा तक की चौखट लाँघ आए हैं। उनकी छत्रच्छाया में रहकर आदिवासी और गैर-आदिवासी लोगों ने नेता बनकर अपनी पहचान बनाई है।

मुकदमों ने झारखंड मुक्ति मोर्चा की गति रोकी

जन आंदोलन की बुनियाद पर खड़े झारखंड मुक्ति मोर्चा के नेता को न्यायिक मामलों में सदैव दो-चार होना पड़ा है। केस-मुकदमों ने शिबू सोरेन का कभी पीछा नहीं छोड़ा। झारखंड मुक्ति मोर्चा की सियासी गति को इन्हीं केस मुकदमों ने रास्ते का रोड़ा बनकर सामने आकर बाधित किया। चिरुडीह नरसंहार, शशिनाथ झा हत्याकांड और सांसद रिश्वत कांड ने झारखंड मुक्ति मोर्चा की सियासी चमक को धूमिल किया। शिबू सोरेन को केंद्रीय मंत्री पद भी इन मुकदमों की वजह से त्यागना पड़ा।

चिरुडीह कांड-झारखंड के बहुचर्चित नेता तथा झारखंड मुक्ति मोर्चा के सर्वे-सर्वा शिबू सोरेन को कुख्यात चीरूडीह नरसंहार मामले में 32 वर्षों तक चले कानूनी दाँव-पेंचों के बाद मुक्त कर दिया गया है। वर्ष 1975 में चीरूडीह नामक गाँव में घटी इस घटना में दो समुदायों के मध्य जबरदस्त आपसी संघर्ष हुआ था, जिसमें 13 लोग मारे गए थे। हालाँकि इस मामले की प्राथमिक रिपोर्ट में शिबू सोरेन का नाम नहीं था, लेकिन दिसंबर 1979 में दाखिल की गई चार्जशीट में 69 लोगों का नाम दिया गया था, जिनमें शिबू सोरेन भी शामिल थे। इसके बाद इस मामले को बंद कर दिया गया, लेकिन वर्ष 2004 में इस मामले को दोबारा खोल दिया गया तथा जामताड़ा न्यायालय से सोरेन के विरुद्ध वारंट जारी कर दिया गया था। जामताड़ा न्यायालय की सुनवाई में 14 लोगों को इस मामले से मुक्त कर दिया गया, जिनमें शिबू सोरेन भी शामिल हैं, जबकि 7 लोगों को दोषी करार दिया गया है।

शिबू सोरेन को अपने निजी सचिव शशिनाथ झा हत्याकांड में निचली अदालत में 2006 में उम्र कैद की सजा सुनाई गई थी। लेकिन इस फैसले के खिलाफ 2007 में दिल्ली हाईकोर्ट ने निचली अदालत के फैसले को निरस्त कर दिया। इस फैसले के खिलाफ शशिनाथ झा के परिजन 2007 में ही सुप्रीम कोर्ट गए। लेकिन सुप्रीम कोर्ट ने उनके परिजनों और सी.बी.आई. की अपील को खारिज करते हुए दिल्ली हाईकोर्ट के फैसले को बरकरार रखते हुए शिबू सोरेन को बहुत बड़ी राहत दी।

1993 में कांग्रेस की नरसिम्हा राव की सरकार बचाने के लिए शिबू सोरेन सहित झारखंड मुक्ति मोर्चा के चार सांसदों पर रिश्वतखोरी का आरोप लगा था। झामुमो के प्रमुख शिबू सोरेन और तीन तत्कालीन सांसदों सूरज मंडल, साइमन मरांडी और शैलेंद्र

महतो को दी गई रकम रिश्वत थी। चारों नेताओं ने 'भ्रष्टाचार निरोधक अधिनियम' के तहत चले मुकदमे की सुनवाई के दौरान स्वीकार किया था कि 1993 में केंद्र सरकार के विश्वास मत के पक्ष में वोट देने के लिए उन्हें कांग्रेस पार्टी से पैसा मिला था। मामले में सुप्रीम कोर्ट के फैसले के बाद वे रिश्वत के आरोपों से बरी हो गए थे। तब सुप्रीम कोर्ट ने कहा था कि संविधान के अनुच्छेद 105 के तहत सांसदों को विशेष छूट प्राप्त है। यह अनुच्छेद संसद और उसके सदस्यों के अधिकारों और विशेषाधिकारों से संबंधित है। इसमें प्रावधान है कि संसद में दिए गए भाषण या मत देने के मामले में किसी भी सांसद के खिलाफ किसी भी अदालत में कोई काररवाई नहीं की जाएगी।

शिबू सोरेन शारीरिक रूप से भले ही थक चुके हैं, लेकिन अब भी सक्रिय राजनीति में उनकी मौजदूगी झारखंड मुक्ति मोर्चा के लिए आंतरिक ऊर्जा की स्रोत है। हेमंत सोरेन उनकी लंबी राजनीतिक विरासत सँभालने को पूरी तरह परिपक्व और तैयार हो चुके हैं। 'शहर सिखाए कोतवाल' कहावत को चरितार्थ करते हुए दूसरी बार मुख्यमंत्री की कुरसी पर आसीन हो जाने के बाद हेमंत सोरेन राजनीति का हर दाँव-पेंच सीख चुके हैं। झारखंड मुक्ति मोर्चा में दूसरी पीढ़ी के नेताओं का धीरे-धीरे उभार हो चुका है। 2019 के चुनाव झामुमो तो जीती ही, कांग्रेस भी उनके बूते अब तक का सबसे बेहतर परिणाम हासिल करने में कामयाब रही। झारखंड विधानसभा में कांग्रेस ने अब तक सर्वाधिक 16 सीटें जीतने में सफलता हासिल की। गठबंधन दलों के साथ 50 विधायकों वाली सरकार का नेतृत्व कर रहे हेमंत सोरेन गैर-भाजपा दलों के नेता हैं। ऐसा साफ लगता है कि झारखंड में आनेवाले दिनों में हेमंत सोरेन राजनीति का एक ध्रुव होंगे। सामने भाजपा होगी तो दूसरे छोर में झारखंड मुक्ति मोर्चा ही होगा।

झारखंड पार्टी

20 जनवरी, 1939 झारखंड के इतिहास का एक अविस्मरणीय पृष्ठ है। इसी दिन झारखंड की अस्मिता, अस्तित्व और पहचान की भावनात्मक पीड़ा को व्यावहारिक अभिव्यक्ति की शुरुआत हुई। इस दिन लाखों आदिवासी झारखंडी ने अपनी जंग का उद्घोष किया था। राँची में 'अखिल भारतीय आदिवासी महासभा' की एक विशाल रैली हुई। आदिवासी नेताओं की उपिस्थिति में जयपाल सिंह 'अखिल भारतीय आदिवासी महासभा' का सर्वसम्मति से अध्यक्ष चुना गया। झारखंड को जिस कुशल, जुझारू नेतृत्व की खोज थी, वह जयपाल सिंह मुंडा से पूरी हुई। आदिवासी महासभा की अगुवाई करते हुए राजनीतिक कौशल और विशिष्ट नेतृत्व क्षमता से जयपाल सिंह ने स्थानीय निकायों में जबरदस्त सफलता हासिल कर कांग्रेस को लगातार झटके दिए। धीरे-धीरे आदिवासी महासभा का राजनीतिक विस्तार चलता रहा। 1920 में अगस्टीन कॉलेज में बारहवीं की

पढ़ाई पूरी करने के बाद उन्हें 1922 में लंदन के ऑक्सफोर्ड यूनिवर्सिटी के सेंट जॉन्स कॉलेज में दाखिला दिलाया गया। ऑक्सफोर्ड यूनिवर्सिटी में उन्होंने एम.ए. की पढ़ाई पूरी करने के साथ-साथ हॉकी खेल में भी समान रूप से सफलता अर्जित की। 1928 में एमस्टरडर्म में हुए ओलंपिक मैचों में वे भारतीय हॉकी टीम के कप्तान थे और भारत को हॉकी के मैचों में अप्रत्याशित जीत हासिल दिलाकर भारत का नाम रोशन किया। कांग्रेस ने जयपाल सिंह को 1946 में संविधान सभा का सदस्य मनोनीत किया। उन्हीं की पहल, संघर्ष और सतत प्रयास का परिणाम था कि संविधान में अनुसूचित जनजाति के लिए आरक्षण की व्यवस्था हो पाई।

जयपाल सिंह मुंडा के कुशल नेतृत्व का कमाल था कि बिहार के दक्षिण हिस्से में 'आदिवासी महासभा' छोटानागपुर और संताल परगना में बड़ी राजनीतिक ताकत बन चुकी थी। देश की आजादी के बाद संविधान सभा के सदस्य और अखिल भारतीय आदिवासी महासभा के अध्यक्ष जयपाल सिंह ने छोटानागपुर के राज्यों, उनका विलय और प्रांतीय एकता के संदर्भ में एक रिपोर्ट तैयार की, जो 15 मार्च, 1948 को संविधान सभा के समक्ष प्रस्तुत की गई। कालांतर में आदिवासी महासभा ने अपनी राजनीतिक ताकत बढ़ाने के लिए विधिवत् एक राजनैतिक पार्टी के रूप में अपना स्वरूप ढालने का फैसला लिया।

31 दिसंबर, 1949 और 1 जनवरी, 1950 को जमशेदपुर के करनडीह मैदान में दो दिवसीय आदिवासी महासभा के नेता, कार्यकर्ता और हजारों की संख्या में झारखंडी जनता के सम्मेलन में 'आदिवासी महासभा' का नाम बदलकर 'झारखंड पार्टी' के नाम से एक राजनीतिक दल का गठन किया गया। जयपाल सिंह मुंडा 'झारखंड पार्टी' के प्रथम अध्यक्ष बनाए गए।

1952 में पूरे देश में लोकसभा और विधानसभा का पहला चुनाव हुआ। इन चुनावों में झारखंड पार्टी ने भारी सफलता हासिल की। बिहार विधानसभा के चुनाव में झारखंड पार्टी को 32 सीटों पर जीत हासिल हुई। लोकसभा चुनाव में भी झारखंड पार्टी को 4 सीटें मिलीं। एक तरह से 1952 का चुनावी परिणाम झारखंड राज्य के लिए जनादेश था। दस सालों तक झारखंड पार्टी ने अलग राज्य के लिए काफी जद्दोजहद की। लेकिन बिहार का कांग्रेसी नेतृत्व झारखंड अलग राज्य बनाने के पक्ष में नहीं था। इसलिए जयपाल सिंह सहित पूरी झारखंड पार्टी को उलझाकर रखा। इस बीच झारखंड के कई इलाके बंगाल और उड़ीसा राज्यों के गठन के दौरान उनके हिस्से कर दिए गए। यह झारखंड अलग राज्य के गठन के प्रस्ताव को झटका था। बिहार के मानभूम इलाके को बंगाल से मिला दिया गया। संघर्ष और आंदोलन की झारखंड पार्टी की राजनीति किसी मुकाम तक नहीं पहुँच पाई थी।

दस साल के बाद, 20 जून, 1963 को झारखंड पार्टी का कांग्रेस में विलय हो गया। प्रधानमंत्री जवाहरलाल नेहरू ने जयपाल सिंह को एक प्रस्ताव भेजा कि झारखंड पार्टी का कांग्रेस में विलय कर दिया जाए, ताकि कांग्रेस पार्टी के सदस्यों को समझा-बुझाकर झारखंड राज्य का निर्माण संभव किया जा सके। पं. नेहरू ने अपने प्रस्ताव के तर्क में गुजरात, आंध्र प्रदेश का उदाहरण दिया। जयपाल सिंह के लिए झारखंड निर्माण का यह स्वर्णिम अवसर था, जब प्रधानमंत्री स्वयं इस दिशा में राजनैतिक माहौल तैयार करने की पहल कर रहे थे।

पं. नेहरू और जयपाल सिंह की इस पहल का बिहार के मुख्यमंत्री पं. बिनोदानंद झा ने स्वागत किया। 20 जून, 1963 को राँची में झारखंड पार्टी का कांग्रेस के साथ विलय हो गया। इस अवसर पर झारखंड पार्टी की ओर से एक विशाल जनसभा का आयोजन किया गया था। ओडिशा के मुख्यमंत्री बीजू पटनायक, बंगाल के प्रफुल्ल चंद्र सेन, अतुल्य घोष इसमें शामिल हुए थे। बिहार के मुख्यमंत्री बिनोदानंद झा और उनके कैबिनेट के सदस्य सभा में मौजूद थे। जयपाल सिंह ने झारखंड पार्टी की कांग्रेस में विलय की घोषणा की।

कांग्रेस में विलय के बाद बिहार के मुख्यमंत्री बिनोदानंद झा ने अपने कैबिनेट में जयपाल सिंह को शामिल किया और उन्हें सामुदायिक विकास मंत्री बनाया गया। लेकिन एक महीने के बाद 'कामराज योजना' के तहत मुख्यमंत्री बिनोदानंद झा को अपने पद से इस्तीफा देना पड़ा। इस घटना के बाद के.बी. सहाय को बिहार का मुख्यमंत्री बनाया गया। कांग्रेस के नेताओं ने अपनी चाल चलनी शुरू कर दी। जयपाल सिंह को मंत्री पद से हटाकर उनकी जगह उनके निकट के सहयोगी सुशील कुमार बागे को मंत्री बना दिया। कांग्रेस ने धीरे-धीरे इनके अंदर 'फूट डालो, राज करो' की नीति अपनानी शुरू कर दी। समय ने अँगड़ाई ली। नेहरूजी के जाने के बाद इस तरह से एक महान् अध्याय का समापन हो गया।

तब झारखंड पार्टी का कांग्रेस में विलय के बाद जयपाल सिंह पर झारखंड आंदोलन को बेचने का आरोप भी लगा। झारखंडी जनता ने इस विलय को नहीं माना और कांग्रेस में शामिल होने से इनकार कर दिया। कांग्रेस में शामिल होने के पहले जयपाल सिंह का जो तेवर था, वह दिखाई नहीं पड़ा। जयपाल सिंह का झारखंड राज्य का सपना अधूरा रह गया। जयपाल सिंह ने 1967 के आम चुनाव में कांग्रेस पार्टी के प्रत्याशी के रूप में खूँटी लोकसभा से जीत हासिल की। इसके पहले 1952, 1957 और 1962 के आम चुनाव में झारखंड पार्टी के सांसद रहे। झारखंड पार्टी का कांग्रेस में विलय और कांग्रेस पार्टी की लगातार उपेक्षा से त्रस्त जयपाल सिंह का 20 मार्च, 1970 का दिल्ली स्थित उनके आवास में निधन हो गया। मृत्यु के 11 दिन पहले 13 मार्च, 1970 को राँची के

रेलवे स्टेशन के निकट आयोजित एक सभा में भाषण देते हुए जयपाल सिंह ने कहा था, "झारखंड पार्टी को कांग्रेस में विलय करना मेरे जीवन की सबसे बड़ी भूल थी। मैं झारखंड पार्टी में लौटूँगा और झारखंड अलग राज्य के लिए आंदोलन करूँगा।" लेकिन इसके बाद झारखंड पार्टी अपने रूप में नजर न आ पाई।

पार्टी की केंद्रीय कार्यकारिणी भी निष्क्रिय हो चुकी है। झारखंड पार्टी के आखिरी विधायक के रूप में रहे एनोस एक्का 2019 का चुनाव हार चुके हैं। एक हत्या के मामले में फिलहाल वे जेल में सजा काट रहे हैं।

□

31

सबसे बड़ी बहन बनने की होड़

पूर्वोत्तर भारत असल में वे सात राज्य हैं, जिन्हें 'सेवन सिस्टर्स' भी कहा जाता है। इनमें असम, अरुणाचल प्रदेश, मणिपुर, मेघालय, मिजोरम, नागालैंड और त्रिपुरा शामिल हैं। असम की राजनीति और क्षेत्रीय दलों के बारे में आप पिछले अध्याय में ही पढ़ चुके हैं। इस अध्याय में हम शेष छह राज्यों के क्षेत्रीय दलों के बारे में पढ़ेंगे।

'द इंडियन जरनल ऑफ पॉलिटिकल साइंस' (अंक 48, क्रमांक-4, अक्तूबर-दिसंबर 1987) में 'गवर्नमेंट एंड पॉलिटिक्स इन नॉर्थ-ईस्ट इंडिया' शीर्षक से वी. वेंकट राव का एक शोध प्रकाशित हुआ था। इसमें पूर्वोत्तर को ऐसे एक क्षेत्र के रूप में परिभाषित किया गया था, जो बांग्लादेश, भूटान और तिब्बत (चीन) से घिरा है और पश्चिम बंगाल तथा बिहार से मुख्य भूमि से जुड़ता है। यह दुर्गम इलाका है, जो ऊँचे पहाड़ों, खूबसूरत हरी-भरी घाटियों और बहुत सी छोटी-बड़ी नदियों से घिरा है।

मगर हम यहाँ पूर्वोत्तर के भूगोल के साथ राजनीति को भी समझने की कोशिश करेंगे। इन सात राज्यों में से सबसे पहले बात करते हैं अरुणाचल प्रदेश की राजनीति और क्षेत्रीय पार्टियों की।

अरुणाचल प्रदेश

अरुणाचल प्रदेश से केवल दो लोकसभा सीटें हैं और 60 सदस्यीय विधानसभा है। यहाँ इंडियन नेशनल कांग्रेस और भारतीय जनता पार्टी तो है ही, इसके अलावा देश की अन्य पार्टियाँ नेशनल पीपुल्स पार्टी, नेशनल कांग्रेस पार्टी, तृणमूल कांग्रेस पार्टी, तृणमूल कांग्रेस और जनता दल (यूनाइटेड) भी यहाँ चुनाव में किस्मत आजमाती रही हैं। मुख्य क्षेत्रीय पार्टी 'पीपुल्स पार्टी ऑफ अरुणाचल प्रदेश' (पी.पी.ए.) है। इसके अलावा कुछ

पार्टियाँ हैं, जो अन्य दलों से टूटकर बनीं। इनमें अरुणाचल कांग्रेस, अरुणाचल कांग्रेस (मिथि) और कांग्रेस डोलो शामिल हैं।

पी.पी.ए. का गठन 1977 में बेकिन पेर्तीन ने किया था। इसके संस्थापक पदाधिकारियों में उनके साथ ओकेन लेगो और एल. वांगलेट थे। उस समय राज्य में कांग्रेस की पी.के. थुंगन सरकार थी। टोमो रिबा भी थुंगन सरकार से इस्तीफा देकर पी.पी.ए. से जुड़े और पार्टी के उपाध्यक्ष बने।

'अरुणाचल कांग्रेस' भी अरुणाचल प्रदेश की एक क्षेत्रीय पार्टी हुआ करती थी, जो कांग्रेस से टूटकर बनी थी। गेंगोंग अपांग ने 1996 में पी.वी. नरसिम्हा राव के नेतृत्व के खिलाफ बगावत कर राज्य में 'अरुणाचल कांग्रेस' के नाम से अलग पार्टी बना ली थी। 60 सदस्यीय विधानसभा के 54 विधायक अपांग के साथ नई पार्टी में शामिल हुए थे। 1998 के लोकसभा चुनाव में पार्टी ने प्रदेश की दोनों सीटों पर जीत दर्ज की। उसके बाद अरुणाचल कांग्रेस भाजपा के नेतृत्ववाले राष्ट्रीय जनतांत्रिक मोर्चा की संस्थापक सदस्य बन गई।

1998 में अरुणाचल कांग्रेस में भी बगावत हुई। पार्टी के सांसद वांगचा राजकुमार, जो 1996 और 1998 में दोनों बार अरुणाचल ईस्ट सीट से जीते थे, ने अपांग पर आरोप लगाया कि वे पार्टी में भाई-भतीजावाद चला रहे हैं, क्योंकि अपांग ने केंद्र की अटल सरकार में उनकी जगह अपने बेटे ओमेक अपांग को मंत्री बनवाया था। अपांग ने राजकुमार और उनका साथ दे रहे प्रदेश के पाँच मंत्रियों को पार्टी से निकाल दिया। इनमें से एक मंत्री मुकुट मिथि ने अरुणाचल कांग्रेस (मिथि) बना ली और अपने साथ 40 विधायक तोड़कर सरकार बना ली। आश्चर्य की बात यह रही कि अरुणाचल कांग्रेस और अरुणाचल कांग्रेस (मिथि) दोनों ही केंद्र में वाजपेयी सरकार के साथ थीं। मगर 1999 के लोकसभा चुनाव से ठीक पहले अरुणाचल कांग्रेस (मिथी) का विलय कांग्रेस में हो गया, जबकि अरुणाचल कांग्रेस ने भाजपा के साथ मिलकर चुनाव लड़ा। मगर यह गठबंधन दोनों सीटों पर हार गया। अरुणाचल वेस्ट से अपांग का बेटा ओमेक अपांग भी चुनाव नहीं जीत सका। अरुणाचल पूर्व सीट पर कांग्रेस की टिकट पर लड़ रहे राजकुमार ने भाजपा प्रत्याशी को हरा दिया।

वर्ष 2004 में लोकसभा चुनाव होने थे, मगर उससे पहले ही 25 जुलाई, 2003 को कांग्रेस की प्रदेश इकाई में एक और विभाजन हुआ और कांग्रेस (डोलो) का गठन हुआ। इसके संस्थापक अरुणाचल के ही एक कांग्रेस नेता कामेंग डोलो थे। गेगोंग अपांग ने कांग्रेस के इस विभाजन का फायदा उठाते हुए 'यूनाइटेड डेमोक्रेट फ्रंट' नाम से एक नया मोर्चा बनाया, इसमें कांग्रेस से अलग हुए दलों और भाजपा के साथ 41 विधायकों का समर्थन दिखाते हुए राज्य के मुख्यमंत्री पद की शपथ ली। इस

सारी कवायद का नतीजा यह निकला कि अपांग अपने सभी 41 विधायकों के साथ 30 अगस्त को भाजपा में शामिल हो गए। इसके साथ ही राज्य में पहली बार भाजपा की सरकार बनी तथा कांग्रेस डोलो पार्टी का पूरा जीवनकाल सिर्फ एक महीने पाँच दिन का रहा।

हालाँकि अपांग विधायकों के साथ भाजपा में शामिल हो गए थे, मगर अरुणाचल कांग्रेस एक पार्टी के रूप में कायम रही। चकमा और हाजोंग शरणार्थियों के मामले को लेकर अरुणाचल कांग्रेस ने 2004 के चुनाव का बहिष्कार करने की घोषणा की, मगर बाद में कांग्रेस के साथ मिलकर चुनाव लड़ा। वर्ष 2009 के चुनाव से ठीक पहले अरुणाचल कांग्रेस का इंडियन नेशनल कांग्रेस में विलय हो गया।

मेघालय

मेघालय की राजनीति में प्रमुख राष्ट्रीय पार्टियों के साथ-साथ क्षेत्रीय पार्टियों की भी बड़ी भूमिका रहती है। इस छोटे से राज्य में अनेक क्षेत्रीय पार्टियाँ हैं। इनमें यूनाइटेड डेमोक्रेटिक पार्टी, पी.एन. सिएम और ए.एल. मावफलांग के नेतृत्व बना पीपुल्स डेमोक्रेटिक फ्रंट, हिल स्टेट पीपुल्स डेमोक्रेटिक पार्टी, खुन हायनिव्ट्रेप नेशनल अवैकिंग मूवमेंट, नॉर्थ-ईस्ट सोशल डेमोक्रेटिक पार्टी, गारो नेशनल काउंसिल तथा मेघालय डेमोक्रेटिक पार्टी शामिल हैं।

इसके अलावा बहुत सी ऐसी पार्टियाँ थीं, जिन्होंने मेघालय में बड़ी राजनीतिक लड़ाई लड़ी, मगर बाद में लुप्त हो गईं या अन्य किसी पार्टी में विलय हो गईं। इनमें ऑल पार्टी हिल लीडर्स कॉन्फ्रेंस ने मेघालय के निर्माण की लड़ाई लड़ी। मेघालय पहले असम का हिस्सा था। बाद में यह पार्टी 'हिल पीपुल्स यूनियन' हो गई। इसी तरह से इससे निकली 'ऑल पार्टी हिल लीडर्स कॉन्फ्रेंस' (आर्मिसन मार्क) का विलय 'यूनाइटेड डेमोक्रेट पार्टी' (यू.डी.पी.) में हुआ। यू.डी.पी. में विलय होनेवाली अन्य क्षेत्रीय पार्टियाँ हिल्स पीपुल्स यूनियन, पब्लिक डिमांड्स इम्पलीमेंट कन्वेंशन और खुन हायनिव्ट्रेप नेशनल अवैकिंग मूवमेंट (पाल लिंगदोह) शामिल हैं। इसके अलावा कुछ पार्टियाँ का विलय कांग्रेस में हुआ, जिनमें 'मेघालय नेशनलिस्ट कांग्रेस पार्टी' और 'पीपुल्स डेमोक्रेटिक मूवमेंट पार्टी' शामिल हैं।

'यूनाइटेड डेमोक्रेटिक पार्टी' की स्थापना ई.के. मावलोंग ने की थी। इसकी स्थापना 1997 में हुई। 1998 में पार्टी की ओर से बी.बी. लिंगदोह अपनी खास विरोधी इंडियन नेशनल कांग्रेस के समर्थन से मुख्यमंत्री बने। यू.डी.पी. के 20 विधायक थे और कांग्रेस के 26 विधायक। दोनों में समझौता हुआ था कि ढाई-ढाई साल बाद मुख्यमंत्री बदलेगा। मगर दो साल के भीतर ही कोलकाता में बनाए गए मेघालय हाउस को लेकर

बी.बी. लिंगदोह पर घोटाले के आरोप लगे और उनकी जगह ई.के. मावलोंग भाजपा और राष्ट्रवादी कांग्रेस के समर्थन से मुख्यमंत्री बने। दिसंबर 2001 में दोनों पार्टियों ने समर्थन वापस ले लिया और मावलोंग की सरकार गिर गई। उसके बाद से मेघालय में गठबंधन की राजनीति शुरू हुई। यू.डी.पी. कभी 'मेघालय प्रोग्रेसिव अलायंस' का हिस्सा बनी तो कभी भाजपा द्वारा पूर्वोत्तर राज्यों के लिए बनाए गए 'नॉर्थ-ईस्ट डेमोक्रेटिक अलायंस' का हिस्सा।

'पीपुल्स डेमोक्रेटिक फ्रंट' भी मेघालय की एक क्षेत्रीय पार्टी है। इसकी स्थापना 2017 में पी.एन. सिएम और ए.एल. मावफलांग ने की। इसका जनाधार मेघालय की दो मुख्य जनजातियों खासी और गारो में है। 2018 के मेघालय चुनाव में पार्टी के 4 विधायक जीते। पार्टी ने खुद को भाजपा के नेतृत्ववाले 'नॉर्थ-ईस्ट डेमोक्रेटिक अलायंस' से जोड़ लिया।

'हिल स्टेट पीपुल्स डेमोक्रेटिक पार्टी' (एच.एस.पी.डी.पी.) को भी चुनाव आयोग मेघालय में राज्य स्तरीय पार्टी का दर्जा देता है। वर्ष 1968 में होपिंगस्टोन लिंगदोह ने ऑल पार्टी हिल लीडर्स कॉन्फ्रेंस से बगावत कर की थी। होपिंगस्टोन 1972 से लगातार विधानसभा चुनाव जीतते रहे हैं। लोग उन्हें प्यार से 'मा-होपिंग' कहकर बुलाते हैं। एच.एस.पी.डी.पी. 'नॉर्थ-ईस्ट रीजनल पॉलिटिकल फ्रंट' का हिस्सा है, जोकि भाजपा के नेतृत्ववाले राष्ट्रीय जनतांत्रिक गठबंधन का एक सहयोगी मोर्चा है।

मेघालय में 2013 के विधानसभा चुनाव से ठीक पहले 'नॉर्थ-ईस्ट सोशल डेमोक्रेटिक पार्टी' (एन.ई.एस.डी.पी.) पार्टी बनी। एक रोचक तथ्य है कि चुनाव में पार्टी ने एक ही उम्मीदवार जिरांग से लेम्बो क्लींग माइलियम को मैदान में उतारा और उन्होंने भी 42 फीसद से ज्यादा वोट लेकर जीत दर्ज की।

केरल स्टूडेंट यूनियन के नेता रहे पॉल लिंगदोह ने 'खुन हायनिव्ट्रेप नेशनल अवैकिंग मूवमेंट आंदोलन' से खुद को अलग कर 'खुन हायनिव्ट्रेप नेशनल अवैकिंग मूवमेंट पार्टी' की स्थापना की। हालाँकि पार्टी ज्यादा दिन नहीं चल सकी। 2011 में इसका यूनाइटेड डेमोक्रेटिक पार्टी में विलय हो गया।

प्रदेश की एक अन्य पार्टी 'गारो नेशनल काउंसिल' की स्थापना की गई, जो 1948 में ही हो गई थी। मूडी के मार्क इसके पहले अध्यक्ष थे। यह पार्टी गारो हिल्स स्टेट मूवमेंट कमेटी की भी सदस्य रही। इसके द्वारा अलग गारोलैंड की माँग भी उठाई गई। पार्टी का जनाधार काफी कम है। सिर्फ 1998 और फिर 2013 में ही विधानसभा की मात्र एक-एक सीट जीत सकी। बाकी चुनावों में इसका खाता भी नहीं खुला।

नागालैंड

पूर्वोत्तर के राज्यों में नागालैंड वह राज्य है, जहाँ सभी राष्ट्रीय पार्टियाँ और आसपास के राज्यों की क्षेत्रीय पार्टियाँ भी अपना जोर आजमाती हैं। इनमें इंडियन नेशनल कांग्रेस, भारतीय जनता पार्टी, आम आदमी पार्टी, जनता दल यूनाइटेड, राष्ट्रवादी कांग्रेस पार्टी, तृणमूल कांग्रेस, नेशनल पीपुल्स पार्टी, लोक जनशक्ति पार्टी शामिल हैं। इनके अलावा दो प्रमुख क्षेत्रीय पार्टियाँ नगा पीपुल्स फ्रंट (एन.पी.एफ.) तथा नेशनल डेमोक्रेटिक प्रोग्रेसिव पार्टी (एन.डी.पी.पी.) तथा कई छोटी क्षेत्रीय पार्टियाँ हैं, जिनमें नगा नेशनल डेमोक्रेटिक पार्टी (एन.एन.डी.पी.), यूनाइटेड नगा डेमोक्रेटिक पार्टी (यू.एन.डी.पी.) शामिल हैं। नागालैंड भी पहले असम का ही हिस्सा था और 1 दिसंबर, 1963 को अलग राज्य बना। इस दौरान राज्य में बहुत सी राजनीतिक पार्टियाँ बनीं और लुप्त हुईं। एक पार्टी थी—नेशनल कन्वेंशन ऑफ नागालैंड, जिसका विलय नगा पीपुल्स कन्वेंशन में हुआ। नगा पीपुल्स कन्वेंशन भी आगे चलकर नगा नेशनलिस्ट ऑर्गेनाइजेशन में विलुप्त हो गई और नगा नेशनलिस्ट ऑर्गेनाइजेशन का विलय फिर कांग्रेस में हो गया। एक नगा पीपुल्स पार्टी थी, जो बाद में नागालैंड पीपुल्स काउंसिल में मिल गई। एक डेमोक्रेटिक लेबर पार्टी थी, जो जैसे बनी, वैसे ही विलुप्त भी हो गई। यूनाइटेड डेमोक्रेटिक फ्रंट तो हिस्सों में टूटा। मुख्य हिस्सा बाद में नगा नेशनल डेमोक्रेटिक पार्टी का हिस्सा बन गया तो वह गुट, जो खुद को प्रोग्रेसिव कहता था (यू.डी.एफ.-पी), वह कांग्रेस में मिल गया। एक नगा नेशनल पार्टी हुआ करती थी, जो आगे चलकर नगा नेशनल डेमोक्रेटिक पार्टी में मिल गई।

नागालैंड की मुख्य क्षेत्रीय पार्टी 'नगा पीपुल्स फ्रंट' की कहानी नगा पीपुल्स कन्वेंशन और नगा पीपुल्स काउंसिल से शुरू होती है। नागालैंड सरकार की वेबसाइट नागालैंड.गोव.इन (https://webtest.nagaland.gov.in/nla/about-us/) के मुताबिक, 1957 से पहले तक नागालैंड असम का एक जिला भर था, जिसे नगा हिल्स कहा जाता था। अगस्त 1957 में नगा हिल्स की विभिन्ना नगा जनजातियों के नेताओं ने मिलकर नगा पीपुल्स कन्वेंशन (एन.पी.सी.) का गठन किया। इसका पहला सत्र 21 अगस्त, 1957 को कोहिमा में आयोजित किया गया। डॉ. इम्कोंगलिबा अओ ने इसकी अध्यक्षता की और प्रस्ताव पारित हुआ कि नीफा की तुएनसांग डिवीजन को नगा हिल्स डिस्ट्रिक्ट से मिलाकर अलग प्रशासन इकाई बनाई जाए। भारत सरकार ने 1 दिसंबर, 1957 को इसे मंजूरी दे दी। इस सफलता के बाद 1963 को एन.पी.सी. का एक प्रतिनिधिमंडल प्रधानमंत्री जवाहरलाल नेहरू से मिला। एक 16 सूत्रीय समझौता हुआ कि नागालैंड के नाम से एक अलग राज्य

बनेगा। इस तरह 1 दिसंबर, 1963 को नागालैंड भारत के 16वें राज्य के रूप में सामने आया।

अब हम लौटकर आते हैं नागालैंड की क्षेत्रीय राजनीति के इतिहास पर, जिसकी जड़ें नगा नेशनल काउंसिल के रूप में दिखाई देती हैं। शिवानी किंकर चौबे की पुस्तक 'हिल पॉलिटिक्स इन नॉर्थ-ईस्ट इंडिया' के अनुसार, अप्रैल 1945 में नगा हिल्स डिस्ट्रिक्ट के डिप्टी कमिशनर सी.आर. पाव्बसे ने जिले के विभिन्न नगा समूहों को एकजुट कर 'नगा हिल्स डिस्ट्रिक्ट ट्राइबल काउंसिल' का गठन किया। जल्द ही फरवरी 1946 में इसे 'नगा क्लब' में बदल दिया गया और इसे एक राजनीतिक संगठन में बदलते हुए इसका नाम फिर बदलकर 'नगा नेशनल काउंसिल' (एन.एन.सी.) कर दिया गया। (पृष्ठ 74-77)

यूनिवर्सिटी ऑफ सेंट्रल अर्कासास के पॉलिटिकल साइंस प्रोजेक्ट इंडिया/ नगाज शोध-पत्र के अनुसार, 14 अगस्त, 1947 को नगा नेशनल काउंसिल ने नागालैंड के अलग देश होने की घोषणा कर दी और अंगामी जपु फिजो को राष्ट्रपति घोषित कर दिया। फिजो ने जनमत संग्रह कराने का सुझाव भी दिया। मगर इसे कोई मान्यता नहीं दी गई। इसके बाद 22 मार्च, 1956 को एक कदम और आगे बढ़ाते हुए द नगा नेशनल काउंसिल ने 'नगा फेडरल सरकार' का गठन कर दिया और स्केटु स्वु को राष्ट्रपति घोषित कर दिया। सने नगा फेडरल आर्मी नाम से अपना एक सशस्त्र संगठन भी बना लिया। आतंकवाद को रोकने के लिए भारत सरकार ने राज्य में सेना तैनात कर दी। इसके बाद अंगामी जपु फिजो ने नगा नेशनल काउंसिल को भंग कर दिया और दिसंबर 1956 में पाकिस्तान भाग गया। इसके बाद पाकिस्तान ने नगा उग्रवादियों को 1957 से 1971 के बीच भारत के खिलाफ हथियार देकर इलाके में आतंकवाद शुरू करा दिया।

इलाके में आतंकी गतिविधियाँ बढ़ने और क्षेत्रीय राजनीतिक मंच नगा नेशनल काउंसिल के भंग हो जाने के बाद स्थानीय नगा नेताओं ने नगा पीपुल्स कन्वेंशन (एन.पी.सी.) का गठन किया। असम से अलग नागालैंड को राज्य का दर्जा दिलाने में इसी की मुख्य भूमिका रही। यही नगा पीपुल्स कन्वेंशन बाद में 'नगा नेशनलिस्ट ऑर्गेनाइजेशन' बनी, जिसका विलय कांग्रेस में हुआ।

मगर इसके बाद भी राज्य में आतंकवाद के दौर को विराम नहीं मिला। नगा नेशनल काउंसिल का नेता अंगमी जपु फिजो जब पाकिस्तान और इंग्लैंड में छुपकर नागालैंड को भारत से अलग करने के सपने देख रहा था, उसी दौर में उसकी पार्टी नगा नेशनल काउंसिल के जॉन बॉस्को जसोकी ने फिजो की इस बात का यह कहकर कड़ा विरोध किया कि नागालैंड एक ऐसा अवरुद्ध क्षेत्र है, जो चारों ओर से पहाड़ियों से घिरा हुआ

और इसके पास अपने पर्याप्त संसाधन भी नहीं हैं। इसलिए इसे अलग देश बनाने की बात करना अकलमंदी नहीं है। इस तरह खुला विरोध करने पर बोस्को को नगा नेशनल काउंसिल से निकाल दिया गया। उन्होंने 1964 में 'नगा नेशनल पार्टी' की स्थापना की। वे दो बार नागालैंड के मुख्यमंत्री भी रहे।

मौजूदा दौर में नागालैंड में क्षेत्रीय राजनीति का दबदबा बनानेवाली पार्टी 'नगा पीपुल्स फ्रंट' (एन.पी.एफ.), नागालैंड और मणिपुर दोनों जगह अपनी जमीन बनाए हुए है। वर्ष 2002 से पहले यह पार्टी नागालैंड पीपुल्स काउंसिल (एन.पी.सी.) के नाम से जानी जाती थी। अक्तूबर 2002 में कोहिमा में हुए पार्टी के नौवें महाधिवेशन में इसका नाम बदलकर नागालैंड पीपुल्स फ्रंट कर दिया गया। नागालैंड पीपुल्स पार्टी ने भाजपा के नेतृत्ववाले एन.डी.ए. के साथ गठबंधन बनाया, मगर वर्ष 2012 में राष्ट्रपति पद के लिए कांग्रेस के उम्मीदवार प्रणब मुखर्जी का समर्थन किया। वर्ष 2014 में पूर्वोत्तर की दस क्षेत्रीय पार्टियों ने मिलकर 'नॉर्थ-ईस्ट रीजनल पॉलिटिकल फ्रंट' बनाया। इसमें नगा पीपुल्स फ्रंट भी शामिल था। दस पार्टियों के इस मोर्चे ने एन.डी.ए. के समर्थन की घोषणा की।

मणिपुर

मणिपुर भले ही छोटा राज्य है, मगर वहाँ देश की सभी प्रमुख राजनीतिक पार्टियाँ अपनी किस्मत आजमाती हैं और इसके अलावा बड़ी संख्या में क्षेत्रीय दल भी हैं। यहाँ की राजनीति में दखल रखनेवाली देश की प्रमुख पार्टियों में भाजपा, कांग्रेस के अलावा नेशनल पीपुल्स पार्टी, राष्ट्रवादी कांग्रेस, ऑल इंडिया तृणमूल कांग्रेस, लोक जनशक्ति पार्टी, जदयू, जनता दल (एस), राजद, समाजवादी पार्टी, भाकपा, माकपा, रिवोल्यूशनरी सोशलिस्ट पार्टी, ऑल इंडिया फॉरवर्ड ब्लॉक, आम आदमी पार्टी, शिवसेना, बसपा और रिपब्लिकन पार्टी ऑफ इंडिया (आंबेडकर) शामिल हैं। राज्य की क्षेत्रीय पार्टियों में मणिपुर पीपुल्स पार्टी (एम.पी.पी.), पीपुल्स डेमोक्रेटिक अलायंस (पी.डी.पी.), मीयामगी थौगाल्लोई मणिपुर (एम.टी.एम.), पीपुल्स रिसर्जेंस एंड जस्टिस अलायंस (पी.आर.ए.जे.ए.), नॉर्थ-ईस्ट इंडिया डेवलपमेंट पार्टी (एन.ई.आई.डी.पी.), निखिल मणिपुरी महासभा (एन.एम.एम.), नगा पीपुल्स फ्रंट (एन.पी.एफ.), नगा नेशनल पार्टी (एन.एन.पी.) शामिल हैं। इसके अलावा राज्य में कुछ अतिवादी और माओवादी संगठन हैं, जो हमारी पुस्तक का विषय नहीं हैं।

'नेशनल पीपुल्स पार्टी' की स्थापना 6 जनवरी, 2013 को कभी कांग्रेस नेता रहे पी.ए. संगमा ने अपने सहयोगी शरद पवार की पार्टी राष्ट्रवादी कांग्रेस से अलग होकर की थी। हालाँकि चुनाव आयोग इसे एक राष्ट्रीय पार्टी का दर्जा देता है। यह दर्जा 7 जून,

2019 को दिया गया है। पी.ए. संगमा ने पार्टी का गठन करने के साथ ही यह घोषणा भी की थी कि उनकी पार्टी भाजपा के नेतृत्ववाले राष्ट्रीय जनतांत्रिक गठबंधन का हिस्सा होगी। उसी साल पार्टी ने राजस्थान विधानसभा चुनाव लड़ा और किरोड़ी लाल मीणा के नेतृत्व में चार सीटों पर जीत दर्ज की। नई बनी संगमा की पार्टी के लिए यह एक बड़ी उपलब्धि थी। उसके बाद पार्टी भाजपा के साथ मिलकर पूर्वोत्तर के सभी राज्यों में अपनी उपस्थिति दर्ज कराती रही। यह भाजपा को समर्थन देनेवाले 'नॉर्थ-ईस्ट डेमोक्रेटिक अलायंस' का हिस्सा है।

'मणिपुर पीपुल्स पार्टी' मणिपुर की सबसे पुरानी क्षेत्रीय पार्टी है। 26 दिसंबर, 1968 को कांग्रेस की मणिपुर इकाई में एक गुट विद्रोह कर अलग पार्टी के रूप में मणिपुर पीपुल्स पार्टी की स्थापना की। पार्टी को एकमात्र बड़ी सफलता 2007 के विधानसभा चुनाव में मिली, जब उसने 60 में से सात सीटों पर जीत दर्ज की। 2009 के चुनाव में पार्टी ने सिर्फ एक सीट जीती। इसके बाद भाजपा से गठबंधन कर लिया, मगर 2012 के विधानसभा चुनाव में पार्टी एक भी सीट नहीं जीत पाई।

मणिपुर की एक और पार्टी, जिसका जन्म लंबे आंदोलन से हुआ, उसका जिक्र जरूरी है। यह पार्टी है—'पीपुल्स रिसर्जेंस एंड जस्टिस अलायंस' (पी.आर.ए.जे.ए.)। इसकी स्थापना वर्ष 2016 में मणिपुर की 'आयरन लेडी' कही जातीं, मानवाधिकार कार्यकर्ता इरोम चानू शर्मिला ने की थी। पार्टी संचालक एरेंड्रो लिशोम्बम को बनाया गया, जो हार्वर्ड यूनिवर्सिटी से पब्लिक एडमिनिस्ट्रेशन की मास्टर डिग्री लेकर लौटे थे। इरोम शर्मिला ने मणिपुर में सशस्त्र सेना (विशेषाधिकार कानून) के खिलाफ 16 साल तक अनशन किया था। इस अनशन को खत्म करते हुए 9 अगस्त, 2016 को पी.आर.जे.ए. पार्टी की स्थापना की गई। इसका उद्देश्य बताया गया—राज्य में स्वच्छ राजनीति का विकल्प देना। 2017 के राज्य विधानसभा चुनाव में थोबाल से इरोम शर्मिला ने मुख्यमंत्री ओकराम इबोबी सिंह के खिलाफ चुनाव लड़ा। इरोम शर्मिला को सिर्फ नब्बे वोट मिले, जबकि इबोबी सिंह 18,649 वोट लेकर विजयी रहे।

मिजोरम

1972 तक मिजोरम भी असम का हिस्सा था। उसके बाद यह केंद्रशासित प्रदेश बना और 20 फरवरी, 1987 को इसे देश के 23वें राज्य के रूप में दर्जा मिला। मिजोरम की राजनीति में कांग्रेस और भाजपा के अलावा दो प्रमुख क्षेत्रीय पार्टियाँ, मिजो नेशनल फ्रंट (एम.एन.एफ.) और जोराम पीपुल्स मूवमेंट (जेड.पी.एम.) हैं। इसके अलावा कुछ सीमित जनाधार वाली क्षेत्रीय पार्टियाँ हैं, जिनमें जोराम थार, इफ्रियाम यूनियन, एफ्रियाम इजराइल नेशनल कन्वेंशन, हमार पीपुल्स कन्वेंशन, लाइ पीपुल्स पार्टी। इसके

अलावा कई पार्टियाँ ऐसी थीं, जो बाद में अन्य पार्टियों में मिल गईं। इनमें मिजो यूनियन, मिजो नेशनल फ्रंट (डेमोक्रेटिक) का कांग्रेस में विलय हुआ। मिजो नेशनल फ्रंट (नेशनलिस्ट), सिटीजन कॉमन फ्रंट का जोराम नेशनलिस्ट पार्टी में विलय हुआ। मारालैंड डेमोक्रेटिक फ्रंट और रींग डेमोक्रेटिक पार्टी जैसे दल भाजपा में शामिल हो गए।

'मिजो नेशनल फ्रंट' की स्थापना 1961 में प्रमुख मिजो नेता पु लालडेंगा ने की थी। वे मिजोरम के पहले मुख्यमंत्री भी बने। इस पार्टी की स्थापना के पीछे मिजोरम में पड़े भयंकर अकाल और प्लेग की एक पूरी गाथा है, जिससे निपटने में असम की सरकार असफल रही थी। वर्ष 1959 में मिजो पहाड़ियों में सबसे बड़ा अकाल पड़ा, जिसे वहाँ के इतिहास में 'मौतम' के नाम से जाना जाता है। मिजोरम में बड़े पैमाने पर बाँस की खेती होती है। उस साल बाँस पर फूल आए, जिससे चूहों की आबादी तेजी से बढ़ी। बाँस के बीज खत्म होने के बाद चूहे फसलों और घरों तथा झोंपड़ों में टूट पड़े। इससे न केवल फसलें नष्ट हुईं, बल्कि गाँवों में प्लेग फैल गया। लोग खाने के लिए जंगलों से जड़ें खोदकर ला रहे थे और पत्ते खा रहे थे। बड़ी संख्या में लोगों की मौत हुई। लालडेंगा तब मिजो कल्चरल सोसाइटी के सचिव थे। मार्च 1960 में उन्होंने सोसाइटी का नाम बदलकर 'मौतम फ्रंट' रख दिया। इस सोसाइटी ने सरकार से राहत की माँग की तथा लोगों का ध्यान अपनी ओर खींचा। सितंबर 1960 को लालडेंगा ने सोसाइटी का नाम बदलकर 'मिजो नेशनल फेमाइन फ्रंट' (एम.एन.एफ.एफ.) कर दिया। मिजो युवाओं और ग्रामीणों में पार्टी की लोकप्रियता तेजी से बढ़ी। संगठन का नाम 22 अक्तूबर, 1961 को 'मिजो नेशनल फ्रंट' (एम.एन.एफ.) कर दिया गया और लालडेंगा इसके अध्यक्ष बने। एम.एन.एफ. ने क्षेत्र की सत्ता को हथियाने के लिए हथियारों का भी सहारा लिया। बहुत सी हत्याएँ हुईं, मगर वे सफल नहीं हुए। अंततः 30 जनवरी, 1986 को प्रधानमंत्री राजीव गांधी ने एम.एन.एफ. के साथ 'मिजो समझौते' पर हस्ताक्षर किए। 1987 में मिजोरम अलग राज्य बना और लालडेंगा इसके पहले मुख्यमंत्री बने। 1990 में लालडेंगा की मौत के बाद पूर्व गुरिल्ला नेता पीयू जोरामथंगा पार्टी के नेता बने। जोरामथंगा भी दस साल तक राज्य के मुख्यमंत्री रहे। वर्ष 2008 में एम.एन.एफ. को बड़ी हार मिली और पार्टी 40 में से केवल तीन सीटें ही जीत सकी। वर्ष 2014 के लोकसभा चुनाव से पहले 'मिजो नेशनल फ्रंट' भाजपा के नेतृत्ववाले 'यूनाइटेड डेमोक्रेटिक फ्रंट' का हिस्सा बन गई।

त्रिपुरा

आजादी के समय बँटवारे में हिल तिपेरा 1949 तक रीजेंसी काउंसिल का हिस्सा रहा। 9 सितंबर, 1949 को त्रिपुरा की महारानी रेजेंट ने विलय की संधि पर हस्ताक्षर किए

और त्रिपुरा एक केंद्रशासित प्रदेश बना। वर्ष 1971 में इसे पूर्ण राज्य का दर्जा दिया गया। त्रिपुरा की राजनीति में कांग्रेस और भाजपा के अलावा मार्क्सवादी कम्युनिस्ट पार्टी की भी ठीक-ठाक पकड़ है। यहाँ की प्रमुख क्षेत्रीय पार्टियों में इंडिजिनियस पीपुल्स फ्रंट ऑफ त्रिपुरा, द इंडिजिनियस प्रोग्रेसिव रीजनल अलायंस शामिल हैं। इनके अलावा कई छोटी क्षेत्रीय पार्टियाँ भी हैं, जिनमें त्विप्रा दोफानी सिकला सर्वांग्नी मोथा, नेशनल सोशलिस्ट पार्टी ऑफ त्रिपुरा, गणमुक्ति परिषद, जनगनोतांत्रिक मोर्चा, त्रिपुरा गणतांत्रिक मंच आदि शामिल हैं।

वर्ष 2000 तक त्रिपुरा में 'नेशनल लिबरेशन फ्रंट ऑफ त्रिपुरा' (एन.एल.एफ.टी.) की आतंकवादी गतिविधियाँ काफी तेज थीं। उस साल इंडीजीनियस पीपुल्स फ्रंट ऑफ त्रिपुरा (आई.पी.एफ.टी.) नाम से एक पार्टी त्रिपुरा जनजातीय क्षेत्र स्वायत्त जिला परिषद के चुनाव में उतरी। आतंकी संगठन एन.एल.एफ.टी. ने घोषणा की कि वह केवल इंडीजीनियस पीपुल्स फ्रंट ऑफ त्रिपुरा (आई.पी.एफ.टी.) को ही चुनाव लड़ने की अनुमति देगा। उस चुनाव में कई हत्याएँ और अपहरण हुए तथा चुनाव में आई.पी.एफ.टी. के अलावा सिर्फ लेफ्ट फ्रंट ही मैदान में उतरा। आई.पी.एफ.टी. ने 28 में से 17 सीटों पर जीत दर्ज की। वर्ष 2002 के लोकसभा चुनाव से पहले इंडीजीनियस पीपुल्स फ्रंट ऑफ त्रिपुरा और त्रिपुरा उपजाति जुबा समिति का विलय हुआ तथा इंडीजीनस नेशनलिस्ट पार्टी ऑफ त्रिपुरा (आई.एन.पी.टी.) अस्तित्व में आई। वर्ष 2003 के त्रिपुरा विधानसभा चुनाव में आई.एन.पी.टी. ने कांग्रेस के साथ मिलकर चुनाव लड़ा। आई.एन.पी.टी. ने छह सीटों पर जीत दर्ज की, मगर चुनाव के बाद छह जनप्रतिनिधियों ने हिरेंद्र त्रिपुरा और बुधु कुमार डेबार्मा के नेतृत्व में बगावत कर अलग 'नेशनल सोशलिस्ट पार्टी ऑफ त्रिपुरा' (एन.एस.पी.टी.) बना ली। एन.एस.पी.टी. ने माकपा के साथ गठबंधन कर राज्य में सरकार बना ली। वर्ष 2005 में आई.एन.पी.टी. में एक और बगावत हुई तथा युवा विधायक अनिमेश देबबर्मा ने 'नेशनल कॉन्फ्रेंस ऑफ त्रिपुरा' नाम से अलग पार्टी बना ली। आई.पी.एफ.टी. को 2009 के लोकसभा चुनाव में भी बहुत ही कम वोट मिले। 2015 में इसके कई नेता भारतीय जनता पार्टी में चले गए। मगर इनमें से भी एक डेविड मुरसिंग ने भाजपा छोड़ दी और 16 अगस्त, 2017 को 'त्विप्रा दोफानी सिकला स्रवंग्नी मोथा' (टी.डी.एस.एस.एम.) बनाई।

राज्य में कांग्रेस से टूटकर भी कई पार्टियाँ बनीं। 25 फरवरी, 2019 को कांग्रेस ने प्राद्योत बिक्रम माणिक्य देब बर्मा को कांग्रेस ने प्रदेश इकाई का अध्यक्ष बनाया। कुछ महीने बाद ही प्रद्योत ने पार्टी से इस्तीफा देकर 'तिपराह इंडिजीनियस प्रोग्रेसिव रीजनल अलायंस' (टी.आई.पी.आर.ए.) का गठन किया।

इस तरह पूर्वोत्तर में असम को छोड़कर अन्य छोटे राज्यों में राजनीतिक अस्थिरता और छोटे-छोटे दलों की जहाँ भरमार है, वहीं देश के अन्य राज्यों की पार्टियाँ भी इन क्षेत्रों में आकर अपनी किस्मत आजमाती हैं, ताकि इन राज्यों में निर्धारित छह फीसदी वोट हासिल कर तथा एक या दो सीटों पर जीत दर्ज कर राष्ट्रीय पार्टी का दर्जा हासिल कर लिया जाए।

□

32

सत्ता में अपनों की गोल-गोल कहानी

जेम्स मिनाहन के 'इनसाइक्लोपीडिया एथनिक ग्रुप्स ऑफ साउथ एशिया एंड पेसिफिक' के अनुसार सिक्किम लिम्बु भाषा के दो शब्दों 'सु' और 'ख्यीम' से मिलकर बना है। 'सु' का अर्थ है 'नया' और 'ख्यीम' का अर्थ है 'महल या घर'। सिक्किम सरकार के पर्यटन विभाग के अनुसार, सिक्किम का तिब्बती नाम ड्रेनजोंग हैं, जिसका अर्थ है—चावल की घाटी। भूटिया लोग इसे 'बेयुल डेमाजोंग' कहते हैं, इसका अर्थ है—चावलों की छुपी घाटी। भारतीय साहित्य में सिक्किम का नाम 'इंद्रकिल' भी आता है, जिसका अर्थ है—युद्ध के देवता इंद्र का बगीचा।

सिक्किम देश के पूर्वोत्तर में एक सीमावर्ती राज्य है, जिसकी सीमाएँ तिब्बत, भूटान और नेपाल से मिलती हैं। 17वीं सदी में सिक्किम बौद्ध नामग्याल साम्राज्य था। ब्रिटिश काल में इसे 'प्रिंसली स्टेट' का दर्जा मिला। उसके बाद यह भारत द्वारा संरक्षित देश के रूप गें रहा, मगर 1975 में चोग्याल महल में राजा के खिलाफ विद्रोह हुआ। भारतीय सेना ने इस विद्रोह को दबाया और वहाँ जनादेश लिया गया, जो राजशाही के खिलाफ और भारत विलय के पक्ष में था। इस तरह 1975 में सिक्किम भारत का 22वाँ राज्य बन गया।

हालाँकि आजादी से पहले जब देश में स्वतंत्रता के लिए राजनीतिक आंदोलन शुरू हुआ तो सिक्किम में भी 'सिक्किम स्टेट कांग्रेस' की स्थापना हुई। इसके खिलाफ सिक्किम की राजशाही और सरकार के समर्थन में 'सिक्किम नेशनल पार्टी' अस्तित्व में आई, जिसका उद्देश्य था—भारत में विलय का विरोध। 'द वर्ल्ड टुडे' के दिसंबर 1959 के अंक में वार्नर लेवी के लेख 'भूटान एंड सिक्किम : टू बफर स्टेटस' में लिखा कि सिक्किम स्टेट कांग्रेस ने राजशाही के खिलाफ नागरिक निषेधाज्ञा आंदोलन शुरू कर दिया। वर्ष 1950 में सिक्किम और भारत में एक समझौता हुआ, जिसके तहत सिक्किम

को भारत द्वारा संरक्षित होने का दर्जा दिया गया। इसके बाद सिक्किम के विदेश मामले, रक्षा मामले और कूटनीति तथा संचार पर भारत का नियंत्रण हो गया। बाकी प्रशासनिक स्वायत्तता सिक्किम के पास रही।

सिक्किम के इतिहास के अनुसार 1973 में सिक्किम काउंसिल के एक पूर्व सदस्य लेंडुप दोरजी काजी के नेतृत्व में राजशाही के खिलाफ विरोध भड़का। प्रदर्शनकारियों की माँग थी कि एक व्यक्ति का एक वोट ही माना जाए। असल में सिक्किम में भूटिया-लेप्चा आबादी सिर्फ 25 फीसद थी और बाकी 75 फीसद आबादी नेपालियों की थी। इसलिए राजशाही ने यह नियम बना रखा था कि एक भूटिया-लेप्चा वोट छह नेपालियों के बराबर होगा। सबका वोट समान मानने की माँग को लेकर 1973 में चोग्याल महल के आगे दंगा हो गया। राजशाही ने भारत से सुरक्षा की माँग की। वर्ष 1975 में सिक्किम के प्रधानमंत्री की ओर से भारतीय संसद से अनुरोध किया गया कि सिक्किम को भारत के एक राज्य का दर्जा दे दिया जाए। अंततः 16 मई, 1975 को सिक्किम भारत का एक राज्य बन गया।

सिक्किम की राजनीति और क्षेत्रीय पार्टियों की बात करें तो वहाँ दो प्रमुख क्षेत्रीय पार्टियाँ हैं—सिक्किम डेमोक्रेटिक फ्रंट और सिक्किम क्रांतिकारी मोर्चा। इसके अलावा कई कम जनाधार वाली क्षेत्रीय पार्टियाँ हैं, जिनमें सिक्किम संग्राम परिषद, सिक्किम राज्य मंच पार्टी, सिक्किम नेशनल पीपुल्स पार्टी, सिक्किम यूनाइटेड फ्रंट पार्टी, हमरो सिक्किम पार्टी, ऑर्गेनाइजेशन ऑफ सिक्किम यूनिटी, सिक्किम इंडिपेंडेंट फ्रंट, सिक्किम गोरखा पार्टी, सिक्किम शेड्यूल कास्ट लीग, गोरखा नेशनल लिबरेशन फ्रंट और सिक्किम रिपब्लिकन पार्टी शामिल हैं।

सिक्किम डेमोक्रेटिक फ्रंट (एस.डी.एफ.) की स्थापना 1993 में पवन कुमार चामलिंग ने की थी। उसके बाद 1994 में यह पार्टी सत्ता में आ गई। पवन कुमार चामलिंग दिसंबर 1994 से मई 2019 तक 24 साल से ज्यादा समय तक मुख्यमंत्री रहे। देश में लगातार सबसे ज्यादा समय तक मुख्यमंत्री रहने का रिकॉर्ड उनके नाम है। पश्चिम बंगाल के ज्योति बसु 23 साल, 137 दिन सत्ता में रहे। चामलिंग 1989 से 1992 के बीच सिक्किम संग्राम परिषद की नर बहादुर भंडारी सरकार में मंत्री थे। बाद में भंडारी से नाराज होकर 4 मार्च, 1993 को चामलिंग ने सिक्किम डेमोक्रेटिक फ्रंट का गठन किया। उसके बाद पार्टी ने 1994, 1999, 2004, 2009 और 2014 के विधानसभा चुनावों में लगातार जीत दर्ज की। राज्य में शांति और विकास कार्यों की वजह से चामलिंग लगातार लोकप्रिय नेता बने रहे। वर्ष 2009 के चुनाव में तो सिक्किम डेमोक्रेटिक फ्रंट ने राज्य विधानसभा की सभी 32 सीटों पर जीत दर्ज की थी। हालाँकि 2014 के चुनाव से पहले उनकी पार्टी में फूट पड़ गई, उनके पुराने साथी प्रेम सिंह तमांग,

जिन्हें पी.एस. गोले के नाम से ज्यादा जाना जाता है, ने अपनी अलग पार्टी सिक्किम क्रांतिकारी मोर्चा बना ली। इस वजह से 2014 के विधानसभा चुनाव में पार्टी 32 में से 22 सीटें जीतकर सत्ता में आई। मगर डेढ़ साल के भीतर ही विपक्ष के 10 में से 7 विधायक फिर से चामलिंग की पार्टी में आ गए।

मगर 2019 के सिक्किम विधानसभा चुनाव के नतीजे कुछ हटकर आए। राज्य की 32 में से 17 सीटों पर सिक्किम क्रांतिकारी मोर्चा ने जीत दर्ज की, बाकी 15 सीटें सिक्किम डेमोक्रेटिक फ्रंट ने जीतीं और चामलिंग को मुख्यमंत्री पद से इस्तीफा देना पड़ा। अगस्त 2019 में सिक्किम डेमोक्रेटिक फ्रंट के 10 नेता पार्टी छोड़कर भाजपा में चले गए, जबकि और कुछ समय बाद दो और विधायक सिक्किम क्रांतिकारी मोर्चा में चले गए। उसके बाद चामलिंग सिक्किम डेमोक्रेटिक फ्रंट के अकेले विधायक रह गए।

सिक्किम क्रांतिकारी मोर्चा पार्टी का गठन सिक्किम डेमोक्रेटिक फ्रंट में बगावत से ही हुआ था। पी.एस. गोले सिक्किम डेमोक्रेटिक फ्रंट के चामलिंग के बाद दूसरे कद्दावर नेता थे। वे चामलिंग सरकार में मंत्री थे और वर्ष 2010 तक वे पार्टी में ही चामलिंग के मुख्य आलोचक बन गए। चामलिंग सरकार में मंत्री रहते हुए ही उन्होंने अपने समर्थकों से 4 फरवरी, 2013 को सोरेंग में एक नई पार्टी सिक्किम क्रांतिकारी मोर्चा का गठन करवा दिया। भारती शर्मा को इसका कार्यकारी अध्यक्ष बनाया गया। सितंबर 2013 को सिक्किम डेमोक्रेटिक फ्रंट से गोले निकाल दिए गए। पार्टी से निकाले जाते ही वे सिक्किम क्रांतिकारी मोर्चा के अध्यक्ष बन गए। पार्टी ने अप्रैल 2014 में राज्य की सभी सीटों पर चुनाव लड़ा और 32 सीटों पर जीत दर्ज की। इसके बाद राज्य के पूर्व मुख्यमंत्री नर बहादुर भंडारी ने भी उन्हें अपना पूरा समर्थन दिया और उनकी पार्टी सिक्किम संग्राम परिषद ने कोई उम्मीदवार चुनाव में नहीं उतारा। सितंबर 2014 के उप-चुनाव से पहले सिक्किम क्रांतिकारी मोर्चा ने भाजपा के साथ गठबंधन कर लिया। 2019 का विधानसभा चुनाव सिक्किम क्रांतिकारी मोर्चा ने भारतीय जनता पार्टी के साथ मिलकर लड़ा। विधानसभा की 32 में से 17 सीटें जीतकर गोले राज्य के मुख्यमंत्री बने।

सिक्किम संग्राम परिषद की कहानी सिक्किम जनता परिषद से शुरू होती है। 1977 में नर बहादुर सिंह भंडारी ने सिक्किम जनता परिषद की स्थापना की थी। पार्टी ने 1979 के चुनाव में बहुमत हासिल किया और नर बहादुर भंडारी मुख्यमंत्री बने। 1981 में सिक्किम संग्राम परिषद का कांग्रेस में विलय हो गया और भंडारी कांग्रेस के मुख्यमंत्री के रूप में कायम रहे। मगर 1984 में वे कांग्रेस से बगावत कर अलग हो गए और सिक्किम संग्राम परिषद नाम से नई पार्टी बनाई। 1985 में राज्य विधानसभा चुनाव में सिक्किम संग्राम परिषद ने 32 में से 30 सीटों पर जीत दर्ज की और नर बहादुर भंडारी फिर से

मुख्यमंत्री बने। 1989 में भी सिक्किम संग्राम परिषद की ही जीत हुई और नर बहादुर भंडारी लगातार मुख्यमंत्री रहे। मगर 1994 में उनके ही सहयोगी रहे पवन चामलिंग ने अलग पार्टी बनाकर उनसे सत्ता छीन ली। वर्ष 2004 में सिक्किम संग्राम परिषद एक भी सीट नहीं जीत सकी। उसके बाद नर बहादुर भंडारी ने सिक्किम संग्राम परिषद का विलय इंडियन नेशनल कांग्रेस में कर दिया। वे कांग्रेस प्रदेश कमेटी के अध्यक्ष बने, मगर 2013 में उन्होंने कांग्रेस से अलग होकर फिर से सिक्किम संग्राम परिषद बना ली।

सिक्किम राज्य मंच पार्टी की स्थापना 7 दिसंबर, 2017 को सिक्किम के तत्कालीन मुख्यमंत्री पवन कुमार चामलिंग के छोटे भाई रूप नारायण चामलिंग ने की। 16 सितंबर, 2014 को सिक्किम में हुए यानगांग सीट के उप-चुनाव में भाई पवन चामलिंग के मना करने के बावजूद रूप नारायण चामलिंग निर्दलीय उम्मीदवार के रूप में खड़े हुए और उन्होंने सिक्किम डेमोक्रेटिक फ्रंट की उम्मीदवार कुमारी मंजेर को हराकर जीत भी दर्ज की। इसके लिए पवन चामलिंग ने छोटे भाई को माफ नहीं किया और रूप नारायण चामलिंग को पार्टी से निकाल दिया। रूप नारायण निर्दलीय विधायक के रूप में विधानसभा में बने रहे और 7 दिसंबर, 2017 को उन्होंने अपनी नई पार्टी सिक्किम राज्य मंच पार्टी बना ली। मार्च 2019 के चुनाव में सिक्किम राज्य मंच पार्टी ने सिक्किम प्रोग्रेसिव अलायंस से गठबंधन किया, मगर एक भी सीट नहीं जीत पाई।

राज्य की एक और क्षेत्रीय पार्टी सिक्किम नेशनल पीपुल्स पार्टी (एस.एन.पी.पी.) 10 अक्तूबर, 2008 को कांग्रेस से टूटकर बनी। बिराज अधिकारी और डेलाय नाम्याल बर्फुंग्पा सिक्कम प्रदेश कांग्रेस कमेटी के सदस्य थे। तब कांग्रेस की राज्य इकाई का नेतृत्व नर बहादुर भंडारी कर रहे थे। वर्ष 2006 में बिराज अधिकारी का नर बहादुर भंडारी से विवाद हो गया और उन्होंने कांग्रेस छोड़कर सिक्किम हिमाली राज्य परिषद का दामन थाम लिया। अक्तूबर 2008 में अधिकारी को सिक्किम हिमाली राज्य परिषद से भी निकाल दिया गया तो उन्होंने सिक्किम नेशनल पीपुल्स पार्टी नाम से अपनी अलग पार्टी बना ली। अधिकारी पार्टी के अध्यक्ष बने और डेलाय नाम्याल भी उनसे आ जुड़े। हालाँकि पार्टी का कोई खास जनाधार नजर नहीं आया। पार्टी ने चुनाव आयोग के पास राजनीतिक पार्टी के रूप में पंजीकरण भी नहीं करवाया। इसलिए इसके उम्मीदवार निर्दलीय रूप से लड़ते हैं।

देश के महान् फुटबाल खिलाड़ी बाईचुंग भूटिया ने 31 मई, 2018 को 'हमरो सिक्किम पार्टी' की स्थापना की। हालाँकि इस पार्टी के गठन से पहले भूटिया तृणमूल कांग्रेस से अपनी राजनीतिक पारी शुरू कर चुके थे। भूटिया आम आदमी पार्टी से प्रभावित हुए और राज्य में पवन चामलिंग सरकार के कथित भ्रष्टाचार के खिलाफ हमरो सिक्किम पार्टी का गठन किया, ताकि भ्रष्टाचार से लड़ा जा सके। उनके साथ सिक्किम

डेमोक्रेटिक फ्रंट और कांग्रेस के राज्य के कई बड़े नेता आकर जुड़े। जनवरी 2019 में पार्टी ने सिक्किम क्रांतिकारी मोर्चा और भारतीय जनता पार्टी के साथ गठबंधन कर लिया। इस चुनाव में पार्टी ने 22 उम्मीदवार उतारे, मगर एक भी नहीं जीत सका।

प्रदेश की अन्य छोटी पार्टियों में 1994 में बनी ऑर्गेनाइजेशन ऑफ सिक्किम यूनिटी नेपाली भाषियों के लिए आरक्षण की माँग को लेकर बनी। जिग्मे एन काजी की यह पार्टी बहुसंख्यक नेपालियों के हितों की बात करने के बावजूद कोई खास प्रभाव पैदा नहीं कर पाई। 25 जून, 2018 को बनी नरेंद्र अधिकारी की पार्टी सिक्किम यूनाइटेड फ्रंट पार्टी चुनाव आयोग में पंजीकृत, मगर गैर-मान्यता प्राप्त क्षेत्रीय पार्टी का दर्जा रखती है।

□

33

सब कुछ करेंगे सरकार के लिए

देश का सबसे आकर्षक और छोटे राज्यों में एक कौन है, दिमाग में आते ही गोवा का नाम अपने आप आ जाता है। पुर्तगालियों ने 450 साल गोवा पर शासन करने के बाद 19 दिसंबर, 1961 को भारतीय प्रशासन को इसे सौंपा था। 88 फीसद की बेहतरीन साक्षरता वाले इस प्रदेश की 40 विधानसभा सीटोंवाली सरकार में भाजपा के मुख्यमंत्री प्रमोद सावंत का शासन है। गोवा से राज्यसभा की एक और दो जिलों से लोकसभा की दो सीटें आती हैं।

लेकिन छोटे राज्यों वाले प्रदेश की जो दुविधा रही है, वो गोवा में भी है। यहाँ क्षेत्रीय पार्टियों का खासा दबदबा रहा है। 2017 में कांग्रेस से सरकार छीनकर अन्य साथियों के साथ सरकार बनानेवाली भाजपा के सामने 2022 के चुनावों के बाद और सरकार बनने के बाद ऐसी ही कई चुनौतियाँ हैं।

गोवा के राजनीतिक दल कब, कहाँ होते हैं, इसका बहुत भरोसा नहीं होता है। पार्टी के इतिहास से ज्यादा यहाँ नेता का कदम होता है। इसलिए हम भी नेताओं के अनुसार ही पार्टी और पार्टी की संभावना पर बात करेंगे।

महाराष्ट्रवादी गोमांतक पार्टी

बीजेपी के लिए गोवा में महाराष्ट्रवादी गोमांतक पार्टी एक धुरी की तरह रही है। लंबे समय तक सत्ता में रहनेवाली एम.जी.पी. के साथ गठबंधन में ही 1994 में भाजपा ने 4 विधानसभा सीटें जीती थीं। ऐसा मान सकते हैं कि गोवा में भाजपा का राजनैतिक उत्थान एम.जी.पी. की कीमत पर ही हुआ है। लेकिन 2022 के चुनावों ने सभी समीकरणों को बदल दिया। गोमांतक पार्टी ने तृणमूल कांग्रेस के साथ समझौता तो कर लिया, पर नतीजे उनके अनुरूप नहीं रहे। तृणमूल कांग्रेस को तो कोई उपलब्धि नहीं हुई,

एम.जी.पी. को भी सिर्फ दो ही सीटें मिलीं और थक-हारकर उन्हें भाजपा को समर्थन करना पड़ा। इसके पहले भी 2017 के चुनाव से पूर्व एम.जी.पी. ने भाजपा से समझौता तोड़ लिया था, उन्होंने एन.सी.पी. और शिवसेना के साथ मिलकर चुनाव लड़ा था और तब भी सिर्फ एक सीट ज्यादा तीन सीटें मिली थीं।

यहाँ यह याद रखना होगा कि गोमांतक पार्टी ने पुर्तगालियों से मुक्त होने के बाद गोवा में पहली सरकार बनाई थी और 16 साल तब तक सत्ता में रही, जब तक उसके अपने नेता पार्टी से अलग नहीं हो गए। इससे पहले महाराष्ट्र गोमांतक पार्टी ने रमाकांत खलप और रवि एस. नायक के रूप में गोवा को दो उप-मुख्यमंत्री भी दिए थे। महाराष्ट्र गोमांतक पार्टी 20 दिसंबर, 1963 को जब सत्ता में आई तो पार्टी के संस्थापक दयानंद बंदोदकर गोवा के पहले मुख्यमंत्री बने। 1967 के विधानसभा चुनाव में दयानंद ने ही दूसरी बार मुख्यमंत्री पद की शपथ ली। यह कार्यकाल पूरा कर वे 23 मार्च, 1972 को तीसरी बार गोवा के मुख्यमंत्री बने। इसके बाद एम.जी.पी. की शशिकला काकोधर ने 27 अप्रैल, 1979 तक मुख्यमंत्री पद सँभाला।

गोमांतक पार्टी का मुख्य आधार निम्न वर्ग का वोट बैंक था, जिसको पुर्तगालियों के जमाने में सत्ता में कभी हिस्सेदारी नहीं मिली, लेकिन 1990 के दशक के बाद सुदीन की पार्टी खुद उनका ध्यान नहीं रख सकी और आज वो वोट बैंक भाजपा के पास खिसककर आ गया है। यों तो उनकी पार्टी ने 2017 के चुनाव में तीन सीटें जीती थीं और भाजपा पर भी यह शर्त थोपी थी कि समर्थन तभी देगी, जब मनोहर पर्रिकर को केंद्र से हटाकर राज्य में मुख्यमंत्री बनाया जाएगा। भाजपा को यह शर्त मानने पर मजबूर होना पड़ा। सुदीन उप-मुख्यमंत्री भी बने, लेकिन जैसे ही उनके दो साथियों ने पाला भाजपा की तरफ कर लिया, सुदीन को भी उप-मुख्यमंत्री पद से हाथ धोना पड़ा। अब 2022 के चुनाव के बाद सुदीन फिर भाजपा की शरण में हैं।

गोवा फॉरवर्ड पार्टी

25 जनवरी, 2016 को बनी गोवा फॉरवर्ड पार्टी के सर्वे-सर्वा विजय सरदेसाई हैं। पार्टी चर्चा में तब आई, जब 2017 विधानसभा चुनाव में केवल 4 सीटों पर उसने अपने प्रत्याशी खड़े किए और तीन पर जीतने में कामयाब रही। इस पार्टी का गठन प्रभाकर टिंबले ने किया था। वे इसके पहले प्रेसीडेंट बने और डॉ. रेनुका दा सिल्वा को वाइस प्रेसीडेंट और मोहनदास लोइनकर को राज्य सचिव बनाया। पार्टी को कोकोनट (नारियल) चुनाव चिह्न के रूप में मिला। विजय सरदेसाई मौजूदा समय में गोवा के उप-मुख्यमंत्री हैं। जब 2017 विधानसभा चुनाव में भाजपा और कांग्रेस दोनों ही पार्टियों में से किसी ने बहुमत नहीं मिला तो जोड़-तोड़ में गोवा फॉरवर्ड पार्टी के दो विधायक और

विजय सरदेसाई ने भाजपा को समर्थन दे दिया। यह वही विजय सरदेसाई थे, जिन्होंने पूरे चुनाव में भाजपा के खिलाफ प्रचार किया था। भाजपा समर्थित सरकार के लिए गोवा फॉरवर्ड पार्टी के एम.एल.ए. द्वारा समर्थन देने के बाद पार्टी के अध्यक्ष प्रभाकर टिंबले ने इस्तीफा दे दिया। 14 मार्च, 2017 को मनोहर पर्रिकर सरकार में विजय सरदेसाई ने कैबिनेट मंत्री की शपथ ली। गोवा फॉरवर्ड पार्टी से आए विनोदा पालिंकर और जयेश सालगाँवकर को भी कैबिनेट मंत्री बनाया गया। याद रहे कि 25 जनवरी, 2016 को गोवा फॉरवर्ड पार्टी का जब गठन हुआ तो विजय सरदेसाई उसके मेंटर जरूर बने, लेकिन आधिकारिक रूप से नहीं जुड़े। कारण बना, दल विरोधी कानून। लेकिन 16 जनवरी, 2017 को उन्होंने आधिकारिक रूप से गोवा फॉरवर्ड पार्टी की सदस्यता ले ली।

इससे पहले विजय सरदेसाई 2015 में निर्दलीय एम.एल.ए. के रूप में सामने आए। गोवा विधानसभा और उसके बाहर किए गए उनके प्रदर्शन ने उन्हें चर्चा में ला दिया। इसके बाद विजय ने मारगाव निगम चुनाव 2015 में अपने पैनल को जीत दिला दी। हालाँकि विजय पर लुईस बर्जर रिश्वतखोरी का आरोप भी लगा, लेकिन इसे साबित नहीं किया जा सका।

14 जून, 1970 को अर्जेंटीना के ब्यूनोस एरिस शहर में जयवंत और लक्ष्मीबाई के घर जनमे विजय सरदेसाई ने डॉ. बाला साहब सावंत कोंकण कृषि विद्यापीठ से 1992 में बी.एस-सी. की डिग्री हासिल की। विजय के पिता जयवंत यू.एन. के साथ एक वैज्ञानिक के रूप में काम करते थे। ग्रैजुएशन करने के बाद विजय रियल एस्टेट डीलर के व्यवसाय में उतरे। जिसके बाद विजय ने उषा सरदेसाई से शादी की। विजय सरदेसाई ने अपना राजनीतिक कॅरियर गोवा की छात्र राजनीति से शुरू किया। वे गोवा यूनिवर्सिटी स्टूडेंट काउंसिल के चेयरमैन बने। इसके बाद उन्होंने कांग्रेस का दामन थाम लिया और गोवा प्रदेश यूथ कांग्रेस के अध्यक्ष बन गए। सरदेसाई इसके बाद मरगाँव म्युनिसिपल काउंसिल से काउंसलर भी बने। जब 2012 में कांग्रेस ने विजय सरदेसाई को फटोरदा विधानसभा से टिकट नहीं दिया तो उन्होंने कांग्रेस को छोड़ने का फैसला किया और फटोरदा विधानसभा से निर्दलीय प्रत्याशी के रूप में चुनाव लड़ा और जीत हासिल की।

गोवा फॉरवर्ड पार्टी ने 2017 और 2022 में गोवा में जो घोषणा-पत्र तैयार किया था, उसमें पूरे गोवा में फ्री वाईफाई, नशीली दवाओं के व्यापार पर जीरो टॉलरेंस, 80 फीसद नौकरियाँ, स्थानीय युवाओं के लिए मछली, चावल, पाव के दामों में कमी, एंप्लायमेंट प्रमोशन बोर्ड की स्थापना, गोवा के विशेष राज्य के दर्जे के लिए नए कानूनों को पारित करना, पर्यटन और खदान क्षेत्रों में गोवा की सहभागिता बढ़ाने और गोवा की नदियों का राष्ट्रीयकरण शामिल था। लेकिन 2022 के नतीजों ने पार्टी को एक सीट पर सीमित कर दिया और उसकी संभावनाओं पर ब्रेक लगा दिया।

गोवा में एक जमाने में सत्ता की प्रबल दावेदार रही और वहाँ के ईसाइयों में लोकप्रिय रही यूनाइटेड गोअन्स डेमोक्रेटिक पार्टी अब सुप्तावस्था में है। चर्चिल अलेमाओ के नेतृत्व में गठित इस पार्टी की स्थिति फिलहाल यह है कि उसका दो पत्ती चुनाव चिह्न भी जब्त हो गया है। 2007 में यह पार्टी सिर्फ एक सीट जीत पाई थी और 2012 के चुनाव में एक भी नहीं। यों तो यहाँ गोवा सुरक्षा मंच, गोवा प्रजा पार्टी, गोवा सुराज पार्टी, गोवा विकास पार्टी और गोवा डेमोक्रेटिक फ्रंट भी हैं। जैसाकि नाम से जाहिर है कि 'गोवा सुरक्षा मंच' सुभाष वेलिंगर की पार्टी है और सुभाष पूर्व में संघ से जुड़े रहे हैं। इनके प्रमुख मुद्दे अंग्रेजी माध्यम स्कूलों से अनुदान की वापसी और कन्नड़ तथा मराठी भाषा को पढ़ाई में प्रमुखता देना रहा है। यही हाल गोवा विकास पार्टी का रहा है। एक विधायक वाली यह पार्टी फिलहाल एन.डी.ए. का हिस्सा है। वैसे एक जमाने में इसके पास 4 फीसद वोट हुआ करते थे। गोवा में लोग मजाक में कहते हैं कि यहाँ हर मोहल्ले में एक पार्टी है और उसके कई संस्थापक हैं, पर असर न के बराबर।

□

34

छोटी सी सत्ता, बड़ी मारा-मार

जैसे आम भारतीय के लिए पुदुचेरी में घूमना-फिरना अच्छा लगता है, पुदुचेरी की राजनीति भी कुछ चंचल है। चार जिलों के इस छोटे से प्रदेश में एक तरफ अध्यात्म है, अरविंदो आश्रम है, डाल्फिन के करतबों की शांति है, वहीं यहाँ कोई भी कार्यकाल ऐसा नहीं दिखता, जिसमें भ्रष्टाचार की गूँज न होती हो। पांडिचेरी से पुदुचेरी (अर्थः नया गाँव) हुए इस केंद्रशासित राज्य में किसी भी मुख्यमंत्री का कोई भी कार्यकाल विवादों से पूर्ण ही रहा है।

पांडिचेरी का पहला मुख्यमंत्री कांग्रेस सरकार द्वारा 1 जुलाई, 1963 को प्रो. फ्रांसीसी नेता एडवर्ड गॉबर्ट को नियुक्त किया गया। गॉबर्ट और लैंबर्ट ने इससे पहले पांडिचेरी में फ्रेंच इंडिया सोशलिस्ट पार्टी की 1947 में स्थापना की थी। एडवर्ड गॉबर्ट, पांडिचेरी में 'पप्पा गॉबर्ट' के नाम से मशहूर थे। एडवर्ड ने बाद में अपनी पार्टी का विलय भारतीय राष्ट्रीय कांग्रेस में कर दिया। 23 अगस्त, 1964 को पुदुचेरी को विधानसभा चुनाव के बाद पहला मुख्यमंत्री कांग्रेस ने दिया। वी. वेंकटसुब्बा रेड्डियार को मुख्यमंत्री बनाया गया। उस समय पीपुल्स फ्रंट पार्टी विपक्ष में बैठी। कांग्रेस ने कुल 22 सीटों पर जीत दर्ज कर सरकार बनाई।

वी. वेंकटसुब्बा रेड्डियार, पुदुचेरी के दो बार मुख्यमंत्री बने, जिसमें उन्होंने पहले कार्यकाल में 2 वर्ष 228 दिन और दूसरे कार्यकाल में 196 दिन कामकाज सँभाला। इस बीच कांग्रेस ने ए.ओ.एच. फारुख को 332 दिनों के लिए पुदुचेरी का कार्यभार सौंप दिया था।

अस्थिरता के कारण 18 सितंबर, 1968 को पुदुचेरी में पहली बार राष्ट्रपति शासन लागू हुआ, जो 180 दिनों तक लगा रहा। इसके बाद सत्ता में आई द्रविड़ मुन्नेत्र कड़गम और कांग्रेस से डी.एम.के. में आए ए.ओ.एच. फारुख को दूसरी बार 17 मार्च, 1969

को मुख्यमंत्री बनने का मौका मिला। इस सरकार में वे तकरीबन 5 साल तक मुख्यमंत्री पद पर रहनेवाले पुदुचेरी के पहले मुख्यमंत्री भी बने। 3 जनवरी, 1994 को पुदुचेरी में एक बार फिर राष्ट्रपति शासन लागू हुआ।

इस बार सत्ता ने फिर पलटी मारी और ऑल इंडिया अन्ना द्रविड़ मुन्नेत्र कड़गम (ए.आई.डी.एम.के.) से सुब्रह्मण्यम रामास्वामी राज्य के चौथे मुख्यमंत्री बनाए गए। लेकिन पहले टर्म में वे केवल 22 दिन (6 मार्च, 1974 से लेकर 28 मार्च, 1974) तक ही मुख्यमंत्री पद पर रह सके। इसके बाद पुदुचेरी में राष्ट्रपति शासन लागू हो गया। यह 3 वर्ष 96 दिन तक लगा रहा। लेकिन इसके बाद जब चुनाव हुए तो सुब्रह्मण्यम रामास्वामी फिर से सत्ता में आए। 2 जुलाई, 1977 को उन्होंने मुख्यमंत्री पद की शपथ ली। इसके बाद डी.एम.के., कांग्रेस, ऑल इंडिया एनआर कांग्रेस बारी-बारी से सत्ता में आईं। नई पार्टी ऑल इंडिया एन.आर. कांग्रेस (नमाथू राज्यम् (अर्थ : हमारा राज)) के एन. रंगास्वामी ने 2011 में अपनी सरकार बनाई। एन. रंगास्वामी इससे पहले कांग्रेस पार्टी से राज्य के मुख्यमंत्री बन चुके थे। 16 मई, 2011 को जब उन्होंने दूसरी बार मुख्यमंत्री पद की शपथ ली तो उन्होंने 5 वर्ष 20 दिनों तक सत्ता को सँभाला। हालाँकि 6 जून, 2016 को कांग्रेस की सत्ता में फिर वापसी हो गई, वी. नारायनस्वामी कांग्रेस की ओर से मुख्यमंत्री बनाए गए। नारायण सामी का तत्कालीन उपराज्यपाल किरण बेदी से विवाद इतिहास के सर्वाधिक चर्चित विवादों में से एक है। सामी 22 फरवरी, 2021 तक पद पर रहे।

नारायणसामी की सरकार गिरना कोई बड़ी बात नहीं रही। केंद्रशासित प्रदेश के करीब 50 साल के इतिहास में पहले भी यहाँ 5 सरकारें अपना कार्यकाल पूरा किए बिना गिर चुकी हैं। सिर्फ चार सरकारें अपना कार्यकाल पूरा कर पाई हैं। छोटी विधानसभा होने के कारण विधायकों के दल-बदल की वजह से कई गठबंधन सरकारें घटक दलों में कलह की वजह से अपना कार्यकाल पूरा नहीं कर सकीं। जिन सरकारों ने अपना कार्यकाल पूरा किया, उनमें 1985 की फारुक के नेतृत्ववाली कांग्रेस सरकार, 1991 की वी. वैथीलिंगम के नेतृत्ववाली कांग्रेस सरकार, 2001 की एन. रंगास्वामी के अगुवाई वाली कांग्रेस सरकार और 2011 की रंगास्वामी नीत एआईएनआरसी सरकार शामिल है।

वहीं, जो सरकारें अपना कार्यकाल पूरा नहीं कर सकी हैं, उनमें डी.एम.के.-सी.पी.आई. गठबंधन सरकार (1969), डी.एम.के. (1974 और 1977), डी.एम.के.-कांग्रेस सरकार (1980), डी.एम.के.-जनता दल सरकार (1990) और नारायणसामी नीत कांग्रेस-द्रमुक गठबंधन सरकार शामिल हैं। वर्ष 1974 में अन्नाद्रमुक पार्टी से संबंधित तत्कालीन मुख्यमंत्री रामासामी और तत्कालीन उपराज्यपाल छेदी लाल के बीच भी टकराव हुआ था।

दरअसल, क्षेत्रीय दल के तौर पर यहाँ द्रमुक की सरकारें रही हैं और राष्ट्रीय दल (कांग्रेस और भाजपा) पर हम चर्चा नहीं कर रहे हैं। पुदुचेरी में एकमात्र क्षेत्रीय दल ऑल इंडिया एन.आर. कांग्रेस ही रहा, जिसका मुख्यमंत्री बना। लेकिन एनआर कांग्रेस के प्रमुख एन. रंगास्वामी राजनीति के पुराने चावल रहे हैं। पुदुचेरी में एन. रंगास्वामी 2001 में पहली बार मुख्यमंत्री बने। उनका जोर कई जनलोकप्रिय कार्यक्रमों पर रहा, जिसकी वजह से उनकी लोकप्रियता तो बढ़ी, लेकिन कांग्रेस पार्टी में विरोध बढ़ता गया। 2008 में कांग्रेस ने रंगास्वामी की जगह वी. वैथीलिंगम को मुख्यमंत्री बना दिया तो 2011 में एन. रंगास्वामी ने ऑल इंडिया एन आर कांग्रेस की स्थापना कर दी। नई पार्टी की स्थापना के 3 महीने के अंदर राज्य में हुए विधानसभा चुनावों (कुल सीटें 30, मनोनयन 3) में उन्होंने 15 सीटों पर जीत हासिल की। इस चुनाव में कांग्रेस को 7 और ए.आई. डी.एम.के. को 5 व डी.एम.के. को 2 व अन्य को एक सीट मिली। रंगास्वामी दूसरी बार मुख्यमंत्री बने। रंगास्वामी द्वारा पुदुचेरी में चलाई गई मिड-डे मील योजना की जमकर तारीफ हुई।

2021 विधानसभा चुनावों में एआईएनआरसी ने एन.डी.ए. की अगुवाई की और कांग्रेस को पटखनी देकर फिर मुख्यमंत्री की शपथ ली। एआईएनआरसी को 10 भाजपा को 6 सीटों मिलीं, जिससे 30 विधानसभा सीटोंवाले केंद्रशासित प्रदेश में एन.डी.ए. को बहुमत मिला। वहीं कांग्रेस केवल 2 सीटों पर सिमट गई। कांग्रेस की घटक दल डी.एम.के. को भी 6 ही सीटें मिलीं।

एन. रंगास्वामी की एक खासियत तो है ही। उन्होंने एक नई पार्टी गठित कर मात्र 3 महीने में फिर से सरकार बनाकर अपना लोहा मनवाया। यों वो अपना पहला विधानसभा चुनाव 1990 में हार गए थे, लेकिन अब तक 10 विधानसभा चुनाव लड़नेवाले रंगास्वामी 8 बार जीतने में सफल रहे।

लोकसभा चुनाव की बात करें तो पुदुचेरी में केवल एक ही लोकसभा सीट है, जिस पर 1967 से लेकर 2019 तक कांग्रेस 11 बार लोकसभा सीट जीतने में सफल रही है। वहीं भाजपा केवल 2009 और 2014 में ही अपने घटक दलों के कारण पुदुचेरी लोकसभा सीट जीतने में सफल रही। लेकिन आगे की राह आसान नहीं है। दोनों ही दलों ने भारी-भरकम वायदे किए हैं और उन पर खरा उतरना आसान नहीं है।

पुदुचेरी में चुनाव लड़नेवाली पार्टियों में ऑल इंडिया अन्ना द्रविड़ मुन्नेत्र कड़गम, अम्मा मक्कल मुन्नेत्र कड़गम, द्रविड़ मुन्नेत्र कड़गम, नाम तमिलर काट्ची और पुदुचेरी मुन्नेत्र कांग्रेस भी शामिल हैं। इन पार्टियों में पुदुचेरी मुन्नेत्र कड़गम 11 मई, 2005 को स्थापित की गई, जिसका 2009 में कांग्रेस में विलय कर दिया गया। इसे पी. कन्नन ने स्थापित किया था। नाम तमिलर काट्ची को 1958 में स्थापित किया गया था। इसे

स्थापित करनेवाले थे एस.पी. अदिथानर। मौजूदा समय में नाम तमिलर काट्ची के प्रमुख नेता हैं सीमन, जोकि पार्टी के चीफ कॉर्डिनेटर पद पर हैं।

द्रमुक यहाँ की सत्ता के लिए बड़ी दावेदार रही है, बल्कि द्रमुक पुदुचेरी को एक तरह से तमिलनाडु का विस्तार मानती रही है। सत्ता के लिए 2021 में उसने कांग्रेस के साथ हाथ मिलाया था। लेकिन एन.डी.ए. ने ऑल इंडिया एन.आर. कांग्रेस के साथ मिलकर उसे फिर विपक्ष में बैठने पर मजबूर कर दिया।

□

भाग 3
इतिहास के झरोखे से

35

एकच्छत्र नेहरू युग

देश की आजादी के बाद से 1967 तक का समय भारतीय राजनीति का 'नेहरू युग' माना जाता है। गुलामी के एक लंबे दौर के बाद देश ने आजादी की खुली हवा में साँस ली थी। शोषण से सताई जनता को नेहरू और कांग्रेस से काफी उम्मीदें थीं और 1951-52 में हुए आजादी के बाद पहले संसदीय चुनाव और विधानसभाओं के चुनाव में हर तरफ कांग्रेस को ही भारी जीत मिली। कांग्रेस ने संसद में 489 में से कुल 364 सीटों पर जीत दर्ज की थी। पहले आम चुनाव में कांग्रेस को 45 प्रतिशत वोट मिला था, यानी आधे से ज्यादा वोट अन्य पार्टियों में बँटा था। पहले चुनाव में भरपूर उत्साह था, इसलिए बड़े पैमाने पर दल बने। पहले आम चुनाव में 53 पार्टियों तथा 533 निर्दलीयों ने चुनाव लड़ा।

चुनाव आयोग ने भी पूरी उदारता दिखाई थी। ऐसी पार्टियों को भी राष्ट्रीय पार्टी का दर्जा दे दिया था, जिनका प्रभाव दो-चार जिलों तक ही था। ऐसी भी पार्टियाँ थीं, जिन्हें राष्ट्रीय पार्टी का दर्जा था, मगर उन्होंने एक ही सीट से चुनाव लड़ा। लोकसभा तो छोड़िए, उन्होंने एक ही राज्य असेंबली के लिए जब चुनाव लड़ा तो उसमें भी उनके उम्मीदवारों की संख्या दहाई तक नहीं पहुँची। मौजूदा परिभाषा के तहत हम ऐसी पार्टियों को क्षेत्रीय दल ही कह सकते हैं। हालाँकि कई पार्टियों को क्षेत्रीय दलों के रूप में ही मान्यता दी गई थी, जैसे मार्च 1952 को असम विधानसभा चुनाव में 9 राष्ट्रीय पार्टियों के साथ 10 पंजीकृत क्षेत्रीय पार्टियों ने भी चुनाव लड़ा था।

आजादी के बाद बनी अंतरिम सरकार में नेहरू मंत्रिमंडल में रहे दो नेताओं ने भी अलग पार्टी बनाकर 1952 का चुनाव लड़ा। इनमें एक श्यामाप्रसाद मुखर्जी थे, जिन्होंने अक्तूबर 1951 में अलग होकर अपनी पार्टी 'जनसंघ' की स्थापना की थी। दूसरे थे, देश के कानून मंत्री बी.आर. आंबेडकर, उन्होंने 'शेड्यूल कास्ट्स फेडरेशन'

बनाकर इस चुनाव में कांग्रेस से अलग भागीदारी की थी। अन्य प्रमुख दलों में आचार्य कृपलानी की 'किसान मजदूर प्रजा परिषद', राममनोहर लोहिया और जयप्रकाश नारायण के नेतृत्ववाली 'सोशलिस्ट पार्टी' तथा 'भारतीय कम्युनिस्ट पार्टी' शामिल थीं। मगर ये कोई भी कांग्रेस के लिए चुनाव में कोई बड़ी चुनौती नहीं बन सके। मगर कुछ क्षेत्रीय पार्टियों ने नेहरू युग में भी अपना प्रभाव बनाना शुरू कर दिया। इनमें एक पंजाब में शिरोमणि अकाली दल और जम्मू-कश्मीर में नेशनल कॉन्फ्रेंस था। हालाँकि अकाली दल में आपसी मतभेद रहते थे और विभाजन होते रहते थे, मगर पंजाब के एक तबके पर इसकी ठीक-ठाक पकड़ थी। इसी तरह दक्षिण में द्रविड़ मुन्नेत्र कड़गम का उदय हो रहा था। हालाँकि इसने 1952 के पहले चुनाव में कोई भागीदारी नहीं की थी, मगर 1957 में इसने चुनावी ताल ठोंकी। इन दोनों पार्टियों के बारे में आप विस्तार से पिछले अध्यायों में पढ़ चुके हैं।

पहला चुनाव भी एक अलग प्रक्रिया से हुआ था। 314 संसदीय सीटों पर एक-एक सांसद था, जबकि 86 सीटें दो सांसद सीट थीं। इन पर एक सामान्य जाति का सांसद और एक अनुसूचित जाति या जनजाति के सांसद के लिए वोट डाले गए, यानी मतदाताओं ने दोहरा मतदान किया। इस व्यवस्था को 1960 के दशक में बदला गया और आरक्षित सीटें अलग की गईं।

अंग्रेज देश को जिस हालत में छोड़कर गए थे, उसके बाद पुनर्गठन जरूरी था। राज्य पुनर्गठन अधिनियम-1956 के तहत 1 नवंबर, 1956 को अजमेर राज्य को राजस्थान राज्य में सम्मिलित कर दिया गया था। भोपाल तब अलग राज्य था, मगर चार साल बाद ही 1 नवंबर, 1956 को इसका विलय भी मध्य प्रदेश में हो गया। आजादी के बाद मुंबई भी एक अलग प्रांत था, जिसमें 317 विधानसभा सीटें थीं। 1 नवंबर, 1956 को इसे मैसूर स्टेट से जोड़ दिया गया।

आजादी के बाद 1951-52 में हुए आम चुनाव तथा विधानसभा चुनावों में जिन क्षेत्रीय दलों ने हिस्सा लिया, उन पर हम नजर डालते हैं। हालाँकि इनमें शिरोमणि अकाली दल, नेशनल कॉन्फ्रेंस और द्रविड़ मुन्नेत्र कड़गम जैसे दलों को नहीं रखा गया है, इनके बारे में आप पिछले अध्यायों में विस्तार से पढ़ चुके हैं।

लाल कम्युनिस्ट पार्टी हिंदू यूनियन

'लाल कम्युनिस्ट पार्टी हिंदू यूनियन' पंजाब की एक क्षेत्रीय राजनीतिक पार्टी थी, जो कुल मिलाकर चार साल चली। इसका गठन 5 जनवरी, 1948 को तेज सिंह स्वतंत्र के नेतृत्व में हुआ था। इसके ज्यादातर सदस्य पेप्सू (पटियाला एंड ईस्टर्न पंजाब स्टेट यूनियन) इलाके में अंग्रेज सरकार के खिलाफ सक्रिय रहे भूमिगत क्रांतिकारी थे। इन्हें

पंजाब में 'कीरती' और 'गदरी' कहा जाता था। 1952 में पेप्सू असेंबली के चुनाव में पार्टी ने 5 सीटों पर चुनाव लड़ा था और यह एक सीट पर जीती थी। पंजाब में भी इसने 9 सीटों पर अपने उम्मीदवार उतारे और एक पर जीत मिली थी। पार्टी का चुनाव चिह्न रेल इंजन था। हालाँकि इस चुनाव के बाद जल्द ही इस पार्टी का भारतीय कम्युनिस्ट पार्टी (भाकियू) में विलय हो गया। अजमेर संधू ने अपनी पुस्तक 'बाबा भुजा सिंह, एन अनटोल्ड स्टोरी' में कई जगह इस पार्टी का जिक्र किया है। उनके अनुसार, यह 1948 में भाकियू से टूटकर ही बनी थी। जालंधर जिले के नकोदर में 5 से 8 जनवरी, 1948 को हुए चार दिवसीय सम्मेलन में करीब 300 पदाधिकारियों ने इसका गठन किया था। इस पार्टी के 1,500 सक्रिय सदस्य थे। 'कीरती' और 'गदरियों' को भाकपा हाईकमान द्वारा तय की गई कुछ नीतियाँ पसंद नहीं आई थीं, इसलिए उन्होंने अलग होकर अपनी नई पार्टी बना ली। पार्टी 'लाल झंडा' नाम से अपना मुखपत्र तीन भाषाओं हिंदी, पंजाबी और अंग्रेजी में प्रकाशित करती थी। तेजा सिंह स्वतंत्र 'लाल झंडा' के संपादक भी थे। पार्टी के लोग आजादी के बाद भी सशस्त्र आंदोलन में विश्वास करते थे। लाल कम्युनिस्ट पार्टी ने अपने गठन के बाद पं. किशोरी लाल के नेतृत्व में अपने लड़ाकों का एक समूह गोवा को पुर्तगालियों से आजाद कराने के लिए भेजा था। इस संघर्ष में पार्टी के एक कार्यकर्ता करनैल सिंह इसेरू मारे गए थे। पेप्सू क्षेत्र में इस पार्टी की गरीब किसानों में अच्छी पकड़ थी। पार्टी पर गरीब किसानों को सशस्त्र आंदोलन के लिए भड़काने के आरोप भी लगे। भड़के किसानों ने जमींदारों की हत्याएँ शुरू कर दीं। 1949 में इस पार्टी के कुछ लड़ाके किशनगढ़ में पुलिस से भिड़ गए और एक सब-इंस्पेक्टर की हत्या कर दी। गाँव पर कब्जा कर लिया। इसके बाद सेना मौके पर भेजी गई। सेना के साथ दो दिन संघर्ष चला, जिसमें पार्टी के 6 लड़ाके मारे गए और 26 कार्यकर्ता गिरफ्तार किए गए। इसके नेताओं की गिरफ्तारी का दौर तेज हुआ तो तेजा सिंह स्वतंत्र भूमिगत हो गए। तेजा सिंह का नाम रायबरेली में एक बैंक डकैती में भी आया। पार्टी के ज्यादातर नेताओं के खिलाफ गिरफ्तारी वारंट जारी हो गए थे। पार्टी के कुछ नेताओं ने तब सी.पी.आई. में फिर से विलय की बात की, हालाँकि तेजा सिंह स्वतंत्र ने इसका विरोध किया। सी.पी.आई. ने उदारता दिखाते हुए विलय को मंजूरी दी और लाल पार्टी के नेता दलेल सिंह वाला के नेतृत्व में बैठक कर सी.पी.आई. में विलय का फैसला कर दिया गया। तेजा सिंह को छोड़कर अन्य नेताओं के गिरफ्तारी वारंट निरस्त कर दिए गए, उन्हें मुख्यधारा में शामिल कर लिया गया। हालाँकि बाबा भुजा सिंह सहित बहुत से कार्यकर्ताओं ने सी.पी.आई. में शामिल होने से इनकार कर दिया और नक्सली आंदोलन की परिपाटी शुरू की। पंजाब के नक्सली आंदोलन में ज्यादातर इसी पार्टी के पुराने कार्यकर्ता थे।

उत्तर प्रदेश प्रजा पार्टी

कांग्रेस की जमींदारी उन्मूलन नीति के खिलाफ 1951-52 में उत्तर प्रदेश के जमींदारों ने इस पार्टी का गठन किया था। 14-15 मई, 1950 को लखनऊ में जमींदारों ने 'ऑल इंडिया डेमोक्रेटिक कन्वेंशन' के नाम से एक सम्मेलन किया। उनका विचार था कि एक कंजर्वेटिव राजनीतिक दल का गठन किया जाए। इस सम्मेलन में नागरिक आजादी और संपत्ति के अधिकार को बनाए रखने की माँग की गई। रीव्स पीटर की पुस्तक 'लैंडलॉर्ड्स एंड गवर्नमेंट इन उत्तर प्रदेश : ए स्टडी ऑफ देयर रिलेशन अनटिल जमींदारी अबोलिशन' में इस सम्मेलन का उल्लेख करते हुए वे कहते हैं कि इस सम्मेलन के मुख्य आयोजक सर जगदीश प्रसाद ने पश्चिम समर्थक विदेश नीति की माँग की और वामपंथ तथा भूमि सुधारों के खिलाफ मजबूत विरोध की वकालत की। इसके बाद कुछ और सम्मेलन हुए तथा 5-6 अप्रैल, 1951 के दो दिवसीय सम्मेलन में जमींदार यूनियन ने 'प्रजा पार्टी' के गठन की आधिकारिक घोषणा कर दी। जगदीश प्रसाद ही इसके पहले अध्यक्ष बने। उत्तर प्रदेश असेंबली के 1952 के चुनाव में पार्टी ने 430 में से 55 सीटों पर अपने प्रत्याशी उतारे और सिर्फ एक सीट पर जीत दर्ज की। पार्टी ने लोकसभा चुनाव भी छह सीटों पर लड़ा, मगर कोई खास सफलता नहीं मिली। इस चुनाव के बाद ही पार्टी लुप्त हो गई।

पुरुषार्थी पंचायत पार्टी

'पुरुषार्थी पंचायत' को भी एक छोटे प्रभाववाली क्षेत्रीय पार्टी कहा जा सकता है। देश के बँटवारे के बाद जून 1951 में सिंध के शरणार्थियों ने काका तिलोक चंद के नेतृत्व में इस पार्टी का गठन किया था। एस.एन. सदासिवन की 1977 में प्रकाशित पुस्तक 'पार्टी एंड डेमोक्रेसी इन इंडिया' में पृष्ठ संख्या 59 पर तिलोक चंद और उनकी इस पार्टी का जिक्र है। देश जब आजाद हुआ था, तब अजमेर एक अलग प्रांत था। इसमें 30 विधानसभा सीटें थीं। अजमेर के खारी खुल में ही 'पुरुषार्थी पंचायत पार्टी' का मुख्यालय बनाया गया था। पार्टी का गठन सिंधी समुदाय के सामाजिक और आर्थिक विकास के उद्देश्य से किया गया था। 27 मार्च, 1952 को हुए अजमेर असेंबली के चुनाव में 30 में से 6 सीटों पर पुरुषार्थी पंचायत ने अपने उम्मीदवार उतारे थे। इनमें से तीन सीटों पर पार्टी को विजय भी मिली। अर्जनदास, परसराम और भीमदास पार्टी की ओर से पहली बार विधायक बने। 1956 में राज्य पुनर्गठन ऐक्ट के तहत अजमेर प्रांत का विलय राजस्थान राज्य में हो गया। इसके बाद 'पुरुषार्थी पंचायत' का भी कोई जिक्र नहीं मिलता।

गारो नेशनल काउंसिल

'गारो नेशनल कॉन्फ्रेंस' का गठन आजादी से पहले 1946 में ही हो गया था। मूडी के. मार्क इसके पहले अध्यक्ष थे। इस पार्टी का गठन मेघालय की गारो हिल्स के लोगों के लिए अलग गारोलैंड राज्य के गठन की माँग को लेकर किया गया था। 1948 में 'गारो नेशनल कॉन्फ्रेंस' का नाम बदलकर 'गारो नेशनल काउंसिल' कर दिया गया। 27 मार्च, 1952 को असम विधानसभा की 105 सीटों में से 4 सीटों पर 'गारो नेशनल काउंसिल' ने चुनाव लड़ा था और तीन सीटों पर जीत दर्ज की थी। काउंसिल को बड़ी सफलता तब मिली, जब 21 जनवरी, 1972 को असम के दो जिलों को अलग कर मेघालय राज्य बना दिया गया। इन दो जिलों में एक खासी हिल्स और जयंतिया हिल्स था तथा दूसरा गारो हिल्स। यह पार्टी 1972 के चुनाव में 'ऑल पार्टी हिल्स लीडर्स कॉन्फ्रेंस' का घटक बनी, जिसने 9 मार्च, 1972 को हुए पहले चुनाव में विधानसभा की 60 सीटों में से 32 सीटों पर जीत दर्ज कर सरकार बनाई। यह पार्टी अभी तक इसका घटक है।

खासी जयंतिया दरबार

इस पार्टी के बारे में अब ज्यादा जानकारी तो नहीं मिलती। इसका गठन मौजूद मेघालय की खासी और जयंतिया हिल्स के लोगों के मुद्दों को लेकर किया गया था। मगर आजादी के बाद असम विधानसभा के पहले ही चुनाव में इस क्षेत्र के लोगों की दो पार्टियाँ बन गई थीं। दूसरी पार्टी थी—'खासी जयंतिया फेडरेटेड स्टेट नेशनल कॉन्फ्रेंस'। 1952 में खासी जयंतिया ने चार सीटों पर चुनाव लड़ा था और एक सीट पर जीत दर्ज की थी, जबकि खासी 'जयंतिया फेडरेटेड स्टेट नेशनल कॉन्फ्रेंस' (के.जे.एफ.एस.एन.सी.) ने एक ही सीट पर चुनाव लड़ा और जीत हासिल की। के.जे.एफ.एस.एन.सी. का गठन 1946 में हो गया था और इसकी अंग्रेज अधिकारियों से माँग थी कि असम में खासी जयंतिया फेडरेटेड स्टेट को बनाया जाए। सी.आर. लिंगदोह की पुस्तक 'रिविजिटिंग ट्रेडिशनल इंस्टीट्यूशंस इन द खासी-जयंतिया हिल्स' के अध्याय दो में पेज 12 पर इसका जिक्र किया गया है। वे लिखते हैं कि पार्टी असम के भीतर ही क्षेत्र के लोगों के लिए और संप्रभुता चाहती थी। 1952 के चुनाव में के.जे.एफ.एस.एन.सी. के ए. ऐले ने नोंगपोह विधानसभा क्षेत्र से चुनाव लड़कर 57 फीसदी से ज्यादा वोट लेकर बड़ी जीत दर्ज की थी।

सरबदल

'सरबदल या ऑल पीपुल्स पार्टी' असम की एक क्षेत्रीय पार्टी थी, जिसका गठन 8 मई, 1945 को डिब्रूगढ़ में असम के प्रमुख अहोम समुदाय की माँगों को लेकर किया गया था। तब इसे इंडियन नेशनल कांग्रेस के लिए राज्य में बड़ी चुनौती

माना गया था। इसके गठन में ऑल इंडिया मुसलिम लीग, ट्राइबल लीग और अहोम सभा ने मुख्य भूमिका निभाई थी। असम के कचारी, मुटोक और देयुरी समाज को भी हिंदुत्व के नाम पर पार्टी से जोड़ा गया। उस समय चाय बागानों के मजदूर बड़ी संख्या में इस पार्टी से जुड़े थे। आजादी के बाद पार्टी ने 1952 के असम विधानसभा चुनाव में 3 सीटों पर ताल ठोंकी और एक सीट तीती बार पर जीत दर्ज की। उसके बाद 1957 तथा 1962 का विधानसभा चुनाव भी लड़ा। 1967 में पार्टी का नाम बदलकर 'सरबदल श्रमिक सभा' कर दिया गया, मगर यह कोई भी सीट जीतने में नाकाम रही।

मिजो यूनियन

असम से 1952 का पहला चुनाव लड़नेवाली 'मिजो यूनियन' भी एक क्षेत्रीय दल था। इसने असम विधानसभा की तीन सीटों के लिए चुनाव लड़ा था और तीनों पर ही जीत दर्ज की थी। 'मिजो यूनियन' को ही मिजोरम के लोगों की पहली पार्टी माना जाता है। इसकी स्थापना 1946 में आइजवाल में हुई थी, जो अब मिजोरम राज्य की राजधानी है। मेघालय की तरह मिजोरम भी तब असम प्रांत का हिस्सा था। अंग्रेजी शासन के दौरान इसे 'लुशाई हिल्स' की एक राजनीतिक ताकत भर माना जाता था। 'लुशाई हिल्स' मिजोरम का ही पुराना नाम है। आजादी के बाद 1951 में हुए मिजोरम जिला परिषद के चुनावों में इसने जीत दर्ज की थी। इसकी जीत का यह सिलसिला 1957, 1962 और 1966 तक जारी रहा। इसके बाद 21 जनवरी, 1972 को मिजोरम को अलग केंद्रशासित राज्य का दर्जा दिया गया और उसके बाद 20 फरवरी, 1987 को अलग पूर्ण राज्य का दर्जा मिला। मगर लंबे समय तक यह एक अलग पार्टी नहीं रही। 1974 में इस पार्टी का कांग्रेस में विलय हो गया।

अखिल भारतीय हिंदू महासभा

नाम के मुताबिक तो यह अखिल भारतीय पार्टी थी, मगर इसका प्रभाव हिंदी पट्टी के कुछ ही क्षेत्रों में था। 1952 में अखिल भारतीय हिंदू महासभा ने भोपाल राज्य विधानसभा चुनाव की 30 सीटों में से 9 पर चुनाव लड़ा था। भोपाल तब अलग राज्य था, मगर चार साल बाद ही 1 नवंबर, 1956 को इसका विलय भी मध्य प्रदेश में हो गया। इसी तरह मध्य भारत प्रांत में पार्टी ने 33 सीटों पर चुनाव लड़ा और 11 पर जीत दर्ज की। 1906 में मुसलिम लीग के गठन की तर्ज पर ही 1915 में सर्वदेशक हिंदू महासभा का गठन हो गया था। महासभा के छठे अधिवेशन में 1921 में इसका नाम बदलकर अखिल भारत हिंदू महासभा कर दिया गया। 1933 में 'अखिल भारतीय हिंदू

महासभा' के रूप में राजनीतिक दल सामने आया। हिंदू महासभा ने पंजाब, यू.पी., बिहार, बंगाल, सेंट्रल प्रोविंस और बेरार तथा बॉम्बे प्रेसीडेंसी में खुद को संगठित कर लिया था। हिंदू महासभा पर पुस्तक 'हिंदू महासभा इन कोलोनियल नॉर्थ इंडिया', '1915–1930 : कंस्ट्रक्टिंग नेशन एंड हिस्टरी' में पेज 40 पर लेखक प्रभु बापू लिखते हैं कि हालाँकि हिंदू महासभा में कांग्रेस से अलग होकर आए नेता ही शुरू में थे, मगर इसने कभी भी ब्रिटिश के खिलाफ देश की आजादी के आंदोलन का समर्थन नहीं किया। यहाँ तक 1930 के महात्मा गांधी के सविनय अवज्ञा आंदोलन में भी हिंदू महासभा अनुपस्थित रही। 1937 में हिंदू महासभा ने मुसलिम लीग से हाथ मिलाकर सिंध, नॉर्थ-वेस्ट फ्रंटियर प्रोविंस तथा बंगाल में सरकार बनाई। इसी पुस्तक के पेज 103 पर वे लिखते हैं कि हिंदू महासभा ने 'अंग्रेजो भारत छोड़ो' आंदोलन का खुला बहिष्कार किया था। उस समय विनायक दामोदर सावरकर हिंदू महासभा के अध्यक्ष थे। इस पार्टी ने 1967 के चुनावों तक संसद में लगातार अपनी उपस्थिति दर्ज कराई। उसके बाद सिर्फ 1989 में ही एक सीट जीतने में सफल रही थी। उसके बाद फिर खाता नहीं खोल पाई है।

झारखंड पार्टी

झारखंड पार्टी ने बिहार प्रांत में शुरू से ही अपनी मजबूत उपस्थिति एक क्षेत्रीय दल के रूप में दर्ज कराई। 1952 के बिहार विधानसभा चुनाव में पार्टी ने 53 सीटों पर चुनाव लड़ा था और 32 सीटों पर जीत दर्ज कर मुख्य विपक्षी दल रही थी। झारखंड के आदिवासियों के लिए अलग राज्य की माँग के साथ 5 मार्च, 1949 को जस्टिन रिचर्ड ने राँची में इस पार्टी का गठन किया था। बाद में प्रमुख आदिवासी नेता जयपाल सिंह मुंडा भी इससे जुड़ गए। मुंडा ही इसके पहले निर्वाचित अध्यक्ष थे। 1955 में झारखंड पार्टी ने राज्य पुनर्गठन आयोग को ज्ञापन देकर झारखंड को अलग राज्य का दर्जा देने की माँग की थी, मगर आयोग ने इस माँग को इसलिए नकार दिया था, क्योंकि पूरे क्षेत्र के आदिवासियों की कोई एक साझा भाषा नहीं थी, आदिवासी बहुसंख्यक भी नहीं थे। आयोग द्वारा अलग राज्य की माँग अस्वीकार कर दिए जाने के बाद जयपाल सिंह मुंडा की लोकप्रियता में गिरावट आई और 1962 में पार्टी सिर्फ 20 सीट ही जीत पाई। इससे निराश जयपाल सिंह मुंडा ने 1963 में अपनी पार्टी का विलय कांग्रेस में कर दिया। यह विलय पार्टी के कई अन्य नेताओं को रास नहीं आया। 1968 में उन्होंने जयपाल मुंडा और कांग्रेस से अलग होकर अपने दल बना लिया। इनमें डेविड मुनजानी ने 19 मई, 1968 को ऑल इंडिया झारखंड पार्टी का गठन किया तो 28 दिसंबर, 1968 को जस्टिन रिचर्ड ने ऑल झारखंड पार्टी बना ली।

छोटानागपुर और संथाल परगना जनता पार्टी

जैसाकि नाम से ही स्पष्ट है कि यह पार्टी छोटानागपुर और संथाल परगना के लोगों के विकास के लिए गठित की गई क्षेत्रीय पार्टी थी। छोटा नागपुर गंगा और महानदी घाटी के बीच का पठारी इलाका है। मौजूदा समय में यह झारखंड में है। 1952 में बिहार के पहले विधानसभा चुनाव में छोटानागपुर और संथाल परगना जनता पार्टी ने 38 सीटों पर चुनाव लड़ा था और 11 सीटों पर जीत दर्ज की थी।

अखिल भारतीय रामराज्य परिषद

यह हिंदू राष्ट्रवादियों की पार्टी थी, जिसकी स्थापना 18 अप्रैल, 1948 में स्वामी करपात्री ने की थी। 1952 के लोकसभा चुनाव में भी पार्टी ने 3 सीटों पर जीत दर्ज की थी। उस साल बिहार विधानसभा की 29 सीटों पर इस पार्टी ने चुनाव लड़ा था, जिनमें से एक पर ही जीत पाई थी। मध्य प्रदेश में इस पार्टी ने 35 सीटों पर विधानसभा चुनाव लड़ा और इसके 3 प्रत्याशी विजयी रहे। मध्य भारत स्टेट में पार्टी ने 39 सीटों पर चुनाव लड़ा और दो सीटों पर जीत दर्ज की। मध्य भारत प्रांत को 1956 में मध्य प्रदेश में मिला दिया गया था, इसका एक जिला मंदसौर राजस्थान को दे दिया गया। आनेवाले समय में पार्टी का प्रभाव राजस्थान और हिंदी पट्टी में भी बना। 1957 और 1962 के लोकसभा चुनाव में भी इसने दो-दो सीटों पर जीत दर्ज की। इसके बाद 1971 में इसका विलय भारतीय जनसंघ में हो गया। इस पार्टी ने हिंदू कोड बिल के खिलाफ और 1966 में गोहत्या के खिलाफ आंदोलन किया।

लोक सेवक संघ

यह पार्टी पुरुलिया क्षेत्र के लोगों की माँगों को लेकर बनाई गई थी। 1952 में बिहार विधानसभा के लिए भी इसने 12 सीटों पर चुनाव लड़ा और 7 पर जीत दर्ज की। अनीस कुमार मजूमदार और भँवर सिंह की पुस्तक 'रीजनलिज्म इन इंडिया पॉलिटिक्स' के पृष्ठ 133 पर इस पार्टी का जिक्र है। इस पार्टी का पूरा नाम 'मनभूम लोक सेवक संघ' था। इसका गठन 1948 में किया गया। असल में 1930 के दशक में स्वतंत्रता सेनानी निर्भय चंद्र दास गुप्ता और बिभूति दास गुप्ता ने जेल से छूटने के बाद मनभूम क्षेत्र में छुआछूत, आदिवासी और दलितों के शोषण के खिलाफ सामाजिक आंदोलन चलाया था। यह आंदोलन गांधीजी के स्वराज और सामाजिक सुधार के विचार से प्रेरित था। इसके नेता असल में कांग्रेस से ही निकले थे। 'भारत छोड़ो आंदोलन' में इन नेताओं ने पुरुलिया जिले में प्रमुख भूमिका निभाई थी। इनमें से बिभूति दास गुप्ता और

अरुण घोष चाहते थे कि दक्षिण बिहार में भी बंगाली भाषा को प्रोत्साहित किया जाए। कांग्रेस के हिंदी को बढ़ावा देने के खिलाफ ये लोग उससे अलग हुए थे। 1952 के लोकसभा चुनाव में भी पार्टी ने दो सीटें जीती थीं। 1956 में राज्य पुनर्गठन अधिनियम के तहत बिहार के पुरुलिया सहित बांग्लाभाषी क्षेत्र पश्चिमी बंगाल को दे दिए गए। 'लोक सेवक संघ' ने इसके विरोध में मनभूम जिले के पकबीढ़ गाँव से कोलकाता तक 480 किलोमीटर लंबा पैदल मार्च किया। पुलिस ने कई नेताओं को गिरफ्तार कर प्रदर्शनकारियों को तितर-बितर कर दिया। 1962 में पश्चिमी बंगाल के विधानसभा चुनाव में पार्टी ने पुरुलिया क्षेत्र के सभी 11 विधानसभा क्षेत्रों से चुनाव लड़ा और चार सीटों पर जीत दर्ज की। 1967 के चुनाव से पहले 'लोक सेवक संघ' वामपंथियों के गठबंधन 'यूनाइटेड लेफ्ट फ्रंट' का हिस्सा बन गई। इसके नेता बिभूति दास गुप्ता पंचायत मंत्री बने। 1971 के बंगाल विधानसभा चुनाव से पहले पार्टी यूनाइटेड फ्रंट से अलग हो गई। पुरुलिया क्षेत्र में इसने 11 सीटों पर चुनाव लड़ा, मगर एक पर ही जीत पाई। इसके बाद से ही पार्टी का पतन शुरू हो गया। इसके ज्यादातर प्रमुख नेता माकपा से जुड़ गए।

ऑल इंडिया गणतंत्र परिषद

यह ओडिशा की एक क्षेत्रीय पार्टी थी। इसकी स्थापना 1950 में ओडिशा के पटना राजघराने के राजेंद्र नारायण सिंह देव ने की थी। हालाँकि यह पार्टी 'उत्कल प्रजा परिषद' से बनी थी, जिसका गठन 1948 में हुआ था। पहले आम चुनाव में पार्टी ने लोकसभा में 6 सीटें जीती थीं। 1952 में उड़ीसा विधानसभा में पार्टी ने 31 सीटें और बिहार विधानसभा में 1 सीट जीती थी। 1957 के उड़ीसा चुनाव में 'ऑल इंडिया गणतंत्र परिषद' ने 51 सीटों पर जीत दर्ज की और इसके नेता राजेंद्र नारायण सिंह देव विपक्ष के नेता बने। हालाँकि 1962 में इस राजनीतिक दल का 'स्वतंत्र पार्टी' की उड़ीसा इकाई में विलय हो गया और राजेंद्र बाबू 1967 से 71 तक राज्य के मुख्यमंत्री भी रहे।

भारतीय किसान मजदूर पार्टी

यह महाराष्ट्र की एक मार्क्सवादी विचारधारा की पार्टी थी, जिसका प्रभाव तीन-चार जिलों में काफी था, जो अब भी बरकरार है। इस पार्टी का गठन 13 जून, 1948 को हुआ था। आजादी से पहले ही इसके एक लाख से ज्यादा सदस्य थे। 1952 के मुंबई असेंबली चुनाव में पार्टी ने 87 सीटों पर चुनाव लड़ा तथा 14 पर विजयी हुई। हैदराबाद स्टेट चुनाव में इसने अच्छी ताकत दिखाई, इसके 21 उम्मीदवारों में से 10 ने जीत दर्ज की।

कामगार किसान पक्ष

यह पार्टी नवंबर 1951 में भारतीय किसान और मजदूर पार्टी से टूटकर ही बनी थी। बॉम्बे असेंबली के 1952 के चुनाव में इसने 33 सीटों पर अपने उम्मीदवार खड़े किए थे, जिनमें से सिर्फ दो ही जीत पाए। इसके नेता भारतीय कम्युनिस्ट पार्टी की विचारधारा के निकट थे। इसके प्रमुख नेताओं में नाना पाटिल, दत्ता देशमुख और डी.एस. वाघ, जिन्हें 'काकासाहेब वाघ' कहा जाता था। पहले लोकसभा चुनाव में पार्टी ने तीन प्रत्याशी उतारे थे, जिनमें से कोई भी नहीं जीत सका था। कम्युनिस्ट पार्टी को लेकर जल्द ही यह पार्टी दो गुटों में बँट गई। इनमें एक पाटिल के नेतृत्व में 'लाल निशान गुट' था तो दूसरा देशमुख के नेतृत्व में 'लाल निशान पार्टी' कहलाया।

शेड्यूल कास्ट फेडरेशन

'शेड्यूल कास्ट फेडरेशन' की स्थापना डॉ. बी.आर. आंबेडकर ने की थी। हालाँकि इससे पहले उन्होंने 15 अगस्त, 1936 में ब्राह्मणवाद और जातिवाद के विरोध में 'इंडिपेंडेंट लेबर पार्टी' का गठन किया था। जातीय आधारित पार्टी होने की वजह से तब वामपंथी नेताओं ने न तो इसका समर्थन किया और न ही स्वागत। 1937 में 'इंडिपेंडेंट लेबर पार्टी' प्रोविंशियल इलेक्शन में 17 सीटों पर लड़ी और 14 पर चुनाव जीत गई। बाद में कांग्रेस सोशलिस्ट पार्टी भी इसके समर्थन में आ गई। 1942 में आंबेडकर ने 'शेड्यूल कास्ट फेडरेशन' की स्थापना की। इसने 1952 में बॉम्बे असेंबली के चुनाव में 37 विधानसभा क्षेत्रों से चुनाव लड़ा। पार्टी को सिर्फ एक सीट पर जीत मिली। इसी तरह हिमाचल प्रदेश विधानसभा चुनाव में इसने 9 प्रत्याशी उतारे और एक को ही जीत मिली। हैदराबाद स्टेट में इसके 24 में से पाँच उम्मीदवार जीते। मैसूर असेंबली में 7 में से 2 उम्मीदवार जीत हासिल करने में सफल रहे। 30 सितंबर, 1956 को डॉ. आंबेडकर ने 'शेड्यूल कास्ट फेडरेशन' को भंग कर एक नए संगठन 'रिपब्लिकन पार्टी ऑफ इंडिया' का गठन किया। 1957 के लोकसभा चुनाव में रिपब्लिकन पार्टी ने 9 सीटों पर जीत दर्ज की। हालाँकि उसके बाद से इस पार्टी में लगातार टूट होकर नए दल बनते गए। अब तक 50 से ज्यादा दल इस पार्टी से टूटकर जा चुके हैं। इससे निकले नेताओं ने अपने नए दल बनाए। इनमें कांशीराम द्वारा बनाई गई बहुजन समाज पार्टी और रामदास अठावले की पार्टी रिपब्लिकन पार्टी (ए) भी उल्लेखनीय हैं।

कृषिकार लोक पार्टी

असल में कृषिकार लोक पार्टी हैदराबाद स्टेट की एक क्षेत्रीय पार्टी थी। इसका गठन अप्रैल 1951 में हुआ था। इसके नेता आचार्य एन.जी. रंगा ने हैदराबाद स्टेट प्रजा

पार्टी से अलग होकर यह पार्टी बनाई थी। इसने कुछ राज्यों में चुनाव लड़े थे। देश के पहले लोकसभा चुनाव में एक सीट पर जीत दर्ज की। 1952 में मद्रास विधानसभा के चुनाव में यह पार्टी 63 सीटों पर चुनाव लड़ी और 15 सीटों पर विजयी रही। बॉम्बे असेंबली के चुनाव में भी इसने 16 उम्मीदवार उतारे थे, जिनमें से एक को ही जीत मिली। इसके संस्थापक एन.जी. रंगा 4 जून, 1959 को सी. राजगोपालाचारी द्वारा बनाई गई 'स्वतंत्र पार्टी' में शामिल हो गए थे।

तमिलनाडु टोयलर्स पार्टी

जॉन एल. वैरियानो, जीन-ल्यूक तथा जे.आर. विरम्मा की पुस्तक 'विरम्मा : लाइफ ऑफ एन अनटचेबल' में 'तमिलनाडु टोयलर्स पार्टी' का जिक्र है। पृष्ठ 293 इस पार्टी को तमिलनाडु के वैनियार समुदाय द्वारा 1951 में गठित बताया गया है। हालाँकि वैनियार समुदाय एकजुट नहीं रह सका। मद्रास प्रेसीडेंसी के दक्षिण अर्कोट तथा सलेम जिले के वैनियार की एस.एस. रामासामी पदायची के नेतृत्व में 'तमिलनाडु टोयलर्स पार्टी' बनी तो उत्तरी अर्कोट जिले और चैंगलपट्टू के वैनियारों ने पेशे से वकील एम.ए. मनिकावेलु के नेतृत्व में 'कॉमनवैल पार्टी' बनाई। 1952 के लोकसभा चुनाव में 'तमिलनाडु टोयलर्स पार्टी' के 4 सांसद निर्वाचित हुए। मद्रास असेंबली के चुनाव में भी पार्टी 34 सीटों पर लड़ी और 19 पर विजयी रही। 'कॉमनवैल पार्टी' ने 13 सीटों पर चुनाव लड़ा और 6 पर जीत दर्ज की।

मद्रास स्टेट मुसलिम लीग पार्टी

मौजूदा समय में यह 'इंडियन मुसलिम लीग' पार्टी के नाम से जानी जाती है और केरल और तमिलनाडु की एक क्षेत्रीय पार्टी है। इस समय चुनाव आयोग इसे केरल में क्षेत्रीय पार्टी का दर्जा देता है। 2019 के लोकसभा चुनाव में यह केरल में यह कांग्रेस के नेतृत्ववाले 'यूनाइटेड डेमोक्रेट फ्रंट' का हिस्सा थी। तमिलनाडु में भी 'सेक्युलर प्रोग्रेसिव अलायंस' के रूप में इसका कांग्रेस से गठबंधन तथा राष्ट्रीय स्तर पर यह यू.पी.ए. गठबंधन का हिस्सा है। 1952 में मद्रास असेंबली में इस पार्टी ने 'मद्रास स्टेट मुसलिम लीग' के नाम से ही 13 सीटों पर चुनाव लड़ा था, 5 पर विजयी रही।

जस्टिस पार्टी

'जस्टिस पार्टी' दक्षिण भारत के उदारपंथियों का संगठन था। इसका गठन 20 नवंबर, 1916 को ब्रिटिश शासनकाल के दौरान मद्रास प्रेसीडेंसी में हुआ था। इसका नेतृत्व दक्षिण के गैर-ब्राह्मणवादी नेता डॉ. सी. नतेसा गुदलियार, टी.एम. नायर और पी.

थियागराय चेट्टी कर रहे थे। 1944 में पेरियार ई.वी. रामास्वामी ने इस पार्टी को अपने 'स्वाभिमान आंदोलन' से जोड़ लिया और अपने सामाजिक संगठन 'द्रविड़ कड़गम' से जोड़ लिया। इस तरह राजनीतिक रूप से यह पार्टी खत्म हो गई। हालाँकि इस संगठन के कुछ बागी सदस्यों ने खुद को असली 'जस्टिस पार्टी' कहते हुए 1952 का चुनाव लड़ा। मद्रास असेंबली चुनाव में 'जस्टिस पार्टी' 9 सीटों पर लड़ी और 1 पर विजयी हुई।

सौराष्ट्र खेदुत संघ

असल में इस पार्टी का जन्म सौराष्ट्र के किसान आंदोलन से हुआ था। इसके नेता रतिभाई उकाभाई इंडियन नेशनल कांग्रेस के सदस्य थे। लियू पाटीदार समुदाय का उन्हें प्रबल समर्थन था। शुरू में 'खेदुत संघ' सौराष्ट्र क्षेत्र में कांग्रेस की ही एक कृषक इकाई थी। मगर कांग्रेस नेतृत्व द्वारा संगठन के गठन को समर्थन न मिलने पर इसने कांग्रेस अलग आंदोलन की छवि बना ली। समाजवादी पार्टी के नेता जसवंत सिंह मेहता खेदुत संघ को बाहर से समर्थन दे रहे थे। इस संगठन के सदस्यों का रुझान वामपंथी ज्यादा था। उन्होंने कांग्रेस को जमींदार और शहरीकरण समर्थक पार्टी कहना शुरू कर दिया। सौराष्ट्र में जब आजादी के बाद पहले चुनाव हुए तो 'खेदुत संघ' ही कांग्रेस के सामने मुख्य विपक्षी दल था। सौराष्ट्र राज्य की 60 सीटों में से 37 पर 'खेदुत संघ' ने अपने प्रत्याशी उतारे, हालाँकि इनमें से सिर्फ एक को ही जीत मिली। 1966 में इस पार्टी का विलय स्वतंत्र पार्टी में हो गया।

त्रावणकोर तमिलनाडु कांग्रेस

अंग्रेजों के समय में त्रावणकोर की हैसियत एक साम्राज्य जैसी थी। इस राज्य में मलयाली बहुसंख्यक थे और तमिल अल्पसंख्यक। तमिल संगठनों को लगता था कि उनके साथ भाषा और शिक्षा के आधार पर भेदभाव होता है। अलग तमिलनाडु राज्य के गठन की माँग को लेकर तमिल नेताओं ने आंदोलन किए और राजनीतिक पार्टियाँ बनाईं। इन्हीं में से एक थी—'त्रावणकोर तमिलनाडु कांग्रेस'। आजादी के बाद त्रावणकोर और कोचिन राज्यों को मिलाकर अलग त्रावणकोर-कोचीन राज्य बना दिया गया। 1952 में त्रावणकोर-कोचीन के पहले असेंबली चुनाव में पार्टी ने 15 सीटों पर चुनाव लड़ा और 8 पर जीत दर्ज की तथा राज्य में कांग्रेस के साथ गठबंधन कर सत्ता में भागीदारी की, मगर डेढ़ साल में ही दोनों में मतभेद हो गए। सरकार गिर गई और 1954 में हुए दूसरे चुनाव में इस पार्टी ने 12 सीटें जीतीं और राज्य के तमिल बहुल्य इलाकों को मद्रास प्रेसीडेंसी में शामिल कराने के लिए आंदोलन शुरू कर दिया। कई जगह आंदोलन हिंसक हुआ। 1956 में राज्य पुनर्गठन आयोग ने तमिल बाहुल्य इलाकों को त्रावणकोर और कोचीन से

अलग कर मद्रास स्टेट से जोड़ दिया। माँगें मान लिये जाने के बाद 1957 में इस पार्टी का सत्तारूढ़ कांग्रेस में विलय हो गया।

कोचीन पार्टी

यह कोचीन की एक क्षेत्रीय पार्टी थी, जिसका गठन 1949 में हुआ था। कोचीन को त्रावणकोर में मिलाने के विरोध में यह पार्टी बनी थी। इसका नारा था—'कोचीन सिर्फ कोचीनियों का'। एस.एन. सदासिवन अपनी पुस्तक 'पॉलिटिकल एंड एडमिनिस्ट्रेटिव इंटीग्रेशन ऑफ प्रिंसली स्टेट्स' में पृष्ठ 61-62 पर इस पार्टी का उल्लेख करते हुए लिखते हैं कि पार्टी दक्षिणपंथी विचारधारा की थी। उसका नारा अलग कोचीन राज्य था। इसका चुनाव चिह्न फूल था। त्रावणकोर-कोचीन के 1952 के चुनाव में पार्टी ने 12 सीटों पर प्रत्याशी उतारे थे, इनमें से सिर्फ एक को ही जीत मिली। हालाँकि राज्य में 1954 में हुए दूसरे चुनाव में ही यह पार्टी गायब हो गई। इसके नेता और कार्यकर्ता अन्य दलों से जुड़ गए।

केरल सोशलिस्ट पार्टी

केरल के स्वतंत्रता सेनानी मथाई मंजूरन ने 21 सितंबर, 1947 को कोझिकोड में 'केरल सोशलिस्ट पार्टी' की स्थापना की थी। भले ही एक छोटी क्षेत्रीय पार्टी थी, मगर इस पार्टी के अग्रिम पंक्ति के नेताओं का जनता में काफी सम्मान था। इसके अन्य प्रमुख नेताओं में स्वतंत्रता सेनानी, लेखक और मजदूरों के नेता एन. श्रीकांत नायर तथा वामपंथी लेखक और स्तंभकार के बालाकृष्ण, स्वतंत्रता सेनानी जी. जनार्दन क्रुप आदि शामिल थे। 1952 में त्रावणकोर-कोचीन असेंबली के चुनाव में पार्टी ने 10 सीटों पर चुनाव लड़ा और एक पर जीत दर्ज की। 1967 में केरल में जब ई.एम.एस. नंबूदरीपाद ने वामपंथी दलों के साथ 'यूनाइटेड फ्रंट गठबंधन' बनाया तो 'केरल सोशलिस्ट पार्टी' भी इसमें शामिल थी। 1970 में पार्टी सिर्फ एक सीट ही जीत सकी। तब उसने माकपा के साथ गठबंधन किया।

उत्तर प्रदेश रिवोल्यूशनरी सोशलिस्ट पार्टी

यह उत्तर प्रदेश की एक क्षेत्रीय वामपंथी पार्टी थी, जिसका गठन 1951 में हुआ था। 'रिवोल्यूशनरी सोशलिस्ट पार्टी' के उत्तर प्रदेश के नेता झारखंडे राय का पार्टी से मतभेद हो गया था। वे विचारों से कम्युनिस्ट पार्टी को अपने अधिक नजदीक मान रहे थे। इसलिए अपने समर्थकों के साथ अलग होकर 'उत्तर प्रदेश रिवोल्यूशनरी पार्टी' का गठन किया। उत्तर प्रदेश में 1952 में इस पार्टी ने भारतीय कम्युनिस्ट पार्टी और

'बोल्शेविक पार्टी ऑफ इंडिया' के साथ गठबंधन बनाकर चुनाव लड़ा। राज्य की 9 सीटों पर उम्मीदवार उतारे, जिनमें से सिर्फ एक ही जीता। इसी चुनाव के बाद इस पार्टी का भारतीय कम्युनिस्ट पार्टी में विलय हो गया। इसकी आधिकारिक घोषणा नवंबर 1952 को मऊ में पार्टी कॉन्फ्रेंस में की गई।

बोल्शेविक पार्टी ऑफ इंडिया

एच. चौधरी की पुस्तक 'लेफ्टइज्म इन इंडिया' के मुताबिक 'बोल्शेविक पार्टी' का गठन 1939 में हुआ था। हालाँकि इसके नेता पहले भारतीय कम्युनिस्ट पार्टी का हिस्सा थे, मगर नेताजी सुभाष चंद्र को लेकर सी.पी.आई. से इन नेताओं के मतभेद हुए। एन. दत्ता मजूमदार व अन्य चाहते थे कि सी.पी.आई. कांग्रेस से टूटकर 'ऑल इंडिया फॉरवर्ड ब्लॉक' बनानेवाले नेताजी का समर्थन करे। वे सी.पी.आई. नेताओं के गांधीवाद के प्रति झुकाव के भी खिलाफ थे। इसलिए अलग पार्टी का गठन किया गया। इसका मुख्यालय नागपुर में था, मगर पश्चिमी बंगाल में मजदूर आंदोलनों में इसने सक्रिय भूमिका निभाई थी। आजादी के बाद पश्चिमी बंगाल में कम्युनिस्ट सरकारों में इसकी छोटी सी हिस्सेदारी भी रही। हालाँकि 1951-52 के चुनाव में चुनाव आयोग ने 'बोल्शेविक पार्टी ऑफ इंडिया' को राष्ट्रीय पार्टी का दर्जा दिया था, मगर तब इसने लोकसभा चुनाव में सिर्फ एक ही प्रत्याशी खड़ा किया था। बैरकपुर से सुधा राय को टिकट दिया था। आजादी के बाद पश्चिमी बंगाल विधानसभा के चुनाव में भी पार्टी ने 8 सीटों पर उम्मीदवार खड़े किए, मगर किसी पर भी जीत नहीं मिली। 1969 में कुछ समय के लिए पार्टी को बंगाल में वामपंथी सरकार के साथ भागीदारी करने का मौका मिला, मगर बाद में पार्टी में टूट से यह कमजोर होती गई। 1914 में यह फिर से लेफ्ट फ्रंट में शामिल हो गई।

□

36

इंदिरा युग का प्रारंभ और क्षेत्रीय पार्टियों की चमक

1967 के आम चुनाव में भारतीय राष्ट्रीय कांग्रेस को पहली बार सात राज्यों में तगड़ी चोट पहुँची थी। पिछले पाँच साल में कांग्रेस अपने दो प्रधानमंत्री गँवा चुकी थी। इनमें जवाहरलाल नेहरू और लालबहादुर शास्त्री शामिल थे। गूँगी गुड़िया मानकर कांग्रेस के कुछ खाँटी नेताओं ने इंदिरा गांधी को नेतृत्व सौंपा, मगर इसने पार्टी में फूट को बढ़ावा दिया। इंदिरा को कमान देने से उप-प्रधानमंत्री मोरारजी देसाई की नाराजगी स्पष्ट थी। 1966 में वे पार्टी नेतृत्व की दावेदारी के लिए इंदिरा गांधी के खिलाफ खुलकर दावा जता चुके थे। वामपंथियों के अलावा दक्षिणपंथी पार्टियाँ जनसंघ और स्वतंत्र पार्टी राजनीति के नेहरू युग के समापन के बाद नई ताकत के रूप में उभरती दिख रही थीं। यह क्षेत्रीय पार्टियों के तेजी से उभार का दौर था। कई क्षेत्रीय दल काफी अच्छा प्रदर्शन कर रहे थे और नई क्षेत्रीय ताकतों के रूप में उभर रहे थे। द्रविड़ मुन्नेत्र कड़गम (द्रमुक) ने मद्रास प्रेसीडेंसी में कांग्रेस को अच्छी पटखनी दी थी। कांग्रेस लोकसभा की सिर्फ तीन सीटें जीत पाई थी, जबकि द्रमुक ने 25 सीटों पर विजय प्राप्त की थी। इस चुनाव में कई क्षेत्रीय पार्टियाँ उभरकर सामने आईं। पंजाब में प्रकाश सिंह बादल के नेतृत्व में शिरोमणि अकाली दल और महाराष्ट्र शिवसेना का उदय एक नई राजनीतिक ताकत के रूप में हो रहा था।

1967 के चुनाव में कांग्रेस भले ही इंदिरा गांधी के नेतृत्व में खुद को मजबूत साबित करते हुए सत्ता पर काबिज हुई, मगर पार्टी में पुराने नेताओं से उनका तालमेल नहीं बैठ पा रहा था। 1969 आते-आते कांग्रेस दो हिस्सों में बँट गई। एक गुट ने इंदिरा गांधी को पार्टी से निकाल दिया, मगर ज्यादातर कांग्रेसी सांसद इंदिरा गांधी के समर्थन में आ गए।

इंदिरा के नेतृत्व वाला गुट इंडियन नेशनल कांग्रेस (आर) कहलाया। चुनाव आयोग ने भी इसे पुरानी पार्टी का उत्तराधिकारी माना। दूसरी और बागी 31 सांसदों ने के. कामराज के नेतृत्व में इंडियन नेशनल कांग्रेस (ऑर्गेनाइजेशन) बना ली। कांग्रेस की इस फूट ने कई राज्यों में नए दलों को जन्म दिया।

बांग्ला कांग्रेस

'बांग्ला कांग्रेस' का गठन 1966 में स्वतंत्रता सेनानी रहे अजोय मुखर्जी ने किया था। असल इंडियन नेशनल कांग्रेस की बंगाल इकाई में फूट के बाद यह पार्टी सामने आई और 1967 में वामदलों के मोर्चे के साथ मिलकर बंगाल में सरकार बनाई। अजोय मुखर्जी मुख्यमंत्री बने। 1966 में बंगाल के मुख्यमंत्री और कांग्रेस नेता प्रफुल्ल चंद्र सेन के खिलाफ पार्टी के कई नेताओं में खाद्य आंदोलन को लेकर असंतोष पैदा हो गया। मुख्यमंत्री प्रफुल्ल सेन का विरोध करनेवालों में अजोय मुखर्जी, प्रणब मुखर्जी, सिद्धार्थ शंकर रे, ए.बी.ए. गनीखान चौधरी और आभा मालती शामिल थीं। 1967 के विधानसभा चुनाव में अजोय मुखर्जी ने मुख्यमंत्री प्रफुल्ल सेन के खिलाफ चुनाव लड़कर उन्हें हराया। इस चुनाव में बांग्ला कांग्रेस ने 80 प्रत्याशी उतारे, जिनमें से 34 विजयी रहे। 1967 का लोकसभा चुनाव भी पार्टी ने बंगाल की 7 सीटों पर लड़ा और इसके 5 उम्मीदवार विजयी रहे। हालाँकि यह सरकार 15 मार्च, 1967 से 2 नवंबर, 1967 तक ही चली। 1969 में राज्य में मध्यावधि चुनाव हुए। इस चुनाव में बांग्ला कांग्रेस एक बार फिर वामपंथियों के साथ संयुक्त मोर्चा बनाकर 49 सीटों पर लड़ी और 33 सीटों पर विजयी रही। अजोय मुखर्जी एक बार फिर इस संयुक्त मोर्चा सरकार के मुख्यमंत्री बने। मगर इस बार भी वे अपना कार्यकाल पूरा नहीं कर पाए। उनकी सरकार 30 जुलाई, 1970 तक ही चल पाई। इसके साथ ही बंगाल कांग्रेस का तेजी से पतन शुरू हो गया। 1971 के लोकसभा चुनाव में पार्टी ने 14 प्रत्याशी उतारे, मगर एक सीट पर ही जीत मिली। 1971 के चुनाव के बाद पार्टी का विलय इंडियन नेशनल कांग्रेस में हो गया।

उड़ीसा जन कांग्रेस

डॉ. हरेकृष्ण महताब उड़ीसा से कांग्रेस के कद्दावर नेता थे। उन्होंने आजादी की लड़ाई में बढ़-चढ़कर भाग लिया था। वे गांधीजी के नमक आंदोलन से भी जुड़े थे और कई बार जेल गए थे। लोग उन्हें 'उत्कल केसरी' के नाम से जानते थे। महताब उड़ीसा के पहले मुख्यमंत्री थे। वे 1946 से 1950 तक और फिर 1956 से 1961 तक उड़ीसा के मुख्यमंत्री रहे। अपने दूसरे कार्यकाल में उन्होंने कटक और भुवनेश्वर के राजघरानों को उड़ीसा में मिलाने का मुख्य काम किया। 1962 में उन्हें राज्य की राजनीति से केंद्र में भेज

दिया गया। अंगुल से उन्होंने लोकसभा चुनाव जीता। 1966 में वे कांग्रेस के उपाध्यक्ष बनाए गए। कांग्रेस की केंद्रीय बागडोर इंदिरा गांधी के हाथों जाता देखना उन्हें रास नहीं आया। वे राज्य की राजनीति में लौट आए। इसलिए उसी साल कांग्रेस से त्यागपत्र देकर 'उड़ीसा जन कांग्रेस' के नाम से अपना अलग क्षेत्रीय दल बना लिया। पार्टी ने 1967 का लोकसभा चुनाव भी लड़ा, मगर पार्टी एक भी सीट नहीं जीत सकी। महताब स्वयं अवश्य 1967, 1971 और 1974 में विधानसभा चुनाव जीतते रहे। अंततः 1977 में इस पार्टी का विलय जनता पार्टी में हो गया।

केरल कांग्रेस

1963 में केरल में एक सेक्स स्कैंडल सामने आने के बाद कांग्रेस के तत्कालीन मुख्यमंत्री आर. शंकर ने गृहमंत्री पी.टी. चाको को कैबिनेट से बाहर कर दिया था। थोड़े दिन बाद ही चाको की मौत हो गई। इससे खफा चाको के 15 राजनीतिक साथी, जो कांग्रेस विधायक थे, के.एम. जॉर्ज के नेतृत्व में शंकर की सरकार के खिलाफ अविश्वास प्रस्ताव ले आए। उसके बाद जॉर्ज और आर. बालकृष्ण पिल्लई ने मिलकर अलग 'केरल कांग्रेस' की स्थापना की। इसके अन्य प्रमुख नेताओं में एम. कुरूविनकुनल, एम.पी. पिल्लई शामिल थे। 1967 में पार्टी ने लोकसभा चुनाव भी लड़ा, मगर एक भी सीट जीतने में नाकाम रही। 1976 में के.एम. जॉर्ज के निधन के बाद पार्टी पर कब्जे को लेकर दो युवा नेताओं के.एम. मणि और पी.जे. जोसेफ तथा वरिष्ठ नेता आर. बालकृष्ण पिल्लई में खींचतान हुई। इसमें पिल्लई अलग-थलग पड़ गए और 1977 के केरल विधानसभा चुनाव से ठीक पहले पिल्लई ने अलग पार्टी केरल कांग्रेस (बालकृष्ण पिल्लई) बना ली। इसके दो साल बाद 1979 में के.एम. मणि ने भी अलग होकर केरल कांग्रेस (मणि) बना ली। इसके बाद मीडिया ने जोसेफ के नेतृत्ववाली केरल कांग्रेस को 'केरल कांग्रेस' (जोसेफ) कहना शुरू कर दिया। 1985 में मणि और पिल्लई ने फिर से अपनी पार्टियों का केरल कांग्रेस में विलय कर दिया। 1916 में केरल कांग्रेस भाजपा के नेतृत्ववाले 'नेशनल डेमोक्रेटिक अलायंस' (एन.डी.ए.) का हिस्सा बन गई।

अकाली दल संत फतेह सिंह

पंजाब में पंथक राजनीति की खींचतान में संत फतेह सिंह ने 1962 में अलग 'अकाली दल संत फतेह सिंह' का गठन किया। उनका मुख्य राजनीतिक संघर्ष पंजाब में पंथक राजनीति के एक और बड़े नेता मास्टर तारा सिंह से था। मास्टर तारा सिंह का अकाली गुट 'अकाली दल-मास्टर तारा सिंह' कहलाया। दोनों के बीच असली लड़ाई शिरोमणि गुरुद्वारा प्रबंधक कमेटी पर कब्जे को लेकर थी। अक्तूबर 1962 में 'अकाली

दल संत फतेह सिंह' ने गुरुद्वारा प्रबंधक कमेटी का चुनाव जीतकर नियंत्रण कर लिया। जनवरी 1965 के प्रबंधक कमेटी के चुनाव में इस पार्टी ने 90 सीटें, जबकि मास्टर तारा सिंह की पार्टी को सिर्फ 45 सीटें ही मिलीं। 1967 के पंजाब विधानसभा चुनाव में इस पार्टी ने 24 सीटों पर जीत दर्ज की और राज्य में जस्टिस गुरनाम सिंह के नेतृत्व में पहली सरकार बनाई। 1967 के लोकसभा चुनाव में भी पार्टी 3 सीटों पर विजयी रही। नवंबर 1967 में इस पार्टी का विलय 'शिरोमणि अकाली दल' में हो गया। इस लोकसभा चुनाव में 'अकाली दल-मास्टर तारा सिंह' को एक भी सीट पर जीत नहीं मिली।

ऑल पार्टी हिल लीडर्स कॉन्फ्रेंस (ए.पी.एच.एल.सी.)

देश की आजादी के बाद असम से अलग मेघालय राज्य के लिए आंदोलन चलानेवाले विलियमसन अपांग संगमा ने 1960 में गारो, जयंतिया और खासी नेताओं को एकजुट कर अलग राज्य की माँग के लिए एक कॉन्फ्रेंस बुलाई। इस कॉन्फ्रेंस में इन सभी में आपसी मतभेद को दूर कर एकजुट होने पर सहमति बनी। इसी सहमति का परिणाम थी 'ऑल पार्टी लीडर्स कॉन्फ्रेंस'। विलियमसन अपांग संगमा ही इसके पहले अध्यक्ष बने। असल में उसी समय असम के कांग्रेसी मुख्यमंत्री बिमल प्रसाद पी. चलीहा ने असमी को राजभाषा घोषित कर दिया था। इससे राज्य के पूर्वी हिस्सों के पहाड़ के लोगों में खासी नाराजगी पैदा हो गई थी। इसने गारो और खासी नेताओं को कांग्रेस के खिलाफ आंदोलन और अलग मेघालय राज्य की माँग के लिए एकजुट कर दिया। 1967 के लोकसभा चुनाव में पार्टी ने एक सीट पर जीत दर्ज की। मगर 1970 में अलग मेघालय राज्य बनने के बाद 1982 तक इसी पार्टी के पास सत्ता रही और इस बीच इसने राज्य को चार मुख्यमंत्री दिए।

यूनाइटेड गोअन्स पार्टी

'यूनाइटेड गोअन्स पार्टी' गोवा की एक क्षेत्रीय पार्टी थी, जिसकी स्थापना 1963 में डॉ. जेक डी. सेकुएरा ने की थी। डॉ. सेकुएरा को 'फादर ऑफ ओपिनियन पोल' भी कहा जाता है। गोवा को केंद्रशासित प्रदेश ही रहने दिया जाए या महाराष्ट्र में इसका विलय कर दिया जाए, इसे लेकर अलग-अलग राय थी। तब 16 जनवरी, 1967 को डॉ. सेकुएरा ने गोवा में 'पहला ओपिनियन पोल' करवाकर केंद्र सरकार को फैसला लेने में मदद की थी। हालाँकि सेकुएरा विपक्ष की राजनीति कर रहे थे। सेकुएरा ने सितंबर 1963 में गोवा की अलग पहचान के लिए काम कर रहीं चार पार्टियों एलवारो डी. लोयोला फुर्तादो की पार्टी पार्तिदो इंडियानो, जे.एम. डिसूजा की गोअन नेशनल यूनियन, यूनाइटेड फ्रंट गोअन्स और गोवांचू पक्ष को मिलाकर 'यूनाइटेड गोअन्स पार्टी' बनाई।

डॉ. सेकुएरा ही इसके पहले अध्यक्ष बने। गोवांचू पक्ष उनकी ही पार्टी थी। हालाँकि इस नई पार्टी के पीछे एलवारो डी. लोयोला फुर्तादो का ही दिमाग माना जाता था। 1963 में गोवा के चुनाव में 'यूनाइटेड गोअन्स पार्टी' ने 24 उम्मीदवार उतारे, जिनमें से 12 जीते। इस तरह वह वहाँ 'महाराष्ट्रवादी गोमांतक पार्टी' के बाद मुख्य विपक्ष बन गई। 1967 का ओपनियन पोल करवाने के बाद 'यूनाइटेड गोअन्स पार्टी' में फूट पड़ गई। फुर्तादो ने अलग पार्टी यूनाइटेड गोअन्स (फुर्तादो) बना ली। मुख्य पार्टी यूनाइटेड गोअन्स (सेकुएरा) हो गई। 1967 के लोकसभा चुनाव में यूनाइटेज गोअन्स (सेकुएरा) ने गोवा की एक सीट पर जीत दर्ज की। तब सेकुएरा गुट को चुनाव चिह्न हाथ मिला था। 1977 में पार्टी में एक और विभाजन हुआ। डॉ. सेकुएरा के बेटे एरास्मो डी. सेकुएरा ने चौधरी चरण सिंह के भारतीय लोकदल से हाथ मिला लिया। ऐसा करने से पहले उन्होंने अपने पार्टी के अन्य नेताओं को भी विश्वास में नहीं लिया था। इस तरह पार्टी फिर दो गुटों—सेकुएरा ग्रुप और नाइक ग्रुप में बँट गई। इसके साथ ही पार्टी का पतन शुरू हो गया। अगले असेंबली चुनाव में सेकुएरा ग्रुप सिर्फ तीन सीटों और नाइक ग्रुप 10 सीटों पर जीता। 1989 आते-आते पार्टी एक भी सीट जीतने की स्थिति में नहीं रह गई और इसका कांग्रेस में विलय हो गया। हालाँकि 2016 में 'बाबुश' नाम से मशहूर ए मोनसेराते ने फिर से 'यूनाइटेड गोअन्स पार्टी' का गठन किया।

डेमोक्रेटिक नेशनल कॉन्फ्रेंस

जम्मू-कश्मीर के प्रधानमंत्री और मुख्यमंत्री रहे गुलाम मोहम्मद सादिक ने 'नेशनल कॉन्फ्रेंस' से अलग होकर 1957 में 'डेमोक्रेटिक नेशनल कॉन्फ्रेंस' की स्थापना की थी। जम्मू-कश्मीर में 1947 से 1953 के बीच शेख अब्दुल्ला के नेतृत्व में नेशनल कॉन्फ्रेंस की पहली सरकार बनी, उसमें गुलाम गोहम्मद सादिक कैबिनेट मंत्री थे।

नगा नेशनल ऑर्गेनाइजेशन

पूर्वोत्तर के नगा क्षेत्र में 1956 के बाद करीब एक दशक तक पूर्वी पाकिस्तान से आतंकवाद चलाया जाता रहा। 22 मार्च, 1956 को 'नगा नेशनल काउंसिल' ने क्षेत्र को स्वायत्त बताते हुए 'नगा संघीय सरकार' (एन.एफ.जी.) और 'नगा फेडरल आर्मी' का गठन कर लिया। स्केटू स्वू को राष्ट्रपति घोषित कर दिया। भारत सरकार ने इलाके में सेना तैनात कर दी। संघर्ष बढ़ा तो मई 1956 में इसके पहले अध्यक्ष रहे अंगामी जपु फिजो ने नगा नेशनल काउंसिल को भंग कर दिया और खुद पूर्वी पाकिस्तान भाग गया। पाकिस्तानी सेना नगा विद्रोहियों को हथियार और मदद मुहैया कराने लगी। इस बीच इम्कोंग्लिबा अयो के नेतृत्व में 'नगा पीपुल्स कन्वेंशन' (एन.पी.सी.) ने समस्या

के समाधान का प्रयास किया। प्रधानमंत्री जवाहरलाल नेहरू ने 12 जून, 1960 को अयो के साथ नागालैंड को राज्य बनाने पर समझौता किया। 30 जुलाई, 1960 को राज्य का गठन किया गया, जिसमें 42 विधानसभा सीटें थीं। अयो के नेतृत्व में अंतरिम सरकार बननी तय हुई। मगर नगा आतंकवादियों ने 22 अगस्त, 1961 को उन्हें गोली मार दी और दो दिन बाद ही उनकी मौत हो गई। संसद ने 21 अगस्त, 1962 को नागालैंड राज्य बनाने के प्रस्ताव को मंजूरी दे दी। 1 दिसंबर, 1963 को नया राज्य अस्तित्व में आया और 'नगा नेशनल ऑर्गेनाइजेशन' (एन.एन.ओ.) के पी. शीलू पहले मुख्यमंत्री बने। जनवरी 1964 में राज्य में पहले विधानसभा चुनाव हुए और 'नगा नेशनल ऑर्गेनाइजेशन' ने 46 में 33 सीटों पर जीत दर्ज की। 1967 के लोकसभा चुनाव में भी 'नगा नेशनल ऑर्गेनाइजेशन' ने एक सीट पर जीत दर्ज की थी। इसके बाद 1969 के विधानसभा चुनाव में भी एन.एन.ओ. ने 22 सीटों पर जीत दर्ज कर सरकार बनाई। 1974 के चुनाव में एन.एन.ओ. ने सत्ता गँवा दी। राज्य में 'यूनाइटेड डेमोक्रेट फ्रंट' (यू.डी.एफ.) की सरकार बनी। उसके बाद यह दल बिखर गया।

भारतीय क्रांति दल

1952 से 1967 के बीच उत्तर प्रदेश में कांग्रेस के तीन प्रमुख नेताओं में चौधरी चरण सिंह का नाम भी लिया जाता था। किसानों के मुद्दों पर उनका पार्टी से टकराव लगातार हो रहा था। अंततः 1967 में उन्हें पार्टी से निकाल दिया गया। इसके बाद अक्तूबर 1967 में चौधरी चरण सिंह ने लखनऊ में अपनी अलग पार्टी 'भारतीय क्रांति दल' बना ली। राज नारायण और राममनोहर लोहिया ने उन्हें कांग्रेस से अलग होकर नया दल बनाने को प्रेरित किया था। 'भारतीय क्रांति दल' ने 1971 का लोकसभा चुनाव लड़ा और एक सीट जीत ली। पार्टी को 2.18 फीसदी वोट मिले थे। 1977 के चुनाव के बाद यह पार्टी जनता पार्टी में विलय हो गई थी।

तेलंगाना प्रजा समिति

अलग तेलंगाना राज्य की माँग आजादी के बाद से ही उठ रही थी। अलग राज्य के संघर्ष को तेज करने के लिए अनंतुला मदन मोहन ने 1969 में 'तेलंगाना प्रजा समिति' नाम से क्षेत्रीय दल का गठन किया। हालाँकि जल्द ही पार्टी पर मारी चेन्ना रेड्डी ने कब्जा कर लिया। पार्टी ने 1971 के आम चुनाव में लोकसभा की 10 सीटों पर जीत दर्ज की। इतनी सीटें जीतने के बाद पार्टी का कांग्रेस में विलय हो गया। पी.वी. नरसिम्हा राव मुख्यमंत्री बने और अलग राज्य का विवाद पूरी तरह दब गया। बाद में 1983 में प्रताप किशोर ने इस पार्टी का पुनर्गठन किया।

उत्कल कांग्रेस

1969 में जब कांग्रेस के केंद्रीय नेतृत्व में वर्चस्व की लड़ाई छिड़ी तो उड़ीसा (अब ओडिशा) में भी इसका असर हुआ। कांग्रेस नेता बीजू पटनायक इंदिरा गांधी के समर्थन में कांग्रेस (आर) से जुड़ गए। मगर 1970 के राज्यसभा चुनाव में पार्टी के दोनों प्रत्याशी हार गए। इसका ठीकरा बीजू पटनायक पर ही फूटा। केंद्रीय नेतृत्व से उनके संबंध बिगड़ गए और उन्होंने 6 अप्रैल, 1970 को कांग्रेस से इस्तीफा दे दिया और 'उत्कल कांग्रेस' के नाम से अलग दल बना लिया। 1971 के लोकसभा चुनाव में पार्टी ने एक सीट और विधानसभा चुनाव में 32 सीटों पर जीत दर्ज की। बाद 1974 में यह पार्टी चौधरी चरण सिंह द्वारा गठित 'भारतीय लोकदल' में शामिल हो गए।

विशाल हरियाणा पार्टी

इस पार्टी का गठन 1967 में राव बीरेंदर सिंह ने कांग्रेस से बगावत कर किया था। यह हरियाणा की पहली क्षेत्रीय पार्टी थी। पंजाब से अलग होकर 1 नवंबर, 1966 को हरियाणा अलग राज्य बना। कांग्रेस के भगवत दयाल शर्मा राज्य के पहले मुख्यमंत्री बने। राव बीरेंदर सिंह भी पटौदी सीट से कांग्रेस के विधायक चुने गए थे और पहली विधानसभा में स्पीकर बने। मगर जल्द ही उन्होंने कांग्रेस बगावत कर 'विशाल हरियाणा पार्टी' बना ली। ज्यादातर कांग्रेस विधायक उनके साथ आ गए और 24 मार्च, 1967 को उन्होंने राज्य के दूसरे मुख्यमंत्री के रूप में शपथ ली। मगर इंदिरा गांधी ने विधानसभा को भंग कर राज्य में राष्ट्रपति शासन लगा दिया। 1971 में पार्टी ने लोकसभा चुनाव लड़ा और राव बीरेंदर सिंह महेंद्रगढ़ सीट से जीतकर लोकसभा पहुँचे। आपातकाल के बाद 23 सितंबर, 1978 को राव बीरेंदर सिंह ने 'विशाल हरियाणा पार्टी' का विलय कांग्रेस (आई) में कर दिया था।

महाराष्ट्रवादी गोमांतक पार्टी

1961 में गोवा पर पुर्तगालियों का कब्जा खत्म होने के बाद 'महाराष्ट्रवादी गोमांतक पार्टी' वहाँ सरकार बनानेवाली पहली पार्टी थी। भारत द्वार गोवा को आजाद कराने के बाद 1963 में वहाँ पहले चुनाव हुए। यह पार्टी 1963 से 1969 तक गोवा की सत्ता में रही। इसका जनाधार गैर-ब्राह्मण हिंदुओं में था। इस पार्टी की स्थापना दयानंद बांदोडकर ने की थी। वही इस पार्टी की ओर से पहले मुख्यमंत्री बने। 'महाराष्ट्रवादी गोमांतक पार्टी' अब 'नेशनल डेमोक्रेटिक अलायंस' (एन.डी.ए.) का हिस्सा है।

मुसलिम मजलिस

यह उत्तर प्रदेश की एक क्षेत्रीय पार्टी थी। इसकी स्थापना 1968 में अब्दुल जमील फरीदी ने की थी। लॉरेंट गेयर की पुस्तक 'मुसलिम्स इन इंडियन सिटीज – ट्राजेक्टरीज ऑफ मार्जिनालाइजेशन' में इस पार्टी का उल्लेख किया गया है। 1971 के लोकसभा चुनाव में पार्टी ने पहली बार अपने उम्मीदवार मैदान में उतारे, मगर एक को भी जीत नहीं मिली। मगर 1977 में पार्टी के दो विधायक उत्तर प्रदेश विधानसभा में जीतकर पहुँचे। हालाँकि इन्होंने चुनाव जनता पार्टी के चुनाव चिह्न पर ही लड़ा था। 1992 आते-आते पार्टी 'ऑल इंडिया मुसलिम मजलिस' में बदल गई। 1992 में पार्टी अध्यक्ष उमर काजमी ने बाबरी मसजिद विध्वंस के खिलाफ प्रदर्शन किए। भाजपा नेता लालकृष्ण आडवाणी की रथयात्रा के समानांतर 'कारवाँ-ए-इनसाफ' (न्याय यात्रा) शुरू की। वर्ष 2002 में यह 'मुसलिम मजलिस आवामी मोर्चा' का हिस्सा बन गई।

लोक राज पार्टी

ब्यूरोक्रेसी से राजनीति में आए ठाकुर सेन नेगी और शिमला के छात्र नेता से राजनीति में कूदे जय बिहारी लाल खाची ने 1967 में 'लोक राज पार्टी' का गठन किया था। 1971 में पार्टी ने लोकसभा चुनाव लड़ा, मगर किसी सीट पर जीत नहीं मिली। हालाँकि एक साल बाद 1972 में राज्य विधानसभा चुनाव में पार्टी ने 16 उम्मीदवार उतारे। नेगी और खाची दोनों अपनी-अपनी सीट जीतने में कामयाब रहे। पार्टी के अन्य किसी उम्मीदवार को जीत नसीब नहीं हुई। मगर पाँच साल बीतते-बीतते दोनों नेताओं के रास्ते अलग हो गए। खाची कांग्रेस में शामिल हो गए और ठाकुर सेन नेगी जनता पार्टी में।

मणिपुर पीपुल्स पार्टी

मणिपुर की इस क्षेत्रीय पार्टी का जन्म कांग्रेस में बगावत से हुआ था। 26 दिसंबर, 1968 को एन. सोवाकिरन इंडियन नेशनल कांग्रेस से अलग होकर इस पार्टी का गठन किया था। मणिपुर में तीन बार इस पार्टी का मुख्यमंत्री रहा। बाद में यह 'उत्तर-पूर्वी क्षेत्रीय राजनीतिक मोर्चा' का हिस्सा बन गई। यह मोर्चा एन.डी.ए. के साथ चला गया।

स्वतंत्र पार्टी

यह पार्टी वास्तव में कांग्रेस में विभाजन और वैचारिक विरोध का परिणाम थी। इसकी स्थापना 4 जून, 1959 को सी. राजगोपालाचारी ने की थी। राजगोपालाचारी ने आरोप लगाया कि भारतीय राष्ट्रीय कांग्रेस पर पूरी तरह से नेहरू का दबदबा है। पार्टी में

समाजवादी और राज्य नियंत्रणवाद का चलन बढ़ रहा है। कैंब्रिज यूनिवर्सिटी प्रेस द्वारा प्रकाशित एच.एल. एर्डमैन की पुस्तक 'द इंडिपेंडेंट पार्टी एंड इंडियन कंजरवेटिविज्म' के अनुसार, 1959 की 'स्वतंत्र पार्टी' ने भारत में एक दक्षिणपंथी विपक्ष का गठन किया। पार्टी जल्द ही संसद में मुख्य विपक्षी दल बन गई। इसने जल्द ही देश में कई दक्षिणपंथी क्षेत्रीय दलों का विलय कर दिया। इस पार्टी के ज्यादातर नेताओं ने कांग्रेस छोड़ दी थी। उनमें से एक स्वतंत्रता सेनानी और मद्रास प्रेसीडेंसी और नए आंध्र प्रदेश के मुख्यमंत्री तंगुतुरी प्रकाशम पंतुलु थे। तीसरे प्रमुख पार्टी के नेता मिनोशेर रुस्तम थे, जिन्हें 'मीनू मसानी' के नाम से जाना जाता था और गुजरात के राजकोट से तीन बार 'स्वतंत्र पार्टी' के सांसद थे। किसान नेता एन.जी. रंगा को पार्टी का पहला अध्यक्ष बनाया गया। पार्टी में पंजाब के दो वरिष्ठ नेता दर्शन सिंह फेरुमान और उधम सिंह नागोके थे। नागोके अकाल तख्त के जत्थेदार और राज्यसभा के सदस्य भी थे। एक और बड़ा नाम घनश्याम व्यास का था, जिन्होंने 'कन्हैयालाल मानिकलाल मुंशी' नामक एक लेखक के रूप में खुद को प्रतिष्ठित किया। पार्टी ने अपने 'नागपुर प्रस्ताव' में माँग की थी कि देश से लाइसेंस राज को खत्म कर बाजार आधारित अर्थव्यवस्था शुरू करे। हालाँकि इसे दक्षिणपंथी पार्टी माना जाता था, लेकिन 'स्वतंत्र पार्टी' हिंदू राष्ट्रवादी विचारधारा या भारतीय जनसंघ जैसी किसी पंथ-आधारित विचारधारा की पार्टी नहीं थी। उड़ीसा में 'स्वतंत्र पार्टी' ने जल्द ही एक राष्ट्रीय पार्टी के रूप में अपनी पहचान बना ली थी। उड़ीसा से राजेंद्र नारायण सिंह देव 'स्वतंत्र पार्टी' की ओर से मुख्यमंत्री भी रहे।

'स्वतंत्र पार्टी' को लोकसभा में खासी सफलता भी मिली। सबसे ज्यादा सफलता 1967 में मिली, जब उसके 44 सांसद चुने गए। 1962 में उसके 18 और 1971 में आठ सांसद निर्वाचित हुए थे। वैसे तो 'स्वतंत्र पार्टी' के संस्थापकों की इच्छा तो आर्थिक रूप से समर्थ राष्ट्र बनाने की थी, लेकिन आजादी के बाद राजनीति में मध्यमार्गियों के लिए बहुत जगह न होने के कारण पार्टी का विस्तार ज्यादा नहीं हो सका और कांग्रेस के विघटन के दौर से पार्टी के लिए अन्य दल ज्यादा संभावनाओं से साथ सामने आए।

□

1977 से 1990 : जनता-इंदिरा-राजीव युग

37

जनता पार्टी का महाभँवर और सिमटते क्षेत्रीय दल

25 जून, 1975 को प्रधानमंत्री इंदिरा गांधी द्वारा देश में आपातकाल घोषित करने के बाद देश में सरकार के खिलाफ आक्रोश पैदा हो गया था। इंदिरा और संजय गांधी की निरंकुशता और मनमानियों ने कांग्रेस में भी आक्रोश बढ़ा दिया था। समूचा विपक्ष जनता गठबंधन के रूप में कांग्रेस के खिलाफ एकजुट हो गया। कांग्रेस में भी कलह और फूट बढ़ी। बाबू जगजीवन राम, हेमवती नंदन बहुगुणा, नंदनी सतपथी जैसे अनेक बड़े नेताओं ने कांग्रेस छोड़ दी। सबने एकजुट होकर 1977 का चुनाव लड़ा। जनता पार्टी के बैनर तले विपक्ष ने लोकदल के चिह्न पर चुनाव लड़ा। इस 'जनता पार्टी' में देश के ज्यादातर क्षेत्रीय दलों का विलय हो गया। कुछ गिने-चुने क्षेत्रीय दलों ने ही अपने स्वतंत्र अस्तित्व के साथ 1977 के चुनाव में अपनी किस्मत आजमाई, मगर वे कोई खास प्रभाव नहीं छोड़ सके।

चुनाव के बाद मोरारजी देसाई के नेतृत्व में सरकार बनी, मगर यह कार्यकाल पूरा नहीं कर पाई। राज नारायण ने नया दाँव चला। जनता दल दो हिस्सों में बँट गया, चौधरी चरण सिंह कांग्रेस का सहारा लेकर प्रधानमंत्री बने, मगर सरकार नहीं चला पाए। 1980 में देश में पहली बार मध्यावधि चुनाव हुए। कांग्रेस की वापसी हुई। इंदिरा और मजबूत होकर उभरीं। इस दौरान कांग्रेस से अलग होकर कांग्रेस (उर्स) और उससे आगे कांग्रेस (जगजीवन) तथा जनता दल (एस) जैसी पार्टियाँ भी बनीं, जो खुद को राष्ट्रीय दल कहती थीं, मगर उनका प्रभाव कुछ क्षेत्रों तक ही सीमित रहा। 1978 में अकाली संगठनों ने पंजाब में खुद की राजनीतिक पकड़ मजबूत करने के लिए 'आनंदपुर प्रस्ताव' पारित किया। इसमें कहने को राज्य के लिए अधिक स्वायत्ता

की माँग की गई थी, मगर इससे अलगाववाद के जो बीज पनपे, उसने आगे पंजाब में आतंकवाद का रूप ले लिया। इसी आतंकवाद की भेंट इंदिरा गांधी चढ़ीं और 1984 में देश में एक बार फिर चुनाव हुए। सहानुभूति लहर में राजीव गांधी को सबसे बड़ा बहुमत मिला। इस चुनाव में ज्यादातर क्षेत्रीय पार्टियों को भी बड़ी हार का सामना करना पड़ा। मगर पाँच साल बीतते विपक्ष फिर एकजुट हुआ। 1979 में कहने को तो बहुत सी क्षेत्रीय पार्टियों ने चुनाव लड़ा, मगर जनमत का ध्रुवीकरण तीन हिस्सों में हो चुका था। ऐसे में तमिलनाडु, पंजाब और पूर्वोत्तर के अलावा क्षेत्रीय दल कहीं ज्यादा प्रभाव नहीं दिखा सके। कहने को इस चुनाव में भारतीय रिपब्लिकन पक्ष, कर्नाटक राज्य रियोता संघ, गोरखा नेशनल लिबरेशन फ्रंट, झारखंड दल, मणिपुर पीपुल्स पार्टी, ह्यूमनिस्ट पार्टी ऑफ इंडिया, कुकी नेशनल असेंबली, उत्तर प्रदेश रिपब्लिकन पार्टी, अमरा बंगाली, थरासु मक्कल मंदारम, शोषित समाज दल, उत्तराखंड क्रांति दल, जम्मू-कश्मीर पैंथर्स पार्टी, कर्नाटक गण परिषद, तमिलार कझागम, हल झारखंड पार्टी, अखिल भारतीय गोरखा लीग, वेस्ट उड़ीसा पीपुल्स फ्रंट, वेस्ट बंगाल सोशलिस्ट पार्टी, गुजरात जनता परिषद, पंजाब पीपुल्स पार्टी, भारत मक्कल कांग्रेस, दक्कन कांग्रेस, पंजाब कैरों दल जैसी दर्जनों पार्टियाँ चुनाव में उतरीं, मगर कोई प्रभाव नहीं छोड़ सकीं।

मुसलिम लीग (विपक्ष)

19 जनवरी, 1973 को हज पर गए 'इंडियन मुसलिम लीग' के नेता अब्दुर्रहमान बफाखी थंगाल का मक्का में निधन हो गया। उनके निधन के बाद से ही पार्टी की केरल इकाई में कलह शुरू हो गई। इस कलह की वजह थी कि उमर बाफाखी थंगाल और सी.एच. मोहम्मद कोया दोनों पार्टी पर अपना कब्जा चाहते थे। यह विवाद तब और बढ़ गया, जब 'इंडियन मुसलिम लीग' ने इंडियन नेशनल कांग्रेस से समझौता कर लिया। इसके विरोध में मई 1975 को पार्टी के छह विधायकों ने विधानसभा में पार्टी व्हिप के खिलाफ मतदान किया। पार्टी से निकाले जाने पर इन्होंने उमर बाफाखी थंगाल के नेतृत्व में अलग पार्टी 'मुसलिम लीग' (विपक्ष) बना ली। इस पार्टी ने केरल में मार्क्सवादी वाम मोर्चा के साथ समझौता किया। 1977 का चुनाव पार्टी ने माकपा के साथ मिलकर लड़ा, मगर पार्टी खुद कोई कोई भी सीट नहीं जीत पाई। हालाँकि इसी साल केरल विधानसभा चुनाव में पार्टी तीन सीटें जीतने में सफल रही। 1985 में इसने वाम मोर्चा का साथ छोड़ दिया और 3 अगस्त, 1985 को पार्टी का विलय 'इंडियन यूनियन मुसलिम लीग' में हो गया। 1980 के लोकसभा चुनाव में इंदिरा कांग्रेस ने 353 सीटें जीतकर भारी बहुमत से वापसी की। आपातकाल में एकजुट हुआ विपक्ष कई दलों में टूट गया था। कांग्रेस भी

लगातार टूट रही थी और नए दल बन रहे थे। इसलिए 1980 के चुनाव में एक बार फिर कई क्षेत्रीय दलों का बोलबाला रहा।

त्रिपुरा उपजाति जुबा समिति

असल में यह त्रिपुरा के जनजातीय युवाओं का संगठन था, जिसका नाम था—'त्रिपुरा उपजाति जुबा समिति।' इसका गठन तो 10 जून, 1967 को ही हो गया था, मगर दस साल बाद 1977 में इसने राजनैतिक पार्टी का रूप ले लिया और लोकसभा चुनाव भी लड़ा। हालाँकि चुनाव में पार्टी को कोई बड़ी सफलता नहीं मिली। पार्टी की पहली बड़ी सफलता 1988 के चुनाव थे। यह चुनाव 'त्रिपुरा उपजाति जुबा समिति' ने इंडियन नेशनल कांग्रेस के साथ मिलकर लड़ा और राज्य की 60 सीटों में से दोनों ने 31 पर जीत दर्ज कर सरकार बनाई। इनमें से सात सीटें 'त्रिपुरा उपजाति जुबा समिति' ने ही जीती थीं। हालाँकि 2001 में यह पार्टी भंग हो गई और इसका विलय बिजोय कुमार हरांगखाउल की पार्टी 'इंडीजीनियस नेशनलिस्ट पार्टी ऑफ त्विप्रा' (आई.एन.पी.टी.) में हो गया।

इंडियन नेशनल कांग्रेस (उर्स)

जुलाई 1979 में कर्नाटक के तत्कालीन मुख्यमंत्री और कांग्रेस नेता डी. देवराज उर्स पार्टी पर इंदिरा गांधी के पुत्र संजय गांधी के बढ़ते प्रभुत्व से नाराज हुए और उन्होंने पार्टी से इस्तीफा दे दिया। उनके साथ कर्नाटक, केरल, महाराष्ट्र और गोवा के कई विधायक व सांसद भी आ गए। उनके नेतृत्व में नई पार्टी बनी 'इंडियन नेशनल कांग्रेस (उर्स)'। उर्स के साथ आनेवाले नेताओं में कई बड़े नाम थे। इनमें यशवंतराव चव्हाण, देवकांत बरुआ, केशू ब्रह्मानंद रेड्डी, शरद पवार, ए.के. एंटनी, शरत चंद्र सिन्हा, प्रियरंजन दास मुंशी और के.पी. उन्नीकृष्णनन शामिल थे। इस पार्टी ने 1980 का लोकसभा चुनाव लड़ा और 13 सीटों पर जीत दर्ज की। मगर जल्द ही पार्टी का विखंडन हो गया। देवराज उर्स तो चंद्रशेखर की जनता पार्टी में शामिल हो गए। वहीं यशवंतरराव चवन, ब्रह्मानंद रेड्डी और चिदंबरम सुब्रह्मण्यम इंदिरा कांग्रेस में। केरल में ए.के. एंटनी ने कांग्रेस उर्स से अलग होकर कांग्रेस (ए) बना ली। 1981 में शरद पवार इस पार्टी के अध्यक्ष बने और उन्होंने पार्टी का नाम बदलकर 'इंडियन कांग्रेस (सोशलिस्ट)' कर दिया।

जनता पार्टी (सेक्युलर)

यह राष्ट्रीय पार्टी थी या क्षेत्रीय पार्टी, आप जो भी कहें, मगर इस पार्टी ने देश को एक प्रधानमंत्री दिया था। उसके बाद एक लोकसभा चुनाव भी आधिकारिक रूप से इसी पार्टी के नाम से लड़ा गया, हालाँकि जिन लोगों ने इस पार्टी के नाम से 1980 का

लोकसभा चुनाव लड़ा था, उन्होंने अलग नाम से अपनी पार्टी बना ली थी, मगर उसे मान्यता नहीं मिल पाई थी। बात हो रही है राजनारायण द्वारा 28 जुलाई, 1979 को गठित 'जनता पार्टी (सेक्युलर)' की। यह जनता पार्टी को तोड़कर बनाई गई थी। मुख्य जनता पार्टी का नेतृत्व चंद्रशेखर के हाथ में चला गया था। राजनारायण और चौधरी चरण सिंह ने अलग पार्टी बनाकर कांग्रेस के बाहरी समर्थन से सरकार बनाई और चरण सिंह देश के प्रधानमंत्री बने। हालाँकि 1980 के लोकसभा चुनाव से पहले चरण सिंह ने पार्टी का नाम बदलकर 'लोकदल' कर दिया, मगर चुनाव आयोग से मान्यता न मिल पाने से 1980 का चुनाव 'जनता पार्टी सेक्युलर' के नाम से ही लड़ना पड़ा। इस पार्टी ने 41 सीटों पर जीत दर्ज की और लोकसभा में कांग्रेस के बाद दूसरा सबसे बड़ा दल बनी।

पीपुल्स पार्टी ऑफ अरुणाचल

'पीपुल्स पार्टी ऑफ अरुणाचल' अरुणाचल प्रदेश की एक क्षेत्रीय पार्टी है, जिसका गठबंधन वर्ष 2016 में भाजपा के नेतृत्ववाले एन.डी.ए. से हो गया। इसकी स्थापना 10 मार्च, 1977 को अरुणाचल के पहले सांसद रहे बैकिन पेर्तिन ने की थी। पेर्तिन ने तब केंद्र की सत्तारूढ़ जनता पार्टी से हाथ मिला लिया। हालाँकि यह दोस्ती लंबी नहीं चली। पेर्तिन कांग्रेस में चले गए। वे लोकसभा में कांग्रेस सांसद थे और राज्य में वे 'पीपुल्स पार्टी ऑफ अरुणाचल' के नेता थे। हालाँकि 1980 में उनकी पार्टी ने अलग से लोकसभा चुनाव लड़ा, मगर जीत नहीं मिली। पेर्तिन खुद भी हार गए। हालाँकि पी.पी.ए. को एक बड़ी सफलता 1979 में ही मिल चुकी थी। टोमो रिबा पार्टी की ओर से पहले मुख्यमंत्री बने और कुल 47 दिन सरकार चलाई। पार्टी लंबे समय तक उतार-चढ़ाव झेलती रही। पार्टी की लॉटरी दिसंबर 2015 में तब लगी, जब अरुणाचल प्रदेश के तत्कालीन मुख्यमंत्री कलिखो पुल 30 विधायकों के साथ कांग्रेस छोड़कर 'पीपुल्स पार्टी ऑफ अरुणाचल' में शामिल हो गए और भारतीय जनता पार्टी के साथ मिलकर सरकार बनाई। उसके बाद 2016 से यह पार्टी एन.डी.ए. की एक सहयोगी पार्टी बन गई।

सिक्किम जनता परिषद

सिक्किम संग्राम परिषद के नेता नर बहादुर भंडारी ने 1979 में इसकी स्थापना की थी। पार्टी ने 1979 के सिक्किम विधानसभा चुनाव में 32 में से 17 सीटों पर जीत दर्ज कर सरकार बनाई थी। नर बहादुर भंडारी मुख्यमंत्री बने। वे भारत में गोरखा मूल के पहले मुख्यमंत्री बने। उन्होंने नेपाली भाषा को संविधान की आठवीं अनुसूची में शामिल करवाया। वे 'भारतीय नेपाली भाषा परिसंघ' के आजीवन अध्यक्ष रहे। उन्हें 'आधुनिक सिक्किम का निर्माता' भी कहा जाता है। 1980 के लोकसभा चुनाव में पार्टी ने प्रदेश

की एक सीट पर चुनाव लड़ा और 61.65 फीसद वोट प्राप्त कर एकतरफा जीत दर्ज की। 1981 में इस पार्टी का इंदिरा कांग्रेस में विलय हो गया, मगर भंडारी ने 1984 में फिर कांग्रेस से अलग होकर 'सिक्किम संग्राम परिषद' नाम से अलग पार्टी बना ली। 16 जुलाई, 2017 को नर बहादुर भंडारी के निधन के बाद से उनकी पत्नी दिल कुमारी भंडारी इस पार्टी की अध्यक्षा बनीं।

सिक्किम कांग्रेस (रेवोल्युशनरी)

1979 से 1981 तक मात्र दो साल तक अस्तित्व में रही इस पार्टी का जिक्र जिग्मे एन. काजी ने अपनी पुस्तक 'संस ऑफ सिक्किम : द राइज एंड फॉल ऑफ द नामग्याल डायनेस्टी ऑफ सिक्किम' में किया है। 'सिक्किम कांग्रेस (रेवोल्युशनरी)' का गठन 1979 में सिक्किम विधानसभा चुनाव से ठीक पहले रामचंद्र पौडियाल ने किया था। विधानसभा की 32 सीटों में से 27 पर पार्टी ने उस साल चुनाव लड़ा और 11 सीटों पर विजयी रही। 1980 का लोकसभा चुनाव भी पार्टी ने सिक्किम की सीट से लड़ा, मगर सफल नहीं रही। हालाँकि पार्टी को 22 फीसद से ज्यादा वोट मिले थे। अपने पहले ही चुनाव में अच्छा प्रदर्शन करने के बावजूद पार्टी ज्यादा समय तक नहीं रह सकी। वर्ष 1981 में पार्टी के जीते हुए विधायक 'सिक्किम प्रजातंत्र कांग्रेस' में चले गए और पार्टी का पतन हो गया।

सिक्किम प्रजातंत्र कांग्रेस

सबसे लंबे समय तक सिक्किम के मुख्यमंत्री रहे और 'सिक्किम डेमोक्रेटिक फ्रंट' के संस्थापक पवन चामलिंग ने 1978 में एक क्षेत्रीय पार्टी बनाई थी, जिसका नाम था—'सिक्किम प्रजातंत्र कांग्रेस'। पार्टी को शुरुआत में कोई बड़ी सफलता नहीं मिली। 1979 के सिक्किम विधानसभा चुनाव में सिक्किम प्रजातंत्र कांग्रेस के प्रत्याशी राज्य की सभी 32 सीटों पर मैदान में थे, मगर इनमें से सिर्फ 4 को ही जीत मिली। कहने को 1980 का लोकसभा चुनाव भी लड़ा और 10 फीसद से भी कम वोट मिले। 1985 के विधानसभा चुनाव में पार्टी ने सिर्फ 14 सीटों पर ही चुनाव लड़ा। उसके बाद चामलिंग खुद 'सिक्किम संग्राम परिषद' में चले गए और इस तरह यह पार्टी खत्म हो गई।

कांग्रेस (जगजीवन)

यह भी एक अल्पजीवी पार्टी थी, जो 1981 से 1986 तक चली। यह इंडियन नेशनल कांग्रेस (उर्स) से टूटकर बनी थी। पार्टी नेता देवराज उर्स और जगजीवन राम में

पार्टी प्रभुत्व को लेकर ठन गई थी। जगजीवन राम ने ऑल इंडिया कांग्रेस कमेटी (उर्स) में अपना गुट बनाने की कोशिश की। उन्होंने अपने विश्वासपात्रों की बैठक बुलाई और पार्टी अध्यक्ष देवराज उर्स को पार्टी से निकालने की घोषणा कर दी। इसी क्रम में देवराज उर्स ने भी कमेटी की बैठक बुलाकर जगजीवन राम को पार्टी से निकाल दिया। पार्टी से निष्कासित होने के बाद जगजीवन राम ने अपनी अलग पार्टी 'इंडियन नेशनल कांग्रेस (जगजीवन)' बना ली। पार्टी ने 1984 का चुनाव लड़ा। इंदिरा गांधी की हत्या से उपजी सहानुभूति में कांग्रेस के प्रति एकतरफा लहर के बावजूद जगजीवन राम की पार्टी एक सीट जीतने में सफल रही। हालाँकि 1986 में जगजीवन राम के निधन के साथ ही यह पार्टी भी खत्म हो गई।

दूरदृष्टि पार्टी

देश में सामाजिक सुधार लाने और लोगों की आत्मिक उन्नति के नारे के साथ आध्यात्मिक गुरु बाबा जय गुरुदेव ने 24 मार्च, 1980 को अहमदाबाद में 'दूरदृष्टि पार्टी' की स्थापना की थी। पार्टी ने लगातार तीन लोकसभा चुनाव लड़े। 1984 में पार्टी ने 97 सीटों, 1989 में 288 सीटों और 1991 में 321 सीटों पर चुनाव लड़ा, मगर एक भी सीट पर जीत नहीं मिली और वोट प्रतिशत भी लगभग नगण्य ही रहा। इसके बाद 1997 में पार्टी ने राजनीति से हटने का फैसला कर लिया। इसका जनाधार इसके श्रद्धालु थे। उत्तर प्रदेश में पार्टी का जरूर कुछ सीमित सा जनाधार था।

प्लेन ट्राइबल्स काउंसिल ऑफ असम (पी.टी.सी.ए.)

असल में यह एक चरमपंथी संगठन था, जिसका गठन 1966 में हुआ था। समर ब्रह्म चौधरी और चरण नरजरी ने जनजातियों और अनुसूचित जातियों को एकजुट कर 'प्लेन ट्राइब्लस काउंसिल ऑफ असम' के बैनर तले जाति आधारित राज्य 'उदयाचल' के गठन की माँग को लेकर आतंकवादी आंदोलन चलाया था। 1968 में इस संगठन ने असम चुनाव का बहिष्कार किया। हालाँकि केंद्र की ओर से एक स्वायत्त परिषद बनाने पर सहमति जताई गई थी, मगर पी.टी.सी.ए. ने इसे मानने से इनकार कर दिया। इसके बाद राज्य में 'ऑल बोडो स्टूडेंट यूनियन' की ओर से 'बोडोलैंड' की माँग को लेकर एक अलग आंदोलन शुरू हुआ और बोडो आंदोलनकारियों ने पी.टी.सी.ए. की 'उदयाचल' की माँग का विरोध शुरू कर दिया। हालाँकि बाद में 'प्लेन ट्राइबल्स काउंसिल' चुनावी राजनीति में लौट आई। 1984 में इसने लोकसभा चुनाव लड़ा और एक सीट पर जीत दर्ज की।

पाटली मक्कल काची (पी.एम.के.)

यह तमिलनाडु की एक क्षेत्रीय पार्टी है, जिसका गठन 1989 में एस. रामदास ने किया था। उत्तरी तमिलनाडु में अन्य पिछड़ा वर्ग (ओ.बी.सी.) में शामिल वन्नियार समुदाय का अच्छा-खासा वर्चस्व है, यह ठीक वैसे ही है, जैसे उत्तर भारत में यादव और कुर्मियों का है। एस. रामदास वन्नियार समुदाय के नेता थे। 1987 में इस समुदाय ने आरक्षण की माँग को लेकर तमिलनाडु में आंदोलन शुरू किया था। यह आंदोलन इतने बड़े पैमाने पर हुआ कि पूरे राज्य में कानून व्यवस्था करीब एक सप्ताह तक पंगु होकर रह गई। सभी सड़क मार्गों पर कई हजार पेड़ काटकर डाल दिए गए थे। दलित समुदाय के 1,400 से ज्यादा घरों को क्षति पहुँचाई गई। तब एम.जी. रामचंद्रन के नेतृत्व में अन्नाद्रमुक की सरकार थी। पुलिस की फायरिंग में 21 प्रदर्शनकारी भी मारे गए। एस. रामदास की पहचान तब तक एक वन्नियार समुदाय के सामाजिक कार्यकर्ता के रूप में ही थी। इस आंदोलन ने उन्हें नेता बना दिया। उन्होंने 16 जुलाई, 1989 को एक अलग पार्टी 'पाटली मक्कल काची' (पी.एम.के.) की स्थापना की। उसी साल नवंबर में हुए लोकसभा चुनाव में पार्टी ने उम्मीदवार खड़े किए, मगर एक को भी जीत नहीं मिली। वर्ष 2004 के चुनाव से पहले पार्टी द्रमुक और कांग्रेस के नेतृत्ववाले 'लोकतांत्रिक प्रगतिशील गठबंधन' का हिस्सा बन गई और राज्य तथा केंद्र की सत्ता में भागीदारी की। बाद में यू.पी.ए.-1 का भी हिस्सा बने। 2014 में पी.एम.के. ने यू.पी.ए. को छोड़कर भाजपा के नेतृत्ववाले एन.डी.ए. का हाथ थाम लिया।

□

38

अल्पमत सरकारों के बीच राव-अटल युग का उदय

पिछली सदी के आखिरी दशक की शुरुआत मंडल और मंदिर आंदोलनों के अशांत माहौल में और राजनीतिक अस्थिरता के माहौल के साथ हुई थी। इसके पहले राजीव गांधी की बतौर पूर्व प्रधानमंत्री हत्या कर दी गई थी। प्रधानमंत्री के रूप में वी.पी. सिंह, एच.डी. देवगौड़ा और इंद्र कुमार गुजराल सत्ता पाने के बाद बचाने में ही लगे रहे और चंद्रशेखर के लिए तो यह पहले से ही पता था कि कांग्रेस इनका इस्तेमाल कर रही है। आज नहीं तो कल इन्हें जाना ही होगा। ऐसे में नए नेतृत्व की जरूरत महसूस हो रही थी। राजनीति का अर्थ सिर्फ समाज-सेवा नहीं रह गया था। पार्टियों के टिकट बिक रहे थे। ऐसे माहौल में ऐसी बहुत सी पार्टियाँ भी बनीं, जो सिर्फ एक चुनाव में ही दिखाई दीं। दूसरे चुनाव तक वे दूसरी पार्टी बन गईं। कुकुरमुत्तों की तरह देशभर में बहुत सी नई क्षेत्रीय पार्टियाँ और दल भी हर चुनावी मौसम में दिखने लगे।

संयुक्त लोका परिषद, सर्व नेशनल फ्रंट, थारसु मक्कल मंडरग, युवा विकास पार्टी, जवान किसान मजदूर पार्टी, प्रूटिस्ट ब्लॉक ऑफ इंडिया, सोषित समाज दल, ओडिशा विकास परिषद, अखिल भारतीय हिंदुस्तानी क्रांतिकारी समाजवादी पार्टी, असोम जतियाताबादी दल, सोशलिस्ट पार्टी (रमाकांत पांडे), विदर्भ प्रजा पार्टी, अखिल भारतीय ग्राम परिषद, अखिल भारतीय धर्मनिरपेक्ष दल, देसीय कृषक पार्टी, आजाद हिंद फौज (राजकीय), समदर्शी पार्टी, लोक पार्टी, सोशलिस्ट लीग ऑफ इंडिया, ऑल इंडिया उर्दू मोर्चा, अखिल भारतीय रामराज्य परिषद (वासुदेव शास्त्री अतुल), पांडव दल, अखिल भारतीय देशभक्ति मोर्चा, मार्क्स एंजिल्स, लेनिनिस्ट कम्युन हेल्थ एसोसिएशन, आदर्श लोकदल, देश भक्त पार्टी, अखिल भारतीय भारत देशम पार्टी, मुक्त भारत, राष्ट्रीय क्रांतिकारी दल, संपूर्ण राष्ट्रीय सेना, ग्राम मुन्नेत्र कड़गम, नवभारत पार्टी, लेबर पार्टी

ऑफ इंडिया (वी.वी. प्रसाद), थायागा मारुमालर्ची कड़गम, पूर्वांचल राष्ट्रीय कांग्रेस, अखिल भारतीय महिला दल, लोकहित मोर्चा, चेलुवा कन्नड़ नाडु, आजाद पार्टी, हिंदू शिवसेना (ए.के. ब्रह्मबट्ट), राष्ट्रीय उन्नतशील दल, सीनियर सिटीजन्स नेशनल पार्टी ऑफ इंडिया, सोशलिस्ट लेबर लीग, एम.जी.आर. मुन्नेत्र कड़गम, महाभारत पीपुल्स पार्टी, जनता कांग्रेस पार्टी ऑफ भारतवर्ष, अखिल भारतीय हिंदू शक्ति दल, अखिल भारतीय सोशलिस्ट पार्टी, जय महाकाली निगरानी समिति, कन्नड़ देश पार्टी, भारतीय ध्रुव लेबर पार्टी, विशाल भारत पार्टी और जन एकता मोर्चा—ये सभी पार्टियाँ वे हैं, जिन्होंने 1991 का लोकसभा चुनाव लड़ा था और इनमें से अधिकांश की पहचान एक चुनाव के बाद ही खत्म हो गई। इन्हें एक से शून्य प्रतिशत के बीच वोट मिले। इनमें से अधिकांश के बारे में अब कोई खास विवरण भी नहीं मिलता। इनमें शामिल रहे लोग भी इन्हें भूल चुके हैं। चुनावी मौसम में एकदम नए दलों के उगने से मतपत्रों की लंबाई आश्चर्यजनक रूप से बढ़ गई थी। राजनीति में काले धन का प्रवाह बढ़ रहा था। कई तरह के चुनाव सुधारों की जरूरत महसूस की जा रही थी।

उसी दौरान टी.एन. शेषन मुख्य चुनाव आयुक्त बने। उन्होंने देश की तत्कालीन चुनाव प्रक्रिया में सौ से ज्यादा खामियों की पहचान की और पूरी चुनाव प्रक्रिया में सुधार किया। उन सुधारों की छाया में 1996 के लोकसभा चुनाव हुए। नरसिम्हा राव के नेतृत्व में कांग्रेस की सरकार भ्रष्टाचार के लिए बदनाम हो चुकी थी। भारतीय जनता पार्टी तेजी से उभर रही थी और कई क्षेत्रीय दल इतने मजबूत हो गए थे कि केंद्र की राजनीति की दिशा वे ही तय कर रहे थे। (वैसे भी हम लोग राष्ट्रीय दल कांग्रेस और भाजपा के बारे में चर्चा नहीं कर रहे हैं।)

हालाँकि तमाम चुनाव सुधारों के बाद भी नए और छोटे दलों का बनना जारी रहा। 1996 के चुनाव में 'भारतीय राष्ट्रवादी दल' के नाम से एक ऐसी पार्टी भी थी, जिसे कुल 53 वोट ही मिले। इसके अलावा जन एकता मोर्चा, भारतीय सर्वकल्याण क्रांति दल, मानव समाज पार्टी और लेबर पार्टी ऑफ इंडिया (वी.वी. प्रसाद) भी ऐसे दल थे, जिन्हें सौ से कम वोट मिले। ऑल इंडिया डेमोक्रेटिक पीपुल फेडरेशन, अखिल भारतीय जागरूक नागरिक दल, फेडरेशन सभा, हिंद किसान मजदूर पार्टी, पूर्वांचल राष्ट्रीय कांग्रेस और क्रांति दल को दो सौ से भी कम वोट मिले।

1999 से भारतीय राजनीति में 'अटल युग' का उदय हुआ। भारतीय जनता पार्टी ने राष्ट्रीय जनतांत्रिक गठबंधन की सरकार बनाई। मगर इस दौरान भी छोटे क्षेत्रीय दलों का बनना जारी रही। इस अवधि में कुछ ऐसे क्षेत्रीय दल भी बने, जिन्होंने अपनी पहचान बनाई। 1991 से 2003 के बीच जिन दलों ने कुछ पहचान बनाई, उनका हम यहाँ अलग से जिक्र कर रहे हैं—

जनता दल (गुजरात)

यह राजनीतिक पार्टी जनता दल की गुजरात इकाई में फूट के बाद अक्तूबर 1990 में बनी थी। चिमनभाई पटेल और छबीलदास मेहता ने इस नई पार्टी का गठन किया था। चिमन भाई पटेल तब जनता दल के नेता थे और गुजरात की जनता दल-भाजपा की साझा सरकार के मुख्यमंत्री थे। मगर 25 अक्तूबर, 1990 को यह गठबंधन टूट गया। तब चिमन भाई पटेल ने 70 विधायकों के साथ 'जनता दल (गुजरात)' बनाकर कांग्रेस के 35 विधायकों के समर्थन से सरकार बनाई और वे 17 फरवरी, 1994 को अपनी मौत तक मुख्यमंत्री रहे। चिमन भाई पटेल की मौत के बाद जनता दल (गुजरात) का विलय भी कांग्रेस में हो गया। जनता दल (गुजरात) ने 1991 का लोकसभा चुनाव भी लड़ा और एक सीट पर जीत दर्ज की।

नातुन असोम गण परिषद

यह पार्टी असम गण परिषद में प्रफुल्ल कुमार महंत और भृगु कुमार फूकन के बीच नेतृत्व के लिए आपसी खींचतान का नतीजा थी। फूकन असम के गृहमंत्री थे और असम गण परिषद के सांसद दिनेश गोस्वामी तब केंद्रीय कानून मंत्री थे। दोनों ने प्रफुल्ल कुमार महंत से नाराजगी के चलते अलग पार्टी 'नातुन असोम गण परिषद' बनाई। पार्टी के अन्य प्रमुख नेताओं में बृंदावन गोस्वामी और पुलकेश बरुआ थे। पार्टी ने 1991 में लोकसभा चुनाव भी लड़ा, मगर एक भी सीट पर सफलता नहीं मिली। बाद में 1994 में भृगु फुकन को असम गण परिषद का कार्यकारी अध्यक्ष बना दिया गया और 'नातुन असोम गण परिषद' का फिर 'असम गण परिषद' में विलय हो गया।

ऑटोनोमस स्टेट डिमांड कमेटी

नब्बे के दशक में कम्युनिस्ट नेता जयंत रोंगपी ने 'पीपुल्स डेमोक्रेटिक फ्रंट' से यह नई पार्टी 'ऑटोनोमस स्टेट डिमांड कमेटी' बनाई थी। इसके सदस्य मूलतः मार्क्सवादी-लेनिनवादी थे। इस पार्टी ने 1991, 1996 और 1998 में लोकसभा चुनाव लड़े, मगर कोई सफलता नहीं मिली। उसके बाद यह दो हिस्सों में टूट गई और इसका बड़ा हिस्सा मार्क्सवादी-लेनिनवादी विचारधारा छोड़कर भारतीय जनता पार्टी में शामिल हो गया।

शिरोमणि अकाली दल (अमृतसर)

1 मई, 1994 को चरमपंथी समझे जाते अकाली नेता सिमरनजीत सिंह मान ने शिरोमणि अकाली दल में विभाजन कर 'शिरोमणि अकाली दल (अमृतसर)' की

स्थापना की। उनके साथ इस नई पार्टी में कैप्टन अमरिंदर सिंह, भाई मनजीत सिंह, कर्नल (रि.) जसमेर सिंह बाला, सुरजीत सिंह बरनाला और जगदेव सिंह तलवंडी शामिल थे। सभी ने एकमत होकर सिमरनजीत सिंह मान को अध्यक्ष चुना। पार्टी को 1999 में संगरूर से एक सीट पर सफलता मिली। उसके बाद पार्टी कोई सीट नहीं जीत सकी। सिमरनजीत सिंह मान को छोड़कर बाकी प्रमुख नेता भी पार्टी से अलग हो गए।

तमिल मनीला कांग्रेस (एम-टी.एम.सी.)

इस पार्टी का गठन 1996 में कांग्रेस की तमिलनाडु इकाई में जी.के. मूपनार की बगावत से हुआ था। राज्य कांग्रेस इकाई के अधिकांश नेता मूपनार के साथ आ गए थे। 1996 में कांग्रेस के अन्नाद्रमुक के साथ गठबंधन करने के विरोध में मूपनार ने यह बगावत की थी। नरसिंह राव की सरकार के समय मूपनार की छवि राजनीतिक रणनीतिकार और एक संकटमोचक की बन गई थी। वे सत्ता में रहते हुए भी एक सर्वसाधारण का जीवन जीते थे। इसलिए लोगों में उनका काफी सम्मान था। 1996 में पार्टी के 20 सांसद लोकसभा में थे। 1999 में मूपनार ने लोकसभा में भाजपा की नेतृत्ववाली सरकार का विश्वासमत पर साथ देने से इनकार कर दिया था। उसके बाद वाजपेयी सरकार एक वोट से गिर गई थी। मूपनार के निधन के बाद उनके पुत्र जी.के. वासन पार्टी के अध्यक्ष चुने गए। उसके बाद वर्ष 2002 में पार्टी का विलय कांग्रेस में हो गया। 3 नवंबर, 2014 को वासन कांग्रेस से अलग हो गए और उन्होंने एक बार फिर 'तमिल मनीला कांग्रेस' (टी.एम.सी.) बनाई। हालाँकि 2016 के विधानसभा चुनाव में पार्टी को राज्य में कोई सफलता नहीं मिली।

समता पार्टी

जॉर्ज फर्नांडिस और नीतीश कुमार ने 1994 में जनता दल से अलग होकर 'समता पार्टी' बनाई थी। हालाँकि वर्ष 2003 में पार्टी में एक बार फिर फूट पड़ी और इसका एक बड़ा हिस्सा नीतीश कुमार के नेतृत्व में 'जनता दल यूनाइटेड' के रूप में अलग हो गया। लेकिन ब्रह्मानंद मंडल और रघुनाथ झा समता पार्टी का झंडा उठाए रहे। बाद में रघुनाथ झा भी पार्टी छोड़ गए और ब्रह्मानंद मंडल पार्टी का चुनाव चिह्न मशाल सँभाले रहे। वर्ष 1996 का चुनाव समता पार्टी ने भाजपा के साथ गठबंधन में लड़ा और 8 सीटों पर जीत दर्ज की। इनमें छह सीटें बिहार में थीं। 1998 के लोकसभा चुनाव में 12 सीटों पर जीत दर्ज की। इनमें दस बिहार में और दो उत्तर प्रदेश में थीं। अक्तूबर 2003 में पार्टी अध्यक्ष जॉर्ज फर्नांडिस ने इसके जदयू में विलय की घोषणा की, मगर ब्रह्मानंद मंडल पार्टी की अलग पहचान बनाए रहे, मगर उसके बाद पार्टी को कोई उल्लेखनीय सफलता किसी चुनाव में नहीं मिली।

हरियाणा विकास पार्टी

यह पार्टी हरियाणा की एक क्षेत्रीय पार्टी थी। वर्ष 1996 में सोनिया गांधी के कांग्रेस अध्यक्ष बनने के बाद हरियाणा के कांग्रेस नेता बंसीलाल और उनके बेटे चौधरी सुरेंद्र सिंह ने इस पार्टी का गठन किया था। विधानसभा चुनाव के बाद पार्टी राज्य में सरकार बनाने में सफल रही। शराबबंदी की वजह से बंसीलाल काफी चर्चा में भी आए। मगर जल्द ही सहयोगी भाजपा के समर्थन वापस ले लेने से बंसीलाल की सरकार गिर गई। इसके बाद 14 अक्तूबर, 2004 को बंसीलाल ने पार्टी को कांग्रेस में विलय कर दिया।

भरिपा बहुजन महासंघ

इस पार्टी का गठन 4 जुलाई, 1994 को प्रकाश आंबेडकर ने किया था। यह पार्टी रिपब्लिकन पार्टी ऑफ इंडिया से अलग होकर बनी थी। पार्टी करीब 25 साल तक चली। वर्ष 2019 में इसका विलय 'वंचित बहुजन अघाड़ी' में हो गया। 1996 के लोकसभा चुनाव में तो पार्टी को कोई सफलता नहीं मिली, मगर 1999 के चुनाव में पार्टी ने 34 उम्मीदवार उतारे। इनमें खुद प्रकाश आंबेडकर अकोला से विजयी रहे। वर्ष 2004 के लोकसभा चुनाव में वे इसी सीट से हार गए। उसके बाद 2019 में प्रकाश आंबेडकर ने नई पार्टी 'वंचित बहुजन आघाड़ी' नाम से अलग पार्टी बना ली।

अपना दल

उत्तर प्रदेश के वाराणसी क्षेत्र के कुर्मी नेता डॉ. सोने लाल पटेल ने 4 नवंबर, 1995 को इस पार्टी की स्थापना की थी। कभी सोने लाल पटेल को बसपा नेता कांशीराम का बेहद करीबी राजनीतिक सहयोगी माना जाता था। सोने लाल पटेल कांशीराम के साथ बसपा के संस्थापक सदस्यों में से एक थे। कांशीराम द्वारा मायावती को अधिक तवज्जो देने से नाराज सोने लाल पटेल अलग हो गए थे और उन्होंने 'अपना दल' की स्थापना की। 'अपना दल' का प्रभाव वाराणसी और मिर्जापुर क्षेत्र में माना जाता है। पार्टी की चुनावी राजनीति में 2002 में तब कुछ चमकी, जब बाहुबली अतीक अहमद इलाहाबाद सीट से 'अपना दल' की टिकट पर चुनाव जीत गए। उसके बाद प्रदेश के चुनाव में पार्टी को कोई सफलता नहीं मिली। अक्तूबर 2009 में सोने लाल पटेल का एक कार दुर्घटना में निधन हो गया। निधन के 20 दिन के भीतर ही उनकी बड़ी बेटी अनुप्रिया पटेल ने आशीष सिंह से शादी कर ली। मार्च 2014 में 'अपना दल' भाजपा के नेतृत्ववाले राष्ट्रीय जनतांत्रिक गठबंधन में शामिल हो गया। फिलहाल अनुप्रिया पटेल केंद्र की मोदी सरकार में मंत्री हैं (बीच के दौर में उनको मंत्रिपरिषद में शामिल भी नहीं किया गया था)।

मजलिस बचाओ तहरीक

इस पार्टी का गठन 1993 में तेलंगाना में हुआ था। ए.आई.एम.आई.एम. के अध्यक्ष सुल्तान सलाहुद्दीन ओवैसी से मतभेद के बाद अमानुल्लाह खान ने 'मजलिस बचाओ पार्टी' का गठन किया था। बँटवारे के बाद पार्टी ने राज्य विधानसभा चुनाव में चंद्रायणगुट्टा और याकूतपुरा की दो सीटें जीतीं। 10 नवंबर, 2002 को अमानुल्लाह खान का निधन हो गया। उसके बाद उनके बेटे डॉ. खय्याम खान पार्टी के अध्यक्ष बने।

गोंडवाना गणतंत्र पार्टी

मध्य भारत की प्रमुख जनजाति गोंड के अधिकारों के लिए हीरा सिंह मर्कराम ने 1991 में इस पार्टी का गठन किया था। पार्टी के गठन का उद्देश्य बताया गया था कि अस्सी फीसद आबादी श्रमिक, किसान और बेरोजगार हैं। उस पर लगातार अन्याय हो रहा है। इसलिए अपने अधिकारों के लिए लड़ना होगा। उत्तर प्रदेश विधानसभा चुनाव में 2002 में जी.जी.पी. ने 8 उम्मीदवार उतारे, मगर कुल मिलाकर 12 हजार वोट भी नहीं मिले। अगले साल मध्य प्रदेश विधानसभा चुनाव में पार्टी ने 61 उम्मीदवार उतारे और इनमें से तीन विजयी रहे। वर्ष 2018 में 'गोंडवाना गणतंत्र पार्टी' ने समाजवादी पार्टी से समझौता कर लिया।

जनता दल (सेक्युलर)

इस पार्टी के पास तीन राज्यों कर्नाटक, केरल और अरुणाचल प्रदेश में क्षेत्रीय पार्टी का दर्जा है। इसका गठन जुलाई 1999 में पूर्व प्रधानमंत्री एच.डी. देवगौड़ा ने किया था। आपसी मतभेदों के चलते देवगौड़ा ने जनता दल से अलग होकर यह पार्टी बनाई थी। उसी वर्ष लोकसभा चुनाव में पार्टी एक सीट जीतने में सफल रही थी। वर्ष 2004 में पार्टी का भाग्य पलटा और वह राज्य में सत्तारूढ़ गठबंधन का हिस्सा बनी। उसके बाद 2013 से 2018 तक कांग्रेस के साथ मिलकर सत्ता में भागीदारी की।

मारुमलारची द्रविड़ मुन्नेत्र कड़गम

यह तमिलनाडु और पुडुचेरी की क्षेत्रीय पार्टी है। इसकी स्थापना 6 मई, 1994 में वाइको ने द्रविड़ मुन्नेत्र कड़गम से अलग होकर की थी। द्रमुक में वाइको को पार्टी प्रमुख करुणानिधि के लिए खतरा माना जा रहा था। श्रीलंका के गृहयुद्ध के दौरान वाइको ने वहाँ रह रहे तमिलों और लिट्टे को अपना पूर्ण समर्थन दिया था। 1999 के लोकसभा चुनाव में पार्टी ने चार सीटों पर जीत दर्ज की थी। पार्टी ने 2019 का लोकसभा चुनाव द्रमुक के साथ मिलकर लड़ा और एक सीट पर जीत दर्ज की।

राष्ट्रीय लोक दल (रालोद)

पश्चिमी उत्तर प्रदेश के एक हिस्से में प्रभाव रखनेवाली इस पार्टी की स्थापना 1996 में पूर्व प्रधानमंत्री चौधरी चरण सिंह के पुत्र चौधरी अजित सिंह ने की थी। वर्ष 1999 के लोकसभा चुनाव में पार्टी ने दो सीटों पर जीत दर्ज की थी। वर्ष 2002 का उत्तर प्रदेश विधानसभा चुनाव पार्टी ने बसपा के साथ मिलकर लड़ा और सरकार बनाई। मायावती की सरकार में पार्टी के दो कैबिनेट मंत्री थे। वर्ष 2004 का चुनाव रालोद ने समाजवादी पार्टी के साथ मिलकर लड़ा और तीन सीटों पर जीत दर्ज की। 2009 का लोकसभा चुनाव भाजपा के साथ मिलकर लड़ा और पाँच सीटें जीतीं। वर्ष 2014 और 2019 के चुनाव में पार्टी कोई सीट नहीं जीत सकी। पार्टी का वोट बैंक समझा जानेवाला जाट समुदाय मुजफ्फरनगर दंगों के बाद बड़ी संख्या में भाजपा के साथ चला गया। इसका नुकसान पार्टी को उठाना पड़ा। 20 अप्रैल, 2021 को चौधरी अजित सिंह का कोरोना से निधन हो जाने के बाद उनके पुत्र जयंत चौधरी को पार्टी की कमान मिली।

पिरामिड पार्टी

इस पार्टी की स्थापना ऋषिकेश में बहुत ही अलग तरह के उद्देश्यों को लेकर 25 फरवरी, 1999 को ब्रह्मर्षि पत्रीजी ने की थी। बी.वी. रेड्डी को इसका संस्थापक अध्यक्ष बनाया गया। पार्टी का उद्देश्य बताया गया कि वर्ष 2012 तक पूरी दुनिया में ध्यान के विज्ञान का प्रचार करना। हर चीज में आनंद ढूँढ़ना। आध्यात्मिक विषयों के पीछे छुपे विज्ञान को ढूँढ़ना और शाकाहार को बढ़ावा देना। चमत्कारी चिंतकों की नई पीढ़ी तैयार करना। पूरी दुनिया में 'पिरामिड यंग मास्टर्स एसोसिएशन' के केंद्र बनाना। पार्टी ने 1999 का चुनाव लड़ा, मगर सभी प्रत्याशियों को कुल मिलाकर 31,699 वोट ही मिले।

मारालैंड डेमोक्रेटिक फ्रंट (एम.डी.एफ.)

एम.डी.एफ. मिजोरम की एक क्षेत्रीय पार्टी हुआ करती थी। इसका गठन 2003 में मिजोरम के मारा समुदाय के नेता पी.पी. थावला ने किया था। पार्टी का प्रभाव राज्य के दक्षिणी हिस्से में था। कांग्रेस के सहयोग से 'मारा ऑटोनॉमस काउंसिल' भी चलाई। वर्ष 2003 में पार्टी ने राज्य की दो विधानसभा सीटों पर चुनाव लड़ा और पार्टी के संस्थापक अध्यक्ष पी.पी. थावला विजयी रहे। पार्टी 14 साल तक राज्य में अलग दल के रूप में रही, मगर 12 जुलाई, 2017 को थावला ने पार्टी का विलय भारतीय जनता पार्टी में कर दिया।

□

39

मनमोहन से मोदी युग तक

नई सदी के आगाज के साथ ही देश को एक नई सुबह का इंतजार था। कारगिल युद्ध की त्रासदी ने भाजपा के 'शाइनिंग इंडिया' के रथचक्र को भारतीय जनता ने खारिज कर दिया था। कांग्रेस 145 सीटें लेकर सबसे बड़ा दल बनकर उभरी, मगर बहुमत किसी को नहीं मिला और मनमोहन सिंह के नेतृत्व में एक मिली-जुली सरकार बनी।

यह वह दौर था, जब क्षेत्रीय पार्टियाँ केंद्र की सत्ता में बेहद शक्तिशाली हो गई थीं। मंत्रालय प्रधानमंत्री की नहीं, क्षेत्रीय पार्टियों की इच्छा से तय होने लगे थे। 2004 के आम चुनाव में भी बड़ी संख्या में नई पार्टियाँ कूदीं। कुछ तो चुनाव से पहले ऐन मौके पर बनीं और चुनाव के बाद कहाँ लुप्त हो गईं, कोई नहीं जानता। कई पार्टियों को कुल मिलाकर एक फीसदी वोट भी नहीं मिले। ऐसी ही एक पार्टी 'कन्नड़ नाडु पार्टी' कर्नाटक में विजय संकेश्वर ने बनाई थी और 2004 के चुनाव के बाद यह जनता दल सेक्युलर में शामिल हो गई। कर्नाटक के एक व्यवसायी हरि एल. खोड़े ने लोकसभा चुनाव से पहले 16 जनवरी, 2004 को 'उर्स संयुक्ता पक्ष' नाम से पार्टी बनाई। कर्नाटक के मुख्यमंत्री रहे देवराज उर्स की विरासत को बचाना और पिछड़े वर्ग के अधिकारों की रक्षा करना इस पार्टी का उद्देश्य था। इसने 2004 के चुनाव में तीन उम्मीदवार उतारे। तीनों को कुल मिलाकर 33,128 वोट ही मिले। ऐसी ही अन्य पार्टियों में प्रबुद्ध रिपब्लिकन पार्टी, तमिल देसियाक काट्ची, कोसी विकास पार्टी, छत्तीसगढ़ी समाज पार्टी, सवर्ण समाज पार्टी, शिवराज्य पार्टी, मनुवादी पार्टी, राष्ट्रीय हमारा दल, परिवर्तन समाज पार्टी, राजस्थान विकास पार्टी, लोकप्रिय समाज पार्टी, यूथ एंड स्टूडेंट पार्टी, पिछड़ा समाज पार्टी, नारी शक्ति पार्टी, शिक्षित बेरोजगार सेना, भारतीय एकता दल, जनमंगल पक्ष, सनातन समाज पार्टी, राष्ट्रीय गरीब दल, फुले भारती लोक पार्टी, महाराष्ट्र राजीव कांग्रेस, विजेता पार्टी,

जनसत्ता पार्टी, निस्वार्थ सेवा पार्टी, मानव जागृति मंच, अवामी पार्टी, अखंड पार्टी जैसे ढेरों नाम थे।

2009 का चुनाव कांग्रेस ने तत्कालीन प्रधानमंत्री मनमोहन सिंह के सहारे लड़ा और उसे 206 सीटें मिल गईं। पिछले पाँच साल तक मनमोहन सरकार को मोल-तोल में उलझानेवाली क्षेत्रीय शक्तियों की ताकत अब उतनी नहीं रही, जितनी 2004 में थी। हालाँकि इस चुनाव में भी बहुत सी नई पार्टियाँ कूदीं और चुनाव के बाद खत्म हो गईं। इन्हें इतने कम वोट मिले कि उनकी चर्चा करना भी मुनासिब नहीं है। 2014 का लोकसभा चुनाव गुजरात के तत्कालीन मुख्यमंत्री नरेंद्र मोदी और कांग्रेस अध्यक्ष राहुल गांधी के बीच प्रतिष्ठा की लड़ाई था। इस चुनावी जंग में नरेंद्र मोदी की एकतरफा जीत हुई। वे राष्ट्रीय नेता बनकर उभरे और देश के प्रधानमंत्री बने। पूरे देश में ध्रुवीकरण हुआ। इस चुनाव ने क्षेत्रीय दलों की शक्ति को सीमित कर दिया। इस चुनाव से काफी पहले कांग्रेस बिखरना शुरू हो गई थी। आंध्र प्रदेश में वर्ष 2011 में ही वाई.एस. जगनमोहन रेड्डी ने अलग पार्टी वाई.एस.आर. बना ली थी। इस तरह दक्षिण में कांग्रेस अपने एक बड़े गढ़ में कमजोर हो गई थी। इस पार्टी के बारे में आप पिछले अध्याय में विस्तार से पढ़ चुके हैं।

2019 का चुनाव पुलवामा कांड और पाकिस्तान पर एयर स्ट्राइक से बनी पृष्ठभूमि पर लड़ा गया, जिसने प्रधानमंत्री नरेंद्र मोदी के नेतृत्व में भाजपा को एकतरफा बहुमत दिया। इस चुनाव में सिर्फ क्षेत्रीय पार्टियाँ ही नहीं, कांग्रेस जैसी राष्ट्रीय पार्टियों की हैसियत भी हाशिए पर चली गई।

लोक जनशक्ति पार्टी (एल.जे.पी.)

जनता दल यूनाइटेड से अलग होकर बिहार में दलित समुदाय के नेता रामविलास पासवान ने 28 नवंबर, 2000 को 'लोक जनशक्ति पार्टी' की स्थापना की थी। पासवान के साथ उनके भाई रामचंद्र पासवान, कैप्टन जय नारायण प्रसाद निषाद, रमेश जिगाजीनागी भी जदयू को छोड़कर उनके साथ आ गए थे। पासवान अटल बिहारी सरकार में मंत्री थे, मगर 2004 में चुनाव से पहले उन्होंने कांग्रेस और राजद से गठबंधन कर लिया। पार्टी बिहार में चार लोकसभा सीटें जीतने में भी सफल रही। इसके अगले साल 2005 में बिहार विधानसभा चुनाव में भी पार्टी ने 29 सीटों पर जीत दर्ज की। मगर 2009 के लोकसभा चुनाव में लोक जनशक्ति पार्टी ने यू.पी.ए. को छोड़कर राजद और समाजवादी पार्टी के साथ चौथा मोर्चा बनाया और इस चुनाव में उसे सिर्फ एक सीट पर जीत मिली। उसी साल एल.जे.पी. को एक बड़ा झटका तब लगा, जब पार्टी की झारखंड की पूरी इकाई कांग्रेस में शामिल हो गई। 2010 के बिहार चुनाव में भी पार्टी

को सिर्फ 3 सीटों पर ही जीत मिली। इनमें से पार्टी के दो विधायक बाद में जदयू में शामिल हो गए। 27 फरवरी, 2014 को लोक जनशक्ति पार्टी ने भाजपा से समझौता किया और करीब 12 साल बाद फिर से राजग का हिस्सा बन गई। इस लोकसभा चुनाव में पार्टी ने बिहार में सात सीटों पर जीत दर्ज की। मगर 2015 के विधानसभा चुनाव में पार्टी सिर्फ दो सीटों पर ही जीत सकी। बिहार विधानसभा चुनाव से ठीक पहले 8 अक्तूबर, 2020 को रामविलास पासवान का निधन हो गया और उनके पुत्र चिराग पासवान पार्टी के अध्यक्ष बने। पार्टी ने अकेले विधानसभा चुनाव लड़ा और एक भी सीट पर जीत नहीं मिली। वर्ष 2021 में पार्टी में चिराग पासवान के खिलाफ बड़ी बगावत हुई। पार्टी के पाँच सांसद उनके चाचा पशुपतिनाथ पारस के नेतृत्व में अलग हो गए। लोकसभा अध्यक्ष ने पारस को ही सदन में एल.जे.पी. का नेता मान लिया। (विस्तार से आप पहले ही पढ़ चुके हैं)

तेलंगाना राष्ट्र समिति (टी.आर.एस.)

यह तेलंगाना की एक क्षेत्रीय पार्टी है, जिसकी स्थापना के. चंद्रशेखर राव ने 27 अप्रैल, 2001 में की थी। चंद्रशेखर राव तब तेलुगु देशम पार्टी के सदस्य थे और डिप्टी स्पीकर थे। पार्टी का एकमात्र एजेंडा अलग तेलंगाना राज्य की स्थापना था, जिसकी राजधानी हैदराबाद हो। पार्टी ने 2004 के पहले लोकसभा चुनाव में अच्छा प्रदर्शन करते हुए पाँच सीटों पर जीत दर्ज की। राज्य के विधानसभा चुनाव में भी उसने छह सीटें जीतीं। यह पार्टी बड़ी तेजी से आगे बढ़ रही थी। गठन के छह माह के भीतर ही 2001 में इसने मंडल परिषद टेरिटोरियल कॉन्स्टिचुएंसीज (एम.पी.टी.सी.) की एक-तिहाई और जिला परिषद की एक-चौथाई सीटें जीत ली थीं। वर्ष 2009 के चुनाव में पार्टी भाजपा के साथ समझौता कर राजग का हिस्सा बन गई। मगर इस लोकसभा चुनाव में पार्टी को सिर्फ 2 सीटों पर विजय मिल सकी। वर्ष 2014 में पार्टी ने अपने दम पर लोकसभा और विधानसभा चुनाव लड़ा और तेलंगाना में बड़ी जीत दर्ज की। पार्टी ने राज्य की 17 लोकसभा सीटों में से 11 अपनी झोली में डाल लीं और विधानसभा की 119 सीटों में से 63 पर जीत दर्ज कर अपनी सरकार बनाई। इस चुनाव में चंद्रशेखर राव पार्टी की ओर से अकेले स्टार प्रचारक थे और उन्होंने 300 से ज्यादा रैलियाँ कीं। 2018 के चुनाव में टी.आर.एस. को और भी बड़ी सफलता मिली। पार्टी ने राज्य विधानसभा की 119 सीटों में से 88 सीटों पर जीत दर्ज की। इस तरह एक क्षेत्रीय दल के रूप में टी.आर.एस. एक बड़ी राजनीतिक शक्ति की तरह उभरकर सामने आई है। (इसके उभार पर विस्तार से चर्चा हम पिछले अध्याय में कर चुके हैं।)

सुहेलदेव भारतीय समाज पार्टी (सुभासपा)

यह उत्तर प्रदेश के भी एक हिस्से पूर्वांचल और बिहार के कुछ जिलों में प्रभाव रखनेवाली क्षेत्रीय पार्टी है। इस पार्टी का मुख्यालय भी बलिया जिले में है। इसकी स्थापना 2002 में राजभर समुदाय के नेता ओमप्रकाश राजभर ने की थी। 2004 के लोकसभा चुनाव में पार्टी ने 14 उम्मीदवार उतारे थे। कुल मिलाकर नाममात्र के वोट (0.07 प्रतिशत) मिले। वर्ष 2009 के चुनाव में भी इसके सभी 20 प्रत्याशियों की जमानत जब्त हुई। 2012 के उत्तर प्रदेश विधानसभा चुनाव में पार्टी ने 52 उम्मीदवार उतारे, इनमें से सिर्फ चार ही अपनी जमानत राशि बचा पाए। 2017 का विधानसभा चुनाव 'सुभासपा' ने भाजपा के साथ मिलकर लड़ा। पार्टी 4 सीटों पर विजयी रही और ओमप्रकाश राजभर योगी सरकार में मंत्री बनाए गए। 2019 के लोकसभा चुनाव के दौरान भाजपा और 'सुभासपा' के रिश्ते में उम्मीदवारों को लेकर दरार आ गई थी। रूठना-मानना इस पार्टी का हमेशा का रूप रहा है।

भारतीय नवशक्ति पार्टी (बी.एन.पी.)

इस पार्टी की उम्र एक दशक भर रही। इसकी मुख्य सक्रियतता दादर और नगर हवेली तथा दक्षिण गुजरात तक सीमित थी। इस पार्टी का गठन दादर नगर और हवेली के सात बार सांसद रहे मोहनभाई संजीभाई डेलकर ने किया था। इससे पूर्व भी डेलकर कभी कांग्रेस और कभी भाजपा की टिकट पर चुनाव लड़ चुके थे। वे मोरारजी देसाई के नेतृत्ववाली जनता पार्टी में भी रहे। डेलकर सिलवासा जनजाति के नेता थे और उसके अधिकारों की लड़ाई लड़ते थे। 1999 का लोकसभा चुनाव उन्होंने निर्दलीय लड़ा और 'भारतीय नवशक्ति पार्टी' का गठन किया। बी.एन.पी. ने वर्ष 2000 में दादर और नगर हवेली का पंचायत चुनाव कांग्रेस के साथ मिलकर लड़ा और 12 में से 10 सीट जीतकर ग्राम परिषद पर कब्जा किया। 2004 का चुनाव डेलकर ने अपनी पार्टी से यू.पी.ए. के बाहरी समर्थन से लड़कर जीता। 2009 के चुनाव से पहले इस पार्टी का विलय कांग्रेस में हो गया।

लोक भलाई पार्टी (एल.बी.पी.)

यह पार्टी पंजाब की एक क्षेत्रीय पार्टी थी, जिसका गठन 1999 में पूर्व केंद्रीय मंत्री बलवंत सिंह रामूवालिया ने किया था। उस दौर में पंजाब में कबूतरबाजी का धंधा जोरों पर था। पंजाब के युवाओं को विदेश भेजने का लालच देकर उन्हें अफ्रीकी, यूरोपीय और खाड़ी देशों में छोड़ दिया जाता था। बदले में उनसे लाखों रुपए ले लिये जाते थे। इसी तरह विदेश में बसे युवाओं से शादी कराने के नाम पर बहुत सी युवतियों का जीवन

बरबाद किया गया था। रामूवालिया ने ट्रैवल एजेंटों से प्रताड़ित ऐसे ही लोगों की आवाज उठाई और 'लोक भलाई पार्टी' का गठन किया। राजनीतिक रूप से पार्टी कोई खास छाप नहीं छोड़ सकी। नवंबर 2011 में इसका विलय शिरोमणि अकाली दल (बादल) में हो गया।

राष्ट्रीय समाज पक्ष (एन.एस.पी.)

'नेशनल सोसाइटी पार्टी' या 'राष्ट्रीय समाज पक्ष' महाराष्ट्र की एक क्षेत्रीय पार्टी है। इसका गठन 2003 में महादेव जानकर ने किया था। जानकर ने अपनी राजनीति की शुरुआत कांशीराम के नेतृत्व में बसपा से की थी। कांशीराम ने उन्हें महाराष्ट्र में 'यशवंत सेना' का प्रमुख बनाया था। 'यशवंत सेना' राजनीतिक संगठन नहीं थी, यह सांस्कृतिक संगठन था। इसलिए जानकर ने 2003 में अपनी राजनीतिक आकांक्षाओं की पूर्ति के लिए 'राष्ट्रीय समाज पक्ष' का गठन किया। पार्टी ने 2004 में 12 प्रत्याशी उतारे, मगर एक को भी जीत नहीं मिली। जानकर ने 2009 में मढ़ा लोकसभा सीट से चुनाव लड़ा और तीसरे स्थान पर रहे। 2014 में उन्होंने सुप्रिया सुले के खिलाफ बारामती से चुनाव लड़ा और दूसरे स्थान पर रहे। उसके बाद पार्टी भाजपा के नेतृत्ववाली राष्ट्रीय जनतांत्रिक गठबंधन का हिस्सा बन गई। 2015 में विधान परिषद से चुनाव जीतकर जानकर महाराष्ट्र में देवेंद्र फडणवीस के नेतृत्ववाली भाजपा सरकार में मंत्री भी बने।

राष्ट्रीय परिवर्तन दल

इस पार्टी की स्थापना पश्चिमी उत्तर प्रदेश के माफिया डॉन कहे जानेवाले डी.पी. यादव ने की थी। उन पर शराब तस्करी और हत्याओं के आरोप लगे थे। किसी समय उन्हें समाजवादी पार्टी और मुलायम सिंह यादव का खास माना जाता था। 2004 के लोकसभा चुनाव से पहले वे भाजपा में आए, मगर विवाद होने पर जल्द ही उन्हें अलग कर दिया गया। उसके बाद उन्होंने 'राष्ट्रीय परिवर्तन दल' नाम से अपनी अलग पार्टी बना ली। वर्ष 2007 के विधानसभा चुनाव में 'राष्ट्रीय परिवर्तन दल' ने दो सीटों पर जीत दर्ज की। डी.पी. यादव खुद सहसवान से और उनकी पत्नी उमलेश यादव बिसौली से जीत गईं। उसके बाद इस पार्टी का विलय मायावती की बहुजन समाज पार्टी में हो गया।

झारखंड दिसोम पार्टी (जे.डी.पी.)

झारखंड में भाजपा में फूट से यह पार्टी बनी थी। भाजपा सांसद सालखन मुर्मू ने 2002 में आदिवासी लोगों के हितों की बात उठाते हुए भाजपा से अलग होकर इस पार्टी

का गठन किया। इस पार्टी की माँग थी कि आदिवासियों को झारखंड में ज्यादा कोटा और आरक्षण मिले। वर्ष 2004 के चुनाव में जे.डी.पी. ने पश्चिमी बंगाल से चार, बिहार से दो और झारखंड से एक उम्मीदवार उतारा। महाराष्ट्र में इस पार्टी ने राज ठाकरे की 'महाराष्ट्र नवनिर्माण सेना' का समर्थन किया। वर्ष 2014 में मुर्मू ने पार्टी का भाजपा में विलय कर दिया।

एकता शक्ति

'एकता शक्ति पार्टी' की स्थापना 2004 के चुनाव से पहले एक पूर्व नौकरशाह वीरेंद्र वर्मा ने की थी। वीरेंद्र वर्मा की अपनी राजनीतिक विरासत यह थी कि उनके पिता राम वर्मा भारतीय जनसंघ के नेता रहे थे। वीरेंद्र वर्मा हरियाणा के रोढ़ समुदाय से संबंध रखते थे, जो खुद को मराठाओं से जुड़ा बताते हैं। 'एकता शक्ति' ने 2004 के लोकसभा चुनाव में उत्तर हरियाणा से तीन उम्मीदवार उतारे, मगर कोई सफलता नहीं मिली। वर्ष 2009 में वीरेंद्र वर्मा ने करनाल लोकसभा सीट पर कांग्रेस के डॉ. अरविंद शर्मा के खिलाफ चुनाव लड़ा और दूसरे स्थान पर रहे। 2014 के चुनाव से पहले पार्टी का विलय भाजपा में हो गया।

पार्टी ऑफ डेमोक्रेटिक सोशलिज्म (इंडिया) (पी.डी.एस.)

पी.डी.एस. की स्थापना पश्चिम बंगाल के माकपा नेता सैफुद्दीन चौधरी ने 2001 में की थी। उसी दौरान समीर पुतातुंदु को माकपा ने निकाल दिया था। वे भी इस नई पार्टी से जुड़ गए। उसी साल बंगाल विधानसभा चुनाव में पार्टी ने 98 प्रत्याशी मैदान में उतारे, मगर एक को भी जीत नहीं मिली। पार्टी को कुल मिलाकर 0.6 फीसद वोट ही मिले। पार्टी को चुनाव आयोग ने पश्चिम बंगाल में क्षेत्रीय पार्टी का दर्जा दिया है।

समता समाज पार्टी

वर्ष 2003 में मतभेद के चलते बहुजन समाज पार्टी की अध्यक्ष मायावती ने मध्य प्रदेश इकाई के पार्टी अध्यक्ष फूल सिंह बारैया को पार्टी से निकाल दिया। 30 अक्तूबर, 2003 को बारैया ने अलग पार्टी बना ली। बसपा से ही निकाले गए एक अन्य नेता संत कुमार इस पार्टी के उपाध्यक्ष बने। पंजाब में दर्शन सिंह जेठूमाजरा को इसका अध्यक्ष बना दिया गया। वर्ष 2004 का लोकसभा चुनाव पार्टी ने लड़ा और उसे सिर्फ 0.02 फीसद वोट ही मिले। उसके बाद वर्ष 2007 में यह पार्टी रामविलास पासवान की पार्टी 'लोक जनशक्ति पार्टी' में विलय हो गई।

प्रजा राज्यम पार्टी (पी.आर.पी.)

तेलुगु फिल्म अभिनेता चिरंजीवी ने 2 अगस्त, 2008 को 'प्रजा राज्यम पार्टी' की स्थापना की थी। 26 अगस्त, 2008 को जब उन्होंने आंध्र प्रदेश के तिरुपति में अपनी पहली सभा की तो उसमें लाखों की भीड़ उमड़ी। इस बैठक में पार्टी झंडे और एजेंडा की घोषणा की गई। पूर्व मंत्री तालु देवेंद्र गौड ने अपनी पार्टी 'नव तेलंगाना प्रजा पार्टी' का विलय भी 'प्रजा राज्यम पार्टी' में कर दिया। देवेंद्र गौड को 'प्रजा राज्यम पार्टी' का उपाध्यक्ष बनाया गया। वर्ष 2009 में पार्टी ने आंध्र प्रदेश विधानसभा चुनाव में 294 सीटों पर उम्मीदवार उतारे। इनमें से सिर्फ 18 जीते। चिरंजीवी ने खुद तिरुपति और पलाकोलु दो सीटों से चुनाव लड़ा और केवल तिरुपति से जीते। वर्ष 2011 में चिरंजीवी ने पार्टी का विलय कांग्रेस में कर दिया।

देसिया मुरपोक्कु द्रविड़ कड़गम (डी.एम.डी.के.)

डी.एम.डी.के. तमिलनाडु की एक क्षेत्रीय पार्टी है। इसकी स्थापना 14 सितंबर, 2005 को तमिल अभिनेता नारायण विजयराज अलगरस्वामी ने की थी, जिन्हें 'विजयकांत' के नाम से जाना जाता है। वर्ष 2006 के विधानसभा चुनाव में पार्टी ने तमिलनाडु की सभी 234 सीटों पर चुनाव लड़ा था और कुल 10 फीसद वोट हासिल किए, मगर सिर्फ विजयकांत ही अपनी सीट जीत सके, बाकी सभी को हार मिली। इसी तरह 2009 का लोकसभा चुनाव भी पार्टी ने राज्य की सभी 39 सीटों से लड़ा, भले ही कोई उम्मीदवार नहीं जीता, मगर पार्टी का जनाधार बढ़ रहा था। वर्ष 2011 के विधानसभा चुनाव में पार्टी 29 सीटें जीतकर मुख्य विपक्षी दल बन गई। विजयकांत विपक्ष के नेता बने। वर्ष 2014 के लोकसभा चुनाव से पहले पार्टी भाजपा से समझौता कर राष्ट्रीय जनतांत्रिक गठबंधन का हिस्सा बन गई।

झारखंड विकास मोर्चा

'झारखंड विकास मोर्चा' (प्रजातांत्रिक) झारखंड की एक क्षेत्रीय पार्टी थी, जो करीब 14 साल तक अस्तित्व में रही। इसका गठन झारखंड के पूर्व मुख्यमंत्री बाबूलाल मरांडी ने 24 सितंबर, 2006 को किया था। इससे पहले मरांडी झारखंड में भाजपा के प्रमुख नेता थे, मगर उन्हें लग रहा था कि पार्टी उन्हें कोई अहमियत नहीं दे रही। वर्ष 2009 के लोकसभा चुनाव में पार्टी एक सीट जीतने में कामयाब रही। मगर 2014 की मोदी लहर में खाली हाथ रह गई। फरवरी 2015 में पार्टी के 6 विधायक भी भारतीय जनता पार्टी में शामिल हो गए। 2019 के चुनाव के करीब 10 महीने बाद

17 फरवरी, 2020 को बाबूलाल मरांडी भी भाजपा में शामिल हो गए और पूरी पार्टी का विलय कर दिया।

हरियाणा जनहित कांग्रेस (एच.जे.सी.)

यह हरियाणा की क्षेत्रीय पार्टी थी। हरियाणा कांग्रेस के प्रमुख नेता और जोड़-तोड़ में माहिर माने जाते भजन लाल पार्टी हाईकमान द्वारा राज्य में मुख्यमंत्री की कुरसी भूपेंद्र सिंह हुड्डा को देने से नाराज थे। बेटे चंद्रमोहन को उप-मुख्यमंत्री पद मिल जाने के बाद भी उनकी यह नाराजगी दूर नहीं हुई और 2 दिसंबर, 2007 को उन्होंने कांग्रेस से अलग होकर 'हरियाणा जनहित कांग्रेस' बना ली। पार्टी का प्रभाव हिसार और फतेहाबाद जिलों में ही था। वर्ष 2009 के विधानसभा चुनाव पार्टी ने बहुजन समाज पार्टी के साथ मिलकर लड़ा। पार्टी 90 में से 87 सीटों पर चुनाव लड़ी और 6 सीटों पर जीत दर्ज की। इससे पहले मई 2009 में लोकसभा चुनाव में भी पार्टी ने एक सीट जीती थी। जून 2011 में भजन लाल का निधन हो गया। पार्टी की कमान उनके बेटे कुलदीप बिश्नोई के हाथ में आ गई। 2013 में जैसे ही भाजपा ने नरेंद्र मोदी को अपना प्रधानमंत्री पद का उम्मीदवार घोषित किया, कुलदीप बिश्नोई ने उनके समर्थन की घोषणा कर दी। 2014 का चुनाव पार्टी ने भाजपा के साथ मिलकर लड़ा, मगर कुलदीप यह लोकसभा चुनाव दुष्यंत चौटाला से हार गए। अगस्त 2014 में ही कुलदीप बिश्नोई ने भाजपा से गठबंधन तोड़ लिया और नेता और उद्यमी विनोद शर्मा की पार्टी 'हरियाणा जन चेतना पार्टी' से हाथ मिला लिया। दोनों ने मिलकर 2014 का विधानसभा चुनाव लड़ा और दो ही सीटों पर जीत मिली। अलग पार्टी के रूप में कोई सफलता न मिलती देख 28 अप्रैल, 2016 को कुलदीप बिश्नोई कांग्रेस में शामिल हो गए और 'हरियाणा जनहित कांग्रेस' का कांग्रेस में विलय हो गया।

बहुजन विकास आघाड़ी

असल में मराठी में इसका मूल नाम 'वसई विकास अघाड़ी' है। इसका गठन विरार के ग्रामीण क्षेत्र वसई के मुद्दों को लेकर कभी कांग्रेस के विधायक रहे हितेंद्र ठाकुर ने किया था। हालाँकि कांग्रेस छोड़ने के बाद वे दो चुनाव इस क्षेत्र में निर्दलीय के रूप में भी जीत चुके थे। 2009 के लोकसभा चुनाव में पार्टी के नेता बलिराम जाधव पालघर से जीतकर संसद में पहुँचे। उसी वर्ष महाराष्ट्र के विधानसभा चुनाव में पार्टी ने बोइसर और नालासोपारा की दो सीटें अपनी झोली में डालीं। 2014 के विधानसभा चुनाव में पार्टी तीन सीटें जीतने में सफल रही। जीतनेवालों में हितेंद्र ठाकुर भी थे। 2019 के चुनाव में भी पार्टी तीन सीटों पर ही जीत पाई। हालाँकि पार्टी लोकसभा चुनाव में कोई सीट नहीं जीत पाई।

महान दल

यह पश्चिमी उत्तर प्रदेश की पार्टी है। इसका गठन केशव देव मौर्य ने अपने समाज को सत्ता तक पहुँचाने और उसकी भलाई के लिए किया। वर्ष 2009 में पार्टी ने लोकसभा चुनाव भी लड़ा, मगर कोई सफलता नहीं मिली। मौर्या का स्पष्ट मत है कि उनकी पार्टी की कोई विचारधारा नहीं है। उनका उद्देश्य सत्ता में आकर अपने समाज की भलाई करना है। 2014 को लोकसभा चुनाव में 'महान दल' ने कांग्रेस के साथ समझौता किया और बदायूँ, नगीना तथा एटा सीट से चुनाव लड़ा, मगर तीनों सीटों पर पार्टी हार गई। पार्टी का दावा है कि उसे शाक्य, मौर्य और कुशवाहा वोटों का समर्थन हासिल है। 2019 के चुनाव में भी पार्टी का यही रुख बरकरार रहा।

जागो पार्टी

कहने को यह पार्टी एक गैर-राजनीतिक संगठन द्वारा पंजीकृत कराई गई पार्टी है। इसका गठन अगस्त 2007 में हुआ था। दीपक मित्तल इसके नेता चुने गए। वर्ष 2008 में इसे चुनाव आयोग में पंजीकृत कराया गया। पार्टी का वादा आरक्षण से मुक्ति और सबको मुफ्त शिक्षा है। वर्ष 2008 में पार्टी ने राजस्थान विधानसभा चुनाव 26 सीटों पर लड़ा। मगर कोई सफलता नहीं मिली। पार्टी ने 2009 का लोकसभा चुनाव और 2013 का राजस्थान विधानसभा तथा 2014 का लोकसभा चुनाव लड़ा। पार्टी का नारा है—'आओ अपराध, भ्रष्टाचार और रिजर्वेशन खत्म करें'।

कोसल क्रांति दल (के.के.डी.)

यह ओडिशा की एक क्षेत्रीय पार्टी है। इसका गठन 2007 में कोसल क्षेत्र के नेता प्रमोद मिश्रा ने किया था। पार्टी के गठन के साथ ही यह घोषणा की गई पश्चिमी ओडिशा के 10 जिलों को मिलाकर अलग 'कोसल प्रदेश' बनाया जाए। कोसली भाषा को राष्ट्रभाषा का दर्जा दिया जाए। हालाँकि ओडिशा से अलग कोसल राज्य की माँग 20वीं सदी के 90 के दशक में ही उठने लगी थी। सुप्रीम कोर्ट के वकील प्रेम राम दुबे पहले ऐसे व्यक्ति थे, जिन्होंने आधिकारिक रूप से यह माँग उठाई और राष्ट्रपति को ज्ञापन सौंपा। दुबे ने 'कोसल सम्मेलनी' नाम से एक संस्था का गठन किया। उन्होंने 'कोसली खबर' नाम से एक क्षेत्रीय अखबार भी निकाला और 'कोसल सेना' का गठन किया। उनकी इस मुहिम को भाजपा विधायक बालगोपाल मिश्रा से भी तब समर्थन मिला। पार्टी ने 2009 में लोकसभा चुनाव भी लड़ा, मगर कोई सफलता नहीं मिली।

राष्ट्रीय लोक समता पार्टी

यह बिहार की एक क्षेत्रीय पार्टी हुआ करती थी। 4 जनवरी, 2013 को जदयू नेता उपेंद्र कुशवाहा ने जदयू से त्यागपत्र देकर और राज्यसभा सदस्यता छोड़कर इस पार्टी का गठन किया था। उन्होंने जदयू नेता और बिहार के मुख्यमंत्री नीतीश कुमार पर आरोप लगाया था कि बिहार के विकास का उनका मॉडल फेल हो चुका है। हालाँकि यह पार्टी बहुत लंबी नहीं चली। आठ साल बाद ही 14 मार्च, 2021 को पार्टी का विलय जदयू में हो गया। उपेंद्र कुशवाहा फिर नीतीश कुमार के समर्थक बन गए। 2014 का चुनाव 'राष्ट्रीय लोक समता पार्टी' ने भाजपा के साथ मिलकर लड़ा और तीन सीटों पर जीत दर्ज की। उसके बाद 2015 में बिहार विधानसभा चुनाव में पार्टी 23 सीटों पर लड़ी और दो पर जीत दर्ज की। मगर उसी साल पार्टी में फूट पड़ गई और अरुण कुमार के गुट ने बाद में 'राष्ट्रीय समता पार्टी (सेक्युलर)' बना ली। (विस्तार से आप पहले ही पढ़ चुके हैं।)

पीस पार्टी

पेशे से सर्जन मोहम्मद अयूब ने उत्तर प्रदेश में 2008 में इस पार्टी का गठन किया था। वर्ष 2012 के उत्तर प्रदेश विधानसभा चुनाव में तीन सीटें जीतकर राज्य की छठी सबसे बड़ी पार्टी बनी थी। यह पार्टी राज्य में मुसलमानों और दलितों के अधिकारों की रक्षा की घोषणा के साथ गठित की गई थी। वर्ष 2017 के विधानसभा चुनाव में पार्टी एक भी सीट नहीं जीत सकी। उसके बाद पार्टी के कई नेताओं के खिलाफ 'राष्ट्रीय सुरक्षा अधिनियम' (एन.एस.ए.) के तहत मामले दर्ज किए गए।

कौमी एकता दल

इस पार्टी की स्थापना 2010 में उत्तर प्रदेश के बाहुबली नेता माने जाते मुख्तार अंसारी ने की थी। पार्टी ने 2014 का लोकसभा चुनाव भी लड़ा, मगर कोई सफलता नहीं मिली। 21 जून, 2016 को मुलायम सिंह ने इस पार्टी का विलय समाजवादी पार्टी में कराया, मगर उनके पुत्र और राज्य के मुख्यमंत्री अखिलेश सिंह ने इसका विरोध करते हुए विलय को स्वीकार नहीं किया। उसके बाद 26 जनवरी, 2017 को 'कौमी एकता दल' का विलय बहुजन समाज पार्टी में हो गया।

जन सेना पार्टी (जे.एस.पी.)

यह आंध्र प्रदेश और तेलंगाना की एक क्षेत्रीय पार्टी है, जिसका गठन अभिनेता से नेता बने पवन कल्याण ने 14 मार्च, 2014 को किया था। पार्टी का उद्देश्य हर आम

आदमी के अधिकारों की लड़ाई लड़ना बताया गया। 2014 के लोकसभा चुनाव में पवन कल्याण ने आंध्र प्रदेश और तेलंगाना में 'कांग्रेस हटाओ, देश बचाओ' का नारा दिया और भाजपा तथा नरेंद्र मोदी का समर्थन किया। इसके बावजूद पार्टी लोकसभा की कोई भी सीट जीतने में विफल रही। 2019 में राज्य विधानसभा की सभी 175 सीटों से पार्टी ने चुनाव लड़ा। पवन कल्याण खुद दो सीटों से लड़े, मगर कहीं से नहीं जीते। उनकी पार्टी के आरवी प्रसाद राव रोजोल विधानसभा सीट जीतने में सफल रहे।

वंचित बहुजन आघाड़ी

यह महाराष्ट्र की पार्टी है। इसका गठन दलित नेता प्रकाश आंबेडकर ने 20 मार्च, 2018 को किया था। 2019 के महाराष्ट्र विधानसभा चुनाव से पहले पार्टी ने 'ऑल इंडिया मजलिस-ए-इतिहादुई मुसलमीन' से सितंबर में समझौता किया, मगर यह चुनाव से पहले ही टूट गया। पार्टी ने अकेले ही राज्य की 234 सीटों पर चुनाव लड़ा, मगर एक पर भी जीत नहीं मिली। हालाँकि पार्टी को कुल 4.6 फीसद वोट मिले। 10 विधानसभा क्षेत्रों में यह दूसरे स्थान पर रही।

मक्कल नीधि मय्यम (एम.एन.एम.)

तमिलनाडु की इस क्षेत्रीय पार्टी की स्थापना तमिल और हिंदी फिल्मों का बड़ा नाम अभिनेता कमल हसन ने 21 फरवरी, 2018 में की थी। उनका उद्देश्य दक्षिण के छह राज्यों को एकजुट कर बड़ी ताकत बनाना है। 2019 के लोकसभा चुनाव में पार्टी किसी भी सीट पर नहीं जीत सकी, मगर 3.78 फीसद वोट हासिल किए। 2021 में पार्टी ने तमिलनाडु में 154 सीटों और पुडुचेरी में 22 सीटों पर चुनाव लड़ा, मगर कहीं कोई सफलता दूर ही रही।

□

भाग 4
भविष्य

40

भविष्य के खेले में बहुत-कुछ अगर-मगर

अगले लोकसभा चुनावों (2024) से पहले क्या हम 2019 की पुनरावृत्ति देखेंगे? यानी एक तरफ भारतीय जनता पार्टी होगी तो दूसरी तरफ बिखरा हुआ विपक्ष। सब अलग-अलग चुनाव लड़ रहे होंगे और नतीजे आने के बाद सिर थामकर अलग-अलग ही मातम मना रहे होंगे? या फिर 2024 में कोई मोर्चा बनेगा। जाहिर है कि कोई मोर्चा बना तो उसमें कांग्रेस को धुरी बनाना ही होगा। चूँकि 2024 अभी दूर है और राजनीति में एक महीना या एक हफ्ता ही ज्यादा होता है, लिहाजा किंतु-परंतु, अगर-मगर के साथ ही सारी बात हो सकती है, लेकिन एक बात तय है कि विपक्ष का कोई मोर्चा बनता है तो बिना कांग्रेस के नहीं बन सकता। अब यह कांग्रेस को साबित करना है कि वह विपक्ष का नेतृत्व करने की क्षमता रखती है। कांग्रेस को यह भी अहसास कराना होगा कि अन्य विरोधी दल उसके सहयोग से आगे नहीं बढ़ सकते और इसके भी कारण हैं। आखिर अगर कोई पार्टी सौ से ज्यादा सीट जीतने की क्षमता रखती है तो वह कांग्रेस ही है, अगर किसी पार्टी को बीजेपी चुनौती के रूप में लेती है तो वह कांग्रेस ही है, लेकिन इतना भर कहने से कांग्रेस से इतर विरोधी दल कांग्रेस की छतरी के नीचे आने को तैयार हो जाएँगे तो ऐसा भी होनेवाला नहीं है, लेकिन यह बहुत-कुछ साफ है कि ये इतर दल या क्षेत्रीय दल ही बहुत-कुछ तय करेंगे और उनके निर्णय के बाद ही क्षेत्रीय दलों का सेंसेक्स तय होगा।

उत्तर प्रदेश, पंजाब, गोवा, उत्तराखंड और मणिपुर के एकतरफा चुनावों के बाद 2023 के अंत तक राजस्थान, मध्य प्रदेश और छत्तीसगढ़ के चुनावों तक 11 राज्यों में विधानसभा चुनाव होने हैं। उत्तर प्रदेश में योगी सरकार की वापसी और पंजाब में आम आदमी पार्टी की धमाकेदार पकड़ ने अब अगर-मगर की संभावनाएँ बढ़ा दी हैं, लेकिन अब बाकी जिन राज्यों में चुनाव होने हैं, उनमें से ज्यादातर राज्यों में कांग्रेस और बीजेपी

आमने-सामने हैं, लेकिन आम आदमी पार्टी ने पंजाब पर कब्जा कर अपनी भूमिका की संभावनाओं के सूरज को जलाए रखा है। 2022 के यू.पी. चुनाव से प्रियंका गांधी के महामंत्रित्व में कांग्रेस ने भले ही कुछ पाया नहीं है, लेकिन वो समाजवादियों की कुल कृपा की भूमिका पर तैयार नहीं है। सपा और बहन मायावती की बसपा का 36 का आँकड़ा बहुत पहले ही दीवारों पर लिखा जा चुका है और इसका परिणाम भी दोनों दलों ने भुगता है, पर यह भी साफ है कि जब तक ईश्वर ही न आ जाएँ धरती पर, उनको कोई ताकत एक नहीं कर पाएगी।

यों तो प्रशांत किशोर (पीके) को 2022 के नतीजों से निराशा हुई होगी, लेकिन नतीजों से कुछ महीने पहले ही कहा था कि अब तीसरा या चौथा मोर्चा जैसा कुछ नहीं होगा। कुछ अलग सोचना होगा। कुछ नया सोचना होगा। क्या कुछ नया पीके ने सोचकर रखा है, यह तो पीके को ही पता होगा, लेकिन यह तय है कि जो होगा वह दूसरा मोर्चा होगा और सिर्फ दूसरा मोर्चा। तीसरा-चौथा मोर्चा तब होता था, जब देश में कांग्रेस के रूप में एक मोर्चा था और बीजेपी के रूप में दूसरा मोर्चा, अब तो एक तरफ बीजेपी है तो दूसरी तरफ वे सब, जो बीजेपी के खिलाफ हैं और जो बीजेपी को हराना चाहते हैं। अलबत्ता इसके अलावा भी कुछ दल हैं, जो न तो कांग्रेस (विपक्ष) के साथ हैं और न ही बीजेपी के साथ, लेकिन ऐसे दल बीजेपी को न तो हटाने के लिए अलग से एक हो रहे हैं और न ही ऐसा कोई इरादा रखते हैं, लेकिन क्या अब ऐसे हालात लगते हैं कि बीजेपी को 2024 में हराने का इरादा रखनेवाले लोग किसी रणनीति पर काम कर पाएँगे या फिर 2022 के नतीजों के अँधियारे में डूबे रहेंगे।...और 2023 के अंत तक हबड़-तबड़ में बैठकें करेंगे, तब हिस्सेदारी भी तय होगी और साझेदारी भी। एक यक्ष प्रश्न यह भी है कि क्या हिस्सेदारी में कांग्रेस बलि का बकरा बनने को तैयार है? हिस्सेदारी में बलि का बकरा बनने में कांग्रेस ने बहुत-कुछ खोया है। यहाँ यह भी देखना होगा कि जहाँ पुरानी साझेदारी है, वहाँ क्या नीति अपनाई जाए और जहाँ नहीं है, वहाँ क्या किया जाए। मसलन, तमिलनाडु में डी.एम.के. से पुरानी साझेदारी है, वहाँ गठबंधन धर्म को निभाना जरूरी होगा। वहाँ थोपने से काम नहीं चलेगा। झारखंड का भी उदाहरण लिया जा सकता है, जहाँ कांग्रेस कह सकती है कि मुख्यमंत्री हेमंत सोरेन राज्य को सँभालें, लेकिन लोकसभा चुनावों में गठबंधन ज्यादा सीटें कांग्रेस को दे।

ताजा घटनाएँ बताती हैं कि कांग्रेस खुद को विरोधी दलों पर थोपने के बजाय या विरोधी दलों की पिछलग्गू बनने के बजाय खुद को साबित करने पर जोर दे रही है। यू.पी. में कुछ समय पहले कहा जा रहा था कि कांग्रेस अखिलेश यादव के साथ समझौता करने के लिए मरी जा रही है और अखिलेश यादव कांग्रेस आलाकमान के फोन नहीं उठा रहे हैं, लेकिन 'लखीमपुर खीरी कांड' ने प्रियंका गांधी को यह कहने

का सियासी हौसला दे दिया है कि 'लड़की हूँ, लड़ सकती हूँ'। 40 प्रतिशत सीटें महिलाओं को देने का ऐलान कांग्रेस का अपना नया वोट बैंक तलाशने की मुहिम है। इसे अखिलेश यादव और मायावती की जातिवादी राजनीति और बीजेपी की हिंदुवादी राजनीति के तोड़ के रूप में भी देखा जा सकता है, बशर्ते मेहनत की जाए और 2022 के नतीजों के गम में न डूबा जाए। 2022 में यू.पी. में सीधी लड़ाई हो गई थी और कांग्रेस का वोट बैंक फिसलकर 2.3 प्रतिशत पर आ गया और उसके 97 प्रतिशत उम्मीदवारों की जमानत भी जब्त हो गई। दरअसल यू.पी. में कांग्रेस के पास लड़ाई में बने रहने के दो ही रास्ते बचे थे। जो दलित पहले मायावती के साथ होते थे या जो ओ.बी.सी. अखिलेश के साथ होते थे, वे अब काफी मात्रा में (जाटव, मायावती के साथ अब भी हैं और उसी तरह यादव, अखिलेश के साथ अब भी हैं) भाजपा में चले गए। सवर्ण पहले ही बीजेपी के साथ चले गए थे, उन्हें बहुत भरोसा ब्राह्मणों पर था, लेकिन उन्होंने 2022 में भी कोई जोखिम लेने से इनकार कर दिया, लेकिन कांग्रेस फिलहाल जोखिम लेने के मूड में है। बिहार में दो सीटों पर विधानसभा का उपचुनाव होता है और कांग्रेस एक जगह लालू की लालटेन छोड़ जीत की ज्योति जलाने निकलती है। यहीं कांग्रेस के रूप और रवैये को देख राजद के लालू यादव भड़क जाते हैं और कांग्रेस को जो संज्ञा देते हैं, उसे हम लिखना भी नहीं चाहेंगे। दादर नगर हवेली की लोकसभा सीट पर उपचुनाव होता है और कांग्रेस अपना अलग उम्मीदवार उतारती है, शिव सेना अलग उम्मीदवार उतारती है, जबकि महाराष्ट्र में दोनों एन.सी.पी. के साथ मिलकर सरकार चला रहे हैं। यू.पी. और बिहार में उसका बदला रूप आगे के संकेत दे रहा है और शायद उसका अगला कदम पश्चिम बंगाल होगा, जहाँ वो कभी सत्ता से शून्य में आ गई है। वो बात दूसरी है कि कांग्रेस को अपने भीतर ही बहुत सारे खतरे हैं। जी-23 किसी भी हार या जीत पर सवाल उठाती रही है। 2022 के चुनावों के बाद भी यही हुआ और अब शायद उसे सत्ता में आने की जल्दी भी नहीं है। वो 2024 के युद्ध से ज्यादा अपने जमीनी धरातल को उर्वरा कर लेना चाहता है, ताकि वक्त पर फसल काटी जा सके। वो अब शायद इस मुद्रा में भी नहीं है कि उसके बाप-दादाओं की जमीन पर कोई और पहले खेती करे और फिर पट्टा लिखा ले। दरअसल कांग्रेस को यह काम 2014 के लोकसभा चुनाव में करारी हार के बाद करना चाहिए था और 2019 के लोकसभा चुनाव की चिंता नहीं करनी चाहिए थी। 2014 में ही कांग्रेस अगर 2024 की तैयारी शुरू करती तो अब तक काफी होमवर्क पूरा हो चुका होता, लेकिन यह भी सच है कि कांग्रेस का गांधी परिवार की सरपरस्ती में चलना ही मजबूरी है। बस गांधी परिवार अपना दरबार खुला रखे (फिलहाल तो उसके दरबार हॉल के बाहर कई दरवाजे हैं।)

कांग्रेस यह सब कर रही है तो उसकी एक बड़ी वजह क्षेत्रीय दलों की चाहत भी है। आखिर बंगाल में तीसरी बार विधानसभा चुनाव जीतने और बीजेपी को अरविंद केजरीवाल स्टाइल में हराने के बाद ममता बनर्जी दिल्ली आती हैं और मिलती-जुलती हैं। प्रधानमंत्री बनने की इच्छा नहीं है, मकसद मोदी सरकार को उखाड़ना है, जैसे त्याग भरे बयान देती हैं, लेकिन कांग्रेस विपक्षी एकता की धुरी होगी, ऐसे संकेत देने से बचती हैं, लेकिन तीन महीने बाद ही गोवा में कांग्रेस के नेता और मुख्यमंत्री रह चुके फिलेरियो को तोड़ लेती हैं। महिला कांग्रेस की अध्यक्ष रहीं पूर्व सांसद सुष्मिता देव को अपने पाले में कर लेती हैं और राज्यसभा भेज देती हैं और त्रिपुरा की जिम्मेदारी भी दे देती हैं। मणिपुर में भी सेंधमारी का खेल शुरू कर देती हैं। यह सवाल भी उठा कि आखिर 294 सीटोंवाले बंगाल की दीदी का 40 सीटोंवाले गोवा से क्या लेना-देना? गोवा में बंगाली भी नहीं रहते हैं। गोवा में एक तरफ आम आदमी पार्टी चुनाव मैदान में है तो दूसरी तरफ ममता बनर्जी, लेकिन दोनों ने ही कांग्रेस का खेल खराब किया। आप को तो दो सीटें भी मिलीं, लेकिन कांग्रेस की संभावनाएँ खत्म कर दीं। गोवा में तो ऐसा लगा कि विपक्ष की पटकथा तो भाजपा ही लिख रही है। क्या प्रादेशिक दलों को लगता है कि 2024 तक, जो जितने ज्यादा राज्यों में सत्ता में होगा या जिसकी थोड़ी सी भी सीट ज्यादा होंगी, उसके नेता की प्रधानमंत्री बनने की गुंजाइश उतनी ही ज्यादा होगी। आखिर देश ने वी.पी. सिंह, चंद्रशेखर, देवेगौड़ा, गुजराल और चरणसिंह को प्रधानमंत्री बनते देखा ही है, लेकिन कांग्रेस का काम क्या गुजरालों, चंद्रशेखरों को प्रधानमंत्री बनाना ही है?

सवाल उठता है कि आदर्श स्थितियों में होना क्या चाहिए? तृणमूल नेत्री ममता बनर्जी के 'खेला होबे' स्टाइल में बात करें तो भले ही टीम बननी बाकी हो, लेकिन मकसद साफ है और दुश्मन भी तय है। दुश्मन हैं प्रधानमंत्री नरेंद्र मोदी और मकसद है 2024 में सत्ता से हटाना। खुद ममता दी, तमिलनाडु में स्टालिन, बिहार में राष्ट्रीय जनता दल के लालू यादव, महाराष्ट्र में शिव सेना के उद्धव ठाकरे और एन.सी.पी. के शरद पवार, दिल्ली में अरविंद केजरीवाल, झारखंड में हेमंत सोरेन, आंध्र प्रदेश में चंद्रबाबू नायडू और जगनमोहन रेड्डी, कर्नाटक में जे.डी.एस. के कुमारस्वामी, केरल में वाममोर्चा, पंजाब में अकाली दल, जम्मू-कश्मीर में फारूक, उमर अब्दुल्ला और महबूबा मुफ्ती, तेलंगाना में चंद्रशेखर राव और यू.पी. में अखिलेश यादव के अलावा राहुल गांधी-प्रियंका गांधी यह सब चाहते हैं कि 2024 के लोकसभा चुनावों में नरेंद्र मोदी का पत्ता गुल हो जाए। यहाँ एक बात शीशे की तरह साफ है कि ये दल अकेले अपने दम पर मोदी का बाल भी बाँका नहीं कर सकते। कांग्रेस को छोड़ दिया जाए तो बाकी चालीस से ज्यादा सांसद किसी भी सूरत में लोकसभा में नहीं भेज सकते। (यू.पी. में

अगले दो-तीन चुनावों में ऐसा नहीं लगता कि समाजवादी पार्टी अपने दम पर कभी 40 सीटें जीत पाएगी।) सिर्फ कांग्रेस ही ऐसी पार्टी है, जो सैकड़े की गिनती तक में पहुँचने की क्षमता रखती है।

उधर यह भी ध्यान रखना होगा कि बीजेपी ने अकेले अपने दम पर 2014 में 282 और 2019 में 302 सीटें जीती थीं। लिहाजा तय है कि बीजेपी को हराना है तो विपक्ष को कांग्रेस समेत हर हाल में एक होना ही पड़ेगा। इसके अलावा क्षेत्रीय दलों को अपना सबसे अच्छा प्रदर्शन करना होगा। यहाँ भी दो बातें हैं। एक, कुछ राज्यों में या यों कहा जाए कि मूल राज्य में अपनी पूरी क्षमता का उपयोग करना होगा। दो, कुछ राज्यों में अपनी आधी-अधूरी क्षमता को पूरी तरह से खत्म करना होगा। अब सवाल है कि क्षेत्रीय दलों में कितना दम है और क्या उनका 2024 की रेस में फिनिशिंग लाइन पर पहुँचने से पहले ही दम फूल सकता है। वैसे यह बात तो कांग्रेस पर भी लागू होती है, जिसे तय करना है कि कहाँ जोर लगाना है और कहाँ जोर नहीं लगाना है। यहाँ हम लोकसभा चुनावों के संदर्भ में बात कर रहे हैं। यह बात साफ है कि विधानसभा चुनावों में भी कांग्रेस अगर विपक्षी दलों के लिए जमीन छोड़ देगी तो लोकसभा चुनाव लड़ने लायक उसके पास न तो संगठन बचेगा और न ही समर्पित कार्यकर्ता।

कांग्रेस के बाद चार दल हैं, जो विपक्ष को बड़ा आधार दे सकते हैं। पश्चिम बंगाल में ममता बनर्जी और तमिलनाडु में एम.के. स्टालिन। उत्तर प्रदेश से समाजवादी पार्टी के अखिलेश यादव के 2022 के प्रदर्शन ने उन्हें चोट पहुँचाई है। आम आदमी पार्टी के पास फिलहाल लोकसभा की सीटें भले ही कम हों, लेकिन उसकी उछाल उसको विपक्ष का केंद्र बनने से रोक नहीं सकती। बंगाल में लोकसभा की 42 सीटें आती हैं। पिछले लोकसभा चुनावों में बीजेपी के धमाकेदार प्रदर्शन के बाद भी ममता ने 22 सीटें जीती थीं। बीजेपी को 18 सीटें मिली थीं, उसी भाजपा को, जो कभी बंगाल में दार्जीलिंग तक सिमटी पार्टी हुआ करती थी, लेकिन यह सीटें अब कम होकर 17 हो चुकी हैं। बाबुल सुप्रियो आसनसोल लोकसभा सीट और बीजेपी दोनों का साथ छोड़ ममता के साथ चले गए हैं। माना जा रहा है कि 2024 आते-आते बीजेपी के कुछ अन्य सांसद भी टी.एम. सी. में जा सकते हैं। अब सवाल है कि क्या विधानसभा चुनावों में शून्य पर रहनेवाली कांग्रेस और वाम मोर्चे को बंगाल भूल जाना चाहिए। सारा मैदान ममता बनर्जी पर छोड़ देना चाहिए, ताकि 'खेला' हो सके। ममता का मकसद भी 42 में से 42 सीटें निकालने का होना चाहिए और 35 पार सीटें तो हर हाल में निकालनी ही होंगी। यहाँ लगता है कि कांग्रेस ने विधानसभा चुनाव वामदलों के साथ लड़कर भारी गलती कर दी। उस समय ममता कांग्रेस से समझौता करने को तैयार थीं। कहा जाता है कि राहुल गांधी भी तैयार थे, लेकिन बंगाल के कांग्रेस नेता अधीर रंजन चौधरी अड़ गए और राहुल गांधी झुक गए,

अगर कांग्रेस समझौता कर लेती और 30-35 सीटों पर भी लड़ने को तैयार हो जाती तो ममता के साथ संबंध सुधरते। इनमें से आधी सीटें भी कांग्रेस जीत जाती तो शून्य की शर्म से बचती। ममता राज्यसभा की एक-दो सीटें कांग्रेस को दे देती। लोकसभा चुनावों में कांग्रेस के साथ सम्मानजनक समझौते की संभावना भी जिंदा रहती और सबसे बड़ी बात है कि ममता गोवा और मणिपुर में कांग्रेस को तोड़-फोड़ नहीं कर रही होतीं।

वैसे ममता के समर्थक और विपक्ष का एक बड़ा हिस्सा मानता है कि ममता की भूमिका सिर्फ बंगाल तक सीमित रहनेवाली नहीं है। ममता की इस इच्छा को प्रशांत किशोर भी उछाल देते रहे हैं। बंगाल में बीजेपी को पछाड़ने के बाद ममता एक प्रतीक बन गई हैं और इस छवि का इस्तेमाल दूसरे राज्यों में मोदी के खिलाफ माहौल बनाने के लिए हो सकता है। ममता की हिंदी ठीक-ठाक है, वह अपने भाषणों में जोरदार हमले करती हैं। वह काली माँ और दुर्गा माँ की उपासना करनेवाली ऐसी नेता हैं, जिन्हें चंडी पाठ कंठस्थ है। यह छवि उत्तर भारत के हिस्से में विपक्ष के काम आ सकता है, लेकिन इसके लिए उन्हें बड़ी तैयारी करनी होगी। (2022 के विधानसभा चुनावों की तरह से नहीं)। ममता भी जानती हैं कि 2024 से पहले अगर यह छवि नहीं बनी तो बीजेपी तमाम कमजोरियों के बावजूद बंगाल में ठीक-ठाक प्रदर्शन कर सकती है।

टीना फैक्टर तोड़ना जरूरी होता है। अगर बंगाल के लोगों को लगेगा कि मोदी के खिलाफ कोई नहीं है, कोई विकल्प नहीं है तो लोग मोदी के नाम पर वोट दे देंगे। कई राज्यों में नया ट्रेंड देखने को मिल रहा है कि जहाँ वोटर राज्य के अंदर अपने पसंदीदा क्षेत्रीय दल को अगर वोट देता है तो लोकसभा चुनावों में नजरिया बदल जाता है। मोदी को उनके समर्थक वोट देते रहे हैं और फिलहाल तमाम दिक्कतों के बावजूद कोई कारण नजर नहीं आता कि वो इससे इतर सोचेंगे। उनके वोटरों में राष्ट्रवाद भर-भरकर भरा है। लिहाजा ममता को अगर बंगाल में 90 प्रतिशत सीटें निकालनी हैं तो उन्हें बंगाल के वोटर को अहसास दिलाना होगा कि राष्ट्रीय स्तर पर मोर्चा बनाया जा रहा है, जो मोदी का विकल्प होगा। बंगाल के वोटर को दिखेगा कि मोर्चे में कांग्रेस भी है और ममता दीदी साथ हैं तो वह मोदी को लेकर अपनी राय बदल भी सकता है।

कांग्रेस इस बात से कुछ-कुछ निश्चिंत हो सकती है कि भले ही उत्तर भारत के नेताओं में प्रधानमंत्री बनने की होड़ मची हो, लेकिन दक्षिण भारत में उसे ऐसी चुनौती नहीं मिलनेवाली है। यहाँ उसकी रणनीति 'साथ दो, साथ लो' की रही है, यानी विधानसभा चुनाव में साथ दो और लोकसभा चुनाव में साथ लो। तमिलनाडु इसका उदाहरण है। वहाँ डी.एम.के. सत्ता में है। स्टालिन मुख्यमंत्री हैं और उनका मोदी विरोध किसी से छुपा हुआ नहीं है। तमिलनाडु की राजनीति की खासियत यह है कि जनता जिसे राज्य में चुनती है, उसी दल को लोकसभा चुनावों में भी बंपर सीटें देती हैं। यही वजह है कि अटल बिहारी

वाजपेयी से लेकर मनमोहन सिंह की अल्पमत सरकारें तमिलनाडु की 40 (तमिलनाडु 39, पुदुचेरी एक) लोकसभा सीटों पर निर्भर रही हैं। वाजपेयीजी के समय जयललिता सत्ता में थीं और एन.डी.ए. के साथ थीं। मनमोहन सिंह सरकार का साथ डी.एम.के. ने निभाया था। ऐसे में स्टालिन 2024 में बड़े खिलाड़ी बनने की क्षमता रखते हैं। उनके गठबंधन में कांग्रेस से लेकर कुछ बहुत छोटे दल और वाममोर्चा भी शामिल हैं। डी.एम.के. ने पिछले विधानसभा चुनाव में अपने हिसाब से कांग्रेस को सीटें दी थीं, सिर्फ 25। कांग्रेस को संतुष्ट होना पड़ा था।

अगले लोकसभा चुनाव में भी लगता है कि स्टालिन ऐसा ही करेंगे और केवल ऐसी सीटें कांग्रेस समेत साथी दलों को देंगे, जो हर हाल में पक्की सीटें हों या जिनमें उनके जीतने की संभावना न के बराबर हो। उनकी कोशिश तो गठबंधन को 40 में से 35 प्लस सीटों पर जिताने की होगी। उधर बंगाल जैसी मजबूरी तमिलनाडु में नहीं है। यहाँ मोदी की पार्टी को 'हिंदूवादी पार्टी' समझा जाता है और तमिलनाडु में दलितों और ओ.बी.सी. की राजनीति ज्यादा होती है या यों कहा जाए कि सिर्फ दलित और ओ.बी.सी. राजनीति ही होती है। लिहाजा तमिलनाडु के वोटर के सामने केंद्र में मोदी के सामने विकल्प कोई है या नहीं, यह कोई सवाल ही नहीं है।

इस हिसाब से देखा जाए तो स्टालिन को अपना घर दुरुस्त रखना है। इस दिशा में वह काम भी कर रहे हैं। नीट की परीक्षा में केंद्र के कोटे की सीटों में ओ.बी.सी. आरक्षण का मसला मद्रास हाई कोर्ट, वही लेकर गए थे। नीट की परीक्षा में तमिलनाडु के लड़के पिछड़ रहे थे तो विधानसभा में प्रस्ताव तक पारित करवा दिया कि उनके यहाँ नीट परीक्षा नहीं होगी। स्टालिन को इसका फायदा लोकसभा चुनाव में मिल सकता है। इसके अलावा स्टालिन दक्षिण भारत के अन्य राज्यों में मोदी विरोधी मोर्चे को मजबूत करने में मदद करते हैं तो वहाँ के लोग उसे गंभीरतापूर्वक ही लेंगे।

कर्नाटक में देवेगौड़ा की पार्टी जे.डी.एस. विधानसभा चुनावों में किंगमेकर बनती रही है। पिछली बार तो कांग्रेस ने जे.डी.एस. से ढाई गुना ज्यादा सीटें जीती थीं, लेकिन मुख्यमंत्री बने थे देवगौड़ा के बेटे एच.डी. कुमारस्वामी। कर्नाटक की 28 सीटों में से वोक्कालिगा के प्रभाव वाली सीटों पर जे.डी.एस. को सबसे बेहतरीन प्रदर्शन करना होगा। दिक्कत यही है कि यहाँ कांग्रेस भी टुकड़ों-टुकड़ों में मजबूत है। कांग्रेस को लिंगायत, वोक्कालिगा, ओ.बी.सी., दलितों का कुछ-कुछ वोट मिलता रहा है, लेकिन लिंगायत वोट का बड़ा हिस्सा बीजेपी और वोक्कालिगा का बड़ा हिस्सा जे.डी.एस. के पास जाने के कारण कांग्रेस का वोट प्रतिशत तो प्रभावित नहीं होता, लेकिन सीट नहीं निकाल पाती है। बीजेपी की सक्रिय राजनीति से जबरन रिटायर कर दिए गए येदियुरप्पा की नाराजगी या खुशी पर जे.डी.एस. और कांग्रेस का गणित निर्भर करता है।

आंध्र प्रदेश में कहानी दिलचस्प है। चंद्रबाबू नायडू और कांग्रेस धुर मोदी विरोधी हैं। कांग्रेस को क्षेत्रीय पार्टियाँ खा चुकी हैं और भाजपा वो नहीं कर पा रही है, जो चाहती है। जो हैं वह जगनमोहन रेड्डी हैं, जो बीजेपी के साथ तो नहीं हैं, लेकिन खिलाफ भी नहीं हैं। विपक्ष की जगनमोहन को अपने खेमे में लाना पहली चुनौती है। जगनमोहन का विधानसभा में तीन-चौथाई बहुमत से ज्यादा पर कब्जा है। चंद्रबाबू नायडू के लिए आगे का रास्ता आसान नहीं है। फिलहाल यह सोचना भी मुश्किल है कि वो अपनी जमीन जगन को दे देंगे और अगर दे देंगे तो अपने बेटे नारा लोकेश के लिए क्या छोड़ेंगे? ध्यान रखना होगा कि आंध्र में जातिगत गणित का बहुत प्रभाव है।

कहा जाता है कि 2009 में वाई.एस.आर. ने सोनिया गांधी से कहा था कि उन्हें अपने हिसाब से टिकट बाँटने की आजादी दी जाए तो विधानसभा में दो-तिहाई बहुमत और लोकसभा की 42 (संयुक्त आंध्र प्रदेश में 42 सीटें हुआ करती थीं। बाद में दो टुकड़े हुए तो आंध्र प्रदेश के हिस्से में 25 और तेलंगाना के हिस्से में 17 सीटें आईं) में से 38 सीटें लाएँगे। सोनिया ने आजादी दी और वाई.एस.आर. ने वादा निभाया था। जगनमोहन रेड्डी को भले ही बड़े बेआबरू होकर कांग्रेस से निकलना पड़ा था, लेकिन राजनीति में स्थायी दोस्त या दुश्मन नहीं होता है। ऐसा ही कुछ पड़ोसी तेलंगाना के लिए भी कहा जा सकता है। के.सी.आर. भी कांग्रेस से ही निकले हैं। हैदराबाद में नगर निगम का चुनाव जिस आक्रामक अंदाज में बीजेपी ने लड़ा था, उससे के.सी.आर. खेमे में हलचल है। के.सी.आर. को लगता है कि पहले बीजेपी कांग्रेस के वोट छीनेगी और फिर उस पर सियासी हमला बोलेगी। इस हिसाब से देखा जाए तो तेलंगाना में के. चंद्रशेखर राव और कांग्रेस आपसी सहमति से दोस्ताना अंदाज में सीटें बाँट सकते हैं और ज्यादा-से-ज्यादा सीटें जीतने की कोशिश कर सकते हैं।

यू.पी. के बाद सबसे ज्यादा लोकसभा 48 सीटें महाराष्ट्र में हैं, अगर 2024 तक वहाँ शरद पवार, उद्धव ठाकरे और कांग्रेस की सरकार बनी रहती है और आपसी मतभेद भुलाकर 'मोदी हराओ मुहिम' के तहत चुनाव लड़ती है तो बीजेपी को तगड़ा झटका लग सकता है। आखिर अगर बीजेपी और शिवसेना मिलकर 48 में से 42 सीटें निकाल सकती हैं तो पवार, कांग्रेस और शिवसेना मिलकर इतनी सीटें क्यों नहीं जीत सकते। इसके लिए जरूरी होगा कि जो जहाँ मजबूत है, वहीं से चुनाव लड़े और बाकी जगह संयम बरते। अपनी आखिरी सियासी पारी खेल रहे शरद पवार इससे सहमत हो सकते हैं, लेकिन तब उद्धव ठाकरे का मुख्यमंत्री बना रहना जरूरी है, वैसे भी यह गठबंधन अन्य राज्यों के वोटरों तक यह संदेश पहुँचाने में कामयाब हो सकता है कि विपक्ष एक है। विपक्ष सत्ता में आने के लिए चुनाव लड़ रहा है और मोदी सरकार का विकल्प मौजूद है।

लेकिन यू.पी. की कहानी बिल्कुल अलग है? 2022 के विधानसभा चुनावों के नतीजों के बाद स्थितियाँ अलग हैं। बीजेपी की बंपर जीत के बाद मायावती कोने में हैं और अखिलेश यादव को यह समझ में नहीं आ रहा होगा कि अब कहाँ जोड़-तोड़ करें। 2022 में सबसे ज्यादा झटका अखिलेश यादव को लगा। अखिलेश का वोट प्रतिशत 2022 में भले ही बढ़ा हो, लेकिन वो इतना भी रह पाएगा, बहुत मुश्किल लगता है। ऐसे में राजनीति करने का तरीका अखिलेश यादव को बदलना होगा। समावेशी राजनीति, मिल-बैठकर की जानेवाली राजनीति, बाँटकर खाने की आदत जैसी सियासत। मिलकर लड़े तो कुछ सीटें जीत सकते हैं, अलग-अलग लड़े तो डूबना तय है। देखना होगा कि उन्होंने सीख हासिल की या नहीं। मुसलिम वोट बैंक पूरी तरह से उनके साथ रह पाएगा, कहना आसान न होगा। अखिलेश को यहाँ यह नहीं भूलना चाहिए कि 2019 में अखिलेश और मायावती एक हुए तो अमित शाह ने सीधे-सीधे पचास प्रतिशत वोट का लक्ष्य सामने रख दिया था। हैरत की बात है कि उनका वोटर, उनका कार्यकर्ता इसे समझ भी गया और लगभग इतना वोट दे भी दिया। इधर एक बात और ध्यान रखनी होगी। विपक्ष की बड़ी पार्टियाँ भी अब कांग्रेस से अलग सोचने लगी हैं। उसकी भी रुचि कांग्रेस से समझौता न कर प्रदेशों के अलग-अलग हिस्सों में पनपे दलों से समझौते में ज्यादा हो रही है। (भाजपा भी यही कर रही है)। उत्तर प्रदेश और बिहार उसके उदाहरण बन रहे हैं। रालोद-निषाद पार्टी, सुहेलदेव पार्टी और महान पार्टी इसके उदाहरण हैं।

लेकिन 2024 के चुनावों में सबसे ज्यादा निगाह आम आदमी पार्टी पर होगी। आम आदमी पार्टी के लिए अब यह तय करना आसान नहीं रहा कि दुश्मन नंबर एक कौन है—कांग्रेस या भाजपा। पंजाब की बंपर जीत ने उसे यह हौसला दिया है। यह बात सही है कि उसकी लोकसभा में गिनती नगण्य है, लेकिन उसके वोट बैंक में उत्साह किसी भी पार्टी का खेल बिगाड़ सकता है। अब तो अपना राष्ट्रीय आधार बढ़ाने की कोशिश में लग गई है। उसकी तात्कालिक निगाह भले ही 2024 न हो, लेकिन विपक्ष की राजनीति का केंद्र तो वो होना ही चाहेगी।

अंत में बात करते हैं उस कांग्रेस की, जिसने पिछले लोकसभा चुनाव में बीस प्रतिशत वोट हासिल किए थे। बारह करोड़ के आसपास वोट। (बीजेपी को 23 करोड़ से ज्यादा वोट मिले थे)। कांग्रेस को जितना वोट मिला, उतना वोट तो ममता, शरद पवार, अखिलेश, मायावती को मिलकर भी नहीं मिला। यह कांग्रेस की बुनियादी ताकत है। वैसे देखा जाए तो 2024 में कांग्रेस के पास हिमाचल, राजस्थान, हरियाणा, छत्तीसगढ़, मध्य प्रदेश, गोवा और गुजरात जैसे ही कुछ राज्य बचते हैं, जहाँ उसका सीधे-सीधे बीजेपी से मुकाबला है, यानी करीब 140-150 सीटें, लेकिन इस बात की कोई गारंटी नहीं है कि इन सीटों पर पूरा विपक्ष कांग्रेस के साथ आ खड़ा हो जाएगा, वैसे भी कांग्रेस को पूरी

ताकत इन सीटों पर दिखानी होगी और आधी से ज्यादा सीटों पर तो जीत हासिल करनी ही होगी, तब जाकर कांग्रेस कुल मिलाकर देश में सौ पर पहुँच पाएगी।

लेकिन यह तय है कि कांग्रेस को कड़ी मेहनत करनी होगी, रणनीतिक सूझ-बूझ दिखानी होगी। फिलहाल अपनी जमीन तलाश रही कांग्रेस क्या कर पाएगी, कुछ विश्वास से नहीं कहा जा सकता और बाकी विपक्ष अपना आधार छोड़ना नहीं चाहेगा, की बात से मामला आगे का है। आम आदमी पार्टी और ममता बनर्जी की विस्तार की इच्छाएँ भाजपा के रास्ते को और आसान नहीं, तो कठिन भी नहीं कर रही हैं।

□

भाग 5
अतिरिक्त

41
पार्टियों की सूची

पार्टी का नाम	स्थापना	संस्थापक	पार्टी नेता	पार्टी का चिह्न
अखिल भारतीय तृणमूल कांग्रेस (टी.एम.सी.)	1998	ममता बनर्जी	ममता बनर्जी	
बहुजन समाज पार्टी (बी.एस.पी.)	1984	कांशीराम	मायावती	
भारतीय जनता पार्टी (बीजेपी)	1980	श्यामाप्रसाद मुखर्जी, (भारतीय जनसंघ के रूप में) अटल बिहारी वाजपेयी, लालकृष्ण आडवाणी	जगत प्रकाश नड्डा	
भारतीय कम्युनिस्ट पार्टी (सी.पी.आई.)	1925	श्रीपद अमृत डांगे, एस.वी. घाटे, मुजफ्फर अहमद, सिंगारवेलु चेट्टियार, शौकत उस्मानी, गुलाम हुसैन, के.एन. जोगलेकर, पी.सी. जोशी, एस.एस. मिराजकरी	डी. राजा	

भारतीय कम्युनिस्ट पार्टी (मार्क्सिस्ट) सी.पी.आई.(एम)	1964	पी. सुंदरय्या, ई.एम.एस. नंबूदरीपाद, ज्योति बसु	सीताराम येचुरी	
भारतीय राष्ट्रीय कांग्रेस (आई.एन.सी.)	1885	एलन ऑक्टेवियन ह्यूम	सोनिया गांधी (अंतरिम अध्यक्ष)	
नेशनल पीपुल्स पार्टी (एन.पी.पी.)	2013	पी.ए. संगमा	कॉनराड संगमा	
राष्ट्रवादी कांग्रेस पार्टी (एन.सी.पी.)	1999	शरद पवार, पी.ए. संगमा, तारिक अनवर	शरद पवार	

पार्टी का नाम	स्थापना	वर्तमान नेता	राज्य/ केंद्रशासित प्रदेश में मान्यता प्राप्त	पार्टी का चिह्न
आम आदमी पार्टी (आप)	2012	अरविंद केजरीवाल	दिल्ली, पंजाब	
अखिल भारतीय अन्ना द्रविड़ मुन्नेत्र कड़गम (ए.आई.ए.डी.एम.के.)	1972	ओह पनीर सेल्वम, एडप्पादी के. पलानीस्वामी	तमिलनाडु, पुदुचेरी	
ऑल इंडिया फॉरवर्ड ब्लॉक (ए.आई.एफ.बी.)	1939	देवव्रत बिस्वास	पश्चिम बंगाल	
ऑल इंडिया मजलिस-इ-इत्तेहादुल मुसलिमीन (ए.आई.एम.आई.एम.)	1927	असदुद्दीन ओवैसी	तेलंगाना	

अखिल भारतीय एन.आर. कांग्रेस (ए.आई.एन.आर.सी.)	2011	एन. रंगास्वामी	पुदुचेरी	
ऑल इंडिया यूनाइटेड डेमोक्रेटिक फ्रंट (ए.आई.यू.डी.एफ.)	2005	बदरुद्दीन अजमल	असम	
अखिल झारखंड छात्र संघ (अजसु)	1986	सुदेश महतो	झारखंड	
असम गण परिषद (ए.जी.पी.)	1985	अतुल बोरा	असम	
बीजू जनता दल (बी.जे.डी.)	1997	नवीन पटनायक	उड़ीसा	
बोडोलैंड पीपुल्स फ्रंट (बी.पी.एफ.)	2005	हाग्रामा मोहीलारी	असम	
भारतीय कम्युनिस्ट पार्टी (मार्क्सवादी-लेनिनवादी) लिबरेशन (सी.पी.आई. (एम.एल.) एल.)	1974	दीपंकर भट्टाचार्य	बिहार	
देसिया मुरपोक्कू द्रविड़ कड़गम (डी.एम.डी.के.)	2005	विजयकांति	तमिलनाडु	
द्रविड़ मुन्नेत्र कड़गम (डी.एम.के.)	1949	एम.के. स्टालिन	तमिलनाडु, पुदुचेरी	
गोवा फॉरवर्ड पार्टी (जी.एफ.पी.)	2016	विजय सरदेसाई	गोवा	

हिल स्टेट पीपुल्स डेमोक्रेटिक पार्टी (एच.एस.पी.डी.पी.)	1968	होपिंगस्टोन लिंगदोह	मेघालय	
भारतीय राष्ट्रीय लोक दल (आई.एन.एल.डी.)	1996	ओमप्रकाश चौटाला	हरियाणा	
इंडियन यूनियन मुसलिम लीग (आई.यू.एम.एल.)	1948	सैयद हैदर, अली शिहाब थंगा	केरल	
इंडिजिनस पीपुल्स फ्रंट ऑफ त्रिपुरा (आई.पी.एफ.टी.)	2009	मेवर कुमार जमातिया	त्रिपुरा	
जम्मू और कश्मीर राष्ट्रीय सम्मेलन (जे.के.एन.सी.)	1932	फारूक अब्दुल्ला	जम्मू और कश्मीर	
जम्मू और कश्मीर नेशनल पैंथर्स पार्टी (जे.के.एन.पी.पी.)	1982	भीम सिंह	जम्मू और कश्मीर	
जम्मू एंड कश्मीर पीपुल्स डेमोक्रेटिक पार्टी (जे.के.पी.डी.पी.)	1999	महबूबा मुफ्ती	जम्मू और कश्मीर	
जनता कांग्रेस छत्तीसगढ़ (जे.सी.सी.)	2016	रेणु जोगी	छत्तीसगढ़	
जनता दल (सेक्युलर) (जे.डी.(एस))	1999	एच.डी. देवगौड़ा	अरुणाचल प्रदेश, कर्नाटक, केरल	
जनता दल (यूनाइटेड) (जे.डी.(यू))	2003	नीतीश कुमार	अरुणाचल प्रदेश, बिहार	

जननायक जनता पार्टी (जे.जे.पी.)	2018	दुष्यंत चौटाला	हरियाणा	
झारखंड मुक्ति मोर्चा (जे.एम.एम.)	1972	शिबू सोरेन, हेमंत सोरेन	झारखंड	
केरल कांग्रेस (एम) (के.सी.(एम))	1979	जोस के. मनिक	केरल	
लोक जनशक्ति पार्टी (एल.जे.पी.)	2000	चिराग पासवान	बिहार	
महाराष्ट्र नवनिर्माण सेना (एम.एन.एस.)	2006	राज ठाकरे	महाराष्ट्र	
महाराष्ट्रवादी गोमांतक पार्टी (एम.जी.पी.)	1963	दीपक धवलीकर	गोवा	
मिजो नेशनल फ्रंट (एम.एन.एफ.)	1961	जोरामथांगा	मिजोरम	
मिजोरम पीपुल्स कॉन्फ्रेंस (एम.पी.सी.)	1975	लल्हमंगैहा सैलो	मिजोरम	
नागा पीपुल्स फ्रंट (एन.पी.एफ.)	2002	टी.आर. जेलियांगो	मणिपुर, नागालैंड	
नेशनलिस्ट डेमोक्रेटिक प्रोग्रेसिव पार्टी (एन.डी.पी.पी.)	2017	नेफिउ रियो	नागालैंड	
पट्टाली मक्कल कच्छी (पी.एम.के.)	1989	एस. रामदास	पुदुचेरी	

पीपुल्स डेमोक्रेटिक अलायंस (पी.डी.ए.)	2012	बी.डी. बेहरिंग	मणिपुर	
पीपुल्स डेमोक्रेटिक फ्रंट (पी.डी.एफ.)	2017	पी.एन. सिएम, शुभ एल. मावफलांग	मेघालय	
पीपुल्स पार्टी ऑफ अरुणाचल (पी.पी.ए.)	1977	कामेन रिंगु	अरुणाचल प्रदेश	
राष्ट्रीय जनता दल (आर.जे.डी.)	1997	लालू प्रसाद यादव, तेजस्वी यादव	बिहार, झारखंड	
राष्ट्रीय लोक दल (आर.एल.डी.)	1996	जयंत चौधरी	उत्तर प्रदेश	
राष्ट्रीय लोकतांत्रिक पार्टी (आर.एल.पी.)	2020	हनुमान बेनीवाल	राजस्थान	
राष्ट्रीय लोक समता पार्टी (आर.एल.एस.पी.)	2013	उपेंद्र कुशवाहा	बिहार	
क्रांतिकारी समाजवादी पार्टी (आर.एस.पी.)	1940	मनोज भट्टाचार्य	केरल, पश्चिम बंगाल	
समाजवादी पार्टी (एस.पी.)	1992	अखिलेश यादव	उत्तर प्रदेश	
शिरोमणि अकाली दल (एस.ए.डी.)	1920	सुखबीर सिंह बादल	पंजाब	

शिवसेना (एस.एस.)	1966	उद्धव ठाकरे	महाराष्ट्र	
सिक्किम डेमोक्रेटिक फ्रंट (एस.डी.एफ.)	1993	पवन कुमार चामलिंग	सिक्किम	
सिक्किम क्रांतिकारी मोर्चा (एस.के.एम.)	2013	प्रेम सिंह तमंगी	सिक्किम	
तेलंगाना राष्ट्र समिति (टी.आर.एस.)	2001	के. चंद्रशेखर राव	आंध्र प्रदेश, तेलंगाना	
तेलुगु देशम पार्टी (टी.डी.पी.)	1982	एन. चंद्रबाबू नायडू	आंध्र प्रदेश, तेलंगाना	
यूनाइटेड डेमोक्रेटिक पार्टी (यू.डी.पी.)	1997	मेटबाह लिंगदोह	मेघालय	
यूनाइटेड पीपुल्स पार्टी लिबरल (यू.पी.पी.एल.)	2015	उरखाओ गवरा ब्रह्मा	असम	
युवजना श्रमिका रायथू कांग्रेस पार्टी (वाई.एस.आर.सी.पी.)	2011	वाई.एस. जगनमोहन रेड्डी	आंध्र प्रदेश, तेलंगाना	
जोरम नेशनलिस्ट पार्टी (जेड.एन.पी.)	1997	लालदुह्वामा	मिजोरम	

□

42

विधानसभा वार सीटों की संख्या

क्र. स.	विधानसभा	कुल सीटें
1	उत्तर प्रदेश विधानसभा	403
2	पश्चिम बंगाल विधानसभा	294
3	महाराष्ट्र विधानसभा	288
4	बिहार विधानसभा	243
5	तमिलनाडु विधानसभा	234
6	मध्य प्रदेश विधानसभा	230
7	कर्नाटक विधानसभा	224
8	राजस्थान विधानसभा	200
9	गुजरात विधानसभा	182
10	आंध्र प्रदेश विधानसभा	175
11	उड़ीसा विधानसभा	147
12	केरल विधानसभा	140
13	असम विधानसभा	126
14	तेलंगाना विधानसभा	119
15	पंजाब विधानसभा	117
16	छत्तीसगढ़ विधानसभा	90
17	हरियाणा विधानसभा	90

18	जम्मू और कश्मीर विधानसभा	85
19	झारखंड विधानसभा	81
20	झारखंड विधानसभा	70
21	उत्तराखंड विधानसभा	70
22	हिमाचल प्रदेश विधानसभा	68
23	अरुणाचल प्रदेश विधानसभा	60
24	मणिपुर विधानसभा	60
25	मेघालय विधानसभा	60
26	नागालैंड विधानसभा	60
27	त्रिपुरा विधानसभा	60
28	मिजोरम विधानसभा	40
29	गोवा विधानसभा	40
30	पुदुचेरी विधानसभा	33
31	सिक्किम विधानसभा	32

□

43

चुनाव चिह्न और मान्यता

चुनावी राजनीति में चुनाव चिह्न का बड़ा महत्त्व रहा है। पार्टियाँ इसके लिए काफी मशक्कत करती रही हैं। 1952 से ही कांग्रेस दो बैलों की जोड़ी से अपनी पहचान बनाती रही और यह सिलसिला लगभग बीस साल चला और 1972 के दौरान जब कांग्रेस (आई यानी इंदिरा) बनी तो गाय और बछड़े ने जगह ले ली, लेकिन यह सिलसिला पाँच साल ही चल सका और इसके बाद तो पंजे ने मजबूती से अपनी पहचान कांग्रेस के रूप में ले ली, वो बात दूसरी है कि अब वह चमक थोड़ी धीमी पड़ी है। जनसंघ का 'दीया' आजादी के बाद से धीमी रफ्तार में रहा, लेकिन जनता पार्टी में विलय (हल के साथ किसान) और फिर बाद में अलग होने के बाद भारतीय जनता पार्टी की कमल के फूल के रूप में पहचान मजबूत ही हुई। लोकसभा के 2019 के चुनावों में भाजपा 22 करोड़ वोट की पार्टी है तो कांग्रेस भी कम नहीं। कांग्रेस अब भी 12 करोड़ मतदाताओं की पार्टी है, उसकी सीटें भले ही काफी कम हो गई हों।

आजादी के दस-बारह साल भर तक काम शुरुआती नियमों से चलता रहा, लेकिन 1960 में इसके नियम-कानून को लेकर बाकायदा संसद से कानून पारित हुआ। चुनाव चिह्न को लेकर राष्ट्रीय और क्षेत्रीय पार्टियों के लिए अलग नियम होते हैं और तब तक चिह्न नहीं बदला जाता, जब तक पार्टियों की ओर से या फिर विवाद की स्थिति में ऐसा करना न जरूरी हो। कांग्रेस के साथ ऐसा ही हुआ था और जब कई पार्टियों का किसी एक में विलय होता है, तो भी जरूरत पर चुनाव चिह्न भी बदला जाता है।

इसी तरह क्षेत्रीय दलों की मान्यता के लिए कुछ अलग नियम हैं, तो राष्ट्रीय दलों के लिए अलग। देश में इस समय 8 राष्ट्रीय दल, 54 क्षेत्रीय दल और 2,796 पंजीकृत दल हैं।

चुनाव चिह्न (आरक्षण और आवंटन) आदेश–1968 की धारा–6 (बी) के अनुसार—'किसी दल को राष्ट्रीय पार्टी का दर्जा तब दिया जाता है, जब उस पार्टी ने लोकसभा या विधानसभा चुनाव में चार या चार से अधिक राज्यों में चुनाव लड़ते हुए हर राज्य में कुल वैध मतदान का छह फीसद या इससे अधिक वोट पाया हो। साथ में कम–से–कम चार प्रत्याशी लोकसभा के लिए चुने गए हों। राष्ट्रीय पार्टी बनने के लिए दूसरी शर्त यह है कि संबंधित दल ने चुनाव में लोकसभा की कुल सीटों में से दो प्रतिशत सीट जीती हों। साथ ही उसके उम्मीदवार कम–से–कम तीन राज्यों से चुनकर आए हों। तीसरी शर्त के अनुसार, पार्टी के पास कम–से–कम चार राज्यों में राज्य दल का दर्जा होना चाहिए। इन तीनों में से किसी भी एक शर्त को पूरा करने पर भारत निर्वाचन आयोग उक्त दल को राष्ट्रीय पार्टी का दर्जा दे देता है।